国家出版基金项目
NATIONAL PUBLICATION FOUNDATION

中国近代
思想家文库

◎

田彤编

陈序经卷

中国人民大学出版社
·北京·

总　序

对于近代的理解，虽不见得所有人都是一致的，但总的说来，对于近代这个词所涵的基本意义，人们还是有共识的。一个国家、一个民族走入近代，就意味着以工业化为主导的经济取代了以地主经济、领主经济或自然经济为主导的中世纪的经济形态，也还意味着，它不再是孤立的或是封闭与半封闭的，而是以某种形式加入到世界总的发展进程。尤其重要的是，它以某种形式的民主制度取代君主专制或其他不同形式的专制制度。中国是个幅员广大、人口众多、历史悠久的多民族国家，由于长期历史发展是自成一体的，与外界的交往比较有限，其生产方式的代谢迟缓了一些。如果说，世界的近代是从 17 世纪开始的，那么中国的近代则是从 19 世纪中期才开始的。现在国内学界比较一致的认识，是把 1840 年到 1949 年视为中国的近代。

中国的近代起始的标志是 1840 年的鸦片战争。原来相对封闭的国门被拥有近代种种优势的英帝国以军舰、大炮再加上种种卑鄙的欺诈打开了。从此，中国不情愿地加入到世界秩序中，沦为半殖民地。原来独立的大一统的中央集权的君主专制国家，如今独立已经极大地被限制，大一统也逐渐残缺不全，中央集权因列强的侵夺也不完全名实相符了。后来因太平天国运动，地方军政势力崛起，形成内轻外重的形势，也使中央集权被弱化。经历第二次鸦片战争、中法战争、甲午战争、八国联军入侵的战争以及辛亥革命后的多次内外战争，直至日本全面侵略中国的战争，致使中国的经济、政治、教育、文化，都无法顺利走上近代发展的轨道。古今之间，新旧之间，中外之间，混杂、矛盾、冲突。总之，鸦片战争后的中国，既未能成为近代国家，更不能维持原有的统治秩序。而外患内忧咄咄逼人，人们都有某种程度"国将不国"的忧虑。

"天下兴亡，匹夫有责"，读书明理的士大夫，或今所谓知识分子，尤为敏感，在空前的危机与挑战面前，皆思有所献替。于是发生种种救亡图存的思想与主张。有的从所能见及的西方国家发展的经验中借鉴某些东西，形成自己的改革方案；有的从历史回忆中拾取某些智慧，形成某种民族复兴的设想；有的则力图把西方的和中国所固有的一些东西加以调和或结合，形成某种救亡图强的主张。这些方案、设想、主张，从世界上"最先进的"，到"最落后的"，几乎样样都有。就提出这些方案、设想、主张者的初衷而言，绝大多数都含着几分救国的意愿。其先进与落后，是否可行，能否成功，尽可充分讨论，但可不必过为诛心之论。显而易见，既然救国的问题最为紧迫，人们所心营目注者自然是种种与救国的方案直接相关的思想学说，而作为产生这些学说的更基础性的理论，及其他各种知识、思想，则关注者少。

围绕着救国、强国的大议题，知识精英们参考世界上种种思想学说，加以研究、选择，认为其中比较适用的思想学说，拿来向国人宣传，并赢得一部分人的认可。于是互相推引，互相激励，更加发挥，演而成潮。在近代中国，曾经得到比较广泛的传播的思想学说，或者够得上思潮的，主要有以下几种：

（一）进化论。近代西方思想较早被引介到中国，而又发生绝大影响的，要属进化论。中国人逐渐相信，进化是宇宙之铁则，不进化就必遭淘汰。以此思想警醒国人，颇曾有助于振作民族精神。但随后不久，社会达尔文主义伴随而来，不免发生一些负面的影响。人们对进化的了解，也存在某些片面性，有时把进化理解为一条简单的直线。辩证法思想帮助人们形成内容更丰富和更加符合实际的发展观念，减少或避免片面性的进化观念的某些负面影响。

（二）民族主义。中国古代的民族主义思想，其核心是"非我族类，其心必异"，所以最重"华夷之辨"。鸦片战争前后一段时期，中国人的民族思想，大体仍是如此。后来渐渐认识到"今之夷狄，非古之夷狄"，"西人治国有法度，不得以古旧之夷狄视之"。但当时中国正遭受西方列强的侵略和掠夺，追求民族独立是民族主义之第一义。20世纪初，中国知识精英开始有了"中华民族"的概念。于是，渐渐形成以建立近代民族国家为核心的近代民族主义。结束清朝君主专制，创立中华民国，是这一思想的初步实现。第一次世界大战爆发，中国加入"协约国"，第一次以主动的姿态参与世界事务，接着俄国十月革命爆发，这两件事对近代中国的发展历程造成绝大影响。同时也将中国人的民族主义提升到一个新的层次，即与国际主义（或世界主义）发生紧密联系。也可以说，中国人更加自觉地用世界的眼光来观察中国的问题。新生的中国共产党和改组后的国民党都是如此。民族主义成为中国的知识精英用来应对近代中国所面临的种种危机和种种挑战的一个重要的思想武器。

（三）社会主义。社会主义作为一种模糊的理想是早在古代就有的，而且不论东方和西方都曾有过。但作为近代思潮，它是于 19 世纪在批判近代资本主义的基础上产生的。起初仍带有空想的性质，直到马克思和恩格斯才创立起科学社会主义。20 世纪初期，社会主义开始传入中国。当时的传播者不太了解科学社会主义与以往的社会主义学说的本质区别。有一部分人，明显地受到无政府主义的强烈影响，更远离科学社会主义。直到五四新文化运动兴起之后，中国人始较严格地引介、宣传科学社会主义。但有一段时间，无政府主义仍是一股很大的思想潮流。中国共产党的成立，从思想上说，是战胜无政府主义的结果。中国共产党把在中国实现社会主义乃至共产主义作为自己的奋斗目标。此后，社会主义者，多次同各种非科学社会主义思想的信仰者进行论争并不断克服种种非科学社会主义思想的影响。

（四）自由主义。自由主义也是从清末就被介绍到中国来，只是信从者一直寥寥。直到五四新文化运动兴起，具有欧美教育背景的知识精英的数量渐渐多起来，自由主义始渐渐形成一股思想潮流。自由主义强调个性解放、意志自由和自己承担责任，在政治上反对一切专制主义。在中国的社会条件下，自由主义缺乏社会基础。在政治激烈动荡的时候，自由主义者很难凝聚成一股有组织的力量；在稍稍平和的时候，他们往往更多沉浸在自己的专业中。所以，在中国近代史上，自由主义不曾有，也不可能有大的作为。

（五）激进主义与保守主义。处于转型期的社会，旧的东西尚未完全退出舞台，新的东西也还未能巩固地树立起来，新旧冲突往往要持续很长的时间，有时甚至达到很激烈的程度。凡助推新东西成长的，人们便视为进步的；凡帮助旧东西排斥新东西的，人们便视为保守的。其实，与保守主义对应的，应是进步主义；与顽固主义相对的则应是激进主义。不过在通常话语环境中人们不太严格加以区分。中国历史悠久，特别是君主专制制度持续两千余年，旧东西积累异常丰富，社会转型极其不易。而世界的发展却进步甚速。中国的一部分精英分子往往特别急切地想改造中国社会，总想找出最厉害的手段，选一条最捷近的路，以最快的速度实现全盘改造。这类思想、主张及其采取的行动，皆属激进主义。在中共党史上，它表现为"左"倾或极左的机会主义。从极端的激进主义到极端的顽固主义，中间有着各种程度的进步与保守的流派。社会的稳定，或社会和平改革的成功，都依赖有一个实力雄厚的中间力量。但因种种原因，中国社会的中间力量一直未能成长到足够的程度。进步主义与保守主义，以及激进主义与顽固主义，不断进行斗争，而实际所获进步不大。

（六）革命与和平改革。中国近代史上，革命运动与和平改革运动交替进行，有时又是平行发展。两者的宗旨都是为改变原有的君主专制制度而代之以某种形式的近代民主制度。有很长一个时期，有两种错误的观念，一是把革命理解为仅仅是指以暴力取得政权的行动，二是与此相关联，把暴力革命与和平改革对立起来，认为革命是推动历史进步的，而改革是维护旧有统治秩序的。这两种论调既无理论根据，也不合历史实际。凡是有助于改变君主专制制度的探索，无论暴力的或和平的改革都是应予肯定的。

中国近代揭幕之时，西方列强正在疯狂地侵略与掠夺殖民地和半殖民地，中国是他们互相争夺的最后一块、也是最大的资源地。而这时的中国，沿袭了两千年的君主专制制度已到了奄奄一息的末日，统治当局腐朽无能，对外不足以御侮，对内不足以言治，其统治的合法性和统治的能力均招致怀疑。革命运动与改革的呼声，以及自发的民变接连不断。国家、民族的命运真的到了千钧一发之际，危机极端紧迫。先觉分子救国之心切，每遇稍具新意义的思想学说便急不可待地学习引介。于是西方思想学说纷纷涌进中国，各阶层、各领域，凡能读书读报者，受其影响，各依其家庭、职业、教育之不同背景而选择自以为不错的一种，接受之，信仰之，传播之。于是西方几百年里相继风行的思想学说，在短时期内纷纷涌进中国。在清末最后的十几年里是这样，五四时期在较高的水准上重复出现这种情况。

这种情况直接造成两个重要的历史现象：一个是中国社会的实际代谢过程（亦即社会转型过程）相对迟缓，而思想的代谢过程却来得格外神速。另一个是在西方原是差不多三百年的历史中渐次出现的各种思想学说，集中在几年或十几年的时间里狂泻而来，人们不及深入研究、审慎抉择，便匆忙引介、传播，引介者、传播者、听闻者，都难免有些消化不良。其实，这种情况在清末，在五四时期，都已有人觉察。我们现在指出这些问题并非苛求前人，而是要引为教训。

同时我们也看到，中国近代思想无比的多样性与复杂性呈现出绚丽多彩的姿态，各种思想持续不断地展开论争，这又构成中国近代思想史的一个突出特点。有些论争为我们留下了非常丰富的思想资料，如兴洋务与反洋务之争，变法与反变法之争，革命与改良之争，共和与立宪之争，东西文化之争，文言与白话之争，新旧伦理之争，科学与人生观之争，中国社会性质的论争，社会史的论争，人权与约法之争，全盘西化与本位文化之争，民主与独裁之争，等等。这些争论都不可程度地关联着一直影响甚至困扰着中国人的几个核心问题，即所谓中西问题、古今问题与心物关系问题。

中国近代思想的光谱虽比较齐全，但各种思想的存在状态及其影响力是很不平衡的。有些思想信从者多，言论著作亦多，且略成系统；有些可能只有很少的人做过介绍或略加研究；有的还可能因种种原因，只存在私人载记中，当时未及面世。然这些思想，其中有很多并不因时间久远而失去其价值。因为就总的情况说，我们还没有完成社会的近代转型，所以先贤们对某些问题的思考，在今天对我们仍有参考借鉴的价值。我们编辑这套《中国近代思想家文库》，希望尽可能全面地、系统地整理出近代中国思想家的思想成果，一则借以保存这份珍贵遗产，再则为研究思想史提供方便，三则为有心于中国思想文化建设者提供参考借鉴的便利。

考虑到中国近代思想的上述诸特点，我们编辑本《文库》时，对于思想家不取太严格的界定，凡在某一学科、某一领域，有其独立思考、提出特别见解和主张者，都尽量收入。虽然其中有些主张与表述有时代和个人的局限，但为反映近代思想发展的轨迹，以供今人参考，我们亦保留其原貌。所以本《文库》实为"中国近代思想集成"。

本《文库》入选的思想家，主要是活跃在 1840 年至 1949 年之间的思想人物。但中共领袖人物，因有较为丰富的研究著述，本《文库》则未收入。

编辑如此规模的《文库》，对象范围的确定，材料的搜集，版本的比勘，体例的斟酌，在在皆非易事。限于我们的水平，容有瑕隙，敬请方家指正。

《中国近代思想家文库》编纂委员会

目　　录

导言：社会历史的文化阐释

　　在近代学术与思想的谱系中，陈序经是一位中西兼通的大师级学者。

　　陈序经祖辈世居海南文昌县清澜港瑶岛村，家族中颇多南洋华侨。其父陈继美长期客居南洋经商，经营种植园。陈序经 1903 年 9 月 1 日出生，4 岁入私塾启蒙，7 岁随父赴新加坡读书，10 岁返乡先后入读文昌汪洋致远小学、文昌县模范小学。1915 年随父居新加坡，就读育英、道南、养正等学校及华侨中学。其父不愿子弟长期接受殖民教育，1919 年底遣陈序经归国。翌年插班四年制广州岭南中学初中三年级。1922 年考入上海沪江大学生物系。因不愿入基督教，1924 年转学复旦大学社会学系。就学期间，陈序经已展露学术潜力，1925 年在校刊《复旦》发表论文《进化的程序》、《贫穷的研究》。生物进化论、社会进化论，即由此开始或明或隐地影响其一生的学术与思想旨趣。同年毕业于复旦大学，按其父意愿留学美国伊利诺伊大学，攻读政治学、社会学。越明年，获文学硕士学位。1928 年完成学位论文《主权可分论》，获政治学博士学位，后受聘于岭南大学社会学系。1929 年再赴德国柏林大学研习政治学、主权论、社会学，次年在基尔大学世界经济研究院研修。期间，参加由柏林高商学校举办的德国社会学会第 7 次会议。1931 年因病返国，继回岭南大学社会学系任教，讲授过中国政治思想史，曾在中山大学、神学院分别开设政治学、中国文化史。发表《东西文化观》一文，借用西方社会学、人类学等基本理论，明确提出"全盘西化"论。1934 年转任南开大学经济研究所教授，兼商学院教授，开设社会学、乡村社会学；并策划工业发展对社会的影响的调查。研究重点在文化选择、疍民研究、乡村建设运动、南洋问题诸方面。1937 年 8 月因日侵华转赴长沙筹建临时大学。1938年执教西南联大，任法商学院院长，主讲主权论、现代政治学、社会学原理、文化学、华侨问题；并任南开大学经济研究所所长。研究兴趣包括南洋、西化、教育、地方文化、乡村建设等问题，完成20册的"文化论丛"。1944年6月应美国国务院邀请访学一年，1945年1月出席太平洋国际学会。1946年8月南开大学复校，任教务长、经济研究所所长、政治经济学院院长，被张伯苓倚为"左右手"。是年有关疍民、乡村建设的论文，分别由商务印书馆、上海大东书局结集出版。1948年校长张伯苓长考试院，南开大学组织校务委员会处理校务，陈序经为委员。同年岭南大学美国基金会鉴于陈氏的教育思想、行政能力、学术地位及广泛的社会关系，特聘陈氏接替原校长李应林，8月出任岭南大学副校长（代理校长）。一年后接替李应林出任校长，重组医学院，建立商学院。在国民党实施"抢运学人"计划时，劝服大批知名学者留校，拒绝岭大迁港，并动员留美的西南联大学生到岭大任教。这一时期除延续原有学术兴趣外，尤为关注宪政，呼吁扶植工商业发展。出版《越南问题》、《大学教育论文集》等专论。1952年院系调整，岭大并入中山大学，任历史系教授，筹建东南亚研究室。1956年被评为一级教授，任中山大学副校长。1950年代重点研究民族史，完成《匈奴史稿》、有关东南亚古史研究系列论著，撰写《泐史漫笔——西双版纳历史释补》。1962年兼任暨南大学校长。1964年调任南开大学副校长。陈序经历任广东省文教委员会委员，第一、第二届广东省政协常委及第二、第三、第四届全国政协委员。"文化大革命"中以"反动学术权威"、"里通外国"、"美帝文化特务"、"国际间谍"等"罪名"，被迫接受专案审查。1967年蒙冤离世，1979年始获平反，恢复名誉。

陈序经知识博洽，学养深厚，思想独到，视野宏阔，论域广涉社会学、政治学、人类学、民族学、文化学、历史学、教育学。其学术大多并非仅"为学问而学问"，内中条贯毫不妥协的"慷慨国事"的"儒侠"哲思。学术的动力、终极关怀源自其思想，思想的升华得益于其学术实践。学术与思想融通一体，而社会进化论、民主平权观念又是两者的基础与核心。

陈序经的知识结构主要为社会学与人类学。陈序经自幼至18岁前侨居新加坡，备感"洋人"统治的殖民地比国内"有条有理"，开始了对社会问题的最初思考。20岁后学于沪上，华洋两界的反差、下层民众的困难，刺激陈序经从学理上探究社会发展的阶段性、贫穷的根源。由于先修生物学，再转社会学，他既洞悉生物进化论与社会进化论的本质区别，又强调两者的共性。在《进化的程序》中，陈序经认为："进化论的价值，就在乎主张世界在时间上的秩序与空间上的秩序一样。"揭示从自然环境到人类社会，都在"有秩序地变"。在他看来，自 18 世纪中叶到 19 世纪末叶，"进化论发达的程序"，先天文，次地质，次生物，终至社会。而人类进化程序即由"人类的原始"、"人类个体进化"，到"人类社会进化"（内分"野蛮时代"、农业发达的"半开化时代"、工艺发达的"文明时代"）。他始终坚信，正如"高等的生物，是由下等生物变成的；文明的社会，是由从前的野蛮的社会变来的"。此后无论陈序经学术思想如何豹变，这种线性进化论，规范着其历史观与认识论。

陈序经以为"贫穷是人类的苦难"，"贫穷是一切社会病态现象中最根本的原因"。接触社会学之初，他即开始试图解析人类社会贫穷的原由。征诸西方学说、中国现实状况，陈序经指出社会贫穷根源于：个人性格、习惯、教育程度、立法司法缺陷、赋税苛重、阶级上相压制、工价低廉、职业不稳定等。对中国而言，"很重要的原因"是天灾、战争。陈序经注重社会、职业分层，疏于对社会结构、功能分析，因此他对于"除贫的根本方法，只好候诸社会学专家去研究"。

入读伊利诺伊大学，问学于著名社会学家海夷史（Edward C. Hayes）教授，接受海氏主张从因果关系、社会生活的统一、心理、伦理的角度切入社会的研究法则，由此毕生注重社会变迁的因果关系、人的主观能动性，主张文化不可分论，视伦理为文化层累的最后阶段，乃至践行社会调查，积极讨论社会问题、教育问题。陈序经不宗社会学的一派、一脉，但对孔德较为推崇。在他看来，"社会学之所以能够发生，是由于人们能够感觉到经验是有连带的关系的，是整个的"。35 岁时，陈序经发表《社会学的起源》一文，全面总结欧美社会学发展史，指出孔德不是社会学唯一创始者，但接受孔德的"静的社会学"、"动的社会学"，既重视社会组织与秩序，又重视社会发展与进步的研究，并力图将社会学从哲学特别是历史哲学中抽离出来，建立有别于自然科学的"实证"的社会学。正因如此，他在 1948 年中国社会学社广东分社第九届年会上，仍呼吁以西南社会为始基建立富于中国国情、民性的社会学。

陈序经最有争议而引领东西文化论争潮头的学术思想，无疑是

1930 年代提出的"全盘西化"论。因华洋生活经验，陈序经怀疑中国文化，"感到西化的必要"。1928 年发表《再开张的孔家店》，表面抨击孔祥熙提议保护孔林、孔庙，实质却指出"全盘西化"的必要性。1930 年发表《孔夫子与孙先生》，借助在新文化中遭声讨的孔子，质疑孙中山承袭孔子之道德、同情其政治理念而"全盘效法"西方物质文明的"中体西用"的合理性。1931 年在《东西文化观》中，批驳复古派、折衷派，正式提出"全盘西化"论。1934 年发表《中国文化之出路》后，引发广东地区中西文化论战。1934 年年底《文化建设》月刊也开始关注这场论战。1935 年 1 月，王新命、何炳松等十教授发表《中国本位的文化建设宣言》，五四以来的又一次中西文化大论战由此而生。陈序经一面应战张磐、吴景超异议，一面发表《再谈"全盘西化"》，不顾胡适、张佛泉的同情论调，将其列为折衷派，毫不妥协地主张目标与结果的"全盘西化"。在《从西化问题的讨论里求得一个共同信仰》、《读十教授〈我们的总答复〉后》中，强调尽管在文化是否可分等方面难达共识，但吴景超、张佛泉、胡适等已承认全盘西化的"趋向"，王新命等也骨子里"已经有意或无意地趋在这条路上"，"全盘西化"论稳操胜券。1935 年、1936 年分别发表《南北文化观》、《东西文化观》，深化《中国文化之出路》的主题。同时，再发《全盘西化的辩护》，反对胡适、严暨澄、张东荪等以"充分"、"尽量"代替"全盘"，以"现代化"、"世界化"代替"西化"的主张。1936 年，发表《一年来国人对于西化态度的变化》一文，回顾 1935 年来文化讨论的社会背景与论点，指出：除前述"同情或趋于全盘西化论者"外，尚有沈昌晔、区少干、郑昕等；近于或赞成全盘西化论者"占了优势"，复古派也是"死老虎"，折衷派"很少有人相信"。

抗战时期张申府、冯友兰、贺麟以哲学观点解释"西化"，陈序经本着"全盘西化"可以"持久抵抗"敌人、建设"强有力的国家"的主旨，1941 年在《抗战时期的西化问题》一文中与前者"分合"、"共殊"、"体用"观相辨析，指出三者实质已"说出全盘西化的理由，已偏于全盘西化的主张"。同时，在《广东与中国》（1941 年）、《南方与所谓固有文化》（1946 年）、《南方与西化经济的发展》（1946 年）、《研究西南文化的意义》（1948 年）诸文中，继续发挥《南北文化观》之主旨，倡导西南承继西化传统而为现实"全盘西化"的先导，进而复兴中国。

　　陈氏"全盘西化"论，绝非率尔操觚之论，而有其内在文化学理论支撑。留美时，常用"文化学"一词，或谈论其含义。1928 年将"文化学"带入岭南大学，且认为"文化学是自有其对象，自有其题材的一种学问"。留德时，有意搜求文化学材料。此后 10 年，因兴趣、工作需要，他主要开展社会学、政治学、工业调查等研究。这期间虽未专注文化学理论的阐释，但所发表的有关文化论战言论均以西方文化社会学、文化人类学的"时境观"、"文化圈围"、"文化不可分论"、"一致与和谐"、"文化重心"、"文化弹性"为根基。抗战全面爆发后，因资料散失、调查区域为日军占领，陈氏主权观念、社会调查工作被迫中辍，其研究重心转向文化学。自 1938 年下半年始，在西南联大主讲文化学，编拟文化学系统大纲。陈氏在 1940 年秋至 1942 年秋两年中全力写作，终于完成 200 余万字、20 册的"文化论丛"。除《文化学概观》4 册公开出版外，余者《西洋文化观》2 册、《美国文化观》1 册、《东方文化观》1 册、《中国文化观》1 册、《中国西化观》2 册、《东方文化观》6 册、《南北文化观》3 册均未发表。《文化学概观》系统阐述文化学的主要概念、基本理论，其他部分都为文化学体系提供历史经验，并且尝试文化学理论的应用。1946 年陈氏发表《我怎样研究文化学》一文，自述构建文化学的内在动因及其体系的设想。

　　陈氏文化学自成体系，且独具实践性，即一方面文化学得益于实证研究，另一方面文化学也为具体研究提供理论依据，两方面相得益彰。这种特性不仅体现在陈氏文化观中，而且体现在其教育、乡村建设、政治、疍民、南洋等方面的研究中。

　　1932 年 5 月 19 日，广州教育专家召开会议，决议"停办文、法科或减少数量，同时多设职业学校"，陈氏发表《对于现代大学教育方针的商榷》，以"大学的目的是求知"予以反对，并指出文、法科也有实际功用。此次广州教育方针出台，受到 4 月间来粤游历的美国哥伦比亚教育学院勒克教授的某些影响。为消除其负面影响，陈氏发表《对于勒克教授（H. Rugg）莅粤的回忆与感想》，指出勒克不了解中国有关状况，仅通过对中国名流调查即断定中国需要部分的西化，其非科学的统计方法只能产生错误的结论。文化的改造既然错误，其教育的改造也不免错误。何况勒氏是从事"大学以下教育的人"，根本不懂大学教育原理。5 月 31 日天津《大公报》刊载陈果夫在中政会提出的改革教育的初步方案。陈果夫明确提出暂行停办文、法科十年。到 7 月下旬，有关讨论文章在《广州民国日报》"现代青年"栏即刊出十余篇，且延及北方。蒋廷黻、刘廷芳支持陈氏观点，另有论者对陈氏加以指摘。陈氏发表《敬答对于拙作〈对于现代大学教育方针的商榷〉之言论》，批评对立派不了解大学教育本质，更提出"20 世纪世界，好多重要的世界问题，已变成中国的问题了；同时，好多重要的中国问题，也成了世界的问题"。中国教育也需学习西方，发展真正的大学教育。陈氏还主张教育宗旨的现代化。1933 年 2 月徐旭生发表《教育罪言》，以为现行教育制度与社会"完全不适合"，"由无限农村组成的中国，应该创造出来一种农村的教育"。1933 年陈氏再发《教育的中国化和现代化》，指出：主张教育"中国化"者，以为西方教育不合中国国情，而国情也非一成不变，"现代化的国情是现代的环境，并非中国所独有"；如果要实现中国文化的现代化，必须停止所谓教育的"中国化"的复古运动，彻底采纳西洋教育。

接继教育的中国化与现代化论争，1940 年大学教育方针及计划论战再起。抗战胜利后，大学复员中，教育部将南开大学等私立学校改为国立，陈氏发表《论国立大学与私立大学》，指出：政府应补贴办学成绩较好的私立大学，同时保留国立、私立大学制度，以保持各种办学风格。强调教育当局从教育方针、院系设置、课程编制，到校长、教务长、训导长、总务长的委任等行政干预，根本上是"反于大学教育的目的"。1947 年 9 月胡适发表教育十年计划谈话，略谓：取消留学派遣，政府以此经费，在五年内重点培植北大、清华、浙大、武大、中央大学等 5 校。以为以大量外汇供学生"镀金之用"，"等于不承认自己学术独立"。陈氏发表《与胡适之先生论教育》首先问难，认为胡适选定 5 所大学的标准是凭"偏私"，极力维护留学政策。胡适再发表《争取学术独立十年计划》一文申说。一时间平津地区学者纷纷加入讨论。陈氏在论战中稍处弱势，又发表《公论耶？私论耶？》、《论发展学术的计划》，指出：学阀意见非"公论"，即使胡适计划得到蒋主席、教育部朱家骅部长的赞同，也不能谓为"社会的公论"，只能称为"政府的言论"。而"专仰政府的鼻息，以讲学求独立"，"是一个致命伤"。并且反对胡适"学术独立"说，指出在"学术水准很为落后的时间之下"，应将"独立"改为"并立"，即"与欧美的学术并驾齐驱，或是进一步地去驾而上之"，并重申应鼓励各校发展自身特色与学科优长。要实现"学术独立"，大学需要引进有真学识人才，且更需要无私心、学品高尚、能以教育为终生事业的领袖负责教育行政机构。

陈序经运用文化学理论解决实际社会问题，引发乡村建设运动的集中讨论。乡村建设运动于1926年展开，到1936年告一段落。内中约有一千余政府、民间团体及一万余农学会，在北到河北、南至广东、西到四川、东至浙江的广大范围内，进行从理论到实践的探讨和实验。尽管轰动有时，但乡村建设运动几乎全军覆没。与之相伴，反对之声从未停止过。1934年梁漱溟在定县召开的乡建工作讨论会上，主张融合西洋都市文明（工业文明）与中国乡村文明（农业文明）而成一新文明，实现中国民族自救。陈氏撰文《乡村文化与都市文化》，指出：西洋文化既不只是都市文化，中国文化也非只是乡村文化。作为现代西洋文化特质的科学与民治，"差不多完全是都市的产物"。西方都市的发展，差不多就是乡村的发展。反之，中国乡村文化，造成中国数千年来的文化停滞。乡建的目的其实就是西洋化，但用中国乡村文化调和西洋都市文化则根本行不通。1936年陈序经发表《乡村建设运动的将来》，表示对乡建前途"颇感觉悲观"。他指出：乡村建设"工作与方法好像都不能名实相符"，还未超出空谈计划与形式组织的范围，"对于乡村，对于农民，精神方面固少有建树，物质方面更少有改造"；乡村建设"目标是救济乡村农民"，而乡村建设却"养出""思想浮躁"、未能真正深入农村、"吃乡建的新阶级"。此文发表触发"众愤"，《独立评论》、《民间》半月刊、《文化与教育》旬刊、《政问周刊》均发文，告劝陈序经不要再给乡村建设泼冷水、迷惑青年人的"心思"，而应予以善意的鼓舞。陈氏发表一系列文章，回应批评。在《乡村建设理论的检讨》中，坚持文化进步说，指斥乡村建设者违背文化演进趋势，恢复以农村为代表的业已毁损的传统文化，是不折不扣的文化复古论；并指出乡村建设领袖提倡新教育、新科技与新知识，其本身即说明复古终无前途。在《乡村建设运动的史略与模式》中，全面回顾近十年乡村建设工作，总结出邹平山东乡村建设研究院、定县中华平民会与青岛市政府乡村建设三种模式，并指出青岛模式的成效远高于邹平、定县模式的原因，即在其乡村建设工作以都市为依托，内中体现文化中心论。在《乡村建设运动的组织与方法的商榷》中指出：乡村建设组织"数目过多、发展之速"，却缺乏联络、遇事推诿、经费支绌，因而难免失败；因都市是人才、经济的重心，乡村建设工作应在都市附近开展。1943年年底陈序经又发表《乡村建设的途径》，再次总结乡村建设衰败之主要原因，在于以农为本，反对工业化；进而提出乡村建设应以工业为前提，以都市为起点。

陈序经崇尚人格独立。留美之时，陈序经已经具备扎实的社会学的功底。其博士论文《主权可分论》虽然主要是从政治学角度探讨"主权可分论"的变迁过程，但他从社会学的角度，勾勒出君主、近代国家、民众、介于近代国家与民众间的社会组织等阶层相互扭结的社会关系，以及这一复杂关系的历史走向。在具体论述方面，注重从人的社会属性上，分析人与主权的关系；还把主权分为个体主权与由个体委托的社会组织主权。研究对象往往影响研究者的价值取向。主权可分论所内含的民主精神，逐渐成为陈序经的文化选择与政治选择立场，及其政治底线。对他而言，个人主义是西方文化创造力的源泉、社会进步的尺度；西方个人主义价值观的确立过程，也就是西方文化发展的过程。从整个欧洲文明来看，中世纪文化之所以停滞，就是因为个性受到压制；反之，西洋近代文化之所以快速发展，主要是由于个性的张扬与个人主义的提倡。同理，中国文化两千年来的单调、停滞的原因，是在孔家思想禁锢下，个性不能高张，个人主义无从发育。陈序经在《中国文化的出路》一书中强调，全盘西化就是打破中国传统思想的垄断，给个性以发展的可能。对陈序经而言，直至清末，先秦政治哲学一直统摄中国政治、社会生活，导致中国处于"黑暗时期"。因此，他在《春秋战国政治哲学的背景》中，从理论上阐释传统政治架构中的"非人性"。即一方面指出先秦政治哲学是其时的地理、家庭、道德、宗教、经济、政治、战争、教育诸因素的产物，从诸多方面剥夺民众的生存权；另一方面则强调社会政治背景更是政治哲学的表现，呼唤新的合乎时代要求的政治哲学理念的产生。1935 年发表《利玛窦的政治思想》，指出：利氏在中国广布宗教与科学，但他同样竭尽全力宣传政治思想。利氏生存的时代，是皇权挑战神权、人权挑战皇权的时代，因而主张人民主权、反对君主专制。他到中国后，不仅反对佛、老，而且极力反对孔子，怀疑儒家。他主张世界主义、人类平等、男女平等，鄙视政治，反对家族主义，希望国家内部"各种人民分工合作"，"和谐"共生。女权是人权的集中反映。1942 年陈序经又专论《中国妇女运动过去与将来》，指出：妇女运动是欧洲 19 世纪到 20 世纪的社会运动的主流之一，与民族运动、民主运动、工业运动密切关联，而形成近代文化的特性。虽然中国女权渐兴，但社会应给妇女更多的就业、参政等自由与"机会的平等"。在戊戌维新运动 46 周年时，发表《维新运动的历史意义》，肯定该运动伸张民权的历史功绩。

1947 年年底、1948 年年初，在中国宪政主张炽涨之时，发表《宪政·选举与东西文化——评梁漱溟的〈预告选灾·追论宪政〉》，将梁漱溟及新儒学、新生活运动倡行者列为论敌，针对梁氏所谓"选灾"之说、国民素质低不易开展宪政说，指出"文化惰性愈大的社会，其革新也必愈难"，但选举本身就是民主、宪政的体现；正因为"中国的文化比不上西洋的，所以中国需要西化，彻底的西化，全盘去西化。竞选固要举办，法治、习惯、条件种种以至道德知识水准，也要改善"。宪政问题"在内容上、根本上，还是一个东西文化的问题"，民主、宪政精神是欧美文化的主体，不可能从中国固有文化中引申出来。

西南是"新文化的策源地"，是"固有文化的保留所"，又是"原始文化的博览会"。因此，陈序经重视此研究。其中，疍民研究是由陈序经首开其端。陈序经注重理论构建，也注重社会实践。1932 年 6 月到 1933 年 8 月间及 1934 年春，陈氏与伍锐麟共同负责沙南疍民及三水河口疍民调查。《沙南疍民调查报告》详记其氏族组织、家庭、职业、家庭收入与消费、教育、卫生、服饰、妇女地位、经济结构与社会制度、娱乐、宗教、语言等各方面。1935 年发表《疍民的起源》，通过史籍比对，以人类学、文化学的方法判明疍民迁移、分布史，否定有关疍民起源的传说、族谱记载，将疍民研究引入正轨。同年发表《疍民在地理上的分布》，1936 年又发表《疍民的职业》、《疍民与政府》。前者弄清疍民以采珠、为贼、捕鱼、运输、经商、破竹、起盐、打石、伐木等业为生，并力矫"疍妇皆妓妇"的传统错误观念，将自食其力的疍民，由被歧视者还原为与市民同等地位。后者回溯历史上各朝代将疍民视为"蛮夷盗贼"加以镇压，到"解放疍民"，给予登陆、读书、应试权利的转变过程，传布历史的正义性、公正性的同时，明确支持疍民争取选举权，为疍民争取生存权与发展权。

海南为陈氏家乡，1946 年他专门发表《政治经济上的琼崖》，谈海南如何从"化外之地"，成为政治、经济的要津，南洋华侨的母体；希望政府由治安、教育入手建设海南。

1930 年代以来，暹罗出现排华高潮，国人开始注意有关东南亚问题的研究。陈序经有着新加坡的生活经历，许多亲属、友人散居南洋，尤为重视东南亚研究。1932 年后他三度考察越南、暹罗、马来西亚、老挝等地。他最初在《南北文化观》中指出，将南洋华侨作为中国西化的媒介、西化运动的经济支柱。1937年发表《进步的暹罗》，警醒国人"不要忘记，我们的南邻的野心未必减于我们的东邻"。此后再发表《暹罗华化考》、《暹罗与汰族》、《暹罗与日本》、《暹化与华侨》、《暹罗的人口与华侨》、《暹罗的汰族主义与暹化华侨》、《暹罗与英法》、《论中越法的关系》、《越南与日本》等时论，对东南亚排华历史与现实根源加以分析，告诫暹罗：与日本结盟而"不亲善英、美"，终将遭报复；华侨虽然"暹化"、"土化"，但华侨在认同母国基础上的国家思想与民族意识，同汰族一样会增强。并且指责暹罗的汰族以少数族裔压迫多数民族的错误行径，望与被侵略国家共同抵御日本的侵略，支持越南的独立运动。陈序经也通过文章，要求中国政府反思在东南亚的政策性失误。比如，疏于管理华侨，未能保护华侨权益，不应在战后的越南保持中立等。

本书所选文章，按以上所论七部分排列，各部分按首篇发表时间为序。各部内诸文仍按发表时间先后排列。正如陈序经所谓"文化不可分"，不夸张地说，陈序经的所有文章一般均包括复合的思想言论，我们只能以其一个侧面或核心内容来分类，即分类只能是相对而非绝对的。因篇幅、体例所限，本书仅选取陈序经的单篇论文，凡论文集、专著均未列入。为保持原貌，不打断阅读思路，所选文章均全文照录。个别文章因重复处较多，却必须选取者，只能节选论点，罗列于"年谱简编"部分。

需说明的是：添补原文缺字，用〈〉标注；原文误字均予保留，更正字置于〔〕内；原文衍文，用【】标明；原文不可辨认者，以□示注。文中其余符号，均为原文所有。编者并对原文重新标点，统一若干字词的用法。页下注未说明者，为编者所释。另需交代的是：民国时期的若干语言表达与现代汉语有差异，为方便今人阅读，均将下列"旧"字、词酌加替换为"新"字、词，如：那—哪、答覆—答复、计画—计划、瞭解—了解、明瞭—明了、澈底—彻底、化费—花费、那末—那么、姪—侄、壻—婿，等等。此外，"蛋"与"疍"通用，一本原文用法。

我一直关注两个研究领域，一是中国近现代思想文化史，二是中国近现代社会史；思考如何打通思想文化史、学术史与社会史的人为区隔，如何同时呈现学术与思想的魅力。陈序经已给后学树立典范。感谢中国人民大学出版社诚邀编选本书，给我再次向先哲致敬的机会。王琬莹、李红编辑的谨严工作态度，保证了本书顺利出版，谨致谢忱。陈序经先生哲嗣陈其津教授得知本书的选编，亦多加鼓励。我的研究生卫然、徐天娜、方灏、李晓、张藤、熊伟勇、高伟军、王亚奇、张晓东，耗费心力，帮助录入文字、校订文稿，师生情谊尤需附识。

陈序经著作等身，本书难以全面反映其学术、思想及其内在理路。另外，毋庸讳言，陈序经固然富于理论建构，但其有些学术、思想是在论辩中所阐发，难免白璧微瑕，而乏系统论证。编者曾在拙作《转型期文化学的批判——以陈序经为个案的历史释读》一书中，对此有相关解析，此不赘述。

一个时代有一时代的哲人，时代有终结，哲人及其哲思则超越时空。让我们结束冗余的"导言"，"清零"所有思想杂念，一起倾听、体悟陈序经的睿智，思考破解当下社会问题的答案。

进化的程序 *

一、绪言

科学所藉以为根本的基础，是有秩序的世界；而解释这种有秩序的原则最完备的，要算进化论。

照科学的根本原理看去：过去的世界，是有秩序的；现在的世界，也是有秩序的；就是将来的世界，也是将有秩序的。照进化论来说：过去的秩序，是连续和有规则地变成今日的秩序；而现在的秩序，也是连续和有规则地变成将来的秩序。质言之，世界不但是空间上有秩序，就是时间上也有秩序。进化论的价值，就在乎主张世界在时间上的秩序与空间上的秩序一样。

我们的智识日增，则我们愈觉得世界上的事物没有一件不是变：个人变，制度变，言语变；甚至高山、大海，据地质家考察起来，也是变。然这种变，都是有秩序的；而所谓有秩序的变，就是本篇所谓"进化的程序"。

二、进化论发达的程序

无论哪一种学说的成立，都要经过好多时间和好多预备，进化论也是这样。二千余年前，希腊的哲学家，有的以为天地万物是由水变成的；有的以为是空气变成的；又有的以为是火变成的。可知进化论的观

---

* 录自《复旦》第 1 卷 1 期，1925 年 1 月 1 日。

念，这时已经萌芽。然这班哲学家的主张，完全由于意料，而并没有实验的工夫，所以进化论终不能发达。自此以后一直到 17 世纪，千余年中，人人都信宗教家之言，以为天地万物是上帝所造的。18 世纪的地质家，更谓地球经过好多次洪水；每一次洪水过后，上帝又造出一种较高等之生物。这种见解，是进化论发达上的大窒碍。

1750 年来特（Wright）曾发表他的进化学说。他的进化学说，不但解明太阳系，而且包含天空中所有之星体。受来氏学说影响最大的是康德。康德于 1751 年，得读来氏之书，于是 1755 年，康氏乃刊布他的"星雾"学说。康氏、来氏在进化论发达史上，虽然占重要位置，然在当时没有什么影响。到 1796 年拉普拉〈斯〉氏（Laplace）将康氏之"星雾"说再加改正，于是始起世人的注意。拉氏所以为世人所注意的原因，实因此时乃法国革命之后，人类的思想，如潮如涌，不若从前之固塞，故对于一切新唱之学说，多喜采纳。

1809 年赖马克（Larmark）刊布他的《动物哲学》，这是生物进化论的新纪元。赖氏的意，以为动物各种类，经过好多年，其形状是次第变化而至今日的地位；而所以变化的原因，是在乎"用"与"不用"。赖氏很得达尔文的赞赏，赖氏之影响于达氏当然不少；然在当时正是屈费儿氏（Cuvier）"天变地异"之说最盛行的时候，致赖氏之说不能行于世。1830 年间来伊尔的《地质学原理》刊行，同时地质学家达罗华（Halloy）均从实验上而证明进化之理，于是屈氏之说不攻而自败。地质学家所以能得此效果，自然得康氏、拉氏之力不少。盖二氏给地质家以地球最初之历史，而使地质学家以地质学的原理，来解释地质的现象。

生物进化论之发达，地质学实为之基础。因为地质家发见在最低的地层中，是下等生物，最浅的地层中，有高等生物；因此，生物家得以证明最高等的生物，是由下等进化而来。生物进化论之发达，始于 19世纪中叶。达尔文《种源》于 1859 年刊布以后，生物进化论基础大固，而进化论从此也大起人注意。与达氏同时倡生物进化论者为华勒斯（Wallace）。华氏对于进化论的贡献，实不亚于达氏。继达、华二氏而起者，如赫胥黎、海凯尔、罗纳斯、魏斯曼、得甫里斯，均能于进化论上大加发挥。

生物进化论既彰朋［明］于世，社会进化论也随之而起。社会进化论，就是将进化论的原则，应用到社会的历程；提倡最先的要算斯宾塞，此外，如摩尔根（Mergan）、色什兰（Sutherland）、米勒来伊儿（Muller Lyer）等对于社会进化论贡献甚多。

总而言之，进化论发达的程序中，除了二千余年来的萌芽时代外，最近二百年来的进化论发达的程序，可分做下面几期：

（1）天文学上的进化论发达时期（18 世纪中叶至 19 世纪）；

（2）地质学上的进化论发达时期（19 世纪初叶）；

（3）生物学上的进化论发达时期（19 世纪中叶）；

（4）社会学上的进化论发达时期（19 世纪末叶）；

在进化的程序中，最先是球体的原始，然后至地球的进化。有了地球，才有生物，才有人类；有了人类，才有人类社会。进化论发达的程序，也是先天文，次地质，次生物，最后才到社会，这真是不期而合的。

三、地球进化的程序

1. 球体的原始

说明球体的原始最先的学说，是"星雾"说。"星雾"说乃康德所倡，康氏的解释不甚精美，其影响也不广；拉普拉斯氏继之而起，加以改正，于是"星雾"之说，大行于世。"星雾"的大意，就是太阳及各星体，最初都是一种稀薄的气体，其温度极高，其所占的面积与海王星的轨道相等。这种稀薄之气，皆围绕其中心而旋转，经过好多年后，渐渐变冷，乃凝结为固体。其居中心的，即现在的太阳。因为离心力作用，遂使太阳之周围，生出轮圈，轮圈离散后，变成第二等之星球，地球就〈是〉这种星球之一。圈轮变成第二等星球后，仍围绕太阳而行；因为离心力作用，第二等星球，又生出较小的轮圈；较小的轮圈，再离散而成第三等球体。这种第三等球体，就是围绕地球而旋转之月球，及各行星之卫星。然围绕行星之轮圈亦有不离散而成第三等之星球，故仍然存在者，如土星之轮圈，就是一个好例。这种学说盛行好久，到张伯仑（Chamberlin）及莫尔顿（Moulton）乃否认此说，他们反对"星雾"说的理由就是：

（1）这种学说，不能说明 Eros（爱神星）的轨道（按 Eros 的轨道是一面与地球相近，而他面则出乎火星轨道之外）。

（2）这种学说不能说明星球轨道之高斜，或离中心者。

（3）照此种学说，则星球公转之时间，必长于其所属之星体之自转时间；惟实际上我们可寻出星球之自转时间，长于其卫星之公转的。

（4）这种学说不能说明星体之旋转方向，与多数星体旋转方向相反的。

此外，在物理学上、力学上，尚有好多不妥之处，于是张氏及莫氏乃倡"星团凝结"说。"星团凝结"说的大意，就是太阳最初乃一很大的星团，居于中心，而且能缓缓地自转，其周围有好多第二等的星团环绕而旋转，成为一椭形的轨道；因为各星体和太阳互有吸力，故渐渐缩小而成今日之星体。此种例子，我们可于火星及木星轨道之中间见之，其位置、大小、速率均不等。太阳系以外，天空尚有千万的星团，可为这种学说的证据，其最显著的，为奎星及猎户星。这星的星云团大过太阳好多倍，是螺旋形，中有最显明之黑点，这种黑点就是星团的中心，与我们的太阳居中一样；星团中心之旁边，又有好多小黑点，这种小黑点就等于我们太阳系的行星。照这种学说球体的原始，并没有经过液体，惟后来又有些天文学者把来略加改变，以为这多的星团，共在一处，必有相碰，相碰则生热，热则球壳的岩石必熔解，熔解以后再凝结，故地壳外面的团结愈密，从此遂发生吸力，将球中的水及空气吸住。张氏之说，虽经后起者略加改变，然大致仍相差不远，故"星团凝结"说仍为近世最通行之说。此外还有些学者，以为球体乃无数之陨石合成的，这种学说理由不充足，故此处不必说。

2. 星体普通进化论的程序

星体的原始，上面已经说过。地球是星体之一，故地球的原始也与他星球一样；惟未说地球进化的程序以前，我们可先将星球普通进化的程序来说说。

星球普通进化的程序，可从星的光的颜色上分别，其分别最先者为塞歧（Secchi）。塞氏把所有之星别为四类：第一类最幼，第二类次之，第三类又次之，第四类最老。近来观察天体之仪器日精，而分别星之老幼之法也日精，最著名之分类，要算哈佛大学观象台所分的。惟哈佛观象台所分虽比塞氏为详细，然大致仍相同，故把二者相合而略加说明。

（1）塞氏所说第一类，是蓝白色。例如，天狼星（Sirius）及天琴星（Vega）及北斗七星中之最光明六个。此种星在天空中，差不多渐全数之半，他的光带是青紫色，表明其温度极高。

塞氏第一类中，包含哈佛观象台所定之 B、A 二类。B 类也叫做猎户类，因为这一种的星，多数在猎户中；又有叫做氢类，因为他的凹带中是氢做成的。A 类或叫做天狼种，其轻气带甚分明。

（2）塞氏第二类是黄色，叫做太阳类。因为他的光带与太阳一样，这种星的氢带已完全不见，而轻气带则尚见。其最令人注意的，就是金色带。这一种的星数与第一类的差不多。

塞氏第二类，包含哈佛观众〔象〕台所定的三类，就是 F 类、G 类及 K 类。所有之星色，似天狼者属于 F 类，或叫做钙类。在他的光带中，轻气带仍然存在，但已不若前者之显明。在 F 类之下是 G 类，我们的太阳就是这类的最好例子。次之为 K 类，大角星（Arcturus）就是属于这一类，这类的轻气带已渐渐呈不见之象。

（3）塞氏第三类是红色的，二个最显明的例〈子〉就是天蝎宫（Antares）的第一枚及近猎户之变光星（Betelgeuge）。这一类据天文家所知者，大约五百个，多数都是变光的。他的光带凹得很深，大约为锑养〔氧〕化所致，这是表明他的温度是低过第一、第二二类的。这种星离太阳很远，而且比较太阳大得多。

塞氏第三类，就是哈佛观象台所定的 M 类。M 类之中又分为 Ma 及 Mb 二类，大致与塞氏所说的相同。

（4）塞氏第四种星数，大约二百五十个。这类的颜色是深红的，不用看远镜不容易见得。他的光带很深，大约因为炭的复合所致。这一类离太阳都是很远，他的容量和等级都很难知道。

除了从颜色上看得星的进化的程序外，自星的动度上也能看出来。据力克（Lick）观象台所得的结果，以为 B 类的动变甚迟，A 类次之，F 又次之，M 类最速。下面就是力克观象台的所得的结果。

星的类别	B	A	F	G	K	M
速率	4.0	6.8	8.9	9.3	10.4	10.6

总而言之，星的进化的程序，大概自颜色上看去，是由蓝白而黄，而红而深红。由速率上看之，是 B 类最迟，进而至 M 类最速。由温度上看之，是幼者最热，变老则渐冷。然又有些天文家，以为最初的星球，是不甚热的；后来因收缩之故，因而温度渐高。因此，他们又以为深红色者为最幼，红者次之，黄者又次，蓝白者最老。这种说法，其进化程序正与前者相反；但据天文家多数仍主张前说，故我们这处仍以前者为主。

3. 地球进化的程序

各星体因为离我们太远，我们不能实地地去实验他；我们所藉以知他的进化程序，只能从他的颜色、速率上决定。至于地球乃我们所居的，我们对于地球进化的程序，比较他星球自然详细得多，尤其是地质家。地质家说明地球进化的程序是很详细，我们这里只能说其大概。

（1）自星团凝至地面上有空气、有水，于星体的原始中已经说过，不必再说。现在说的，就是有水和有空气以后的进化程序，地球上既有水和空气，地上生物是必有的；然这种生物，都是下等。下等的生物，因为组织太简单，不易保存，故地质学家都不能寻出他的化石；但无论如何，地质家总是信古生代以前生物是确有的。

（2）古生代以前是太古，是荒古时代，他的情形如何，都是很难知道，现在自古生代说起。古生代的第一期是寒武纪，这一纪中，北半球渐渐有大地出现。惟这时的雨水很烈，所以新生的地，每每被雨水冲去；新生地固然被冲，然后来又生出来，因此，北半球的陆地多，而南半球则海域较广。

古生代的中期（志留及泥盆纪），是大岭湖等发生期。这期所以有大山的原因，有些人以为是因地球内部收缩，如老人之面部起纹一样；又有些人以为是沉淀物流入海洋所致。哪一说是真的，我们都不必管他，现在再进而说古生代的末期。

古生代的末期（石炭纪及二叠纪），这一期的初期中，有好多的低地渐渐填平起来；又有好多高山新地，也在这期生成，如非洲、南美洲均这期所生。这期的空气，因含过多二养［氧］化炭［碳］，所以动物都难生活；后来因植物生发日繁，把二养［氧］化炭［碳］吸收起来，于是动物就渐渐发达。到了古生代的末期，冰片盖欧、美二洲之北部，地上起了重大的变化；新山岭再生，而旧山岭沉没，气候也因之而变化，于是进而为中生代。

（3）中生代的初期，冰片渐渐溶化，欧洲的陆地又渐渐低下。到了中生代之末，陆地又升起来。在初期的湿度很高，到末期又渐低降，落叶树于此才见，动物最多的为介壳类。

（4）近生代——中生代后，就是近生代。这代所历的年数不久，高等动物，如牛、马、猿均于此代发生，所以在进化论上特别紧要。此时气候已温，而且四季也分别；惟近生代之末期，气候又渐低。西藏之南的喜马拉雅山就是这代所发生。

（5）新生代——新生代是地质学上最近代，人类的发生，就在这代。这代之初，北方的大陆为冰片所盖。地球何故有此冰片，至今尚无完满的答复。据现在最通行的学说，以为因地球中心渐渐变其地位，故两极的方向也因而转变。

地质时代表

代	纪	所历年数	植物	动物
新生代	上第四纪 下第四纪	五十万年	今种	人类
近生代	复新纪 中新纪 渐新纪 始新纪	五百五十万年	被子门	爪哇类猿人 牛羊类 狐鲸等
中生代	白垩纪 侏罗纪 三叠纪	一千三百三万年	裸子门	有齿鸟，有骨鱼 高级虫，爬行类 单孔类
古生代	二叠纪 石炭纪 泥盆纪 志留纪 奥陶纪 寒武纪	三千五百八万年	隐花植物	爬行类，两栖类 鱼类 虫 海绵类
太古代				
荒古代				

四、生物进化的程序

1. 生命的原始

生物学上最重要的问题，就是生命的原始，古今来解释这问题的人很多。宗教家以为生命是上帝造的，这种解说，现在稍有智识的人，都不肯相信。古代的希腊人以为地上的生物，是由无机物变成的。亚里士多德及一般学者，以为生物是从土和水生出来；因为他们常常见在有土有水的地方，发生好多小虫及下等生物，所以他们就断定水和土能生生物。然而，无机体如何能变成有机体，水和土如何能生出生物，他们都没详细的解明。中世纪时代，好多人以为腐败的肉类，能生小虫及下等生物如蜂、蝇等；然据来底（Franceses Ridi）及巴斯图（Pasteur）的实验，知这种的解释是完全错误的。他们的试验方法，就是用一个玻璃器，放肉内面，然后盖之，使空气不易走入，结果没有小虫；因此，他们以为肉中能够生虫及下等生物的原因，是因为外间的小虫如苍蝇等放卵于肉上，然后肉里才有小虫。18世纪时伊拉司麦司·达尔文（Erasmus Darwin）做一首诗，表示他所主张的生命原始。他以为元〔原〕始的生物是从有生气的地上生出来，这种发生是自然而然的，所以没有父母。这与亚里士多德所说的相差不远，仍使我们不能满意信他。

我们再将近来科学家所解释的来谈谈：据一般的科学家以为最下等的生物是由雷电的作用而生。他们以为在潮湿的地方，淡〔氮〕质很多，因雷电起时，使他与空气中的淡〔氮〕养〔氧〕化合而成为小生物，然后渐渐变起来，而成为各种生物。剑桥大学有一位物理教授，他曾用镭盐及牛肉茶，将镭盐放射于茶中，不久有了好多班〔斑〕点发现，这些班〔斑〕点都与最下等的生物一样；而其最奇妙的，就是这种小班〔斑〕点都与最下等生物的分裂，由一而二，而四，经过数次，然后灭亡。因此，镭能激起生物遂起了科学家的注意。他们以为现在的太阳中，有好多镭，我们从前的地球，既同太阳一样，在从前的地球也必有镭，那么生物由镭激成，也是可能的。然而，剑桥大学物理学家所试验的，是不是生物，还〈是〉一个问题；镭能否激起生物，又是一个问题。又上面所说的雷〔镭〕与空气中的淡〔氮〕养〔氧〕化合能否成为生物又是一个问题。那么科学家所解释的，仍使我们不满意。

此外，又有些人以为地球上的原始生命，是由他的星球上传过来。他们以为天空中有了几千万万的球体，有时是不免得相撞起来；当相撞的时候，那有生物的球上的生物，不意中传过来；那种生物因为有一种护身物，能够由他球传过无生物球时不致死亡，故后来渐渐发生起来。又有一种学说以为有生物之球，虽不与无生物之球相撞，然可能从光传过来。因为，这最下的生物的体很小，故光力能传之。由他星球传过来也是意料的事，就使光能传生物，或两球相撞时可以传递，然那有生物的星球的生物，又从何处来？

总而言之，生命从何处来？这条难题至今依然存在，而没有完满的答复。有些人以为既是不能有完满的答复，那么还不如承认生命是上帝造的较好，我以为这是势所不能的。因为人类是有好奇心，凡对于一切不明白之事，都要设法去寻求，至明白而后已；因此，我们才能够由无智识而有智识，人类也由野蛮而进于文明。设使我们事事都委诸上帝，那么恐怕现在的世界，还与古代一样。生命的原始问题，有了二种困难：第一，是我们现在的处的地球的状况，与生物最初发生时的地球已大不同了。我们既不能将现在的地球，做成同最初的状况一样，我们自然不易解释。第二，我们人类现在的智识，尚不够解释宇宙间一切的事物；惟我们所确信的，就是今日不明白的事，是因为我们的经验不够，所以我们仍须努力去研究之，将来总有较好的答复。就以生物的原始来说，从前人对于下等的生物，完全不知是什么质，现在已经知道；又近来科学家发明［现］在生物体中，有一种东西叫做拜安（Bion），具有一种活动的能力，为生命的原动力。因此，我们一方面不要以今日所解释者不完〈满〉而抛弃之，一方面仍是努力去求今日不完满的地方，就是将来完满的预备，故今日所解释，虽不完满然其价值不因此而失。比方拉氏之"星雾"说，现在人人都知有好多不妥处，然拉氏的声名，固不因张氏之"星团凝〈结〉"说而低落。盖没有拉氏的"星雾"说，恐也说［没］有张氏的"星团凝结"说；因此，我们最后的信仰，仍是从科学的途上去。

2. 植物进化的程序

下等生物之最小的，要算植物。例如色苔，这种植物是要用显微镜才能见得。他是单细胞植物，或单一原形质。这种植物发生的地方，大约在池中及面有颜色之水中。我们可以把他来洒干，至必要时只用清洁之雨水浸之，然后置于日中，就可返原状。此种植物的形状略圆，其色或红、或绿，亦有半红半绿；中间有一细胞核，外围以细胞围；围是由一种化学合成的。他的原质，不外炭养［碳氧］。我们若于放在显微镜中，加点注意，则我们能见这单细胞可分为二，二为四。最初二者尚相近，渐渐则离远；分离以后，其子部与原形已不甚相同，而且伸出二枝原形质，这二枝原形质能够活动。在我们的眼中，他的动率甚迟，但实际上这种若是之小的生物，能够这样，其速度总算尚很速。他所吸收的食物是液体，而这种食物多数含能够造成原形质的元素。此外，尚有呼吸、排泄种种作用。

上面是说单细胞植物，单细胞植物的进一步，就是多细胞，多细胞最好的例就是波波（Volvox）。多细胞植物是由好多单细胞组合而成的，有时他的数目竟达二万之多；若就其一单细胞看之，与色苔无异，外面包以很大之围；在外面之单细胞，各伸出其原形质，而且甚活动，其居于中间的，多为子胞。此处我们可以看出植物上的分工，因为合多数的单细胞而成为多细胞，则各司其职，而现出一种互助的能力；然因为分工之故，而单细胞渐渐失其独立性，结果若不与他者团结，则必不能生存。

再进一步之植物则茎、叶可分的，然后有根。这一种的官体及功用较前者完备，多数生活于水中，然也有活于干地的。愈高等之植物，愈适于陆上的生活，此一种所以进化过前者也在这点。其最令我们注意的犹是他的生殖方法，前者的生殖方法是无性的，这一类已由无性而进到有性，故无性、有性这一种均有之；我们园庭中的青苔就属于此类。

植物一到羊齿类，不但茎、叶可分，而且有真根发生，所以这一种比较上者进化得多。这一类生在干燥之处者很多，因为他既有根，则愈适宜于陆地；因此，各种官体比较前者均进化，他的生殖方法也是有性、无性兼用。

植物以最高等的就是结子类。这一类不但茎、叶、根可分清楚，且能开花结子，故又有叫做显花植物，为现世最繁盛之植物，散布也很广。其所以这样优胜的原因，不但发育器官完备，就生殖布种之法也进化得多。

植物进化的程序大概如此。此外，据地质家于地层中所得的植物进化的程序，与上面所说的相差不远，故也将其大概略述。

地质家以为在寒武纪以前，已有植物，此时的植物是一种淡水产的藻类，后来因为天气干燥，淡水因之而涸，藻类中发生菌类的组织，合成地衣类，仍能生长；因此，地质家断定植物的最初期是共生成。然有些人以为没有地衣化石，因疑后有地衣，其实地衣的组织很简单，故不能保存。自寒武纪到志留纪的植物，地质家还未得见；但自寒武纪到志留纪，植物都是在渐渐变化中是无疑的，所以到泥盆纪才有森林树木的化石。这时的植物最多的是芦水、鳞木、封印木，此外，藓苔、羊齿也遍生于陆上。泥盆纪之后是石炭纪，针叶植物如松柏之类，皆在这期发生。这期的羊齿也很发达，有高过二十尺的。石炭纪以后，就是古生代的末期，这时因为地上起大变化，植物界也改了本来的真面目，鳞木、封印木等都通绝迹，针叶类代之而兴。在中生代之始，所谨〔仅〕存的就是羊齿类。到了中生代之白垩纪，被子植物乃代之而兴，所以我们现在的仍能觅植物与我们现〈在〉的植物相同。从此以后，所发生之植物，大约都与今日无异。

3. 动物进化的程序

生物是包含植物、动物二部，植物的发生较前于动物，因为动物是要靠着植物以为养料。植物进化的程序，前面已经说过，现在再把动物进化的程序来说。动物进化的程序，可从二方面来讲：第一，是从动物的分类上；第二，是从古动物上。现在先从动物分类上来说：

（1）最下等的，或原始的动物，与最下〈等〉的植物都没有什么差别：植物学者说是植物，动物学者又说是动物，这种争议是很难解决。不过，就普通人所公认的来说，凡用有机物以为营养的，叫做动物；吸收无机物以为营养的，叫做植物。植物最下等的色苔，上面已略示大概，动物最下等的要算原形虫。原形虫是单细胞动物，他的全身好像一点胶质，而且极小，非用显微镜断不能见得。中间有一细胞核，身上有好多黑点。其身体转瞬就变，故亦叫做变形虫。他所食的东西，是必经过溶化为液之后；他能呼吸排泄，知觉外物之来侵；其生殖方法由一裂而为二，由二而四，与色苔无异。

（2）多孔动物——单细胞动物的进一步，就是多细胞，例如海绵。最初因为他的外形很不规则，而其生长方法又似植物，故一般生物家都以为是植物；后来经过详细的研究，始知是由好多单细胞动物而成。这种动物多居于水中，初视之若小树枝，且分出好多小枝，其枝中空，这处已见得动物的分工。

（3）腔肠动物——这一种多数是海中动物，最显明之例为水螅及海蜇。这种动物的身体是由二层细胞合成，他的身体是偶形的，惟没有肛门。

（4）栉水母类——从前的人，把这一类编入腔肠类，惟现在已离腔肠门而独立。因这一门不但身体是二边是平均，就是他的口及感觉器官，也进化得多，而且纤毛带亦已发生。

（5）扁虫——这一类比较前者进化的，就是他的身体分做三层，中间之胚种层中包含生殖排泄器官等。

（6）圆虫——这一类多居于各动物的肚中，比前者进化的地方，就是性的分别。女性比较男性为大。其肠中且有一部分叫做直肠。

（7）棘皮动物——例如海燕，或叫做星鱼，从前属于腔肠类，然考其结构及生命的历史，皆进化过前者。

（8）环虫——这类最普通的，就是蚯蚓。淡水、咸水及陆地均有，又有些寄生于他种动物体中。他的身上已有好多环节，其体内的筋肉及皮层内的神经都很发达。

（9）软体动物——蜗牛、蛤均属这类，最发达的为筋肉。

（10）节肢动物——这一类的数目，多过合他种动物之总数，这一种的目、肠、心、肢、口、知觉器官，均分明于前者。

上面所说的均是无脊椎动物，现在再进而说有脊椎动物。

（11）圆口鱼及软骨鱼类——这二类与无脊椎相同之点尚多，为无脊椎及有脊椎之媒介。

（12）鱼类——鱼类较前二种鱼进一步，住在水中，游泳时用鳍。鱼类之最高等者，能伸首出水面呼吸。

（13）两栖类——蛙、鲵鱼、蟾蜍，均属这类。这类不但能在水中生活，且能在陆上生活，表示动物由海居而至陆居的媒介。当他最初在水时，他用鳃为呼吸器官，及到陆时鳃乃变为肺。

（14）爬行类——这一类多数居在陆上，然亦有居于水的，如鳖类。这类仍是冷血动物。

（15）鸟类——鸟类完全在空气中呼吸，而且是暖血动物，因为他身体上的温度，比较前者高得多。鸟有羽毛，故多能飞翔于天空；亦有不能飞的，又有能下水的。

（16）哺乳类——为脊椎动物之最高者，人类也在这一类，多数都是胎生，胎儿生后不能自立，必须母乳以为养料。

自动物分类上看去的，进化的程序大概如此。现再就地质家所得的动物进化程序略说：古生代以前，已有动物，这是好多地质家所承认的。到古生代时，只有无脊椎动物，惟此代的末代也有鱼及最初的四足类。这一代的动物最盛的是三叶虫，所以也可以称他作三叶虫世。中生代的动物，是爬行动物，其发生的情况与古代之三叶虫、新生代之哺乳动物一样。在海中有鱼形龙等，他的肢体与鲸鱼无异；在陆则有著名的恐龙类，与猫类相似，其长度从二十米突到二十五米突；更有飞翔于天空的，叫做翼指龙，他的体都很大。这代中的鸟类也发生，从此而到近生代。近生代之动物与现在之动物多有相似，爬行类消灭，代之而兴的是哺乳类。地质家所分的最末代，就是新生代，这代始有人类。

五、人类进化的程序

1. 人类的原始

说明人类的原始不外二种学说：一种是创造说，一种是进化说。创造说又分为三种：第一种，是《旧约》上的创造说。其大意以为上帝用土塑成人形，从鼻孔吹入生气，就变为人，叫做亚当；后来上帝又把亚当之一肋骨，做成一个女人，叫做夏娃，于是世界上的人类，遂因而繁殖。第二种学说是"天变地异"说，此说乃法国有名动物家屈费儿氏所倡。氏对于化石及解剖学，都很深造。他以为地上经过好多次的变化，及地层中所有各种生物，均是神为之；然神之最终目的，乃为人类生存而准备。此说在当时很受人信仰，连了赖马克的进化论也被他推倒。第三种学说是"种之不变"说，这是哈佛大学动物教授阿伽西氏（Agassiz）所主张。他的大意就是各种生物和人类，都是上帝造出来，所以没有变化。照《旧约》中所说的人类的原始，无异我国女娲补天的故事，不足以使人信，是不待言。"天变地异"之说，在 18 世纪虽震动一世，然自来伊尔氏（Lyell）《地质学原理》刊布以后，屈氏之说也不攻而自先［失］信仰。"种之不变"说，在 19 世纪之初叶虽炽，然自达尔文进化论发表以后，陆续发见好多进化证据，阿氏之说也因之而失信。创造之说既不足以解明人类的原始，那么，我们不能不从进化论。然进化论中对于解明人类原始也有二种学说：第一种是多源说。这一说的大意就是生物之起原［源］决非一物，鸟有鸟的祖先，牛有牛的祖先，人类有人类之祖先，故今日的人类是由从前人类的祖先变出来。这种说现在进化论者已多不承认，且与进化论的根本上由下等进而至高等的原则也不甚相合，故进而说一源论。此说倡最力的是赫克尔氏。氏以为人类的祖先，是由下等动物进来，他曾把系统树来表示生物进化的程序，然生物既起于一源，人类最与之相近的动物又是哪一种呢？因此，又有"人猿同祖"之说。"人猿同祖"一句话，宗教家绝对不认，固不待言，就现在一般首脑稍旧者也很反对。我曾听过一位教授说，有一个小孩子去学校读书，听先生说"人猿同祖"说，于是回告其父亲；父亲说你或者是"与猿同祖"，我却不同猿同祖，这是表示人家反对"人猿同祖"说。但是，无论反对者如何激烈，主张的仍旧是坚持，他们所持的理由就是：

（1）从古生物所得的证据——人所以不信"人猿同祖"之说，是因为人类和猿的智力及构造上不同。但据杜步亚博士（Dubeio）在爪哇发见的猿人头盖骨，以构造考之，正适在人与猿之中间，是必为人与猿之媒介。

（2）从血液的试验证明人猿是同祖——血液试验有二种方法：一为沉淀，一为注射。沉淀法就是以血置器中，使其凝结，而取其四周之似水者，叫做血清。若用人之血清，及猿之血清混合，则见其沉淀；若用人之血清，及牛、马、犬等血清相混则不见沉淀，于此证明人与猿是属于一类。注射法就是用同属一类之血，而注射于同类的，即其血能混合；若用不同类的，而施以注射，则必起变化。如猿与人就能混合，若以人之血而注射于犬、或马，则必生急变。因此，证明猿人必同祖先。

（3）传染病试验法——以人之传染病施之于人猿，则有效；反之，而施之于犬，则不效；因此，又见得人与猿有特别的关系。

2. 人类个体进化的程序

人类的原始，上面已经说过，再进而说人类进化的程序。人类进化的程序，可分做二方面来讲：一是人类个体进化的程序，一是人类社会进化的程序。后者当在下面说之，故现将前者来讲：

人类个体进化或发生的程序，据赫克儿说是将生物所属的种类，古今逐渐变化之程序，于发生时期内，反复表现。这种学说，叫做"复现"说。这种学说最易起人误解：第一，因为全种族的发生，经过千百万年，而个体不过十个月，故在时间上易使人疑惑。第二，因个体在发生时期中，乃在母腹之内，食物都是由母体供给，而种族就至下等的也有独立生活之能力，因此也易起人疑惑。然其实赫氏之说不过就其大概而言，故时间上及生活上，稍有不同之处，并非处处相合。个体进化的程序，与种族进化的程序的关系，可以下图表明之：

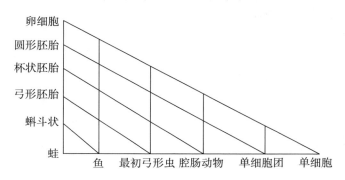

个体进化的程序与全种族进化的程〈序〉大概如此，现专就个体进化的程序略说：

预备期——凡行二性生殖的动物，新体发生，是由精虫和卵二者接合，人类也是这样：人类精虫较活动，当接合之前，精虫及卵之染色体二次分裂，分裂中有五个历程，我们这里不必说明，惟分裂之后乃相结合而成为第一期。

第一期——这期是精虫及卵分裂以后而结合，就是人类发生的第一期，其构造与单细胞如变形虫无异，中间有一细胞核，核中有染色体，能自由活动。

第二期——这期是分裂而为二，为四，为八，为六十四……而成一圆凹形。

第三期——这期外面有一种外围，各细胞合而成为几层，与腔肠动物相似。

第四期——这期是弓形胚胎体，渐变长而若有环节。

第五期——由弓形而变为蝌斗状，首之两侧也似鱼呼吸之鳃，头部大尾部小。

第六期——由蝌斗状而变为蛙状，此期的构造上进化得多。

第七期——这期与高等动物若猫、犬等之胎儿无异。

第八期——为人类胎儿时期，与各种兽的胎儿已大不同。

3. 人类社会进化的程序

社会进化的程序，据摩尔根（Mergan）及色什兰（Sutherland）及其他社会学者所说的大概如左：

（1）野蛮时代——野蛮时代可分做三期：

a. 野蛮时代的第一期

这期人民的体格不甚高，他们的食物多是自然供给，其所食的，如树根、树皮、果子类。他们多数没有衣服，就是妇女也是一丝不挂。他们没有房屋，所居的地方不是在树下，就是在树上，到了有风雨的时候，他们走入穴中。他们也有言语，然极简单。

b. 野蛮时代的第二期——这期的食物多由打猎得来，打猎以外又能捕鱼，不知耕种不知畜牧。他们已知道用衣服，惟裸体者仍多。据来伊儿（Muller-Lyer）说：他们所以用衣服，并不是为保护身体，不过是为装饰的虚荣心所致，因为他们觉得装饰比保护身体还紧要；然亦有用为保护身体的，如依士企摩人，因为北方的天气太寒，所以不能不穿衣服。衣服之材料，多用兽皮及树皮、树叶等。这期的人已知用房屋，然穴居的仍不少。其房屋大约用树皮、树叶所造成，惟甚狭小。这期所用的器具，可分为三种：第一种是石器；第二种是树干、树皮等；第三种是游猎所得之皮骨、筋爪等。他们所造的器具以武器为主，家用的器具很有限，这是因为他们多没有一定的住屋，今日在东，明日在西，若是有了太多的器具，那么迁移上是不方便。火在这期已发明，所以他们除熟食外，又用火去烧山林，而围攻野兽，用木来做小艇。这期没有团体的组织，或有数十人住于一处，然说有团结力，也没有分阶级。

c. 野蛮时代的第三期——这时鱼及禽兽已为定规的食品，所以打猎的技艺特别精巧。他们用石做刀、斧，用骨做针，用动物之筋做线，用树叶做篮。衣服在这期已很普通，其材料仍不外兽皮、树叶等。社会组织比前期都很进化。

（2）半开化时代

半开〈化〉时代所以与野蛮时代不相同的地方，据摩尔根说就是野蛮时代，只知以自然的生产来供给他们；半开化的人的特点，就是能够以人为生产来供给他们。半开化时代也分做三期：

a. 半开化时代的第一期

这期的特点：就是人类已晓得畜牧；他们并晓得用陶器，惟陶器很粗笨；衣服则用革皮做，就有用树皮的，也必经过浸渗以后；妇女这时已没有裸体。此外，还有〈两〉个特点：就是他们已开始种植；在战争发生后，有势力的则地位较高，酋长就是他们的首领。

b. 半开化时代的第二期——这期的种植很发达；所住房屋多用木料；墙之外面，有涂以泥土者，屋顶用干草及树皮等，惟他们的屋没有窗。铜器似已晓得用；纺织之法很进步；社会组织上更进步，酋长之权力很大，有奴隶、尊卑、阶级等，酋长并且是世袭的。

c. 半开化的第三期——这期最发达的是农业，且能用畜类来耕种，所以不甚肥美的土地，也能开垦。农业所以能发达的是赖乎铁器；简单的文字已有；政治的组织，就有君主以统治。

（3）文明时代——半开化时代与文明时代不同处，就是半开化时代是农业发达，而文明时代的特点是工艺发达。文明时代也可分做下面三期：

a. 文明时代的第二［一］期——这期有石围之城，且有好多精美的石头建筑，文字具备，也有文学。

b. 文明时代的第二期——这期的房屋是用砖筑成，且有玻璃窗，有帆船，文字乃抄本，商业也发达。

c. 文明时代的第三期——这期有铺道路，有运河等，文学大进，有强固的中央政府及官制。

上面所说的社会进化的程序，本不妥当，其最大的弊病，就是使我们不能决定某一种民族确实属于哪一级。比方依士企摩人是普通人觉得在进化程序中最下等的，然自饲养家畜上看去，则依士企摩人当然占很高的位置；那么，我们究竟挪他编入哪一种才好呢？但是，我们一时既不能找出一个较好的分配方法，所以不能不暂采纳以示社会进化的程序的大概。

六、结论

总而言之，进化的程序就是：（1）先有地球，然后有生物，有人类；有了人类，才有人类的社会。（2）今日的地球，是由无数年来的星团变成的；高等的生物，是由下等的生物变成的；文明的社会，是由从前的野蛮的社会变来的。（3）由纷乱浑漠的形态，变而为明确特殊的形态；由简单变而为有秩序的复杂；由少数部分和漫散的结合，变而为多数部分和精致而明确的结合。

本题包含很广，因时间太促，遗漏之处甚多；至于词句间缺点也多，望阅者原谅。

贫穷的研究[*]

老爷！太太！救命呵！
我是永远不回了！
世上并不少了一个要养的人
再会！
上帝帮助你抚养素尼，
切勿抛弃她！
——一个因为没有工做而自杀的人给其妻的书。（参观 Hänter's Poverty 首一章）

万族各有托，孤云独无依；
暧暧空中灭，何时见余晖；
……
凄厉岁云暮，拥褐曝前轩；
南圃无遗秀，枯条盈此园；
倾壶绝余沥，窥灶不见烟；
……
——陶潜《咏贫〈士〉》

冬暖而儿号寒，年丰而妻啼饥。
——韩文公《进学解》

这是人类贫穷的哀音！

────────────

[*] 录自《复旦》第 1 卷第 2 期，1925 年 7 月 1 日。

在伦敦的 White Chapel 及 Spitalsfield 之某部分，在莫思科的 Kitrof Ryuoek，在芝加哥的 Armour Avenue 之某部分，在纽约的 Cherry Hili 及 Minettas；而犹是在上海的华界，北京的前门大街，广州的燕塘，或是小东门……老的，幼的，男的，女的，盲者，聋者，跛者，衣蔽前而不蔽后者……面目黧黑，形容枯槁……这都是人类贫穷最著名的陈列处！

在日落西山的时候，在上海的杨树浦路上，从工厂里出来的工人，多是一般的妇女孩子；他们的面色苍白，精神颓靡；他们三五成群，有时也放声大笑，却是我们若详细考察起来，他们的谈笑中，现出无限的苦衷和疲倦；我们若自问为什么这般小孩不入学校，而自早至晚埋在空气恶劣的工厂里？为什么一般妇女放弃家庭的责任，而从事工做？简直说句：不外为贫穷所迫，而这种贫穷，就是人类的苦海！

据 Hunter 氏的推算，美国依赖慈善团体以为生活的人，达四百万，其不受慈善团体的供〈养〉而处于贫穷地位的，至少六百万，总共起来，美国于 1912 年至少有了一千万以上的贫穷人。据英国慈善家 Charles Booth 所著的 *Life and Labor of the People in London 1891* 中说：伦敦的穷人，占人口之总数百分之三〇〈点〉七。又 B. Scehohm Rowntree 于 1899 年，调查约克有人口七万五千八百一十二，而穷人占二万三百零二，计占总数百分之二十七。Charles Booth 发表他调查所得后，德国的社会学家也从事调查穷人的总数。他们能初次所得之结果，与伦敦约克所得的相差不多。惟第二次加过详细的调查，则其结果超过第一次，而第三次又多过第二次。

我国的穷人的数目，从来没有人调查过。最近来北京燕京大学社会科，才设社会调查一科。据该科主任 Burges 去年在沪江大学对社会科学生说：据他们调查，北京至少有乞丐三万；此外至少有十二万人是待候慈善团体的救济。我们从此可以推想不待救济而处于贫穷地位的人，自然更多。不但这样，Burges 和他的学生所调查的结果，恐怕也与德国社会家的第一次调查所得的结果一样。若经过详细的调查，那么自然超过 Burges 所说的数目。这样看起来，在一百万的人口的北京，恐怕一半都是处于贫穷的地位。北京既是这样，各处的通都大邑，也可推想而知了。

Tha[o]mas Carlyle 说：贫穷并不是要死，且未必死于饥寒疾病……好多人都已死，所有的人都将死，但是生而坠落于苦海而不自知其原故……这就是叫做贫穷。总之，"饱受饥寒之笃，终日劳劳碌碌而没有所得，呼天无答，入地无门"，就是贫穷的景状，也就是人生最痛苦的表示。

直接上，贫穷是人类的痛苦的表示；简［间］接上，贫穷是社会不安的原因。因为从一方面看起来，社会是由个体结合而成；个体既多受一种痛苦，那么自然是社会的不幸。从别方面看起来，贫穷是一切社会病态现象中最根本的原因。所以一切的犯罪，如劫掠，窃盗，卖淫，贪婪……一切的丑态：像乞丐，一切的恶行：像赌博，差不多完全与贫穷相关，或是由贫穷产生出来。Hollander（霍兰达）在他所著的《贫穷绝根》（*The Abolition of the Poverty*）中说得好：

> 社会的不安，是 20 世纪的现象，无论哪一方都有这不安的现象。比方，产业上各阶级的不平等，政党各派的纷争，舆论的神经过敏……其根本原因，是贫穷的存在，以及因贫穷而生出的痛苦。

这样看起来：我们知道贫穷是人生痛苦，和社会不安的原因，但是贫穷的原因究竟在哪里呢？

贫穷的原因，正是"人言言殊"。风水先生说是因为祖宗葬非其地，算命先生说生非其时，这是稍有智识人，不肯相信。或是宗教家像耶稣说："上帝均能给你所欲的东西，惟你须遵他的命。"又路加和马太福音书上说："你这贫穷人有福了，因为上帝的国是你们的；你们现在饥饿的有福了，因为你们将要饱足……你们富足的人有祸了，因为你们受过你们的安慰；你们现在饱足的人有祸了，因为你们将要饥饿……"他的大意，就是：贫穷人所以希望有福，就是因为他们服从上帝；饱足人所以要饥饿，就是因为不遵上帝的命；在事实上和理论上，宗教家所说的上帝现在相信的人都很少，那么不服从上帝为致贫之由的论调，自然不攻而自破。

我国自来一般的名人学者，多说贫穷由于不节俭。像章懋氏说："贫者入一钱，出不及一钱，虽贫亦富；富者入千钱，出浮于千钱，虽富必贫；故强取不如节用。"又吕新吾说："余作身家盛衰循环之图，始而困穷，继而悔悟；因悔悟而习勤，因勤苦而知节俭；由节俭而渐至富足，富足之后，则生骄满，习豪奢，盗淫暴，必至招祸变，乃归贫穷。"胡氏家训上说："凡用须节俭……母奢淫而倾覆家业……"此外像老子说："是以圣人去甚，去奢，去泰。"墨子的《非乐》、吕氏的《有度篇》，均以为贫穷是由于不节俭。这种意见比算命先生和宗教家所说较有理由，然在现在的工业制度之下，有好多人想寻工做而不能，而且就有了工做，然因为生活程度太高，所入确实不敷所出，那么单说节俭为致贫之由也非正当之言。

英国 Malthus（马尔萨）在他的《人口论》中说："贫穷的原因，是人类生存的自然法则，因为人口增加的速度超过食物增加的速度。"他以为人口的增加，是依著几何级数递进，而食物的增加，是依著算术级数递进。这二种增加迟速比较的程式可以下表表明：

一	二	四	八	一六	三二	六四	一二八	二五六
一	二	三	四	五	六	七	八	九

表中第一格为几何级数，第二格为算术级数，每级的相去为二十五年，将二格来比较人口之增加每二十五年变做二倍，而食物每二十五年所加之数，常如第一级之数；上面所比较的，不过九级，然相差已二十八倍，而年数不过二百二十五年，若从此推至一百级，则相差之大当使人惊异；因此人类常苦于食物不足而陷于贫穷的地位。

亨利·乔治（Henry George）在他的《进步与贫穷》中曾说："马氏的学说于理论事实上均没凭据"。他以为贫穷的原因一方面是因为地主每年得租太多，一方面是因私产常常阻止天然财源的作用；所以在社会发展的历程中，富者，不劳而得，贫者，则愈多而所得愈少。此外，马克思以为劳工者虽云得薪俸，然其实没有所得，因为购买者固供给价值足以供给劳工者的需要，然资本家皆垄断所收入，以致工人不能维持他们的生活，而社会上现出贫穷的现象。

凡小心研究过现在工业社会的人，对于马氏、乔氏等所说的贫穷的原因，都有多少信仰，然没有一人相信他们各人所说的是最好的原因，因为贫穷的原因，是很复杂的。塞氏格曼（Seligman）教授说："马尔萨派以为贫穷之原因，由于人口过多；主张共产者以为由于私产制度不破除……合作主义者以为由于竞争；无政府派以为是因有政府……然他们却忘记自历史【史】上看去，未有上面所说的私产制度等，已有了贫穷……贫穷的原因的复杂，正与文化的原因与生产发生的原因的复杂一样。"

怎么见得贫穷的原因的复杂呢？窝涅氏（Warner）在他的 *American Charities* 中说："设使现在再有一个鲁滨孙，在了一个荒岛；他所处的境况，正与鲁氏一样。设使他用他的时间去做酒而饮，设使他任他的心意去想入非非，而致疎〔疏〕忽他的工做，致在适宜的时不种禾，在鱼旺盛的时不捕鱼，自然而然他要变成贫穷。因此，他可以因没有东西食，而致病致死。这一种的贫穷，不能归咎于资本家的奸险，不能归咎于地主取租太多，不能归咎于人口太多……不但这样，设使他不过缺了正常的判断和技艺，那么他做了一只船而不能驶，做了一个穴而一人就伤他，或者他做了一间夏天的屋子而不能用，或者他没有技能去造各种器具，则他必不能维持他的生活，而趋于穷途和苦。"

照这样看起来：一个单独居于一个地方的人，其致贫穷的原因，已若是之多。那么一个人居于现在的工业社会中，则他所受的痛苦，不但由于自己的缺点，而且由他人及社会上种种与他有关系的制度和事情，所以致贫穷的原因之多，自不待说。因此，欲以一种原因而叫做致贫穷之由是不可能的。

窝氏因为不满意于单一的原因，所以他经过详细的研究，把人类贫穷的原因分析起来。他分析所得的结果就是：

Ⅰ. 属于主观的原因：

    A. 关于各人特性上所发生的原因。

        1. 怠情及生活力太低。

        2. 淫邪。

        3. 特别的疾病。

        4. 缺乏判断。

        5. 不合卫生的嗜欲。

    B. 由习惯而生出的原因，或由特性上的缺点而生出的习惯。

        1. 奢华。

        2. 自己的恶习及性的过度。

        3. 易醉及喜用刺激物的恶习。

        4. 不合卫生的食物。

        5. 轻视家庭的责任。

Ⅱ. 属于客观的原因：

    A. 天然来源的缺乏。

    B. 不好的气候。

    C. 缺点的卫生。

    D. 恶劣的团体及环境。

    E. 立法、司法机关的缺点，及刑罚机关的不良。

     F. 没有适宜的教育。

     G. 工业情形的缺点。

       1. 银价的变异无定。

       2. 生意的变更。

       3. 赋税之太重或治理赋税之不善。

       4. 意外之变致无供给。

       5. 阶级上的相压制。

       6. 劳工的固定。

       7. 不够用的工价，及不定的职业。

     H. 不良善的慈善事业，或救济机关。

在工业的社会里人类所以贫穷的原因，照窝氏所说，或者尚未十分完全；不过他所说的均从经验上得来，比较上面所说的好得多。但我以为属于客观原因中，除了窝氏所说以外，我国现在尚有二种很重要的原因：一是天灾，一是战争。前者如民国九年直隶、山东、河南、山西、陕西五省的旱灾，影响三百余州县、四千九百万人口。最近来川东十余县的饥荒，云南大理的地震，以及各处的水灾、火灾，均是使人民致贫的原因。后者如奉直战争、粤桂战争、江浙战争、孙陈战争等，这种原因比较前者犹为利害。著者于前四年在广州岭南大学曾听过汪精卫先生演讲云：征伐广西一役，费过军费八百万元。广东已费了八百万去打广西，广西因抵抗广东而所费当然不少。此外，因战争而直接或间接受损失的人，更是不少。最近来的江浙战，也花了几千万，况且我国的战争是连年不绝到处都有，直接上人民因受兵灾而致贫穷，间接上因一般武人尽把振兴工业教育等费去争地盘，致贫穷的人日趋日多，这是我国人民贫穷原因之最显一个。

上面是说贫穷的原因，现在再说贫穷的救济。因为贫穷是社会最根本的问题，社会的最大任务，既是增进社会幸福与维持社会公道，那么救济贫穷也是社会的最大任务。但是贫穷的救济，贵乎得法，换句来说：就是要合乎救济的原则，不合救济的原则的救济，不但没有益于贫穷的人，而且有害。比方英国政府从前滥帮助一般贫穷的人，结果弄到好多能做工做［作］的人，也不想去做工做［作］而依赖政府的供给，致贫穷的人日多，而国家社会的经济状况，也日趋于危险的地位。我国近来慈善事业虽不若各国之发达，然慈善团体本也不少。据 Burges 和他的学生所调查北京有三百余间慈善团体，其他如广州、上海等处的慈善机关的总数，当然不少。然这么多的团体，对于贫穷的人的情况没有什么益处，其原因大约也由于不得救济的原则。救济的原则，据各社会学家所说，颇有出入，惟其大概大约如下：

1. 从事救济事业的人，要以个人或私人名义，到贫人住处，除贫穷人家中年纪较大者，因疾病或特别情形不能直接受救济外，切不可给与年纪较轻的儿童，也不可使他们知道。因为给与儿童或使儿童知道，则他们习惯成自然，将来也只晓得依赖人家的救济。

2. 救济贫穷人，不可使他的亲戚朋友和邻近知道；因为他们若知道某人是受慈善团的救济，则他们多不肯去帮助他。

3. 管理救济事业的人，对于各种情形都要有特殊的知识，然后才能够辨何人是应受救济，何人是不应受的。这样才不至一味滥给，而增加社会的寄生虫，而且能减少能做工而不想去做的穷人。

4. 从事慈善事业的人，对于给者及不给者均要告明其理由，并且要使他们对我们犹如朋友一样。

5. 救济不但救目前的困穷，还要增进他们将来的幸福；要代受救济者想出一种实际的计划，使他们以后能够恢复经济的独立。

6. 从事慈善事业的人，要详细考察各贫穷者的特殊的需要；因此，要先考究他们所以致贫穷之由是属于何类。

上面的救济原则，不过是贫穷发现后的救等[济]原则，所以这种原则只能说是救贫的原则，而不能说是除贫的；至于除贫的根本方法，只好候诸社会学专家去研究罢。

社会学的起源[*]

一

社会学（Sociologie）这个名词，最先见于孔德（A. Comte）的《实证哲学》（*Cours de Philosophie Positive*）。孔德的《实证哲学》分六巨册。第一册刊行于 1830 年，第六册出版于 1842 年。从第一册至第三册，孔德没有用过社会学（Sociologie）这个字［词］。他在这三本册里所用的，是社会物理学（Physics Sociale）这个字［词］。是在第四册里（页一八五），他开始——而且很忽然地用社会学（Sociologie）这个名词。为什么他要用这个名词，他只在同页的注脚里，略为说明。他的大意，大概是这样：

> 从此以后，我想大胆地用这个名词（社会学）。这就是正与我所已引用的"社会物理学"的词意一样，使能以一个单名来指明自然哲学中的"必要"部分，这就是关于社会现象的根本原则的实证研究。我从来对于新字的应用，是有相当慎心的，而且还常常反对新字的使用的习惯；不过为要适合于这部书的特别目的，而需要这个名词，我希望在这里能得到宽恕。

我手里所有的法文本《实证哲学》是 1869 年所刊行的第三版。第一与第二版，现在很不易找出，所以第三版是比较常用与普通的版子，里面有他的门徒利特累（Littré）的一篇长序。《实证哲学》第四册里有

---

* 录自《政治经济学报》第 5 卷第 3 期，1937 年 4 月。1949 年该文由岭南大学西南社会经济研究所出版单行本。

著者的广告，是 1838 年 12 月写的。大概这本册是这一年或这一年以前写的。第三册据说是 1835 年 9 月写好，所以"社会学"这个名词，大概是在 1835 年至 1838 年之间用的。

大体上，孔德的《实证哲学》是要把人类整个智识，来作一个有系统的叙述。但是他在第一册的绪言（第一讲）里告诉我们，他写这部书的最重要的目的，是想建立一种新科学，这就是社会学，或社会物理学；因为他觉得这种新科学，是最需要的科学。我们知道《实证哲学》共分六巨册，前三册是关于算术、天文、物理、化学及生物学等的叙述，而后三册专为研究社会学。从此可以明白他对于社会学之特别注意。事实上，我们也可以说，前三册是为着陪衬后三册而作的。

孔德分人类的智识为三个时期：一为神学，二为哲学，三为科学，或实证。这就是他最有名的进步律。他虽觉得社会学尚未超出哲学的范围，然他却相信将来可以成为科学。这也就是他之所以列社会学在科学分类里的原因。孔德以为算术为一切科学的基础。除算术外，又可分为两大类：一为有机的，一为无机的。天文、物理与化学是属于前者，生物学与社会学是属于后者。生物学的目的是研究个体，而社会学的任务是研究团体。社会学的成立是科学发展到完备的地位的最重要与最显明的表征。社会学的发生比任何种科学为迟，这是因为社会学所研究的对象是最复杂而且最依赖于其他各种科学——算术、天文、物理、化学、生物。质言之，这些科学尚未发展到完备的地位，社会学是没有法子发展的。所以在社会学尚未成立之前，科学免不了尚缺乏一重要分子。照孔德的意见，在他自己的时候，各种科学已经发展到相当的地位，所以社会学的成立先决条件，也正齐备，所以我们应当进一步而建设这个新科学，进一步而研究这个新科学。

孔德以为社会学可以分为两方面：一为静的社会学，一为动的社会学。前者是研究社会的组织与秩序，后者是研究社会的发展与进步。前者是要找出社会的动作以及其关系的法则，而后者是要找出社会逐渐发展的法则。孔德以为动的社会学的研究，尤为重要。所以在他这部书里的后半部，特别是注重于这一点。

孔德既创了"社会学"这个名词，同时又给这个学科在科学中一个重要位置，与指明出这个新学科所应研究的内容与途径，所以后来一般研究社会学者，多以为社会学是始于孔德。比方，继孔德而研究社会学最著名的，要算英国的斯宾塞尔（Herbert Spencer）。他在自传及他种著作里，对于孔德所用社会学这个名词，虽很不满意，然他始终沿用这个名词。因为他觉得：一来这个名词已经沿用，二来没有较好的名词来替代。他在表面上虽反对孔德的科学分类，然骨子里并没有什么冲突。他不但不反对社会学之列入科学分类，而且极力提倡社会学的科学性。此外，他以为社会学所研究的对象是社会的构造功用、起源与发展，正与孔德所谓静的社会学与动的社会学，有了相同之处，而且两者对于社会的动的方面都很注意。质言之，斯宾塞尔在其著作里所给我们的印象，是社会学是由孔德而成立的。

此外，如德国的舍夫雷（Schaeffle）、美国的华德（Ward）、奥国的古姆普罗维赤（Gumplowicz）等，都有这种见解。舍夫雷在他的巨著《社会机体的构造与生活》（*Bau und Leben des Socialen Koerpers*，1875）一书里，说孔德是社会学的先锋。华德在他的名著《动的社会学》（*Dynamic Sociology*，1883），劈头就很肯定地说：社会学是始于孔德。同样，古姆普罗维赤在其《社会学纲要》（*Grundriss der Soziologie*，1885），也以为建立社会学的荣誉，是应该给与孔德。

孔德写《实证哲学》的重要目的，既是建立社会学，而好多在社会学上有威权的人，也都承认社会学是始于孔德，所以自从孔德以后到欧战的数十年中，社会学者对于社会学的起源这个问题很少讨论。

可是二十年来，大概一方面因为研究社会学史的人逐渐增加，一方面因为中欧而特别是德国社会学的发达很速，对于社会学的起源这个问题，研究的人，也因之而逐渐增加。不但专篇论文之关于这个问题的研究，已经有了不少，就是关于这个问题的研究的专书也有了。此外，这个问题的讨论之散见于各家著作的随处可见。可惜，目下能把各种关于社会学的起源这个问题的不同的意见，来做一种有系统的研究，据我所知的，尚不容易找出来。维色（L. V. Wiese）在其《社会学》（*Soziologie：Geschiehte und Hauptprobleme*，1926），与 Hartmann（哈特曼）在其《社会学》（*Soziologie*，1933），虽有多少叙述，可惜在这两本小册里所说的，太过简单，而且有了很多的遗漏。

我觉得这个问题，不但在其本身上，有了研究的价值，而且在社会学上，也可以说是一个最重要的问题。因为这个问题，是与社会学的对象、范围，以及其发展、派别，以至与其他的学科的关系都有密切的关系。我们可以说，社会学家对于这个问题如果没有完满的答案，那么社会学上的好多根本问题都不容易得到相当的解决。

从一方面看起来，社会学者对于社会学的起源这个问题的特别注意与热烈讨论，是社会学发达的表征；但是从别方面看起来，这也可以说是社会学上的根本问题，愈趋于复杂的反映。我们上面已经说过，从孔德到欧战的时期，社会学者对于社会学的起源这个问题，很少讨论，这不只是因为大体上，大家都承认或默认社会学是始于孔德，而且是因为大体上，大家都跟着孔德对于社会学上所指示范围与途径去研究。这是从斯宾塞尔、华德以至歧丁斯（Giddings）的著作中，都很容易看出来。现在既有人怀疑社会学是始于孔德的见解，那也可以说是他们对于孔德所指明的社会学的范围与途径也发生怀疑，而别持异议。所以有些以为孔德不是社会学的唯一创始者，有些以为孔德所建设的社会学，老早已有人建设；又有些以为孔德只是预料一个社会学，而非创立社会学，更有些以为孔德在《实证哲学》里所研究的东西，简直不是社会学。

质言之，他们所讨论的要点是：什么是社会学？社会学者对于社会学的对象，意见本来繁杂，所以一般初学社会学的人，见得汗牛充栋的社会学的著作的内容的参差各异，好像是坠入五里雾中。现在我们从各家对于社会学的起源这个问题的讨论里，愈觉得社会学上的根本问题不易解决，因为各人对于社会学是什么的问题的解答不同，他们对于社会学的起源的意见，也往往随之而异。我所以说社会学者对于社会学的起源这个问题的特别注意与热烈讨论，是社会学上的根本问题愈趋于繁杂的表征，就是这个原因。

社会学上的根本问题的愈趋繁杂，固是社会学上的一大缺点，可是从学术研究方面来看，也未尝不是一种好现象。原来某种学术的进步，是依赖于学者对于这种学术的根本问题能够特别留意，而加以热烈的讨论。社会学是一种发展较迟的学科，从孔德用社会学这个名词到现在，虽则要有一百年，然而在斯宾塞尔的《社会学的研究》（*The Study of Sociology*，1872）未发表以前，除了英国的几位学者，如琉挨斯（G. H. Lewes）、挨利俄特（George Elliot）、弥尔（J. S. Mill）、马尔提诺（H. Martineau）、佛来特布利哲斯（G. H. Bridges）与斯宾塞尔外，不但在德在美很少有人加以留意，就是在法，也没有什么很大的影响。好多欧洲人每每以为社会学是美国的科学（American Science），其实社会学之在美国的发展史，也不过是四十年左右的事。华德（L. Ward）的《动的社会学》虽刊行于 1883 年，然而这部名著发表后好多年，很少有人过问。社会学本来是从欧洲输入美国的，而欧洲人偏偏要说是美国的东西。欧洲人对于社会学少有兴趣，可以概见。然而，二十年来情形有些不同了。五十七年前，斯宾塞尔希望得到迪陪（Lord Derby）的帮助，而在英国的大学得到一个社会学的讲座。在那个时侯，只是一种梦想，现在已经实现了。至于德国方面，二十年来的社会学的发展更是显明。敦尼斯（F. Toennies）在五十年前所刊行的《团体与社会》（*Gemeinschaft und Gesellschaft*），差不多经过三十多年，很少有人注意，然而二十年来，重版到六七次之多。此外，我用不着多举例了。大概是因为研究社会学的人逐渐增加，所以对于社会学上的根本问题加以检讨的人，也因之而增加。我所以说社会学的起源这个问题之能得到社会学者的特别注意与热烈讨论，是社会学发达的表征，就是这个原因。

二

我在上面已经说过，自从孔德以至欧战时期，社会学者对于社会学的起源这个问题很少讨论，这当然不是说完全没人留意这个问题。事实上，孔德未死以前，德国的摩尔（Robert Von Mohl）对于这个问题，好像已经留意。摩尔是德国在 19 世纪一个最著名的政治学者。他在1851 年发表了《政治学与社会学》（Die Staatswissenschaften und die Gesellschaftswissenschaften）一文于《政治期刊》（*Zeitschrift für die Gesamte Staafswisenschaft*）。这篇文章后来收入于他的巨著《政治学历史与文献》（*Geschichte und Literatur der Staatswissenschaften*，1885）的第一册里。在这篇文章里，他很明白地指出社会学（Gesellschaftswissenschaften）的需要与起源。

照摩尔的意见，社会生活与政治生活，从来就有不同之点。换句话来说，政治生活不能包括社会生活。政治学所研究的是政治生活，而其具体的对象是国家。摩尔虽承认国家在范围上所包括的也许很广，可是人类的生活的内容，并不完全隶属于这种范围之内。从个人到国家的中间，尚有各种生活、各种团体，这种生活、这种团体，既不一定是从国家而来，也不一定为着国家而存在。其实，各种生活都有各种生活的特殊意义，各种团体都有各种团体的特殊目的。

这些别于国家的团体生活，或社会现象，摩尔举出十数种。一为职业的社团（Stände），二为行政区域（Gemeinden），三为经济会社

(Wirthschaftliche Gruppen)，四为贵族份［分］子（Adelschaft），五为宗教社团（Religioese Gemeinschaften），六为各种工匠团体（Freie Genossenschaften aller Art），七为农民（Bauerschaft），八为有土地阶级，九为社会各种阶级，十为种族，十一为迷信社团，十二为受过教育的社团与无教育的社团（Gebildete und ungebildete），十三为家庭。

摩尔以为这些社团有些完全在政治学的范围之外，有些仅有一部分在政治学的范围之内。政治学的对象，既是政治生活与政治团体，那么非政治的生活与团体，应当不是政治学所研究的东西。换言之，我们应当别有一种学科来研究这些生活团体。这种学科摩尔叫作社会学（Ge-sellschaftswissenschaft）。

摩尔以为很可惜的是自从柏拉图到19世纪的二十余年中，人们对于这些别于国家的社团很少注意。一般学者都把这些团体与国家混而为一，最多也不过把前者当作后者的一部分。结果两千余年来，只有所谓政治学，而没有"社会学"。

为着适应实际上的需要，我们对于政治学以外，应当别立一种新学科。这就是社会学。这不但对于社会本身上，有了重大的意义，就是对于国家与政治学，也有同样的好处。因为事实上，这种新学科，可以减少了政治学上不少的困难，与无谓的负担，同时好多的实际问题，也可以得到相当的解决。

这种需要，从摩尔看起来，目下已得到人们的相当认识，而逐渐地成立这种新学科。摩尔这样的告诉我们：

> "社会"这个字，终于被人采用了。最初不过由一般梦想家及其徒众提倡，后来逐渐地却在讲坛上、公共地方里，以至叛徒的秘密集会中，也有人谈起来。它正像在恐怖的巷战中，一枝旌旗，现在忽然地张目起来……所以近来从市场与茅屋里，也因这种的激动而产生出大量的著作来……所以从言语与实际里，产出在思想上、意志上与意识上一种完全鲜明的对象……"社会学"终因之而成立与发展。

关于这种新学科的代表者，摩尔举出好几位法国社会主义者。摩尔是从累菩（Reybaud）与斯泰恩（Stein）的著作里，而认识这些社会主义者。同时他也以为斯泰因、累菩以及其他的社会主义史家，也是促进这种新学科的代表者。

总而言之，照摩尔的见解，社会学是从政治学里分开出来的。可是前者之所以能够脱离后者而成为一种独立学科，主要是得力于社会主义的著作。

直至现在还有好多人把社会学与社会主义混为一谈，这当然不是没有错误的。摩尔当然不是例外。不过，我们也得承认，社会主义的发达，对于社会学的发展，不能说是完全没有影响。社会主义家的目的是改良社会，而社会学的任务是研究社会。因为要想改良，也许从事研究，而研究的结果，也许对于社会学上有了不少的贡献。然而，正是因为这两者的目的与任务的不同，我们不能说社会学是全由社会主义而来。

我们很为奇怪，摩尔虽以为社会学是从社会主义而来，然在他的巨著里，他不但对于孔德的老师圣西门没有提及，连了他对于孔德这个名字除了在他的《政治学历史与文献》第一册页七七，无意中提及外，在该书第三册的丰富的文献引得里，也找不到孔德的名字。孔德在 1826年已发表他的《实证哲学》的计划，到了 1842 年完成他这部工作。摩尔写他的《政治学与社会学》，是差不多在十年后。我们读英国弥尔（Mill）在 1843〈年〉所发表的《论理学》的末章，对于孔德已经〈有〉所介绍，而摩尔却没有受过孔德的影响。这一方面可以说明德国学者对于社会学比较不留意，但一方面也可以显出摩尔的远见，因为像他这样的觉得"社会学"的成立与发展的必要的人，在德国是不多得的。

我们说到这里，也许免不得要问道：摩尔既是没有受过孔德的影响，他所提倡的"社会学"，是不是孔德所提倡的社会学呢？或者我们可以进一步地问道：摩尔所提倡的新学科是不是社会学。要想解答这些问题，我们当然又要问问什么是社会学。假使我们专从名词方面来说，以为只有像孔德所说的 Sociologie，才叫作社会学，那么摩尔所用的Gesellschaftswissenschaft 这个名词，也许不一定是一般人所说的社会学。不过，我们也不要忘记，孔德在《实证哲学》里所用社会学（Sociologie）这个字，不但和他最先所用的社会物理学（Physics Sociale）没有分别，就是与社会科学（Science Sociale）以及社会哲学（Philosophie Sociale）等名词，也没有分别。这是读过《实证哲学》的人所能容易明白的。而且社会学（Sociologie）这个字，是在《实证哲学》第四册页一八五才应用。孔德在这页里虽说要用这个字来替代社会物理学，然而在页一八五以后的同一章里，他仍然应用社会物理学以及社会科学等名词。

至于社会学的内容是什么这个问题，是不容易解答的。我们可以说，正是因为社会学家对社会学的内容的意见参差，才有关于社会学的起源的不同的解释。摩尔固不能说只有他所提倡的社会学（Gesellschaftswissenschaft），才是真正社会学，孔德也不能说只有他所提倡的社会学（Sociologie）才是真正的社会学。

三

摩尔的社会学的起源的见解，与一般以社会学始于孔德的见解完全不同，可是摩尔既好像没有受过孔德的影响，也无所谓反对孔德为社会学的鼻祖。我们现在想把一般大致上是因为完全或部分的反对社会学始于孔德而别找出社会学的起源的各种学说，加以叙述。

我们先从培娄（G. Von Below）的学说说起。

培娄氏于 1920 年在《斯摩勒年鉴》（*Schmoller's Jahrbuch*）43 卷 4 期所发表《社会学与教职》（Soziologie als Lehrfach）一文，对于社会学的起源这个问题已略加讨论。后来他又草了一篇专文，讨论这个问题。这篇文尚未发表，而他却已与世长辞。1928 由斯班（O. Spann）氏编为单行本，名为《社会学的起源》（*Entstehung der Soziologie*）。我们现在且根据这本单行本来解释。

培娄以为社会学是研究人类的团体的关系（Gemeinschaftsverhaeltnissen）的学科。这种关系，也许是如国家与社会的关系，也许是如个人与社会的关系，也许是如我与他人的关系。关于这种团体的关系的研究的最有成绩的，是 18 世纪末年以及 19 世纪初年的德国的浪漫学派。浪漫学派是反抗 18 世纪的个人主义、理性主义、原子主义与机械主义的。质言之，浪漫派是反抗启明（Anfklaernng）的思想。

浪漫派的标语，是民族精神（Volksgeist）。其所代表的思想是，一个民族的文化的各方面，是这个民族的精神的表征，而个人是这个民族的缩影。然而所谓民族，也不外是好多团体的总和。每种团体都有其特殊或自身的目的与精神。不但这些团体互相反射，就是团体及其个人也有密切的关系。所谓团体，也许是一个国家，也许是一个商会，也许是各种职业团体。

不但这样，这些团体是各有其特殊的价值的。浪漫派的特点就是对于这些团体的价值，特别加以注意。团体是一种变动的东西，而非静止的东西。团体是自然生长的东西，而非人工创造的东西。因此之故，团体又可以当作有机体的东西来看。在启明思想中的社会，虽也当作有机体来看，然而这种有机体是机械式的，而且是受自然律的支配的。总之，浪漫派的社会观，是反乎以自然科学的方法来研究社会。

浪漫派虽承认民族是包有好多团体，而团体包括好多个体。然而所谓民族、团体、个体，都有密切的关系。个体依赖于团体，正与团体之依赖于民族。然而，正如团体不因依赖于民族而失了其自身的价值与精神，个体也不因依赖于团体而失却其人格与个性。把民族团体与个人分开来看，则各有各个完整的表示，把民族团体与个人合起来看，则其总和还是一个完整的表示。又每一个人也许参加好多团体，而各种团体也许代表民族文化的各方面，然而团体、个人均不因此而失却其整个的表示。

总之，今日所谓社会学的研究，及其内容题材，通通都可以从浪漫派的著作里找出来。

培娄以为在启明时代，已有浪漫派的先锋。赫得（J. G. Herder）就是一个最有名的代表。虽则赫得自己脱不了启明运动的思想的色彩，可是在他的思想里，已有不少浪漫主义的倾向。培娄承认浪漫主义并非忽然的兴起而反抗启明运动的，而是逐渐的脱离启明运动的思想而自成一个系统。18 世纪的启明运动的社会观，虽已偏于原子论、机械观，然其实不若 19 世纪的自然科学者那样极端的把社会当作原子与机械看。浪漫派后来之所以要完全脱离 18 世纪的启明思想，也是为了这个原因。

赫得是当作一个承上启下的人物。除了赫得以外，如牟勒（Adam Müller）、利斯特（F. List）、罗射（Roscher）、希尔得布朗【朗】特（Hildebrand）、克尼斯（Knies），以至格利姆（I. Grimm）、朗开（L. V. Ranke）、什那塞（Schnaase）等等，都是这派的代表人物。

培娄以为在名义上，这些代表人物，都不是一般普通人所说的社会学家。他们有的是政治学者，有的是经济学者，有的是历史学者，有的言语学者，有的是艺术史家，然而在他们的各种专门著作里，我们可以找出一个中心思潮，这就是民族精神的认识。他们大家都特别注意于个体与团体的关系，而反乎 18 世纪的个人主义。社会学所研究的主要的问题既是这些东西，那么社会学的起源，应当是要从浪漫派的著作里找出来。

上面可以说是从培娄的学说的积极方面来解释，我们现在可以再从他的理论的消极方面来说明。所谓消极方面，就是反对社会学，始于孔德的见解。培娄既以为社会学是始于浪漫派，那么他自然而然地不承认孔德是社会学的创始者。照他的意见，孔德所谓社会学（Sociologie）不外就是社会物理学（Physics Sociale）；所谓社会物理学这个名词，就已包含了他的整个社会观。换句话来说，孔德所说的社会学，是用自然科学或是物理学的方法来研究社会。这正是 18 世纪启明运动的思想的代表，而反乎浪漫主义的真谛。孔德自己受了两种观念的支配：一是他的科学分类，一是他的进步法则，他希望社会学变成科学而像天文、物理等等一样，他的目的是要指出社会怎样从神学时代经过哲学时期而达到实证的阶级。他对于团体的关系方面，可以说是很少注意。

所以照培娄看起来，在孔德的社会学里，他虽然相信个体是赖于团体，然而在这一方面的见解，也可以说是他受了浪漫学派的影响。因为在孔德写他的《实证哲学》的时候，浪漫派的思想已很发达。孔德对于当时历史法律派的思想，已很熟识，而且他也知道关于团体的关系的研究，早已有人从事，不过他没有跟着浪漫派所指示的途径而跑罢。他所承继的思想，是丢哥（Turgot）、圣西门（St. Simon）、空多塞（Condorcet）们的自然科学的观念。

照培娄的意见，孔德好像错用了社会学这个名词了。因为社会学的真谛，就是研究人类团体的关系，而孔德对于这一点，却很忽略放过。从社会学的历史上看起来，孔德不但不能算作社会学的创始者，而且不能算作一个大社会学家，至多只能当做社会学里一个支流的领袖。因为他对于这个学科上的贡献，至多只是一点一滴，而且因了这一点一滴的贡献，却引起后来的社会学上的不少冲突。

我们以为培娄这种解释，也许未免太趋极端了，太过偏见了。孔德也许不能算作社会学的唯一创始者，然而培娄以为社会学是始于浪漫主义也未必没有错误。假使社会学而正像培娄所谓是研究人类团体的关系的学科，那么这种学科也非始于浪漫派。这一点培娄也未尝否认。他在《社会学的起源》这篇文里，就已承认在古代希腊的时代，人们对于国家的关系；在中世纪的时代，人们对于宗教团体与教会的关系，均已有了研究。这么一来，社会学可以说是始于古代希腊了。

不但这样，他举浪漫派的代表，都是特殊的社会学科者。这一点他自己也承认。这些代表人物少有自称为社会学者，他们不但没有发表过社会学的著作，而且没有意思去建设这种新学科。简直地说，他们老是不知道社会学是什么东西。他们也许用社会学的方法来研究他们自己的专长的学科，也许研究这些学科的结果，是近于或合于社会学的原理，然而正如培娄自己说他们仍然是言语学家、政治学家、经济学家……而非社会学家。

我们这样的说法，并非否认浪漫派之于社会学有了关系。浪漫派对于社会学的贡献也许很大，然而若说只有在浪漫派的著作里，始能找出社会学，那就未免过于偏见罢。至多恐怕也只能说这种的社会学，只是浪漫派的社会学，或是社会学上的浪漫派而已。

最后，社会学的发展，虽比之别种社会科学为迟，然一百年来，不但其自身有了不少的变化与剧烈的发达，而且影响于其他的社会学科者甚为伟大。然而这些不少的变化，剧烈的发达与伟大的影响，未必是由浪漫派的著作而来。纵算浪漫派所说的社会学才是真正的社会学，浪漫派也不能因此而抹杀历史上的事实而据全功以为己有。

然而，德国人之以为社会学是可以从 19 世纪的德国学者的著作找出的，当然不只是培娄一人。虽则他们不一定主张社会学是只始于浪漫派与反对孔德为社会学的鼻祖之一，然而他们也不主张孔德为社会学的唯一创始者。近来有些德国学者欢喜把社会学分为二大类：一为西欧的社会学，一为中欧的社会学。前者发源于法国，而以孔德为代表，后者以德国为代表，而以 19 世纪的德国的哲学家为代表。两者的不同处是前者以社会学为自然科学之一部分，而后者却把社会学与哲学而特别是历史哲学混为一谈。

大概来说，凡是研究德国社会学史的人，多把德国的社会学拉回 18 世纪的末叶，或 19 世纪的初叶。敦尼斯（F. Toennies）所著的《十九世纪德国社会学的发展》（Entwicklung der Sociologie in Dentschland im 19 Jahrhundert，in *Sogiolozische Stndien und Kritiken* 2. Sammlg Jena 1926），与斯托尔提巴（H. L. Stoltenberg）的《德国社会学史略》（Kurzer Abriss einer Geschichte der Dentschen Soziologie，in *Weltwirtschaftliches Archive* 31 Band Heft I.），是关于德国社会学史方面两篇最有价值的论文。前者差不多在三十年前发表，他以为社会学的来源，主要是从政治学说而来，然而 18、19 世纪的德国哲学历史以至自然科学对于德国的社会学的发展，也有很大的影响。北方，唯心派的康德、黑格尔，浪漫派的密勒（Adam Mueller），历史学上的尼部尔（Niebuhr）都是代表的人物。斯托尔提巴举出德国社会学上的四种思潮，而以舍林路（Schelling）、黑格尔（Hegel）、什来厄马赫（Schleiermacher）、赫尔巴特（Herbart）与其徒众为代表人物。

同样，冯德（W. Wundt）在其《民族心理学》（*Volkerpsychologie*）第七册第一章里，也以为社会学是从 18、19 世纪的哲学发展而来。

四

对于社会学的起源这个问题，曾作过详细研究而发表专书的，据我所知的，直到现在只有斯摩尔（A. W. Small）。斯摩尔从 1923 年正月至 1924 年 11 月曾陆续在《美国社会学杂志》（*American Journal of Sociology*）发表了好多篇文章，题目是《关于社会学史上的一些贡献》（Some Contributions to the History of Sociology）。后来又集这些论文，成为一册，别名为《社会学的起源》于 1924 年出版。

关于社会学的起源这个问题，斯摩尔氏在 1894 与文孙特（G. E. Vincent）所合著的《社会研究绪言》一书第一章里就已经论及。这一章的标题就是"社会学的起源"（The Beginning of Sociology）。他与文孙特以为关于社会学上所研究的问题，二千余年前的摩西、柏拉图以及好多宗教家、法律家、哲学家已经注意；不过社会学之成为一种科学，还是不够五十年的事。他们指出孔德是近代社会学的先锋，所以在这一章里所叙述的，完全是关于孔德的社会学以及其在社会学上的贡献。

总之，在这本《社会研究绪言》里，斯摩尔无疑的以为社会学之成为科学，是始于孔德。

到了 1905 年斯摩尔刊行他的名著《普通社会学》（*General Sociology*），其第三章论社会学的推进。他以为社会学的推进之得力于慈善的 Philanthropie（心理）多于科学的精神。他举出一般的社会改造家如法国圣西门、孚利挨（Fourier）以至孔德，英国的欧文（R. Owen）、拉斯金（Ruskin）、毛利斯（Maurice）、金斯利（Kingsley）、罗柏特松（Robertson）与弥尔（Mill），以及各国的社会主义者，与一般叫做社会科学者（Social-scientist），而特别是像美国的一些慈善家，对于社会学的推进上，都有不少的劳迹。他们的目的，原为改造社会的情况，可是从要想改良社会的情况，而引起研究社会的兴趣。社会学就是这样的产生出来。

斯摩尔这种见解当然与德国摩尔的见解，颇为相似。他后来（1910年）所刊行的《社会科学的意义》（*The Meaning of Social Science*）的第三讲，还持这种见解（页七一以下）。不过在他 1907 年所出版的《亚当斯密斯与近代社会学》（*Adam Smith and Modern Sociology*）一书的绪言里，他劈头就说：

> 假使一个人是首一次读《原富》（*The Wealth of Nations*），同时有了普通社会学的方法的智识以观察社会，而却没有关于经济学方面的著作的智识，这个人一定没有一点困难或踌躇而列这本书为一种研究关于社会学的特殊问题的。

他在序言里又说：

> 一个客观的经济学而缺了一个客观的社会学，是不可能的。这正与文法缺了语言一样。

换句话来说，从客观的经济学里，我们可以找出客观的社会学。假使我们把亚当斯密斯的经济学当作客观的经济学，那么从《原富》这本书里，我们就可以找出客观的社会学了。斯摩尔这本书的目的，是要指出亚当斯密斯的《原富》是筑在亚当斯密斯的道德哲学上，而在亚当斯密斯的道德哲学里，却含有以从事社会的分析及解释为目的的现代社会学。所可惜的，是一百年来，人们太过注意于财富的增加的技术方面，而忽略了这一点，所以人们只晓得《原富》是经济学的圣经，而忘记了它也是一本含有好多社会学上的根本原理的著作。

这么一来，社会学又好像是始于亚当斯密斯了。

上面是解释斯摩尔在《社会学的起源》一书未发表以前之关于社会学的起源的意见。我们现在且来谈谈他在《社会学的起源》一书里的大意。

斯摩尔所以写这本书的目的，是要指出在 19 世纪的时候，社会学科（社会学当然在内）逐渐地从比较涣散而无次序的地位，进到实证或客观的途径；同时指出美国社会学之所以发生与发展的原因。

斯摩尔觉得美国人有了一个很大的错误，这就是他们相信美国的社会学，是受过孔德的影响而发展的。他以为这种错误是华德造成的，后来的学者对于这个问题没有研究，而盲从华德。他以为在华德刊行《动的社会学》的时候，华德对于这个问题，也没有做过相当研究，以致有了这种错误。照斯摩尔的意见，美国社会学之受影响较大的，还是德国的思想，而非孔德的思想。

斯摩尔大概是因为在消极方面要证明美国的社会学很少受过孔德的影响，在积极方面要指出美国的社会学是主要来自德国，因而对于德国19世纪之关于各种的社会科学的著作，加以详细的研究，而其结论是：不但是美国的社会学是受过德国的影响，就是现代的社会学的起源，也可以说是在德国。他这本书之所以名为《社会学的起源》，大概就是这个原因。

斯摩尔以为社会学的题材是社会的历程（Social Process），所谓社会的历程是人类的经验（Human Experience）。斯摩尔在《社会学的起源》的绪言里，以为人类的经验是整个的。我们必定把它当作整个来研究，因为每一部分和其他部分是有关系的。这种经验也许可以分析为好多元素，不过要想明白这种经验，唯有把这些元素来当作一个整个东西来看。

社会学之所以能够发生，是由于人们能够感觉到经验是有连带的关系的，是整个的。

自从1800年以后，人们而尤其是德国的各种社会科学家，有了这种感觉，关于代表人物，斯摩尔举出萨文宜（Savigny）、爱赫豪恩（Eichhorn）、尼部尔（Niebnhr）、朗开（Ranke）、罗射（Roscher）、克尼斯（Knies）、什摩勒（Shmoller）、舍夫雷（Schaeffle）以及奥国好多经济学者。本书第十章是解释亚当斯密斯的《原富》，而其目的是要指出怎样由亚当斯密斯的经济学而发展到德国的经济学。

斯摩尔以为这些代表人物，对于社会学的起源，都有密切的关系，虽则他们并不称为社会学家。比方萨文宜是一个法律家，然在他的法律著作里，却含有社会学上的根本原则。萨文宜以为法律是民族意识（Volksgeist）的一种表示。在空间上看起来，法律只是民族生活的一方面，质言之，在民族的生活，没有一方面是绝对独立的；每一方面都和其他方面有了密切的关系。这就是他所谓人类经验是整个的。在时间上，现在一切的生活都是由过去的生活转变而来。萨文宜的巨著《中世纪的罗马法史》（*The History of the Roman Law in the Middle Ages*）是要证明罗马法，并不因罗马衰亡而湮没。反之，其重要部分还存在于我们的生活里。罗马法如此，一切法律都如此。法律如此，一切生活文化都如此。这就是斯摩尔所谓为社会发展的连续律（Law of Ca[o]ntinuity）。此外，又如爱赫豪恩对于历史发展的复杂原因的认识，尼部尔的批评的精神，在社会学上都有重大的意义。

总而言之，斯摩尔对于社会学的起源这个问题的见解，在其先后的各种著作里，有了不少的变换。他最初在《社会研究绪论》里无疑的以为社会学之成为科学是始于孔德，而与华德及一般社会学者的意见一样。在他的《普通社会学》里，他好像又同意于摩尔以为社会学主要是由社会主义而来的，虽则他并不积极反对孔德为社会学的创始者。在他的《亚当斯密斯与现代社会学》，他又好像变了一变。最后在《社会学的起源》里，他却又以为社会学是可以从19世纪的德国的各种社会科学的著作里找出来。从这一方面看起来，他的主张又有些近于培娄的主张。因为大体上，两者对于德国学者在19世纪初年所提倡的民族意识（Volksgeist）都很注意。

斯摩尔幼年曾留学德国，受了德国的思想影响不少，同时对于德国的社会学科之介绍，尤为致力。他以为社会学的起源，是在19世纪德国的各种社会学科的著作，并非偶然。不过，在他的《社会学的起源》的绪言里（页一九），他很肯定地指出所谓社会学，并非一些抽象的而成东西，而乃在孔德以及舍富[夫]雷、斯宾塞尔以及其后来的有系统的思想家的著作里找出来。这么一来，他在这本书里好像还是承认孔德为社会学者的首创者。

我们在这里可以顺便地说：斯摩尔之批评华德是不甚公平的。因为他不但始终赞同华德以为社会学是始于孔德，他也相信美国的社会学是受过孔德的不少影响。他在本书页三二九，明明白白地指出华德对于美国的社会学影响很大；然而华德却又深受过孔德的影响的。他又指出萨姆纳（W. G. Sumner）与歧丁斯（F. H. Giddings）都是直接受过斯宾塞尔的影响。我们知道斯宾塞尔也都受过孔德很大的影响。同时萨姆纳与歧丁斯对于美国社会学的影响之大也差不多与华德一样。这么一来，若说美国社会学是少受孔德的影响，那是未免太抹杀事实了。

不但这样，孔德之被介绍于美国，并不自华德始。斯宾塞尔的《社会学研究》（*The Study of Sociology*，1872）最先是在美国的《普遍科学月刊》（*Popular Science Monthly*）陆续发表的。斯宾塞尔在好多地方，虽反对孔德，然在这本书里，对于孔德却尊崇备至（页三二九）。然这种介绍还可以说是间接的，因为斯宾塞尔是一个英国人。据我个人所知，社会学这个名词与孔德的社会学，在1860年开利（H. C. Carey）在其所著的《社会科学原理》（*Principles of Social Science*）已经介绍，而最近来好多美国社会学家，又指出休士（Henry Hughes）在 1854 年已写过一本《社会学》（*Treatise on Sociology*），可知孔德的社会学之影响于美国是很早的。

总而言之，从一方面看起来，斯摩尔对于社会学的起源这个问题，先后好像没有一贯的主张。从别方面看起来，他老是徘徊于我们上面所提出那数种的学说。他有时说社会学是始于孔德，有时又与摩尔的学说相近；有时却又有些近于培娄的主张，虽则两者有了好多根本不同的地方。

五

照上面四种学说来看，社会学的起源大概不出法、德两国的学者的著作里。德国索姆巴特（Werner Sombart）却以为社会学的起源主要是在 17 和 18 世纪的一部分的英国的学者的著作里。他在 1923 年所发表《社会学的起源》（Die Anfaenge der Soziologie）一文载在《未柏纪念论文集》第一册（*Erinnerungsgabe für Max Weber* Vol. Ⅰ）就是解释他这种主张的。

索姆巴特以为社会学可分为二大类，一为哲学的社会学，一为科学的社会学。前者为广义的，后者为狭义的，前者和历史哲学没有什么分别，后者所研究的对象，是人类共同生活的经验，这一点他在他与斯托尔提巴（Stoltenberg）所合编的《社会学选读》（*Soziologie*）一书的绪言里，说得很清楚。

所谓共同生活的经验，是一种实际的东西。把这种东西来作有系统的研究，就是社会学。他以为近代的欧洲，有了两种很流行的思潮，一为中世纪所传下的神权论，一为从 16 世纪逐渐发达的以自然法为根据的契约论。这两种思潮，虽有了根本上各异，然也有一个要点是相同的，这就是两者都以为人类的团体生活，是别于自然或神造的现象。所谓国家、所谓法律等等，不过是神灵或理性的创造品。

而且契约论者，虽以理性来替代神灵，然而契约论者所说的自然法，并不一定是反乎神造法。就如霍布斯（Hobbes）虽相信国家的起源是由自由意志所造成的社会契约论而来，而非由神灵创造的东西，然他却不敢公然主张自然法是反乎上帝法。

凡是以国家法律或人类的共同生活，是反乎自然的现象的，都很容易相信人类的生活是与禽兽生活处于各异的地位。假使人们相信法律与国家等等是理性创造品，那么人们决不会相信国家与法律等等或其起源是可从动物的世界找出暗示来。

照索姆巴特看起来，这种思潮与社会学的发生是不能相容的。因为社会学的基础是历史上的经验，假如这种思潮垄断着人类的思想，则社会学是无从发生的。换句话来说，社会学的起源，就是反对这种思潮的一种表征。

反对这种思潮的策源地，可以说是英国。而其时间，是在 17 世纪，而特别是霍布斯发表他的名著《巨鲸》（Leviathan，1651）以后。照索姆巴特的意见，是在反对霍布斯的著作里，我们找出社会学的起源。

关于社会学的起源的代表人物及其著作，索姆巴特以为下面两位及其著作是最先的：

（1）卡姆柏兰德（Rich Cumberland）的《自然法的哲学观》（Disquisitio Philosophica de Legibus Naturae，1671）。

（2）泰姆普兰（William Temple）的《政府的起源与性质》（An Essay upon the Original and Nature of Government，1672，in Miscllanea vol. II 1680）。

索姆巴特并且指出在 17 世纪的末年，不但社会学的根本原理已得了这两个先锋而萌芽，就是以统计学的方法而研究人类共同生活，在这个时候，也有人应用，这就是培提（W. Petty）的《政治算术论文集》（Several Essays in Palitical Arithmetik，1699）。

在 18 世纪，他以为英国又有了两位著名的著作家对于社会学的成立上有了很大的贡献。一为安托尼（Anthony，Earl of Shaftesbury）的《人类的特征——仪容意见时间》（Characteristics of Men，Manners，Opinions，Times in three Valumes，1713），以及曼德维尔（Bernard Mandeville）的《蜜蜂的稗史》（The Fable of the Bees，1714）、《社会性质的探求》（A Search insto the Nature of Society）及其《对话集》（Dialogues，1728）。这两位思想家，可以说是近代社会的乐观派与社会的悲观派的代表人物。

此外，又如斐加松（Adam Ferguson）的《政治社会史》（Essay on the History of Civil Society，1767），以至亚当斯密斯（Adam Smith）的《正义警察财政军备演讲》（Lectures on Juitice，Police，Revenue and Arms delivered by A. Sm repoeted by a student，1763），而特别是

密拉（John Millar）的《社会品级的区别》（*Observation Concerning the Distinction of Ranks in Society*，1771），对于社会学的起源与发展上都有了密切的关系。

索姆巴特以为从这些的著作里，我们可以找出一种根本思想，这就是人类社会，并不反乎自然的，而其实却是自然的一部分。从人类的生理的构造与需要来看，无论老幼男女都免不了互有关系，因为这种需要而有互相关系，就是人类社会。而这种人类社会，就是自然的现象。

总之，人类社会与其他的自然现象，并没有什么的区别。反之，人类社会与动物社会，却有很多相同之处。人类的社会现象，既与自然现象有了很多相同之处，那么自然科学的方法，也可以应用来研究社会现象。社会学之所以能成为科学，是由于人们认识社会现象乃是自然现象的一部分。

索姆巴特更进一步来指出这些社会学的先锋，对于影响社会的各种要素，如地理、技术、经济与心理各方面都很注意。比方泰姆普尔（Temple）在其著作里开始就指出人性无论何时无论何地都是一样。可是各社会的风俗、教育、意见、法律种种的差异，是由于气候的影响所致。又如所谓经济史观，在密拉的《社会品级的区别》一书里，已经说得很清楚。再如安托尼与曼德维尔对于心理的要素之影响于社会动作也很注意。有些学者且把心理学上的爱情来与天文、物理学上的引力（Gravitation）以相比较。

此外，又如泰姆普尔以为国家的起源的原因有或由家庭扩大而来，或由战争而来，这种见解直到现在社会学上，还占有很重要的地位。

总之，照索姆巴特的意见，人类共同生活的经验，不但是一种事实，而和自然想象一样的真确，其实就是自然想象一部分。这种认识的发生的时候，就是社会学起源的时候。而这种认识的代表人物，是17、18世纪间的一部分学者。好多法国的学者如孟德斯鸠（Montesquieu）、佛尔泰（Voltaire）、累那尔（Raynal）、空提雅克（Condillac）、林该特（Linguet）、未该朗（Weguelin），虽未尝没有这种认识，不过这种认识的发源地还是在英国。而且这些法国的学者的根本思想，也可以说是受了英国的思想的影响。

我们以为索姆巴特所提倡的社会学，根本上并无大异于孔德的社会学。两者都把社会现象当作自然现象一部分，不过索姆巴特把这种认识的历史拉长了百余年，结果是与一般社会学始于孔德的人的见解不同罢了。

　　然而，这好像也不能说是索姆巴特看轻了孔德。他与斯托尔提巴所合编的《社会学选读》，从一方面看起来，也可以说是一本社会学史略。这本书是始于孔德而终于韦伯（Max Weber）。从此就可知孔德在社会学史上的位置的重要。

　　夫赖亚尔（Hans Freyer）在 1930 所出版的《社会学》（*Soziologie, als Wirklichkeitswissenschaft*）里，很表同情于索姆巴特这种意见。他以为社会思想的历史也许很久，可是严格来说，社会学的发生是与政治革命的时代，万能国家的瓦解，以及欧洲资本主义的社会的发达，是有密切的关系。是在这个时候，以社会为社会学的对象的观念始发生。

　　又如布林克门（C. Brinkman）在其《社会学》（*Versueh einer Gesellschaftswissenschaft*, 1919），也以为社会学的起源主要是在英国十六七世纪的政治著作里。如哈林顿（Harrington）、弥尔顿（Milton），而特别是霍布士（Hobbes）以及卢梭等的著作里。他以为社会学是在英国与法国的两大宪政发展运动中发生的反动的科学。不过，英国的社会学是生产者的社会学（Produzenten Soziologie），而法国的社会学是文学的社会学（Literaten Soziologie）。

六

　　我们看了上面的各种关于社会学的起源的学说，就能明白社会学的起源的时代，是愈拉愈远。维色（L. V. Wier[s]e）在其《社会学的历史及其主要问题》（*Soziologie, Geschichte und Haupt Probleme*, 1926），还且指出近来各国好多社会学家对于社会学的起源这个问题，也受了民族的特殊观念与传统思想的影响，而往往从自己民族的历史人物的著作里找出社会学的起源。比方，捷克的学者以为社会学的先锋是胡斯（John Huss）与彻尔特斯基（Cheltschki），而意国学者又以为马基阿未利（Machiavelli）与维科（Vico）是社会学的鼻祖。这么一来，社会学的起源的时代又更拉长了好多年了。

　　其实，关于这个问题，孔德自己好像已给我们以不少暗示。他在《实证哲学》第四册第四十七讲里，曾给我们一篇社会科学史略 Appréciation sommaire des principales tentatives philosophiques entreprises jusqu'ici pour constituer la science sociale。孔德在这一讲里对于亚里士多德、孟德斯鸠、空多塞（Condorcet），以至政治经济学者上的亚当斯密斯、历史学上的菩绪挨（Bossuet）等的著作与思想，都加以详细的解释。他以为亚里士多德的政治学，是古代一种最好的产品，这本书虽偏重于政治与哲学方面，然而它是超时代的著作，而且比较的近于实证的精神。关于孟德斯鸠的《法意》（Esprit des Lois），他以为这本书的最大价值，是认识政治的现象是像其他的现象一样的受了不变的法则的支配。照孔德的意见，孟德斯鸠的法则的观念是实证的，而且这种观念是人类历史以来的最先之发见。至于孔德之受空多塞的影响之大，那是不用说了。此外，经济学以及历史学之在社会科学发展史上的重要，也是孔德所极明了的。

大体上说，孔德在这一讲里，一方面虽欲指明过去的社会科学的缺点，而使人们明白社会学的成立的必要，然而一方面也可以说是要指出以往的社会科学的重要成就。我们已经说过，孔德在这一讲里所用社会科学（Science Sociale）、社会物理学（Physics Sociale）与社会学（Sociologie）等名词，是没有分别的。所以这一讲的题目所用社会科学，也可以说是社会学。换句话说，他在这一讲里所叙述的社会科学史，也可以说是社会学史罢。

其实，社会学（Sociologie）这个名词，是在这一讲里才开始引用的，而其原文词句是：

Depuis Montesquieu, le seul pas important qu'ait fair jusqu'ici la conception fondamentale dela sociologie est（dû）a l'illustre et malheureux Condoreet…

孔德既明明白白地说孟德斯鸠以后，对于社会学（Sociologie）上的根本观念之最重要的贡献，是空多塞的著作，那么他明明白白地承认空多塞与孟德斯鸠以至亚里士多德为社会学家了。

这么一来，社会学的起源，在孔德的心目中，好像可以说是在古代希腊的亚里士多德的时代了。

近来有好多人以为亚里士多德政治学里所用政治这个名词，就是等于现在所谓社会这个名词。所以亚里士多德的名句"人是政治的动物"每每译为"人是社会的动物"。斯宾塞尔在其巨著《社会学原理》第一卷的原序里，已经指出在孔德用了社会学这个名词以后，就有些人提议用政治学（Politics）这个名词来替代，虽则斯宾塞〈尔〉自己觉得政治学这个名词，不但意义太狭，而且易生误会。又如格朗治尔（F. Granger）所著的《历史社会学》（*Historical Sociology*，1911），别名为《政治学读本》（*A Textbook of Politics*）。又在该书页二十一，他以为政治（Politics）是研究城市（Polis）或是人类团体（Human Community）的科学，柏拉图与亚里士多德所谓政治学，就是我们所谓社会学。他又指出政治这个名词，本来没有甚么恶意，反之亚里士多德的《政治学》第一章劈头就谓政治团体的目的是要达到至善的生活，不过后来人们错用了这个名词，而含有多少恶意。孔德自己也好像不察其原委，故当其用社会学这个名词时，他以为社会学所研究的东西，是缺了一个名称，所以他才发明社会学这个名词。

以现代的社会学为古代希腊的政治学的观念，德国巴特（Paul Barth）在其所著的《历史哲学与社会学》（*Die Philosophie der Geschichte als Soziologie*）里，主张最力。巴特以为社会学这个名词，虽是由孔德最先应用，但是社会学所研究的东西，老早有人研究。社会学的起源，正如其他的科学的起源一样，并非完全为理论的研究而是与实际问题有了关系，所以现代所谓社会学，就是古代希腊人所谓政治学。

照巴特看起来，政治学这个名词，最先虽由亚里士多德应用，可是关于政治学的理论与实际问题，柏拉图已经作过深刻的研究，所以社会学其实是始于柏拉图。

巴特是把历史哲学当作社会学看的。他以为这种见解并不是他个人的见解，就是孔德、弥尔（J. S. Mill）与斯宾塞尔也是这样看法。历史哲学（La philosophie de l'historie）这个名词，服尔德（Valtaire）最先应用，然而把世界的历史当作整个东西来看，是始于奥古斯丁（St-Augustine）。奥古斯丁受柏拉图的影响很大，巴德之所以要从柏拉图的著作里，找出社会学的起源，并非没有原因的。

近来一般之写社会学发展史的人，每每从柏拉图说起。比方文孙特（G. E Vincent）教授在《美国社会学杂志》（*American Journal of Sociology*，September 1904）（1904 年 8 月）所发表的《社会学史》（History of Sociology），就是一个例子。又如利克顿巴尔该（Lichtenberger）所著的《社会学说发展史》（*The Development of Social Theory*，1924）也是这样。

又有些人如阿基利斯（T. Achelis）在其《社会学》（*Soziologie*）一书，以为社会学的起源是可以从苏格拉底与其同时的希腊学者的言论

与著作找出。更有些人以为社会学的起源是在希腊时代的哲人（Soph-
ists）的言论里。比方爱来打娄铺罗斯（A. Eleutheropulos）在其所著
的《社会学》（*Soziologie*，1908）就有这种主张。他以为社会学所研究
的对象，是人类社会的生活，而人类社会生活所包括的范围很广。政治
与法律是这种生活的重要部分。政治与法律既是社会学的重要部分，而
且老早已经有研究，那么我们就可以明白社会学并不是一个新的学科，
也不是始创自孔德。孔德除了给社会学以一个名称外，对于社会学本身
也并没有作过甚么研究。古代希腊的哲人法列斯（Paleas）对于人类社
会发展的原因，好像已经有过相当的了解。此外，所谓历史哲学所研究
的问题，也差不多就是社会学上的问题。

此外，又有些人以为社会学的起源是在柏拉图与哲人之前的。斯班
（O. Spann）在其所著《社会学》（*Gesellschaftslehre*，1930〈年〉版）
以为以社会学始于孔德或是孔德以前的启明运动的哲学家，都是错误。
斯班承认社会这个概念是从一般以自然法为根据的个人主义或契约论者
的著作找出来，他也承认社会学这个名词是孔德创造的，可是他像巴特
一样的以为社会学所研究的东西，老早已有人研究。斯班氏是一个唯心
论者，他以为社会学的原则在康德、斐希特（Fichte）的著作里已解释
得很明白。然而穷根究源，在印度的古代典籍，在中国的孔子的言论，
以及在欧洲的彼塔哥拉斯（Pythagoras）与柏拉图的著作里都可以找出
好多社会学的原理。

这么一来，社会学的历史又伸长了好多年了。

然而，这也并不只是斯班个人的意见，比方韩瑾（F. H. Hankins）
在其《社会学》（Sociology）一文里（See H. E. Barnes, *The History
and Prospects of the Social Sciences*, Chapter VI）就以为在希腊的荷
马（Homer）、希西俄德（Hesiod）以及古代的东方的哲人的著作里，
也可以找出好多关于社会学的材料。

又如，菩加达斯（E. S. Bogardus）在其所著《社会思想史》（*His-
tory of Social Thought*，1922）且有专章叙述最早的社会与古代的东方
的社会思想。这样看起来，社会学的历史，可以说是与人类思想史一样
的长久了。斯摩尔（Small）虽像我们上面所说，以为社会学的起源是
在 19 世纪的德国各种社会科学的著作中，而且在《社会学与柏拉图的
共和国》（Sociology and Plato's Republic, in *American Journal of So-
ciology*，Vol. ⅩⅩⅩ）一文里，极力反对一般人之以社会学始于柏拉

图的主张，可是他在其所著的《普通社会学》（*General Sociology*，Chapter 4）却好像相信在某种意义上，社会学的历史正与人类思想一样的长久。

布林克门（C. Brinkman）在其《社会学》（*Versuch einer Gesell-schaftswissenschaft*）一书里，以为在习惯上，人们要想明白孔德与斯宾塞尔的社会学的系统，总免不了要把社会学的历史拉长起来。我们可以说一般人相信以为社会学的历史是与人类思想史一样久长，也不过是这样地拉长起来罢。

七

在时间上看起来，上面所说的各种学说都以为社会学的起源是在孔德之前，这就是说社会学的历史拉长了百数十年以至二千余年。近来有些社会学家，反乎此种见解，而好像以为社会学的起源是在孔德之后。耶路撒冷（Wilhelm Jerusalem）在其所著的《社会学引言》（*Einfuehrung in die Soziologie*，1926）里，以为斯泰恩（L. Stein）与孔德是社会学的创始者。他以为孔德所代表的社会学是实证的社会学，而斯泰恩所代表的社会学是黑格尔主义的社会学。他指出斯泰恩并不受孔德的影响，然在 1850 年所刊行的《法国社会运动史》已觉得社会学应与政治学分开而成为一种独立学科之必要。斯泰恩以为社会各种运动如潮如涌的时代，我们对于社会的要素与现象应当有了客观与真确的认识，他又分社会学为四部分：一为社会的概观及其秩序，二为社会历史，三为社会的法则，四为社会改造。耶路撒冷以为孔德虽给了社会学一个名称以及他种贡献，然而斯泰恩却给了社会学以确定的范围与明了的分类。

耶路撒冷这种见解并不一定是反对孔德为社会学的创始者，可是他好像不承认孔德是唯一的社会学的鼻祖罢。我们知道斯泰恩的著作的刊行是在孔德的《实证哲学》已完成之后，而且他对于法国的情形又很熟识。虽则他的思想重心是近于黑格尔的思想。然而他之所以觉得社会学应当成为一种独立学科，是否受过孔德的影响还是疑问。而且斯泰恩1842 年所著的《今日法国的社会主义与共产主义》（*Der Sozialsmus und Kommunismus des Heutigen Frankreichs*）以及 1850 年的《法国社会运动史》（*Geschichte der sozialen Bewegung in Frankreich* von 1789 bis auf unsere Tage，3 Baende；按后者乃由前者扩大而来）也是以法国的社会思想与运动为其研究对象，所以纵使斯泰恩没有受过孔德的影响，然而假使他对这个新的社会学科（社会学）的成立，有了不少的贡献，那么我们也可以说，还是与法国的社会思想与运动有了很大的关系。

歧丁斯教授在其所著的《人类社会的理论的研究》（*Studies in the Theory of Human Society*，1922）一书，以为孔德只是预料社会学，他并不创造社会学。他以为严格地说最先的社会学的著作是斯宾塞尔在1850年所发表的《社会的静态》（*Social Statics*）一书。他以为这本书可以与柏拉图的《共和国》与亚里士多德的《政治学》相比美。

这好像是说严格的社会学是始于斯宾塞尔了。我们知道斯宾塞尔的《社会的静态》是他的第一部著作，这本书出版后，对于社会学上少有影响，其实在当时有些英国人简直觉得斯宾塞尔这本书不应该发表。"社会的静态"这个名词，孔德在其《实证哲学》里已经用过，而且社会的静态的研究是孔德社会学的一个重要部分。斯宾塞尔虽屡屡声明他写《社会的静态》这本书时，并没有受过孔德的影响，然布利哲斯（J. H. Bridges）在《孔德与斯宾塞尔的社会学》一文（Comte and Spencer on Sociology in Illustrations of Positivism，1907，Edited by E. S. Beesley），对于这点已有微词。不过就使我们相信1850年以前的斯宾塞尔没有受过孔德的影响，可是斯宾塞尔在写《社会的静态》时，也没有意思去建立社会学。假使我们要说斯宾塞尔是社会学的创始者，我们以为应当是1859而特别是《社会学的研究》（*The Study of Sociology*，1872）出版以后的斯宾塞尔，而不是写《社会的静态》时代的斯宾塞尔罢。不过自从1853年以后，斯宾塞〈尔〉对于孔德的社会学已有相当的认识，而且受了孔德不少的影响。这一点斯宾塞尔自己也未尝否认。

德国维色（L. V. Wiese）在1926年所出版的《社会学的史略与主要问题》（*Soziologie：Geschichte und Hauptprobleme*）一书里，以为社会学的来源，是千绪万端，然而大体上，可分为下列三方面来说。

（1）德国的浪漫派与德国的唯心学派。

（2）孔德的哲学，而特别是他给了这门学问的名称。

（3）除了哲学以外社会学是从其他的科学发展而来，而其最显明的是生物学、历史学与社会经济学。

　　维色以为关于人类社会关系的思想发生很早，不过对于这种社会关系或是共同生活有了明确的认识，还是在 18 至 19 世纪之间。社会学是要在某种民族的文化发展到相当程度始能发生的，而其来源是多方面的，而非一方面的。维色以为这不但是社会学的起源是如此，别的科学的起源也是如此。不过时间上的迟早，是随着各人对于社会学的对象的解释不同而定罢。

　　照维色的意见，从古代到 19 世纪的长期中，只能当作社会的预备时期。在 17、18 世纪之间，虽有不少学者于政治变迁与势力之外，尚觉得有别种社会变化与势力，可是思想的重心还是在政治方面。这种以政治为重心的思想，直到法国革命的时代，还是这样。其实在这个时候，学术界所讨论的问题，大致是关于宪法的问题，对于人类生活的互相关系以及社会的构造与动作，很少注意。

　　维色虽相信社会学与社会主义是不同的东西，然而照他看起来，这两种东西也非完全没有关系，而且两者的发展是同时的。因为经济的变迁，人口的增加，都市的发达，而特别是因工业发展所引起的群众劳工阶级等观念，使人们对于一般普通社会的现象的互相影响加以注意。然而维色好像并不像摩尔一样的以〈为〉社会的起源，是由社会主义而来。

　　维色虽然以为社会学的来源可以在德国的浪漫学派与唯心论的哲学里找出来，然他也承认这非没有问题的。照他的见解，这两种哲学，而特别是在舍林路（Schelling）与黑格尔的哲学里是比较上少受 19 世纪的社会经济的构造的影响。可是一方面他们是反对 18 世纪的启蒙时代的自由与革命思想，一方面用玄学的观点来解释社会。社会学家应当是一个实在论者、经验论者，对于目的、绝对、神意等等观念，不应当作社会学范围以内的事。社会学者不能从黑格尔的哲学里来解释他们的问题，而只能从他的思想里找出哲学与社会学的不同的界线。总之，也许哲学家可以把社会当作玄妙的东西看，可是社会学家，决不能这样的看法。

　　关于孔德，维色早已说过："我觉得从现在的社会学看起来，孔德很难算作一个社会学家。今日的社会学之于孔德是很少有关系的。"（参看 Schmoller's Jahrbuch，1920，S352）在《社会学的史略与主要问题》里，他又说："我们只能当孔德作一个哲学家，不能当他作社会学家。从他的哲学里，我们不能找出什么社会学来。因为他实在是偏于历史哲学方面。今日社会学之得力于孔德者不外是他对于社会生活与心的进化的关系有了科学的兴趣而加以考究，然而这两者的关系，也并非一种新的发见。"

维色以为一位自称为社会学上的实在论者和经验论者，对于孔德的实证主义，却不一定要维护。社会学者对于所谓实证主义或是反实证主义，都只能持中立的态度。

维色承认社会学的发生是得力于各种自然科学如生物学，以及各种社会科学，如历史、法律、经济等等，然而他又好像觉得正是因为社会学与这些学科有了关系，所以社会学与这些学科的范围，往往也因之而不容易分开清楚。

维色以为大体上说，社会学除了长期的预备时期外，从 1810 至 1890〈年〉，可以叫作第一时期。从 1890〈年〉至现在，可以叫作第二个时期。在第一个时期里大家所注意的根本问题是：甚么是社会？然而这个问题一发生，有了好多连带问题也发生起来。这些问题也许不一定是社会学的问题，而乃普通社会学科或社会哲学的问题。因此，维色称这个时期为普通社会学科的时期。所以维色以为在德国的敦尼斯以前、在法国的塔特 Tarde 以前，在美国的斯摩尔、歧丁斯以前的社会学，都可以叫做社会学的预备时期。是在第二个时期里，社会学始慢慢地成熟为独立学科，虽则第一和第二的时期的划分，是不大清楚的。

然而维色又说：

> 我们相信，社会学之成为一种明确独立的社会科学，还是目下才发生的。

维色心目中的社会学，主要是社会的关系，或是关系学（Beziehungslehre）。这种关系论，是由他而成立的。所以他好像以为社会学之所以成为严格的社会学，还是始自他的关系论。这也就正像他所说："社会学之成为一种明确独立的社会学科，还是目下才发生的。"

这么一来，不但是敦尼斯、塔特、斯摩尔、歧丁斯以前的社会学是社会学的预备时期，恐怕连了这些学者的社会学，也是社会学的预备时期了。

八

从上面看起来，关于社会学的起源的各种学说，差不多可以说是应有尽有了。从时代上看起来，有的以为是在孔德以前，有的以为是孔德以后，有的以为是在很古的时代已有，有的以为是最近才有。从国别方面看起来，有的以为在法国，有的以为在英国，有的以为在意国、在捷克。从思想的派别来看，有的以为在唯心派，有的以为在浪漫派，有的以为在自然派（Naturalism）。从人物方面来看，有的以为始于孔德，有的以为始于斯宾塞尔，有的以为始于柏拉图⋯⋯

我们看了这么多的关于社会学的起源的学说之后，免不得要问道：社会学的起源究竟在哪里？

这当然不是一个容易解答的问题。其最大原因，大概就是因为大家对于社会学的对象，没有根本相同的观念，所以各人对于这个问题的解答，每因各人对于社会学的对象的意见不同而各异。

本文的主要目的，是想把各家对于这个问题的各种不同的意见，来作一个综合和有系统的叙述，并非专为拥护某一种学说，或说明自己的立场。不过从社会学的发展，以及各家对于这个问题的解释里，我们大概可以得到下列几种暗示。

（1）假使我们把社会学的原理来与一般普通或特殊的社会思想来混为一谈，那么社会学的起源，可以说是和人类思想史一样的长久。因为人类社会，无论如何简单，是与人类的历史一样的长久。我们所以说人是社会的动物，就是这个原故。然而人类既不只是社会的动物，而且是理性的动物——或是有思想的动物，那么人类对于其社会的生活，总免不得有了多少意见，这种意见，就是社会思想。

人类的智识与思想的发展，是有连续性的。20世纪的智识与思想，是与19世纪的智识与思想有了连带的关系。19世纪的智识与思想，又与18世纪的智识与思想有了连带的关系。如此类推，以至于人类最初的智识思想都有了连带的关系。社会思想当然不能算作例外。

不过这么一来，好多或是所有的科学与学问的起源，都可以这样的看法，其结果是这个问题既用不着什么讨论，也没有什么可以讨论的价值。

（2）大体上，多数的学者以为社会学是19世纪上半叶的产儿。这是有相当的理由的。我们知道无论是在古代希腊的狭小的城市国家之下，或是在罗马时代的军政统治之下，无论是在中世纪的神权教会之下，或是在十七八世纪的帝王专制之下，各种社会生活都不大容易发展，而社会问题也比较的简单。而且二千年来人类思想多偏在宗教与政治的纷争的问题上，故对于社会的其他问题，与整个社会的现象很少注意。可是 18 世纪的末年以至 19 世纪的初叶的情形，却不同了。人们对于各种新兴的工业集团、经济会社，以及各种社会生活与问题，都不能漠然忽视。故无论为着研究实际情形而研究，或为着解决实际问题而研究整个社会现象，或部分的社会现象，在直接上或间接上，都对于社会学的发生与发展上，有了密切的关系。

此外，自然科学的发达之于社会学的发生，也有不少的关系。人们对于自然界有了相当了解之后，当然要进一步而研究社会现象与其问题。在这一方面，生物学对于社会学的影响最为显明。生物学家不但在研究个体的构造与功用上，给了早年的社会学家以不少暗示，而且在研究生物的团体生活方面，也给了社会学家以不少的贡献。我们当然不要忘记，生物学有生物学的对象与范围，社会学有社会学的对象与范围，我们也许不能表同情于斯宾塞尔以及一般所谓生物学派的社会学，然而我们不能否认社会学的发生与发展，是受过生物学的影响。

总而言之，新兴的社会的发展，与人类智识的发达是社会学发生的要素。

（3）孔德是生在这种环境之下，而且深受了这种环境的薰染。他对于当时的社会实际情形既很注意，他对于当时的人类智识的水平，又有相当的了解。《实证哲学》在某种意义上，可以叫当时人类智识的水平的纲要。他在这部书里，一方面把以往的各种自然科学的成就，做一个总结，一方面要建立一种新的科学，这就是社会学。我们上面已经指出他写这部书的最大目的，是建立社会学，所以他这部书的大部分的篇幅，也是把来叙述社会学。我们也许相信孔德所叙述的社会学，老早已有人研究，然而我们不能否认，除了给了这门新学科以一个名称之外，正式宣布这门学科为一种独立的学科，也是始自孔德。

我们也许否认孔德的社会学为"真正"的社会学，然而我们也不能否认孔德对于后来社会学的影响的势力之大。英国自从斯宾塞尔以至霍布浩斯（Hobhouse）固受他的影响，美国自从华德以至歧丁斯也受他的影响。德国的社会学在欧战以前，虽不很发达，然而无论是直接或间接上，舍夫雷（Schaeffle）以至敦尼斯（Toennies）都受过他的影响。所以纵使我们以为孔德的社会学，不是像我们今日所认识的社会学，而非"纯粹"的社会学，然而弄假成真，孔德还可以叫作社会学的首创者。何况事实上，不但孔德的社会学与我们今日的社会学，有了不同之点，就是我们今日各国各家的社会学又何尝不有各异之处？亚里士多德的政治学之于今日的政治学，不同之处很多，然而今日的政治学者，却不能说亚里士多德的政治学，不是"纯粹"的政治学。同样，亚当斯密斯的经济学之于今日的经济学，也有了好多不同之处，然而今日的经济学家也不能说亚当斯密斯的经济学不是"纯粹"的经济学。

（4）我们这种理论，虽然是比较的表同情于一般之以社会学始于孔德的主张，可是我们也要声明，我们所谓社会学是始于孔德完全是注重在社会学的起源的形式或外表方面。这就是说，因为一来社会学（Sociologie）这个名词是孔德发明的，二来孔德是有意的去建立这种学科，三来他对于后来社会学的发展的影响很大。除此以外，关于社会学的内容、对象等问题，我们暂可以不必加以详细讨论。不过我们在这里，也不妨简单地举出数点，以为关心这个问题的人参考。

第一，在形式上或外表上，社会学虽由孔德宣布而成为一种独立的学科，可是社会学之为人们承认一种独立学科而在学术界占一相当位置，还是19世纪晚年的事。这一点我们在上面已说过，不必多述，所以我们也可以说：实质上社会学的成立是在19世纪的晚年。

第二，孔德在社会学的实质上贡献并不大，他的著名的进步律以及好多重要思想，都不是他自己独创的东西，而多是前人传下的。这一点，孔德自己也未尝否认。这是阅了《实证哲学》而特别是里面第四十七讲的人，所最能容易明白的。明白了这一点，我们并不否认在孔德以前的浪漫派、唯心派、自然派以至好多学者，对于社会学的发生与发展上，都有不少的贡献，不过这些人们，根本上还是哲学家、历史家、政治家、经济家，或是自然科学家，而非社会学家罢。

第三，孔德虽然有意去建立社会学，然而他对社会学之于社会科学（Science Sociale）与社会哲学（Philosophie Sociale），并不分开清楚。其实，实证哲学这个名称，在某种意义上已有讨论的必要。实证的Positive就是科学的Scientific，而哲学（Philosophie）这个字通常是与科学为对峙名词。孔德的人类智识进步的三个阶段是神学阶段（l'etat theologique）、玄学阶段（l'etat metaphysique）与实证阶段（l'etat positif）。玄学阶段通常叫作哲学（philosophique）而与实证相异，然而孔德却把这两个相对峙的名词联在一块。这是很容易令人误会的。此外，他对于社会学之于各种特殊的社会学科如政治、经济等的研究的对象的区别，也没有给我们以一个明确的解答。

　　第四，孔德虽然承认在他的时代，社会学尚未达到实证的阶段，然他心目中所要建立的社会学是实证的，或科学的社会学，从一方面看起来，这可以说是孔德自己也承认他自己的社会学不是纯粹（科学）的社会学，然而从别方面看起来，我们也可以说社会学到了现在，还未曾达到实证的阶段。其实，社会现象是否与自然现象同样的可以用自然科学方法来研究，而建设孔德所希望的实证的社会学，还是疑问。我们在这里可以不必讨论这个问题，我们所要申说的是这种实证的社会学，到了现在，还尚未发生罢。

再开张的孔家店[*]

　　无形中宣告破产而收盘的孔家店，现在又开张了。他［它］这次重新开张，在我们中国历史上，当然是件很重要的事情；因为他［它］不只是个普通没有组织的陈旧式的商店，随随便便地合了多少资本，租间铺子，购点货物，放了三五千黄祥花的杏花红，写几张"开张大吉"、"财源广进"，化［花］了几块钱在报纸上卖告白，而且在我们政府里立过案，得过政府的批准，享有法律的保障，所以今后的孔家店若是有人要破坏他［它］，或是损害他［它］的权利，他［它］随时都可以诉诸法律。

　　重新开张的孔家店，当然有好多事足以为我们注意的，然最值得我们留心的，还是他［它］的立案的呈文。不厌繁冗，我且把他［它］抄在下面：

　　　　为提议事，窃维崇拜先知先觉，为人类心理所同，光大固有道德，乃民族精神所寄。查我国孔子，生当周末，本悲天悯人之旨，宏救世觉民之愿，慨然以一身肩道统之大任，其学说实集政治哲学之大成。《大学》之言平治，既合平民政治之真诠；《礼运》之言大同，首标天下为公之正义。是以先总理在日，常口述手写，以诏后人。即外人来华游历者，亦无不梯山航海，以一谒孔林、孔庙为荣。其或有拾其片石寸木，携归陈列，以夸珍贵者，足见孔子之伟大人格，无论中外人士，莫不尊荣而敬礼之，其所遗留之文物，亦无不钦仰而宝视之；良以孔子占东方文化史之重心，历二千余年，于世界人类之心理，已有深刻之印象，故其一物一事之流传，皆足

　　* 录自《广州民国日报》，1928 年 11 月 17 日，岭南大学学术研究会主编"学术周刊"栏第 7 期。岭南大学学生会编《南大思潮》第 1 卷第 3 期（1928 年 12 月 16 日）再载。

以为矜式，即皆有保护之价值。况揆诸世界崇拜传人，重视遗迹之通例；按诸先总理保存固有道德、光大民族精神之垂训，保护孔林、孔庙，均为我党今日应有之事。乃近有族人自山东来言，曲阜孔林、孔庙，颇受骚扰，甚至有收没庙产之谣传。当此革新之际，人心浮动，异说纷飞，一班青年智识薄弱，难保不为共产党徒打倒礼教之邪说所惑，祥熙以孔氏后裔，许身党国，既不徇私而害公，亦未便避嫌而不言，拟请政府颁发命令，严加保护，并交由内政部妥议保护办法，颁行全国，以正人心而息邪说。所有提议保护孔子林庙缘由，是否有当，敬候公决。

从这篇洋洋大文里，我们晓得：

（1）这次出来重新开办孔家店的主人，是孔家的后裔。

（2）他的目的是保护孔林、孔庙。

（3）而所以要保护孔林、孔庙的理由，大约是因为：（A）孔子之伟大人格。（B）孔子占东方文化史的重心。（C）孔子的学说是合乎现代的平民政治。（D）孔子大同主义的高尚。

的确的，我们对于我们的古迹，是应当保护的。我想不但是功在党国的孔氏后裔，就是一般的中国人，和世界一般的人们，都有或是负有保存古迹的责任。我们对于提议保护的孔家后裔，是十分羡慕的，然他所举出所当保护的理由中像上面所列出几个要点，实在不敢领教。

（1）孔子的人格怎么伟大，我们暂不必提及，然若说因为来谒孔林、孔庙者之多，和因为来谒者均拾片石寸木，携回陈列，足以证明孔子人格伟大，我们实没有法子去明白。设使孔部长所说不错，那么先施①顶楼陈列那位奇人，因为人人都想一见，也是因为他的人格伟大了？游西湖的人，均想一见秦桧的像子，也是因为秦桧的人格伟大？游过依士企摩人所住的地方，而想拾他们所用过的东西回家陈列的，也是羡慕他们人格的伟大？

（2）孔子究竟是否占东方文化的重心，是别一个问题。假使孔子而占东方文化的重心，这种文化，是否有存在的价值，又是一问。我想20世纪的世界，对于所谓东方文化，只好当作博物院里的古董看，值不得我们的提倡。东方人所以被人叫做东方病夫、半开化的民族，不外是东方文化的出产物。去提倡保存这种文化，来支配我们现在的生活，

---

① 侨商马应彪于 1911 年、1917 年先后在广州、上海开办先施百货公司。

无异去提倡保存我们的半开化的生活和位置。文化是日新月异的,他时时刻下都在演化的历程中。我们记得二千余年前,也许是二百余年前的中国,是世界上很文明的国,为什么现在变做一个半开化的国家呢?其原因照我看来,并不是在乎中国文化退步,而在乎现代文化的进步。我们现在若不虚心诚意地去急起直追,接纳现代的文化,恐怕待一二百年后,我们不但不能保存我们的半开化的地位,恐怕那时人家又要叫我们做全不开化的民族。

晚近以来,我们每听一般人说,西方的物质文化是优过东方的。他们对于西方的物质文化是愿意采纳,但是我们却极力提倡东方的精神文化。我们承认"文化"二字是包含精神和物质二方面,然若一方面提倡西方的物质文化,他一方面又提倡东方的精神文化,是行不去的。良以把文化来分做物质、精神二方面,乃我们为了利便研究起见而发生的主观的观念,并非文化本身上有物质、精神之分。因为物质文化和精神文化,是不能分开,所以物质文化的演化是随着精神文化的演化。我们差不多可以说物质的文化,是精神文化的表现。读过历史的人,当能知道这话不错。西方近代的物质文化,是随着文艺复兴以后的精神文化而生的。史家称中世纪为黑暗时代,精神的文化既沉于坠落的境地,物质的文化也没有法子发达。数千年来的中国,受困于专制思想的淫威之下,得过且过,所谓精神的文化既走不出二千年前的精神文化的圈子,结果二千年后的物质文化并没有什么精彩过二千年前的物质文化。最近数十年来物质文化上能够得半点的进步,无非数十年来精神文化上有多少变更之结果。物质文化既不能离精神文化而独立,采取人家物质文化,应当也采取人家精神文化。提倡保存孔子所主张的生活的人,简直是叫我们去做原人的生活,因为孔子所景仰的人类生活是三皇五帝时的生活,而三皇五帝的生活,从文化史的眼光看去,实在同原始社会中的人类的生活相差不远。

专去采取西方物质文明化,不但是一件行不得的事情,而且是一件最危险的事。我们若只喜欢住洋楼,而不求做洋楼的材料和方法,只喜欢坐汽车,而不求做汽车的材料和【法】方〈法〉,结果只有消耗,而没有入息。这样做去,则帝国主义虽不侵略我们,我们的生计上,必日趋日蹙,而终至于自杀之地位。数十年来,我们所谓利权外溢,国境日穷,一方面固由外国之侵略政策所使然,然一方面亦未尝不因我们只知提倡物质文化,只会享受物质文化,而不知求物质文化所以成为物质文化之由来。然欲知物质文化之由来，于精神文化不得不格外注重。中国人今后若不痛改前非，而还要自夸自大地说："孔子之伦理学，为二千年来中国社会安全人群进化之重要条件。"（此乃发起孔子学说研究会的宣言中一段话）则中国的前途，更不堪问。

（3）"大学之言平治，既合乎平民政治之真诠"，这句话简直是孔祥熙先生的新发明。大约读过《大学》的人，总记得"平"、"治"二字没有连用过，其实除了"国治而后天下'平'"和"所谓'平'天下在治其国者"二个"平"字外，我们找不出第三个"平"字。然这二个"平"字都是动词，把他〔它〕来相连起，已经不可，还把他〔它〕来作平民政治之真诠解，不通已极。

进一步来说，孔子原来是一位辩护君权最力的人，他曾说"民可使由之，不可使知之"，其他〔它〕如"臣事君以忠"、"事君尽礼"，均是极端主张绝对服从君主。他做〔作〕《春秋》的本意，也不外是为君主说法。所以孟子说："世衰道微，邪说暴行有作，臣弑其君者有之，子弑其父者有之，孔子惧作春秋。"董仲舒也说："孔子明得失，差贵贱，反王道之本，故曰春秋之法以人随君，以君随天。屈民而伸君，屈君而伸天，春秋之大义也。"

孔子的绝对尊君思想，可以说是中国数千年来专制政治的护身符，因为他是专制主义的辩护者，所以在专制主义流行时，就是他的学说流行的时代。专制淫威最甚的时代，也就是他的学说最猖獗的时代。这一层我们可以用中国的历史来证明。春秋战国的时代，诸侯割据，"王政不行"，各诸侯对于本国内虽有充分之统治权，然专制之风并不盛行，所以孔氏学说不过当时九流十家之一。况且他的学说在当时没有什么影响，君主既不见重他，一般学者也很少看起他。为了这个原故，不怪得孟子说："由孔子而来，至于今，百有余岁。"孟子的意思，大约是：从孔子到了现在，除了我外，没有第二人提倡孔子之道。那么这二百余年中孔氏学说之不行，可以想见。

到了秦始皇统一天下，孔子的理想政治，才得实现，而中国专制政治之基础也因之成立。我们说到这里，必定有人问道：为什么秦政又焚书坑儒。我以为焚书坑儒之举，恐怕是后来的儒家假造的话。就是焚书坑儒是事实，那么所焚的书必是很少，而且非儒家的书；所坑的儒，必非儒家的儒，乃一般好论列朝廷的学者。而其所以焚书坑儒的原因，也不外实行孔子所说"天下有道，庶人不议"的政策。

孔子所叹息的"王政不行"、"诸侯跋扈"，秦政和他的祖宗早已见及。孔子所主张的绝对忠奉人君，正合始皇的脾胃，就使始皇不大了解孔子的真意，李斯岂不见及？庸常如汉高者，在天下纷纭的时候，曾在马上以儒冠以资溲溺；然一登了极，立刻适鲁以太牢祀孔子。孔子之所以为君主的道理，若此显白，始皇、李斯安有错解的道理。然焚书坑儒的罪所以加上始皇的身上，大都汉家的公卿大夫的假造。原来秦乃汉的仇敌，刘氏创业伊始，为收拾人心计，不得不尽量去广告秦政的短处。并且刘家既据孔氏的道以为宝贝，既把他来做护身、护家符，既以他来治天下而平人心，使刘氏帝业，垂诸万世而不朽，则不得不说秦政如何对不起孔子，对不起儒生。那么秦政之被人加以焚书坑儒之罪，并非没有原因。

退一步来说，就使始皇有焚书之举，所焚也必很少。《史记·始皇本纪》说："非博士官所职，天下敢有藏诗书百家语者，杂烧之。"其实当时的书册，既用木版竹简以制，除了政府外，人民哪里有多〈少〉书。大学问家如惠施，有了五车书，已惹起庄子的注目，并且秦时大收天下之书，藏于阿房宫，可知就使始皇焚书，所焚也必有限。

有些人把焚书的罪放在项羽身上，因为他们说项羽鸿门宴后火烧阿房宫，古代诗书百家遂付诸一炬。平心而说，我本不相信项羽烧阿房宫事，假使阿房宫为项羽所烧，阿房宫书为什么又落在萧何的手里？《史记·萧相国世家》里说沛公先入关，诸将皆争掠珍宝美女，独萧何先入，收秦丞相御史律令图书藏之。其实焚书之举，也许是刘氏做出来。刘氏既奉孔学以为治国的标准，对于诸子当然摈弃，当然想残灭。使不是这样，为什么孔氏之书得以保存而诸子百家大都沦没？

武帝是西汉专制君主之最甚的，所以孔子学说在武帝时，特别猖獗。西汉末年专制之淫威既消杀，杨雄们的学说始得产生，光武、明帝时代，孔学复盛。东汉末年，汉祚将倾，王充遂做《论衡》，大唱打孔家店。六朝时代专制之风既衰，孔学也随之而衰。孔学与专制，正如辅车相依。故从唐到清其间孔学之盛衰与否，常以专制淫威的盛衰为衡。满清既倾，孔家店的生意亦大受打击。孔家店过去的命脉，既与专制遗毒相依，那么今后的孔家店的命运也不外从同样的路走。我们柜信过去的孔家店之于中国，无异过去的东印度公司之于印度，将来的中国而欲求政治之解放，则杯葛孔家店，当为我们的第一要务。

（4）孔子之教，既与民治政治的原理相背而驰，为什么《礼运篇》

的大同主义又含有民治的精神？我以为礼运大同的说，决非孔子根本之主张。读过孔子书的人，都承认孔子把家来［作］为国之本，所以他主张先齐家而后治国，国治而后天下平。照他的意见，家不过国的缩小，而国不过是家的放大。同样，国是天下的缩小，天下是国的放大。治家的道理是与治国的道理一样，所以治国的方法，也不外是治家的方法。家里有家长，子女们对于家长，有绝对服从的义务和责任。这种义务和责任的特征，就是"孝"。同样，国里有君主，人民对于君主有绝对服从的责任，实行这种责任叫做"忠"。忠与孝虽是名称不同，然其实则一。故《孝经·士章》里说："资于事父以事君而敬同……以孝事君则忠。"又《正义》里说中［忠］："言人不忠于君，不法于圣，不爱于亲，皆为不孝，大乱之道也。"《广扬名章》说："君子之事亲孝，故忠可移于君。"诸凡此类，不胜枚举。这种原理不但施诸家国，也可以应用到一身。所以说："孝始于事亲，中于事君，终于立身。"修身、齐家、治国的原则既一样，平天下也何独不然。《大学》里说："所谓平天下，在治其国者，上老老而民兴孝，上长长而民兴弟，上恤孤而民不倍，是以君子有絜矩之道也。"这里所说的天下，自然是于大国——世界的——天下所以能平既赖乎国治，则治天下之原理，当然和治国家的原则没有差异。并且他的理想中的天下，既筑在国家上，则与《礼运》所说"大道之行也，天下为公，选贤与能，讲信修睦，故人不独亲其亲，〈不独〉子其子……"的原理，完全处于对峙的地位。换言之，一方面既说国治则天下可以平，治天下的原则与治国一样；他方面又说治天下〈的〉原【的】理，是异于治国原理，这岂不是自相矛盾吗？因此我们对于《礼运》乃孔子思想说，不能不起怀疑。我们若相信大同主义是孔子的，我们不能不怀疑他的修身治国的主张。使我们而相信后者，为孔子之根本思想，我们不能不怀疑前者之非。

政治哲学上的二元论，本来是有的。比方，康德一方面主张一个理想的国家，一方面又主张一个实际的国家。理想的国家是由契约而成的，实际的国家是由武力而成的。理想的国家是一个共和国，实际的国家是一个君主专制国。康德所以有这种主张——矛盾的主张——是因为他一方面受了当时环境的压迫——专制淫威之下——一方面因为他受罗骚①的影响太深。他既不愿放弃罗骚的契约论，他又不敢在专制淫威之

---

① 即让·雅克·卢梭。

下高唱国家是由人民契约而成，而提倡民权理论，结果生出二元的政治思想。我们若用解释康德的二元说来解释孔子所以主张大同及小康之不同，也有可能性。例如吴又陵先生说孔子大同之说是"窃道家之绪余"（参观《吴虞文录》卷下一页）。然若照吴先生所说，则孔子大同之说非孔子的根本思想。孔子师事老子（参观《礼记·曾子问》、《史记·老子传》、《庄子·天下篇》、《吕氏春秋·当染篇》、《孔子家语·观周篇》、《五帝篇》、《执蛮篇》及《史记·仲尼弟子列传》等），孔子受过老子的影响当在所不免，然孔子的天下和国家观念，并非二元论。在康德的政治哲学里，理想国与实际国是不能同时并存的，在孔子的政治哲学里，平天下是依赖于治国，天下之于国亦犹国之于家。天下我们已说过，是国的放大，亦犹国是家的放大，所以治天下国家以至身心意的不同处，并不是原理，而是范围。若政治演化的终点是平天下，则国只可说是达到平天下的历程中一个阶级。若把天下与国来当做二元看，那么再加上身心和意岂不是成了四元、五元吗？

孔子的国与天下既不像康德的二元论，而又因其根本上不能相反，我们可以断定《礼运·大同》之义非孔子的学说。孔子若不是不觉其自相矛盾而窃取他人之说，则《礼运》一篇，若非在孔子前，或同孔子时的别的学者所做，必是后人所加入。其实《礼记》一书早已有人说过，不是孔氏书；并且孔子自己也说"述而不作"。因此，我们可以断定礼运大同之说非孔氏之说。

上面所说，不过是读了孔子后裔所说关于保护孔林、孔庙的理由而发生出数点感想。末了，我要着重声明，我们虽然反对把孔子的学说来支配现在中国的社会，我们并不反对人家去研究孔子学说。为学问而研究学说是一件事，要把一种学说来支配一时代的行为，又是一件事。我们对于前者，不但不反对，还极赞同，不过同时我们应该记得研究学问也有缓急之分。对于后者，我们相信孔氏的主张，已不合于我们现在的要求，而是根本上与我们所要求的相反对。我们若不勉力去阻止他的实施，那么中国今后的政治文化的趋势，恐也不外是过去专制淫威的再生。我们诚恳地希望我们勿再唱着"后之视今，亦犹今之视昔"。

孔夫子与孙先生 *
——欧游杂感之一

八年前，星架坡育英学校校长陈种仙先生，叫我用胶水画张孔子像：像的上面题"至圣孔子肖像"，下面是署我自己名字。画好挂于该校礼堂中间。民国十三年，我赴叻省亲，到育英时还见孔子肖像照旧挂着。这次游欧，道经星岛，育英当局要我到校同各同学谈话，我见得从前所挂孔子像的位置，已换挂孙先生的像。孙先生的像是印的，像的上面题有"总理遗像"。我自去秋返国，逗留十个月，所见各处公共地方所挂的，惟有孙先生的像。育英虽然以从前孔子所居的位置给与孙先生，但是孔子的像仍移于挂孙先生的像旁边。我离育英后，坐车回寓，在繁盛的大马路上，虽然是车马如云、行人若织，然在我的印象中所感觉最深的，还是育英礼堂的壁上的孙先生和孔子的像。

印象是深刻的留住，车子已不觉到寓。数位很久不相见的朋友们，已在寓待着我。我们的谈话中，我曾说及这件事。有位对我说：也许育英当局见得你的画法精美，不忍放下来。我说：你太恭维我了。又有位说：孔子是在中国过去受人崇拜最多的人，孙先生是近来受人崇拜最普遍的人；孙先生与孔子并肩而坐，哪里有什么希奇。因此，又有一位问道：然则孙先生居中，而孔子居旁，后者当作何想？我说孔子必说："后生可畏，焉知来者之不如今也。"

我因此曾联思到我们的党国名人戴季陶先生，仿佛说过：前有孔子，后有孙先生。我又记得在孙先生的著作里头，引过孔子好几次，并且给孔子以相当的位置和信仰。我更联思到十余年前，我们的入校的洗礼仪式是：对着至圣鞠躬三次。我们的誓愿是："初开蒙，拜圣公，四

* 录自广州岭南大学《岭南学报》第1卷第2期，1930年5月1日。

书熟，五经通。"而我们的颂赞是："仰之弥高，钻之弥坚，瞻之在前，忽然〔焉〕在后。"现在的学生们，在周会的时候，是对着孙先生的遗像行三鞠躬礼，而所读的是："余致力于国民革命，凡四十年。……现在革命尚未成功，凡我同志，务须依照余所著建国方略、建国大纲、三民主义，及第一次全国代表大会宣言，继续努力，以求贯彻。……"

这些的记忆和好多的感想，使我注意到孙先生和孔夫子的同处。

过了数天，《星洲日报》载了雪兰莪国民党全体党员致电中央反对祀孔。其电如下：

南京《中央日报》，转中央党部各省、市党部、省政府钧鉴：

> 孔子学问思想，不合现世潮流，夫人皆知。前经明令废止祀孔，今忽令行纪念，前后命令，自相矛盾，大失中央威信。海外同胞，莫名其妙，甚为哗然，如果实行祀孔，将置总理三民主义于何地？恳即明令取销，以慰侨望。

因此，我又联思到孙先生在《民权》第五讲里曾说：

> 简单的说，民权便是人民管理政治。详细推究起来，从前的政治，是谁人管理呢？中国有两句古语说："不在其位，不谋其政。"又说："庶人不议。"（按这话见《论语》）可见从前的政权，完全在皇帝掌握之中，不关人民的事。今日我们主张民权，是要把政权放在人民掌握之中。

我又记得十九年前，我们琼岛陈氏宗祠里所设的以及我们每年八月廿七所跪拜的至圣先师的牌，现在好像已破为薪、化为灰。我们文昌的圣殿，在满清时何等庄严！出身寒微、家非士林，像我这样人，虽然屡过其门，然因每听一般长者戒曰：小孩子切莫沾污圣地。但是自革命在武昌成功后，圣殿的廊边庭前，日见荒芜！再看国内十年来的复古运动、孔教宣传，与政治上的洪宪复辟、寡头趋向，大都相为形影。所以，吴又陵先生在他的《家族制度为专制主义之根据论》里说：

> 是故为共和国之国民，而不学无术，不求智识于世界，而甘为孔氏一家之孝子顺孙，挟其游猭怒特蠢悍之气，不辨是非，囿于风俗习惯酿成之道德，奋螳臂以与世界共和国不可背畔之原则相抗拒，斯亦徒为蚍蜉蚁子之不自量而已矣。

这些的记忆和感想，使我注意到孙先生和孔夫子的异处。

在环境上，孔子所处的是：王政不行，诸侯跋扈的时代。他的理想政治是：尧、舜、禹、汤、文、武之治。所以他说："大哉尧之为君也，巍巍乎，唯天为大，唯尧则之。"其对于舜曰："舜有臣五人，而天下治。"其对禹曰："禹，吾无间然矣。"又说："巍巍乎，舜、禹之有天下也，而不与焉。"他的弟子颜渊问为邦，他的回答是："行夏之时，乘殷之辂，服周之冕，乐则韶、舞"。又曰："周监于二代，郁郁乎文哉，吾从周。"

孙先生所处环境呢？是内政不修，外患日迫。其言得最透切的是，光绪十八年（1894）兴中会的宣言。文云：

> 中国积弱至今极矣：上则因循苟且，粉饰虚张，下则蒙昧无智，鲜能远虑。……乃以政治不修，纲维败坏；朝廷则鬻爵卖官，公然贿赂；官府则刮民剥地，暴过虎狼。……方今强邻环列，虎视鹰邻，久涎我中华五金之富，物产之多，蚕食鲸吞，已见效于接踵；瓜分豆剖，实堪虑于目前。

中国既到这么弱，有什么法子来补救呢？在他上李鸿章的书里告诉我们："幼尝游学外洋，于泰西之语言文字，政治礼俗，与夫天算舆地之学，格物化学之理，皆略有所窥，而尤留心于富国强兵之道，化民成俗之规……"他以为欧洲富强之本，不尽在于船坚炮利，垒巩兵强，而在于人能尽其才，地能尽其利，物能尽其用，货能畅其流。"……所以我国欲恢扩宏图，勤求远略，仿行西法，以筹自强，而不急于此四者，徒惟坚船利炮之是务，是舍本而求末也。"从这段话来看，我们觉得孙先生虽不赞成当一般专门注力于坚船利炮，然他的信仰西法是很明显的。在《民权》第五讲里，孙先生说：

> 庚子年的义和团，是中国人的最后自信思想，和最后自信能力去同欧美的新文化相抵抗。由于那次义和团失败以后，中国人便知道从前的弓箭刀戟，不能够和外国的洋枪大炮相抵抗，便明白欧美新文明的确比中国的旧文明好得多。……所以从那次义和团失败以后，中国一般有思想的人，便知道要中国强盛，要中国能够昭雪北京城下之盟的那种大耻辱，事事便非仿效外国不可。

民国十二年十二月二十一日，孙先生在岭南学生欢迎会的演讲里，曾诚恳地劝"岭南学生要立国家的大志，学美国从前革命时候的人一样，大家同心协力去奋斗。……必须利用美国的学问，把中国化成美国"。《民权》第六讲里说："中国几千年以来，都是独立国家，从前政治发达，向来没有假借外国的材料，向来无可完全仿效。欧美近来的文化，才比中国进步，我们羡慕他们的新文明，才主张革命。"

从上面所举出几个例子，我们知道孔子是主张复古，孙先生是主张仿西。他们不同的原因也许是环境的不同所使然。但是他们的不同似非全部的，而是部分的；似非严格的，而是普通的；似非主要的，而是附庸的；似非根本的，而是形式的。要对于这一点有充分的了解，我们最好是看下面所举的例子：

> 照中国几千年的历史看，实在负政治责任，为人民谋幸福的皇帝，只有尧、舜、禹、汤、文、武，其余那些皇帝，都是不能负政治责任，为人民谋幸福的。所以中国几千年的皇帝，只有尧、舜、禹、汤、文、武能够负政治责任，上无愧于天，下无咋于民，他们所以能够达到这种目的，令我们在几千年之后，都来歌功颂德的原因，是因为他们有两种特别的长处：第一种长处，是他们的本领很好，能够做成一个良政府，为人民谋幸福；第二种长处，是他们的道德很好。所谓爱民爱物、视民如伤、爱民若子，有这种仁慈的好道德。因为他们有这两种长处，所以对于政治能够完全负责，完全达到目的。（《民权》第五讲）

消极方面，孙先生既无反对孔子所歌颂的尧、舜、禹、汤、文、武的政治；积极方面，孙先生告诉我们"革命"二字是创自孔子，孔子的政治思想是合乎民权的思想。而尧、舜、禹、汤、文、武之治，在孙先生的手中，又得了一个新解释。孙先生在《民权主义》第一讲里说：

> 依我看来，中国进化，比较欧美还要在先。民权的议论，在几千年以前，就老早有了。不过当时只是见之于言论，没有形于事实。

其实，孙先生在上段话之前一段，曾告诉我们：

> 二千年前的孔子、孟子，便主张民权。孔子说："大道之行也，天下为公"，便是主张民权的大同世界。又言必称尧舜，就是为尧舜不是家天下。尧舜的政治，名义上虽然是君权，实际上因是行民权，所以孔子总是崇仰他们。

我们当然不要忘记在同段中，孙先生曾说："中国自有历史以来，没有实行过民权，就是中国十三年来也没有实行民权。"我们也不要忘记，孙先生说过："中国此刻正是改革时代，我们对于政治主张民权，这种民权是由欧美传进来的。"也许是孙先生以为过去的中国的民权思想，与欧美的民权思想是有分别的；所谓尧舜实际上行民权，与他理想里的实际民权是不同。不过，我们所特别注意的点是：孙先生并不反对孔子所赞颂的尧、舜、禹、汤、文、武之治。

> 欧美的民权思想没有传进中国以前，中国人最希望的就是尧、舜、禹、汤、文、武，以为有了尧、舜、禹、汤、文、武那些皇帝，人民便可以得安乐，便可以享幸福，这就是中国人向来对于政府的态度。近来经过了革命以后，人民得了民权思想，对于尧、舜、禹、汤、文、武那些皇帝，便不满意，以为他们是专制皇帝，虽美不足。由此便知民权发达以后，人民便有反抗政府的态度，无论如何良善，皆不满意。如果持这种态度，长此以往，不想法来改变，政治上是很难望进步的。（《民权主义》第五讲）

补救人民对于尧、舜、禹、汤、文、武的误解，和改变人民对于政府的态度的最良善方法，是"权"与"能"的分别。而权能分别的道理，是和他对于人类分别的道理相连带。人类，据孙先生的意，应有三种：第一种是先知先觉；第二种是后知后觉；第三种是不知不觉。照政治的运动词来说：前者为发明家，中者为宣传家，后者为实行家。我想在孔子谈论里，这种人类分别的思想，是随处可指出的。比方，孔子说："生而知之者，上也；学而知之者，次也；困而学之，又其次也；困而不学，民斯为下矣。"又说："中人以上，可以语上也；中人以下，不可以语上也。"又如："上知与下愚不移。"

原来人类的天然差别的学说，在政治上，每为人治主义的根据。柏拉图分人类为三种，与在其《共和国》里的人治主义的关系是最显明的。在孔子的思想里是："为政以德，譬如北辰，居其所而众星共之。"又如："道之以政，齐之以刑，民免而无耻；道之以德，齐之以礼，有耻且格。"所以季康子问政，他的回答是："政者，正也。子帅以正，孰敢不正？其身正，不令而行；其身不正，虽令不从。"理想中的执政者既是圣贤上知，所以得了圣贤上知，天下便可以治，其结果是："民可使由之，不可使知之。"因为一般百姓，本是无知，强使之知，徒损无益。

孙先生也说：

> 我们要知道民权不是天生的，是人造的，我们应该造成民权，交到人民，不要等人民来争，才交到他们。

是谁要负造成民权的责任？自然是先知先觉的人，所以他又说：

> 因为中国人民，都是不知不觉的多，就是再过几千年，恐怕全体人民还不晓得要争民权，所以自命为先知先觉，和后知后觉的人……要预先来代人民打算，把全国的权交到人民。

这种政治，本来是德能政治、人治主义，也就孙先生所谓尧、舜、禹、汤、文、武所以能得后人崇尊敬仰的爱民如子的政策。我想，辛亥约法之制定，及过去的护法运动，虽表现孙先生的法治的主张，不过这种法治的希望，终未见诸成效。其实十余年来的政治经验，使孙先生相信法治之不适于现在的中国，所以在他的国民政府《建国大纲》的自序里说：

> 辛亥之役，汲汲于制定临时约法，以为可以奠民国之基础，而不知适得其反。论者见临时约法施行之后，不能有益于民国，甚至并临时约法之本身效力，亦已消失无余，则纷纷焉议临时约法之未善，且斤斤焉从事于宪法之制定，以为藉此可以救临时约法之穷。曾不知症结所在，非由于临时约法之未善，乃由于未经军政、训政两时期，而遂入于宪政。试观元年临时约法颁布以后，反革命之势力，不惟不因消灭，反得凭藉之以肆其恶，终且取临时约法而毁之。而大多人民对于临时约法，初未曾计及其于本身利害何若？闻有毁法者不加怒，闻有护法者亦不加喜。可知未经军政、训政两时期，临时约法决不能发生效力。夫元年以后，所恃以维持民国者，惟有临时约法，而临时约法之无效力如此，则纪纲荡然，祸乱相寻，又何足怪！

政治上的向后转和向西走的差异，是形式的，而非根本。然我们若放广研究的范围，而从文化的立脚点上看，则孙先生与孔子很有不同处；而其最大的同处，照我看来：是一则主张吾道一以贯之，一则主张一种折衷办法。吾道一以贯之是孔子对曾子所说的话。孔子虽不说明什么是道，子贡也说："夫子之言性与天道，不可得而闻也。"但据曾子对门人说："夫子之道，忠恕而已矣。"又子贡问他道："有一言而可以终身行之者乎？"他说："其恕乎？己所不欲，勿施于人。"他又说："君子务本，本立而道生，孝弟也者，其为仁之本与。"从上面所举出几个例，及《论语》中各处的表现，道是包含仁义礼智信忠恕孝敬温良恭俭谦让各种德性。这种的道，是放诸四海而皆准，施诸万世而不朽。所以子张问行，他说："言忠信，行笃敬，虽蛮貊之邦行矣。"而这种道的重要处，可于他的"朝闻道，夕死可矣"中见之。

其实，孔子的道是一种精神生活，而非物质的道。比方，君子是得乎道的人，所以他说："君子不器"。又说："君子食无求饱，居无求安，敏于事而慎于言，就有道而正焉。"又如："士志于道，而耻恶衣恶食者，未足以议也。"他的弟子中德行最好的首称颜回，他又以为颜回是贤，故曰："贤哉回也。"然其所以称赞的原因是："一箪食，一瓢饮，在陋巷，人不堪其忧，回也不改其乐，贤哉回也！"他又称禹曰："禹吾无间然矣。菲饮食而致孝乎鬼神，恶衣服而致美乎黻冕，卑宫室而尽力乎沟洫。禹吾无间然矣。"他又说："子产有君子之道四焉：其行己也恭，其事上也敬，其养民也惠，其使民也义。"

上面不过从个人方面来说。其在家庭方面，他说："今之孝者，是谓能养，至于犬马，皆能有养，不敬何以别乎？"其在政治国家方面，我们且看下面一段谈话：

> 子贡问政，
> 子曰："足食，足兵，民信之矣。"
> 子贡曰："必不得已而去之，于斯三者何先？"
> 曰："去兵。"
> 子贡曰："必不得已而去，于此〔斯〕二者何先？"
> 曰："去食。自古皆有死，民无信不立。"

此外如，樊迟请学稼，子曰："吾不如老农"；请学为圃，曰："吾不如老圃"。樊迟出，子曰："小人哉，樊须也！上好礼，则民莫敢不敬，上好义，则民莫敢不服；上好信，则民莫敢不用情。夫如是，则四方之民襁负其子而至矣，焉用稼？"其最显明的是：

> 邦有道，谷；邦无道，谷，耻也。

所谓饿死事小，失节事大，也不外是由这种道推衍而来。而中国数千年来的文化，差不多是这种道的特征。道是处处都可以行的，而且是应当处处都行的；道是时时可以行的，而且是时时都应当行的。能得乎道，死也无遗恨。其实，若能"朝闻道，则夕死可矣"。

在孙先生的著作里，我们随处都可以见出他对于物质生活的注意。

三十余年前，在他所上李鸿章的书里，所谓"人尽其才，地尽其利，物尽其用，货畅其流"四事，是偏重在物质方面。在同盟会的宣言的四纲，已注意到民生问题。《建国方略》分为心理建设、物质建设、社会建设，可知孙先生对于物质的生活和非物质的生活相提并论。在他的《国民政府建设大纲》里，他说："建设之首，要在民生，故对于全国人民之衣食住行四大需要，政府当与人民协力，共谋农业之发展，以足民食；共谋织造之发展，以裕民衣；建筑大计划之各式屋舍，以乐民居；修治道路、运河，以利民行。"我们若把这段话和孔子对他弟子子贡所说的去食存信，其差异不言而知。

物质的生活，也许是物质的文化，是应当注重的。但是我们所要采纳的是哪一种物质的文化呢？孙先生的回答就是：西方的物质文化。这种态度在上李鸿章的书里已表现明白。在《民权》第五讲里我们见得：

> 外国的东西到底可不可以学呢？比方用武器讲，到底是外国的机关枪利害呢，还是中国的弓刀利害呢？这二种东西，没有比较，一定是外国的机关枪要利害得多。不但是外国武器要比中国利害，就是其他各种东西，外国都比中国进步得多。就物质方面的科学讲，外国驾乎中国，那是不可讳言的。所以管理物的方法，可以学欧美……因欧美关于管理物的一切道理，已经老早想通了，至于那些根本办法，他们也老早解决了。所以欧美的物质文明，我们可以完全仿效，可以盲从搬进中国来，也可以行得通。

文化是有物质和非物质之分，而且分得很清楚。这种思想和孔子的吾道一以贯之，而轻视和反对物质生活的见解的不同，是很显明的。这处的向西走的孙先生，与向后转的孔子，相去很远。孔子是事事要效古的。尧、舜、禹、汤、文、武的政治固是很好，夏时、殷辂、周冕也是很好的。好古就所以致知，所以说："我非生而知之者，好古，敏以求之者也。"他又自传道："述而不作，信而好古。"其实，在梦里他也希望时时见周公。所以我们说：从文化的立脚点去看，孙先生的仿西和孔子的复古是有好多不同处。

欧洲的物质文明可以全盘搬过来。至于欧洲的政治制度，可师的处固多，然而欧洲政治制度本身上尚未进完善的地位，而有不少的毛病。就使欧洲政治没有毛病而完善，我们也未必要学欧洲，"因为欧美有欧美的社会，我们有我们的社会，彼此人情风俗，各不相同"（《民权》第五讲）。我们二千年前的尧、舜、禹、汤、文、武，名义上虽是专制，实际上是行民权，他们的才能德义，他们的责任心，他们的爱民心在政治上所发生的效力是很大，而他们所以在百世以后，仍得人们的尊崇敬仰，也是在此。

因此，孙先生在政治上的见解，就是：西洋人的好处而适合于吾国情形的，我们可以效仿；中国过去的政治制度（比方过去的考试制度，据孙先生说是一个很好的制度，参看《五权宪法的演讲》）和过去所用以治人的方法，若是适合近世潮流所趋，而针对中国情形需要的，也可以保存或变用。至于外国没有镜子可鉴，中国没有前事可师，而为现情所需者，则要赖一般先知先觉的人去发明新法子。在《申报》"最近之五十年"他所著的《中国之革命》文中说：

> 余之谋中国革命，其所持主义，有因袭吾国固有之思想者，有规抚欧洲之学说事迹者，有吾所独见而创获者。

我们且再读下去：

> 观中国历史之所示，则知中国之民族，有独立之性质与能力。……盖民族思想，实吾先民所遗留，初无待于外铄者也。余之民族主义，特就先民所遗留者，发挥而光大之，且改良其缺点。

在《民族主义》第一讲里我们又看见：

> 民族主义，就是国族主义。中国人最崇拜的是家族主义和宗族主义，所以中国人只有家族主义和宗族主义，没有国族主义。

回顾《中国之革命》一文，孙先生说：

> 中国古有唐虞之揖让、汤武之革命。其垂为学说者，有所谓"天视自我民视，天听自我民听"；有所谓"闻诛一夫纣，未闻弑君"；有所谓"民为贵，君为轻"，此不可谓无民权思想矣。然有其思想，而无其制度，故以民立国之制，不可不取资于欧美。

简单来说，在政治上——民权、民族主义——孙先生是根据中国的固有思想而取资于欧美的制度。我阅民生演讲，而见其于吾国固有思想无所因袭，而且反对孔子所谓"不患贫而患不均"（参见《民生主义》第二讲）是因为民生里的食衣住行诸问题，乃偏于物质文化之范围，而物质文化又为孔氏所轻视。孙先生和孔子在文化上的向后转和向西走的异同可以想见。

谁也知道孙先生是政治家，孔子是道德家。孔子并非不想在政治上活动【的人】。他的弟子子禽告诉我们："夫子至于是邦也，必闻其政。"他自己也说："苟有用我者，期月而已也可。"蛮夷他虽然看不起，而谓："夷狄之有君，不如诸夏之无也。"然有了一次，他曾想到夷狄人的国做事。不过根本上，孔子始终以道德为依归。故有些人问他为什么不为政，他说："《书》云孝乎？惟孝，友于兄弟，施于有政，是亦为政，奚其为为政？"吾道一以贯之，就是以道德为正鹄，而应用到各方面，修身、齐家、治国、平天下的类别固多，范围固异，然其方法则一。

照孙先生的意见，"一国之内，人民的一切幸福，都是以政治问题为依归。国家最大的问题，就是政治。如果政治不良，在国家里头，无论甚么问题，都不能解决"（《民权》〈第〉三讲）。但是孙先生的政治观，并非道德的政治观，也非把道德和政治分开来讲，而是一种政德兼顾的政治观，孙先生说：

> 中国从前能够达到很强盛的地位，不是一个原因做成的。大凡一个国家所以能够强盛的原故，起初的时候，都由于武力发展，继之以种种文化的发扬，便能成功。但是要维持民族和国家的长久地位，还有道德问题，有了很好的道德，国家才能长治久安。

孙先生举出元朝的武力，虽凌驾欧亚，然朝代不久的原因，是因为道德的缺点。武力，照孙先生的意见，不但不能久长，而且非根本的方法。这一点他于民国十三年冬过日本时所讲的大亚细亚主义里说得很明白：

> 专就最近几百年的文化讲，欧洲由物质文化极发达，我们东洋的这种文明不进步，从表面的观察比较起来，欧洲自然好于亚洲。但从根本上解剖起来，欧洲近百年是什么文化呢？是科学的文化，是注重功利的文化。这种文化，应用到人类社会，只见物质文明，只有飞机炸弹，只有洋枪大炮，专是一种武力的文化。欧洲人近有专用这种武力的文化来压迫我们亚洲，所以我们亚洲便不能进步。这种专用武力压迫人的文化，用我们中国的古语说，就是行霸道，所以欧洲的文化是霸道的文化。

武力既不能久长，霸道的文化既非根本的立国要素，我们应当从道德方面做工夫。但是我们所要求的是哪一种道德呢？孙先生的回答是：中国固有的道德。什么是中国固有的道德？孙先生的《民族主义》第六讲是专说这问题的。他说：

讲到中国固有的道德，中国人至今不能忘记的，首是忠孝，次是仁爱，次是信义，其次是和平。这些旧道德，中国人至今还是常讲的。但是，现在受外来民族的压迫，侵入了新文化，那些新文化的势力此刻横行中国。一般醉心新文化的人，便排斥旧道德，以为有了新文化，便可以不要旧道德。不知我们固有的东西，如果是好的，当然是要保存，不好的才可以放弃。

这种固有的旧道德，就是孔子的根本道德。所以，专从道德方面来看，我们觉得孙先生与孔子是完全立于同情的战线里。我们再看看大亚细亚主义所讲的：

我们东洋向来轻视霸道文化。还有一种文化好过霸道的文化，这种文化的本质，是仁义道德。用这种仁义道德的文化，是感化人，不是压迫人。是要人怀德，不是要人畏威。这种要人怀德的文化，我们中国的古语就是："行王道"。所以亚洲的文化就是王道的文化。自欧洲的物质文明发达，霸道大行之后，世界各国的道德，便天天退步，就是亚洲，也有好几个国家的道德，也是很退步。近来欧美学者，稍为留心东洋文化，也渐渐知道东洋的物质文明，虽然不如西方，但东洋的道德，便比西方高得多。

不但是固有的旧道德要保存，就是孔子的道德原则所发生的制度，也许是他的道德的结晶品，如宗族一样，若果用之以为单位，"改良当中的组织，再联合成国族，比较外国用个人为单位，当然容易联络得多"（参看《民族》〈第〉五讲）。因此《大学》所说的格物、致知、诚意、正心、修身、齐家、治国、平天下，据孙先生说："是我们政治哲学的智识中独有的宝贝，是应该要保存。"（参看《民族主义》第六讲）

统括上面所有的话，我们得下面数条的指示：

（1）从文化的物质方面来看：孙先生主张全盘效法西方，而与孔子处于对峙的地位。

（2）从文化的道德方面来看：孙先生和孔子是处在同一战线上。

（3）从文化的政治方面来看：孙先生以为孔子的思想，并非有背于现代思潮，不过有其思想而无其制度，补救之方在于取资欧美之制度。

这当然不过就个人感想所到，而言其大概。孙先生与孔子的异同岂止于此？而且上面所表现的是偏于二人的思想本身上。比方，孙先生与孔子的主义，是从小团体的宣传，逐渐地得政治上的势力帮助，再以政治的势力使其普遍。以及其他的异同之点很多，而且很有研究的价值。末了，我的最深的感想，就是回忆篇首我的朋友所说："孔子是中国过去受人崇拜最多的人，孙先生是现在受人崇拜最多的人。"我想若孔子而为中国数千年来的文化代表，则孙先生可以说是近数十年来所谓"中学为体，西学为用"的代表。

东西文化观[*]

一

研究所谓东西文化，而寻出一种办法，以为中国文化前途计的人，大约不出下面三个派别：

（1）主张全盘接受西方文化的。

（2）主张复返中国固有文化的。

（3）主张折衷办法的。

本篇的旨趣是将这三派的意见，来做一个比较的研究，而寻出哪一条途径，或是哪一种办法，是我们今后所应当行的途径，或是所必需行的途径。但是这个问题未讨论以前，我们应对于文化本身上有充分的了解。

二

文化是人类适应时境以满足其生活的努力的结果和工具。这种努力以适应时境而满足其生活的单位，是个人。所以个人成了文化的创造者。但是个人自生长到老死，照常态来说，都和别人有密切的关系。这种人与人的关系的总和，是团体，或社会。人与人所以能够联合而为社会或团体，不但只是因为他们有相同处，或是社会性；也许因为他们的相异处，或是个特性。有了相同性，他们能够起同情心而合作。有了相

* 录自上海中国社会学社编辑《社会学刊》第 2 卷第 3 期，1931 年 4 月。

异性，他们可以互相利用而分工。所以相同和相异，二者都可以叫做他们联合为社会的主因。

因为了他们的相同性，所以某一个人能够做的东西，别人也可以做。因为了他们的相异性，所以某一个人所喜欢做的东西，未必为他人所喜欢。设使在某种团体内，人人对于适应时境以满足他们的生活的努力的结果和工具是同样，那么这团体的文化是成了一致。设使他们各人循着各人的异处去做，而成为互相利用的分工，那么这个团体的文化，从个体方面看去，固是各异，但是从全部看去，她也成为一种和谐。这样的和谐，或一致，我们可以叫做文化水平线或文化地层。

我们上面所解释的是某一团体内的文化，及其水平线。设使有了二个团体或社会的文化接触起来，其结果也是趋于一致或和谐，而成为他们的水平线。

我们应当承认在这二种或二种以上的文化接触后，到和谐或一致的地位，必经过一个过渡时代。过渡时代也许延长得很久。设使这二种文化的水平线及其内容一切，偶然完全相同，那么过渡的时期也许很短：他们一经接触，就趋于一致。设使这种文化有异处，也有同处，那么接触后必经过适当的时间，始能和谐。设使他们完全各异，那么所须的时间也许比较久些。

二种完全不同或有同有异的文化，在过渡时代，有时好像是平行的，不过他们的平行，不外是文化变换中一个过程；他的目的和结果，及他的趋势，总是朝向到和谐的途上。因为了这个原故，所以接触以后，他们无论任何一方，都不能独立生存，因为接触一经发生，则成了一种新局势、新要求。他在过渡的时期，虽然好像双双并立，其实是双双必须。甲种文化固不能说他单独能够适应环境时代的要求；乙种文化，也不能这样地说，因为二种都是二方面所必需的共同品。

若是我们上面所说的话是不错，那么所谓"保存固有文化"这句话，无论在文化发展的理论上及目的上，都是不通的。因为环境时代一变，则他们惟有一个共同的文化，并没有所谓固有，更没有所谓保存固有。若是甲方要说他要保存他的固有文化，那么乙方就不要这部分吗？若是乙方说他要保存他所固有的文化，那么甲方就不能享受吗？所以一方的保存固有，是别方面的欠缺，而其结果是欠缺方面，不能够适应其新时境的要求。

自然的，甲、乙二种文化联合以后，甲固然可以说在这新时境所需要的文化当中，某一种是他的固有，乙方面也可以这样说。但是这处所说的"固有"，不过是历史上的陈迹及回顾。她并不是这时这境所需要的，因为这时这境所需要的文化，是一种和谐共同的文化。

我们上面所说的和谐文化，是时境容许二者合而为一的文化。设使时境所要求的文化，只是甲种文化，那么其接触的结果是怎么样呢？我们的回答是：乙种文化不能适应这个时境，而逐渐成为文化地层里的一层。这种接触也有她的过渡时期。在过渡的时期里，乙种文化和甲种文化，特别是从乙方面看去，也好像有二种文化平行并立；但是从文化的目的和趋向上看去，他们并非平行，他们的关系是乙者逐渐地成为陈迹，甲种逐渐伸张而成为送旧迎新的时代。这个时代也许延长得很久，然她的趋势只有一致。

同样在这旧去新来的时代，也没有所谓"保存固有文化"的可能，因为在乙方面，保存成为趋势所不许；在甲方面，他的固有也变做普通所有，所以他也不能保存他的固有，而其结果正同我们上面所说的不同文化接触之后，而趋于一致及和谐。二者的合一的方法固不同，他们的目的总是一样。

上面所解释的话是以文化的发展方面为立脚点。其看法是纵的方面，及时间方面。我们现在再进而看她的性质，她的横的方面，或空间方面。时间和空间的分析，不外为研究上便利起见，事实上每一个社会，在每一个时代，或地层里，都有他的文化性质及其特质；所以文化上的空间和时间，不但有密切的关系，其实是同一存在的东西。

我们已经说过，设使数种文化相接触，他们的趋势是一致和和谐；所以和谐和一致成了文化的特性，正像上面所说的变化和发展是她的特性。我们叫这种和谐和一致为文化水平线，因为她有她的范围，和她的限度，所以文化水平线也可以说是文化测量的标准。

每种文化水平线都有她的文化的性质及特质。这种性质及特质分析起来，其种类甚多。一般学者所用的分析方法，各有不同，比方 Wisaler 氏在他的 *Man and Culture* 分为语言……科学……政府诸类，Goldenweiser 在他的 *Early Civilization* 又分为信仰观念……制度……书册。差不多每一个学者都有他自己的分析法，我们不能在这里尽举出来，我们所要注意的是分析不外为研究便利起见。

为了个人的精力有限，要想了解文化性质的全部，是万做不到的事，所以将她来分析而划定范围，使我们对于某一范围内的东西，有充分的了解；同时在文化发展上，我们也可以找出她的重心【出】来。但是这种分析完全由我们主观做出来，并非文化本身上是分析的。反之，文化本身上是一致的、和谐的。分析家告诉我们她有政治、宗教、经济各种性质，不外是一种假定；其实她的政治方面，或经济方面，与各方面都有密切的连带关系。因为他们是互相关系，所以一方面若受了外面或内部的影响，他方面也必起了波浪。

所以在同一的水平线上的文化，是自成一个系统，自成一个范围。从外部看去，他差不多是处处都像一样，从内部看去，他却有了不少的差异。这一点我们在上面已说过。其原因不但是因为组成某种社会的文化的个人，有了他们的特性，也许因为组成一个大团体的小团体的文化，有了多少的不同。比方，我们说中国的文化是单调的，这句话是从中国文化的外面观察；中国的文化的内部，固然也处处都能找出其单调，然单调之中也有其特异处。因此，比方某一种风俗在广东人所行的，未必十足的同北京人所为。

某种文化在广东固然和北京有异处，但他们的差异不能离中国的文化水平线太远。比方，二百年前广东人所造的船，也许与山东人所造的船的样子、木料上有分别，然一个广东人或是山东人决不会造出汽船来。

我们已略将文化的发展及性质说明。综合起来，每一时代在某一社会的文化的发展都有其特性。在时间上，文化是变动的。在空间看去，她的特质是一致及和谐，时间上的地层变换愈多，则其发展必愈速。空间的范围愈放大，则其所趋于一致及和谐的范围也愈大。在空间上，设使二种各异的社会的文化，未曾接触，他们的发展也许各异；佢是他们一经接触，则无论如何，他们总是趋于一致或和谐。在他们接触之时，或成为一致或和谐以后，若有第三种不同文化来和他们接触，他们也是趋于一致和和谐。因此，人类文化在时间上的发展，是与人类的生存的时间的延长上成为正比例；而人类文化在空间上的趋于一致和和谐的范围，也是和人类在空间中所扩充的范围相等。没〈多〉久以前我们以为中国就是世界，所以中国文化就是世界文化。现在我们已觉这种观念是错误，其实我们现在所谓世界文化，恐怕也不外是将来人所谓宇宙文化的一部分罢。

三

我们现在可以从篇首所举出三个派别中的第三派说起。第三派固然是调和其他二派，她的内部也非一致。有些分文化为精神和物质二种。他们以为西洋的物质文化固可取，但是其精神文化则不及我们中国。所以我们应该保存我们固有的精神文化。这种的折衷办法，可以说是最普通的办法。所谓"中学为体，西学为用"也属于此派。

有的以为我们应当用科学的方法去分析文化的特质，"和盘托出"我国固有文化的真相；然后看看哪一种特质是好，哪一种是不好，而定取舍的方针。本志第一卷第四期孙本文先生的《中国文化研究刍议》是偏于这种主张。

我们以为所谓物质和精神文化不外是二而一一而二的东西。物质文化所表现之处，就是精神文化所存之处。同时观察精神的文化如何，也可以知道其物质文化如何。他们好像一个人的肉体和灵魂的关系。他们是时时处处互相为用而分开不能的。

设使我们承认物质和精神文化可以分开，我们能否把西洋的物质文化来配上中国的固有的精神文化呢？我们的回答是无定的。因为中国的固有文化是非物质的文化，中国固有的文化，可以说是老子和孔子二位的结晶品。前者偏于哲理，后者偏于伦理；然他们两位都主张道是一。老子告诉我们："道生一，一生二……"他又说："昔之得一者，天得一以清，地得一以宁，神得一以灵，谷得一以盈，万物得一以生，侯王得一以为天下贞，其致之一也。"孔子也说："吾道一以贯之。"这种"一以贯之"的道，是反物质生活的道。

比方老子的理想生活和社会是：

> 小国寡民，使有什佰之器而不用，使民重死而不远徙，虽有舟舆，无所乘之，虽有甲兵，无所陈之，使人复结绳而用之，甘其食，美其服，安其居，乐其俗，邻国相望，鸡犬之声相闻，民至老死不相往来。

同样，孔子的反物质生活是随处可指出的。比方，君子是得乎道的人，所以他说："君子不器"。又说："君子食无求饱，居无求安，敏于事而慎于言，就有道而正焉。"又如："士志于道而耻恶衣恶食者，未足与议也。"他的弟子得他称赞最高者是颜回，然其赞赏的原因是："一箪食，一瓢饮，在陋巷，人不堪其忧，回也不改其乐。"他又称禹曰："禹吾无间然矣。菲饮食而致孝乎鬼神，恶衣服而致美乎黻冕，卑宫室而尽力乎沟洫。禹吾无间然矣。"

上面不过从个人方面来说。其在家庭方面，他说："今之孝者是谓能养，至于犬马，皆能有养，不敬，何以别乎？"其在政治、国家方面，我们且看下面一段谈话："子贡问政，子曰：足食，足兵，民信之矣。子贡曰：必不得已而去〈之〉，于斯三者何先？曰：去兵。子贡曰：必不得已而去，于斯二者何先？曰：去食。自古皆有死，民无信不立。"此外如：樊迟请学稼。子曰：吾不如老农。请学为圃，曰：吾不如老圃。樊迟出，子曰："小人哉，樊须也！上好礼，则民莫敢不敬；上好义，则民莫敢不服；上好信，则民莫敢不用情。夫如是，则四方之民襁负其子而至矣，焉用稼？"其最显明的是："邦有道，谷；邦无道，谷，耻也。"

我想所谓"饿死事小，失节事大"，也不外由这种道推衍而来。而中国数千年的文化，差不多是这种道的表征。试问这种非物质的精神生活，哪里能和西洋的物质文化熔于一炉，而求满足的效益？物质文化与精神文化，是不能分开的，纵能分开，也不能与我国固有的文化相溶。

把文化来分开为物质、精神，以调和东西文化的路既不能行，应用科学的方法去分析文化的特性，而估量其特长及其缺陷，是不是能够调和东西文化的张本呢？现在的社会科学，是不是达到严格的科学，她能不能成为严格科学，她应该不应该成为严格的科学，这些问题，都非我们这里讨论的问题。我们以为就使我们照如孙先生所举出的文化研究的目标，来解决东西文化上所应取的方针，我们觉得他的途径也是行不得。孙先生的文化研究的目标有三种：（1）分析我国固有的文化，而了解其种种特性。（2）了解我国固有文化的特长及其缺陷，以为改造文化的张本。（3）根据现代世界趋势对于这种种特性的价值，加以严密的评估。

我们可以设一个例子来解释。比方，我们照孙先生的方法去做而寻出大家庭制度是中国文化一种特性。第二步的工夫是评估大家庭的好处和缺处。对于这一层，我们又寻出大家庭的好处是互助的精神，她的缺处是依赖的惰性。我们的第三步工夫是看看世界的趋势对于这种大家庭的价值如何？我们对这点的寻求结果，是大家庭不适于这种趋势，而且没有法子在这种趋势之下生存。在这样的情形之下，我们有什么办法呢？

我应该在这处声明，我们应该尽量去应用科学方法来解释社会现象，不过我们也要承认科学有她的范围和境域，她有她的山穷水尽处，在她的范围以内，我们尽管去应用她，但是出了她的范围以外，我们不得不找别的方法。

我们以为折衷派的主张的缺点，是对于研究文化的方法和文化本身的分别上，没有充分的了解。为了便利研究起见，我们不妨把文化分作物质方面及精神方面或者像孙先生所举出十余条大纲。① 但是文化本身上，并没有这样的分开。结果不但物质文化和精神文化的分别是缺了客观的态度，而是〔且〕主观的分类，连了孙先生所谓用科学的客观方法去分析文化的特性，也是主观的分析。

因为了文化本身上是分开不得，所以她所表现出的各方面都有连带及密切的关系。设使因了内部或外来的势力冲动或变更任何一方面，则他方面也受其影响，她并不像一间屋子，屋顶坏了，可以购买新瓦来补好。她并不是这样的机械的，她并不是这样的简单的。曾几何时，一般人以为西洋人枪炮比吾们好，他们以为学了枪炮的做法，就可以使中国强盛。曾几何时，一般人以为外国人法政好，他们以为抄了一张宪法过来，就可了事。

这样的偏见，我们总觉得可笑。不过平心来讲，他们的主张，他们的调和中西文化方法，与我们所谓取西洋的物质文化而留我们的精神，与我们所谓用科学的方法以求出优劣之点，而定取舍的方针，究竟有多少分别呢？

若是我们承认文化是人类适应环境的出产品，我们不得不承认环境既变，文化也随之而变。我们试看 2 世纪前的中国的环境，与现在的环境是怎么样呢？过去我们以为中国就是世界的中心，中国就是世界。这时候的我们所要求的生活工具是适应于我们这时候的环境。现在不但事实上环境已变，理论上我们不变是不行的。

同样，若是我们承认把世界的趋势来作评估我们的固有文化的特性，试问这种世界的趋势，是否容许我们固有的特性的存在？要是这种返答是"是"，那么我们所谓固有的文化的特质，并不是我们固有，也非我们的特质；因为她是世界所共同的，她是世界所共趋的，她是我们

---

① 孙先生的文化，质的分析大纲十余条，据著者所知道，是从 Wissler 的 *Man and Culture* 里脱胎而来。著者刻下手无此书，无从比较孙先生与 Wissler 的异同。著者曩读 Wissler 书而嫌其分析不清楚，孙先生也陷于此弊。比方第 12 条"政府"纲内包有（1）政治制度，（2）司法，（3）立法。据我们普通的见解，政府是政治制度之一，而政府的主要机关是（1）行政，（2）立法，（3）司法。孙先生拼〔摒〕弃了行政而取司法、立法，再加上政治制度。也许孙先生有持见处，但是我们觉得孙先生的见解太新颖了。此外有可商榷的处甚多，我们只好从略。（原注）

现在适应现在的环境的出产品。从历史眼光看去，她固然是与过去的特性偶合，也许是连带，然而我们决不能说因为她是我们的过去的特质的优点，所以要保存她，因为我们的文化观的前提，也许是定义，是人类适应环境的出产品。因为他是适应环境的出产品，环境变了，她也变了。设使我们的回答是否，则我们的固有的文化特质已无存在的余地，因为她是不合乎世界趋势，不合世界的趋势，不但没有存在的余地，而且没有可以评估的价值，因为我们所把以为评估价值的标准，是现代世界文化的趋势。

孙先生岂不是告诉我们吗？"但自海通以后，欧风美雨，滚滚而来。潜滋暗长，势不可遏。时至今日，欧美文化，充斥都市，遍及乡僻，可谓无孔不入，无微不至了。"试问所谓"滚滚而来"的"欧风美雨"，是不是现代世界文化的趋势，抑或还有别种的趋势？如其不是，那么我们所当据以为评估我国所固有的文化的特质的现在世界趋势是哪一样？

如其是，那么照孙先生所说，我们已完全西化了，即全盘接受西方文化，已成为一种事实，而且合乎现在世界的趋势。

可惜事实上的中国，并不像孙先生这样说。我们以为设使中国真西洋化了，中国老早赶上欧美至少至赶上日本。无奈孙先生所说的，大部分乃是我们所享受的西洋的"货"，并非我们自己所创造的西洋文化。我们自己不会做汽车，只会坐汽车，这样叫做西洋化吗？无怪得数十年来的提倡西化，终不见得化得什么！

所以我们觉得中国目前的急需，是要格外努力去采纳西洋的文化，诚心诚意地全盘接受她，因为她自己本身上是成一种系统，而他的趋势是全部的，而非部分的。

四

第三条路——折衷方法——既行不通，我们可以不可以跑去第二条路——复返中国固有的文化——呢？我们的回答是跑上第二条路是更加无行。其实，近年以来，所谓思想统一，恢复孔教一般的运动，固然有多少朝向这条路，但实在积极主张这种态度的人，恐没有几〈个〉。她已成为历史上所谓反向的陈迹，她每一次反向，不但没有寸果可获，而且徒然促进西方文化趋入的速度。读过中国近代史的人，对于这点总有充分的了解。

　　历史告诉我们，中西文化的接触，是始于景教的传入，然当时不但交通上不便，而阻止其滋长，且欧洲当时的文化，并不见高于中国，所以她的命运，不久断绝。元时，天主教也传入，但当时的欧洲还是梦醉于中世纪基督教会统治之下。加以元初天主教徒之来华的目的，与其说是为传教，不如说是为劝元帝之停止西侵，这是读过 Friar John of Plan de Carpini（1245—1247）东来游的游记者当能言及。况且 13 世纪的欧洲的文化，并无进步于景教东来时的欧洲文化，所以这次天主教的东来，结果也无异于景教。

　　15 世纪的欧洲则不然。她已朝向新文化的路，她已脱羁中世纪的乌烟瘴气，她正如旭日初升，如花初发。地球是四方的说已打破，航海家已不再畏惧驶船到地之尽处，不复再还。她的科学种子已出了萌芽。其实，这时的欧洲是一个新欧洲，而非中世纪的欧洲。

　　在这种的环境之下，西洋人开始和我们做海道的交通，而开东西文化接触的先河。

　　西洋人从海道来中国的是 1516 年的葡人 Perestrello。继 Perestrello 而起者，是葡人 Andrade 于 1517 年（明正德十二年）至上川岛，及同年葡人 Mascarenhas 至福建。这般东来的先锋的目的，大约在商业上的赢利。商业上的往来日繁，宗教上的宣传因之而起。Fraucis Xavier 虽不得志而卒于上川岛（1552【年】），然继他而起的 Michrel Ruggiert 及 Mathew Reice（1579）对于西洋文化宣传上，占了很重要的位置。他们的东来的目的是传教，然在外面上他们并不以传教为名。我们试读他们最初上广东当道请准他们在广东居留的书，便能知道。不但是表面，就是事实上，他们对于中国人最大的贡献，还是科学的介绍。科学上的供［贡］献，中国人到今还能乐道，但是科学——天莫——以外，在社会政治思想上究竟有没有影响到中国，还是疑问。我们知道这班 Jesuits 会的教士，宗教上的主张，在 16 世纪固厚染中世纪的空气，然政治上的反专制君主，及主张民权，对于近代民治主义上所贡献，实非浅鲜。他们这些的思想，是否影响于中国呢？这是一条［个］值得研究的问题。

　　原来中国人的自大性、顽固性，真是利害！"夷狄之有君，不如诸夏之亡也。"是他们的信条。他们见着外来的东西，样样都以为不好，王壬秋《陈夷务疏》里，所谓"火轮者，至拙之船也；洋炮者，至蠢之器也"。不外是一个例子。他们不但只藐视外来的东西，连了受了外来或他人的影响，也故意地不愿承认。他以为效法蛮夷，乃皇朝之羞，而攻乎异端，乃儒者所笑。比方，陆象山明明佛老的魂已上了他身，他还是故意地说："吾儒之道。"（《与侄孙濬书》）

这种态度，固然是西洋文化趋入的大窒碍，而满清入关以后，对于外来的文化的输进，既极力排除，思想上的发展，又压迫至甚。康熙之禁设教堂，雍正之逐教士，文字之狱，始于康雍而极于乾隆。试看乾隆三十九年至四十七年间，兵部所报销毁之书，便可概见。我想政府的摧残文化，固无所不至，然有清一代的治学方法，比较过去的成绩为优，而稍合于科学方法者，是否与西洋文化科学之传入有关系，又是值得吾们深思冥索的问题。

我们已说过，有清当道曾出尽法子，以阻内部思想文化的发展，及外来思想之侵入，而实行过去的单调生活，然其结果，终是归于无用。我们以为设使满清而能于入关之后，循着明末的趋势，尽量去采纳西洋文化，而光大之、扩充之，则20世纪的中国，驾欧美而有余。因为这时的欧洲，还是开始朝向新文化的轨道。无奈满清只顾目前的安宁和苟安，而昧于世界潮流所趋，终至于失败！

闭关的政策是行不通的。读近代史而观其所谓绝对闭关海禁，不过二个时代：一为明嘉靖元年，迄三十九年。一为清顺治元年，迄康熙二十二年。然在海禁时代，中外的交通并不断绝。嘉靖时代的宁波、泉州，仍屡见葡商之踪迹。澳门之为葡人殖民地，是在嘉靖三十七年。同样顺治之世，俄、荷公使均到北京，而法船于顺治十七年到广州。康熙八年，英人在厦门、台湾营商。这不过略举其要，然这些历史上的回顾，已足以证明闭关之不能。

闭关是不能的，就使我们能够闭关，我们也没有法子去保存固有的单调文化。我们说我们的文化是单调，因为她是老子、孔子的思想的结晶品，这点上面已说过。李卓吾告诉我们："二千年以来无议论，非无议论也，以孔子之议论为议论，此所以无议论也。"夏曾佑更张其说，以为中国之历史，则孔子一人之历史。这种一以贯之的道，施于政治上，其结果是二千年来的朝代，虽换了多少，然换来换去，总换不出专制政体。他以为四海里的人，都是王臣，普天之下，都是王土，所以惟有王者出，而天下平。他并不想及18世纪的美国，能够把四年一任的平民来治国家的大事。国家——他们说——是家庭的放大，所以治理国家的原则，在范围固大，然其效用则一。君就是父，无君等于无父。这种的原则，不但只应用于家庭和国家，而且应用于文化的各方面。

这种单调的文化，惟有在东西文化未接触以前，也许延长其生命。但是接触一起，要再去闭关自守，是一个梦想。广州的关口可以不准洋人进，但是民治的思想一传入，他始终存于一般人的心里。没有听过除了专制政治以外，尚有共和政体、贵族政体、委员制度的人，也许甘心低首去受专制君主的压迫，但是这般样色不同的政治菜味，一经领受，他始终总必有发出的一日。同样，没有见过汽车的人，也许觉得马车比人力车好，然坐了汽车以后，他又不满意于马车。这些平常的道理，小学里的学生也能懂，无奈一应用到全部文化上，他们又觉得别有一种态度。文化是人类适应环境的创造品。过去的文化，是过去人的努力的结果去适应他们的时境。现在人应该努力去创造现代文化。我们为什么要复返皇古？复返皇古，不但只是做古人奴隶，简直是要去再做茹毛饮血、穴居野处的生活。

不但是现在的趋势，不允准我们去复古，我们若读欧洲史，我们觉得欧洲近代一般的复古者的运动，也不外是一场梦想。中世纪的教会的专制，不可谓不甚。他所经的时间，在欧洲史中占了大半部，然十字军的东征和元朝的西征，使了东西文化能够接触，而成欧洲近代文化。中国人要是不愿去考究十字军的东征，对于西洋文化的影响如何，至少愿意去看中国人所给与于西洋文化的影响。别的东西我们不必尽举，专以印刷、火药、指南针数件，已可见一班〔斑〕。印刷的影响是：打破教会教士及贵族垄断智识界，而使书册文字流传于民间，其结果是思想上得以改放，而脱羁教会的统治思想。火药的影响是：打破武士制度，使部落的贵族的势力减少而输之于平民以开民治的途径。指南针的影响是：使航海家能够远渡重洋，而辟新世界。设使这些影响不是欧洲近代文化的惟一的原动力，他至少是主要原动力。这些解释，至少使我们明白过去的我们的文化，并非下于欧洲，不过这三二百年来，我们太落后了！落后惟有直追，不当踌躇去退后。

五

我们已解释第三条路和第二条路不能跑得通。他们最大的缺点是：前者昧于文化的一致和和谐的真义，而后者昧于文化发展变换的道理。前者以为文化的全部，好像一间旧屋子，我们可以毁拆他，看看哪几块石，或是木料，随便可以留用。他们忘记了文化的各方面的特质，不外是吾们自己的假定，而文化本身上，并没有这样的一回事。后者以为环境时代是不变的，所以圣人立法，可以施诸万世，而用于四海，他们忘记了这样的陋见，在数千年前的武灵王已经见及（《战国策·赵二》）。

从我们上面所说的话来看，无论在消极方面，或积极方面，都足以证明我们趋向第一条路的必要，我们这种的主张，至少有下面二个理由：

（1）欧洲近代文化的确比我们进化得多。

（2）西洋现代文化，无论我们喜欢不喜欢，她是现在世界的趋势。

想对于第一个理由有充分的了解，最好把西洋的文化史和中国的文化发展比较来看。周秦时代的中国文化，比之古代希腊时代的文化，实在没有甚么愧色。这是无论何人都承认的。汉朝统一以后，中国文化遂走入黑暗时代。然欧洲在中世纪的趋向，正和汉朝以后的中国。中世纪的欧洲，和汉以后的中国的文化的异点，从大体来说，前者深染宗教彩色，后者偏于伦理。然而宗教与伦理，究竟是二不相离的东西，不过欧洲的宗教里，所包含的伦理〈特〉质，比中国伦理里所包含的宗教彩色利害得多。

不但这样，欧洲的宗教和政治，自始到终，成为对峙的势力。中国的政治道德，乃互相利用。儒者给专制君主以统治的理论，而专制君主又给儒者以实力的保护和宣传。这二者调和起来，所以延长的时间为久，而其势力也大。反之，在欧洲政教分开，差不多是中世纪最普遍的观念，他们的意见是：教会所应管理的是 Spiritual，而帝皇所应管理的是 Temporal。他们各人有各人的范围和界限，而不能相越。我们以为事实上政教的关系是很密切的，正像我们上面所说的文化的各方面的密切关系而不能分开，理论上若硬要他们来分开，结果是使二者互相冲突。欧洲中世纪的政教的冲突的原因，未尝不因此。

所以从一方面来看，欧洲的中世纪，固然与汉以后的中国相像，然他们究有异处。他们的异处专从这时代的文化来比较中国固然不下于欧洲，然从文化发展的目的上看，欧洲的确已占了优势。其实我们可以说中世纪的欧洲文化，也是我们所谓文化过渡时代，因为所谓中世纪的欧洲文化，并非欧洲哪一部分固有的文化，而是希腊、罗马、希伯来三种联合文化。希腊的文化特性是偏于伦理方面，希伯来宗教方面，罗马是统治世界的帝国。

　　设使教会而始终绝对主张政教合一，中世纪的欧洲，也许成为教会式的帝国。无奈一般教父，总趋于政教分离的主张，而其结果是政教文化的趋一，到了十四五世纪后才实现。

　　加以政教未趋一以前，欧洲的文化，又得了十字军的东征和元朝的西征，与东方文化相接触。反之，在我们中国的文化，从三代以下，都自成一种系统。佛教的侵入，固有不少影响。然中国人的脾胃，已存着老学的气味，所以佛教之来，既非大异，也没有什么冲突。

　　欧洲因为了常常和外界文化接触，及内部的特殊环境，而时时换新局面，所以他的文化里所含的各种性质较多，而变换也易。我们试读欧洲史，而见其像吾们中国人对于外来文化那样排除藐视的能有几人？我们的文化，所以到这样单调和停滞，不外是不愿去学人。从东西文化发展上看，不但这三二百年来，我们样样的进步，没有人家这么速，况且人家三二百年前所站〔占〕的地位，已比我们好得多。文化是时时在变化的历程中，而且应当时时变化，若是死板不化，还能叫做文化吗？

　　设使文化发展上的比较的理由，尚不能给我们以彻底明白欧洲文化的确比我们的文化为优，我们再将文化的性质的各方面来比较，我们所得的结论也是一样。

　　"欧洲没有穷人。"一位住了好多年欧洲的朋友有一次这样地告诉我。其实，欧洲哪里没有穷人。我们天天看报纸，见得欧人说他们的穷况何等利害！他们的工人失业日日增多，他们的生活日日增高。然而欧洲人这种穷，是专从欧洲本身上看去。若是把中国的穷况来和欧洲人比，那么简直没有可比。欧洲简直像我的朋友所说没有穷人。欧洲人叫穷，是因为没舒服，中国人的穷是穷到非人类的生活的地位。我们不要远跑，只在北京城内看看，只在上海、广州附近看看，穷到没得食，没得住，没得衣的人有几多呢？"中国是一个饥荒之邦。"一个西洋人于数年前用这句话来做他的书名，这并非冤枉我们的话呵！"中国是半开化的国家。"一般西洋的学者这样地告诉我们。无论哪一位中国人听了这话，心里都觉得是难过，然而平心来说，看看我们的日常生活的状况，再比较西洋人的生活状况，我们老实没有法子去反驳人家！

　　这不过是从经济方面的日常生活来说。我们若从农业、工商业上看，那么我们比诸西洋更有天壤之别。中国人的农业的不发展，是谁也要承认。中国人的工商业也是同样的不发达。中国人不但在世界经济竞争场里没有位置，连了在本国内，也是比不上外人。

若把我们的政治来和西洋相比较，同样是比不上西洋。中国目前的政治趋势如何，我们不必去预料。不过中国政治尚未入吾们所谓宪政时期，是一种事实。同样，我们的教育状况，实在是和西洋人没有比较的可能。若是做留学生的人，去告诉他的女房东，他的妈妈不会写书信，这位女房东必定惊讶起来。然而试问几多位的留学生的妈妈是会看书信呢？我们要和西洋人比较科学吗？那么更是没有比较的余地。我们要和外国人比交通上火车、汽船吗？我们要和西洋人比出版物吗？语言是求智识的工具，西洋文字上的结构及种种比不上中国吗？西洋人的哲学思想比不上中国吗？

中国固有的道德，是一般人所称道为国魂所在。他们忘记了道德上的信条，并非施诸万世而皆准，放诸四海而可用。他们忘记了道德也不外是文化的一方面。旧的道德只能适用于旧时境。时境变了，道德的标准也随之而变。设使我们的见解是不错，西洋文化比之中国固有的文化为优，不但只有历史的证明，就从文化的各方面来看西洋文化也比我们的固有文化优得多。

应该全盘接受西洋文化的第一个理由，已经说过。现在可以解释第二个理由。我们以为无论我们喜欢不喜欢，西洋文化是现在世界的趋势。我们设使不愿意去适应这种新时代的要求，我们惟有束手待毙，我们惟有被时代环境【的】淘汰。我们试想，设使我们始终像王壬秋这样顽固，像义和团这样自信，现在的中国要怎么样呢？我们恐怕中国已老早成为四分五裂，我们恐怕我们所处的地位更甚于过去和现在。

试看现在美国的印第安人，为什么到此田地呢？照我们的意见，其主因不外不愿去接受新时代的文化，而要保存他们自己固有的文化。结果他们不但不能保存他们固有的文化，连了他们自己，也保存不住。

反之，美国的黑人，能够适应时境所趋，所以他们在美国蒸蒸日上。现在我们不但在戏园可以听黑人音乐，我们在杂志随处可以阅黑人文学、黑人哲学，而在政治的舞场上，也有所谓黑人政治。芝加哥，著者曾听过一个美国的经济家说，是黑人的经济势力范围。

平心来说，美国白种人之仇视及压迫黑人，比诸印第安人还要利害。然一则以存，以盛；一则以衰，以灭。这种例子可为吾国一般踌躇不愿全盘接受西洋文化的良剂。

其实，我们不必以黑人和印第安人为例，我们试看我国内的黎人、苗人，便能知道这种道理。著者生长海南，少时每听父老云过去的琼崖黎患，及征黎的故事。过去的我们，不过择其近海的地方居住，我们日迁日入，黎人除了和我们同化而同处外，余则日趋日戚。现在所谓糜百万钱财以征黎之举，已不再闻。反之，因为了他们的境遇到这么为难，所以对黎政策，并不是征和伐，而是扶和教。黎人因为不愿接受我们的文化，所以不久的征黎，已变为救黎。中国的人口固多，然今后不痛定思痛，去改换态度，去努力学西洋，安知将来的我们，不会继续黎人的故辙。

我们再看看日本。西洋文化之传入日本，本不及中国之早。然数十年来的日本，一跃而为世界一等国。他不但只是兵舰好，陆军好而战胜中国，他不论在那方面——政治、教育、工商业——都配上做一等国。

我们记得是欧战方完，好几位中国名流跑来西洋考察。他们见了欧战之余，满目疮痍，他们大声疾呼地劝告我们不要上西洋人当，因为西洋文化已宣告破产。事实上，他们所看见的只是人家的破坏处，他想不到人家能够有了这么大的损失和破坏，就是因为他们能够有了伟大的建设和成就。大战所破坏固不少，然破坏不过是他们的结果，并非他们的根本和基础。所以战后不到十年，他们的进步，不但不因之而停滞，还且日趋日进。

六

我们已解释全盘采纳西洋文化的必要。我们现在可以将一般反对这种主张的人的意见，略为解释，以为本篇的结论。

反对全盘采纳西洋文化的人，以为每一民族，有一民族之文化，所以文化成为民族的生命。他们的结论是：文化亡，则民族亡。这种意见的错误，在于不明了文化乃人类的创造品。民族的精神固然可于文化中见之，然他的真谛，并不在于保存文化，而在于创造文化。因为过去的文化，是过去人的创造品。这种创造品，是他们适应他们的时境的工具和产物。时境换了，我们应当随我们的新时境而创造新文化。反之，设使我们不愿意去采纳时境所要求的文化，则我们的民族，必趋于沦亡的地位。

又有些人以为全盘采纳西洋文化，就使民族不至沦亡，然吾祖宗固有之创作，必至沦亡。全盘采纳西洋文化或现代文化，对于固有文化并不因之而沦亡。因为固有文化乃世界文化发展史上一部分，固有的文化固不适用于现在，然他在历史上所占的位置，并不因此而消灭。中国固有文化，在文化发展上所占的位置，就使中国人不注意及，西洋人也必为我们注意，因为他已成为世界文化发展一部。19 世纪的 Roteck 可以写本世界史而不包括中国史。20 世纪的历史家，若是对于中国史没有充分的了解，他只会写西洋史，断不会叫做世界史。况且我们已说过：文化是变化的，我们的祖宗曾结绳以记事，我们用了文字已是变化，设若吾们一定要保存祖宗的创业，我们何不再结绳以记事？

又有些人说西洋人近来会竭力提倡东方固有文化，难道我们东方人不要提倡东方文化吗？我们以为西方人来学东方是西方人的事，东方人欲救目前的急需去学西方，是东方人的责任。所谓西方人提倡东方文化，不外为研究起见。为研究而研究中国固有的文化，我们并不反对，吾们所反对的是要保存固有的文化。并且西方人之研究文化，非专以东方为范围，难道一般西方学者去研究非洲土人的文化或是澳洲土人的社会状况，是要提倡非洲或澳洲土人的文化吗？

反对全盘采纳西洋文化的人所持的理由，当然不止于此，然其理由之不充足，已可概见，我们只可从略罢。

中国文化之出路[*]

一

今晚兄弟很喜欢得来和各诸君研究中国的问题，尤其是中国文化的问题。中国的问题，根本就是整个文化的问题。想着把中国的政治、经济、教育等等改革，根本要从文化着手。因此今晚兄弟特别拿出"中国文化之出路"这个题目来和各位作一简短的讨论。为中国的前途计，我们要为他寻找一条出路。关于中国文化的主张，大约可分作下列三派：（1）复古派——主张保存中国固有文化的；（2）折衷派——提倡调和办法，中西合璧的；（3）西洋派——主张全盘接受西洋文化的。

兄弟是特别主张第三派的，就是要中国文化彻底地西化。现在兄弟先来给第一、第二两派下一个批评。然后再提出主张第三派的理由。

1. 对于复古派的批评

复古是中国人数千年来的传统思想。在思想繁盛的春秋战国，除法家外，都是趋向于复古的。他们以为自五帝以至三王五霸，一代不如一代，便说上古是黄金的时代，复古是最好的办法。所谓"固有"的文化的观念，在中西文化接触之前既不能发生，迨接触一经发生，马上便成功了一种新局势、新要求，也便没有所谓固有文化的存在。结果，能适应的，便可生存；不能适应的，便归淘汰。那时它们好像双双并立，其实是双双必需，而为两方所必需的共同品。所以在理论上保存固有文化

---

* 录自《广州民国日报》1934 年 1 月 15、16 日"现代青年"栏第 826、827 期。广州岭南大学青年会主办之《南大青年》，将其收录《全盘西化言论集》中，上海文摘类杂志《文化月刊》第 7 期（1934 年 8 月 15 日）撮录。

这句话是说不通。即使事实上，也是不对。由燧人氏以至神农氏、伏羲氏、轩辕黄帝，历史上的记载，都是一代比一代进步。同样，唐、虞、夏、商、周，以至唐、宋、元、明、清，每一朝代的文化，未必低过从前。恐怕还有人以为复古，是复返古时的道德。其实道德只不过是全部文化中的一部分，常常要受文化的各方面所影响。每一时代，每一地方都有其道德；所以道德这种东西，是相对而非绝对的。单就婚姻制度来说，西藏有一妻多夫的，中国有一夫多妻的，西洋是一夫一妻的，因此各处的道德观念也因之而异。以前有杀婴的风俗，现在则以为不对。希腊时代以为蓄奴是合法，现在已把这种制度取消了。社会进化，而人类的道德也便跟着改变。所以今日中国的道德，也未必沦落。从整个历史来看，还是进步，而并非和常人所说"世风日下，人心不古"的一般。

复古派的结晶，孔子是其代表。中国向来只有一种文化，可以叫做孔家化。为的是孔子既上承唐虞三代的余绪，又下为中国后世文化的表率；故有谓"孔子一身，直为中国政教之原"。他的"一以贯之"之道，可归纳于忠恕两种观念之上。孔子讲忠孝，外人也非没有。现在有人把孔子来提倡，其实柏拉图、亚里士多德的道德亦值得去提倡。孔子说要忠君，可是现在已无君。所以像孙先生所说忠，是要我们去忠于国家。这显然是与孔夫子所说的不同。不但如此，我以为孔子的学说，是有很多的弊病的，譬如他说："攻乎异端，斯害也已！"这个信条，一经宣布，则无论谁都要信仰我的道；不相信我所说的，就是攻乎异端，斯害也已。迨后孟子之所谓异端，大都是指杨墨，而诋墨氏"兼爱"是无父，杨氏"为我"是无君。这样的惟我独尊，排斥异己，中国的思想没由发达。这种盲目的排除异端的态度，推演下去便成为排外的心理。凡在中国以外的，都作他们为【为】夷狄。这是由于陈旧的思想与顽固的保守所致。结果不特东洋本土的文化为其桎梏，即西洋外来的文化，尤为其所斥，卒酿成了八国联军入京之惨祸，而使中国日后大受痛苦。所谓复古就是复孔，也就是尊孔；尊孔便要排除别的学说。除了孔子之道外，是不〈容〉许别的东西。若在事实上做不到而要采纳别的东西时，他们还是不肯率直地起来承认。比方孟子说的"民贵君轻"的学说，好像是受过老子的"对人无常心，以百姓之心为心"的影响；然而他却不明白地说是从老子采过来。我以为这不外是因门户之见太深，并且为了要尊师的缘故，便说是孔子儒家之道，而置老子于不提。又好像陆象山之于佛老清静无为之说，不只承认其价值，还更身体而力行。可是他仍声声自称为儒家的忠实信徒。在我们今日看来，他岂不是很不忠实吗？至于一般所谓为孔教徒们，坐着 1933 年的汽车，住着高大洋楼，食着英法西餐，而惟有口则说着孔子之道比起颜回之在陋巷而不改其乐，甘愿过着一箪食一瓢饮的简朴生活，自己也要愧死，用不着我们去批评。

近世的复古言论，在国内可算以梁漱溟的势力为大。在国外则说辜鸿铭的影响为多。惜现因时间关系，不能和诸君作从长讨论。总之，我们可以从现在的趋势来看，委实不能容许我们去复古。为什么我们偏要复古？复古不但是去做古人的奴隶，简直是要去再过茹毛饮血、穴居野处的生活！我们忘了这二三百年来，我们太落后了！我们太不长进了！落后唯有直追，不当踌躇退后、不长进。唯有对着现代世界的文化迎头赶上，不当开倒车地去复古！我尝说假使满清能于入关之后，循着明末的趋势，尽量地去采纳西洋文化，彻底地加以创造与发展，则今日 20世纪的中国，实不难与欧美齐驱并驾。无奈清廷只顾目前的苟安，而昧于世界潮流之所趋，终至于失败！

<h1 style="text-align:center">二</h1>

2. 对折衷派的批评

第一条路复古派的办法，既行不通；那么，我们可不可以跑向第二条路——折衷派调和的办法去呢？这派的主张，固然是调和其他二派，但它的内部，并非一致。关于这派的意见，约有下列七种：

（1）道和器。这种主张是以"西洋之器，调和中国之道"。曾国藩以为西洋最好的是机器，便极力主张发展西洋的机器。而薛福成与李鸿章却是一样以为中国之道也可拿去宣传给西洋人。其实每一种器，必有一种道而来。设若中国之"道"，是要靠西洋之"器"来保护才能够存在，试问还有什么存在之价值？从科学之道，原则和信仰，而得到物质之器；中国无此"道"，安能得此"器"？一直到了甲午之役，战败于日本以后，方才恍然明白东方的"道"与西方的"器"的调和是错误的。

（2）体和用。这种主张是以"中学为体，西学为用"的。张之洞在光绪廿四年所著的《劝学篇》，便是主张先以中国的学问为体，才去看看西洋有什么所长，然后拿过来应用。此种论调，本来已成为过去的陈迹，现在已没有人相信。再者，此种主张，好像以中学为机体，西学为功能。又有些以为中学好比一张台，西学好比一张椅；这显然是很不通的。好像耳之体不合眼之用，眼之体不合耳之用一样。体和用是不〈能〉够调换。因为无论哪一种机体，都同时有他的功能，体和用是没法分得开的。

（3）物质和精神。这种思想，是以为中国的是精神的文化，西洋的是物质的文化。主张这种思想的人，以为西洋的物质固有可取，但是其精神文化则不及我们中国。所以我们一方面要保存我们的精神文化，他方面要采纳西洋的物质文化。这种折衷办法，可算是最普通的折衷办法。我们对这种见解的批评，是以为所谓物质文化和精神文化，不外都是二而一，一而二的东西。物质文化所表现之处，便是精神文化所寄存之处。视察其精神文化，同时也可懂得其物质文化。它们的关系正如一个人的肉体和他的灵魂的关系，两者处处都是互相为用，而不可以分开的。纵能分开，也不能使我国非物质的精神生活，和西洋的物质文化相溶。

（4）动和静。再者有些人把文化分作动的文化和静的文化。这种见解是很错误的。他们不晓得文化的本身是动的而不是静的，所以没有不进不退的文化。假如文化是真个静止的，那么，我们一定不会有演进。什么是静的文化？静的文化，只有是死的文化，但死的不能说是文化。原始人穴居野处，茹毛饮血；今日我们席丰履厚，珍馐百味；这都是由文化的变动演进而来。再者，他们说中国人乡村生活是安静的，所以中国的文化是静的文化。西洋人城市生活是嘈杂的，所以西洋的文化是动的文化。这种说法，也是同样的错误。不信，试看我们中国的人三数个聚在一起，便成了个墟，街道也喧嚣挤拥了不堪。但西洋的人许多同住在一层楼，他们却也很恬静，马路上也是井然。斯［所］以把中西文化，分别做动和静的两种，是很不对的。

（5）动物和植物。更有些把文化分作"动物"和"植物"两种。这种见解，也是不对的。他们的看法，以为中国人的主要食品是五谷菜蔬，因此中国的文化是植物的文化。而西人所吃的是牛肉牛乳，因此西洋的文化是动物的文化。照此法看来，难道中国南方畜牛，便说南方是牛的文化，北方牧马，便说北方是马的文化不成？况且植物是无意识的，而动物是有意识的。这样，岂不是动物文化较植物文化为高一层吗?! 畜牧民族的文化较之农业民族的文化为优一等吗？

（6）人的文化和物的文化。这是南京亚细亚文化学会的人们所主张的。照他们的解释，人是"仁道"，物是"霸道"。中国的文化是仁道，西洋的文化是霸道。可是实际上西洋的文化，并不尽是霸道。因为它也有如康德和基督教的王道。好像我们的文化，也不尽是仁道一样。比方从中国的历史看来，我们的春秋五霸，秦始皇的囊括天下，汉武帝的穷兵黩武。况且我们之得到今日的地位，乃由沿着黄河流域向外四方去发展。这倒是霸道的证明。这种见解，把东西文化分作人的和物的两种，也是不通的。

（7）科学的方法。还有些人主张用科学的方法，去分析文化的特质，把我国固有的文化和［合］盘托出，然后看哪种特质是好，哪种不好，而决定取舍的方针。但试问这样便能把东西文化调和好了吗？比方我们便应用这样办法去寻出大家庭制度，是中国文化的一种特征；其次再去估量它的好处和缺点。好处是互助的精神，而缺点是倚赖的惰性。最后便去看世界的趋势对于这种大家庭的价值是怎样。其结果则证明大家庭制度不适宜于这种趋势，而没有办法在这种趋势下生存。主张此说的人们，可算是好理想家，只惜在实际上也是行不通吧［罢］了。

三

3. 关于彻底全盘西化的理由

现在世界的趋势，既不容许我们复返古代的文化，也不容许我们应用折衷调和的办法。那么，今后中国文化的出路，唯有努力去跑向彻底西化的途径。上面我们已解释了第一条路（复古派）和第二条路（折衷派）都不能跑得通，惟有第三条路（西洋派）才是我们当行或必须行的途径。第一条路和第二条路的缺点是：前者（复古派）昧于文化发展变换的道理，而后者（折衷派）昧于文化一致及和谐的真义。前者误以为环境时代是不变的，所以圣人立法，可以用诸万世，而施诸四海；而后者则误以为文化的全部，好像一间旧屋子，我们可以拆毁它，看看哪块石，或是料木，随便可以留用。但是他们简直忘却了文化各方面的特质，是不过我们的假定；在文化本身上，并没有这么的一回事。其实文化是全完的整体，没能分解的。总之，无论积极方面，或消极方面，都可以证明中国文化的出路，是要去彻底地西化。照主张彻底或是全盘西化的人们的见解，以为目下我们的政治、经济、教育、社会，事实上，都已采用西洋的方法，这就是不只在思想上，并且在实行上，都已趋于完全采纳西洋的文化。他们的主张，有下面的两个理由：

（1）西洋文化，的确比我们进步得多。

（2）西洋现代文化，无论我们喜欢不喜欢去接受，它毕竟是现在世界的趋势。

伸言之：（1）从文化的发展上看来，西洋近代的文化的确比我们的进步得多，它的思想，也的确比中国的思想为高。西洋文化无论在思想上、艺术上、科学上、政治上、教育上、宗教上、哲学上、文学上，都比中国的好。就是在衣、食、住、行的生活上头，我们更不及西洋人的讲究。即使梁任公先生在他的《清代学术史》办［里］，也要承认非用西洋的方法，便不能把国学来研究。真的，死的国学，也须要赖西洋方法的注射，才得保其生存！

（2）从理论方面说来，西洋文化，是现代的一种趋势。在西洋文化里面，也可以找到中国的好处；反之，在中国的文化里未必能找出西洋的好处。精神方面，孔子所说的仁义道德，未必高过柏拉图的正义公道。13世纪，中国的火柴、印刷、指南针数种，却为西洋人所接纳而加改良。物质方面的好处，也可以在西洋文化里找到。至若民治和科学，中国都没有。即如座上诸君今晚得来这种听讲，大多数人所穿的服装，和目下诸君所受的教育，现行的社会制度，和国家布施的宪政，无一而非西洋的东西。又如孙先生的三民主义，民族、民权、民主，根本上都是【是】西洋文化的产物。一切政治、社会、教育、经济，物质方面、精神方面，理论上和事实上，都无一而非渐趋于西洋化。从空间看去如此，从时间看来也是如此。西洋文化因它是由许多不同文化组合而成，所以中世纪的局势，也比之中国好。千几［百］年，宗教和政治，希伯来文化、罗马文化和希腊文化，数种势力平衡地来相争竞，结果便产生了16世纪的宗教改革和政治运动。可是中国汉朝，政教合一；政治的实力为孔子的学说所巩护，而弄到中国历史上的单调和疑问。十字军的东征，和元朝的西征，使东西文化得到接触，使西洋文化有了变动，而中国自汉朝以后，却凝滞不前！

（3）从比较上看来，中国的道德，不及西洋；为的是中国的道德家本身不好。中国人无论公德私德都不好。教育亦的确落后，法律的观念薄弱。一国之本的宪法，素来也不很讲究。哲学也不及西洋的思想，如柏拉图哲学之有系统。物质方面，更不用说。关于这点，想诸君亦表同情。西方文化既比我们的好，我们为什么不全盘彻底地采纳？西洋文化，是不断地创新与发展，而成为现代化和世界化。日本的本身已自西化。澳洲也成为英国文化扩张的区域。对着现代世界文化，虽欲不加以接受，亦会被迫着去接受。因为文化的趋势是不能逆倒的。美洲的黑人和白人交处，自动地去接纳西洋文化，使得以继续繁衍。在 1865 年得了解放以后更日进无已。可是该地土人，不肯接受，便日渐归于淘汰，现在反要受美国政府保护来生存。即如广东的苗黎，跑入五指山，不肯和汉人来往，也便一样地渐趋沦亡。这是世界文化的趋势。西洋的文化，较之我们的文化高，为什么见了他人高于我们的文化，而不去接纳？诸君，请不要以为兄弟说得过火。我们若以为帝国主义是西洋文化的产物，我们若设想打倒可恶的帝国主义，决不能以王道来打倒它，却反过来要用帝国主义去打倒帝国主义。因为无论在理论上，或是实际上，非此便无法为中国的文化找到一条出路。

可是有些人说文化是民族的生命，文化亡，民族也必随之而亡。此说是不真确的！文化是由人类所创造，过去的文化，只是前人努力得来的结果。现代和将来的文化，还要今日的我们善继善承地不歇地去发展与创造。文化的本身，是整个人类所共有共享的东西，而不是任何一国家、任何一民族的专有或专利品。所以说文化亡，不见得民族也随之而亡。试看东邻的日本，明治维新以来尽量地采纳西化，结果便一跃而跻于富强之域，他们不但种族因之而兴盛，他们的祖宗所遗下的文化也因之而光荣。这就是一个很好的反证。但有些人以为西洋人也尝研究中国的文化，为什么我们要忽视我们的文化？可是我们该要知道西洋人之来研究我们的历史，只不过是为了研究而研究，并不是为要求仿效我们的。正好像他们跑去非洲研究该处的文化，而没有去想研〈究〉采纳该处的文化一样。更有些人以为我们若不去发展中国的文化，便恐怕将来在历史上没有了位置。我则以为这是未免过于忧虑。因为中国文化，老早已成为世界文化的一部分。现下若有人来写世界史，而不把中国史也放在里面，那人的知识便是不大广博的。即使数千年后，中国的历史仍必有它相当的位置，中国是世界的一部分，那么，我们委实不忧中国的文化将来会被人们忘掉了的。

四

4. 关于"西化"的责任与希望

谁起来担负这个彻底全盘西化的责任？回答是在南方的青年学生身

上。不单在政治上，南方是个新文化的策源地。西洋文化的输入，从地理上看，多是在南方。在汉朝，广州已为中外交通的孔道，而为对外贸易最着要的市廛。到了唐代，也为贸易的中心，直至明清，也是为交通的要道。其他如政治、教育、宗教的文化演进，亦多以广州为起点。即如西方宗教的输入，最初到中国来宣教的利玛窦，也在广东住了十多年。又新教的传教士马礼逊，也是先到广州来；而第一位中国宣道师梁发，也是在这里的人。其次说到新教育，是以容闳、黄胜和黄宽，三位为最先的留学生。至 1872 年第一批赴美留学生中，广东人占了九十多位。再如新文学的创始，也在这里受了西洋文化不少的影响。文字革命（通俗文替代文言）很早便由梁任公和严复两位先生在书信里有所讨论。对于五四运动，兄弟不如常人的感觉这么利害，而以为若无梁启超的努力，把古文变成通俗化了，或者不会得有今日之成功，成为简单化。同样，黄公度在诗的解放上，也有很大的功劳。经济方面，福建和广东的侨民，也影响南方的经济很大。政治方面，如孙中山先生，也是这里的香山县人。再而说到城市的运动，广州不但是开中国新城市的纪元，并且是现在由中国人管理最西化的一个城市，这是凡研究中国城市和市政的人们所公认的。又如劳工运动，也是始于南方，好像多年前的海员大罢工，和现下机器工会等组织。至若中国十几年来的女权运动，也是盛于广州。女子教育在广东也十二分发达。大学男女同学，也以广州南大为先。民九、十年，广东女子已实行参政运动，而在广东临时议院已有女子议员。因此，南方人的责任很大。思想最新的也可说是南方人，像容闳、严复等。又梁启超创办《新民丛报》，开发中国人的知识使明晓世界的大势。孙中山先生的思想，根本上也是西化的思想。他的理想中国人是美国的华盛顿。西洋文化，是他的革命环境。他反对中国的旧文化，推翻专制的政权，而建立共和的民国。总之，南方是新文化的策源地，思想是最先进。最后归结说到中国文化之出路，无疑地是要从彻底全盘西化着手。希望诸君起来负起这个责任。本校为政治革命的结晶品，把西洋文化彻底努力地去采纳与发展，是在今晚各位的身上了。

再谈“全盘西化”[*]

　　自从我的《关于全盘西化答吴景超先生》一文，登载于《独立评论》142 号以后，除了胡适之先生在《编辑后记》里声明他“是完全赞成全盘西化论”外，还有张佛泉先生在《国闻周报》12 卷 12 期发表了《西化问题之批判》一篇长文，说明他“与全盘西化论是非常同情的”。我细心读这些文章，觉得胡先生，而尤其是张先生与我的主张，似尚有多少差异之点，因将管见所及，简单地写出来，以供读者参考。

　　胡先生说：

　　　　现在的人说“折衷”，说“中国本位”，都是空谈。此时没有别的路可走，只有努力全盘接受这个新世界的新文明。全盘接受了，旧文化的“惰性”自然会使他成为一个折衷调和的中国本位新文化……古人说：“取法乎上，仅得其中；取法乎中，风斯下矣。”这是最可玩味的真理。我们不妨拼命走极端，文化的惰性自然会把我们拖向折衷调和上去的。

　　张先生更申其义，而很肯定地说：

　　　　文化是自然有它的惰性。你不主张折衷，不希望妥协，然而至终却仍要折衷，仍要妥协的。“取法乎上，仅得其中”，以全盘西化为理想，所得恐怕也不过是一半。所以若接受了文化“自然折衷”论，同时就须承认全盘西化，不是可以完全实现的理想。

　　我以为一方面同情于“全盘西化”论，而“指出文化折衷论的不可能”，一方面又以为“文化的惰性自然会把我们拖向折衷调和上去”，好

---

[*] 录自《独立评论》第 147 号，1935 年 4 月 21 日。

像是一种矛盾。至少"全盘西化"论，在胡、张两位先生的心里，好像只是一种政策，而骨子里仍是折衷论调。

我并不否认文化是有惰性的。然而，正是因为这种惰性成为西化的窒碍物，所以主张"全盘西化"。"全盘西化"论，在积极方面，是要使中国的文化能和西洋各国的文化，立于平等的地位，而"继续在这世上生存"；消极方面，就要除去中国文化的惰性。所以若能全盘西化，则惰性自然会消灭。盖所谓惰性，无非就是所谓中国固有的文化。反过来说，这种惰性若不消灭，则"全盘西化"无从实现。因此，我以为胡、张两位先生所谓"文化的惰性自然会把我们拖向折衷调和上去"的现象，只能当作东西文化接触以后的一种过渡时期的畸形的现象。这种现象的存在，在时间上也许颇久，然其趋势却是在全盘的路上。这是细心研究过七十年来的中国西化史的人，所能容易了解的。比方，三十年前，我们虽然有了多少的人，已经感觉到采纳西洋科学的必要，但是一方面因为我国的学科学的人，在那个时候的科学智识太过浅薄，不能够引起国人对于科学的信仰心；一方面因为反对科学的文化的惰性太利害。我们试看王壬秋之反对火轮船，义和团之相信肚子可以抵抗枪炮，便能明白提倡科学之更不容易。所以在这种情形之下，我们在科学上，简直没有什么成绩之可言。然而二十年来，情形变了，而我们的科学，也一步一步地较为西化，较为进步；到了现在，居然也有了数位稍可差强人意的科学家；同时，反对科学的文化惰性，也没有从前那样的利害。可知西化的发展，就是惰性的减少。质言之，全盘西化之于我国文化的惰性，是两件不能相容的东西罢。

而且从我国今日的需要来看，我们也必须达到"全盘西化"的地位才好。假使我们不是这样的努力做去，而相信"取法乎上，仅得其中"的信条，则比方我们的西化的东西，像飞机、战舰、科学、哲学、教育等等，岂非永远的没有法子赶上西洋吗？这么一来，中国的前途还有什么很大的希望呢？因此，我虽同情于张佛泉先生所谓"处在今日步人家的后尘尚望不及影子"，我们配不上来创造一种较西洋文化为优美的文化；然而，与其满足于"取法乎上，仅得其中"的信条，我们应当有"青出于蓝而胜于蓝"的信心；至少，我们也要有"取法乎上，须得其上"的精神。其实，我以为西洋文化之所以能有一日千里的进步，就是因为西洋人有了这种信心，有了这种精神；我国文化之所以停滞不发展，而且有开倒车的危险，就是因为中国人没有这种信心，没有这种精神。

上面是对于胡、张两位先生所提出的"文化的惰性自然会把我们拖向折衷调和上去"的问题，略为解释，我现在且再把张佛泉先生所提出两个比较重要的问题稍事讨论。

张先生说：

> 站在全盘西化的观点，进而讲到"从文化本身的各方面的连带关系来看，我们不能随意地取长去短"的话，也未免太过。

我说文化的各方面是有连带的关系，因为所谓文化的各方面，只是一种主观的分析，而非客观的事实。我在拙著《中国文化的出路》里，曾把西洋各国学者的文化的分析，来做一个比较的研究，而我的结论是：

> 分析不过是我们为研究上的便利起见而设的。而且这种分析，总不免有多少的主观。结果是每一个人的分析，可以（而其实往往）和别人的分析不相同。这个原因，不外是因为文化本身上，像我们上面所说，是整个表示。分析是我们对于文化认识上一种权宜，文化本身上并没有这回事。

因为文化本身上是整个表示，所以文化的各方面或张先生所说的不同的单位，是互有连带的关系。因为这些不同的单位，有了连带的关系和时势的趋向，以及今日西洋文化的优胜的地位，所以取其一端，应当取其整体；牵其一发，往往会动到我们全身。因此之故，我虽很同情于张先生所谓"你若采取某一单位，你便须'全盘'采纳它，而不容只采取它的一部分"，我却不能同意于张先生所谓"不同的单位，却有好多可以同时并存"。其实，我以为张先生在这里，好像是陷于自相矛盾的地位。至少，张先生是趋于一般普通的折衷派的二元论调。

原来张先生所说的单位，或 Traits，不外就是文化学者所谓为文化丛杂（Culture Complex）。文化丛杂，是一种为着研究便利的假设。这种文化丛杂，从其本身来看，正像张先生所指出，是含有好多连带关系的部分。然从文化的全部方面来看，这些文化丛杂，或文化单位，又不外是全部的文化的很多互有连带关系的各方面。泰勒氏（Tylor）在其《原始文化》（*Primitive Culture*）一书里，劈头就说：文化是一种丛杂体系（Complex Whole），就是因为文化本身的各方面，是有连带关系。卫士莱（Wissler）在其《人与文化》（*Man and Culture*）一书里所说的文化丛杂，或张先生所说的文化单位，照我个人看起来，大概就是泰勒所谓的丛杂体系中的丛杂单位而已。张先生既然明白所谓文化单位，或丛杂中的各部分，"不容只取一部分"，为什么张先生又忘记了这些由互有连带关系的各种文化丛杂或单位而组成的丛杂的全部的文化，也"不容只取一部分"呢？

张先生既然明白了"读书不求甚解的态度，不能与精确的缜密的科学态度相妥协"，而必须全盘学西洋，张先生不当忘记了一个受过现代西洋的精确的缜密的科学教育的人，见了女人而不脱帽子，是一件失礼的事。做了失礼的事，也不见得就没有坏处。又如，学了打璞克，也许不会"自动地"或"立刻地"学了"任何西洋东西"，然而我们不要忘记，能学了打璞克，也能学到任何西洋东西。而且要是璞克尚可以学，则任何西洋东西更要学习。若说一个人只学了打璞克，而不愿意去学西洋别的东西，则这个人不但只有了徒学西洋的皮毛的危险，而且是一个无用的人。至于"坐了汽车，却同时仍保持东方人玩姨太太的特权"，只能为享受"西货"，不能谓为"西化"。同样，一个"穿了很漂亮的西装的人"，也许"连了一个外国字母也不认得"，然而西装都可以穿，则别的西洋东西愈要采取。何况事实上，穿西装而不认得外国字母的人，见了认得外国字母的人，总免不得有了内心的惭愧。此外，"穿了西裤革履"，固然"还可以穿一件长袍"，但是我们不要忘记，我们的校服，我们的军装，以至我们的留洋学生，住外公使，就不会这样的中西并用。我想四十年前的薛福成，曾讥骂日本人采纳西服；三十年前的康有为，曾上疏力主采纳西服。到了现在，采取西装不但不被人讥骂，无须人提倡，而且不断地增加。这岂不是表示我们现在已较为西化吗？这岂不是表示文化的各方面是有连带的关系吗？

本来张先生既非常同情于"全盘西化"论，而又觉到上面所提出的例子，都是"皮相的问题"，我也本不愿多所讨论，然而我却不厌繁琐，而稍为逐一解释者，正是因为这些例子，足以证明"全盘西化"的必要。

因为文化各方面都有连带的关系，所以我们不能随意地取长去短。何况一谈到长短的问题，总免不去主观的成分。而事实上，所谓人家之长，也许就是人家之短；所谓人家之短，也许就是人家之长。张先生对于这点并不否认，所以他说："所取的是否长，所去的是否短，却不无问题。"

我既相信文化的各方面有了连带的关系而不能随意地取长去短，我又相信如胡适之先生在《试评所谓中国本位的文化建设》一文（《大公报》3月31日"星期论文")里所说："在这个优胜劣败的文化变动的历程之中，没有一种完全可靠的标准，可以指导整个文化的各方面的选择去取。"其实，我以为今日的我们，不应当再把可贵的时间与精神来讨论这个至终不能解决的问题。因此，我对于张先生在第三点里所提出的选择问题，不能表以同情。因为这种选择，不但不合于文化的原理与文化的趋势，而且有取人家之短而加上自己之短的危险。然而张先生又说：

> 在这时谈西洋文化，总不能整个含混地主张全盘接受……换言之，我以为在目前适应西洋文化是有根本与枝叶上的分别的。只囫囵主张全盘西化，也有已经包括所有根本与枝叶在内，但不能指出根本方面比枝叶方面更重要，便是缺欠。

我以为张先生好像是把现在的中国当做一个完全没有经过西化的国家，所以我们采取西洋文化，应当选择其重要或根本的东西，而不应含混囫囵地"全盘西化"。然而，他忘记了七十年来的中国，已经枝叶的西化。枝叶的西化，既早已成为一种事实，我们是否欢喜枝叶的西化，大概已不成问题。问题乃在于根本的西化。主张"全盘西化"的人，因为见得比方汽车是比骡车既优且快，而且我们已经用了汽车，不愿徒然劝人们勿坐汽车，而进一步劝人们努力去做汽车，同时他不但只劝人们去做汽车，而且要人们"由一个论语式的头脑，换上一个柏拉图共和式的头脑"。所以"全盘西化"的真义，就是张先生所说的根本西化。我在以往的著作里，每每用了"彻底与全盘西化"一句话，就是这个原故。然而，又怕中国人错认物质的汽车式的西化为根本西化，同时什么叫做"根本西化"，往往也因各人的主观不同而有所争辩，故主用"全盘西化"。盖"全盘西化"可以包括根本西化，而根本西化却不能包括全盘西化。何况我们在枝叶上既已西化，则再做进一步的西化，岂非就是根本西化吗？已成事实的枝叶西化，加上进一步的根本西化，又岂非"全盘〈西〉化"吗？

总之，从我国目前的情形来看，"全盘西化"固是一种尚须努力去实现的理想，然而从西洋文化来看，所谓理想的"全盘西化"的对象，却是一种已经实现的事实。这个事实，是一件有形模、有体质、有眼睛皆可以见，有知觉皆可以感，有耳孔皆可听的东西。比之复古派所梦想的已成陈迹的皇古，比之折衷派所侈谈的东西合璧的办法，都较为具体，较易采纳。

从西化问题的讨论里求得一个共同信仰 *

　　胡适之先生两个月前，曾发表了一篇《从民主与独裁的讨论里求得一个共同政治信仰》（2 月 27 日《大公报》"星期论文"，《独立评论》141 号转载），来作民主与独裁的争论的一个暂时结束。吴景超先生最近在《独立评论》147 号发表一篇《答陈序经先生的全盘西化论》，希望我们因讨论这个西化问题，"也许可以得到一个最低限度的共同信仰"。因而不揣愚陋，作东施效颦，也来把《独立评论》与《国闻周报》在这两个月来所发表数篇关于西化讨论的文章，大略加以分析，写成此篇。

　　我以为吴景超先生在《答陈序经先生的全盘西化论》一文里的态度，比起《建设问题与东西文化》一文里的态度，已经变化得很厉害，虽则他在前者里所提出的几点，可以商榷之处尚多。我现在且先讨论他所提出的几点，然后解释他的态度的变化，以及其他学者的意见。

　　吴先生始终不明了文化的各方面有了连带与密切的关系而分开不得的理论。这一点我已一再解释，不必赘述。我在这里只要声明，这种理论只是我主张"全盘西化"论的很多的理由之一，所以纵使文化的各部分是可以分得开的，有如吴先生所说，"全盘西化"论仍可成立，这是读过我的著作的人所能容易看得出的。而况文化的各部分，是有了连带关系而分开不得？

　　吴先生又很肯定地说："这种文化分不开的理论，还没有一位学者能够证明他。"我的回答是：一种理论，若有了事实的证明，不一定要借重于某一学者来张目；而况事实上，这种理论也不是我一个人的理

---

* 录自《独立评论》第 149 号，1935 年 5 月 5 日。

论。我不能而且不愿在这里多举例子。我以为只是读过 W. D. Wallis 的近著《文化与进步》（*Culture and Progress*）一书的人，便能明白了。

吴先生提出霍布浩士教授对于这个问题所研究得的结论，来证明他的文化各部分可以"分得开"的理论，可是他忘记了霍布浩士教授所说的每种社会里的文化的各方面，仍是有了连带与密切的关系而成为体系。所以这种文化的某一方面，若受了较优的文化像西洋的文化的影响，则其他方面也必波动。比方，他们若接受了西洋的教育或宗教，则他们的一夫多妻或一妻多夫的制度，也必受其影响。若不是这样，而照吴先生的看法，那么结果岂非有像了张佛泉先生所说"坐了汽车，却同时仍要保持东方人玩姨太太的特权"的危险吗？难道吴先生不赞成一夫一妻的制度，而为一夫多妻或一妻多夫的制度辩护吗？

关于吴先生的第二点，我已说过，"我并不以西洋文化之在今日已臻完美至善的地位"，所以我不会"没有条件"地赞美它。我只是说：比较上，西洋文化是优胜于中国的文化，而且从现代文化的趋势及其他的理由，我们应该"全盘西化"。要是我们因西化而生出弊病来，那么补救的方法，还是要努力去西化。正如我们制造的飞机，时时有坠下来的危险，那么补救这种危险，还是要努力去学习飞机，决不是空谈不要飞机而提倡习大刀、作［坐］骡车所能适应于现代的世界。

我说"一个受过现代西洋的精确的缜密的教育的人，见了女人而不脱帽子，是一件失礼的事"，吴先生忘记了上一句，而仅取下两句，遂谓这是奇谈，我真莫名其妙。也许像吴先生自己在外国时及回国后，看见了女人，从没有脱过帽子，故出此言。至于我方面，只因为见了现在一般受过西洋教育的人，见了女人多脱帽子，是一件事实，故而那样地说。而且我很奇怪吴先生好像以为"礼"就是"理"。吴先生不应该忘记"礼"未必是合于"理"的。所以吴先生以为西人"见女人要脱帽子，那么见了男人也应该脱帽子，才算有礼"，恐怕是吴先生的"理"罢。

至于吴先生提出胡适之先生所谓"吃饭的，决不能都改番菜，用筷子的，决不能全用刀叉"，来"为折衷论者的张目"，我以为我们不要忘记胡先生曾一再声明折衷论是不可能的。我个人的意见是：不但一般留过学的人，在外洋的时候，能吃番菜，能全用刀叉，就是国内的番菜馆的逐渐增加，也足以证明我们能吃番菜，能全用刀叉。至如西菜之较合卫生，尤其余事。

再如中国的语言问题，我以为自《马氏文通》刊行以后，我们的语言已逐渐趋于西化，胡适之先生所提倡的白话文与标点也是西化。钱玄同先生及好多人提倡改用罗马字母字，可以说是"全盘西化"的主张。明生先生在《双周闲谈》（《独立评论》126 号）里，以为在现代生活速度增加的世界里，中国应当设法使一切的事情，赶快地加快。他说：

中国加快的大阻碍之一，我认为是文字。中国的文字，无论如何加快，赶不上用字母的文字。假使我们真有加快的决心，废止汉字，倒是一个重要的步骤。

我想凡是对于西文有过相当的研究的人，大概都能表同情于玥生先生这种观察。所以若说中国语言是不能西化，则我们又怎能会学西文呢？若说中国语言是我们固有的东西，所以定要保存，那么我们何不提倡固有的结绳与古文，而要白话文呢？我们何不提倡较为近于古音的固有的广东话，而要国语呢？

我们现在可以谈谈吴先生所提出我们对于西洋文化的四方面所应采纳的态度，而指出他自己的态度的变化的程度。

吴先生的第一点是"对于某一部分的西方文化，我们愿意整个地接受，而且用他来替代中国文化中类似的部分，如西方文化中的自然科学、医学等等"。这一点我们没有可以讨论。

吴先生的第二点是"对于某一部分的西方文化，我们愿意整个地接受，但只用以补充中国文化类似的部分，而非用以代替中国文化中类似的部分，如哲学、文学等等"。因此，吴先生以为"我们可以读柏拉图的《共和国》，但也不必烧《论语》"。我在这里应该声明，研究与应用是有不同的。主张"全盘西化"的人，不但不会烧《论语》，而且表同情于大学里有些人研究《论语》。其实，不但在西洋或西化的图书馆里，保存《论语》，比较妥当得多；而且在西洋或西化的大学里的人，研究《论语》的方法与成绩，比较好得多。然而，我们不能因此而说是要实行《论语》的生活。黑格尔在一百年前，已经感觉到《论语》的生活不适用。他且好像以为假使《论语》而不翻译为西文，孔子的声誉之在西洋，也许较好（参看《世界历史哲学讲义》）。可是，他却不因此而不研究《论语》。张佛泉先生所谓"由一个《论语》式的头脑，换上一个柏拉图的头脑"，大概也是这样的。

吴先生的第三点是"对于某一部分的西洋文化，我们愿意用作参考，但决不抄袭"。但吴先生又接着说道："我们所以采取这种态度，或因一部分的文化，瑕瑜互见，我们不能把精华与糟粕一齐吸收过来；或因这一部分的文化，与中国国情不相合，无全盘接收的可能。"这么一来，吴先生对于这一部分的西洋文化，不只是愿意"用作参考"，而且愿意"抄袭"其中的一部分或一大部分了。我的意见是：在事实上，我们现在早已吸收了很多糟粕，而且这些糟粕，不易除去，故应当再把精华吸收过来，而成为整个西化。至于吴先生提出国情这个问题，我在《关于全盘西化答吴景超先生》一文里，已经解释。沈昌晔先生在《国闻周报》12 卷 14 期所发表《论文化的创造》一文里，也说得很有道理："要是采纳西洋文化须以中国的意识形态之适应与否为标准，那么我们根本不必采纳，现存的中国文化，不是更能适应中国的意识形态吗？"沈先生所说的中国"意识形态"，岂不就是吴先生所说的"国情"吗？总而言之，吴先生在这一点里所说西洋文化的精华，既可以采纳，而照吴先生的说法，适于国情的东西，也可以采纳，那么关于这一部分的西洋文化中，至少有了一半，是可以采纳的。

再就吴先生所举的例子来谈。关于西洋文化之"如资本主义，他们的大量生产方法"，吴先生既赞成采纳，我们无可讨论。至说"西洋人的利图，高于一切的动机。因提高价格，不惜焚烧存货的举动"，我们应该知道，这也非西洋人所愿意提倡的。关于别一类的西化，如关税政策，吴先生既以为我们不能不以他们西洋人的办法为根据，那么，事实上我们就不能不以他们的标准以为衡。这么一来，所谓"中国本位"的关税政策，岂非成为西化的政策吗？

吴先生的第四点是"对于某一部分的西洋文化，我们却不客气地加以排弃"。吴先生的例子是如"迷信的宗教，儿戏的婚姻，诲淫的跳舞（交际的跳舞不在内），过分的奢侈"等。吴先生应该明白，这些的文化，西洋人也何尝提倡？主张"全盘西化"的人，又何尝提倡？纵使我们承认西洋的这些文化，是常见的不良现象，然而反过来说：则西洋的非迷信的宗教，非儿戏的婚姻，非诲淫的跳舞，非过分的奢侈等，为吴先生所愿意采纳，是无可疑的。这么一来，这一点里所说的西洋的文化，至少有了一半是吴先生所愿意采纳了。吴先生在《建设问题与东西文化》一文里，以为我们可以采纳西洋的电灯与科学而不要采纳西洋的跳舞与基督教，现在既已声明"交际的跳舞不在内"与只说"迷信"的宗教，那么吴先生的态度的变更之厉害，可以说是出乎我意料〈之外〉了。

不但这样，若照吴先生上面所说的四种采纳西洋文化的态度，而用张佛泉先生的算术方法加起来，则第一与第二两点里的两个整个相加起来，得了四分之二；第三与第四两点里的至少各半；"半上加半"，又得了四分之一。再把四分之二与至少的四分之一相加起来，那么吴先生岂不是像了张先生所说"已承认了西方文化的四分之三"以上而"竟与全盘西化论很接近了"吗？

而况事实上，吴先生第四点里所要"不客气地加以排弃"的西洋文化，本可以说是已经包括在第三点里所说的西洋文化的"糟粕"一类中。这样看起来，吴先生不但只承认了西方文化的四分之三以上，而其实是承认了三分之二点五以上了。换句来说，吴先生不但只承认西方文化的十二分之九以上，而且承认了十二分之十以上了。吴先生既能承认了西方文化的十二分之十以上，那么吴先生之所异于"全盘西化"论者，恐怕只是厘毫之间罢。至少吴先生当能表同情于张佛泉先生的"根本西化"论。我以为能够表同情于"根本西化"论的人，似不应该"还是不敢赞同"于"全盘西化"论，因为我已说过，我们在枝叶上既已西化，而且难于除去，则加上进一步的根本西化，就是"全盘西化"。又张佛泉先生本是主张根本西化的，但是他既"与全盘西化论是非常同情的"，那么吴先生似也可以有同样的感想。未知吴先生以为如何？

上面是讨论吴景超先生以及张佛泉先生的态度。我现在再来略谈胡适之先生与沈昌晔先生的态度。

胡先生既已一再声明他是"完全赞成全盘西化论"，与屡屡指出"折衷论的不可能"，那么在态度上他与我是完全一致的。又我既并不否认胡先生所说文化是有惰性的，那么我以为"好像有了矛盾"，"好像骨子里仍是折衷论调"的原因，大概只是在他所谓"文化的惰性自然会把我们拖向折衷调和上去"的历程。在他看起来，好像是当作一种永久的静态；而在我看起来，都是中西文化接触以后的一种过渡时期的畸形的现象罢。假使胡先生也以为"取法乎上，仅得其中"，只是一种暂时的现象，那么我之于胡先生，大概没有什么差异的点了。

沈昌晔先生在《国闻周报》12 卷 14 期所发表《论文化的创造》的长文，也是赞成"全盘西化"论的。他以为"全盘西化"是"创造中国新文化的出路"，所以他说：

> 我以为现在文化界的领袖们，应放大了胆来做采纳整个西洋文化，以培养中国的新精神的运动，不应怕全盘西化有戎为西洋文

的附庸的危险而不取，却应以大的魄力驾驭整个的西洋文化，使中国采纳后的消化，有良好的经过，这是创造中国新的文化的出路！

沈先生的论文里，虽也有多少地方可以商榷，然大体上，我是表同情的。此外，他所指出的好几点，与我在《独立评论》43 号所发表《教育的中国化和现代化》一文里所说的话，互有相类似之处。我愿一般反对"全盘西化"的人，对于他这篇文，要特别加以注意。

总之，我以为西化这个问题，经过这一次的讨论之后，已有相当的共同信仰。这就是：我们应该"全盘西化"。至少这一次的讨论的趋向，是在这条路上。所以末了，我愿意借用胡适之先生在《从民主与独裁的讨论里求得一个共同政治信仰》一文的结语，来做我这篇文的结语。

> 我们深信，只有这样的一个最低限度的共同信仰，可以号召全国人民的感情与理智，使这个飘摇的国家、散漫的民族，联合起来，一致向上的努力。

读十教授《我们的总答复》后[*]

5月14日《大公报》登载十教授的《我们的总答复》一文。我读了之后，觉得他们在这篇文里的态度，比起他们在本年1月10日所发表的《中国本位的文化建设宣言》里的态度，已经变得很厉害。同时他们对于全盘西化论，表面上虽加以批评，骨子里已经有意或无意地趋在这条路上。我现在且把他们的态度的变化与趋向，略为解释。

十教授在《宣言》里固说"不守旧"，但事实上，却偏于复古，因为他们所说的"中国本位的文化"不外是像：

日本画家常常说：西洋人虽嫌日本画的色彩过于强烈，但若日本画没有那种刺目强烈色彩，哪里还成为日本画。

我以为若照这种逻辑推衍起来，结果是比方中国女子之所以为中国女子，就是因为她们有小脚，奉"三从四德"；中国男人之所以为中国男人，就是因为他们嗜鸦片，能"左抱右拥"；中国船之所以为中国船，就是因为用帆驶；中国车之所以为中国车，就是因为用骡拖。这么一来，凡是中国的固有文化，都要保存，而成为复古了。

我并非不知道十教授在《宣言》里曾有"存其所当存，吸收其所当吸收"的词句；然而十教授不要忘记：假使这种东西合璧的办法而能谓为中国本位的文化，那么全盘西化，也可以叫做中国本位的文化了！因为所谓中国本位的文化，既能容纳一部分或大部分的西化，也能容纳全盘西化。不过这里所说的中国本位的文化，无异等于所谓西化或全盘西化，是指着中国而言；而其结果没有什么意义，因为无论何人，都会明白我们所谓西化或全盘西化，是指着中国而言呵！

_* 录自天津《大公报》，1935年5月20日第1张第4版、21日第1张第4版。

十教授在《总答复》里，虽则仍像在《宣言》里以为中国本位的文化是"要合此时此地的需要"，可是他们所谓"此时此地的需要"，现在却已变为（一）充实人民的生活，（二）发展国民的生计，（三）争取民族的生存。我以为从文化的立场来看，这三种需要，在名词上固是不同，在事实上并没有什么差异。所以第二项以至第三项，都可以说是包括或依赖于第一项。至少二三两项与第一项是不能分离的。十教授在第一项里既显明地说"中国人民的生活，非常贫乏，物质方面不消说是不如人，精神生活，亦何尝丰富"，那么十教授不但承认在文化的物质文化，我们要西化，而且承认在文化的精神方面，我们也要西化了。物质与精神两方面都要西化，岂不是成为全盘西化吗？

我已说过，十教授在宣言里的态度是偏于复古的。就使我们承认了他们的"存其所当存，吸收其所当吸收"的标语，他们也跳不出折衷派的圈子。现在在《总答复》里，他们不但反对"任何复古"，而且反对各种折衷。所谓"复古的企图，不但是抱残守阙，简直是自觅死路"，是很明显地指出现在所遗留的多少的固有残阙，也要扫除。所谓"对于任何复古的企图，都采排斥的态度"，是很肯定地排斥整个固有的文化。那么十教授在这里不但放弃了日本画家的理论，而且放弃了"存其所当存"的态度了。

十教授说："有什么体，便有什么用；有什么用，便有什么体。"又说："物质和精神，是一个东西的两方面，根本不能分离。"这种理论，本是我们主张全盘西化的人的理论，我很奇怪十教授现在也能承认。十教授既不反对西化之用，则采纳人家之用，不能不采纳其体；十教授既不反对物质西化，则采纳人家的物质，不能不采纳其精神。这样看起来，试问除了全盘西化之外，还有什么办法呢？

折衷派的支流虽不少，但大概上，我们可以说：从 1865 至 1894〈年〉的三十年中，国人对于西化的态度，可以薛福成的"道的文化（中）与器的文化（西）"来代表。从 1895 到 1914〈年〉的二十年【的】中，国人的西化态度可以张之洞的"中学为体与西学为用"来代表。从 1915到现在的二十年中，国人的西化态度可以最流行的"精神文化（中）与物质文化（西）"来代表。道器之说，现在固少有人注意，其在当时，也因复古势力太大，不易流行。至于体用之说，及物质与精神的论调，都可以说是四十来年来一般折衷派的护身符。十教授现在既一脚踢了"任何企图的复古"，又一拳打了所谓"金科玉律"的折衷论调，而相信文化不能分得开的理论。难道十教授还不承认他们是跑在全盘西化的路上吗？

我已指出十教授的总答复是趋于全盘西化的路上。现在且来答复他们对于全盘西化论的批评。

十教授说："贸然主张全盘西化，岂但反客为主，直是自甘毁灭。"关于这一点，我用不着把十教授的〈总答复〉里的话，去反驳他们自己。即退一步而把十教授的《宣言》来讲。十教授既说"中学为体西学为用是皮毛的办法"，那么十教授至少愿意吸收西洋文化之一半，或多半，而至多不过愿意保存中国文化之一半，或少半。这么一来，十教授也岂不是"甘自毁灭"了一半，或多半的固有文化，而打破主客之分，或是"反客为主"吗？

十教授既不明了所谓社会主义的文化与资本主义的文化有了一种共同的基础或性质，又不能具体地指出，这两种文化有了什么根本的差异。同时好像忘记了这两者都是西洋文化。我的意见是：现在人们所谓社会主义文化的国家，不但在外交上，正与所谓为资本主义的文化的国家力求合作，近来连了宪法也要从后者采纳过来！此外无论在科学上，在工业上，以及文化的其他方面，在根本上都找不出什么差异来。

十教授说："敢问全盘西化论者，从何化起？"我的回答是：七十年来的中国，在文化的各方面，如教育、科学等等，虽然比不上西洋各国，但是已经西化，而且有了多少进步。所以"从何化起"这个问题，大概上是无关重要的。我以为我们在消极方面，苟能不做复古梦想，不做折衷空谈，以免阻止西化的发展；在积极方面，苟能特别努力西化，那么今后所得的进步，必当更多。我在《再谈"全盘西化"》一文（《独立评论》147 号），已经说明全盘西化之于复古与折衷，都较为具体，较易采纳。假使十教授不相信我这话，我愿意回敬一句道：敢问所谓中国本位的文化建设宣言者从何建设起？

十教授之所以不满意于全盘西化论，不外是上面所举出的三点；可是事实上，这三点都可以说是无的之矢。于是我们更可以明白，十教授已有意或无意地趋于全盘西化的路上。

末了，我愿意摘录我在《独立评论》149 号所发表《从西化问题的讨论里求得一个共同信仰》一文里几句话，以为本文的结论。

> 我以为西化这个问题，经过这一次讨论之后，已有相当的共同信仰。这就是：我们应该全盘西化。至少这一次的讨论的趋向，是在这条路上。

全盘西化的辩护*

三个月前，我曾说过，胡适之先生"整个"思想不能列为"全盘西化"派，而乃折衷派中之一支流。胡适之先生当时以为我这种看法是错误的，同时他且声明道"我是完全赞成陈序经先生的全盘西化论的"。

最近胡适之先生发表一篇《充分世界化与全盘西化》（《大公报》6月23日"星期论文"），里面虽然还说他"没有折衷调和的存心"，但是因为他感觉到"全盘西化这个名词，的确不免有一点语病"，因而提议以"充分世界化"这个名词，来代替"全盘西化"这个名词。胡先生说：

> 充分在数量上即是尽量的意思，在精神上即是用全力的意思。

我以为在精神上，我们若用"全力"去西化，结果是在消极方面，必至否认中国固有的文化；在积极方面，还是趋于"全盘西化"。但是所谓"充分"或"尽量"这些名词，不但很为含混，而且很容易被了一般主张折衷、或趋于复古者，当作他们的护身符。

原来"充分"或"尽量"这些名词，是可伸可缩的，可多可少的。比方，一个朋友托我办一件事，我说我当尽量去做；我对于这件事做得十分妥当，固然可以说是"尽量"，但是假使我只做了一点，也可以说是"尽量"。我记得严既澄先生曾在5月22日的《大公报》发表一篇《我们的总答复书后》，赞成"全盘西化"，但同时他以为"全盘"两字，容易起人误会，最好改为"尽量"两字。我又联想到从前曾经力主西化

---

* 录自《独立评论》第160号，1935年7月21日。

的张东荪先生，近来忽然徘徊于复古、折衷之间，不但极力反对"全盘西化"，而且在《正风》半月刊1卷2期发表一篇《现代的中国怎样要孔子》，提出孔子之道，而近于辜鸿铭、梁漱溟诸先生的主张；但他在这篇文里也相信，我们"依然须尽量采纳西方文化"。我们从此可以明白，赞成或趋于"全盘西化"的人，固可以主张"尽量"西化，喜谈折衷或趋于复古的人，也可以主张"尽量"西化。同样，假使百分之九十九的西化，能谓为"尽量"西化或"充分"西化，那么"中学为体，西学为用"也可以说是"尽量"西化或"充分"西化了。

此外，严既澄先生又以为"西化"这个名词颇不适当，最好改为"现代化"。胡适之先生在其近作里，也用"世界化"三字。我个人在以往的著作里，也用过这两个名词，但我以为，在实质上，在根本上，所谓趋为"世界化"的文化，与所谓代表现代的文化，无非就是西洋的文化。所以"西化"这个名词，不但包括了前两者，而且较为具体，较易理解。又胡先生虽用了"世界化"的字样，他却仍用"充分西化"的词句。至于严先生虽觉得"西化"两字颇不适当，但他也依然采用"全盘西化"的名词。所以我相信"西化"这个名词的采用，是不会发生问题的。

我已解释"充分"或"尽量"、"世界化"或"现代化"的口号的缺点，我现在且来谈谈胡适之先生提议避免"全盘"两字的几个理由。

胡先生的第一个理由是："避免了全盘的字样，可以免除一切琐碎的争论。"照我个〈人〉愚见看起来，什么是琐碎西化，什么是根本西化，往往也成问题。例如，张佛泉先生好像以为共和国的头脑是根本西化，刘湛恩先生好像以为基督教的精神是根本西化，吴景超先生又却好像以为这两者都是琐碎的西化，而以科学为根本西化。我以为在事实上，在趋势上，我们既已有或不能不有这种头脑、这种宗教与这种科学，那么最好与唯一的办法，还是"全盘西化"。而且在"全盘西化"的原则之下，张佛泉先生既可以专心提倡共和国的头脑，刘湛恩先生也可以努力宣扬基督教的精神，吴景超先生也可以致志鼓吹科学。

又如，礼貌或饮食是不是文化的琐碎方面，也未尝没有问题的。要是人们相信"国以礼为维"、"民以食为天"或 mannist was er isst 的信条，那么礼貌与饮食，就不能谓为琐碎的问题了。即算我们相信这是琐碎的问题，但是假使我们承认"人与人交际，应该充分学点礼貌、饮食起居，应该充分注意卫生与滋养"，那么礼貌与饮食的"全盘西化"又有什么理由而要极力反对呢？若说这"只不过是为了应用上的便利而已"，那么"坐了汽车，却同时仍保持东方人玩姨太太的特权"，恐怕也"只不过是为了应用上的便利而已"。

四十年前，郭嵩焘曾很感慨地说："中国之人心，有万不可解者。"四十年来，我们已经受了不少的教训、不少的侮辱，然而，"中国之人心"至今还"有万不可解者"。例如，有好多人力说中服较便利，为国粹；然而若有了机会去西洋留学，或到外国游历，他们立刻忘记这种便利，不愿宣扬国粹，而大穿其西服了！又如，我们的好多军事长官，令士兵时着西化军装，我们的好多学校当局，要学生常穿西化制服，以为若非如此，不足以壮观瞻而振精神，然而他们自己却往往穿起长衫，提倡中服，以为这是便利，而忘记了壮观瞻而振精神了！

胡适之先生在《独立评论》142 号《编辑后记》，曾很肯定地指出折衷是不能，是空谈，只有"全盘西化"一条路。现在既依然"没有折衷调和的存心"，那么胡先生大概还能相信，我们除了"全盘西化"外，"此时没有别的路可走"。

胡先生的第二个理由是："避免了全盘的字样，可以容易得着同情的赞助。"所以胡先生说：

> 与其希望别人牺牲毫厘之间来迁就我们的"全盘"，不如我们自己抛弃那文字上的"全盘"来包罗一切在精神上，或原则上，赞成"充分西化"或"根本西化"的人们。

我对于胡先生这种退让的态度，是不敢表以同情的。原因是：一来，我们相信无论在需要上，在趋势上，在事实上，在理论上，"全盘西化"都有可能性的；所以我们才主张"全盘西化"。换句话来说，"全盘西化"论既非凭空造出来，"全盘西化"论也决不能为欲博了几个人的同情，而就要抛弃或避免。至于在政策上，我们应该主张"全盘西化"，胡先生已经说过，无须我来赘述。二来，所谓"容易得着同情赞助"的意义，大概无外就是表示主张"全盘西化"的人少过主张根本西化的人，所以少数的"全盘西化"论者，应该退让一步，以博取较多的根本西化论者的同情。我以为我们不要忘记，今日能主张根本西化者，还是寥寥无几。大多数的人，还是醉梦于中西各半的折衷论调，或是趋于复古的变相的"中学为体，西学为用"的论调。假使"全盘西化"论者，因为要想容易得着同情的赞助，而放弃这种主张，以迁就根本西化论，那么根本西化论者，也恐怕要因为这个原故，而放弃其主张，以迁就那般主张折衷或超〔趋〕于复古的论调了。

近来还有些人，以为"全盘西化"论，最易引起守旧者的反响。他们以为苟能避免"全盘"两字，则守旧者必无所藉口。我的回答，是除了我们完全赞成复古或守旧外，恐怕我们没有别的方法满足他们。郭嵩焘的机器西化，固为当时的士大夫所反对，张之洞的"西学为月"，也为学贯中西的辜鸿铭所不取。连了最近的《中国本位的文化建设宣言》，据我所知的，也有不少的出版物，指摘其为太过西化！在处处都保持中国"旧有种种罪孽的特征"的环境之下，"全盘西化"论固不"容易得着同情的赞助"，难道根本西化论，就能容易得着"同情的赞助"吗？其实若在"没开诚接受"全盘西洋文化之前，却先怕人们批评或反对，而至要退让以博其同情，恐怕"那便仍是一种变象"的折衷调和论调。

而况能够主张根本西化，或胡先生所说的"充分西化"，大概总能表同情于"全盘西化"论。张佛泉先生与严既澄先生固无待说，即胡先生自己，也说"我赞成全盘西化，原意只是因为这个口号，最近于我十几年来充分世界化的主张"。所以能够承认西洋文化十二分之十以上，或百分之九十九的人，也可以全盘承认，至少大体上总可以表同情于"全盘西化"。若说这些所谓琐碎的一点，都不愿承认，那岂不是太过固执吗？若说这些所谓琐碎的一点，决不能西化，那怎能又可以充分西化呢？

假使我的观察大致不错，我还可以说，数月以来的"全盘西化"的言论，好像也能引起不少的人们对于西洋文化做进一步的认识，进一步的承认。即如张佛泉先生，在《国闻周报》12卷9期所发表《关于整个教育目标问题》一文里，以为"主张全盘西化的，多半要受到严峻的攻击"，可是后来他自己却不顾到这种"严峻的攻击"，而"与全盘西化论以非常同情"。又如严既澄先生，十余年前，在《民铎》杂志3卷3期发表一篇《评东西文化及其哲学》，以为"东西文化，不但有调和的可能，并且是非调和不可"，现在他却极力主张"全盘西化"。

总之，七十年来，我们对于西洋文化的承认，是逐渐增加的。我们既尚且可以从极端的排斥西洋文化而承认其十二分之十以上，那么从十二分之十以上而至于"全盘西化"，还有什么问题呢？至少我们既已承认西洋文化为较优胜、较适宜的文化，我们就不应该反对"全盘西化"，而免"差以毫厘，谬以千里"的危险呵。

我们现在可以谈谈胡先生提议避免"全盘"的字样的第三个理由。

胡先生说：

> 我们不能不承认，数量上的严格全盘西化，是不容易成立的。文化只是人民生活的方式，处处都不能不受人民的经济和历史习惯的限制，这就是我从前说过的文化惰性。

我在《独立评论》147 号所发表《再谈"全盘西化"》一文里，曾对于胡先生所提出的文化惰性有所解释。我且说，"正是因为这种惰性成为西化的窒碍物，所以主张全盘西化"。胡先生对于这一点也并不否认，所以他在《试评所谓中国本位的文化建设》一文，也说"中国的旧文化的惰性，实在大得可怕，我们正不必替中国本位担忧"。我想胡先生当时之所以极力赞成"全盘西化"，大概无非为着这个原故。未知胡先生现在又为着什么原故，而好像投降于中国文化的惰性。假使"全盘西化"，是"处处不能不受人民的经济状况和历史习惯的限制"，难道"充分西化"，或"根本西化"，以至二分之一的西化，就不会"处处不能不受人民的经济状况和历史习惯的限制"吗？反过来说，假使充分西化、根本西化，以至二分之一的西化，可以不受这种限制，"全盘西化"也可以不受这种限制。

胡先生又说：

> 况且西洋文化，确有不少的历史因袭的成分，我们不但理智上不愿采取，事实上也决不会全盘采取。你尽管说，基督教比我们的道教、佛教高明得多多，但事实上，基督教有一两百个宗派，他们自己互相诋毁，我们要的哪一派？若说，"我们不妨采取其宗教的精神"，那也就不是"全盘"了。

我以为"在这优胜劣败的文化变动的历程之中"，理智往往也是"无所施其技"的。我们三百余年来的理智，岂不是告诉我们不要基督教吗？然而，结果究竟如何？而况，我们今日的理智却使我们承认，基督教"比我们的道教、佛教，高明得多多"。至于事实上，中国的基督教在目下也不只是一派的。天主教及其很多的派别，固已输入；新教及其好多派别，也已进来。说到将来，我们既不能说也许有的尚未东来的派别，或"不少的历史因袭的成分"，不会不被淘汰或现代化，我们也不能说这些派别或成分永远不会传播到中国。

又胡先生好像以为基督教的派别太多而至"互相诋毁"，是一件不当效法的事。我却以为所谓"诋毁"，大概恐怕就是争竞，至少含有争竞的意义。西洋文化，不但宗教方面是如此，就是别的方面也都如此。又况派别繁多，"互相诋毁"或争竞，不但往往能使人们可以自由信仰，而且能使人们可以反省更新。能有自由信仰，个性乃可发展，能有反省更新，文化始可进步。例如，中国的思想的派别之多，莫若春秋战国，然所谓思想的黄金时代的春秋战国的诸子百家，也岂不是自己"互相诋毁"吗？我想二千年来——特别是五百年来的中国文化，之所以远比不上西洋文化的一个重要的原因，未尝不就在这里。这是研究中西文化发展史的人，所不可忽略的。

最后，我同情于胡先生所谓"严格说来，全盘含有百分之一百的意义，而百分之九十九还算不得全盘"。然而，同时我们似也不能否认，除了这种"严格"的说法以外，有了一种普通的说法。例如，我和好几位同事，有好多次因事未能参加我们的学校的教职员"全体"拍照，然而挂在壁上的照像，依然写着"本校教职员'全体'摄影"，这个"全体"岂不就是"全盘"吗？自然的，我在这里只想指出在所谓百分之九十九或九十五的情形之下，还可以叫做"全盘"。至于我个人，相信百分之一百的"全盘西化"，不但有可能性，而且是一个较为完善、较少危险的文化的出路。

一年来国人对于西化态度的变化 *

一

七十年来，国人对于西化这个问题，曾有过不少的讨论。然而讨论的兴趣最为浓厚，情形最为热烈，同时最能引起一般人的注意的，恐怕要算民国二十四年这一年了。

这一年来的文化讨论的重心，是全盘西化的主张与本位文化的宣言。有些人说，前者是因为反对后者而发生的。这是一种错误。十年前卢观伟、陈受颐两先生与我，已感觉到全盘西化的必要。民国十七年，卢、陈两先生与我同事岭南大学，对于这种主张，曾轮流作过十余次演讲。此后，岭南的教授与学生们，对于这个问题，不断地加以讨论。此外，我又在广州各校作过好几次演讲。民国十九年，我草了一篇《东西文化观》，登在《社会学刊》第 2 卷第 3 期。过了一年，又写一本《中国文化的出路》，由商务印书馆出版。这均是说明全盘西化的主张的。民国二十二年，我应广州协和大学及中山大学之请，对于这个问题，作长期演讲。当时广东当局，正实行祀孔而趋向于复古，中大社会学系主任胡体乾先生，因而发起中国文化问题演讲会，要我 12 月 29 日再作公开演讲一次。我的演讲稿发表于二十三年正月的《民国日报》。

因为了我这次的演讲，还引起一场很热烈的文化论战。在演讲方面，除我外，还有许地山先生，及中山大学数位教授。在文字方面发表

---

* 录自《国闻周报》第 13 卷第 3 期，1936 年 1 月 13 日。同年 10 月，岭南大学学生自治会学术部编辑、出版"学术丛书第一种"单行本。

者，有谢扶雅、张磐、陈安仁、张君劢、卢观伟、吕学海、冯恩荣诸先生，及其他十数位。文章之发表者，有好几十篇，时间延长了一年之久。

大概上，这一次讨论的结果，有了下面数点是值得我们注意的。

第一，对于当时当地的复古趋向，不但没有一位同情，而其实差不多没有一位不表示反对。

第二，一般反对全盘西化论的折衷派，既非主张重中轻西而近于复古的折衷派，也非主张中西各半的真正折衷派，而乃重西轻中而近于全盘西化的折衷派。例如，谢扶雅、张君劢先生等，是最近于全盘西化论的。此外为反对全盘西化而发表文章最多的陈安仁先生，也承认"现代西洋文化比我们中国文化高明得多"。又如讥骂我最利害的张磐先生，也非反对大部分的西化，而乃是"他所谓为无条件的全盘接受"。

第三，赞成全盘西化者，逐渐增多；同时，全盘西化的理论，经过这一次的讨论之后较为显明。

我把广州去年一年中的文化论战，略为叙述，因为：一来，我要指明全盘西化的主张，是远在本位文化的宣言之前。与其说前者是因为反对后者而发生，不如说后者是因为反对前者而发生，较为合理。这是读过《中国本位的文化建设宣言》的人，都能明白的。二来，我有时感觉到这一年来的文化讨论，好像是广东去年的文化讨论的延长与放大。

二

全盘西化论，正在南方得到相当的注意与同情的时候，中央政府又跟着广东当局而实行祀孔，复古的空气因而漫延全国。十教授是在这种的情形之下，而发表他们的《中国本位的文化建设宣言》的，他们说：

> 徒然赞美古代的中国制度思想，是无用的，徒然诅咒古代的中国制度思想，也是一样无用，必需把过去的一切，加以检讨，存其所当存，去其所当去。

又说：

> 吸收欧美的文化是必要的，而且应该的，但须吸收其所当吸收，而不应以全盘承受的态度，连渣滓都吸收过来。

从表面上看起来，这是老生常谈的折衷论调，然而骨子里，却是趋于复古的途径。有些人且说：十教授是受了当时趋于复古的当局的暗示而发表宣言，我们对于这一点，不愿参加意见，但是十教授所谓中国本位的文化，既是要使中国的政治、社会和思想，都具有中国的特征，那么他们不能否认有了复古的趋向与嫌疑。何况所谓为中国本位的文化，正像：

> 日本画家常常说：西洋人虽嫌日本画的色彩过于强烈，但若日本画没有那种刺目的强烈色彩，哪里还成为日本画。

我在《读十教授〈我们的总答复〉后》（《大公报》5 月 20 日）文里，曾说：

> 若照这种逻辑推衍起来，结果是比方中国女子之所以为中国女子，就是因为她们有小脚，奉"三从四德"。中国男人之所以为中国男人，就是因为他们嗜鸦片，能"左抱右拥"。中国船之所以为中国船，就是因为用帆驶。中国车之所以为中国车，就是因为用骡拖。这么一来，凡是中国固有的文化都要保存而成为复古了。

这种推论，并不只是我个人的独见，而乃很普遍的看法。我现在且摘录严既澄先生在 5 月 22 日的《大公报》所发表《我们的总答复书后》里，所述一段话，以为例子。

> 例如北平市各名流，举行第一次中国本位文化建设座谈会于公园水榭之时，便有某院长说到今日到会的人，大多数都穿着中国衣服，可见还是主张中国本位文化者为较多的话。而且当时到会者所发言论，大都侧重于中国固有文化之发扬。

严先生又指出，"那天也参加座谈会的宣言起草人之一陶希圣先生，却并未明白矫正各位发言人的误解"。可见宣言起草的陶先生，承认本位的文化，是保存固有的文化了。

又如：北平《晨报》12 月 15 日"体育"栏，载河南百泉乡村师范学校所主办的乡民运动大会，提倡国术比赛、毽子比赛等运动，该报记者以为这是"中国本位文化运动"，同时加以按语道："值此建设中国本位文化之声浪，高唱入云时代，确有大提倡而特提倡之意义也。"

在《评中国本位的文化建设宣言》（《全盘西化言论续集》）一文，我曾说道：

> 退一步来说，就使我们相信十教授的主张，是不守旧，不复

古，十教授的《宣言》至多也跳不出三十五年前张之洞所画的圈子，虽则十教授曾批评张氏的"中学为体，西学为用"为皮毛西化。——十教授所谓中国本位，岂不就是张之洞的"中学为体"吗？十教授所谓"吸收欧美的文化，须吸收其所当吸收"，岂不就是张之洞的"西学为用"吗？

胡适之先生和很多位，都有了同样的见解，而潘光旦先生在《华年》周刊4卷3期所发表《谈中国本位》一文，以为：

> 本位二字，是不难了解的。物有本末……本末也有主客的意思，所以本位就等于主体，也有轻重的意思，所以本位所在，就等于重心所寄。也有中心与边缘的意思，所以以中国为本位，就无异以中国为中心。译成英文，是 Sino-central。中国的称号，原有这个意思，但同时也养成一种妄自夸大的心理。

潘先生"对于这个宣言，大体上很赞同"，所以我特地的把这段话抄在这里。我希望一般主张或辩护"本位文化"的人，不要以为我们因为反对"本位文化"而至曲解本位这两个字罢。

卢观伟先生在《趋于全盘西化的共同信仰》（《全盘西化言论续集》）一文里说：

> 大体上，西化程度不多过一半，五对五的趋势的二元论，才是真正的折衷派；超过一半以上，则已入了西化本位。

张佛泉先生屡指出根本西化与全盘西化是很接近的，他所谓根本西化就是卢先生所谓西化本位。西化本位既是近于全盘西化，则中国本位的文化，不能否认其近于复古了。

三

《中国本位的文化建设宣言》发表以后，受了各方面——特别是全盘西化说——的批评，于是五月十日，十教授又发表一篇《我们的总答复》。我觉得十教授在《总答复》里的态度，比起他们在《宣言》里的态度，已经变化得很厉害；同时，在表面上，他们虽仍然怀疑全盘西化论，事实上却已趋在这条路上；因而草了一篇《读十教授〈我们的总答复〉后》，登在5月20日的《大公报》，解释他们的态度的变化。我以为：

十教授……在《总答复》里不但反对"任何复古"而且反对各种折衷。所谓"复古的企图,不但是抱残守阙,简直是自觅死路",是很显明地指出现在所遗留的多少的固有残阙,也要扫除。所谓"对于任何复古的企图,都采排斥的态度",是很肯定地排斥整个固有的文化。那么十教授在这里不但放弃了日本画家的理论,而且放弃了"存其所当存"的态度。

这种见解,也不是我个人的见解,而是一般人的见解。连了一般同情于十教授的宣言的人,也有这种感想。例如徐彝尊先生在《正论》旬刊第 28 期里所发表的《读上海十教授我们的总答复》一文中说:

固有的好东西,如果现时还存在着,我们便应该去保存他,保存便是守旧。如果这些东西,现时不幸已经失掉,我们便应该去恢复他,恢复是复古。守旧和复古,在相当条件下,并不一定便是坏事。……十教授在《宣言》中,倒还说过些"必需把过去的一切加以检讨,存其所当存去其所当去"的话头,谁知在《总答复》中,却又直截痛快地说:"对于任何复古的企图都采排斥的态度"了!我们虽不可以辞害意,批评十教授的主张,前后不能一贯,但总有些埋怨他们择语的不慎。何况他们又明明的,在不守旧的前提下,满装了些"复活封建作为","制造人工黑夜","延长进化过程"等一类话。大有守旧云者,如此这般而已的意思,这岂不是他们对于守旧两字的误解曲解么?

关于十教授在《总答复》,反对各种折衷说,我曾说:

十教授说:"有什么体,便有什么用,有什么用,便有什么体。"又说:物质和精神是一个东西的两方面,根本不能分离。这种理论,本是我们主张全盘西化人的理论,我很奇怪十教授现在也能承认。十教授既不反对西化之用,则采纳人家之用,不能不采纳其体。十教授既不反对物质西化,则采纳人家的物质,不能不采纳其精神。这样看起来,试问除了全盘西化之外,还有什么办法呢?

在《总答复》里,消极方面,他们既反对任何复古与各种折衷;积极方面,他们又显明地趋于全盘西化的路上,所以我又说:

十教授在《总答复》里虽则仍像在《宣言》里,以为中国本位的文化,是要合此时此地的需要,可是他们所谓此时此地的需要,现在却已变为（一）充实人民的生活，（二）发展国民的生计，（三）争取民族的生存。我以为从文化的立场来看，这三种需要，在名词上固是不同，在事实上并没有什么差异。所以第二项以至第三项，都可以说是包括或依赖于第一项。至少二三两项与第一项，是不能分离的。十教授在第一项里，既显明地说"中国人民的生活，非常贫乏，物质方面，不消说是不如人，精神生活，亦何尝丰富"，那么十教授不但承认在文化的物质方面，我们要西化，而且承认在文化的精神方面，我们也要西化了，物质与精神两方面，都要西化，岂不是成为全盘西化吗？

胡适之先生在《充分世界化与全盘西化》（6月21日《大公报》）一文里，以为"我们……可以欢迎总答复以后的十教授做我们的同志"，大概就是因为《总答复》里的态度，是近于全盘西化论的。严既澄先生在《我们的总答复书后》里也说：

> 我把十位宣言起草者的这篇《总答复》，好细看过了两遍之后，颇觉得他们的根本主张，其实是和所谓全盘西化说，大体相近的。只可惜他们被了这套绕圈儿的文字遮蔽着了，只图理论上说得圆通，文字上说得痛快，就此模糊笼统地把自己的立脚点，说成了一个大零号而不自知。

四

全盘西化论不但只引起发表《中国本位的文化宣言》的十教授，对于西洋文化做进一步的认识，而且引起一般人对于西洋文化，做进一步的承认。关于这一点，我们可以把几位代表人物，而分作几方面来说明。

第一，最初对于《中国本位的文化建设宣言》，有过相当或多少同情，而后来却变其态度者，例如吴景超先生。我上面已经说过，《中国本位的文化建设宣言》，在表面上，虽很像是"老生常谈"的折衷论调，可是骨子里却是趋于复古的途径。吴先生所赞同的宣言，我们可以说，不是骨子里的复古趋向，而乃表面上的折衷论调。他因为赞同这种折衷的态度，所以他反对全盘西化论。因此他遂在《独立评论》第139号发表一篇《建设问题与东西文化》。我读了他这篇文后，乃写一篇《关于全盘西化答吴景超先生》登在《独立评论》第 142 号。此外我又发表《再谈全盘西化》一文（《独立评论》147 号）。后来吴先生又发表《答陈序经先生的全盘西化论》一文（《独立评论》147 号），"希望我们因讨论这个西化问题，也许可以得到一个最低限度的共同信仰"。我以为吴先生在这一篇文里的态度，比起《建设问题与东西文化》一文里的态度，已经变化得很厉害，因又草一篇《从西化问题的讨论里求得一个共同信仰》登在《独立评论》149 号。我在这篇文里，指出吴先生在《答陈序经先生的全盘西化论》一文里的态度变更之利害，是出乎我的意料之外。我的结论是："若照吴先生所说的四种采纳西洋文化的态度，而用张佛泉先生的算术方法加起来，则吴先生正像了张先生所说：已承认了西方文化的四分之三以上，而竟与全盘西化论很接近了。"我因而又说：

> 吴先生既承认了西方文化的十二分之十以上，那么吴先生之所异于全盘西化论者，恐怕是毫厘之问题。

我想，这个结论，大致上是不错的。而且后来吴景超先生在《大公报》（7 月 7 日）又发表一篇《自信心的根据》。里面有一段话，足以证明我这个结论，我愿意把它抄在下面。

> 近来讨论中西文化的文章里，有几篇曾具体地条举中国文化的优点。胡适之先生说我们的固有文化有三点，是可以在世界上占数一数二的地位的。第一是最简易合理的文法，第二是平民化的社会构造，第三是薄弱的宗教心。梁实秋先生也提出三点，第一是中国的菜比外国好吃，第二是中国的长袍布鞋比外国舒适，第三是中国的宫室园林比外国的雅丽。张熙［奚］若先生在中国的文化中看中了两点（按张先生也提出第三点，这就是中国饭）便是官殿式的建筑，及写意的山水画。此外对于这个问题发表意见的还有，但我还没有看到一篇文章，能条举中国文化的优点到十项以上，尚能持之有故，言之成理的。拿中西的文化互相比较，我们固有的文化，相形见绌，这大约是不可否认的事实了。

我们可以说，吴先生在这里，是有意的和积极的，近于全盘西化论了。其实胡适之、梁实秋与张熙［奚］若三先生所各提出三种优点，还大有讨论的必要。我们对于这点，这里暂且不提。但是我们可以说：文化的各方面或成分是千绪万端，把胡、梁、张三先生所提出的各种优点合共起来，也不到十项以上，那么"拿中西的文化相比较，我们固有的文化相形见绌，这'无疑的'是不可否认的事实了"。

此外，又如张季同先生在《国闻周报》第 12 卷第 10 期曾发表《关于中国本位的文化建设》一文，赞成十教授的宣言，反对《全盘承受西洋文化的见解》，因而引起沈昌晔先生的《论文化的创造——致张季同先生》（《国闻周报》12 卷 14 期）。沈先生的长文是站在全盘西化论的立场而批评张先生的。后来张先生又在《国闻周报》（12 卷 19、20 期）发表一篇《西化与创造——答沈昌晔先生》。然而在这篇文里，张先生的态度，也变了多少。且看他说：

> 当然，中国文化与西洋文化，除地域的不同外，尚有时间上、阶级上的不同，中国文化是落后的，西洋文化实优于中国的，因而中国文化中应保持而发展者少，西洋文化应介绍而吸收者多。

张先生又肯定地说："西洋文化多量采纳是必须的。"这样看起来，张先生可以说是从"中国本位"的文化，而变为卢观伟先生所谓为"西化本位"了。

五

第二，原来主张或偏于折衷而后来却同情于全盘西化论者，例如严既澄先生。严先生十余年前，在《民铎》〈杂〉志 3 卷 3 期发表了一篇《评东西文化及其哲学》。他的结论是，"东西文化不但有调和的可能，并且非调和不可"。这当然是折衷的论调。但是在他 5 月 22 日《大公报》所发表的《我们的总答复书后》里，他却极力反对折衷，他很痛快地说：

> 天下事绝不能尽如人意。看准了目前必需去走的路子，便只有勇往直前，走到哪里，算哪里。就是明知这条路中途会发生某种危险，也只好到那时，再想法子去挽救。这总比停留在歧口上去仔细揣摩哪一条才是万全的路好得多。调和折衷的精神，在中国整部历史上所产生的结果，到如今总算起来，实在是坏的多，好的少。而到了今日，一切事变都以异常的速度，把我们向前推挤，再没有从前那样丰富的时光，留给我们去迟疑瞻顾了。于是这种精神，便立刻产生出异常重大的坏影响来。

消极方面，他反对折衷论调，反对"本位文化"。积极方面，他赞成全盘西化论。他这篇文章，是赞成全盘西化论的一篇很有力的文章。他赞成全盘西化论的理由很多，然而最能动人的，是下面一段话：

> 我有一回曾经对一位国粹主义者的朋友说：我现在就算完全承认你的话，凡是中国所有的东西都是好的，值得永久保存的，然而在目前的强盗世界里，正是秀才遇着兵，有理讲不清的时候，我们总得把别人拿来欺负我们剥削我们的种种东西，先拿在手里，然后能够和他们一同生存。就算人家各国的文化，都是坏到要不得的，我们也只好去学，因为非如此，不能自立。人家各国所同有的叫做通性，我们所独有的叫做特性，我们如今当作的事，就是努力习得人家的通性，然后以此来保存我们的特性——假定我们的特性都是值得保存的。正如一个圣人，不幸而生活于一群野蛮不讲理的强盗之中，他既不能掉三寸不烂之舌，去说服他们，只好学会了他们的武艺，来保持自己的生命，等到打得他们过之后，再拿出他自己的一套大道理来向他们卖弄宣传，也未为晚呀！

严既澄先生这篇文里所说的话，并非没有可以商榷的地方，可是大体上，是我所赞同的。而且我觉得赞成全盘西化的一般言论之能有如严先生这样急进，很不多见。

我在这里可以顺便提及文学社等十余团体，及上海百余位名流所发表的《对于文化运动的意见》。我知道署名发表这篇意见的人，有了一部分，好像曾表同情过折衷论调，可是从这篇宣言来看，他们却有相当的同情于全盘西化论。他们发表意见，"希望国人注意"，可惜事实上，国人对于这篇宣言，没有给过相当的注意。因此，我很愿意摘录这篇宣言里几段话，以供国人参考。

> 我们相信复古运动是不会有前途的。假如读经可以救国，那么"戊戌维新"、"辛亥革命"，全是多事了。假如"中学为体，西学为用"的主义，可以救国，那么李鸿章、张之洞早已成了大功了。时势已推演到这个地步，而突然有这种反动现象发生，我们虽然明白其原因，并不简单，但不能不对这种庸的呼号，指出问题的症结所在，而促其反省。不错，中国民族必须有自信心，信赖我们的自立的能力。我们不愿作帝国主义的奴隶，我们要从现在的次殖民地的政治局面，挣扎出来。我们要完成民族解放的功业。但这一切，并

不是憧憬于过去的光荣，就可以成功的。一个破落户捧着废址上的残砖碎瓦，以为这就可以重建楼台，谁都知道只是一个愚妄的梦想。

我们以为民族的自救，除了向维新的路上走去，再没有办法了。一切建设事业、军事设备，都需要最进步的物质文明的帮助，惟有文化工作，却故步自封，不愿受外来的影响，这岂是可能之事？

凡伟大的民族，差不多都吸收外来的文化。罗马帝国是全盘地承受了希腊文明的。中国的文化到底有几分之几是纯粹的国粹，也大是疑问。国乐器的胡琴，便是"殭胡物"。所谓长袍马褂的礼服，也是"胡服"。最初的床，被称为"胡床"。民间最流行的烧饼，就是"胡饼"。如果除去外来的成分，样样都要国粹，就非恢复"席地"、"鼎食"、"车战"、"汉衣冠"不可。这是谁都知不可能的。那么为什么对于文化生活，却非要求读经作古文不可呢？

这篇宣言好像是侧重于攻击读经与存文的运动。然而上面数段话，是无疑地为着一般的复古趋向而发的。此外，宣言里也有不少可以商榷的地方。例如"文化"两字有时用以包括物质、精神二方面，有时又好像只指着精神生活方面。但是大体上，我们可以说，他们的态度是很显明的。他们在消极方面，指出"过去的光荣"已成过去，而目下所遗留的"残砖碎瓦"决不能"重建楼台"，这可以说是全盘否定中国的固有文化；他们在积极方面，指出凡伟大的民族，差不多都吸收外来的文化，而且以为"罗马帝国是全盘的承受了希腊文明的"，这是明明白白地承认全盘西化的可能，而表同情于全盘西化的主张了。

六

第三，本来主张根本西化，而后来却表同情于全盘西化论者，例如张佛泉先生。关于张先生数年来的根本西化的主张，卢观伟先生在《趋于全盘西化的共同信仰》一文（《全盘西化言论续集》）已经有了一段综述。我在这里所要指出的，是张先生在《国闻周报》12卷9期所发表《关于整个教育目标问题》一文里，还以为"主张全盘西化的，多半要受到严峻的攻击"。但是后来，他在《国闻周报》12卷12期所发表《西化问题之批判》一篇长文，他自己却不顾到这种"严峻的攻击"而

"与全盘西化论以非常同情"。张先生大体上虽给与全盘西化论以非常同情，然也有多少分别怀疑之处。这一点我在《再谈全盘西化》一文（《独立评论》147号）已经解释。后来张先生又发表一篇《西化问题的尾声》（《国闻周报》12卷30期），一方面重申他对我的观点"在大体上是很同情的"，一方面说明他的主张与我的"微有区别"。我现在暂且放开我们微有区别的点，而摘录关于张先生之所以表同情于全盘西化的主张的一段话。

> 然则……君何以很同情这种主张呢？对于这个问题，我只能这样答：全盘的主张，代表一种态度，一种要求，一种情调。这种理论，是对调和中西论的有力反击，所以在大体上，是值得人同情的。

我们在这里可以连带的略谈胡适之先生的态度。胡先生是主张西化很力的人，这是大家都知道的。据他说：1929年，他曾用英文为《中国基督教年鉴》写了一篇《中国今日的文化冲突》。里面曾用过 Wholesale Westernization 及 Wholehearted Westernization 的字样。可惜我到今还没有看过这篇文章。但是照我个人的观察，在胡先生未在《独立评论》142号发表他的《编辑后记》以前，他的整个思想，不能列为全盘西化派。是在这篇《编辑后记》里，胡先生始很显明地同情于全盘西化论。他说：

> 现在的人说折衷，说中国本位，都是空谈。此时没有别的路可走，只有努力全盘接受这个新世界的新文明。全盘接受了，旧文化的惰性，自然会使他成一个折衷调和的中国本位新文化。若我们自命做领袖的人，也空谈折衷选择，结果只有抱残守阙而已。古人说："取法乎上，仅得其中，取法乎中，风斯下矣。"这是最可玩味的真理。我们不妨拼命走极端，文化的惰性，自然会把我们拖向折衷调和上去的。关于这个问题，我将来也许作专文发表。此时，我只借此声明，我是完全赞成陈序经先生的全盘西化论的。

在我们《再谈全盘西化》一文里，虽然指出胡先生与我的意见，究有差别之处，可是胡先生这种同情，对于全盘西化论壮了不少声势。后来胡先生在《充分世界化与全盘西化》一文（《大公报》6月23日）要想免除一切琐碎的争论，与得着一般人的同情的赞助，因而提议以"充分世界化"这个口号，来替代"全盘西化"这个名词。我当时对于胡先生这种提议，表示反对，因作《全盘西化的辩护》一文，登在《独立评论》160 号。平情而论，胡先生现在虽退出全盘西化论的战线，然他在西化问题的态度上，始终是很近于全盘西化论的。这一点他在《答陈序经先生》一文（《独立评论》160 号）也未尝否认。

七

上面所说的国人对于西化态度的变化，大概上是注重于团体或个人的本身上的先后不同方面。其实这一年来，国人之同情或趋于全盘西化论者，除了上面所说诸位外，其较为显明者，尚有如沈昌晔、区少干、郑昕诸先生。

沈昌晔先生在《国闻周报》12 卷 14 期所发表《论文化的创造》一文，不但极力赞同全盘西化，而且以为全盘西化是"创造中国新文化的出路"。他说：

> 我以为现在文化界的领袖们，应放大了胆来做采纳整个西洋文
> 化，以培养中国的新精神的运动，不应怕全盘西化有成为西洋文化
> 的附庸的危险而不取，却应以大胆的魄力驾驭整个的西洋文化，使
> 中国采纳后的消化，有良好的经过，这是创造中国新的文化的
> 出路。

区少干先生在《独立评论》163 号发表《我们此时此地的需要是甚么》一文，指出十教授所提出（一）充实人民的生活（二）发展国民的生计（三）争取民族的生存这三种需要，若"要完成起来，恐怕不容我们争论，事实上，便是全盘西化"。

郑昕先生好像是见了胡适之先生提议以"充分世界化"这个口号，来替代"全盘西化"这个名词，因而发表《开明运动与文化》一文（《独立评论》163 号）劝胡先生"要大胆地全盘接受西方文化"。他说：

> 适之先生的开明运动，来源是西方。适之先生是服膺西学的
> 人，我们希望他肯全盘地领悟西方文化，也大胆地全盘接受西方文
> 化，不要只看重西洋文化的"用"，而进一步把握西洋物质文明所
> 自出的"体"——文化本身。

此外，又如黄尊生先生在最近所出版的《中国问题之综合的研究》一书里的态度，也可以说是偏于全盘西化的。他以为"中国此时，实在

应该决定他的态度，对于世界文明，无条件地全盘接受"。

八

总而言之，西化这个问题，经过国人这一年来或这二年来的讨论之后，大体上，我们可以说，一般趋向于复古论的人或主张老生常谈的折衷论的人固已多能改变其态度，而逐渐近于全盘西化论，而一般相信根本西化说的人，也多能改变其态度，而同情或赞成全盘西化论。而且我们可以说：复古派已像"死老虎用不着再打了"，折衷派也"受了很大的创伤"，很少有人相信。结果是：近于或赞成全盘西化论者，不但"占了优势"，而且日趋日多。

东西文化观（下）[*]

第十九章　东西文化发展的比较

欧洲的文化是现代世界文化，而她之所以成为和趋向为世界文化，是因为她是日新月异、比较优高的文化。假使读者对于我们这话没有充分的了解，我们把欧洲的文化来和中国的文化比较，那么两者的优劣高下可以立见。

比较中西的文化，可以从两方面着手：一是把她们的各种特质的分析，来做横的方面的比较；一是把两者的发展的历史来做纵的方面的比较。关于前一种的比较，我们当于下一章说明，我们现在且把后一种的比较来解释。

照一般普通人的见解，周秦时代的中国文化，比之古代希腊、罗马的文化是没有什么差别，而且没分什么高下的。从表面上看去，这种见解好像是并非没有道理，然详细地考究起来，却是一种很肤浅而不彻底的见解。

原来文化的优高与低下，从其发展的趋势的立脚点看去，并不一定在于这个文化本身上所已达到的程度如何，而在于其发展上的可能性如何。有了发展上的可能性，则其文化的本身上所已达到的程度，也许比之他种文化所已达到的程度，处于相等的地位，或是处于低下的地位，然在文化的发展的趋势及将来上看去，则前者必较后者为优高，是甚明显的事。

---

[*] 节录自岭南大学《岭南学报》第 5 卷第 3、4 期合刊，1936 年 12 月。

比方有了一位品性环境意志种种都比较不大好的小学五年级的小孩子，和一位这些种种东西都比较好一点的同级或是低级的孩子比较起来。那么前者在年级上，在这个时候，固然是和后者相等，或且高了几级；然而从他们的学业的将来和趋势上看去，则后者较之前者必定优高，是用不着什么智者才能明白。

同样七十年前的日本文化，比之七十年前的中国文化，也许是相等的，甚且是低下的。然而因为日本文化发展的可能性，比较中国已处优胜的地位。所以从文化的发展的趋势及将来上看去，结果正像德国的铁血宰相在甲午以前所说，中国与日本较，将来中国必败，而日本必胜。

日本之于中国固然是这样，古代希腊、罗马的文化之于中国周秦时代的文化，也是这样的。

中国文化自从汉族从西方移植到中国以后，逐渐地已变成单调的文化。黄帝战胜蚩尤传说是汉族成为至尊的地位，此后的尧、舜、禹、汤、文、武、周公不过将这个文化的局部逐渐地发展起来。根本上既没受过动摇，所谓政治社会上的改革，也不过是暂时的变态，不久又回到常态来。春秋战国的时代的紊乱不定的状况，虽有了四百余年之久，然除了思想上比较自由而能稍有放异彩外，政治、社会、道德、礼法，以及物质上的各种生活，老实没有很大的变更。而且所谓思想上能略放异彩，也不外是从量的方面来说，在质的方面，与其说是发展，不如说是退后。老家之返复自然，既是反对一切已经成就和达到的文化，孔家的复古也是反对再做向前的发展，法家像我在第一章里所说虽主张因时制宜，然而骨子里头也是觉得文化演化的历史事实是退化的。对于文化的演化的观念，既只有向后转的变态，努力创造出比较一种更好、或是变换出别一个样子的文化，也为势所不能的事。

同时因为围绕着中国文化的其他的文化，事实上既比不上中国，中国人也为了传统观念及自大的态度所阻，而不愿虚心接受。我们试读《战国策》赵造及一般群臣之反对赵武灵王采纳胡服这段故事，便能明白中国人之对于他们自己以外的一切的文化，都是极力反对，格外鄙视。

持了这种反对外来的东西的偏见的人，当然没有法子去变更和创造文化，结果是中国的文化无论是在时间上或是空间上，所谓发展不外是死板的延长和放大，决无改变的可能性，没有改变的可能性，决不能使其再进一步。因为这个原故，其结果是正像黑格尔于 1820 年在他的《历史哲学》的中国历史哲学里所说："过去的中国，就是现在的中国，而现在的中国也就是过去的中国。"所以明白过去中国的人，能够明白"现在"的中国，明白"现在"的中国的人，也能够明白过去的中国。

古代希腊、罗马的文化，却不是这样的。

所谓古代希腊的文化，是好几种文化的混合体。他们的建筑和科学是从埃及运过来的；他们的商业的标准方法和法典，是从巴比伦输入的；他们的艺术，是仿效克利地（Cretan）的艺术；他们的文字，是仿效腓尼基（Phoenician）的字母。这些外来的文化特性，和他们祖宗传下来的文化融化起来，遂成为古代希腊文化。换言之，希腊人除了自己的文化以外，还能虚心诚意来采纳外来的东西。事实上希腊人之鄙视希腊以外的民族，并不亚于中国人，然而希腊人却不因此而耻效外来的文化。他们自视为天之骄子，然而他们并不因此而排外人之和他们做智识、货物上的交换，反而他们所谓"市民"是包括了那些外国的侨民，同时他们又极力奖励商业以通有无。因此之故，他们能够时时刻刻都和"世界"文化的最高水平线相接触，再加了他们的虚心效法他人和努力以求上进，他们且能因此而达到比较优高的地位。

因为他们的文化是各种文化的混合体，所以他们的文化无论在物质，在政治，在社会、法律、道德各方面，都有了变动的弹性。比方在政治上，他们最初所行的制度是君主制度，后来君主变坏了，他们再变换为贵族制度，贵族又变坏了，他们又改换出平民政治来。这样的能变能换的政治制度，是希腊政治之不致趋于单调，像中国一样的政治。政治固是如此，其他的方面也是如此。

然而，他们的特殊优点，还是思想方面。哲人一派的思想，把人来做万物之尺度，而主张人能改造变换文化，其目的固是向前发展。继承苏格拉底的柏拉图所说，理想的至善的社会，也是引导着人们到向前走的路上。至于亚里士多德的发展学说，更是显明地主张演化是进步的。所以无论是哲人所主张的人的万能，无论是柏拉图的理想国，无论是亚里士多德的发展观，均和我们的复皇古、返自然、安时势的观念大不相同，而处于对峙的地位。

总而言之，希腊人一方面能够尊重自己，一方面又能够虚心效人；一方面享受实在的文化生活，一方面却又努力来求一个至善或较好的社会。所以从他们的实际的成就和已经达到的文化各方面来和周秦时代的中国比较，固各有可取之处。然在文化发展的可能性方面来看，则他们正如旭日初升，而中国却已入了黄昏时代。

同样罗马的文化也是一种混合而很有发展的可能性的文化。罗马征服邻国，席卷欧洲，在军事、政治、法律方面虽占了优胜的地位，然在文化的其他方面，却受了外来不少的影响，而特别是希腊的文化。罗马人征服希腊，不但征服希腊的文化的精华运过罗马，而且把那些战时的俘虏和有知识的希腊人送到罗马去。结果是希腊人变成罗马人的师傅。在物质方面，他们教罗马人从衣服的制作到庙堂的建筑；在精神方面，所有罗马的科学、哲学、文学和正义的原则，都可以说是希腊的。此外他们又受过其他的文化的影响，像埃及的宗教，我们这里只能从略罢。

从文化的发展的趋势上看去，古代希腊、罗马的文化，固是优胜于中国的周秦时代的文化，就是从文化的本身来看，后者也未必就比较前者为优。从物质方面来看，伟大的长城、华丽的阿房宫、精美的丝布，也许不亚于罗马的道路、希腊的柏地那（Parthenon）。然从法律、科学、哲学的成就方面来看，周秦远比不上希腊、罗马。比方亚里士多德所采集百余种的宪法、罗马的法律、姚格里（Eulid）的几何、泰尔斯（Thales）的天文、亚里士多德的生物学，而特别是他的政治、伦理、哲学，以及柏拉图的理想国，简直是我们望尘莫及的。

从文化的发展的趋势上看去，周秦既比不上古代的希腊、罗马，而中古的中国又比不上中古的欧洲。在中世纪的欧洲因为教会势力的［膨胀］，而成为所谓长期的黑暗时代，故论者每以为中古的欧洲文化，是远不及中古的中国文化。平情而论，不但中古的欧洲是黑暗时代，中古的中国也是黑暗时代。中古的欧洲的文化重心是宗教——基督教。中古的中国文化重心是孔家，孔家的专制和愚民政策，比之教皇的专制和愚民政策，并没有甚么的差别，董仲舒之罢黜诸子百家和教父的排斥异说是唱同调的。

但是中世纪的欧洲却和中世纪的中国有了很大的差异；后者仍旧的单调，而前者又增加了外来的文化特质。有些人说汉唐时代，从印度输入的佛教，也是外来的文化，不过佛教究竟是合于老庄的脾胃，我们可以说佛教是老庄思想的制度化。佛教自输入中国后，好像处于儒家的对方，所以不少的儒家信徒，像韩愈们都排斥佛教。然事实上佛老之否认复杂的物质文化，正像孔家一样，而且孔、老的思想除了程度的不同，并没有根本的差异。孔、老固是如此，孔、佛也是差不多这样。此外，孔、佛两者都是仰息于政治势力之下，而政治势力不但是两者的监督者，而且是调和两者的媒介，所以信孔、信佛两者可以并行而无冲突。

因此之故，佛教、孔家和政治遂成为辅车相依，有时因为政治上的君主，略为偏重于佛或孔，然而大家均可以互相利用。佛教给君主以心灵长生超脱的安慰，君主给佛者以实力的保护；同样孔家给君主以专制统治的理论，君主也给孔家以实力的保护。忠君劝善和专制调和起来，势力更大，而其在历史上的延长时间也较久，结果是中世纪的中国文化，愈趋于单调而愈难于变动。

反之，中世纪的欧洲文化，是希腊、罗马和犹太三者的混合体。希腊人的理想社会，是伦理上的小国寡民，罗马人的理想社会是政治上的全欧帝国，犹太的理想社会是宗教上的天国生活。这三者若能互相利用，也许能够辅车相依而成为欧洲中世纪的统治势力。结果也许像中国一样的能够溶洽宗教、伦理于政治，而使其势力坚固、久长迁延。无奈欧洲的教父在理论上始终相信政治是一种罪恶，这种罪恶固可用伦理而特别是宗教来改正，然而改正罪恶，则政治应当离开神圣的事业，结果是主张政教主权的分离。因此之故，在三种理想的实现方面，遂或互相冲而不能溶洽。他们一方面以为精神的事是属于教皇的，一方面以为俗事（Temporal）是属于皇帝。皇帝是帝国之首，教皇是教会之首。事实上所谓世俗的事和精神的事，本来是分开不来的，理论上既强把它来分开，实际上遂有了永久的纠纷，所以中世纪的历史，有些人说是政教的纷争史。在社会组织的横的方面，既有了罗马帝国和犹太教会之争，在社会组织的纵的方面，又有了像希腊的小社会的封建制度，和大社会的帝国与教会的对峙。名义上这些小团体在宗教方面是受制于教会，在俗事方面是受制于皇帝。然事实上他们各有独立的能力，他们若偏于教会则教会势力大，他们若偏于帝国，则帝国势力大。然而他们本身上既含有宗教与政治二种势力，他们本身也许有了冲突。

因为世俗事和精神事的冲突，小社会和大社会的对峙，中世纪的悠长历史，与其说是一种静止调和的文化，不如说是文化的过渡时代。因为他是过渡时代，所以他正是在发展的途程中，正是待着机会而开新的局面。而且因为中世纪的文化是好几种文化的混合，所以对外来文化的输入，并不像中国之鄙视排斥。因此之故，才能生出现代的欧洲文化。

我们上一章已说过现代欧洲文化，是始于文艺复兴和宗教改革。然文艺之所以能复兴，宗教之所以能改革，而生出来现代的欧洲文化，也非凭空而来的，其主要的原因，照我的意见，至少有二：一是十字军的东征，一是元朝的西征。

十字军的东征的动机，是为着夺回已被回教所据的圣地，然其结果却出乎意料〈之外〉。的确的，救起圣地的目的也曾达到，然而与其说这是教会宗教战争的成功，也可以说是罗马教会崩溃的最大原因之一。从欧洲的内部的变化看去，11 和 12 世纪是政教纷争最烈的时代。十字军的号召，虽引起欧洲人的宗教热诚，而增加教会的声势。然教会所有一切的精华，而特别是统治欧洲而忠心于教育的贵族阶级、智识阶级和血气方刚的青年，他们经过数次的东征，历过不少的艰难，财产及其所有既差不多荡然无存，而身死于此役者更不知几许。结果是使一般反对教会者势力骤然增加，而成为打倒教会统治的利器；教会势力之崩溃，就在于此。

从外部的影响看去，这些经过东征而得再回欧洲的信徒，因为和东方（近东）文化的接触，眼界为之一新，而且日前所仇恨的回教叛徒，至此因相触日久而逐渐且成为亲爱的朋友。日前信仰教皇至尊之心，至此而也逐渐趋于薄弱。思想上的人生观、社会观、宇宙观、自然观，均生出不少的变化，而引起文艺复兴的运动。同时在物质生活和精神生活方面，也从近东移入不少于欧洲，而惊动了单调的宗教化的生活。这么一来，曩日所信仰的向上以求天国的实现，转为向外以求新的智识和新的生活。新的智识和新的生活从积极方面来看，是文艺复兴的研究自然的背景，从消极方面来看，是逐渐地脱离罗马教会而处于反教会的战线上，以促成宗教的改革，而发展信仰自己的个性的主张。

至于元朝的西征之影响于文艺复兴和宗教的改革，而开欧洲现代文化的新局面，也是很显明的。元朝西征是打通远东和欧洲的陆道，而使东西文化得以接触。欧洲人从十字军的东征，已放大了眼界，而发生新要求。元朝西征又是放广眼界和新的要求。比方一般东来的教士及游行者，像马可·波罗的游记和传说，对于欧洲人之向外发展开辟航道，均有不少的关系。而且实际上，中国文化也为欧洲人所采纳而影响到他们的文化，别的东西我们不必尽举，专以印刷、火药、指南针数件来说，已可见一斑。印刷的影响是打破教会教士及贵族垄断智识，而使书册文字流传于民间，其结果是思想上得以解放，而脱离教会和贵族的统治思想。火药的影响是打破武士的制度，使部落的贵族的势力减少，而输之于平民，以开民治的途径。指南针的影响是使航海家能够远渡重洋，而辟新世界。这些的影响和十字军东征的影响，均可以说是文艺复兴和宗教改革的主因，而促成现代欧洲的文化的新局面。从此以后，欧洲的文化在横的方面，既是日趋日广，而在纵的方面，犹能日变日新．日趋日进。

我们于是可知道欧洲的文化不但是从现在的实情和趋势上看去，是世界的文化，就是从已往的历史看去，也是世界的文化。因为在欧洲的文化里，不单是欧洲各种文化以及近东、非洲的文化的总和，而且是含了远东中国的文化的要素。物质方面的中国文化，既可从欧洲文化里找出来，精神方面的中国文化，也没有一件不是欧洲所有。有些人还说来尼兹（Leibnitz）的思想，是受过孔子的思想的影响，而18世纪的反复自然主张，是从老子里输去。我们虽未相信来尼兹是孔子的弟子，老子是18世纪的流行思想的祖先，然孔、老的道在大体上看来，并非欧洲人所未曾闻的。大概读过柏拉图的书的人，有时免不得要想孔子思想也是柏氏思想的一部分，而赞美自然的老庄也非完全为希腊人所未道及。

欧洲在现代文化的启明时代，既已含有了各种文化的成分与要素，欧洲人从此以后又能格外努力求上进，结果是愈进则愈速，愈速则愈进。所以从文化发展上看去，不但是三千年来欧洲人所处的地位，已比我们为优，就是他们在文化阶级上，自从文艺复兴和宗教改革以后，已比我们高了几级。

反观中国，六百年前的文化，除了脾胃相合的佛教，不久就绝的景教以外，始终是一种单调的文化。元初的东西陆道交通，既不能引起中国人的新世界观、新要求心，明末的海道交通，又为中国人所极力排斥。机会一失，而再失情景遂愈趋而愈下。我想设使中国人而在元初能像十字军之虚心接受外间的文化，同时打破内部数千年来的僵局，而努力从事新文化的创造，则今日的中国文化，也许和欧洲的不相去太远。不然则循着明末和清初之努力西化，再从而发展之和扩充之，则今日的中国文化，至少也许赶及西洋。再不然则太平天国荡平以后，和英法联军入京以后，而能虚心诚意全盘彻底去效法西洋，则今日的中国文化总赶得及日本。乃固步自封，迟疑复迟疑，错误再错误。所以数十年来始而被迫于西洋的势力，想求半点皮毛的西化，终而被迫于日本的势力，才做折衷的西化，近又为日人所迫，惶惶以为种族之难保，土地之必失，惟远望西洋各国之悯怜，以脱重围，而减耻辱。事实上，数十年来的苟延生命，亦只靠人家对我之悯怜，和人家相处的嫉妒。万一人家不再对我垂怜，不再互相嫉妒，那么整个中国就要瓜分，整个民族就要做奴隶了。

第二十章　东西文化分析的比较

上面一章是把中西文化的发展的历史来做纵的方面的比较，现在且来谈谈两者的各种特质的分析，来做横的方面的比较。

"民以食为天"这是东方的俗语。所以食是人类维持生命的条件。孔子虽说"食无求饱"，然而多数的圣人，都很重视饮食。饮食即是这么重要，但是中国的固有文化，对于食这件事，不但没有西洋人那样的合卫生，而且没有西洋人那样的充足。其实大部分的中国人，还且找不到食，遑论甚么卫生。数年前国际救济会秘书莫来利（Mallory）先生著了一本书，叫做《饥荒的中国》（China：Land of Famine），说明中国人之对于食的问题之艰难。据他推算中国的人，平均每年只有一百元的收入，然而除别的费用外，还要养着五口之家。在南方的中国，生活程度虽较高一点，然而大多数的人，平均每月只有三四块钱的食。我们把这个统计来和西洋的大多数的人的食用费比较，简直是没有可以比较的。中国每以食物之美夸耀于世界，然而大多数的人还是饥饿，而且这些所谓精美的食，未必合于卫生。那么以食自夸于西洋的中国人却是连食都未及人的中国人了。

中国人又尝自夸为衣裳之治的国家，推其意思大概以为蛮夷戎狄是没有冠裳衣服的种族，可是事实上西洋人何尝没有冠裳衣服。中国人素持以自炫的丝布，至今也逐渐地比不上外人所制者之精美。至于其他一切布料，比之西洋真是望尘莫及。十余年来，国人大声疾呼提倡土布，平情来说，土布始终不能发达的缘因，是由于不若洋布的精美耐久，何况所谓土布的多数原料，仍须仰给于西洋呢。

至于住的简陋，更是没有可比的余地。我想今日一般像在上海附近的穴居野处，过其非人的生活的人们，可以不必提及。就是普通一般中等人家的住宅的简陋，可以说是在欧美例外仅有的。连了我们数百年的帝皇都城中的紫禁城、万牲园、颐和园里的宫室，比之外国一个很平常的人家住宅，除了广大以外，布置设备与清洁上还不及人。

人生需要的衣食住既比不上西洋，日常生活的娱乐，也是比不上西洋人。闲时可以散步的花园，除了帝王贵族和富人的私有者外，公共的园林，简直是没有的。所谓旧式的繁华城市，固不待说，就是发达较快、建设较好的广州的观音山呵、中央公园呵，比之柏林的动物园、芝加哥的林肯园，当然是没有可比，就是比之人口不及三万的欧班那（Urbana）的水晶湖，也是瞠乎其后。体育运动我们差不多是没有的，直到了兴学校以后，才逐渐地注意。近年以来，中国人的最流行的娱乐要算麻雀了。数年以前，美国人也曾有过麻雀狂，但是这些伤神费时的东西，不够两年，美国人就把它抛掉了。可怜的中国人却是日打夜打，日趋日甚，我们民族之萎靡，可见一斑。我们看看数年以来，卫道正俗的政府，对于跳舞犹以为伤风败俗，禁之不暇，然对于麻雀却没有一言过问。平心来说，跳舞与麻雀均是费时，然活动的跳舞，总比萎靡的雀戏好得多。

再从交通的设备上来看，中国的落后，尤为显明。人家到处了火车、汽车、电车，我们只有骡车、牛车、马车和最没人道的人力车。六十年来政府人民无不竭力提倡建筑铁路，然提倡尽管提倡，建筑寥若晨星，有之也多是人家半世纪前所用的旧物。我们坐了像叫做进步较速的广东的粤汉、广三铁路，和坐了中西合办的广九路线，或是外人管理的胶济路线已有天渊之别。至于长途电车像横滨到东京，巴黎到凡尔赛的，固不待说。在繁盛的城市里，除了北平、上海几处外，像广州这么富庶的城市，也办不来。至于汽车，年来虽大开道路，可是自己没有油池，自己没有车厂、铁厂，结果是道路愈多，则输出的金钱也愈多，不穷不困，而能购买，也算罢了，还说什么比较？

上面不过是从陆路的交通来说，若说水道交通，那是更为可怜。世界航运上，除了十年前有过数年间的南京、中国两三只轮船航行上海、美洲以外，再也没有试过。至于沿岸内河有数十年历史的招商局，只有亏本借债，只有减船停航，没有见过发展。比之一家太古公司由数只轮船而增到数百只，已要愧死，还可说要和欧洲、美洲的轮船驰骋吗？

最近国人异口同声提倡航空救国，好像有了很多飞机，国就强了，我们也很希望这种理想能够实现，然而这种论调好像是五十年前曾、李所提倡的战舰救国一样。战舰自从甲午败后，只是挂着空名，适宜内战。现在的飞机除了能炸沉中国的战舰的成绩外，并不见得在猖獗的日本飞机和战舰范围以内，一显手法。何况所谓航空救国，又不外是像战舰救国的只会东购西买，并不见得提倡自造飞机来救国。这样做去，就是再过一百年也决不会有济于事的。

国防固是如此，政治更不堪说。把所谓军政、宪政三个阶段来做标准，至今还未结束第一个阶段。苛捐、杂税、剥皮、刮脂、乱杀、乱缚，因利乘便，假公济私，可以不提。而最奇怪的，是在五千年来失地未有这次之速。而且多在国耻正殷的时候，广东有了两陈之争，四川有了两刘之战，山东有了韩、刘的相打，贵州有了王犹的构兵，几乎都是私事。他们这么一来，就使日本不来伐我们，但是这样做法的中国也会自亡。同时无怪乎有些人很激烈地要喊着"中国之不亡，实无天理呵"。其实，我们放眼一看，见得盗贼的满野、民生的涂炭、军阀的残酷、官僚的贪污，我们就有时会觉到做现在的印度人，还远胜过做中国人了。

我们现时的法律，比之西洋法律又怎么样呢？我们的回答也是同样的。所谓根本的大法，除了民元南京临时政府所宣布的临时约法外，此后固有多次宪法的起草。然而起草的宪法，不但没有效果，而且有了本身的非法问题；至于临时约法，也已老早置之高阁，所以至今都没有国家根本的大法。此外民法以及各种人民生活动作，〈时〉刻不可无的法律，虽已次第编就颁布，然在这政治紊乱不堪的时代，有法多是等于无法，以目前的法律来看，固比不上西洋，以固有的法律来看，更是比不上西洋。原来中国人素来主张以人不以法，以德不以刑，法律之不能发展，可以想见。春秋战国【的】时代的法家，虽有人说是主张法治，其实骨子里头，他们所谓法治，还是人治。因为他们所说的法是随着君主的意志而立的法，君主既能立法，当然也能毁法、背法。并且就是所谓法家的法，也为中国圣人所唾骂，而差不多没有实行。安石变法而失败，受过不少的指摘，商鞅变法而强秦，也被人说是刻薄寡恩，罪当车裂。

然而，号称德治的国家的道德的状况也比不上人家。最先尊孔的皇帝的汉高〈祖〉太公一杯羹；称为张超义友的藏［臧］洪，忍杀爱妾来飨其将士，这是吃人的道德。明明是冤枉而死，还要说道"臣罪当诛"、"臣族该灭"。男人能有三妻四妾，女人的信条却是"饿死事小，失节事大"。生男像韩非所说则相贺，生女则杀死，这是野蛮的道德。弱者素来无反抗强者的勇气，便说是酷爱和平的美德，现在且得国际的称誉。满纸抵抗敌人、收复失地的口号和宣传，事实上还是预备逃走，这是我们的为国赴难的美德。老实说，公共道德固不如人，个人私德、家庭美德也不如人。要是中国以为最可自夸、最自负的是他们的道德，那么实在是自己欺骗自己罢了。

中国的哲学优胜过西洋的吗？这无论是谁都不敢相信。要是哲学而像梁漱溟先生所说是思想的进一步，那么中国差不多可以说是没有哲学的。一部孔子的菁华的《论语》，一部孟轲的菁华的《孟子》，西一句，东一句，这里一个意思，那里一个意思。意思既不贯串，词句也没相接。听说最初译成西文时，一位欧洲人这样说："要是想保着孔孟的盛誉于西洋，这些书是顶好不要翻译。"我们也许会说，他们言之太过。但是平心来论，能读柏拉图、亚里士多德的书的人，把他们来和孔孟的书来对照起来，高下当能易见。有些人说孔孟的书乃弟子所记故无条绪，但是我们一把周秦诸子甚至汉的王充、晋的七贤、唐的四杰、韩柳、宋的欧苏朱程、明邱濬的《大学衍义补》、清顾黄戴王等等的著作来看，章句篇段，思想见解，大多数也是乱七八糟。所以梁任公先生说要赖西洋的方法来整理，才有端绪，才能复兴。思想既到这个田地，还说什么思想的进一步的哲学呢？

至于文学也是落后得很，所谓诘〔屈〕聱〔聱〕牙的古籍，词不达意，不必提及。所谓词笔像山川那样的雄壮的太史公的《史记》，做出不少的言不符实的文章来；所谓文起八代之衰的韩文公的《原道》老实是言不及道，文不达意。一般有了多少文学兴趣和价值的著作，又被人家目为败坏风俗，不合圣道而湮没沉沦。我们所谓文学是使人读之不容易懂的才算好的，文学读之不容易明晓，就失了文学的兴趣，就失了文学的价值，怎能叫做好文学呢？换句话说，我们只有死的文学，没有活的文学。质的方面既不及人，量的方面无论在文学哪一方面，哪一种类，也不及人。怪不得现在一般为着文学用功的人，谈论也好，翻译也好，总免不得染着西洋的色彩。

若说科学，愈要愧死。科学可以说是我们得未曾见过的东西。人们自夸宋儒的致知格物是科学精神，然而致尽所知，格了七日，只有头痛，哪有效果。又如说清儒治学合于科学的方法，然而纵使这是他们自己的发现、自己的功劳，顶上也不过是有整理古籍的价值。直到现在，我们所谓科学家、科学馆、科学的发现、科学的成绩，比之欧美各国，简直是惭愧得很。

再说教育，中国之不及西洋又是很显明的。人家有了百份〔分〕之九十几是受过教育的，我们正是相反，有了百分之八十几是没有受过教育的。大学之缺乏，中等学校之幼稚，固是彰明可指，小学之不普及，也是处处可见。要是一个留学欧美的中国人，告诉他的房东太太说，他的母亲不会和他通书信，那么这位房东太太，实在感觉着岂有这样奇怪的事，正像见着那些没有衣裳蔽体的野人一样。但是事实上，我们这些青年能够留学欧美者虽是指不胜屈，然他们的母亲能够自己和他们互通音问者，恐怕是找不出了几个罢。妇女是这样，男人也多数是这样的。在量的方面教育落后到这么地步，在质的方面教育也是落后到不得了。照中国目下的教育程度，想养出能和欧美的学者相驰骋的人物，差不多是件很不容易的事。因为教育的设备和受训练的机会和学问的工具上，就已缺乏，正像巧妇难做无米之炊。何况社会、政治、经济种种的环境，都是这么落后，要想达到今日日本的教育地位，已是不太容易的事，遑论与西洋并驾齐驱。

像上面所说的文化的各方面，既大大不如人，我们一切的农、工、矿、渔、盐、商等业也是样样不如人。以农立国的中国，弄到日常生活必需的米麦，也要从外国运来，人家用了自动快便的机器来耕田，我们还是靠手足胝胼，笨器钝牛；人家用了科学的方法来改良种子，驱除害虫，试验土壤，适宜天时，我们还是唱着雪兆丰年，天官赐福。

至于工业，那是更没可说。我们试从比利时入德境后而观察德国西南一带，而看看烟筒的情形怎样？反观我们内地除像无锡三数地方，略有半点工厂火烟气外，静到要死的北平故都，固不必提。所谓生气勃勃的商埠如广州也找不出几间能遮门面的工厂来。新的工厂既未振兴，旧的手工工业又是日落千丈，比方广东各处的丝茧的不振，就是明显【明】的例子。

又如矿业，六十年前不必说了，六十年来像李鸿章甚至张之洞均做有力的提倡和开采。无而试问现在有了几多矿产不是开倒车的呢？至今我们所用的煤呵、油呵、铁呵、钢呵，以及一切的矿产，差不多通通是仰给于他人。

中国海岸之长，世界各国之能与抗衡者，恐寥寥无几。然渔盐的出产，不但不能在世界市场上争一位置，还要从外国输入海利，而特别是从日本、安南、暹罗以至于美国。人家用了新式科学方法来捕鱼，我们照旧用着笨拙的器具，人家捕鱼只要长大合食的鱼类，我们连了小鱼也不易找，人家有了法律来保护海里的鱼，这可以说他们有了对鱼的道德。

中国人之在亚洲素来称为【为】善于经商人民，试看他们之在安南、南洋一带做生意的，都比土人伶俐得多。然一遇着西洋人，就要相形见拙［绌］。其实安南马来人之于中国，正像中国之于西洋人。要是我们低看安南马来人，那么我们就要承认我们比不上西洋人。在美国的纽约、芝加哥、旧金山，在英国的伦敦、利物浦，在荷国的阿斯特潭，德国的柏林、汉堡，法国的巴黎、马赛等的大城市的商家，中国人简直是没有的。连了在国内的大商业，也多是在西洋人的手里。西洋人来到中国，人情风土言语样样隔膜，然而在商业上能操奇计赢，胜于中国人，这岂不是表示西洋文化所产生出的商人，都比中国为优吗？

我们若不厌繁琐，而再把中西的医术、美术、音乐，以至文字种种来比较，则相形而见精拙，正像上面所得的结论。中国人的摸脉开方，好像赌博式的彩票一样。医药是没有经过严密的考究，医生也人人能做。我们一把他来和苦心孤诣学习研究试验过十年八年然后始准挂牌问世的西医，不必问其结果如何，就能知其优劣。我们以为神农、华佗果再生于今日，也要诚意虚心研究西洋医法，也要佩服西洋医法，也要应用西洋医法。

此外，美术、音乐不及西洋也很易见。我们不必从美术、音乐的本身来证明两者的优拙，专从一间戏院里看看人家对于背景之布置、音乐的设备，比之中国的戏院，已大有不同之处。其实一入了西洋人的家庭里，一看见样样布置的适合，人人喜唱，或能弹，我们便能觉到他们整个民族之对于美术、音乐的兴趣，比了我们浓厚百倍。兴趣是这样浓厚，成绩安得不优异呢。

中国文字的历史，不为不长，然结构文法，未必及于西洋。人家文字所表现的意想、时间、事物之简明确定，远非中国文字所可比。有些人说这是因为中国生活简单，用不着这么确定简明的文字。这样说法，本来是承认中国文字在发展的程度上不及西洋。然拉丁、希腊的流行，是在欧洲现代文化发达之前，而拉丁文、希腊文之见于柏拉图、亚里士多德以及罗马法家及中世纪著作者，何尝不比中国文字为简明确定。学过中西文字的人，大约总能感觉西文较易较速，可知欧洲文字必有其特长之处，怪不得汉文音韵文字专家，像钱玄同先生要倡废弃汉文，而采纳罗马字母。

我们上面拉杂地将中西文化的十余方面，略为比较。文化的特性的分析，当然不止这十余类，然举一反三，这些比较也能给与我们以中西文化的优劣高下的大概，同时也能证明非彻底和全盘西化，不足以言自存。

阅者看了这一章，也许会联想到上面一章说明中国已趋于全盘西化的事实，在那一章里我以为中国在事实上已趋于全盘西化，而在这一章里我又指出过去和今日的中国还是事事太落后，样样不如人，既趋于全盘的西化，而还不如人，就是因为尚未能彻底而全盘西化。要是我们而能彻底和全盘的西化，则中国必定和西洋并驾齐驱，所以今日所要努力来解决的问题，并非中国是否应当西化，而是中国能否赶紧去做彻底和全盘西化。我们可以说复返固有文化的办法，和主张折衷的调和办法，已为理论上和事实上的过去的陈迹，而再没有问题，再没有研究讨论的价值。我们也可以说彻底和全盘的西化，也是理论上所已达而趋势所必然的。不过这个彻底和全盘的西化，究竟是要在很短的时间，或是很长的时间能够实现；究竟是由了我们自己去做，还是由了人家来压迫我们去做而使其实现，那是要问问吾们自己，不然就要候时间的证明罢。

第二十一章　对于一般疑问的解释

我们已经解释全盘和彻底采纳西洋文化的必要，我们现在可以将一般反对这种主张的人所持的理由的缺点，略为解释，以为本编的结论。

反对全盘采纳西洋文化的人，以为全盘去采纳人家的东西，是蔑视、轻鄙我们自己的文化，而成为一种自暴自弃的奴性，我们以为我们的文化和西洋的文化的差别，既只有程度的不同，而非种类的各异，则我们全盘采纳西洋文化，不过是做进一级的文化生活，安能叫做蔑视、轻鄙自己的文化。我们在前一章已经说明，从文化的各方面看去，我们样样都不如人，知道样样都不如人，不外是承认自己的缺点和错误；能够明白自己的缺点和错误，才有改良缺点纠正错误的努力；有了改良缺点和纠正错误的努力，才有进步的可能；可知全盘西化，并非鄙视自己的文化。世间只有承认自己缺点和错误，而求改良与纠正的人，才算好汉，世间也只有了这种人，才能够做君子，才能称做圣人。孔夫子岂不是说过吗？"过则勿惮改"，他又说："尧舜其犹病诸？"那么能够自己承认缺点错误，而全盘西化，岂不是比诸尧舜还高一层吗？孟子说："舜何人也，予何人也，有为者，亦若是。"我们见过不改，见善不为，恐怕孟夫子只会说道："其异于禽兽者几希"。

退一步来说，若是自己的文化的确是不如人，那么蔑视轻鄙并非奇怪的事。我们所谓"内华夏外夷狄"，《左传》所谓："戎禽兽也"的传统观念，岂不是蔑视、轻鄙文化较低于我的文化吗？我们这种夏夷之分，简直是太不自重，而自贬自己。其实要是夷狄而是禽兽，难道我们自己就不是禽兽？何况亚圣的孟子明明白白地承认当代哲人的墨翟、杨朱乃是禽兽，我们自己之蔑视、轻鄙自己，不自今始。今以此我文化较高的西洋眼光来蔑视、轻鄙我们，其与我们之蔑视、轻鄙夷狄，又有何别？又况我们数百年来之对待西洋人，亦犹数千年来之于夷狄没有分别。弄到西洋人压迫我们来放弃夷狄之称，俗谚曾说"惟自重者人乃重之"，我不自重，又安能怪他人之不我重，不自重就是蔑视、轻鄙自己，今以此罪而加诸主张全盘西化，抑何不思之甚。

进一步来说，所谓全盘西化，正所以重视我们的文化。我们已经说过，中国之于趋于全盘西化，不过是时间的长短问题，我们若不自己赶紧去全盘西化，则必为外人所胁迫而全盘西化，然后者的真义，无非就是变印度、菲列宾的第二。到了这时，种族且虞蹈着美洲印第安人及中国之苗人、黎人，遑论过去固有的文化。设使我们而能自己赶紧全盘西化，再从而发展扩大，则不但我们自己占有世界文化的优越地位，就是我们祖宗在历史上所做过的成就和得到的光荣，也赖我们而益彰。则今日外人所以因鄙视我们的文化，而鄙视我们的祖宗的文化，也能因为他日之重视我们在世界文化所占之重要位置，而重视及我们的祖宗与其文化。

至说因为全盘西化而成为自暴自弃，那更是无稽之谈。能够全盘西化，怎能叫做自暴自弃，因为只有享受祖宗所遗下的文化，而不想再有振作的人，乃是自暴自弃的人。反之，能够努力去全盘西化，才算有用，才算能干。原来全盘西化，并非一件反掌就得的事，人家费尽无数的脑血时间始达到今日的位地，我们想在短促时期达到同样的位地，已是不易，何况这些东西样样都比我们的文化较为复杂，较为深奥，则其所需的精神脑血，当必很多。试问这个工作，这种成就，是不是庸庸碌碌的自暴自弃的人所能担任，所能做到呢。

其次有些反对全盘西化的人，又以为每一民族有一民族的文化，所以文化成为民族的灵魂或是生命所在，文化若是抛弃，则民族也随之而亡。这种见解的错误，在于不明了文化是人类适应时代环境以满足其生活的努力的工具和结果。文化既是人类的创造品，文化不外是人类的工具，人类的灵魂精神固可以从文化中见之，然而她的真谛，并非保存文化，而在于创造和改变文化，时代和环境既不是永远和处于不变，那么文化也不能不随时代和环境而变迁。过去的文化，是过去人适应时代环境的产物；现代的文化，是现在人适应时代环境的产物。要想适应现代的时境，则不能不采纳现代的文化，同时也不能不排除旧时代旧环境的文化。其实这些道理，并非甚么新奇的道理，五千年前我们的祖宗只会结绳记事，只会穴居野处，也许还是茹毛饮血，也许还是没有衣裳，恐怕是聚生群处，不知父亲而无亲戚兄弟夫妇男女之别，恐怕是日出而作，日入而息，凿井而饮，帝力无有。然五百年后——四千五百年前，文字有了，宫室有了，饮食是火熟的，衣裳是丝制的，婚姻的制度，父母兄弟亲戚的关系，男女的类别也有了。上有元后南面之治，下有人臣北面而助。质言之，这个时代已和五百年前大不相同了。我们试想四千五百年前的祖宗的文化，已和五千年前的祖宗的文化有了这么的差别，这是甚么缘故呢？我们回答是，时境变了。要是四千五百年前的祖宗而想保存了五千年前的文化，那么恐怕到了现在我们还做野蛮的生活。然而生在今日的我们却又固守着二千年或是四千年前的文化，以为不此之图，则民族也随之而亡。殊不知我们四千五百年前的祖宗，没有固守而且改变和抛弃五千年前的文化，我们的民族还能繁殖不断以至如今；那么文化沦亡，则民族难存之愚见的错误，是很显明的了。

反之，像我在上面所说，设使我们不愿全盘西化，则将来也许为了西洋文化所压迫而至于国家灭亡。到了这个时候，不但固有文化不能保存，连了种族也许灭亡，民族而果亡了，还说保存什么文化呢。

再次又有些人以为全盘西化，就使民族不至沦亡，然吾祖宗固有之创作，一旦弃之，岂非很为可惜。我们以为我们之抛弃过去的文化，也像上面所说的四千五百年前的祖宗抛弃五千年前的文化一样，又何足怪，何况我们过去的文化，乃中国文化发展之一部分，过去或是固有的文化，虽不能适用于现代的时代环境，然他在历史上所占的位置，并不因此而消灭。进一步来说，中国过去或是固有的文化，乃世界文化历史的一部——一重要部分。就使中国人而不注意，西洋人也必为我们注意。我们近年以来，岂不是时时听过西洋的人类学者、考古学者、历史学者，接踵地来中国蒙古内部各处调查考究中国的古代人类文化的遗迹吗？我们又岂不是听过他们年年都来收买我们的旧书古籍，一帮一帮地运去欧美吗？我们所谓至圣先师的孔子的名字，既老早已刻在巴黎大学的名人录上，所谓支那学也逐渐地在欧美大学里成为课程之一。可知抛弃固有的文化生活，并非忘记了祖宗所传下的文化。

我们这里应该声明，应用固有的文化，和研究固有的文化，是两件不同的事情。应用固有文化，虽是包括研究固有文化，但是研究固有的文化，未必是应用固有的文化。很少数的人，因为为着研究的兴趣而研究中国固有的文化，我们不但不反对，还且表示多少的同情。我们所反对的，是应用这些不合时境的文化。欧洲人之研究中国文化者，乃是为着研究而研究，并非要想采纳这种文化。我们试看那些所谓西洋的支那学者，他们家里的四壁也许排着许多中国的书册，他的家里的用器也许是由中国运去的，然而他们的行为思想——灵魂——真的面目，是西洋文化的西洋人。其实欧人之对于世界各种民族，各种学问之研求，并非专只注意在中国。连了非洲深林里的野人，他们也用了不少的金钱、时间、脑力去研究。然而若说欧洲人之所以为此，是要做野人的生活，采纳他们的文化，那是神经不但过敏，简直是错乱了。所以我们今日见得一般卫道先生，听说欧洲的哲人学者，也有了不少的研究中国东西，于是手舞足蹈，以为欧人采纳中国文化了，吾道而西了，我们只能当他们是愚妄庸人的自扰罢。

的确的，欧洲也有了三五特殊的人，真的去做中国式的生活，真是去采纳中国文化。然而这是例外，这是别有所见所想象的三二个传教教士。同时欧洲也有三五个学者，提倡东方文化，或是东西合璧的文化，然而这些学者要不是像罗素那样因为东道主的太好款待，不恭维中国文化几句，以报中国人的浓情厚谊，委实过意不去，也许是因为受了欧战的刺激过深，而起了心理的变态。其实像罗素先生，不但回欧洲后，未尝做过中国式的生活，采过中国的文化？就是在中国时也何尝做过中国式的生活，采过中国的文化。罗素先生告诉我们道，西方的科学固优胜过中国，然而东方的道德却是中国人所应保存，西方人所当取法。然而像罗素先生那样的行为、言论、思想，以及其所主张的新道德观，若放在我们的道德的天秤上看一看，简直是不成样子。孔子而再生，也会说道："道不同不相为谋"，孟子而再生，恐怕要说"是禽兽也"。罗素先生除了为着中国的道德鼓吹以外，他自己何曾尝过中国的道德的滋味，老实说，他哪肯去尝这种道德的滋味。

我们的见解是，设使欧洲人而果是要采纳我们中国文化了，那么这是西方人的事，我们东方人——中国人之要采纳西方的文化，是中国人的需要，是中国的责任。中国人的自己屋子弄到这么田地，自己不想有所振作去弄好自己的地位，万一西人而真是完全中国化了，中国也未必就能因此而能一跳就出了目下的难关，转瞬地增高其地位。反之，就使西洋人因为采纳了中国的文化，而使其生活地位较前为好，那么西洋人之所以能达到这地步，也是由西洋人自己的努力模仿改变而来，西洋人至多也只能感铭创造这些文化的我们的祖宗，于我们自己又有甚么荣幸，又有什么功劳呢？其实要是西洋人因采纳中国文化而得利益，我们中国更要愧死。因为这么好的东西，自己弄了这么久，只有日弄日坏，一到西洋人手里，就变做利益，这岂不是表明我们现代的中国人太无用吗？这样日传日下的无用民族，假使不是快速全盘西化岂不是多多地遗嗅于世界和将来吗？

反对全盘西化的人，也许说道：所谓全盘的西化的反面，就是全盘的中国文化没有半点的好处。一种文化之能够继续存在到四千余年之久，未必就没有半点的好处。我们以为在前一章里，从文化的各方面来比较，中国的确是不及西洋，所以的确是没有半点的好处。假使她是有了半点或不少的好处，这不过是历史上的好处，而非现在的优点。比方13世纪从中国输去欧洲的火药、印刷、指南针、丝布，以及好多东西，在当时固是优于西洋，然而西洋人接受以后，他们经过六百年来的研究改良，到了现在，样样都比了中国为优，样样都为中国所望尘莫及。可知从西洋文化的发展的途程看去，固可找出中国的过去的优越的文化，然从现在的西洋文化的特性分析的方面看去，中国却没有一件不是低下于人。设使这些优点是足以自夸自耀的，那么是13世纪的中国人才能自夸自耀，我们安能掠美，安不自愧。

事实上每一层和每一种的文化的各方面，都是互有关系的，互相连带的。我们若是采纳人家的一方面，那么从这方面就会影响到他方面，结果是牵动了整个文化。因为了这种的变更并非同时的，一般眼光浅陋的人，遂以为两种文化是双双并行。其实他们是一往一来的过渡时期，就使有了不少的东西，名称虽是照旧，形式虽如前存在，事实上和骨子里已是两样各异的东西。比方三百年前坐车乘船都是有的，到了现在照旧的坐车乘船，然而三百年前的车和船，比之现在的车和船有了多少分别呢？名称固是一样，事物却已不同。又如基督教是中世纪一种的社会制度，名称上基督教仍旧的存在，然而制度和内容上却变了不少。又如民治主义——德谟克拉西，是古代希腊所已有的观念，名称上现在虽依然如旧，然观念上却已大变。这些举例，均是证明文化是变化的，执了一件千年不变的东西来，绳时时变化的事物，岂有不陷于错误之理。

退一步来说，就使我们而承认中西的文化各有长短，我们还要问问西洋文化的优点多，抑是中国的文化的优点多。三十年前的张之洞也许相信后者，然现在之稍有世界眼光的人，都要承认西洋的优点多。西洋的优点既多，那么全盘西化至少在比较上，都比中国文化为优，而合于舍短取长的谰调。

那么把西洋的比较多的优点来加上中国的比较少的优点，岂不是更好吗？一般反对全盘西化的人，也许这样地提醒我们。这是折衷办法的主张，这种主张的缺点，在第二编里已经详细指摘，用不着在这里再述，何况事实上西洋文化，无论在哪一方面，都比我们为优。

折衷办法的错误，不只是本身上的错误，而且生出最大的危险来。这些危险比之真实的复古的危险，还要利害。原来要是真的复古，复孔的人，"一箪食，一瓢饮，在陋巷"，或是"食无求饱，居无求安"，衣不求适，也许会减少半点西洋货物经济的压迫，而免利权之外溢。然而折衷派的人则不然，他们一方面享受了西洋的物质文化以饱私欲，一方面利用中国的旧道德、旧思想以欺骗人民。他们购买枪炮就说是物质的西化，他们杀戮无辜，就说是攻乎异端。你叫他们去留学，他们就只学了人家的跳舞，你叫他们要随着中国习俗，他们就沉醉于麻雀。这样的东西合璧，简直是坏上加坏了。我们放开眼睛一看，今日所谓乘汽车、住高楼、食西菜的卫道先生，以至瞒洋人欺同胞的中国人，无一不是挂起折衷办法之名，而行其因利乘便营私自饱之实。骨子里仍无半点西化，这是时代的投机者，这是文化过渡时代里的蠹虫，这是人类的公敌。

然而又有些人说，欧洲物质文化进步太快，生活太繁，人生目的本不过求物质上的充足、精神上的安静，今因物质的复杂而致精神的烦闷，纵使我们能够全盘西化，而达到他们的地位，还是未致至善安乐的地位，又将奈何？我们的回答是，我们于未达到这个地位以前，何苦先作杞人忧天，而且我们既承认欧洲人无论在物质、精神方面，都比我们为优，那么达到他们的地位，已是比较进了一步，何乐而不为。而况在我们这种物质缺乏之下衣没得着，食没得食，宅没得住，出入不便利，言谈不自由，以及种种的缺乏之使我们的精神的不安，犹甚于西洋人呢？我想世界永远是不会达到至安乐的地位，万一而达到了，那么安乐也没有了。比较的安乐也许从比较的痛苦中得来，多耐一点痛苦，多得到一点安乐。假使至安乐是有的，她也许是从至痛苦中才见着罢。

这些没有系统而随便的解释一般反对全盘西化的缺点，虽是有了不少的遗漏，然至少也能知道这些点的大概。

抗战时期的西化问题 [*]

一

五年前，我在《国闻周报》第 13 卷第 2 期曾发表过一篇《一年来国人对于西化态度的变化》。我曾指出七十年来国人对于西化这个问题讨论最为热闹的，要算民国廿四年那一年。我并且指出经过这一次讨论之后主张复古的人固已逐渐绝迹，主张折衷的人也已逐渐减少，只有主张根本西化与全盘西化的人日趋日多。从民国廿五年至民国廿六年，国人对于西化这个问题的讨论，虽不像民国廿四年那样的热烈，可是国人的态度是趋于根本西化与全盘西化的。"七七"事件发生以后，不但在理论上我们觉得全盘西化的必要，就是在事实上，我们也是朝着这条路走。所以在文化的物质方面，"七七"事件以前，还有人提倡"大刀救国"；"七七"事件以后，这种运动，可以说是完全没有了。在文化的精神方面，所谓民族至上、国家至上，不只是一种口号，而且是一种事实。这都可以说是西化的结果。所以我们相信全盘西化不只可以持久抵抗我们的敌人，而且可以建设一个强有力的国家。

我以为凡是稍能留意于我国近代的历史与我们目前的需要的人，都很能容易感觉到全盘西化的必要。比方，蒋廷黻先生在抗战后所刊行的《中国近百年史》里，很显明地指出全盘西化的必要。其实，全盘西化不是凭空造说的，而是有了充分的论据以为后盾，有了显明的事实以为明证。正是为了这个原故，全盘西化论的主张，不只是对于数千年来的

---

  * 录自昆明《今日评论》第 5 卷第 3 期，1941 年 1 月 26 日。

根深蒂固的复古论调加以极彻底的打击，就是对于八十年来的老生常谈的折衷办法也指出其根本的错误。这一点凡愿意把数年来国人对于西化问题所讨论的文章，加以翻阅的，便能容易明白。

　　然而这不是说在抗战时期，国人对于全盘西化的主张是没有异议的。在抗战时期里坚持复古的言论固已绝迹，可是有意或无意地徘徊于折衷的论调的著作，比较上值得我们注意的，要算张申府先生所刊行的《文化教育哲学》一小册，冯友兰先生在《新动向》半月刊所发表的《新事论》十二篇，与贺麟先生在《今日评论》第 3 卷第 16 期所发表的《文化的体与用》一文。这三位都是学哲学的，而且是以哲学的观点去解释西化这个问题。我个人对于哲学虽是门外汉，然却感觉到张、冯、贺三位先生对于文化的根本原理与文化的实际应用却有不少曲解之处，因而草成此篇，以供国人参考。

二

　　"分"、"合"的观念——张申府先生是用所谓"分"的观念，去批评全盘西化论。在《文化教育哲学》的小册的《抗战建国文化的建立发端》一章里，他以为主张全盘西化的人：

> 　　根本没有了解西洋文化，根本没有了解西洋文化一个核心的科学的出发点是分，因此所注重的是数量，是分析，是分别，是分寸，为什么对于文化要囫囵待遇？

　　我们承认科学的出发点是"分"，同时我们不能否认科学的实体也是"合"。"分"是为着我们研究的便利起见，"合"是科学的基本原理。植物与动物就有其根本相合之点。普通生物学之所以能够成立就是筑在这个"合"的观点上。其实，科学愈发达，则这个"合"的观念，也愈显明。生物学家像赫胥黎的有名的孙儿，已经告诉我们，生命与非生命的分别的困难已逐渐地增加。自然现象的方面固有其相合之点，文化现象的方面，也有其相关之处。就以张先生所说的西洋文化一个核心的科学来说，科学发达不但文化的物质方面有了剧烈的变化，就是文化的社会与精神各方面，也受了很大的影响。近代文化的物质方面的发展，是由于科学的发达，这是人们所共知的。在文化的社会方面，所谓资本主义的社会，或是社会主义的社会，无论是直接上或间接上都与科学有了密切的关系。连了所谓社会的基础的家庭，也深刻地受科学的影响。因为科学发达，工业发展。不但在形式上，大家庭的制度逐渐崩溃，就是在功用上，以前的家庭人员，而特别是妇女们，终日忙于自耕自织、自备燃料、自制食品的工作，也大为减轻。因此之故，所谓妇女运动的发展，婚姻自由的主张，也可以说是直接上或间接上受了科学的影响。此外，在文化的精神方面，比方在思想上，因科学的发达而转为精密，在迷信上却因科学的发达而逐渐破除。前者的关系可以说是相成的关系，而后者的关系可以说是相反的关系。

总而言之，西洋文化的各方面，既可以因科学的发达而受了影响，那么假使中国若采取了西洋的科学，则不但中国的文化的品质方面必受了波动，就是中国文化的社会方面与精神方面，也必受了波动。全盘西化的理论的根据，可以说是筑在文化各方面的关系上，与文化的现象的合点上。

而且事实上，中国的近代文化，不但与科学有了相成的关系的西洋文化的各方面已经自动或被动的西化，就是连了与科学处于相反的关系的西洋文化如宗教迷信等，也有意或无意地西化。西洋文化的各方面，中国都已采纳，或正在效法，固是全盘西化；西洋文化的各方面，中国若能彻底采纳，整个的效法，也是全盘西化。其实中国的今日的文化，无论哪一方面没有不受西洋的影响的，所以全盘西化，不只是一种主张，而且是一种事实。但是中国文化的各方面虽受西洋的影响，可惜这种影响不够彻底，所以比方我们虽有轮船制造厂，可是我们所造的轮船，不但质的方面，没有人家那么好，就是量的方面，也没有人家那么多。而且我们的轮船制造厂，不但所造的轮船，不如人家的好，就是轮船制造厂的组织与计划，也不如人家的那样周密。所以主张全盘西化的人，不但主张全盘西化而且主张彻底的全盘西化。

张先生又说：

> 事实上，中国历史［来］的文化已受过多度的外来影响，吸收了不知多少当时的新分子。最什么的，从汉起为天竺，其次，在唐有大食，更次在明末清初有西洋。中国文化久已不是一个单纯的整体了，西洋文化自希腊而发展衍变到现在，更是一个化合物，那么今日怎么不可以自觉地把中国最好的东西清理出来，把西洋最好的东西慎选起来，根据新陈代谢的作用，化合出一个更新的东西。

我们并不否认中国文化或西洋文化是一个化合品，不是单纯的整体。不过我们也得问问，中国现在有了什么最好的东西，可以和西洋最好的东西，化合起来而成为一个新的文化呢？假使张先生说西洋最好的东西是科学，那么采取了人家的科学，则中国文化的别的方面正像上面所说，必受科学的影响，而趋于全盘西化。其实科学是不是西洋的最好的东西，就没有一个正确的标准。五年前，西化问题讨论得热闹的时候，有些人像吴景超先生，就感觉得科学是西洋最好的东西；有些人像张佛泉先生，以为共和国的头脑是西洋最好的东西；还有些人像刘湛恩先生，又以为基督教是西洋最好的东西。所谓选择西洋最好的东西，既没有一个正确的标准，那么所谓选择，就无从选择。其实科学、共和国、基督教等等，既都已来了中国，事实上中国已在全盘西化的路上，不过这些西化还不够彻底，所以主张全盘西化的人，希望科学家要专于科学的研究，致力于共和国的研究的人，要得共和国的精神，做基督教徒的人，要有耶稣基督的人格。在西洋，科学、共和国、基督教，既有了密切的关系而可以同时存在，同时发展。在中国，也可以同时存在，同时发展。何况事实上这些东西都已经来了中国，若照选择的办法去施行起来，则主张科学为西洋最好的东西的，不只是专要西洋的科学，而且必至于排斥共和国与基督教。这么一来，结果必使文化趋于一个单纯的整体。反之，主张全盘西化的人正是觉得文化不是一个单纯的整体而是一个化合物或是复杂总体，所以才主张文化的各方面，都可以全盘采纳。而况事实上，也已全盘采纳，不过这个全盘，不够彻底罢。总而言之，社会是分工的，你觉得西洋科学是最好的东西，你可以作科学家；我觉得共和国是西洋最好的东西，我可以研究共和国；他觉得基督教是最好的东西，他可以做传教士。假使因为你觉得科学是西洋最好的东西，而主张中国只好取西洋的科学，而不要西洋的共和国，或是基督教，或其他的东西，这是武断，这是偏见，理论上既说不去，事实上也做不到。而况人生的兴趣是多方面的，一个科学家不但同时可以读共和国，而且同时可以做基督徒。一个人尚可以同时受了文化的几方面或许多方面影响，一个国家有了那么多人，却不能受整个西洋文化的方面的影响，这是说不去的。而况事实上，今日的西洋文化无论哪一方面，都已介绍过来。

至于中国文化的优点，直到现在，一般主张保存中国文化的人，尚未能具体地指明出来。五年前，西化问题讨论得最热烈的时候，爱护固有文化者，能举出我们的文化比西洋的为优的，并没有几个人。比方梁实秋先生曾提出三点：第一，是中国菜比外国菜好吃；第二，是中国的长袍布鞋比外国的舒适；第三，是中国的宫室园林，比外国的雅丽。张奚若先生也提出三点：第一是宫殿式的建筑，第二是写意的山水画，第三是中国饭。张奚若先生的第一点与第三点，与梁实秋先生的第一点与第三点是相同的。其实梁、张两位先生所提出的中国文化的四优点，是否比西洋的为优，也大有讨论的必要。就使我们对于这点，不必加以讨论，我们也得明白，文化的各方面或成分，是千绪万端，把梁、张两位先生所提各点总合起来，也不过四点，那么把中西的文化比较起来，我们的文化相形见拙［绌］，是不能否认的事实。其实，梁实秋与张奚若两先生，还能想出他们所觉得数种优点，以资讨论，张申府先生除了空空洞洞地说了长短之外，并没有具体地指出中国文化，在哪一方面或几方面，是我们的特别优点，是值得我们去保存。

我们并不否认我们的文化的许多方面，曾有过光荣的历史。指南针、火药、印刷术，曾为西洋人所赞美与采用，然而这是历史的陈迹。这些东西，经过西洋人改进之后，无一不比我们为优，这又是我们所不能否认的事实。

三

共殊的区别——冯友兰先生是以共殊的区别，去批评全盘西化论。他在《新动向》杂志上发表了十二篇文章，名为《新事论》。第一篇是《别共殊》。照冯先生的意见，文化可以分为共同与特殊两方面。所谓共同的文化，或冯先生所谓类型的文化，是人类共需的文化。所谓特殊的文化，就是每个民族的特有的文化。前者可以改变，而后者却不能改变。大致上，这种区别，差不多在三十年前韦柏（A. Weber）在其《社会学的文化观念》（Des Soziologoische kulturbegriff）一文里，已经解释。后来马其维（K. M. MacIver）在其《社会》（Society）一书又加以说明。照韦柏与马其维的意见，我们可以区别文明与文化。文明是人类努力去设法以统制其生活的状况的一切机构与组用。文化是人类努力去满足自己的内在的结果。质言之，文明是利用的东西，文化是自足的东西。文明是常变的，文化是少变的。文明是工具。文化是目的，是价值，是时款，是情绪的结合，是智力的努力。打字机、印书馆、工厂、电话、银行等等，都是文明。小说、图书、诗歌、哲学、剧曲、教条等等，都是文化。因为文明是利用的东西，所以文明可以从一个地方传到别的地方，而不失其原有的意义与形式。文化是一种自足的范围（Eine Geschiossene Weit）而与民族精神不能分离，所以不易传播。

事实上所谓共需与特殊的文化，就有了密切的关系，而难于分开。所以韦柏与马其维虽把文明与文化或是利用的文明或自足的文化分开，然他们而特别是马其维，却承认两者都有密切的关系，而不易分开。马其维对于这点，很能了解。他自己就指出，比方，一件衣裳从衣以御寒方面来看，固是一种利用文化，但从其时款方面来看，又是自足的文化。利用的文化与自足的文化，既有了密切的关系，所谓共需的文化，与特殊的文化，也难于区别。

冯友兰先生所谓共同的文化，或类型的文化，与特殊的文化区别，大致上是近于韦柏与马其维所谓利用的文化与自足的文化的区别。他承认，从共需的文化来看，中国必需全部改变，就是全盘西化，所以他说：

> 照此方向以改变我们的文化，则此改变是全盘的，因为照此方向以改变我们的文化，即是将我们的文化自一类转入别类，就此一类说，此改变是完全的，彻底的，所以亦是全盘的。

但是冯先生又说：

> 此改变又是部分的，因为照此方向以改变我们的文化，我们只是将我们的文化自一类转入别一类，并不是将我们的一个特殊文化改变为别一个特殊。我们的文化之与此类有关诸性，则不当改变，不必改变，所以自中国文化的特殊的文化说，此改变是部分的，此改变又是中国本位的。

冯友兰先生可以说是主张全盘西化者，同时又是主张本位文化者。质言之，从共需的文化方面来看，他是〈主〉张全盘西化的，从特殊的文化方面来看，他是主张部分西化，或本位文化的。

我们上面已经指出，所谓共需的文化与特殊的文化是有了密切的关系而不易分开的。冯先生自己也告诉我们，"中学为体，西学为用"的主张，是不通的。同时他又指出以中国的精神文化与西方的物质文化来融合的见解，是谬误的。冯先生所说的共殊，究竟是不是近于体和用或精神和物质的区别，冯先生自己没有明白地说出来，不过若从他同情于中国本位的文化的方面来看，那么他是近于"中学为体，西学为用"的办法。又韦柏与马其维的利用的文化，是偏于物质的文化，自足的文化，是偏于精神的文化。冯先生的共殊既近于利用与自足的足的区别，那么他一方面主张共殊的区别，一方面又有意或无意反对共殊的区别，这是一个矛盾了。

假使他以为他的共殊的区别，是与体与用或精神与物质的区别，有了根本不同之处，那么他所谓共同的文化，究竟是什么，所谓特殊的文化，究竟又是什么，在他的著作里，他并没有明显地列举出来。他既不像张之洞一样的把中国的四书、五经、史事、政书等等当作体，把西洋的学校、武备、算、绘、矿、医、声、光、化、电当作用；他又不像韦柏与马其维一样的，把利用的文化与自足的文化分别加以列举，这么一来，所谓共殊的别，只是一种空谈，只是一种名词上区别而已。

然而冯先生在《赞中华》一篇里，又好像以为道德是中国文化的特殊文化，所以他说：

> 清末人所谓中学为体，西学为用者，就一方面说，是很不通的，但是就一方面说，亦是可以说得的……如所谓中学为体，西学为用者，是说组织社会的道德，是中国人所本有的，现在所须添加者是西洋的智识、技术、工业，则此话是可以说的。我们《新事论》的意思，亦正在此。

总而言之，《新事论》的旨趣，是要指出自清末至今中国所缺的是西洋的智识、技术、工业，所有的是社会组织的道德。这种主张不只是"中学为体，西学为用"的说法，而且是保存中国的精神文化，采取西洋的物质文化的变象。因为清朝末年一般人所说的中学为体，主要既是指着中国固有的道德，民国初年一般人所要保存的中国的精神文化，主要也是指着中国固有的道德。冯先生自己一方面很明白主张"中学为体，西学为用"，很明白地主张保存中国的精神文化，采纳西洋的物质文化，别方面又很坚决地反对这些主张，这又不能不说是一个矛盾。

其实道德之于智识技术工业是有了密切的关系的，智识发展，技术进步，工业发达，则社会组织的本身也要起了变化，所谓组织社会的道德，也不能不受了影响。我们知道家庭是中国社会的基础，家庭道德是中国组织社会的道德的基础，自西洋的智识、技术、工业输入中国之后，中国家庭的组织，固正在变化中，中国家庭的道德，如父母之命，媒妁之言，不孝有三，无后为大；男尊女卑，夫死妇殉；以及其与家庭有关的各种信条礼俗，无一不受了重大的影响。所以采纳了西化的智识、技术、工业，则我们在无［有］意或无意之中不得不采纳了西洋的道德。反过来说，中国今日对于西洋的智识、技术、工业，所以不能够全盘采纳，彻底讲求，也是由于固有道德作祟。"学而优则仕"，所以求智识的目的是做官，作［做］官是扬父母，益宗族。君子讲道不讲器，所以对于技术工业都不愿讲求。因此之故，要想提倡西化的智识、技术、工业，非推翻这些道德，是没有用的。

冯先生好像以为道德是不变的，所以他说：

> 在基本道德一方面，是无所谓近代化，或不现代化的。有些人常把某种社会制度与基本道德为一谈，这是很不对的。社会制度是可变的，而基本道德就是不可变的。

然而同时他又说：

> 忠孝可以说是旧道德，我们现在虽亦仍说忠孝，如现在常有人说我们对于国家尽忠，对于民族尽孝。不过此所说忠孝与旧时所谓忠孝意义不同。此所谓忠孝，是新道德。

一方面说道德没有新旧，这又不是自相矛盾吗？我并非没有注意到冯先生所谓基本道德的"基本"两字。这就是说，以前人讲忠孝，现在人也讲忠孝，所以在基本上仍然存在。不过这里所谓"基本"最多也不过是一个空洞的名词。比方以前人有舟车，舟车的名词固然存在，然而舟车的意义已不大相同。这正像忠孝的名词固然存在，忠孝的意义，已大不相同。意义的变化，才是真正的变化。我们要现代的"忠国家"、"孝民族"的道德，正像我们要现代的火轮船、摩托车一样呵！

冯先生好像以为中国人之所以为中国人，必定有其特殊之处。而这种特殊的地方，就是中国人的文化。其实文化是变化的，衣蔽前而不蔽后的，固是中国人的文化，戴冠带与穿衣裳的也是中国人。着马褂与穿胡服的，既不失其为中国人，难道戴洋帽穿洋服的，就不是中国人吗？信了孔孟，信了佛回的，固是中国人，信了耶稣的，难道就不是中国人吗？我们可从衣树叶而变为穿衣服，我们也可以从衣胡服而穿百装，我们可从信孔孟而信佛回，我们也可以从信佛回而信耶稣。文化是人类的创造品，我们要作文化的主人，不要作文化的奴隶。

我翻阅冯先生的《新事论》，觉得有许多处如《辨城乡》、《明层次》各篇，是有意或无意地主张全盘西化论，然而有些地方，如《别共殊》、《赞中华》，又有意或无意地趋于折衷办法与本位文化。这其实就是犯了矛盾的病，未知冯先生以为如何？

四

"体用"的关系——贺麟先生是用"体用"的关系，去估量全盘西化论。把体用的观念去调和中西文化的主张，虽是甲午战败以后的事，但是体用的观念，是与道器的观念，有了密切的关系。

薛福成与李鸿章在七十年前已提倡以西洋的器的文化，来调和中国的文化。张之洞与刘坤一一般人，是否受了薛福成与李鸿章的影响，不得而知，但是两者都是中西文化的折衷派。这就是说中国的道的文化，或体的文化，是可以与西洋的器的文化，或用的文化相混合的。

贺麟先生是极力反对这种体用分开的办法，他是从哲学上的观点，去说明体用的合一。所以他说：

> 根据文化上体用合一的原则，便显见得中学为体西学为用之说法之不可通，因中学西学，各自成一整套，各自有其体用，不可生吞活剥，割裂零售，且因体用不可倒置，西学之体在中国来，决不会变成用，中学之用，亦决不能变做西学之体。而且即在精神文明为体，物质文明为用的前提下，成道学为体器学为用的前提下，中体西用之说，亦讲不通。盖中学并非纯道学纯精神文化，西学亦非纯器学纯物质文明。西洋的科学或器学，自有西洋的形而上学或道学以为之体，西洋之物质文明亦自有西洋之精神文明以为之体，而中国之旧道德、旧思想、旧哲学，决不能为西洋近代科学及物质文明之体，亦不能以近代科学及物质文明为用。当中有独立自得新科学时，亦自会有独立自得新哲学以为之体，中国的新物质文明须中国人去自力建设创造；而作这种新物质文明之体的新精神文明，亦须中国人自力去建设创造，这叫做以体充实体，以用充实体，以用补助用，使体用合一发展，使体用平衡并进。除此以外，似没有别的捷路可走。此外以新酒旧瓶、旧酒新瓶之喻，来谈调合中西文化的说法，亦是不甚切当，最易滋误会的比喻。因为各部门的文化，都是一有机统一体，有如土壤气候之于植物，密切相关，决不似酒与酒瓶那样机械的凑合。

贺麟先生又说：

　　研究介绍采取任何部门的西洋文化，须得其体用之全，见其集大成之处。必定对于一部门文化，能见其全体，能得其整体，才算得对那种文化有深刻切实的了解。此实针对中国人研究西洋学问的根本缺点而发。因为过去国人之研究西洋学术，总是偏于求用而不求体，注重表面而忽视本质。只知留情形下事物，而不知寄意于形上的理则，或则只知分而不知全，提倡此便反对彼，老是狭隘自封，而不能体用兼赅，使各部门的文化，皆各得其分，并过发展。假使以这种偏狭的实用的态度去研究科学，便难避不陷于下列两个缺点：一因治科学缺乏哲学的见解，和哲学的批评，改科学的根基欠坚实深厚，支离琐屑，而乏创造的学派，贯通的系统。一因西洋科学家每承中古修道院僧侣之遗风，多有超世遗形骸的精神寄托与宗教修养，认研究科学的目的，而在于见道知天，非徒以有实用价值之技术见长，此种高洁的纯科学探求的境界，自非求用而不求体者所可领略。

我特地把这段话抄下来，不但因为贺麟先生是一位认识西洋文化较为深刻的人，而且因为他这种理论，是十余年来主张全盘西化的人的一种基本的理论，一种有力的理论。然而，贺麟先生却又告诉我们道：

　　我所谓西学，须先见其体用之全，须得其整套，但这并不是主张全盘西化，因为说须对于所研究的那部门的学术，文□〔化〕，得其体用之全，或得其整套，不唯不致被动的受西化影响，奴隶式模仿，而且可以自觉的吸收、采取、融化、批评、创造，这样既算不得西化，更不能说是全盘合〔西〕化。

我要指出：主张全盘西化的人，并不主张被动的西化，奴隶式模仿，而是主张自觉的吸收、采用、融化、批评与创造的精神。西洋文化本身之所以能有剧烈的进步，也就是有了这些精神，中国文化本身之所以落后，就是缺乏了这些精神。其实主张这些精神的人，已是有了西化的精神。

贺麟先生又说：

　　我承认中国一切学术文化工作，都应该科学化，受科学的洗礼，但全盘科学化，不得谓为全盘西化，一则科学乃人类的公产，二则科学仅是西洋文化之一部分。

我们承认科学乃人类的公产，然而我们不能否认近代的科学是西洋的特产，所以科学化不能不谓为西化。我们并不否认科学在中国的前途是很光明的，我们也不能否认我们的西化的科学，还很落后，所以科学的提倡，虽有七十年的历史，科学的介绍虽有三百年的历史，然而直到现在我们还要派留学生到西洋学科〈学〉。明明是到西洋学科学，明明是受西化的教育，却又否认是西化。这是国人的夸大狂。正像陆象山之徒，明明受了佛教的影响，却口口声声说这是"我儒之道"。正像一般留学生，自小至大就进西化的学校，出了九虎一牛之力，希望一到西洋，然而回国以后，却大吹其复古的法螺，对于中国的固有的生活，既并不见愿意享受，反而阻碍科学的发达、西化的发展。今日一般之住洋楼、乘汽车，而说周孔之道，甚至享姨太太之权者，都是这种夸大狂作祟。

我们承认科学仅是西洋文化的一部分，然而要西洋的科学，也得要西洋的哲学，因为在西洋的文化里，这两种东西是有了密切的关系。这一点贺麟先生自己就很明白。他不但用亚里士多德的相对的"体用"概念去说明哲学为科学之体，科学为哲学之用，而且以为西洋的科学家，每承中古修道院僧侣之遗风。我所以说贺麟先生对于西洋文化，认识较深，就是这个原故。西洋的科学，既与西洋的哲学以至神学都有了密切的关系，那么照贺麟先生理论，所谓西洋体用之全，就是不只要得西洋的科学之全，而且要得西洋的哲学以至神学之全了。我已说过西洋的物质文化，是由西洋的科学产生出来。西洋的精神文化是由西洋的哲学，以至神学产生出来，物质、精神两方面，都要西化。这岂不是全盘西化吗？孔德把西洋的文化分为神学时期、哲学时期、科学时期，若照贺麟先生的理论，恐怕所谓效法西洋不只要效法现代的西洋，而且要效法十七、十八世纪以至中世纪的西洋了。

总而言之，若照贺麟先生的前提来看，他是偏于全盘西化的主张的。可是他的结论，却是中西合璧的办法。结论与前提相背而趋，就是一种矛盾。不但这样，他一方面很明白地指出中学西学各自成一整套，各自有其体用，不可生吞活剥，割裂零售；一方面又反对中西文化异同论，反对全盘西化论，这又不能不说是一种矛盾。此外，贺麟先生一方面以为假如全盘西化后文化中国会沦为异族文化之奴隶，而一方面又以为"文化乃人类的公产，为人人所取之不尽，用之不竭的宝藏，不能以狭义的国家作本位"。这又是一种矛盾。

五

上面是把在抗战时期里几位批评全盘西化的代表人物的言论，简单地加以批评，同时说明我们的立场。我个人以为他们最大的缺点，是一方面既忽视了中国西化的事实，一方面又没提出一个具体的办法。我说他们忽视了中国西化的事实，这就是说，有了许多西洋的东西，如基督教之类，虽有许多人主张不要采纳，然而事实上三百年来，而尤其是一百年来，国人虽不断地加剧烈地反抗基督教，然而基督教却继续地传入、继续地发展。反对全盘西化的人，好像以为基督教完全尚未输进来，所以主张我们可以不要基督教，而要别的东西，如科学之类。他们不但忘记了消灭基督教，是一件不易做到的事，而且忘记了，中国的科学，直到二十年前，主要的还是由教士的传入。主张全盘西化的人，未必是赞成或鼓吹基督教的人，但是他们看得基督教已经传入，而且他们相信信教是自由的，所以他们以为与其反对人家信仰基督教，不如劝信基督教的人，诚意地去做基督教徒，彻底地去宣传教理。

我说反对全盘西化的人，并不提出一个具体的办法，这就是说，他们既不主张全盘西化，他们又不主张复古，他们应该是折衷派。然而西洋有什么东西是值得我们采纳的，中国有了什么东西是值得我们保存的，他们从没有详细地列举出来，单只笼笼统统地说了取长去短，这是空谈而没有用的。结果不但没有益处，反而为了一般所谓中西文化之短的人们张目，以为这是折衷，这是中西合璧。带姨太太去作无意义的跳舞的人们，就是一个例子罢。

我们回想十余年前，我们开始提倡全盘西化的时候，好多人都以为这是不经之谈，这是情感作用。可是经过民国的广州学术界与民国廿四年全国人士，作过热烈的讨论之后，不但谩骂全盘西化的主张的人们，逐渐趋于绝迹，而且赞成全盘西化的主张的人们越来越多。现在一般所谓头脑较为冷静的学哲学的人们，又从哲学的观点去估量这种主张，这不只是表示国人对于西洋的文化作进一步的认识，而且对于全盘西化的主张作进一步的了解。

我们回想在上一次欧战的时候，不但有了许多名流没有条件地歌颂中国精神文化的超越，很不客气地指摘西洋精神文化的缺点，而且有了不少人士，以为西洋的物质文化，也是一种文化的病态，不久就要趋于崩溃。所以辜鸿铭要重开"孔家店",梁启超也大叫"向东转"。然而,在这次抗战与欧战的时期里,反对西洋物质文化的人们固已绝迹,指摘西洋精神文化的人们,也已寥寥无几。这又不只是表示国人对于西洋〈文〉化作进一步的认识,而且是对于全盘西化的主张作〈进〉一步的了解。

我们回想八十年来,一般的国人,若非偏于复古,就是偏道器、体用与精神物质的调和论调。到了近来,许多的国人,不但反对复古,而且反对任何折衷。张、冯、贺三位先生的言论,固是这样,头脑稍为清楚的人士也是这样。我们承认在表面上,像张、冯、贺三位先生的言论,是异于全盘西化的主张,然而他们在消极方面,既极力反对复古运动,又极力反对折衷办法,虽则在积极方面,他们没有给我们一个具体的办法,标出一个显明的态度,然而他们既指出复古的道路是不通,折衷的办法又不行,那么他们的言论,至少在消极方面,是近于全盘西化的主张。而况事实上,他们,而特别是冯、贺两先生,于有意或无意之中,已说出全盘西化的理由,已偏于全盘西化的主张,这又不只是表示国人对于西洋文化作进一步的认识,而且是对于全盘西化的主张作进一步的了解。

我们的结论是,在抗战时期,事实上我们固趋于全盘西化,态度上,我们也是趋于全盘西化。

广东与中国[*]

一

广东在中国，无论在文化上，在抗敌上，都占据了很特殊与很重要的地位。

从"原始"文化的种类方面来看，广东可以说是"原始"文化的展览会。从中国文化的新旧方面来看，广东不但是新文化的策源地，而且可以说是旧文化的保留所。从历史或今后民族抗敌来看，无论在消极方面，或积极方面，广东都可以说是抵抗外侮与复兴民族的根据地。

二

我们现在先从文化方面说起。

我说从原始文化的种类方面来看，广东可以说是原始文化的展览会。因为在广东，除了所谓汉族以外，还有好多所谓原始民族，所谓苗、僮、猺、黎、畲、佬、侬、岐、獠、蛮、疍等等，种类既是繁多，文化也往往因之而异。在文化的语言方面，不但这些各异的民族，有了不同的方言，而且可以找出结绳以记事，与刻木以为契的痕迹。在文化的物质方面，无论在衣食住方面或渔猎农业工业各方面，都有了不少的原始文化的特征。在文化的社会方面，举凡各种婚姻制度、家庭制度，以至各种部落的生活，都可以在这些不同的民族里找出来。就是所谓奇

---

* 录自《民族文化》第 2 期，1941 年 5 月 31 日。该文于上海《东方杂志》第 36 卷第 2 号（1939 年 1 月 16 日）发表的同名文章基础上增加更多论据。

特的产公制度（Couvade）也可以在这里找出。《太平广记》曾记载：

> 越俗，其妻或诞子，经三日便澡身于溪河。返具糜以饷婿。婿拥衾抱雏，坐于寝榻，称为产翁。

又云：

> 南方有獠妇，生子便起，其夫卧床褥，饮食皆如乳妇，稍不卫护，其孕妇疾皆生焉。其妻亦无所苦，炊爨樵苏自若。

此外，在文化的精神方面，所谓各种迷信与图腾主义，都可以在这些不同的民族里发见。

此外，又如以舟为家的疍民也很为奇特。疍民的历史，虽可以追逐至三国以前，然自宋以后，陆居疍民似已绝迹，书籍所载，只有水居疍民。究竟水居疍民是否来自陆居疍民，还是一个尚没有解决的问题。疍民在今日，只有广西、福建、广东三省能找出来，而在这三省里，不但在广东的疍民，占了最多的书目，而且据我们调查所得，福建与广西的疍民，好像是从广东迁移的。疍民世居水上，从前称为龙户，崇拜蛇神，现在虽差不多完全汉化，然其固有文化的痕迹，并非完全没有。

总而言之，广东不只是有了所谓陆上的原始民族，而且有了所谓水上的原始民族。这些水上的原始民族是世界上原始民族的特殊现象。而且正如上面所说，因为水陆两方面的原始民族的种类既是繁多，文化也往往因之而各异，所以世界上各处的原始民族的各种不同与奇特的文化，我们差不多都可以在这里发现。我所以说广东是原始文化的展览会，就是这个原故。广东既可以说是原始文化的展览会，那么广东也可以说是一个研究原始文化的很好的地方了。

其实近代人类学、民俗学，以至社会学、文化学的发展，主要是得力于所谓原始民族与原始文化的研究。泰罗尔（E. Tylor）、斯宾〈塞〉尔（H. Spencer）、格林姆（G. Klimm）、拉最尔（F. Razol）、雷维蒲（Levy-Bruhl）、菩阿斯（F. Boas），以及其他的好多著名学者之所以能有特殊的贡献，主要的是从原始民族与原始文化里寻找资料。所以从研究文化的立场来看，我们对于这些所谓原始民族的文化的研究，是一件特别要加以注意的事情。

三

我国北部，经过五胡乱华，而尤其是宋室南渡之后，北方人士之有气节与能力者，多向南迁移。因而我国固有文化的重心，也随之而向南推进。这些固有文化，在北方因受异族统治之下发生变化，或逐渐湮没，而却存在南方，而尤其是广东者，实在不少。我所以说广东为旧文化的保留所，就是这个原因。

关于这一点的最显明的例子，要算广东的语言。广东话是中国现存的最古的语言，这是大家所公认的。又广东话不但历史较长久，而且声音较丰富。据说从声音方面来看，在粤语里有了一千二百多，而在国语里只有六百多。这就是说从声音的数目来看，广东话与普通话相差了一半之多。因此之故，有些人遂以为改革中国的语言，应以声音较为丰富的广东话为标准。这种见解，是否适当，我们不必在这里加以讨论。我们所要注意的是广东话里所保留的古音的成分最多。比方我们说"家"这个字，在普通话为 ch 音，而在广东话为 k 音。k 音是中国古音。这不过是举一个例子，然而这种例子是很多的。语言是文化的主要原素，也是文化的根本基础。从历史较为久长的语言里，我们也可以认识历史较为久长的文化。

不但这样，在所谓广东的汉族里，方言至为复杂。主要的不同的方言，如广州话、客家话、潮州话、琼州话等等，用不着说，就是以一州以至一县的方言，也有很多的不同。有人说中山一县，就有五十余种方言，这虽是从其细微方面来说，然而中山方言的复杂，可以概见。而况就在中山一县，石歧隔河的青岗等处，所说的方言，可以说是与石歧所说的方言完全不同。为什么广东的方言有了这么多，这是很值得我们研究的。我常说，在广东的中山大学，或岭南大学，应该设了一二个广东方言的教席，专门研究这些方言，可惜这种计划，不但至今没有实现，连了对于这个问题能够注意的，也少有其人。又况因为方言上的差异，往往也使文化的其他方面，有了不少差异之处。在南洋一带的广东人之所以分为广帮、客帮、潮帮、琼帮，恐怕方言的不同，是一个主要原因罢。这又是很值得我们注意的。

在文化的物质方面，专以衣食住三方面来看，固有文化之尚存在广东者也是很多。《论语》所谓"四方之民襁负其子"的襁褓在北方各省，早已没有，而在两广及南方各省，却随处可见。广东与南方的各种民族中所着的衣裙、所穿的鞋屐、所包的头巾，有【了】很多还是古代的遗物。古代燕赵的慷慨悲歌之士，喜吃狗肉之风，至今岂不是尚遗留在广东各处吗？广州河南岛在数年前，还有专卖狗肉的街道。《战国策》有周人谓"鼠未腊者朴",那么郁郁乎文哉的周人,不但是吃老鼠,而且有了腊鼠。像我们今日的腊鸭、腊肉一样。至少在广州的疍民社会里,至今还可以找出吃鼠肉与腊鼠的遗风。据一位德国工程师的研究的结果,广东人所住的房屋,而尤其是广东人所建的祠堂,是最能代表中国固有的建筑艺术。这种观察,是否正确,当然无不疑问,然而这个问题,值得我们的探求,是无可非议的。

家族是中国社会的基础,先齐家而后治国,是我们的古训。可是家族观念最为浓厚的地方,要算广东。家族组织最为完密的地方,也要算广东。因此之故,崇拜祖宗的热诚与迷信风水的习惯,比任何处都要厉害。因而有风水的地方,无论价值多贵,道途多远,总要以得到手而后已。因而宗族人数,无论怎样少,住屋无论怎样陋,堂皇的祠堂是必有的。每村每乡的每姓,照例要有一个祠堂,有时候除了一村一乡之内的一姓的公共祠堂之外,且分为长房二房三房,而各有其特殊的祠堂。再进而一县、一州、一省,也有其共同的祠堂,而成为一种联邦式的组织。甚至到了南洋各处,也有了陈家社、林家社等组织。这是北方所很少见的现象。不但这样,在每家里的正厅,也要有了祖宗的神牌。假使为了环境所迫,而必须全家迁移的话,祖宗神牌也要一起带走。近来有人调查,以为广东的田地,有了一半是在祠堂之手。这些统计,是否确实,我们不必在这里加以讨论,但是广东的祖田祖产之多,是没有可疑的。家族制度之影响于经济方面,可以概见。因为祖田祖产很多,依赖祖田祖产去生活的人,也很不少。此外,乡村学校不但往往以祠堂为校址,以祖田祖产的入息为经费,事实有了好多离本乡而到外边,以至到外国的留学生之受祠堂的津贴的,也很不少。

又如在思想方面,广东人之极端守旧,比之他处也较为厉害。比方一般华侨,虽然在海外,受了新文化的〔陶〕染,然而头脑旧得厉利的,也很不少。康有为不是维新的领袖吗?然而维新失败以后的康有为,岂不是提倡复古最力的人物吗?陈焕章不是哥林比亚大学的洋博士吗?然而提倡尊孔读经最力的,也岂不是这位陈焕章吗?民国以来,香港可以叫做尊孔的大本营。在这里,我们不但可以找出组织完密的孔教会,建筑堂皇的孔教堂,而且在一般的小学、中学,以至在香港大学,四书五经差不多成为必修的科目。因而好多的满清遗老与守旧分子,多以香港为其活动的根据地。这虽可以说是与殖民政府的政策有关,然而也可说〈是〉广东人守旧的一种表示。不但这样,民国以来,复古空气最浓的时候是民国廿年至廿五年之间，而在这个时期里，全国复古空气最浓的地方，又要算广东，所以陈独秀先生在广东是被叫为陈"毒兽"。胡适之先生到了广东，不但被人加以冷眼，而且有人提议应该以孔子对付少正卯的办法，去应付他。我们知道湖南在那个时候，虽有了何健先生极力提倡复古，可是胡适之先生到湖南时，还有机会在那里演讲。然而他在广东的时候，因为守旧的势力太大，使事前约他在中山大学演讲的邹鲁先生，也不能不自食其言，而取消这些演讲。此外，学海书院的设立，四书五经的重印，以至相命风水的提倡，可以说是狝狝盛狝。我们知道，自中央政府建都南京之后，中央要人如孔祥熙、戴季陶诸先生，虽极力提倡孔教，然而通令祀孔，中央却在广东之后。

上面不过随举出一些例子，然而广东是我们的旧文化的保留所，已可概见。

四

自中西海道沟通以后，西方文化继续不断地输入中国，中国文化无论在经济上、在政治上、在宗教上……都受了很大的影响，逐渐地趋于新文化的途径。原始文化与固有文化在这种情形之下，也逐渐地呈了崩裂的状态。从研究文化的观点来看，我们对于这些文化，应当设法从速研究，是没有问题的。因为现在若不从速研究，则将来时过境迁，就使我们而想对于这些文化加以研究，恐为情势所不许。从采纳文化的观念来看，究竟我们还要保留旧的文化，或是提倡新的文化，这也是很值得我们注意的。然而我们所要特别加以注意的，是自从西方文化传入以后，因为地理以及其他的原因，粤人可以说是这种新文化的先锋队，广东也可以说是这种新文化的策源地。关于这一点，我们愿意略加阐释。

因为广东是中西交通的枢纽，故新式的商业发达较早。譬如先施、永安、大新等，规模较大、资本较厚的百货公司，固为粤人所创始，就是其他各种较小的新式商店，也多为广东人所首创。广东本身固是新式商业的策源地，广东以外的好多通商口岸的新式商业，至少在其发展的初期，也多为广东人所设立。在工业方面，奏请开设较早的江南制造局的，固是曾国藩，可是江南制造局的规模的计划，以至机器的订购与转运，是完全得力于容闳。容闳不只是首创这个制造局，而且设法去逐渐扩充。丝业是我国出口的大宗，但是我国新式丝厂的成立，可以说是始于陈启源。陈启源在光绪初年，在安南经营商业，看了法国人在那里所设立的缫丝工厂里所用的新式缫丝机器，因而介绍于国内，并且创造脚踏机，以人力代火力，其后又改用蒸汽原动力。顺德之所以成为国内丝业的中心，陈氏的贡献实在不少。此外又如南洋兄弟烟草公司、张裕酿酒公司，以至装饰用品方面的广生行，糖果饼干方面的马玉山。或在广东设立，或在他处经营，但都是以广东人为主。

在矿业方面，开平矿务局是我国近代矿业的嚆矢，可是当李鸿章奏请设局开矿的时候，其资本二百二十万两，差不多完全是广东唐廷枢所召集。

在交通方面，第一次由国人自己计划与建筑的有名的京绥铁路是詹天佑〈所主持的〉。据说当詹天佑负责去计划与建筑这条路的时候，有了好多国人，而特别是好多外国人，都以为他不会成功。然而他终于成功。容闳在1867年已呈请政府当局设立轮船公司，这可以说是种下招商局的种子。又在那个时候，他又建议设立国家银行，并且拟了很详细的总行分行的章程，这可以说是种了以后的中国、交通等银行的种子。

此外广东的华侨，数百年来，在海外所经营各种企业与实业，不但在海外占了很重要的地位，就对于广东与整个国内的经济上，都有莫大的帮助。清初屈大均在其《广东新语》里已经告诉我们：

> 吾广谬以富饶特闻，仕官者以为货府。无论官之大小，一捧粤符，靡不欢欣过望。长安戚友，举手相庆。以为人〔十〕郡膏境，可以属餍脂膏，于是争以母钱贷之，以五当十，而厚责其赢利。

总而言之，广东因为地理与〈其〉他的原因，与海外各地交通较为便利，商业较早发达，经济上占了优越与特殊的地位，因而各种物质的生活与经济方面的各种组织之趋于近代化，也比较其他的地方为早。

在政治方面，太平天国之勃起，主要是藉基督教以号召群众。所以曾国藩在其讨太平天国的檄文里说：

> 粤匪窃外夷之绪，崇天主之教……举中国数千年礼义人伦，诗书典则，一旦荡尽，此岂独我大清之变，乃开辟以来，名教之奇变，我孔子孟子〈之〉所痛哭于九原。

然而最奇特的，是拥护孔孟的曾国藩，终于不得不窃外夷之绪，以平太平天国，以开同治中兴，与以倡维新运动。而所谓窃了外夷之绪的洪秀全，到了南京坐金銮殿之后，却去提倡科举的制度，劝读孔孟的典籍。我们虽不能以成败论事，然而曾国藩之所以成功，洪秀全之所以失败，实可以作我们读历史的人一个很好的反省。

又如维新运动的康、梁，都是粤人。维新运动失败以前的康有为，是一个主张西化很力的人。至于梁启超在维新运动后的十余年，还是中国新思想新文化的先锋。维新运动，虽如昙花一现，转瞬凋零，然而历史上的意义，却很重要。这个运动，不但与甲午之败，以至庚子之祸，都有关系，而且与革命运动也有了关系。可惜近来人们对于这一点，不但少有注意，而且好像已经忘记。

至于孙中山先生所领导的革命运动，以至民国十七年的北伐运动，乃策源于广东，这是妇孺所共知，用不着我们加以详细的叙述的。

在宗教方面，景教是西洋基督教的支流，其流传入中国，虽在唐朝初年，而其输入的路线，也虽非始于广东，然而景教在中国文化上的影响，既不算很大，而其流传也不算得久。至于天主教在元代，虽亦从北方输入，然而那时从北方输入的天主教，也是随元朝的灭亡而断绝。只有自海道沟通以后而从广东输入的天主教，不但一直发展至今，而且对于中国文化的影响也至大。自海道输入的天主教的中坚人物是利玛窦。利玛窦是 1852 年抵澳门，他后来在肇庆、韶州住了十余年，学习中国语言，考察中国风土，翻译西书，画绘地图，然其主要目的却为宣传宗教、罗致信徒，与设立教堂。他在肇庆、韶州，不但设立教堂，而且劝了好多国人入教。到了后来，他又得了琼州的王忠铭以及其他人士的帮忙，始赴北京，使天主教在中国立了基础，同时也使天主教在中国继续不断地发展。至于新教的马礼逊，自 1807 年到广州后，始终致力在广东宣传宗教。而国人之信仰新教较早与宣传新教较力的是粤人梁发，□□一般人所共认为中国的新教徒的先锋，他的墓现在还在广州岭南大学里。

在教育方面，较早留学西洋的如清初香山的郑推信，用不着说，近代留学的先锋要算容闳、黄宽、黄胜三位。黄胜到美国后，不久因病回国，成就较少。黄宽留美后，又留英国爱丁堡大学，专攻医科。据容闳告诉我们，他不但是中国的医学的先驱，且为好望角以东的最负盛名的外科医生。所以旅粤的西人，欣迎黄宽，较甚于欣迎欧美医士。容闳回国后，不但对于曾国藩的新政，帮助最力，对于维新运动、对于革命运动，都有关系。然而他最大的贡献，还是在新教育的传播上。他是第一个主张派送留学生去西洋求学的人。从 1872 年至 1882 年之间，政府分批派送百余留美学生。这不但是由他发起与计划，而且由他亲带学生出洋。此后留学生的派送，以及留学生之影响于中国，都可以说是发端于容闳。又在维新运动的时候，康有为劝了光绪帝废除科举之后，又劝光绪振兴学校，也是我国新教育的主动人物。

此外，梁启超的文字革命的主张（《新民丛报》第1号），白话小说的写作（《新小说》杂志），与其通俗文体的流行，以至黄公度的新诗，对于近代白话文运动均有深刻的影响。至于妇女运动、劳工运动，与新式都市的运动等等，都可以说是策源于广东。

五

广东是旧文化的保留所，又是新文化的策源地。因粤人既是旧文化的守护者，又是新文化的先锋队。这好像是自相矛盾，这好像是趋于极端，然而极端的守旧，与极端的维新，在文化上固有差异，在民族性上似可以说是一致。中国今后需要哪一种文化，凡是稍能留心我国文化的以往的趋势，与今后的急需的，都能容易明白。至于极端的民族性，从我们传统的中庸的思想来看，也许不对，可是从我国今日的情形来看，却很需要。其实，我们的祖宗在过去所以不愿受统治于五胡、辽、金、蒙古、满洲，而向南迁移到广东来，到外洋去，就是不愿同化而表现出极端的性格。同样，我们的祖宗在汉时、在唐代，竭尽兵力，征伐南蛮，斩荆棘，辟疆土，就是不甘自足而表示极端的性格。这样看起来，极端是冒险，极端是进取。极端才不怕死，极端才作革命。不怕死然后抵抗强敌，作革命才能复兴民族。我所以说广东是抵抗外侮复兴民族的根据地，就是这个意思。

中国民族的发展，大致上，可以说从黄河流域而至长江流域与珠江流域。汉以前，长江以南，还是荆蛮。汉时越王赵佗还自称为蛮夷。但是经过汉唐两代的南进，与晋宋两代的南迁，汉族逐渐地繁殖于珠江流域。汉唐的南进，与晋宋的南迁，有其根本不同之处。因为前者是自动的南进，而后者是被动的南迁。前者是因强盛而南迁，后者是因衰弱而南来。然而从民族主义的立场来看，两者却有其相同之点。因强盛而南移，固可以表现出我们的民族精神，因衰弱而南迁，也可以表现出我们的民族思想。因为因衰弱而南迁，在消极方面是表示我们不愿受异族的统治、压迫与同化。在积极方面，我们要与南方的原有民族相抗争，而与汉唐南进的结果，没有多大差异。我们知道，道光时湖南尚有苗患，光绪时广东还有黎患。这可见汉族与南方原有的民族的抗争的时间之长。至于在南洋的华侨之与异种民族的争竞，也不外是这种抗争的历史的延长，与范围的扩大而已。

好多人类学者与历史学家告诉我们，现在安南、暹罗与马来半岛各处的土人，是由广东与西南各省迁移的。这就是说：他们是因汉族的南进而南迁。汉族愈向南推进他们愈向南迁移，正如湖南的猺、獞，因汉族的南进而移来广东。广东的汉族，不但移到中国最南的边境，而且推进到南洋海外各国。从民族的立场来看，广东人不但是民族向外发展的先锋队，而且因与异种民族的抗争的时间较为长久，民族思想的色彩，也可以说是因之而较为浓厚。

而况自东西海道沟通以后，西洋各种民族接踵而来，广东人之在广东与南洋的，都因其地理与他种原因，与这些民族最先接触，因而近代【西洋】西洋民族主义之影响于广东人也较为深刻。所以广东人在民族革命上，与抵抗外侮上，都占有特殊的地位。中国近代民族革命运动，可以说是始于太平天国，而发展于孙中山先生。然而这两种革命，正如上面所说，都是策源于广东。至于冯子材之败法军于谅山，十九路军之抗日，都是抵抗外侮的表示。

六

自广州失陷后，国人有了不少对于广东在抗敌上，持了悲观的态度，这虽不能说是全无根据，然也只能说是片面之见。我们应该明白，广州失陷的责任，主要是在主持广东的几位当局，而非广东的一般民众，所谓广东精神，既不能以几个人来代表，这种广东精神，也不会因几个人而消灭。八十年前，广州也曾被外人占据过，然而广东精神，并不因之而失却。何况广州虽失，广东的大部分，还在我们的手里。所以今后的广东民众与广东的当局，应当以固守广东的其他部分，以为固守国土的榜样，应当以克复广州，以为克复失地的先声。

不但这样，广州虽为广东的财力集中区域，然而广州的财力的来源，并不在广州。广州之所以成为繁盛都市，主要乃海外粤侨的力量。广东之所以称为富有的省份，主要乃海外粤侨的财力。所以广州虽失陷，都市的建设力量，却不因之而丧失。广东的其他部分虽被敌人

【的】威胁，广东的经济力量，也不因之而断绝。

抵抗外侮，与复兴民族的主要条件，至少有二：一为人心，一为财力。只要广东的精神不死，只要粤人的财源不竭，不但广东的前途可以乐观，就是中国的前途也有把握。

近来又有些人，以为历史上只有北方统治南方，没有南方统治北方，因此遂以为敌人自北而南，会演历史上的故辙。然而他们忘记了，近代历史，已与以往历史，大不相同。在中国固有的文化统治之下，北方故是统治南方，然而自西洋文化从南方输入之后，情形恰恰相反。太平天国不是起自南方吗？革命运动不是起自南方吗？广东是新文化的策源地，在过去，广东人曾利用这种新文化去推翻满清，去抵抗外侮，而今而后，广东人愈要格外努力发展这种新文化，去打倒倭奴，复兴民族。

我怎样研究文化学[*]
——跋《文化论丛》

二十年前，我也梦想不到我会写了关于文化这个题目的文章。然而现在，我却写完了廿本的关于这个题目的册子。我为什么要写这一部"文化论丛"？我愿意在这里略为说明。

我虽说二十年前，我也梦想不到，我会写了关于文化这个题目的文章；但是人们自少到大，既都不能离文化的环境而生活，那么人们对于文化的环境的发展与功用，以及其有关的好多问题，总免不了有多少意见。我对于这一点，不能算作例外。不过在我所过活的文化的环境之中，不只在种类上有了好多不同，在程度上，也有很多的差异。我住过穷乡僻壤，我也住过最大都市，我住过人们所谓不大开化的南洋，我也住过文化日新月异的欧美。一叶扁舟的蛋艇，我也过了不少时日。寂然无声的青山，我也耗了不少的时间。我所见的文化的环境既有了不少的区别，我对于文化的兴趣的发生，却可以说是很早。然而有了兴趣，却未必要去写作关于这一方面的文章，这可以说是二十年前的情况。

然而二十年来，不只观察文化的兴趣，日加浓厚，对于一些关于文化的著作时常阅读。自民国十四年到美国读书之后，对于这问题尤为注意。同时因为友朋之中，谈及中西文化的既是不少，而身处西洋，东望故国，感触尤多。回国之后，于民国十七年间，常常有机会去谈及文化上的各种问题，有时免不了觉得手痒，而忍不住地写了一些关于这些问题的意见。文章发表之后，有时免不了引起人们的批评或同情。同情于我的意见的人们，固然给我很多的鼓励，可是批评我的主张的人们，也给我以不少的机会来说明我自己的立场。因为这样的原故，使我对于这

---

* 录自《社会学讯》第 3 期，1946 年 8 月 1 日。

个问题，不能不加以特别的研究。

民国二十年年底，我既写完了《中国文化的出路》一本约八万言的册子之后，我曾写了一封信给陈受颐先生。这本书由商务印书馆出版，而这封信又是这本书的代序。我愿意将这篇代序的大部分，抄在这里。下面是我对着陈受颐先生所说的话：

忍耐和勉强地清理案头两个星期，现在也算作把前信所允许的稿子，呈上你看了。从岭南到燕北，虽是长路悠悠，然我总能想到您看它时，免不得又要说道：序经你又来谈大题目了！但是我竟然谈起大题目来。我想，大题目固不易做，小题目更是难写。三年来，我差不多每天都费过十多个钟头，去研究主权能分论，不但欧洲公园的瑞士，没时间去领略，连了人家每月一次送来的国家戏院（State opera）的入场券，我也抽不出空暇来陪我妻去听听。至今稿子已积了两三尺，我也颇信对于这个问题有了多少把握，然直到现在，还是写不出来，我且恐怕再过三年，也许还写不出来。

然而这一次，我竟敢冒昧地写出大题目来。这并非没有原因的。

第一，我在德时，无意中写了一篇约有万五千字左右的同这题目的文章，登在《社会学刊》（2卷3期）。我写这篇文章时，不外是信笔所之，没有什么可取的地方。但是回国以来，观伟（卢）兄再三要我印成单行本，给与学生看看，以便了解我们对于东西文化的态度。我检阅一过，觉得尚须略为修改，无奈下笔后，好像难于自休。同时绝没有去学人家著书立说传之后世的志愿，但我终于写出一本七八万言的书来。我本来是糊里糊涂地写去，写完后，翻阅一过，除了个人的观察，持之甚力外，只觉得百孔千疮配不上把来发表。然而寒假的空闲，只是两星期，开学后，免不得为功课所缠。而且去年在欧时，呻吟于病院者数月，医生要我至少须静养年余，每日工作又不能超过六小时。假使要我再把这些稿子来抄一回，已是一件很不易的事，要我去搜集材料来做研究性质的文章，这是目前我决做不到的。

第二，东西文化的接触，已有了数百年的历史，但是国人对于这个问题的研究，却是十余年来的事。片段的文章之发表于各处者，除了翻译者外，自著的并不算多。至于著之成书者，除了梁漱溟先生的《东西文化及其哲学》外，再也不易找出来。然而梁先生不但是自己打了自己嘴巴，他的结论，正和我们见解处于对峙的地位。梁先生的书，出版到今，已有十余年，这么长的时期内，竟没有人去写第二本。中国智识界的饥荒，一至于此。我未尝不觉到像我这样的门外汉，来做这么大的题目，是一件很不幸的事，然假使我而能"抛砖引玉"，也要算作不幸中之幸呵。

第三，我父亲今年是正如俗人所说"甲子回头"。他六十年来的生活，太辛苦了。然他二十余年来，能备尝辛苦，来育我和教我，在叻、在穗、在沪、在美求学，他还觉得不够，而要我由美直赴欧洲，再做数年工夫。后来因二弟夭殇，由美回国，这时南洋生意，已再维持不了，然他仍是努力，使我继续他的素愿。我在欧时，早想将比较有点心得的主权能分论，写成一册，夹恭贺他的生日，但是去岁因病回国，中辍不写。且听他说过，前数年所刊行的《现代主权论》一书，因为是英文本，他连一句也不懂。我想旧式的庆祝既非我所主张，亦非在中国今日赖"舌耕糊口"的人所能为。假使把个人的薄薪，来替我做门面，不但他不喜欢，也非我所当为。我思量再四，迫得把这本书做我的礼物，去送给他。我想这些礼物，也许一文不值，但却是我一点努力的真东西。是我自己的东西，把来给与他，无论外人怎样鄙视，他总是肯受的。这个原因，差不多可以说是我把它来出版的重要的动机。

这篇代序是民国二十一年一月二十八日夜写的。差不多过了一年，我又草了一本《东西文化观》，后来由岭南大学的《岭南学报》发表，并印为单行本。在民国二十二年的一月一日所写那本书的自序里，有了下面几段话，今且录之于后：

这本书是民国廿年冬所草成的《中国文化的出路》一书第三、四、五的三章扩大而来的。我当时草那本书的目的，是想把它来当做我父亲六旬寿辰（民国二十一年八月二十七日）的小小礼物。谁料寿辰还未到期，我父亲竟于去年的夏天因病而辞世了。

在哀痛之余，我的回忆中的父亲，以及我二十年前辞世的母亲，都是使我稍知努力向前不敢怠逸的一个榜样。他们虽已先后去世，而予我以很大的不幸，然这个榜样，却是时留在我的心头里。这本书所以能够草成，和此后对于前书的其他部分的扩大和增益的计划，也许其中一个志愿，是为着想把这些回忆常常活现在我的心头。

一本为着庆贺而写的小书，竟变成了一部像为着哀悼而作的东西。人世间最觉得难过的事情，恐怕没有像这样的了！何况，我的父亲和我的母亲，都可以说是生存在我们因袭固有文化，和目前中国的奇形怪状的文化之下无数牺牲者中的两个。所以，不只是为了中国文化的前途计，我很深切地相信，我由这些研究所得到的结论，就是为了个人的幸福计，我尤相信而且诚恳和坚定地相信这个结论。个人尚不应该死的时候而死去了，是不可复活的。但是整个中国的固有文化，走错了路，却未必是再没有希望的。假使这本书能引起国人的反省、觉悟和信仰，那么这些因为意外的不幸而变为有哀悼性的著作，也会再变为庆贺中国未来的新文化的小小礼物。

从一方面来看，这里的二十本书，也可以说是上面所说的那两本书的扩大和增益而来的。我写作这部著作的一个目的，也可以说是为着想把前面所说的那些回忆，常常活现在我的心头。

我回忆，而且常常地回忆，我父亲在少年的时候，真是穷苦万分。在我少年的时候，还可以处处看出他的穷况，虽则他处处都使我感觉到舒适与快乐。然而在很穷苦的时候，他已有了一个志愿：这就是教我入大学，送我留学欧美，他固然在不应该死了〈的〉时候而死去，可是他这个志愿，早已达到。假使我的这点小小的写作的志愿不能达到，那是太不肖了。

上面是指出我计划去写作这二十本书的动机，我现在且来把我对于文化学，以及文化上的问题的研究的经过稍为说明。

民国十七年，我在广州岭南大学当教席，有一次在一个学术讨论会上，我曾用过"文化学"这个名词，等到散会之后，有了数位同学曾问我道："文化学这个名词是不是一个很新奇的名词？"我的回答是："在中文上，这个名词虽是一个新奇的名词，然而在西文上，是一个久已应用的名词了。"

没有多久，在一个社会学科的讨论会上，我不只是提起"文化学"这个名词，而且指出"文化学"是自有其对象，自有其题材的一种学问。在我说这话之后，就有了数位同学，对于这一点提出好多的疑问，我当然虽曾一一地加以解答。然而，这数位同学始终觉得文化学要成为一种专门的学问，却是一件很不容易的事情。

我个人在美国时，一方面因为对于文化的研究，从来颇有兴趣，一方面又因对于东西文化的问题，又有所主张，故平常也很喜阅读关于文化方面的著作，因而在谈话或演讲的时候，有时总会有意或无意地说及"文化学"这个名词，或是谈及这个名词所包含的意义。然而在民国十八年以前，对于文化的本身的问题，并没有做过系统的研究。

民国十八年的夏天，我到了德国之后，除了研究政治哲学，而尤其是主权的观念之外，对于这个问题，慢慢地加以考虑，而且注意搜集关于这个问题的材料，特别是德文方面的材料。凡有所得，就作一记号，而由我妻用打字机打起来。到了民国二十年夏回国时，得到不少关于这方面的材料。从民国二十年夏天到民国二十六年夏天的六年中，我因为常常有机会去讨论东西文化的问题，而连带地参考关于这方面的材料，然而为了他种工作的相缠，始终没有拿出时间来整理。记得民国二十三年，我离开岭南大学到南开经济研究所之后，大家填起研究工作的题目与大纲，我曾填了关于文化的本身的研究的题目。然而，从民国二十三年到民国二十六年的三年，我除了写了一些关于东西文化的问题的文章之外，对于文化本身这个问题的著作，始终没有写过一点。

民国二十六年，"七七"事变发生的时候，我已回广东顺德主持调查工作，家人从天津仓促而归，除了携带一些必需的用品之外，书册差不多完全失掉；至于稿件，除了关于主权的观念的一部分材料之外，文化方面的材料，一点也没有拿出来，连了在南开经济研究所在我指导之下的几种重要的调查工作，如高阳的工业与社会的调查资料，也完全失掉。其实，关于主权论的一部分材料，是得了天津工商学院沈诚斋神父费了不知多少的时间与力量始得保存。

"七七"事变以后，我从广东北上到南京的时〈候〉，就不能回去天津，没有多久，而南开大学被毁，继而北平沦陷，北京大学、清华大学皆相继被占。这三个大学的当局，以及中央教育当局，经过几次磋商之后，决定由这三个学校合并而设立临时大学于长沙。我是八月二十日离开南京而经汉口赴长沙，算是临时大学的同人中的第一位到长沙的。

自平津失陷以后，这三个大学的同人，四方星散，各自逃命，直到十月底，同人之到长沙的还是很少。同时，三校的图书仪器，损失殆尽，就是有了多少于事变时移置他处的也不能搬运出来。所以长沙的临时大学，在十一月以前，除了借用长沙圣经学校校舍之外，教授既少，设备更差。我记得当我初到长沙的时候，我到湖南教育厅去看朱经农先生，谈及临时大学的事情，他很坦白地说："临时大学犹如空中楼阁，能否成立，很成问题，你实在来得太早了。"

长沙临时大学，虽然经过不少的困难，然而终能开课。可是，临时大学的图书既少得可怜，而长沙的图书馆的设备，又简陋不堪，同人之在临时大学的，有些连讲义也带不出来，所以上课讲授，就不容易，至于研究工作，可以说是完全谈不到的。

我们在长沙上课不久，而南京失守的消息又传来，敌人既从南京，而向西南推进，长沙又常常被了空炸，三个大学所合办的临时大学，又不得不设法迁移，经过长期的考虑，我们决定迁到云南。我们是分两路走，一路是从长沙经广州、香港，绕海防而到昆明；一路是经湘西、贵州而到昆明。从后一路走的是一些教授和三百多的学生，他们是徒步而走的，他们历了千辛万苦，跋涉了两千余里的途程，经过了二个月的时间，而始达到最终的目的。

我们初来昆明的时候，因为昆明的借用校舍不敷应用，于是文学院与我所主持的法商学院乃在蒙自上课。蒙自的图书设备，更为简陋，研究工作是更不易谈，可是这个富有乡村气味的县城，加以景色宜人的城南南湖，使同人得到一种清闲幽静的生活，而特别是自从"七七"事件发生以后，同人既备尝流浪紧张的艰难的生活，现在能够稍得安静，至少在心神上，可以说是一种很好的休养。

我们迁到云南以后，临时大学的名称，就改为西南联合大学。法商学院既在蒙自，我个人也不得不到蒙自。法商学院与文学院的校址，就在城外的南湖旁边。我家居近海，素喜水景，南湖的水，虽像沧海一粟，然而在山国的滇黔各处，有了这样的一个小湖，也不容易。

以平常散步的速度来说，南湖的整个周围，差不多要一个钟头始能走完，而其风景较好的半个周围，约需半个钟头就能走完。我在蒙自几个月，每天早起，至少围绕南湖的半个周围二次，而晚饭前，往往围绕南湖的整个周围一次。而且在我所住的哥老斯的洋楼的楼上，有了阳台，对着南湖。平时对湖而坐，近看清风徐来而水波不兴的湖水，远望云烟掠过的层叠起伏的山峰，在享受自然景色之余，有时免不了生出不少的感想。

我常想，假使在这个地方，我们能够有了丰富的参考书籍，我们很可以写点东西出来。

然而在这里，要等丰富的参考的书籍而始从事于著作，那是等于缘木求鱼的空想。

我自想十余年对于好多问题，虽有不少兴趣，然而主要的研究工作是主权的观念，其次是在南开经济研究所在我计划之下的工业发展对于社会的影响的调查工作，再次就为文化问题的研究。关于主权观念的研究，我在国内大学读书的最后一年，就有兴趣，后来到了美国进研究院，更努力于这个问题的研究。从美国回国后，在大学里当教席的时候，而特别是在德国二年，差不多完全用工夫在这个问题上，然而材料搜集得愈多，愈不容易下笔。从德国回国以后，一方面因为图书的缺乏，一方面因为别的工作所缠绕，而且"七七"事变，有一部分的材料又遗失了，所以直到现在还没有机会把遗存那部分材料整理出来。至于工业的发展对于社会的影响的工作，本是南开经济研究所自民国二十三年以后的主要的工作，我因为任了该所的研究主任，对于这个研究工作，花了不少的时间。除了找了好多位研究人员在河北省的高阳，从事二年多的调查工作之外，民国二十五年又在广东顺德开始工作。此外，在河北塘沽的调查工作，亦正在接洽，而且其他的工业区域的调查工作，也正在计划。我们的目的是要在中国各处找出几个工业发展的代表区域，去作集中的调查，而看看工业对于社会，或是文化的影响的程度是怎么样，然后再把这些工业发展的社会的生活去与我们固有的农村的社会的生活，作比较的研究。这是一个很大的研究的计划，我们希望利用南开经济研究所大部分的人力、财力去完成这个研究。我们可以顺便地说，我是极力主张工业化，而且极力反对当时所流行的"以农立国"的老调；不过我并不只从理论上去说明工业化的需要，而要从实地的社会的生活里，找出一些事实去证明我们这个主张。然而，很可惜的是，当我们的调查工作正在顺利进行的时候，"七七"事件就发生起来，我们的调查工作的地方，相继彼［被］敌人占据，在同人仓卒逃命的时候，不只工作整个停止，就是已经找得的一些材料，也差不多完全遗失。

我对于主权论与工业化的问题，既因"七七"事变而不能积汲去研究，在到了心神比较安定的蒙自的时候，我乃计划对于文化这个问题下点工夫。参考的书籍虽然很为缺乏，然而这是一个比较普遍的问题。而且十余年来，我一方面既阅了不少关于这个问题的书籍，一方面因讨论中西文化的问题，而发表过不少的文章。而且我在当时虽然想不到抗战的时期，会拉到这么久，然而要等抗战完后，再从事著作，那是一种怠惰心理的象征。而况抗战以后，就使读书的环境较好，参考的书籍较多，我未必就有时间去专门研究这个问题。因为我的主要的研究工作，本来就不是这个问题。

同时，从一方面看起来，参考书籍的缺乏固是研究工作的最大困难；然而因为所要参考的书籍太多了，看了一本又想看别本，这样地类推下去，有的时候反而不大容易动笔，而且没有机会把整个问题好好地加以详细和彻底的思索。好像一个人跑入广大的森林里，终日奔走，有了见树而不见林的感想。

从这一方面来看，对于文化这个问题的研究的兴趣，逐渐地浓厚起来，而且在蒙自那个环境之下，很适宜地使我把这个整个问题好好地加以详细与彻底的思索。我当时对于这个机会并不放松，除了上课讲演与学校行政的工作之外，在阳台闲坐，在南湖散步，以及其他的空闲时开[间]，都可以使我对于这个问题，作了多少的考究。

大致上，我几本《文化学概观》，以及下面十数本书的大纲，是那个时候拟定的。

恰巧在这个时候，社会学系的同人，觉得社会学系的课程太少，有人提议我们应该多添三两个新的课程。有一天，社会学系的同人，因为讨论系中的各种事情，而对于加开课程的提议，也正式提出。同人之中，多以为我也应当在社会学系讲演一个新课程，而这个课程，最好是关于文化方面的问题。有些同人以为这个课程就叫做中国文化问题，有些同人又以为这个课程就叫做东西文化问题。我当时表示，我不大愿意在课堂上去谈这些实际的问题，不过我很愿意把文化的本身上与根本上的一些问题、或原理，加以讨论。因而，又有些同人以为这个课程的名称，可叫做文化原理；也有些人以为这个课程，可叫做为文化问题，我自己都觉不大满意，最后我乃提出"文化学"这个名词。当时也有一二位同人，对于用这个名词去作下学期的一个新课程的名称，表示怀疑。

我记得后来我回昆明时，以至我到重庆时，都有友人很奇怪地问我，为什历[么]要开这一个学程？因为照他们的意见，哪里有所谓"文化学"这门学问？其实，他们从来就没有听过这个名词，然而我却并不因此而放弃我个人的主张。

自从民国二十七年的下半年起，在每个学年中的第一学期，我都在国立西南联合大学里主讲这个课程，这就是"文化学"。据我所知的，应用这个名词而为一种课程的，在中国的大学里，固是没有听见，在欧美各国的大学里，也是没有听见。虽则这个名词的本身，在应用上，历史很为久远，而流行也相当普遍。

这个课程，在国立西南联合大学的法商学院的社会学系里，是一种选修的课程，社会学系的学生在这年大学里，虽特别的少，然而选修这个课程的，每年都有十多位。我每周讲两个钟头，此外往往用些时间去与同学们讨论，这不只是引起学生的读书的兴趣，而且也给我不少的益处。

因为对学生讲演，我自己不得不先把这个问题，作成系统化的大纲，同时分为细目，使在讲演时间上，得到适宜的分配。又因年年要讲演，使我对于这个科目的兴趣，能够继续不断。所以数年以来，而特别是自民国二十七年至民国二十九年的两年，我大部分的时间，为了别的工作所缠绕，假使不是为了上课讲演，说不一定我根本又把这个问题置诸脑后，而且说不定今日不会写出这部著作。

至于我所讲演的内容，大致上就是这部《文化学概观》的大概。

我自在蒙自拟了文化学系统的大纲，与决定在国立西南联合大学开设文化学的课程后，我就想能够用点工夫去写这部著作。

我的计划是：在可能范围之内，把我所找得的材料以及我个人所能记忆的材料，按照我所预定的计划，循序写出来，希望先打了一个底稿，将来再慢慢地去增补与修改。

然而，当我正在要开始工作的时候，我们在蒙自的校址又为军事机关征用，文学院与法商学院又不得不迁回昆明；同时南开经济研究所又有在重庆与贵阳恢复的建议，此外南开大学在天津事变时，抢运出一些书籍、仪器，又正在设法南运，这正是民国二十七年夏天的时候，而这几件事与我都有关系。此外，不久广州失守，海南被占，安南屈服，南洋沦陷，与敌人在广州湾登陆，无论在直接上，在间接上都对于我个人以及我的家庭，有了很大的影响。而数年以来，而尤其是自民国二十七年夏天，至香港、南洋沦陷的三年余中，我时而到贵阳、重庆，时而到香港、安南，一年之间，有时来往于这些地方，有了四五次之多。我在天津南开经济研究所的时候，每因调查工作而常到各处，友朋曾有给我旅行教授的别号。到了这个时候，真是要成为流浪教授，我自己想想，实在觉得太难过了。

这么一来，文化问题的研究的计划，从民国二十七年夏以至民国二十九年夏的两年中，几乎置之高阁。在这两年中，我除了整理一本《蛋民的研究》的十余万言，以及陆续写了一本《暹罗与中国》约六万言之外，根本就没有写过什么文章。

民国廿九年的暑假期内，我预备从安南到暹罗、马来半岛、新嘉坡各处一行，然后再从缅甸回国。可是很不幸的，我要到了暹罗的边境的时候，我却染了病。我不得已在金塔（Pnombenh）的亲戚家里调养。金塔是柬埔赛的首都，是东方一个很整齐的美丽的城市，我好多年来虽常常到过这个地方，然而很少住过一个星期。我的亲戚除在金塔有房子之处，他在金塔东南数十公里的河仙港口也有房子。河仙港口也是我所常到的地方，可是从来没有久住。河仙港口是安南西南部一个海港，城市并不大，风景却很宜人。我这次因为染病的原故，遂决意在两个地方稍事休养。在这个美丽的城市，与风景宜人的海港中调养，不但使我身体逐渐复元，而且使我精神格外振发。我在这个时候，又于不知不觉之中，想及文化问题的研究的计划，而关于这个问题的著作的兴趣，也特别的浓厚。我在这两个地方住了一个多月，暑假的时间已过了大半，暹罗、马来半岛、新嘉坡、缅甸之游，只好作为罢论，决意回来昆明。

一个多月的休养，既使我对于文化问题的著作的兴趣特别浓厚，我回昆明之后，遂决意开始工作。

然而，从民国二十九年的秋天至民国三十一年的秋天的两年中，是昆明遭受空袭得最厉害的时候，有的时候整天有了警报，因海南的失陷与安南的屈服，使敌人的空军根据地距离云南愈近。昆明为我们后方的空军要地，又为战时的国际交通的中心，所以除了重庆之外，遭受空袭最多而最惨的，要算昆明了。除了空袭之外，我在这两年内，因为公私事务，每年来往于昆明、重庆之间，总有两次，所以对于写作方面，受了很大的影响。所以两年之中，我对于文化方面的著作，统共不过写了三十余万言。而且这三十余万言，差不多完全是我在天还未亮的时候所写的。

我父亲从来最喜欢早起，他无论春夏秋冬，每早五时以前就要起来。我少年跟着父亲的时间最多，因为有意或无意地也染了这种习惯，所以从民国二十九年的秋天至民国三十一年的秋天的两年中，除了八九个月离开昆明而不能写作之外，每天早晨，我都写了一千字左右。虽则有的时候并非写作关于文化方面的问题，然而十分之七八的时间，却是为了这个问题而写作。我想只要一个人对于工作能够有了恒心，无论他一天〔做〕得怎么样少，苟能天天一点一点地做去，过了一年或数年之后，总能有点成就的。

民国三十一年的整个夏天，我住在重庆，九月底我回昆明，我很自悔在过去数年中的工作太过迟慢，因为极力避免一些无谓的应酬，专心去继续文化问题的研究，同时设法每天于早晨四时至四时兰之间起床工作，从十月至三十二年的五月底的八个月中，我平均每月差不多写八九万字至十万字。这八个月里，有一二次是因为染了小恙，而使整个星期不能工作，有好多次是因为事情而离开昆明三二天，有了十几次是忙于校事或私事，而整天不能接笔。然而有好多时候，一天之内，我草了五六千字，又有了好几次，一天之内，我草了一万多字。然而主要的大部分的文章，是在早晨未吃早饭之前写的，因为日间不但往往为了别的事情繁忙，而且除了写作文章之外，还要参考书籍。

参考关于这个问题的书籍，在昆明是十分困难的，往往花了半天工夫，在图书馆翻来翻去，结果还是一无所得而归。此外，有的时候，花了一天工夫，阅了一本书籍，然而能够采取的材料，往往只是一点。但是我既打定主意去赶紧工作，我就照我所定的计划，在可能的范围之内，把我所找得的材料，以及我个人所能记忆的材料，先写下去，至于所写的是好还是不好，这是我在所不管的。

我很深刻地感觉这种工作的范围，是一种广大的田地，因为不只每一部分可成为一部大著作，就是每一部分里的每章，以至每段都可以扩大而成为一部书。我在这里所作的工作，只是一个大纲，只是一个概论，其实只是一些普通与根本的原则；同时为了解释这些原则，我又只是随便地举出一些例子，无论这些例子是一些事物，或一些人物。而且我在这里所举出的事物，又是一些比较浅白的事物，所举出的人物，也是比较显著的人物。一个人的精力、时间有限，无论他怎么样去专门研究一个题目，然而要想对于这个题目所包括的整个范围与有关的一切材料，都想完全无遗地去搜罗研究，却是一件很不容易的事情。

我很深切地知道，这种工作的对象是一种新辟的田园，因为不只在我们中国这样的从事研究这种工作的没有几个，就是西方学者之这样的从事这种工作的，也并不很多。我是从文化本身上的普通与根本原理而谈到东方与西方的文化，再从东西两方的文化，谈到所谓南北的文化。这是一种理论的研究，这也是一种事实的解释；这是一个历史观，也是一个世界观（Weltanschauung）。文化学的本身，是近二十年来的一种新产儿，虽则文化学的名词是源始于百年以前人类学者、社会学者、历史学者、地理学者，以至哲学家与科学家等等。各人都从各人的立场而研究文化，然而从文化的本身而研究文化，还是很少。文化本身是有了自己的范围，有了自己的对象，是自成一个格式，是自成一个单位；所以应当自成为一门学科，应当自有其一种立场。

我们相信只有这样的去研究，只有这样去推动，文化学才能发展。假使我们只是从别的专门科学的立场而去研究或推动文化学，文化学只能当作这个专门科学的附庸，结果恐怕永远不会成为一个独立的科学。

同样，关于东西文化这个问题，一般人，而尤其我国人，数十年来对于这个问题，虽然发表了不少意见，发表了不少文章，然而所谓有系统的著作之关于这个问题的，就找不出几本。二十年前，梁漱溟先生所出版的《东西文化及其哲学》，六七年前，张君劢先生所出版的《明日之中国文化》，以及二三学者之关于这个问题的著作，无论其主张是否得当，无论其内容是否充实，然而就像这样的著作，已是很少。

至于所谓南北文化这个问题，严格地说，研究的历史既是更晚，研究的学者更是很少。

在所谓东西文化的问题的研究上，或是所谓南北的文化的问题的研究上，我个人都有我个人的主张，可是我个人的主张，也是以文化的普通与根本的原理，以及其历史的发展的事实为根据的。其实，所谓南北文化，根本既与东西文化，有了密切的关系；而所谓东西文化，根本上又是与文化的普通与根本的观念有了密切的关系。我这二十册的"文化论丛"，就是透过文化的普通与根本的观念，来讨论东西文化与南北文化的问题，自成系统的。

南方与所谓固有文化*

照我个人的观察，南方在近代中国文化上有两种特殊的意义：一方面，它是新文化的策源地。自隋唐至现代，中国的海外贸易，都是自南方开始，而西方文化的东传，也以南方为最先。另一方面，南方却是我们固有文化的保留所。因为南方接受固有的文化较迟，所以直至现在，还遗留着许多的旧文化。如此新旧交错，便构成了今日南方文化的极端性。关于前一问题，我已另有专文叙述，此篇谨就南方与所谓固有文化的关系上略为说明。

为什么我们说南方是我们固有的文化，或旧的文化的保留所呢？要想解答这个问题，我们又不得不指出：这不只是由于中国固有的文化，在大体上是从北方而趋于南方，而且是由于固有的文化之在北方的，因为时代的变化，而尤其是受了外族的文化的影响之后，所谓好多本来的真面目，已经改换或消灭。但是直到现在，却还有不少的这些东西，流传或保留在中国的南方，这是研究中国的固有的文化的人们所应加以注意的。

我们在上面已经指出，中国的固有的文化在空间上的发展是由北而南，最初是在黄河的流域，后来发展到长江的流域，最后又发展到珠江的流域。而且，假使自 16 世纪以后，没有西洋文化的东渐，中国的固有的文化，很可能地发展到南洋各处。

大致地说：在春秋战国以前，这个固有的文化的中心是在黄河一带。吴越与楚，在春秋战国的时候，虽也称霸一隅，可是从北方人看起来，还脱不了南方蛮野的气味。孟子所谓"今也南蛮鴃舌之人，非先王

之道也"，无非就是这个意思。所以，尽管文学上有了屈原，思想上有了老子（据说是楚苦县人），可是在传统的思想之下，长江一带而尤其是在长江以南，在那个时〈候〉总是被人目为南蛮之域；所以，有名的学者，像楚的陈良，也得"北学于中国"。其实所谓"北学于中国"这个中国，就是指着黄河的流域。所谓"德以威中国，刑以威四夷"，所谓"内中国而外四夷"，既以为中国是有德的区域、是特殊的地方，而别于其他的野蛮的地方。所谓"北学于中国"的中国，既又不外是在黄河的流域，那么在黄河流域以南的地方，无疑的是当为野蛮的地方、没有德化的地方了。

就是在汉的时代，南方的版图已扩大到海岸，而包括海南岛。可是，不只广东的赵佗，还自称为南蛮之臣。到了三国的时候，刘备称雄西蜀，希望承继汉祚；然而，诸葛武侯鞠躬尽瘁，死而后已，不只不能使西蜀成为中国文化的中心，就是在政治上，这个地方也不能算为当时的中心。同样，孙权割据东南，因地理的关系，曾派朱应、康泰到南洋各处宣扬中国的德威，但是在文化上，究竟有过多少影响乃一疑问。其实在这个时代，中国的固有文化的中心，还是在黄河一带。

是自晋室东迁以后，中国的固有文化的中心，始逐渐向南发展，而趋于长江流域。所谓"衣冠避难，多所萃止，艺文儒术，斯之为盛"。对于这个文化的中心的迁移上，是有密切的关系的。隋时炀帝开凿运河，南北交通更为便利，中国文化以向南发展更为迅速。隋炀帝又遣使到南洋，而特别是赤土，这就是现在的暹罗。其使者常骏等在赤土时，其大方丈曾告诉常骏说，今是大国中人，非复赤土国矣。后来赤土王还派其子那邪偖常骏到中国朝贡，这时以南洋，既以很为了国人所注意。中国以南部，是用不着说的。而况中国北方之赴南洋，多从内地陆道而到广东沿海一带，再从这里乘船而到南洋各处；南方各省成为发展到海外各处的交通要道。交通方便的地方，往往是文化易于传播的地方。

至于唐代，版图日益扩张，南方的区域之开关的更多，加以海外交通愈趋频繁，江西成为南北交通的要冲，而广东的曲江，以至广州各处也愈趋繁盛。在物质文化的方面，中外珍奇货物辐凑于此。而尤其是在广州，不只北方人之迁移到这个地方的很多，就是外国人而特别是亚拉伯人之到这里也很多。据说黄巢陷广州时，杀死了十数万外国人，同是因为他得了广州的财富而使其益富。反过来说，朝廷失了广州的财富，却使财政上有了困难。右仆射于琼所谓"南海市舶利不赀，贼得之益富，而国用屈"。可见得这时的广东财富，在国家的财政上，已占了很重要的地位。

我们承认南方在国家财政上的重要的地位，是由于海外贸易而来。这就是说，南方的财富以至各种货品，并非完全为中国固有的东西。但是，同时我们也得指出，所谓中外贸易，乃中外两方面的货品的交换，而非只限一方面的物品的输入。换句话说，外货固有不少货品的输入，中国也有不少物品的输出。而所谓中国的物品，并非完全是广东或南方的土产，而也有了很多是来自北方的。

因为中外交通频繁、贸易繁盛，不只是好多北方人到了南方，而且北方的好多物品也运到南方。人物与货物的迁移，在整个文化的发展上，是有了密切的关系，而况货物的本身乃是文化的一方面。

此外，因为利之所在，人多趋之，这不只是限于商人，而且对于其他的人们，尤其对于一般的官吏，也是一种很大的引诱。在《南齐书·王琨传》里，已经告诉我们："世云'广州刺史但经城门一过，便得三千万'也。"屈大均在其《广东新语》里亦说：

> 吾广谬以富饶〈特〉闻，仕宦者以为货府。无论官之大小，一捧粤符，靡不欢欣过望，长安戚友，举手相庆。以为十郡膏境，可以属餍脂膏，于是争以田［母］钱贷之，以五当十，而厚责其赢利。

有一位署名为"太平洋客"者，在其所著的《新广东》一书里，也有了下面一段话：

> 广东以财雄闻于天下，中外所公认也。咸同以来，政府若有兵事、赈荒、国债、赔款，需大款大饷等项，莫不向广东而搜括，其数常数倍于各省，岁出达数千万万以上，此广东之财耗于政府者也。而贪官污吏，尤以广东为窟穴，其各省无赖之子、人类所不齿者，辄相借贷捐官，以取倍称之息，分省得广东，则亲戚朋友置酒而相贺，到任才数月，莫不满载而归。嗟！我广东人，其饱虎狼之吞噬者，岁不知几何矣！此广东之财之耗于官吏者也。至于洋货之进口，以广东为大宗，此广东之财，耗于外洋者也。然而统稽一县之财，往往比他荒瘠之一省而有余，即比之欧洲小国，亦未见其不足，固由出外洋善经商之故，而其饮食起居，用之奢丽之程度，各省常为警羡所未见。盖粤人一月之费，是彼一岁之费者，则财力之

厚可知，此财力之超于各省者也。

这段话里，有了不少的地方主义与愤慨情绪，然而广东因为财富而引起一般官吏之得广东位置者以为荣，却不只是这位"太平洋客"的私见，清初的屈大均，以至南北朝的人们，都有了这种看法。

不少的官吏，既以到广东作官为荣，不少的官吏，也因此而久居广东，这是有了悠久的历史，而非最近的事情。但是，无论是暂居这里的也好，久居这里的也好，这些人都可以说是中国固有文化的媒介者。广东人族谱中，至今还有自炫其为中原望族的，而从前的南雄的珠玑巷的名称，也是来自北方，大致上都是由于一些从北方来的仕宦的人物，为了思念故乡而这样造作的罢。

不但这样，北方在朝廷或政府之任职而被贬谪到南方的人们，也是很多：唐时的韩愈之到潮州，李德裕之到琼州，宋时苏东坡之到惠州、儋州等处。在他们个人方面来看，虽是不幸之至，然对于其所贬谪的地方的文化上，也有不少的影响。比方，苏东坡在惠州、在儋州，至今还有人道其在这些地方时的故事。他的妾朝云据说就葬在惠州的西湖之边，这是惠州的古迹。有些人说儋州城内有了不少的人们，还说北方的方言，也是受了他们影响，这未必是事实。然而，这些人物到了那些地方之后，对于当地的文化，而尤其是在文艺方面，有了多少的影响，是无可疑的。

此外，因为征服南方，而派到这个地方的军队，历代以来更是很多。秦时征服郁林、象郡，汉时的伏波将军。三国时的诸葛武侯七擒孟获，是否属实，我们不必在这里考究，然而，他曾屡次征伐南蛮是无可疑的。直到现在，据说云南与缅甸安南的边地，以至暹罗的北部好多民族里，还有纪念或关于孔明的事绩。又据《三国志·吴志》卷二：赤乌五年（242）七月，"遣将军聂友、校尉陆凯，以兵三万讨珠崖、儋耳"。珠崖、儋耳就是现在的海南岛。一个岛屿的反叛，要用三万兵去讨伐，这不只是证明政府对于这个地方的重视，而且说明北人之到南边的也必不少。

又如，在唐代之征伐南诏，元之征伐大理，这虽是军事的行动，然而，对于文化也有很大的影响。南诏也可以说是国人所谓为南蛮之一，大理据说为南诏之后。这个民族在南方盘据各处者有了好几百年的历史，中国不知征伐多少次。据《续云南通志》卷一五九云：

王金斌既平蜀，欲因兵威取滇，以图进于上，太祖（宋）鉴唐之祸，基于南诏，以玉符画大渡河曰："此外非吾有也"。由是云南三百年不通中国。

其实，所谓"云南三百年不通中国"并非事实，我在别的地方已经指出，不必赘述。我们在这里所要注意的是云南既与中国处于对峙的地位，中国必有不少的军队在大渡河内或其边境，以防备其内侵，而西南的大部分的地方，也已在中国的版图之内而受中国文化的影响了。

这些军队之南征的，不只是输入中国的固有的文化，而且也必有了不少留居于南方。他们虽是住在南方，可是他们的风俗习惯，以及文化的其他方面，都是中国的军队中的。人物虽未必代表中国文化中的特出人物，而传播中国的文化的精华于南方。然而，军队征服了别人之后，往往是用自己的文化去加诸他人；换句话来说，是用武力去传播文化。从某方面来看，这种传播文化的方法是很有效力的，因为假使被了征服的民族，而不愿去采纳其文化，有时却被其杀害。

此外，在中国的历史上，中国的固有文化的向南发展的一个最重要的原因，可以说是由于北方外族的侵入，而使政府与好多人士的南迁。上面所说的晋室的东迁，就是一个例子。自晋室东迁到隋的统一，有了二百多年的历史，到了南宋以至元朝，也经过了一个长期。在每次北方外族南侵的时候，不只朝廷向南迁移，就是好多住民也跟着而走。晋室东迁，固是"衣冠避难"。宋代末年，君臣之到广州新会一带的，就有了二十多万。到了明末君臣之逃难西南的，又不知多少。这与中国固有文化以传播上都有了密切的关系。

因为，北方的外族的侵入而迁移到南方的人们，无论是为抵抗敌人而到南方，或是逃避敌人而到南方，这些人的民族意识或民族主义必定很为坚强。他们是不愿作顺民或屈服于敌人而才离乡背井而南迁的，他们既不顾长途的跋涉，与环境的不同而到了南方，他们的意志也必定很为坚强。有了这种坚强的个人意志与民族意识或民族主义，他们不只是在政治上不愿受了他族的统治，就是在文化的其他方面，也不愿受了他族的影响。所以，与其说是他们是忠于其君主或忠于其朝代，不如说是他们是忠于其固有的道德观念，忠于其固有的传统思想，忠于其固有的风俗习惯，总而言之，是忠于其固有的文化。

这些人到了南方之后，没有问题的是过着其固有的文化，同时使其文化传播于南方，使南方成为固有文化的保留所。

反过来看，在北方既受了外族的侵入，北方的中国的固有文化，却受了北方的外族的文化不少的影响，而改变其固有的本来面目。街道叫作胡同，中服改为胡服。除了胡饼、胡琴之外，连了头发的装束也受了外族的影响而改变。这不过只是随便地举出一些例子；然而，中国的固有文化之受外族的文化的影响而改变其本来的面目，是很为显明的了。这种文化的改变的历史既很久，而且自晋室东迁与宋朝南渡之后，其改变的剧烈尤可想象而知。因为在这个时期里，整个北方是受了外族的统治，文化之受其影响是无疑的。在南北朝的时候，南北风俗已有很多的不同，《颜氏家训》对于这点已经说及。后来宋室南渡，中国北方又受了第二次的外族的统治，其文化所受外来的文化的影响之深，是更为显而易见的事情。

我们并不忘记：在我国的历史上，外族不只占领过中国的北方，而且统治过整个中国。元朝统治整个中国八十余年，清朝统治中国二百余年，所以在一方面看起来，整个中国文化都免不了要受外族的文化的影响。因为北方既因外族的侵入与割据，而受了外族的文化的影响；那么南方既受了外族的统治，也免不了要受外族的文化的影响。但是，从别一方面看起来，我们可以说南方，虽也受了外族的统治，可是在文化的各方面之受外族的文化的影响的是微乎其微。这种原因很多，其主要的：第一，南方之受外族的统治的时间比较的短。南北朝的时代有了二百多年，南方没有受了外族的统治，用不着说。南宋的时代，南方也没有受了外族的统治。元朝统治中国，只有八十余年，而且在这个朝代里，所谓南人或汉人，不只不能在政府里取得高位，在社会上也被目为很低的阶级。南人不只比不上蒙古人，而且比不上色目人。这就是西北的其他的外族，蒙汉或蒙古人与南人，以至其他的外族之于汉族的区别，既很分明。同时，蒙古人统治中国的时间又短，汉族文化之受蒙古或其他的外族的影响必然很微。这么一来，不只蒙古或其他的外族不愿同化于中国，或是蒙化汉族；汉族也必因其被蒙人低视而生了反感。结果不只不愿去蒙化，反而发生反蒙化，或其他外族化的心理，因而保存其固有的文化的心理，也必定很为坚强。

至于满清之统治中国，虽是有了二百余年的历史，但是满清一代，除了西洋文化已经输入中国之外，到了乾隆的时代，满人汉化的程度已经很高。而其结果，是满人几乎完全汉化起来。我们试看在满清初年的时候，顺治、康熙之对于西洋文化的输入尤为欢迎。不只在西洋的科学与技术方面，愿意接纳，就是对于其宗教，也并不十分仇视。可是到了后来，满人汉化之后，我们遂以汉族文化的立场去反抗西洋文化的输入。所谓闭关自守的政策，所谓"内中国而外夷狄"，已使他们忘记其本身也为外来的民族，而尊崇了尧、舜、禹、汤、文、武、周、孔之道。在这种情形之下，就使中国受了满人的统治，而其文化之影响于中国大体上也只多限于北方，而很少伸张其势力于南方。因为在这种势力尚没有伸张到南方之前，满人已很汉化了。

说到这里，我们可以解释南方之少受外族的文化的影响的第二个原因，就是地理上的原因。我们知道：北方多平原，而南方多山谷；因此之故，南方的交通比较北方较为困难。北人之南迁的，或中国的固有文化之发展到南方的，往往因为地理上的阻隔，而保存其原来面目。直到现在，就以语言一项来说，南方复杂得多，而北方较为简单。这不能说是与地理上没有关系的。

而况在北方外族统治中国的时候，都城往往是在北方，南方真是天高地远。加以从前的交通工具的简陋，要从北方到南方，并非容易的事情。尽管外族皇帝统治中国，可是除了像乾隆之游江南外，外族皇帝之到中国最南部的，可以说是没有。日入而息，日出而作，耕田而食，凿井而饮，帝力于我何有哉？这种情况，在远离京都的地方，特别是像广东俗语云"勿为北京人忧寒"，北京人作的什么，于南人实在没有很大的关系。

上面已经说过，因为北方外族而迁移到南方的人们，民族思想既较为浓厚，个人意志也较为坚强，这些人物本来在北方是不愿接受外族的统治或是为了反抗外族而才南迁的；那么，到了南方之后，虽然南方在元朝、在清朝也为北方外族所征服，然而这些人物本来就不甘同化于外族而南迁，再加以离开了外族的政治势力的中心的辽远，则他们不易于去［受］外族的文化的影响，也是自然而然的了。

又况这些外族的文化，都是低于中国的文化，"内中国而外夷狄"，这是中国的传统思想。在 19 以至 20 世纪的时代，比之中国的文化为低的西洋文化，到了中国之后，还受国人的排斥。比之中国文化为低的北方外族的文化，除了用政治的力量去强迫其同化，或是经过很长的时间而无意中为其所化之外，要想这些不甘受了外族而不畏千苦万辛的南迁的人们去接受外族的文化，是不容易的。

我们也并不忘记，在南方也非没有外族及其文化。西洋文化的输入，我们不欲在这里讨论，就是斥谓南蛮的文化，直到现在还分散于南方各处。南方本来有了所谓南蛮的文化，在北人尚未南迁之前，南方完全是这种文化。北人南迁，或北方文化或是中国的固有文化向南发展的时候，也免不了要与这些所谓南蛮的文化接触起来。有了接触，总免不了要互相影响。这就是说，除了中国的固有的文化影响于南方外族的文化之外，南方的外族的文化，也免不了会影响于中国的固有文化，而使中国的固有文化也改变其本质。

我们并〈不〉否认中国的固有文化到了南方之后，要受南方的外族文化的多少影响，然而我们也得指出，这种影响是较少得多。因为除了中国的固有文化，较之这些文化优越得多之外，南方的外族在历史上，只被中国的征服，却没用统治过中国。他们在春秋战国的时代，还繁殖于长江流域各处，后来范围愈来愈小，到了现在，只能散居于南方的一些山谷深林、人烟稀少的地方。他们不只所占的地方逐渐减少，而且人口也愈来愈少。其与北方的外族占领了中国的土地，统治了中国的人民，用政治的力量去推动其文化是大不相同的。

反过来看，所谓南蛮的民族，自与中国的固有文化接触之后，则常受了中国文化的影响。关于这一点，我们可以把历史上的哀牢、南诏与大理来解释。据说大理乃南诏之后，而南诏又乃哀牢之后。【哀牢】《后汉书》卷一百一十六《南蛮列传》，所述其种族的求［来］源，不易使人置信。但是这个种族与中国的交通，据说是在后汉建武二十七年（西历57［51］年）。《滇南杂志》曾告诉我们：

> 哀牢旧皆夷姓，武侯平南后始赐以赵、张、杨、李等姓，又军卒遗于此，聚居于诸葛营之旁，谓之曰旧汉人，姓氏乃渐蕃衍。

又据《洞［峒］溪签志》云：

> 金齿，古哀牢国……其人有数种。有以金裹两齿者，曰金齿；有漆其两齿者，曰漆齿；有刺面者，曰绣面蛮；有［刺］足者，曰花脚蛮；以绿绳摄发者，曰花角蛮。惟居诸葛营者，衣冠礼仪，悉如中土。

到了唐代的南诏，据《新唐书》所说，是哀牢之后。南诏的文化，也受中国的文化的影响很深。伯希和在其《交广印度两道考》里说过，南诏感受中国文化之深，其事甚著。在唐贞元五年（西历789年）南诏王异牟寻遣使三人到成都，在其《遗皋帛书》里，也有南诏"本唐风化"的话，又《新唐书》卷二百二十二中也有下面一段话：

大和三年（西历 829 年）……嵯巅（南诏将）乃悉众掩邛、戎、巂三州，陷之，入成都，止西郭十日。慰赉居人，市不扰肆。将还，乃掠子女、工技数万，引而南，人惧自杀者不胜计。救兵逐，嵯巅身自殿至大渡河，谓华人曰："此吾南境，尔去国当哭。"众号恸赴水死者十三，南诏自是工文织与中国埒。

又按《唐书·南蛮列传》上云，南诏亦用"员外"、"大将军"诸名词，同处又云：

幕爽主兵，琮爽主户籍，慈爽主礼，罚爽主刑，劝爽主官人，厥爽主财用，引爽主客，禾爽主商贾，皆清平官酋望大将罢兼之。爽，犹言省也，督爽，总三省也。

按"爽"、"省"两音本相近。现在在琼州的东北角的铺前市，及其左近的人们，读"省"独读如广音的"爽"。罗香林先生在国立中山大学《文史学研究所月刊》第二卷第三、四期合刊里，所发表《唐代蜑族考》一文里说：

省爽一声之转，南诏欣暮［慕］华花，设官分职，多仿唐制，省之称爽，是又并袭中土之音矣。

《宋史·外国传》里说，大理国即唐南诏也，大理也受了中国的文化的影响，《宋史·外国传》载："徽宗政和六年，南诏大理国遣进奉使天驷爽彦贲李紫琮，副使坦绰李伯祥来。"他们从大理至湖南，据说：

方紫琮等过鼎，闻学校文物之盛，请于押伴，求诣学瞻拜宣圣像，邵守张蔡［察］许之，遂往遍谒诸生，又乞观御书阁，举笏扣首。

这可见得南诏大理景慕中国文化之深。同时，我们以为这些使者返大理后，对于中国文化必努力提倡。又据史书，唐昭宗时，南诏蒙氏为郑买臣所篡，改国号"大长和"，后来赵氏又篡郑民［氏］而改国号为"大天兴"，赵氏复为杨氏所篡，而改国号"大义宁"，后晋时复为段思平所篡，改号"大理国"。这些姓氏国号，均已华化。大概地说，哀牢南诏经过汉唐两代华化之后，宋代的华化的程度必定很高，所以这些使者才有"诣学瞻拜宣圣像"的行为。

这不过只是略就史书上所载关于南方的外族的华化的一个例子加以说明，哀牢南诏或大理的或其他的外族的文化的好多方面之受了中国的文化的影响，而没有见于史书的必定很多。直到现在，在南方的好多外族的文化中，我们还可以找出很多的中国的固有或古代的文化的留痕。反而这些文化，却不能在北方或南方的汉族的文化中找出来。这正像孔子所谓"礼失而求诸野"了。

我们知道，在文化的传播或发展的过程上，有了不少的文化，本来是起源或发展于某一个地方，后来传播或发展到别的地方，再过了一些日子之后，在这些文化在本来起源或发展的地方有时已经改变、或消灭，而却可以在别的地方找出原来的面目。同样，中国的文化，本来是起源与发展在北方，后来传播或发展于南方，因为时代的变迁，而特别是加以北方的外族的侵入，及其文化的影响结果，所谓中国的固有或古代的文化，有了不少在北方早已改变或消灭，而却仍存在于南方。我们所以说南方为中国的固有文化的保留所，也不外就是这个意思。

不但这样，以常情而论，凡人芝［之］离开其故土愈远的，对于其故土的风俗习惯，往往愈要设法去保留。风俗习惯，因是这样，整个文化也是这样。俗人说：离乡愈远，思乡愈切。因为思得太切，因而常常设法去保存其故乡的风味。所以从某方面来看，在我国的历史上，凡是从北方而迁到愈南的人们，对于保留其故乡的固有的文化的情绪愈为恳切，这一点可以海外华侨来说明。我们知道，一般华侨之到海外谋生，在国内本来是少有受过教育的，他们在国内的时候，在所谓中国的固有的文化上既并非代表人物，也非推动人物；然而，华侨到了海外之后，虽然有了不少是受了海外的文化的影响，但是也有很多成为极端的中国的固有文化的拥护者。在文化的物质方面的比方穿的、食的或居的，往往还是循了国内已经过时的习俗。国内一般中等以上的女子，差不多完全穿起旗袍，而海外的女子就是最上等的，还有不少是穿了长裤与短衣。在文化的社会方面，比方在华侨的社会中的宗族制度，比之国内的发达得多。至于文化的精神方面，有的华侨思想之守旧，也是国内所不易找出来的。在国内正是提倡破除迷信，反对宗族主义的时候，华侨却正在建筑庙寺，与建筑祠堂；在国内正在提倡打倒孔家店的时候，华侨却正在尊崇孔教，实行读经。自民国初年以至国民政府命令祭孔，与何健、陈济棠提倡读经的时候，香港可以说是尊孔读经的大本营。这些例子便可说明：离其文化的策源地或中心的人们，对于其原来的文化的拥护的热情愈为浓厚。

总而言之，从中国的历史来看，不只是中国的固有文化是从北方而发展到南方，就是中国的汉族人民，也是从北方而迁移到南方。文化的传播，固不限于某一种族，可是一个种族迁移，往往是带着其固有文化而迁移，而成为文化的媒介。这些种族迁移之后，若与其他的种族的文化接触，其互相影响程度如何，是要视其文化本身的程度如何，以及其他的条件如何。在中国，北人南迁的历程中，所谓中国的固有文化，不只是在来自北方的汉族中可以找出来，就是在所谓原来的民族的文化中，这就是汉族以外的南方民族文化中，也可以找出来。因为除了汉族输其文化于南方之外，南方的汉族以外的民族，也受了中国的固有文化的影响。同时，因为在北方的中国固有文化，因为时代的变迁，与北方外族的占据在北方的固有文化中，有了不少的成分已经改变或消灭的，而却仍是保留在南方，这是我们所说南方是固有文化的保留所的原因。

上面是解释南方为中国的固有文化的保留所的原因。这里我们要从这种固有文化的各方面来说明我们这种看法，同时指出我们对于研究这种活的固有文化的需要。

我们先从文化的物质方面来说：

从服饰方面来看，在南方有的男子所用的头巾，是古代的遗物。《古今事物考》说："古以皂罗裹头，称头巾。"南北朝时，梁简文帝《拟落〈日〉窗中坐》诗云："开函脱宝钏，向镜理纨巾。"至于贵州及南方各处的妇女所用的头巾，据说也是古代所传下来的习俗。

又如倪蜕"蜕翁"所辑的《滇小记》中的序上，"帽"条云：

> 帽以毡为之，形如钺。云南惟大理戴之，男惟俚斯戴，妇人则无不以此为妆。岁时喜庆，垂丝网之，饰以珠翠，盖即唐时席帽。惟帽之制而为妇人出门障面之具，亦西南夷向慕唐风，仿佛其制度，以留存至今者乎？而世俗辄称之曰，此大理婆，哈哒毡，可谓失考者矣！次发编也，云次上帽，谓冒〔帽〕于发髻之上也！

木屐在古代是很流行的，其来源据《异苑》说："介子推抱木烧死，晋文〈公〉伐以制屐。"司马迁以为常服。屐与舄是不同的，方言里说：丝作者谓之履，而《古今注》云：

> 舄，以木置履下，干腊不畏泥湿；履乃屦之不带者，盖祭服曰舄，朝服曰履，燕服曰屦。

至于屐，是完全用木作的，燕居外游，均可以用，可是并非祭服或朝服。现在所流传的木屐，有的有齿，有的没有齿，前者高而后者低。

在古代所用的木屐，似都是有齿的，而现在南方的无齿木屐，似为舄与屐的一种混合品。《汉书·爰盎传》里说：屐步行七十里。《释名》：屐，捔也，为两足捔以践泥也。《急就篇》颜注云："屐者，以木为之，而施两齿，所以践泥。"

这种木屐，无论男的女的都可穿，不过男人所穿的与女子所穿的式样不同，所以《搜神记》里云：屐，妇人圆头，男子方头。现在这种分别，似已不存在了。

而且妇女所穿的屐上，又有颜色漆画，《后汉书·五行志》里云：

> 延熹中，京师长者皆著木屐。妇女始嫁，作漆画屐，五色采作系。

直至现在的南方，而特别是广州的妇女所穿的木屐，还有用了各种颜色漆画的。至于屐带，虽多用皮，然有时也用各种不同的颜色。

木屐在晋唐的时代很为流行，尚秉和在其《历史［代］社会风俗事物考》里，对于这一点曾有下面数段话：

> 《世说》："王子敬兄弟见郗公【公】，蹑履问讯，甚修外生礼。乃［及］嘉宾死，皆着高屐，仪容轻慢。"……又阮遥集好屐……是晋时亦以屐为不庄，而高屐尤轻慢。然当时卿大夫尽著之者，则以晋时风俗轻佻，人物高旷，故独喜之也。
>
> 据言，京师妇女始嫁，作画漆屐，五色采为系。又张泌《小金传》："蓬发曳漆履"。夫可漆可画，则木屐也。云溪友谊：崔涯，吴楚狂士，与张祜齐名，每题诗，唱肆举之，则车马盈门，毁之，则林盘失措，常嘲一妓云：布袍皮袄火烧毡，纸补筡筷麻接弦，更著一双皮屐子，纥梯纥榻到门前。

其实，这种纥梯纥榻的屐声，在广州各处直到现在还可以随处听见的。

又如，南方在琼州各处的人们，所用的有齿木屐，就是古代传下来的东西。《晋书·谢安传》中云："不觉屐齿之折"。这种木屐的齿，必定很长，而像琼州的屐，而非像广州或日本各处所用的没有齿的屐了。这种屐是用于平时的，而也不像日本人可以用为宴会或特殊的服饰。关于这一点，卢文弨《龙城札记》中告诉我们道：

> 履可以游山，亦可燕居着之。谢安之履齿折是也。纨袴少年，喜著高齿屐，见《颜介家训》中，大抵通脱之服，不作正服也。宋

阮长之为中书郎，直省夜往邻省，误着屐出阁，依事目列门下，事见《南史》。盖宫省清严之地，宜着履舄，在直所容，可不拘而出阁，则必不可以亵此，其所以自劾也。

在琼州文昌有句俗话云："穿鞋吃穿屐，穿履吃跣足。"意思虽说是跣足的人往往被穿屐的人欺负，而穿屐的人往往又被穿鞋的人欺负。然而，同时却也有了跣足不如穿屐那么高尚，而穿屐又不如穿鞋那么高尚的意义。穿屐在年［平］时是没有问题的，可是在特别的场会里，则变为不大合礼的了。

据人们说，现在在苗夷社会里的妇女所穿的衣服，而尤其是有了很多的褶的裙子，是古代的装饰。同时，现在在南方有些地方如安南的人们所穿的衣服，也是中国较古的服装。至于今日的长衣旗袍，却是满人所穿的衣裳。我们知道在三四十年前，在南方的广东与海外华侨的社会中，女子之穿旗袍的，差不多可以说是没有。直到现在，侨胞女子之着旗袍的，还是寥寥无几。

又如《论语》里所说的"襁褓"，这就是用布料制成，以为负小孩的东西，现在在贵州、广西、广东各处随处可见，而在北方却是不易看出来。

在吃的方面：古人说"民以食为天"，现在的人却说吃在广州。广州人不只是讲究吃，而且吃的东西的种类不胜枚举；而在其吃的东西中，有了不少在北方早已没有，或是少有，而在南方却还可以见的。

北方狗肉，在古代不只是把来吃，而且把来祭神。《月令》：天子乃以犬尝稻，以犬尝麻，先荐寝庙。而《周礼》又有供其"犬牲"的说法，《国语》里也有下面一段话：

> 子木举祭典曰：国君有牛享，大夫有羊馈，士有豚犬之奠，庶人有鱼炙之荐；笾豆、脯醢，则上下共之，不羞珍异，不陈庶侈。

这是指出狗是士人所用以为祭神的食品，而非天子与大夫所用以祭神的东西。这虽说明狗在神的祭品中地位并不很高，然而在春秋战国的时代，从这方面来看狗的地位，还是比鱼为高。其与现在钓人们之以鱼为贵重食品，很不相同。为什么后来狗肉不把来祭神？我们在别的地方已经说及，不必在这里再述。但是狗肉之用为人们的食品，在北方当时很为普遍，所以古书中关于吃狗的纪载，是不胜枚举的。《礼·内则》云：狗去肾，狗赤股，无毛而躁臊。《史记·聂政传》说：他"家贫，客游以为狗屠，可以旦夕得甘毳"。又《荆轲传》里说，他"爱燕之狗屠及善击筑者高渐离"。而老子《道德经》中所谓"天地不仁，以万物为刍狗"。王弼注道：

> 地不为兽生刍，而兽食刍，刍不为人生狗，而人食狗。

可见得古代不只是所谓燕赵慷慨悲歌之士喜欣吃狗肉，就是一般人以至神灵也喜欣吃狗肉。而况在那个时候，既有专业狗屠的人，那么吃狗的风气之盛，又可以概见。

吃狗之风何时衰微，难于确定。尚秉和其《历代社会风俗事物考》中"唐人已不吃狗"条云：

> 《汉书·樊哙传》以屠狗为事，师古曰：时人食狗，亦与羊豚同，故哙专屠以卖。按自六朝以来，不见有以屠狗为业者，然不敢确定其有否，独师古此注，惧读者不明，故曰时食狗与羊豕同云云，可见唐时不屠狗而食矣。

然而，他又接着说道：

> 至乡曲偷狗盗鸡，私鬻狗肉者，虽至今不免也。

可见得吃狗的风气并不断绝，其实这种风气至今犹很流行于南方的好多地方。就以广州而论，十余年前，在对岸河南的东部，卖狗肉的店摊有了好几十家，所以狗屠是很多的。又食狗的方法，也是像吃其他的肉类差不多，炒的、煮的、炖的各样各色，可以说是应有尽有。而且我们知道吃狗肉的人们，不只是乡曲粗人，就是好多长衣公子、西装青年之到这个地方吃狗肉的并不乏人。

又古代的人们，也有吃鼠之风，而且有了所谓腊鼠。《战国策·秦三》里有了下面一段话：

> 应侯曰：郑人谓玉未理者曰璞，周人谓鼠未腊者曰朴，周人怀璞过郑，贾曰：欲买朴乎？郑贾曰：欲之。出其朴视之，乃鼠也，因谢不取。

"朴"是未腊的鼠，那么把未腊的鼠去卖，无疑的是有人吃鼠，至少周人是吃鼠的。又这里既说鼠之未腊者曰"朴"，那么鼠之腊者大概是叫作腊鼠。现在南方有些地方，不只是还吃老鼠而且有了腊鼠。

吃老鼠大致上也像吃其他的肉类一样，杀后去毛，并去其内部的东西，而吃其肉。有些地方还有吃刚生出来的小鼠。在昆明有人告诉我：

岑春煊在滇时，往往喜欣使人到堆积的干禾中找出刚生的"血色红红的小鼠，用醋吃之"。岑春煊是广西人，他的这种习惯，也许是来自其故乡。据说在广东西江有些地方也吃这种小鼠。

至于腊鼠也像腊鸭、腊肉一样作法，我在广州岭南对面的沙头小岛中曾看见有些蛋户杀鼠以为腊鼠，据说这种腊鼠味道很好。有时在炎热的阳光之下，在竹杠上挂了不少这种腊鼠。这种吃法，也可以说是古法而尚流传【传】于南方的一些地方，虽则在北方已经找不出来。

北方人喜吃麦，南方人喜吃米，这是一般人的看法。然而事实上，在从前吃饭在北方也是很普遍的，而吃麦却是一种较贱的食品，所以富有或贵族的人们，都以米为主要食品，而节俭或穷苦的人们始食麦。《晋书·惠帝纪》云：

> 宫人有取升余〈粳〉米饭及燥蒜盐〈豉〉以进帝……次获嘉，市粗米饭，盛以瓦盆，帝啖两盂。有老父献蒸鸡，帝受之。

这段话里，除了说明皇帝是吃饭之外，饭盛于盂盛的方法，以及蒸鸡的方法，也是广东所常见的食法。古书关于节俭或穷苦的人们，多吃麦的记载很多，如南北朝时的《齐书·虞愿传》云：

> 民有饷其新米一斛者，怀慰出所食麦饭示之曰，旦食有余，幸不烦此。

《梁书·任昉传》也说：

> 昉出为义兴太守，在任清洁，儿妾食麦而已。

又如《陈书·徐陵传》云：

> 陈亡，随例入关，家道壁立，所生母患欲粳米为粥，不能常办，母亡之后，孝克遂常啖麦。

现在吃米的人，既不定是富贵的人，而吃麦的人，也不一定是俭苦的人。但是，北人却多吃麦，而南人多吃米。那么这种吃米之风，固是由于南方多产米，然也不能不说是南方却还保留其以米为主要食品的遗风。

从住的方面来看：我们知道工事始于木匠。《说文》："匠，木工也，从匚斤，斤，所以作器也。"大致上古代的住宅，多用木料。瞿宣颖所纂〔纂〕的《中国社会史料丛钞》甲集上册"民居之易焚"条里曾说：

中国古代建筑，取材木植过多，每易着火。左氏所纪，二百余年之间，大灾已数见矣。秦汉以后，因兵戈而致焚掠，致伟大之建筑成于累年，而毁于一旦，尤史不绝书。古迹之所以不易保存，良可慨矣。大抵民居，北户遭婪［焚］，不因兵劫，则自宋以后为甚，尤以南方为甚。

北方木材，因为历代的斩伐，以致逐渐减少，故近代北方房舍多用泥土建筑；然而，在南方，像贵州、湖南各处，房舍还多用木料建造的。这虽是由于南方木材的丰富，然而也可以说是我们古代的遗风，尚为南方人所固守。

至于房舍的式样，据一些工程学家的观察，在广东各处的祠堂，是最足以代表我们古代屋宇的样式。我们知道广东的好多住宅与祠堂的式样是差不多一样的。假使这些祠堂的式样是最能代表我们古代屋宇的样式，那么这些住宅的样式，也可以说是很近于古风了。

此外，古代所说的"里"，到今还有其留痕在南方，而却不易在北方找出来。照古书所载：古代是五家为邻，五邻为里，五里为乡，五乡为县。《史记索隐》说："古者二十五家为里"。汉时长安有了好多里。《三辅黄图》："长安闾里，一百六十。"可见里的数目之多。闾与里，据说是名异而实同。现在在广州还有不少街道是叫作里的。住在这种里的店户，虽未必是二十五家，然而这个名称是古代传下来的。

从文化的社会方面来看：中国的社会是以家族为基础，然而家族制度之最为完密的，恐怕也是在南方。在广东，祠堂之多，是为各省冠，祠堂成为一种联邦制度。北方以陈氏祠堂来说，除了每一村或一乡，有了一个或数个祠堂之外，在县城里有了一县的陈氏祠堂，除了县的陈氏祠堂之外，又有一府的陈氏祠堂，有了一府的陈氏祠堂之外，又有一省的陈氏祠堂。村的陈氏祠堂在村里，乡的陈氏祠堂在乡里，县的陈氏祠堂在县城里，府的陈氏祠堂在府城里，省的陈氏祠堂在省城里，陈姓如此，别姓也差不多是这样。

甚至到海外的华侨，而尤其是在南洋各处的华侨，姓陈的〈姓张的、姓李的、姓黄的〉，到处有陈家社，或张家社，或李家社，或黄家社。同乡而又同姓，固是亲热，不同乡而同姓，也很容易亲近。在美州［洲］一个广东的姓陈的，假使到了一家的广东姓陈的华侨所开的饭馆里吃饭，问了姓氏之后，就叫为宗兄或同宗。虽然大家向来没有认识，然而吃饭之后，大概是不收饭钱的。

不但这样，在一个村里一个乡里，有了一个祠堂还不算数，徐了整个乡村的共同的祠堂之外，还有时有了各支派的祠堂，所以一个乡村里，也可以有了好几个祠堂。

至于家中必有祖宗的牌位那是用不着说，祖宗的牌位是在住宅的正中的地位。阴历的初一、十五，或是各种节期，都必烧香拜祖，这就是所谓香火不断，子孙延绵。

家有家谱，族有族谱。家谱是一家的历史，而族谱是一族的历史。直到现在，还有不少的宗族，在那里建筑祠堂，修订族谱。

这种家族的制度，无论在经济上、在政治上，以至在教育上，都有了重要的意义。近来有人调查广东全省的田产，有了一半以上是属于祠堂的，这种结论，是否准确，我们不必去考究。然而广东的祖田之多，是无可讳言的。祖田本来是祖宗传下来的，凡是属于一个宗祠的田产，往往只能出租，不能出卖；而且有些富有的人们，有时也捐赠田产于宗祠，结果是私人的田产可以随时更换主人，宗祠的田产是比较的少有变动。因为宗祠的田产，大体上是往往增加，而少有减少。

在政治方面来看：以前的宗族差不多可以说是自成为一个政治的单位，家丑不外扬，所以关于好多犯罪、刑罚的事件，往往也由宗族去处理。现在乡公所，或区公所，虽然管理【事】好多以前宗族所管的事情，然而因为传统的宗族观念尚未完全打破，所以宗族在政治，而尤其是地方政治上，还占了很重要的地位。

而况好多乡村还是以姓为单位，陈家村、张家村、李家村、黄家村，意义就是这个村里，只有某姓人居住，或多为某姓人居住。族人聚居互相帮助，固并非没有好处，然而所谓大姓欺负小姓，而尤其是一族与别族斗争，结果也是社会上以至政治上的一个问题。

在新式学校未兴的时代，祠堂往往就是学塾。好多祠堂里，徐了祖宗牌位之外，往往有了孔子牌位。新式学校成立之后，好多祠堂还是学校的校址，而且学校的经费，也有不少是由祠堂去供给的。

直到现在，有好多学生之求学者，是靠着宗祠的经济上的帮忙的。因为宗族的观念浓厚，每族都希望能有多子弟读书，所以宗族之有财产者，多愿意去帮忙他们求学，有的还设法去鼓励他们追求较为高深的学问。

总而言之，上面所说的，不外是要指出南方宗族制度的完密，而说明这是中国文化的特点，这种特点在北方虽并非没有，但是不若南方那么浓厚。因为在外族的长期的占据的北方，所谓固有的家族制度，受了不少的影响，使其固有的色彩，比较的淡薄了。

婚姻是组成或继续家庭的方式，关于古代结婚的仪式，据说现在在南方尚有不少的留痕。清初陈鼎在云南住了很久，而且娶了土司的女儿，他曾写过一本关于土司的婚礼的著作，后来曾有人译成英文，登在美国的人类学杂志。照他的意见，土司所采用的好多婚礼，就是古代的婚礼。我在南洋各处见了不少潮州、福建华侨的旧式结婚的仪式，有人说也多是沿了古风。可惜我对于这个问题，始终没有作过研究。但是好多侨胞，数百年前已到南洋，当时既已采用中国的古代风俗，而子子孙孙，又世世相传，以至于今，也是自然而然的。至于古代婚礼之散见于国内的南方的汉族，或其他的种族的社会里，也是当然必有的事了。

置妾之风，本来很古，而此风在近代之流行最广的，恐怕又莫如广东。在这里，不只是置妾的人很多，而且一人置十数妾者也不少。据我所知的，就有好多人，而子女之过三四十者也并不乏人。不但这样，好多海外华侨，除了在国内有了妻室之外，在南洋也往往有妻室，而且往往有了好多个妻妾，这已变成一种风气，并不一定是因为没有儿子而这样的。

又如《国语·楚语》里说司马子期欲立妾为妻，左子倚劝之以为不可。这就是说妾不能立为妻，此风到今尤存于广东，所以有好多人有妾而妻死者，还要再去娶妻。这种"正房"、"偏房"的名称的区别，也可以说是古代文化的留痕了。

在文化的精神方面，比方守旧思想或复古主义，可以说是中国的传统思想。孔子固是主张复古，老子也是主张复古，墨子固是主张复古，法家也是主张复古，周秦时代的人们固是主张复古，汉晋以后的人是也主张复古。好多人说：大致上现在的北方人是偏于守旧，而南方人们趋于维新，这并非完全没有根据的。然而我们也得指出极端的维新人物固是多出自南方，极端的守旧人物，也是多来自南方。就以近代而论，王闿运、康有为、辜鸿铭、陈焕章，都是有名的守旧的代表人物。至于陈济棠之提倡祭孔，何健之提倡读经，香港之成为尊孔读经的大本营，都是民国以来的极端的复古的运动。至于上面有说的华侨思想之守旧，也是一个很好的例子。

又如古人最为忠信，一般有形以至好多无形的东西，都目为神鬼，而人鬼更多。在广东各处崇拜祖宗之普遍，是用不着说的。至于崇拜其他的神鬼，尤为众多，此外风水、算命，形形色色，指不胜屈。广州的城隍庙里的筮卜星相的摊位，就有了一百二十多，此外，这种摊位之在其他的地方的还不知道多少。城隍庙里的摊位据说每年租钱的入息，在二十多年前就有一万多元，计算每个摊位，每年约纳租钱一百元。这些设摊的人们所给的租钱，恐怕不过是他们的入息的十分之一，从此就可以看出到这些地方之求神问吉的人们之多。其实凡是到过广州的城隍庙的人，却能看出迷信的人之多，真可以说是集了我国迷信的大成了。

除了上面所举出的一些例子之外，南方的语言，而尤其是两广的方言，可以说是我国的现存的最古的方言了。好多古音，在北方已经没有，或改变的，而却可以在南方找出来，广音比之国音要多了一倍。所以从一方面看起来，国语固是简单化，然而在别方面看起来，音韵则减少得多。从这一方面来看，国语也可以说是一种退化的方言，因为国语的音韵，在现代世界中太不够用，同时假使中国的文字，要采用拼音的办法，国语的音韵必需多多地增加起来才成。因此之故，在中国的近代的文字的改革运动史上，还有些人提议采用广音以为普通的底音。这种办法是否妥当，我们不必在这里讨论。我们所要指出的是从中国的古代的语言来看广东语言，不只含有较多的音韵，而且是较古的方言。比方在广东的方言中 K 音是很多的，在国语这个音已不容易找出来，而已变为 ch 音。所以家在广东的方言里，在广州是 kA，在琼州为 kiA，而在北方却变为 CHIA。KA 或 KIA 都是古音，而 chiA 却为后来的变音。这种的例子是很多的，我们不必去多举。

我们在上面不过随便地从文化的物质、社会、精神与语言各方面举了一些例子，去说明在我国的南方的文化里有了很多的古代或固有文化的留痕，而使南方成为这种文化的保留所。我们承认我们在上面所举的例子并不包括文化的全部的各方面，而且有些例子也许尚有讨论的余地，或者是并非今日的南方独存的事实，同时在北方也许尚有多少古代或固有文化的留痕，而却不能在南方找出来的。然而，大体上现代的南方所流传的中国古代或固有的文化比之北方流传的比较显明得多。上面所说的南方的语言，就是一个最为显明的例子。

不但这样，我在上面所举出一些例子多取自广东，这也并不一定是说只有南方的广东总是这样，主要的【原】还是因为作者在广东的时间较久，而所见所闻较多。这是一种尝试的工作，我很希望留心中国固有的文化的人们对于这一点能加以特别的注意。因为这是中国的活的固有文化，而非死的所有文化，活的固有文化是我们的现代的生活中的一部分，我们要想研究，我们还可以去作实地的调查，还可以作直接的观察。从这一方面来看，这种的研究工作，是我之用间接的书本或是用久已不用的古物，以为推想古代或固有的文化容易得多。

我们知道，近代考古的学问日日进步。就以我国而论，近年以来，国人之注意于古物古迹的寻掘不遗余力。中国固有的文化是策源于北方，所以这种工作，没有问题的是要在北方下手；然而，若从研究固有文化的缓急方面来看，那么研究活的固有文化，应当较急于研究死的文化。我们所以这样说的原因，是很为简单，因为所谓死的固有文化之埋于地下，或藏于他处的，已有了数千或千数百年，过数十年后，或一百年后，再去寻掘未必觉得太晚。因为能在地下或他处那么久，再过数十年或一百年未必就会消灭，而再没有机会去研究。反之，这些所谓活的所有文化，因为时代环境的变迁，而尤其西洋文化的输入，已使这些固有的东西渐趋于消灭，假使我们若不从速设法去研究，则时过境迁，等到那个时候，就欲研究，必定已经太晚，结果虽想研究，而却无从研究了。

我们已经说过，南方是新的文化或西化的策源地。自明末清初南方就受了而且继续不断地受了西洋文化的影响，西化的程度愈深，则固有的文化必愈趋于衰微。这是历史的趋向，这有事实的证明。在这个新旧交替的时代，我们对于新的东西的来源与发展，固要赶快地中心〔注意〕；我们对于旧的东西的衰微消灭，从研究的立场来看，更要赶快地注意。

而况自这次抗战之后，南方而尤其是西南各处，以前所因为交通不便古风尚存的地方，现在多成为交通枢纽，或国际路线。除了已经西化的沿海的好多人们之迁入内地者外，西洋人士之到这些地方的也络绎不绝。以云南来说，抗战以前是我们的后院，现在却成为我们的前门。自美国空军到了云南之后，云南变成为国内的外国人住得最多的地方。空中飞机整天不断地飞，路上的汽车整天不断地跑。美国的物质文化，固是源源进来，美国的风俗习惯，以至思想宗教，也时时表现于我们的眼前。美国的药品与牛油、果酱，因为好多国人所享受。美国的社交与观念，也不能说是〈与〉我们完全没有关系。已经有了多少西化的基础的昆明人，对于这些东西，固未必是表示惊异，但是经过这次抗战之后，就是从前少与外间接触的沾益，或平彝的人们，对于这些东西，也未必就要完全排斥。

又况在现代的世界里，中国不欲生存也算罢了，若欲生存不能不赶快的西化。然而，我们已经说过，西化的程度愈深，则固有文化必愈趋于衰微。在事实上，我们以往与现在正在西化的历程之中，南方既为西化的策源地，而有了较久的西化的历史；那么南方的固有文化的留痕之趋于衰微，以至于消灭，又不外是一个时间上的问题。我们对于这些东西，若不赶快去研究，以后更不容易去研究。

总而言之，中国的固有文化的发展是由北而南，因为北方的时过境迁，而尤其是北方的外族占据中原而影响，使南方成为中国的固有文化的保留所；但是自西洋文化趋入于中国之后，南方首当其冲，遂成为西化或新的文化的策源地。这种新的文化，在中国的发展的程度是日趋日高，遂使遗留在南方的固有文化日趋于衰微。数百年来，这就是西洋文化输入之后，而尤其是数十年来，我国的固有文化，虽然尚未消灭，同时有了层出不穷的复古运动，希望能够保留了中国的固有文化；但是西化的发展并不因此而停止，或缓进。自抗战以后，我们既愈觉到西化的必要，而且愈觉到西化的必要快快的推动，而尤其是在所谓民族复兴的根据地的西南各处，那么所谓固有文化的留痕，愈不容易去保存，因而我们愈有感觉到赶快研究这些东西的必要。

南方与西化经济的发展 *

从经济方面来看，南方自有史以来而尤其是自与海外交通之后，就占了很重要的地位。《史记·货殖列传》里已经告诉我们道：

> 番禺亦一都会也，珠玑犀玳瑁果布之凑。

《汉书·地理志》卷二八下，"粤地"条复云：

> 自日南障塞、徐闻、合浦，船行可五月，有都元国。又船行可四月，有邑卢没国；又船行可二〈十〉余日，有谋［谌］离国；步行可十余日，有夫甘都卢国〈……〉船行可二月余，有黄支国。民俗略与珠崖相类。其州广大，户口多，［多］异物，自武帝（前一零 1004［104］至前 87 年）以来皆献见。有译长，属黄门，与应募者俱入海，市明珠、璧琉璃、奇石异物，赍黄金、杂缯而往，所至国皆禀食为耦，蛮夷贾船，转送致之，亦利交易。剽杀人，又苦逢风波溺死，不者数年来还。大珠至围二寸以下。平帝元始（1 至5 年）中，王莽辅政，欲耀威德，厚遗黄支王，令遣使献生犀牛。自黄支船行可八月到皮宗，船行可二月到日南、象林界云。黄支之南，有己程不国，汉之译使自此还矣。

我国与南海各处的交通的起点，是在雷州半岛的徐闻、合浦，无可疑义。但是这一段话里所说的其他各国的名字，虽有好多东西学者加以考证，然而直到现在，尚没有正确的解释。我们在这里也不必去讨论这个问题，我们所要特别加以注意的是南方很早就与海外诸国互相通商，我们所载去的货物是黄金、杂缯，而我们所载回的是明珠、流离、奇石

---

　* 录自广州《南方杂志》第 1 卷第 3、4 期合刊，1946 年 11 月 1 日。

异物等。

因为中外海道沟通而交换物品，南方在经济上占了一个特殊的地位，因为除了自己的物产之外，还有外边的物品输入，货物的种类既繁，交易既多，那么经济也易于充裕，所以《汉书·地理志》里又说：

> 番禺近海，多犀、象、玳瑁、珠玑、银、铜、果布之凑，中国往商贾者，多取富焉。

这里所说的"商贾"，若非完全为粤人，那么也必是久住在粤的国人，番禺、徐闻、合浦各处既为海上通商的要冲，那么因在这些地方作生意而取富的人们，也必很多了。

又在《后汉书》的贾琮传里，也有一段关于南方的财富的记载，今录之于下：

> 旧交趾土多珍产，明玑、翠羽、犀象、玳瑁、异乡美木之属，莫不出此。前后刺史率多无清行，上承权贵，下积私赂，财计盈给，辄复求见迁代。

从《史记》、《汉书》与《后汉书》的记载，我们不只看出外来的物品愈来愈多，而且明白财富也愈趋愈多；因为财富是愈趋愈多，而其结果是一般之在这些地方作官的人们，也免不了为利心所驱，而至于贪污。

《晋书·吴隐之传》里说：

> 广州包带山海，珍异所出，一箧之宝，可资数世。

这可见富有的情形，所以同书《南【京】蛮传》里说：

> 初，徼外诸国尝赍宝物，自海路来贸货，【贿】而交州刺史，日南太守多贪利侵悔〔侮〕，十折二三，至刺史姜壮时，使韩戢领日南太守，戢估较大半。

最显明的是，如《南齐书·王琨传》里说：

> 南土沃实，在任者尝致巨富，世云广州刺史，但经城门一过，便得三千万也。

这是从官吏之在广州致富的来说。所以凡是到了这个地方，或是到南海其他各处的，也莫不致富，《旧唐书·卢钧传》里也说：

> 南海有蛮舶之利，珍货辐凑。旧帅作法兴利以致富，凡为南海者，无〔靡〕不捆载而还。

《唐书·黄巢传》里也说：

> 巢陷广州，右仆射琮子曰南海市舶利不赀，贼得之益富，而国用屈。

因为黄巢陷了广州不只使黄巢愈富，而且使了国家的财用困难，那么，广州在那个时候，在中国的经济上所占的地位的重要，又可以概见了，所以韩愈在其《送郑尚书序》里也说：

> 南［贾］人舶交海中，奇物溢中国，不可胜用。

所谓"奇物溢中国，不可胜用"，无非就是说岭南的财富足以影响全岭国。

至于宋朝中外海道交通，更为频繁。据梁廷枏《粤海关志》所说：在宋初，广州进口以货物，只就乳香一项来说，已年达三十四万八千余斤。在这个时假，这就是宋太祖开宝四年（971），广州已设立市舶司以管理对外通商事务。到了宋真宗咸平三年（1000），杭州、宁波又开放。哲宗元祐二年（1087），泉州也开放。有了一个时期，泉州的贸易，差不多要在广州之上，然而这些地方都是东南的沿海一带。

自宋室南迁以后，因为经济困难，对于海外贸易，很为鼓励，以资弥补，所以《广东通志》说：

> 宋南渡后，经费困乏，一切倚办海舶，岁入固不少。

《宋会要》绍兴七年（1146［1137］）上谕：

> 市舶之利最厚，若措置合宜，所得动以百万计，岂不胜取之于民。

绍兴十六年（1146）上谕又说：

> 市舶之利，颇助国用，宜循旧法，以招揽远人，阜通货贿。

《宋史·食货志》里说：

> 大食蕃客罗辛贩乳香共［值］三十万缗，纲首蔡景芳招诱舶货，收息钱九十八万缗，各补承信郎。闽广舶务监官抽买乳香，每及一百万两，转〈一〉官。

据南宋李心传的《建炎以来朝野杂记》、王应麟的《玉海》，及《文献通考》诸书所载，自皇祐中岁，至徽宗崇宁间五十余年，此种收入，从五十三万缗增至一千万缗以上。

至于元代南方海上贸易的繁荣，并不因西北的陆道的交通便利而减色，《马可波罗游记》中，已指出泉州港与印度间的贸易的繁盛，他并且指泉州在那个时候是世界上一个最大的贸易港口之一。其所输入的物品是宝石、珍珠、珍贵物品，而亚剌伯人之在这个地方的有了万人之多。

《明史·食货志》里说：

> 太祖洪武，初设市舶司于太仓黄渡，寻罢之。设市舶司于宁波、泉州、广州。宁波通日本，泉州通琉球，广州通占城、暹罗、西洋诸国。

可知政府在这个时候，已不能忽视海外诸国之来华贸易，而其最大原因，也许是由于利之所在，不能等闲以视。到了永乐的时代，遣三保太监郑和下西南洋，其动机虽是扬威耀武，然其结果不只使国人之赴南洋的日趋日多，而逐渐在南洋占了经济上的重要地位；而且使中国的南方之于南洋的贸易，愈趋于发达，在直接上，或间接上，对于南方的财富都增加很多。

因为南方地〔在〕历史上继续不断地与海外各国交通，外货不只源源的输入，而且因为海道的交通的范围愈大，外间货物的种类之输入于中国的也愈来愈多。大致地说，中外交通最初不过是在南洋，以至印度各处，后来又发展到红海口岸。唐代亚剌伯人之在广州的很多，就是因为海上交通的便利。

在欧洲与东亚的海道尚未直接沟通之前，亚剌伯人已成为东亚与欧洲物品的交换的媒介，虽则在那个时候，欧洲的商品之输入中国是困难得多。

然而无论如何，因为中国的南方是中外接触的首冲，而广州与泉州各处又为海外的各处商人所常到或久住的地方，不只这些港口的商业很为发达，而且经商的方法也必与国内其他各处有了不同之处。各种不同的外来物品与各种不同的经商方法，既都输入于中国的南方，那么中国的南方不只是在中国的经济上占了很重要的地位，不只使南方成为商业繁盛的区域，而且使南方成为新式经济的策源地，成为新式商业的策源地。

我们知道：中国是"以农立国"的，文士、农、工、商，工固在农之下，商更在工之下。在春秋战国的时代，不只是传统思想的孔孟主张"重农"，就是思想稍能解放的法家也偏重于农、工，而尤其商是大家所最看不起的，"奸商"、"生意贼"是一般人给与商人的名字。所以从中国固有的思想来看，"重商"主义是反乎这种思想。中国的固有文化是策源于北方，而这种思想在北方人的脑子里尤为深刻。"五胡乱华"以后，中国固有的文化的重心，虽然逐渐地趋于南方，但是在固有的"重农"思想尚未深入南方的人们之前，南方早已与海外的民族贸易互市。这就是说从南方的经济立场来看，在国人尚视南方为蛮荒的区域的时候，商在南方，而尤其是广东的沿海一带，已占了很重要的地位。直到唐代，广东还是一般人视为被贬之地，广东的对外交易在中国的经济上更为重要。韩愈所说"奇物溢中国"，就是这个意思。至于宋朝，而尤其南宋之靠着海外贸易，以帮助国家的用途，其地位之重要，更不待说了。

南方的商业在经济上既占了很重要的地位，这与中国的传统的"轻商"主义，已处于相反的地位。换言之，南方之所以"重商"，并非固有的文化的结果，乃因为与了外间接触，而引起的经济力量作用的影响。我们之所以说南方是新式的经济的策源地，也就是为了这个原故。

因为中外的贸易，而使商业在南方的经济上占了重要的地位，而且这种地位，有了悠久的历史；所以到了后来，欧亚海道直接沟通之后，又变为一个新局面，不只是新式商业，先在南方发展，就是新式工业，也先在这里发展。

我们知道，西洋与中国在海道上的直接沟通，是在16世纪的初年，到中国最早的是葡萄牙人安德拉德（Fernoa Peref[z] de Andrade）。安德拉德于1517年率船数艘，泊于澳门西南的上川岛。后来葡人又据澳门以为已有，此后，西班牙人、荷兰人、英国人、美国人，以至西洋各国的商人，接踵而来。这一点我在另一文中已经说过。我们现在，所要指出的，是西洋商人到了中国之后，其所经商的口岸，差不多完全是在南方，而尤其是广东。

从西洋商人到中国之后，中国南方在经济的生活上，又逐渐地受了西洋的影响，因而中国经济的西化，也是策源于南方。

因为清政府在一个长期中，只准外洋商人在广东一隅贸易互市，广东在中外通商上又成为独占的地方。而在这种情形之下，所谓广东的十三行以至广东的公行，与外国的商馆的贸易，又是中外贸易史上最值得我们注意的一件事。

公行制度的成立，从前有不少学者以为是与十三行的创立是同在一时。梁嘉彬在其《广东十三行考》一书里，对于此事有所辩申，兹录其数段话于下，以说明其史略：

> 东西学者每误以公行成立之年为十三行创立之年，如英人摩斯（Morse）、美人罕忒（Hunter）、瑞典人龙特斯特（Andrew Ljund-stedt）、法人科提挨（Cordier）等，于行商之起源，只追溯至康熙五十九年（1720 年）公行成立时为止。前此中国对外贸易制度若何，非所过问。更有谓康熙四十一年（1702 年）闽粤两地之皇商（Emberors Merchant）制度，为公行之滥觞者。窃规〔视〕其意，似以为公行为十三行之别称，其实所谓公行（Co-hong）者，不过十三行行商在康熙五十九年之一种公共组织，其前广东固已有十三行之名称及制度，不容混淆也。而日人稻叶岩吉、根岸佶、松本忠雄等，更疑十三行当出于公行之后。谓据摩斯（Morse）书所载公行成立时，已有洋行十六家，当无称为十三行之理，尔后洋行渐减至十三家。乾隆二十五年（1760 年）以后，积习相沿，定为洋行，额数或始有十三行，及十三"行"街之称云云。此种怀疑精神，诚足钦羡，惟其不疑十三行成立于公行以前，而疑于其后，则似对于十三行之起源问题，尚未加以深长之考虑也。
>
> （页三六以下）

又说：

> 至国内多数学者对于十三行成立年代，咸奉摩斯（Morse）等之说为圭臬，是亦憾〔憾〕矣。蒋廷黻独以为十三行起始之真实年月，尚有待于详细考证，因告余谓，曾在向达著《明清之际中国美术所受西洋之影响》文中，就其所引清初人屈大均《广州竹枝词》："洋船争出是官商，十字门开向二洋（东西二洋），五丝八丝广缎好，银钱堆满十三行"一诗，间接得到十三行当起于公行成立以前之暗示，并嘱余详考焉。
>
> 考屈大均番禺人，明末诸生，卒于清康熙卅五年〔1696 年）。《广州竹枝词》见其所著《广东新语》中，此书康熙二十六年（1687 年）以前已行于世，故其所述广东之事当属其中年之所见闻。

又说：

> 复考外舶之来源，为分国分舶贸易。明代外舶航广东者，凡十三四国，岁不下十余艘，意者十三行之得名，盖与外舶航广东之国

别艘数有所关涉欤？——确否待证。

又说：

> 复考行商承商，类以殷实者任之，朝廷思所以控制之法，乃设总商，使外洋贸易不得他越。先大父（讳庆挂［桂］）襄亦语曰："行商承商，约如监商故事。"按中国自唐以后，举凡盐铁市舶诸大利，政府多采独揽制。明清两代，盐商、牙商（十三行之初本为牙行）同为粤东两大资本集团，盐课提举，亦尝兼摄市舶事，十三行行商承商制度，固早萌于盐商承商制度。

在别一处又说：

> 十三行之滥觞，原有牙行，溯行之始，远在隋时，唐韦述《两京新记》云：隋大业六年（610年），诸夷来朝，请入市交易，炀帝许之。于是修饰诸行，葺理邸店，皆使门市齐正，高低如一，环货充积，人物甚盛。时诸行铺竞崇侈丽，至卖菜者，亦以龙须席籍之，夷人有就店饮啖，皆令不取直，胡夷惊视，浸以为常。唐代牙行势力甚大，对于公司贸易，俱操纵之。《旧唐书》卷一三五《卢杞传》：天下公司，给与贸易，率一货旧算二十，益加算为五十，给与物或两换者，约钱为率算之，市主人及牙子各给印纸，人有卖买，随自署记，翌日合算之，有自贸易，不用市牙子者，验其私簿投状……法既行，主人市牙，得专其柄，率多隐匿，公家所入，"百不得半"。宋、元、明三代牙行对于贸易上之关系，尤为密切。（同书页三五八—三五九）

公行十三行的滥觞，虽可溯源于隋唐，然而所谓十三行与公行，是在西洋与中国的海道直接沟通以后所产生的制度，关于这种制度的概略，武堉干在其所编的《中国国际贸易史》中，曾根据〈摩〉斯（Morse）的著作，而作下面的两段简短的叙述：

> 溯公行制度之由来，系起源康熙四十一年（1702年）之官商（Emberors Merchant），其性质系由官厅指定一人为对外贸易经手人，此人因曾纳银四万二千两入官，故有包揽对外贸易之全权。凡外人之购买茶绢等货，皆由其经手，又其时外货销入内地者，亦由彼购买少数以限制之（惟华商亦有与之私行贸易者）。此项官商，初不仅广州有之，当时与外人通商较盛之厦门、舟山，亦皆有官商

操纵对外贸易。1703年厦门官商合组一公会，会员人数限定为八人至十人，以垄断进口货，此即广州公行之前驱者也。惟广州当时仅有官商，固无公行，然其专卖办法与公行亦初无二致。因之，外商颇觉不便，后三年，广东当局乃分此专卖权于他人，为取偿计，就各船征收五千两之特别通商税，外人亦莫可如何也。官商之专卖权，既已分开，遂启后来公行行商之基，惟当时仍无公行之组织，中外贸易乃须经由上述官商之手焉。（《中国国际贸易史》页六三）

又说：

当时行商之取得，对外贸易专利权，也须缴银二十万两，方能得之。行商人数约为十人至十三人（乾隆三十年至四十二年有十人，乾隆五十八年至嘉庆十二年有十二人，道光九年有十二人，十三年亦十二人，十八年有十一人）。普通均称为"十三洋行"（The Thirteen Merchants）。其中十分之九为福建籍，盖以外人曾在厦门、福州等处贸易，自后因清廷不许闽浙沿岸对外通商，即渐归于广东，厦门等处之华商因亦随之而来，故公行中，以闽商为特多也。政府之所以任"十三洋行"综揽对外贸易特权，除上述语言隔阂之一原因外，其主旨尚为限制外人起见。考当时限制最甚者，厥有二项：（一）外人只许居住于城外西南河岸之小区域内。（二）外人交易仅许与特许商人团——即公行——行之，以外无论何地何人，皆所严禁。因此，广州外人仅能开设商铺。Factory于城外西南河岸一百二十亩（Zi Acre）之小区域，其房屋均属公行所有，外商须年纳租金若干，方能居住。营业于其中，且须时受中〈国〉政府之管理监督，外人所设商馆，因系分租于十三行商，故其数亦为十三家。惟家商馆中之外商多少不等，统计十三商馆中之外人商店（Firm），据摩斯所称共五十六家。除美国有一家在澳门外，余皆聚居商馆中，计美国九家，波斯教徒所设者十一家，葡、荷、瑞、德各一家，英国则三十有一家，于此足征英国当时在华商业之特盛也。（全书页六三—六四）

梁嘉彬《广东十三行考》也说：

盖乾隆以前，外人颇有自赁民房，或就已倒闭之洋行加以改造纳租居住者，其后定制愈严，除赁居行商所建夷馆外，不许私赁民房，而一切行动遂完全受行商约束矣。乾隆末年，始准外人每月三次往游隔海之陈家花园及海幢寺，以资舒展。其后陈家花园废圮，至嘉庆二十一年始改令往花隶［棣］及海幢寺两处。及外人在夷馆内不许私自多添一房宇、一柱一石，在夷馆外，不许私添一马头，违者动辄受政府及行商干涉。但其后往往不遵约束，且有在馆内开设旅馆者，其初外人谒见行商，晤谈之时间甚短，面递货单后，即便告退，其后行商且有与外商同居止也者。又外人往谒行商，初亦只可徒步，行商至夷馆则必循例乘轿。道光十年东裕行司事谢五为外人雇轿，竟被"革去职衔，照交结外国诓骗财物发边远充军例，从重改发伊犁"。未及发遣而已瘐死狱中矣。

又说：

夷馆结构，备极华丽，墙垣亦甚高，清沈复《浮生六记》卷四云：十三行在幽兰门（按幽兰门或即靖海门，待考）之西，结构与洋画同。

因为政府对于外人的住处与行动均严加约束，自清初以至鸦片战争的时代，中国的文化的经济方面受了西洋的影响究竟多少，是不易说明，然而照上面两段话中看起来，夷馆是偏于洋式，而行商之于外商既也有同居止的，那么中国的文化的经济方面，总免不了受了外洋的影响，是无可疑的。而况在鸦片战〈争〉前，西洋人之不断在广州通商与居住的，并非一个短期，而乃有了二百多年。

不但这样，广州的洋人的住处与行动，虽严受政府的约束，澳门却为洋人所自由出入的区域，其实澳门可以说是西洋的一个缩影。据说在19世纪的初年，西洋人之寄居澳门的，除教士、军人之外，尚有四五千之多。在广州既时有洋商，在澳门，又为洋人所聚居之地，这些洋人主要目的，既为通商，那么国人而尤其南方的人们之与其来往的，不只在商业上必受其影响，就是在经济的其他方面，以至日常生活，也免不了必〈受〉影响了。

又况南方，而尤其是广东，既早已与外国通商，所以不只在新式商业方面是策源地，就是在新式工业方面，以至在新式经济的其他好多方面，也是策源地。

研究西南文化的意义 *

　　二十年来，我无时不注意西南文化的研究。民国十七年，我在《中国文化的出路》中，最先指出南方文化的重要性；二十三年，在《南北文化观》中，又特别指出南方在近代中国西化史上的贡献。最近我写了一部"文化论丛"，对于西南各地交织着原始文化、固有文化及西方文化的特质，更作了比较详细的讨论。可是西南文化，体系庞大，内容复杂，以我个人有限的力量，欲对它作系统的全面的研究殊不可能，所以我时常打算集合若干同志，专门从事这种工作。

　　西南文化为什么值得我们这样深切的注意？我常常认为，西南是西方文化输入最早的地方，是新文化的策源地；西南又是中国传统文化传播最迟的地方，是固有文化的保留所。再从另一方面看，西南的民族极为繁复，若干文化还保存着原始文化的特征，西南又可说是原始文化的博览会。因为有了这几方面的特色，西南在中国文化史而至一般文化学的研究上，就有极重大的意义。

　　南方与西方各国的交通很早。唐宋间阿拉伯商人东来广州、泉州的，已经不少。韩愈在其《送郑尚书序》中说："岭南人舶舟海口，奇物溢中国，不可胜用。"正即指此。到了明正德年间，葡萄牙人 Raffael Perestrello、Ferdinand Andrad 乃直接由航道来到广东各处。嘉靖年间，葡人更占居澳门，以为对华贸易的根据地。英人继葡人之后，于崇祯八年率领舰队直进虎门，广东总督不能抵抗，便准予他们在广东的河口通商。清代鸦片战争之后，缔结南京条约，割让香港，开辟五口通商，南方与外国的交通自此便更加频繁了。

---

　　* 录自《社会学讯》第 7 期，1948 年 4 月 20 日。

由于南方与西欧不断地接触，现代化或西化的工商业，在南方逐渐发达。广东的十三行、公行及外国商馆，都是当时的新式商行。光绪初年，广东陈启源经商安南，看到法人的新式缫丝机器，乃创造足踏机，以人力代替火力，其后改用蒸气［汽］原动力，新式的缫丝工厂自此开始。棉纱纺织厂的设立，虽发轫于光绪十六年李鸿章所创办的恒丰纺织新局，然现在最大的棉织业，要算广东人所办的永安纱厂。该厂乃永安公司的一部分，而永安公司又为五十年前澳洲广东华侨所组织的。烟业制造厂较大者为香港的南洋烟草公司，初期惨淡经营，及简氏兄弟接办，营业蒸蒸日上，终成为南方一大企业。新式的酒业经营最早的要算烟台的张裕酿酒公司，创办于光绪二十一年，创始人为广东潮州的张振勋。张氏原系南洋华侨，一次因事被法国领事请宴，席间出饮葡萄酒，乃聘请西洋技师赞助，开设公司，现在不特是国内最大的酿酒公司，也是远东不可多得的企业了。此外，如糖、罐头、饼干业的马玉山公司、安乐园、泰丰公司、冠生园，均创自粤人之手。化妆品的广生行、香亚化妆公司，百货店的永安、先施、大新、真光等公司，也都是由粤人开始经营的。

南方因为最先受到西洋政治思想的影响，所以它又成为中国近代革命运动的策源地。太平天国革命，发自两广，他们提倡民族主义，实施新政，如公田制度，废止奴隶，改善刑法，解放妇女及提倡白话文等，可以说是一种西化运动。至于康、梁领导的维新运动及孙中山先生领导的革命运动，都发轫于南方，所受西洋新文化的影响，更是显而易见了。

西洋宗教的传入，也以南方为桥梁。1552 年方济各·沙忽略（Francis Xivaer）航海来到广东的上川岛，他虽不得志而卒于岛上，可是继他而来的利玛窦，却发生了极重大的影响。利氏于 1582 年抵达澳门，在广东住了十余年，然后赴京，广东人入教者便有不少。此后的天主教士初来中国，不特以广东为进入的首冲地，且又以为退身之所。嘉庆十年五月清廷谕示道："西洋教蔓延数省，皆由广东地方官未能稽察防范所致。"由这段话，便可知道广东为当时天主教的大本营了。新教方面，1807 年马礼逊也来广州传教，广东人蔡亚高、梁发等先后入教，梁发对于新教的传播贡献尤大。

新式教育的设施，同样以南方为首见。此种设施，与西洋宗教的输入，大有关系。1828 年，广州的教徒，因受了梁发的宣传，曾开办了

一所基督教的新教学校。1834 年，英国女教士古特拉富夫人
（Mrs. Gutzlaff）在澳门创设女校一所，后来又办马礼逊纪念学校。这
两个学校，在中国近代教育史上极为重要，因为容闳、高〔黄〕宽、黄
胜都在那里读过书，他们是中国最早的西洋留学生，容闳回国之后，又
鼓吹大批学生留学美国，这就开了中国留学教育的先河。

　　我们知道：中国近代文化史可说就是一部西化史，而西化的发源地
却在南方；那么，南方文化在中国近代文化史的研究上，不消说是极其
重要的了。

　　中国传统文化的发展，大致上是由北而南的。在春秋战国以前，固
有的文化中心在黄河一带，春秋战国时的吴越与楚，虽也称霸一隅，可
是北方人还觉得是个野蛮的地方。所以尽管文学上有了屈原，思想上有
了老子，然而像楚国的著名学者陈良，还得"北学于中国"。秦汉至魏
晋南北朝，中国的版图逐渐扩大，而尤其是晋室东迁以后，固有文化的
中心，便趋于长江流域。所谓"衣冠避难，多所萃止，艺文儒术，斯之
为盛"。便可见这时文化的南播与士人的避难，大有关系。唐宋以后，
海外交通频繁，珠江流域的经济日趋发展，北方商贾南来者，固然不
少，就是一般官吏，也无不以出宦南方为荣。屈大均《广东新语》云：
"吾广谬以富饶〈特〉闻，仕臣〔宦〕者以为货府，无论官之大小，一
捧粤符，靡不欢欣过望。长安戚友，举手相庆，以为下〔十〕群〔郡〕
膻境，可以属餍脂膏，于是〈争〉以田〔母〕钱贷之，以五当十，而厚
责其赢利。"此外南宋、南明的播迁，直接间接都使固有的文化播化到
西南各地。

　　中国固有文化的南播，为时既晚，现在西南一带，自然还会看到这
种文化的真面目。同时南方山谷重叠，交通不便，文化变迁较慢，固有
文化一时也不易改变；反之，北方大平原地带，不断地受到异族的侵
略，固有文化早已消失。所以我们要探究中国固有文化的真相，只可于
西南文化中求之。例如服饰方面，西南各省男女所用的头巾，正是古俗
的遗存。《古今事物考》云："古以皂罗裹头，称头巾。"南北朝时，梁
简文帝《拟落〈日〉窗中坐》诗云："开函脱宝钏，向镜理纨巾。"便可
证明。木屐在古代颇为流行，《后汉书・五行志》云："延熹中，京师长
者皆着木屐，妇女始嫁作漆画屐，五色彩作系。"唐诗中歌咏妇女着屐
的也很多，现在北方人已没有着屐的习惯，可是西南的两广川黔一带，
却随处都可见到。西南妇女用布料制成背带，负小孩于背后，这便是

《论语》中所谓的襁褓。吃的方面，古人最嗜狗肉，且用以祀神。《周礼》就有“供其犬牲”的说法，汉代樊哙以屠狗为业，可见当时食狗，与羊豚无异。《战国策·秦策》又记述周人吃鼠。这些风俗在北方早已无存，在西南则至今流行未衰。又在社会制度方面，中国古代典型的氏族制度，在广东保存得最为完整。广东的祠堂之多，为各省冠，每乡必有祠堂及宗产、政治、法律事件全由族中长老处置，祠堂即为一乡的经济、政治、文化、教育活动的中心。又中山县的乡间，大家族的宗法制度，体系井然，实为北方所未见。多妻、蓄婢及不落家习俗，在西南也很普遍，都可说是古俗的遗留。两广方言，多存古音，已为学者所公认。李调元《南越笔记》卷一中，曾举出许多例证。他说：“广东方言谓平人之妻曰夫娘，夫娘之称颇古，刘宋、萧齐尚佛，阁内夫娘令持戒。夫娘，谓夫人娘子也。谓父曰爸曰爹，南史湘东主人之爹是也。妇谓舅姑曰大人公、大人婆，亦曰家公、家婆。贾谊曰：与公并居。列子曰：家公执席是也。顺德谓欺曰到，《史记》张谓［仪］曰：不如出兵以到之。《索隐》曰：到，欺也。犹俗云张到，谓张网得禽兽也。到，得也，张仪善欺，故谓欺人者，张到也。谓猥獀者曰魁摧，出贾谊《哀时命篇》，即诗之虒隙也。肉熟曰聆［脸］，《礼记》曰腥肆焰聆［肣］祭，注曰脸，熟也。焰或为熠也。广州曰烹物曰熠，亦曰焊也。数食箩曰几头，晋元帝谢赐功德净馔一头是也。数槟榔曰几口，陆倕谢安成王赐拱［槟］榔一千口是也，亦曰几子，陈少主尝敕施僧智顗槟榔二千子是也。数蕉子曰几梳，苏轼诗：西邻蕉子熟，时致一梳黄。禽之窠曰斗，雌雄［鸡］伏卵曰哺斗。石湖云：雌雄日［曰］一斗，十鸡并种，当得六斗是也。”此外，粤语的K音很多，在国语中早已消失，而变为Ch音，所以“家”字在粤语为Ka，琼州语为Kia，在北方则变为Chia。Ka、Kia是古音，Chia是变音。我们随便举了几种例子，可见西南的确保存着不少古代固有的文化，今后欲研究中国古代的文化，就必须赶紧发掘这些活的材料了。

西南各省的民族，种类极多，旧籍分别为百数十种，年前戴维斯（H. R. Davies）氏根据各族的语系，概括之为三大系，即孟克蔑系（Mon-Khmer）、掸系（Shan）、藏缅系（Tibeto-Burman）。其中孟克蔑系包括苗、傜二支，苗族分布于湘、黔、川、滇、桂等省，傜族以桂省为大本营，粤、黔两省也有一部分。掸系包括滇省的摆夷，黔省的仲家、水家，桂省的侗、侬及琼崖的黎民。藏缅系包括藏的藏人、西番，滇省的古宗，这些及川、滇的罗罗等，人数很多。

这些民族，因为僻处山地，与外面的交通较少，所以他们的文化，还保持着原始的状态。物质文化方面：不少民族还从事狩猎生产，就是农业生产，如锄耕、轮耕、火种等方法，也是极为原始。琼崖黎族及滇西南的摆夷，施行纹身装饰（Tattooing）。黔东南的仡佬，施行毁齿，罗罗及苗傜的推发，都是一种原始的装身技术。广东蛋民的水上住居，其形式又与瑞士新石器时代人类及南洋一带土人的水上住家相同。社会制度方面：凉山的罗罗，实行着奴隶制度，黑罗罗是贵族，白罗罗是奴隶，彼此间的阶级极严。黔省黑苗，桂省红傜，多少尚行交错表婚制度（Cross Cousin marriage）。两广傜族崇拜盘瓠犬王，滇省黑夷以动植物为部落记号，蛋民神宫祀蛇，这又是图腾制度（Totemism）。

风俗方面之具有原始文化特征的尤多。抢婚习俗，差不多西南各族都有存在。原始时代的两性歌舞集会，在苗傜名为"跳花"、"跳月"，在仲家、水家名为"赶表"、"摇马郎"，名称虽不相同，而其为男女性活动的节期，则无异致。就是最奇特的产翁风俗（Couvade），也可在西南民族中找出来。《太平广记》引《南楚新闻》云："越俗，其妻或诞子，经三日便澡身于溪河，反具糜以饷婿，婿拥衾抱褥，坐于床榻，称为产翁。"又云："南方有僚妇，生子便起，其夫卧床褥，饮食皆如乳妇，稍不卫护，其孕妇疾皆生马［焉］，其妻亦无所苦，炊爨推［樵］苏自若。"元代马哥［可］波罗（Marco Polo）旅行滇缅交界处，尚见到这种风俗，现在大概也还有遗存的。

宗教方面许多原始巫术（Magic）与占卜，西南民族中也很流行。放蛊、放鬼只要到过西南边地的人，随处都可见到。鸡卜、蛋卜、牛骨卜、羊骨卜、草卜等占卜术，应有尽有。埋葬的方式有康人的天葬、民家的火葬、川南楚人的悬棺。至于琼崖黎人的刻木为信，云南麽些的象形文字，黔南水家的水书，仲家的字喃，尤值得人类学者的注意。

上面我们举出西南种种特殊文化的许多事实，说明西南不论在中国近代文化史而至于固有文化及原始文化的研究上，都有了丰富的材料，正待我们去发掘。我们敢说：今日若果欲了解全部中国文化发展的历程，就非到西南各省从事实地调查研究不可，至少我们亲身接触到了这些活的材料，总比埋首在旧字纸堆中探索那些死的材料好得多。我们之所以重视西南文化的研究的，正是为此。

最后，在西南文化的研究中，还有一点必须注意的，就是华侨问题。我们知道，南方与外国接触较早，南方人到南洋或欧美经营工商业的也较多。据最近的统计，全世界华侨人口总数约有一千四百余万人，其中以广东人占多数。华侨一方面把中国固有文化移殖海外，对于当地土著的文化发生了不少的影响，今日华侨足迹所到，随处都可看到祖先崇拜、宗族组织、中国式的衣食住的各种设备；另一方面，华侨最先又直接、间接地把西方文化接受过来，促进了南方社会的西化、现代化。如广东现在教育最发达、文化程度较高、物质建设最完备的文昌、台山、中山、梅县几处，都是华侨最多的地方。换言之，华侨不特是中原文化海外传播的媒介，也是建设南方而至整个中国新文化的功臣。可惜今日华侨受了种种的限制，已有每况愈下的趋势，所以我们对于华侨在近代中国文化发展史上的贡献，固然要详加阐发，就是今日华侨的实际问题，也要力谋解决之道，使他们能继续完成历史的任务，那么，我们的研究工作当有更大的意义了。

对于现代大学教育方针的商榷*

据本报本月 21 日"教育新闻"栏登载本月 19 日本市的教育专家，曾在中山大学举行一个教育会议，讨论各种重要教育问题。他们讨论的结果，约有数端，惟著者所欲把来商榷者，厥为第一条议决，据报章所载抄录如下：

> 停办文、法科，或减少数量，同时多设职业学校，以适应社会生活之需要。①

此种议决发表后，岭南大学校长钟荣光先生，于本月 21 日的同学日的宴会席中，曾提及此事，同时并宣布岭南大学将于最近期内，实行这种教育方针。而本报 25、26 日的"教育新闻"栏，又登载邹海滨先生在中大纪念周的演说词。邹校长的演讲，也是报告 19 日教育专家会议的结果，而其焦点却是注重职业。邹先生说：

> ……所以前星期于本校开个教育会议，想把中国现在的教育从根本上来设法救济。大家的意见，都以为欲使亡国的教育，变为兴国的教育；制造游民的教育，变为有实用的教育；殖民地的教育，变为增加生产物质的教育，必然要于升学的基本教育之外，再加上一种职业教育，此种教育方针之改变关系于国家存亡兴废甚大，亟宜群策群力，急起直追，以求实现。

在邹先生的演词里，足以〈引〉起我们的疑问的点，固然不少。然

---

* 录自《广州民国日报》，1932 年 6 月 1、2 日"现代青年"栏。

① 原注：据说，19 日教育专家所议决停办或减少数量的只是文科，并非法科，惟报章所载如此，姑从之。

邹先生既不明说废除或减少某种教育来迁就职业教育，而大体上所谓"要于升学的基本教育之外，再加上一种职业教育"，是我们所赞同的。不过他们议决停办文科、法科或减少其数量，而替以职业教育，不无有待商榷之处，因略陈管见，以质高明。

我们以为想对于这问题得到明白和正确的答案，应当首先了解什么是大学教育，什么是职业教育，以及这二者的关系如何。我们可以大胆地说：参加19日教育会议的教育专家，老实是误解了这二种教育。他们简直是把二件东西，弄得不清不楚，所以才有上面所举出第一条的议决。原来职业教育的目的，是在乎应用，而大学教育的目的，却在乎求知。所以求习某种技艺以求维持目前生活起见，与专为学问而研究学问，显有不同的地方。为了前者的需要起见，则职业教育之发展，实不容缓；为了后者的需见〔要〕起见，则大学教育之建设，显然可见。社会上固有不少的人，是为了生活起见，应当对于某种职业上有相当的智识而入职业学校，然社会上也不少的人，是为讲求智识、研究学问，而要受大学教育。我们承认在现在的中国职业教育，确是缺乏，然此种现象，正像是说现〔在〕的中国小学教育、中等教育、平民教育，以及大学教育的同样的缺乏。因为了这个原故，所以我们听得有些的职业教育专家，鼓吹职业教育，小学或中等的教育专家，提倡小学或中等教育，我们不但不加反对，还且十二分地表同情。就使他们而提倡废除高等教育，或大学教育，我们有时也肯愿意的含默不言；因为他们不是办大学教育的人，不晓大学教育的重要，乃意中事。无奈19日的教育会议的专家，大都乃主持大学教育的名流，对于大学教育的发展，无所振作，他算罢了，还要废除，宁非奇怪！

我们的教育专家，也许会说道：我们的大学教育太发达，而职业教育太缺乏了，所以要抑彼扬此。然我们试看国内的大学教育的发达程度，究竟如何呢？事实上，大学教育的提倡和设立还是近十余年来的事情。我们放目一看，国内大学之设备，能称为完备者，能举出一一否？努力提倡发展，尚恐不足，今欲废除减少，是何用意？

我们试想以土地大过广东有限，人民多过广东有限的德国，有了二十余间大学。以土地人民与海南一岛相差无几的瑞士，也有了七间大学。今像广东省样其所谓根基稳固之大学也不过两间，相形见拙〔绌〕，宁不痛心？然此尤不过从大学的数目来比较，若再进而比较其学生之多少，则我们就合了二间大学的学生人数，恐怕比人家的人数最少的大学，尚恐不及。此外科目及他种之设备，其相去之远更无比较之余地。处在此种大学教育情况而言，废除减少，是何用意！

并且拼命去提倡职业教育，而同时忽略或废除大学教育，是一件很滑稽的事情。原来职业教育，要是增加起来，则职业学校的指导及主持者，不能不于比较职业教育更高一级，而以求知为目的的大学里找出。试问一方面而提倡职业教育，一方面减少或废除大学教育，岂不是自相矛盾，而舍本求末吗？

我们上面已经说过，职业教育的目的，在求应用，而大学教育的目的，却在求知。求知固未必为了应用，然要有所应用，则不能不有求知。要造一部汽车，或是轮船，第一个条件是要晓得制造的方法。要在这复杂社会文化发达的 20 世纪的世界，而提倡增加生产物质，以裕民生，提倡教育，以为改造国家社会的张本，仅仅的提倡职业教育，是行不通的。

其实，我们的意见是：设使人人而能够入大学了，那么职业教育是用不着去提倡的，因为大学教育比之职业教育还要专门，还要彻底。不过大学的教育太落后了，所以不得不借职业教育来补救一时之急。然明白了这个道理，我们更觉得大学教育的提倡，刻不容缓，今欲舍大学教育而取职业教育，混乱颠倒，孰甚于此？

我们试想，世界文化进步较显较高之国家，未有不注重于大学之教育。惟有半开化的领域，是不容易找出大学来。所以大学教育，简直可以说是文明之特征。我们而不欲与世界各国并驾齐驱也则已，如其欲也，则舍乎提倡大学教育，增进人民之专门智识，尚有何道？

我们应当承认上面所说的话，会引起了我们的教育专家的疑问。因为他们并非绝对的反对整个大学教育，他们所反对的却是大学教育的一二部分，而特别是文科、法科二者。他们的理由是：学了这二科是不能于国家的生活及物质上有所贡献，所以学而无用。至于农、工、商、理等科，他们却极力愿意保存和发展。我们以为这种观念，完全是错误的，而其最大的错误，是他们不懂大学的目的和人生的需要的原则。我们已说过，大学的目的是求知。因为他们目的是求知，所以她是注重于研究。研究的对象，虽然常常于人生的需要上有密切的关系，研究的结果，虽然常常影响于人生社会文化甚大，然研究的目的，却并非以权利为目的。商务书馆请了不少的学问专家，福特汽车公司也请了不少的机械专家，然我们不叫商务书馆及福特公司为最高的教育机关，或大学校，就是因为大家的目的不同。为了我们的目的是求知，所以我们开了一个农科。我们每年花了地方十万块金钱，我们的目的，并非希望在农业试验场里所出产的东西的价值，要超过我们所费的十万块的金钱，而在乎为研究而研究农业及关于农业上的各种问题。其实我们并且不希望一个每年要花了一千或数百块钱的大学学生，于毕业以后实要回家里做一个三五亩的农夫过世。要是他们自己这样希望，他们用不着费着这么大的资本来大学。农科固是如此，工科、理科也是如此。因此我们可以知大学以上的教育，在现在的社会情况之下，决不是只为着将来解决一日三餐的问题而来；要是为着这样，他们何苦把数千块银来入大学？我们又何苦把这只有消费而没有得回的十万块钱，来办农科、来办工科？

其次，人类生活的需要，决不专是为衣食住方面。所以衣食住以外，像美术、音乐、文学，或游戏、宗教的追求，不能不算人生需要中一部分。德国有一位哲学家曾说过：Mannivt wasarist。为要增加物质生产而提倡职业的教育专家若能告诉吾位〔们〕："没有饭还讲什么学？"我们也可以回答道：Mannivt wasarist。所以一个人若信了佛教，而做忠信的佛教徒，他决不会食肉。伯夷、叔齐，因为有了他们的人生观，所以宁愿饿死，不食周粟。食固然是重要，然人生于食之外，还有好多的欲望与冀求，所以大学教育的目的决不能说只在乎求食饭这样简单的。

人类的文化智识愈进步，则人类对于征服自然而增加其物质的生产的方法愈进步。同时他于衣食住以外的要求愈多。所谓原始的野蛮人，没有所谓文学及各种较高的非物质的生活。我们在提倡大学教育，无非提高我们的智识文化的地位。废除、减少之说，岂非以为我们还要向后转而做原始野蛮的生活呢？

大学的目的既是求知，是研究，而人类的文化日进，则人类对于此种求知和研究兴趣愈浓，大学的教育应当依着此种的要求而设备，才不失为大学的目的。所以一间称为完全的大学，应当对于各科的设备上，应有尽有。因为智识的各方面是互相连带的，而且是互相影响的，所以讲求智识的人，若是要说这科重要，那科不重要，已失乎大学教育的真义。

我们以〈为〉教育专家的回答也许是："文科、法科的学生出校以后，没有事做，结果是流为高等游民。制造高等游民，不如没有之为愈。"我们试问农、工、商科的学生，出校以后，做不做高等游民？正确的证据，固不容易找出来，然普通的观察所暗示于我们的，倒是一般学了农、工、商的人，做了高等游民。学贵得乎用，然而我们试想专以岭南农科及农职学校的毕业学生，除了做官、执教鞭和高等游民外，有多少是学能益世？其实在现在的中国情况之下，一个农局主任，或是科员，用不着我们的农科学士、硕士、博士。就使是用了最多也不外是做了官僚政客的装饰品。事实上一般农民所得的实益又在哪里呢？所以要是教育专家，而把中国目前【情况】文科、法科学生的出校以后的情况来做废除、减少的根据，那么农科、工科、理科学生出校以后的情况，也要〈睁〉大眼睛来看看。设使大家都是学而无用，那么我们就要问问弄到这种特别的状况，其根本的原因在哪里呢？又中国今日教育之无效力和不像样，其责任要哪一方面负呢？

我们的教育专家，也许这样地告诉我们道："在现在的特别情形之下，无论什么科的学生，出校后虽是学非所用，然把各科的本身来看，理、农、工等总较文科、法科为有用。"要知道文科、法科是否有用，应当先明什么是文科与法科。据中山大学现行制度，法科包含法律、政治、经济。文科分为中国言语、文学、历史、哲学、教育、社会等等。岭南大学没有法科，故文科包含较广，法律、政治、经济、哲学、教育、宗教、社会、中外文学等。主张废除或减少文科、法科的人，当然以为这些科目，都是没有用的。我们不辞繁琐，略为说明于下。

本来学法律的人，通常目为一种专门的职业的学科。惟有野蛮半开化的社会之下，法律的研究不大注意的。所以法治的国家，没有不注重法律，而〈于〉法律的研究特别注重。我们的遗传观念，对于法律太轻视了。官僚、武人的非法举动行为，宪政政治的不能实现，均为对于法律不事讲求的表征。现在还要废除，岂非以为我们不至于完全没有法律的地位而不止？我们试想治外法权的不能收回，以及人家目我国为半开化的国家，岂非因法律的智识，及遵守上的缺点有莫大关系吗？

我们试想在殖民地的领域，像南洋群岛，像安南的政府的学校里，对于政治科目的设备，是差不多没有的？他们最怕的设使你们懂了政治，那么〈对〉政治政策的设施的批评，及政治权的要求，是不能免的。我们试问提倡废除政治学的教育专家，岂不是要以帝国主义之下的政府的对待殖民地的人民的方法，来对待我们民众呢？岂不是要实行庶人不议，不在其位，不谋其政的政策呢？我们且要知道，大学培养政治学者、政治家和制造官僚政客，是绝对不同的。

经济学没有用吗？每个国家的国民经济与国民生活的密切关系，这无论是谁，都要承认的。然而国民经济的充裕与否，以及其改良及发展，不单只靠着一个商业学校学过三二科簿记、银行的人，还要靠着有对于世界经济的趋势以及经济学上种种的根本原理的智识。所以外国政府时时要授着一般像经济学者来讨论的。其实就是为了权利起见的银行行长，不只是要晓〈得〉怎样数纸币银元，还要懂得经济学原则呵！

社会学没有用吗？那么社会的组织、社会实况的调查，人民生活的状况，及各种情形，也不要问及了。这么一来，还要提倡什么职业教育，来救济社会的需要呢？中山与岭南二大学的社会学系之创设，还是去年的事。创设的旨趣，岂非以为使学生明了社会的状况以为改良社会的基本。今草创伊始，就要停办，然则当其事者，岂不是太没有眼光吗？

哲学不要吗？原来每一个人都有每个人的哲学。要是他自己不会想及或问及自己要为什么而生活，那么我们只好不客气地像孟子说道："其异于禽兽者几希"。一个人既免不得要有他的哲学或人生观，则人生观之于人的实际生活和行动的重要，不问而可以知了！同时哪一种的人生观是现代适宜的人生观，哪一种是落后的人生观，也应该研究研究呵！子夏告诉我们道："学而优则仕"，是子夏的人生观。我们的教育专家告诉我们道：学东西须能增加物质生产。我们要跟着子夏先生，还是我们的教育专学〔家〕呢？这个问题一经发生，则讨论研究，又不容缓了。其实各位专家要是以为哲学是没有用，各位专家又何不自己以身作则，找间什么商业工艺学校，学学一技手艺，以求物质生产之增加，何劳开会讨论，改变教育方针呢？试问这种讨论所得的结论，是不是一种教育哲学呢？

外国言语科是没有用吗？我们详细思量一吓〔下〕，则所得的答案当然是肯定的。中国一切的智识都落在人后，这是无可讳言的。参考书册到了这么样的缺乏，国人自己既少能著书立说，再加以不注重外国言语，那么就使诸君而拼命提倡教育，试问拿什么东西来教求学呢？像岭南的附设中学一样的注重英文，我们还学到英文尚是未够用。像中山大学的大〈多〉数科目皆以中文教授，而大学里又不设英、德、法、日本等科，试问有谁来翻译书册〈，提出〉新见解、新方法、新智识，来供给我们的需要呢？

中国语言科不要吗？那么诸君在 19 日会议所议决的第二条所谓"小学之教科书多用语体文，不识文言文，便不能阅读古书，行之日久，则中国文化必衰落"一段，简直没有什么意义了！

东方的圣人岂不是说过吗？"诗可以兴"，"文以载道"，那么文学也不能不研究了！要是一个爱迪生是值得我们敬慕的，那么一个歌德，至少都是德国人生活需要中的一部呵！

此外，如教育、如宗教的要研究，无庸我们赘述了。

上面不过略将所谓文科、法科的重要处略为说明。我们既不主张文科、法科要特别的注意，我们也没有提倡废除或减少他的科学，而迁就文科、法科。反之，我们希望无论什么科都要努力发展。要是经济力量缺乏了，而无可奈何，那么废除减少，应该从各方面酌想。其实要是经济力量的缺乏，则对于经济用途较大的科目，特别要裁减。文科、法科无论在哪间大学里所用的经费，都不若理、工、农等科。教育专家苟以为能用此区区者以弥补理、工、农等科，则滑稽之甚，无以加矣。所谓应付一时的经济困难于万一，而致国家社会之法律、经济、政治、文学种种之人才失了来源，孰是孰非，可以概见。

或以为文科、法科之学生太多了，苟不废除减少，则与年俱增，岂非供过于求？其实出此言者，何尝对于事实上做一公平之观察？比方岭南大学法科虽是没有，然学生之治经济、政治、法律、社会学者，不够五十人。治其他之文科者，亦不过如此。治理科者三十余，农科者约二十多，商科者六十余，工科者四十余。从此以观，以三百左右的学生，而分为文、法、理、工、商、农六科。文法三〔二〕科，仅占六分之二，是则人数之比较，几乎相等。在一个社会里，因为生活的复杂而有分工，有工必有农，而且要有政治家、法律家、音乐家等。今以一个可分为六科的大学，其人数之比较相等若此，设使废除其一，岂非以为将来的社会，只好有农、工、商，不必有政治、法律及其他的专家·抑或以为学工、学理、学农者，皆可为官、为律师、为法官吗？

我们再看看中山大学各科人数的分配。据十九年二月的大学一览里的在校学生名表记载，文科有四百人左右，法律亦有四百三十人左右，理科二百一十人，农科及其附属农业专门部约有一百五十人，医科约有一百人，总计一千三百学生左右。文法二科占全校学生之大半。以文科或法律来比各科，于理科的多一倍，于农二倍，于医三倍，其相关亦不能说是很远，而且此种的差异，也是外国各大家所见的。我们不能以为中山是这样，就要减少，就是废除呵！

据 Hocking 教授来粤时说及他所服务的哈佛大学学生人数不过数千，而听讲哲学的人数有六七百之多，其他属于我们所说的文科内的学科，不必说了。一间仅有三千人的德国的 Kiel 大学，去年学法科的有六七百人。以土地人民要像德国的广东，以中山所有法科学生，再加上岭南大学的文科的学生，也比不上。我已说过，德国有了二十余间大学，Kiel 乃其小者。设使尽我们两大学所有之大学学生而学法科，还恐不及德国两间大学像 Kiel 这么多的法科的人数。法科固是如此，文科又何独不然？合中山、岭南两大学的文科学生，尚不及哈佛哲学一系的人数，然而我们还是大声疾呼，大学教育破产了，因为文科、法科学生太多了！

这样看起来，提倡牺牲文科、法科的人，未免太负了大学教育的使命。设使上面的事实和理论尚不能给读者以充分的了解，我们可以做进一点的观察事实上的所谓职业教育的成败如何。为了篇幅起见，中山大学暂不必提，单以岭南大学来看。岭南农科初办之时，著者记得学生之踊跃报名者大不乏人。政府及学校当局之努力发展，不为不力，然十年来的发展提倡，大有江河日下之势！学生之在农科人数，所以最少的原因，恐怕也不外是学没有用罢。蚕丝学院由民国十一年所设的蚕丝学系发展而来，丝厂及各种设备不为不宏伟，而且丝为广东出口之大宗，然现在也因人数太少，不得已而缩小为一系。商科学生较多，然其原故大都因本校学生之父兄多数乃商界，不必学校提倡，也有不少人出校以后从事经商。工科创办伊始，虽有四十余人，然将来如何，不能预料。理科亦不过三十余人，这些所谓实用的学科，要说当局没有努力提倡，无论是谁都不相信的。蚕丝科除丝厂，有特别办事室、宿舍等。农科各处广大之试验外，有巍巍然的十友堂，工科有五光十色的哲生堂，理科有中国不易找得科学室。惟有商科没有特别的建筑，反观文科则瞠乎其后！然文科专以政治组而言，三年前专读者，不过十人，今则增至三十九。我们试想，学以致用的问题，既非大学教育的根本问题，而学生对于某科的兴趋〔趣〕的增加，当局不力提倡，也算罢了！还要废除减少，能无疑问？

事实上，我们的教育专家所希望及努力的职业教育的效果，既不过如此。理论上，像黄任之们的职业教育的呐喊，结果也不过如彼。黄任之那样的提倡职业教育，若是我的记忆不错，尚未鼓吹废除什么大学教育，以主持大家教育的教育家，而做这种言论，宁不令人奇怪！

职业教育的不振，若是我们的见解不错，是半由于职业教育的制度本身上，半由于社会环境及学者上。我们还可以大胆说一句：主持和提倡此种教育的当局，也不能全【全】辞其咎。不能发展之原因既明，改造的途径立见。不此之图，而移咎于文科、法科，是亦不思之甚！我们以为就使文科、法科所得的结果是失败了，所以像学政治者，只知钻营取利，不顾国家人民利益，而反乎政治的原理，则其病弊仍是由环境个人或别种原因而致此。政治学本身上，又有何罪！

其实急急焉只务目前的苟安与生活起见，而不愿做彻底的研究，是中国的最大的病弊。我们而再不小心思量，结果恐怕是唱出向后转的论调。曾国藩曾提倡过造船、制械的教育，李鸿章也提倡过开矿、筑路的教育，然德国的铁血宰相老早说过：中国与日本较，日本必胜，中国必败。中国既已败了，而且不止败了一次。这是什么原故呢？大概不外是只见得人家的用，不见到人家的体。只求目前的应用，不想彻底地求知。有其体，得乎知，未必一定是有用；然没有其体，没有得其知，试问怎能有其用呢？舍知与体而求用，【是】也不外是缘木求鱼的故智罢。

若是我们要其知，要其体，则不当惟知其一，而不管其二、其三，则不当惟得一面之体，而不理其整个之体。曾、李的机械器用教育，张之洞的"中学为体，西学为用"，学西文不如学东文，光绪末年的法政以及近十余年来的文学狂，差不多总是筑在流来即散的沙上呵！难道我们到了现在还是不醒吗？

对于勒克教授（H. Rugg）
莅粤的回忆与感想[*]
——再谈现代大学教育的方针

　　著者于 5 月 26 日，曾草过《对于现代大学教育方针的商榷》一文，刊登于 6 月 1 号、2 号的本栏。著者那篇文的动机，是指出 5 月 19 日，在中山大学开讨论教育会议的教育专家的议决案的错误。最近这几天来，据报章所载，勤勤大学和广东省立大学的筹办的声浪，又日高一日。省立大学的方案，尚在起草中，勤勤大学的计划的大概，据本报 5 月 30 日教育新闻栏，已拟定了不少的原则。其第八条规定"本校分设师范学院、工学院、商学院"计划，该大学的当局，虽然拟定文理科的图书、仪器的款项，然文科、理科、法科均没有分设于该大学之内。又据〈在〉5 月 31 日的广东《晨报》主张必然于升学的基本教育之外，再加上一种职业教育的邹海滨先生，也说拟将中山大学的文理科停办。此种的趋向，均和 5 月 19 日的教育专家的议决，互相符合。

　　这种教育方针的改变的原因，据邹海滨先生所说：是因受过出国以得〈到〉的影响。据邹海滨先生所述的钟荣光先生的意见，以为一般的读书人，在他自己乡村，原有的各种职业，不能去做，来致力于人与天争的事业，反而一群一群地跑出都市瞎撞，从事于人与人争的生活，结果是弄到中国的教育，变成亡国的教育，制造游民的教育，与殖民地的教育。所以补救之方，惟有极力提倡职业教育，以废除大学的文科、法科，以及少办大学的教育。

　　大学教育与职业教育的不同，大学教育的应否减少或废除，著者于《对于现代大学教育方针的商榷》一文，已经说过，无庸赘述。但是我想邹海滨先生之回国，是在两三年前，钟荣光先生的罗冈洞启事，并非

---

　　* 录自《广州民国日报》，1932 年 6 月 10、11 日"现代青年"栏。

最近的事；而中国的职业教育的提倡，数十年前的曾、李不必说了，就是像黄任之一般的呐喊，至少都先于中山大学之成为大学。岭南大学的工科、商科不要说了，就连了历史较长的农科，未开办以前，黄炎培除了在国内尽力宣传职业教育外，还跑去南洋新嘉坡来劝像著者一样的小学里的学生去努力从事。职业教育的提倡，既非最近的事，而5月19日〔日〕的教育专家们之觉到职业教育的需要，也非是最近的事，然而为什么到了最近我们的教育专家，始开会讨论，并主张改变方针呢？

据最近的一说，这次教育会议改变教育方针，是受过4月间来粤游历的美国哥林比亚教育学院勒克教授（Harold Rugg）的影响。这一说究竟是否证实，我们暂不必考查，不过提起勒克教授这名字，免不得要动起我无少的回忆和无限的感想，而这篇首尾没有贯串，随便谈谈的文章，以勒克教授为题，就是不外想把这些回忆和感想来谈谈。

我之认识勒克教授的名字，固然是数年了，然大家的会面，还是本年4月21日的晚上，在一位同事家中晚饭的席上。

到了4月26日午，勒克先生又在本校文理科学院院长梁敬敦先生府上，领导讨论改造中国的问题。中西人士之参加者不下四十人。我们讨论时间，约有三点余钟之久。该日的讨论最终归结到：我们对于接受西洋文化的态度应该如何？

我们同事之中，主张全盘和彻底的西化的主张的，是从文化的本身上看去，我们的理由及其详细的理论，当于别项著述论列，这处可以不必再述。勒克教授和其他数位同事，是主张部分的选择西化的。哪一部分要西化，哪一部分不要西化的言论，说起来也是很长，只好从略。不过勒克教授这种部分的理由，据他自己再三声明，是根据所谓科学方法所研究得的结论。

然而他的科学方法的研究是怎么样呢？勒克教授这样的告诉我们：4月以来，我到了北平、上海，现在又来广州，无论到哪个地方，我都去找中国一般名流或是智识阶级，探探他们各个人的意见，然后将这些意见总合起来，结果是主张部分的选择西化的人，居了大多数，所以我也断定中国目前的需要，是部分的西化。

勒克教授是好像素来欣喜用统计方法去研究学问的人，他的名著《教育上的统计方法》，不要说了，就是费了十年工夫来预备的勒克社会研究教科书（1920—1930）也是根据这种方法的。统计方法是科学方法上最稳当的方法，所以他对于中国目前的文化的需要的研究的结果，也是从这种方法得来，但是阅者试想这种逻辑和科学方法是多么危险！

我当场指摘他这种方法是非科学的方法，他的逻辑是错误的，因为他的前提，是筑在一个不稳当的根基上。为什么呢？

假使勒克教授是七十年前来到中国，问问那时候的名流，中国是要部分的西化，还是不要？这些名流，必定异口同声地告诉勒克先生道："中国是不应丝毫的西化的，中国要保存，而且要竭力保存祖宗传下的整个的中国文化，同时要极力去排除西化的侵入。"若照勒克教授的科学方法所研究的结论，必定是中国不应丝毫的西化。然而这种异口同声的结论，现在无论是何人，都觉到七十年前的名流的大错特错，而中国到了今日，还是弄到这么田地的原因，也无非七十年前的名流所遗下的种子。

就使勒克教授是三十年前到中国，而听了举国若狂的相信张南皮的"中学为体，西学为用"和西化毋背于经典的论调，照勒克教授的科学方法所研究的结论，也必以为这种论调，是救时的金科玉律了。其实现在的我们，已觉到当时这种的论调是错误的，同时我们也觉张之洞所遗留于中国人的遗毒是不浅的。

勒克先生忘记了他所根据以为大多数的意见，与三十年前，也许是七十年前的大多数的意见，相差还是有限。而且他忘记不但是现在的中国，就是三十年前的中国，也许是七十年前的中国，已应该彻底的西化，遑论到了今日？不明白这一点，无怪乎勒克先生要反驳说："我是现在来中国，不是三十年前来中国呵！"

勒克先生是美国人，正像我的同事卢观伟先生所说，用不着长住中国，随便可以做了迎合群众而自己不必去负责的论调，我以为就使勒克教授而长住中国，他恐怕也不会去享受他所赞美的幽静的、和谐的、简单的生活和文化。就如他此次来到中国，住的是西洋旅馆，除了应酬外，食的是菜，游的是头等客位。我们岭南附近的旧凤凰村，古木森森之下，古气沉沉之内的中国房子，多么幼〔幽〕静，多么精神生活呵！然而勒克教授，恐怕〈作〉梦也〈想〉不到要到那边昏昏三二天这种生活呵！

其次，卢观伟先生也从了第二方面去说明勒克教授的研究结论是不合乎科学方法。卢先生的意见以为科学的方法，固然是人人用的，然所得的结论，未必是人人相同。而且未必是大多数人的意见，是必对的。所以不少的物理学者，都用了科学的方法去研究自然法则，然而此方相对论只有爱恩斯坦发明出来，可知真理未必是由于多数的意见，就可以成立。这些议论，本来是很显明的，然而勒克教授，竟对卢先生说："你怎能把爱恩斯坦来和现在所讨论的问题相提并论！"

勒克教授这样的科学方法所研究得的结论的错误，大概稍有过科学常识的人，总能见及，所以怪不得讨论完后，一位做过二十余年的自然科学教授，而住了二十年左右中国的外国朋友，禁不止地要对着我们说：

> 勒克教授的科学方法所研究得的结论如何，固不必说，单以四个月的调查考察而得到一种结论，而被人家推倒，也是一件很平常、很当然的事呵！

我想西洋学者之来中国者很多，然惊动国人比较深刻的，要算罗素和杜威。勒克教授老早已告诉过我，他曾念过罗素关于中国问题的著作。杜威先生是他的同事，他对于杜威先生关于中国的言论，必定是领略过。罗素、杜威之来中国，是在十年以前。那时候，正是欧战方完。因为了战后，满目疮夷〔痍〕，欧洲人免不得会起了一种的变态心理，以为西洋文化已经破产了。除了留存所谓人生的物质的必需外，于是大来呐喊，向东跑罢。罗素和杜威都知道中国的物质方面的文化是太缺乏了，同时也受欧战后的变态心理狂〈影响〉。而且因为中国人对待他们太好了，去说中国没有好处，或是很多不好处，好像是很对不住东道主的（这是罗素自己的话。至于杜威先生，著者于1928年春遇之于欧班那，曾问及对于所谓中国文化的优点是否仍主张保存，先生答以要看时势耳），于是捧出所谓精神文化，静的文化来替中国做面子。勒克教授不知原委，奉为圭臬，结果是未来中国以前，老早已打定主意，到中国后照十年前的罗素、杜威的说法去说，结果只有错误。

不但这样，勒克先生曾告诉过我们，社会和文化的改造，是基于三种的根本原则上。第一是地理环境的要素，第二是社会制度的要素，第三是哲学思想的要素。这三种要素是形成某种社会文化的原动力，而哲学思想尤为重要。所以改造社会文化，对于哲理思想的改造，尤须注意。卢观伟先生本来是留心哲学的人，我想就使勒克先生不说及哲理思想，在社会文化改造上的这样重要，卢先生也免不得会有意或无意地谈及哲理思想。然而很出乎我们意料之外的，是当卢先生提及哲学上的问题，及三二哲学家的时候，勒克先生好像怪讶了不得地说："呵呵！你竟谈起哲学来。"这是甚么话？这岂不是自己打自己的嘴呢？

这样不合科学的勒克教授，这样先存偏见的勒克教授，这样自相矛盾的勒克教授，对于中国文化改造的问题上所持的意见结论的错误，固然是不待说了，就是他对于吾们目前的教育问题上所持的意见和结论，也恐怕免不得只有错误，只有矛盾，只有偏见呵。

也许会有人为勒克教授辩护而告诉我们：勒克教授是一个教育专家，他对于中国文化的问题上，也许有错误之处，然对于教育的见解，未必就是这样的。

其实文化的改造，是包括教育的改造的。他对于全个文化的根本问题，既是错误，则他对于文化问题的部分的教育问题，也难免了错误。有了张之洞的"中学为体，西学为用"，才有了他的教育上的学西文不如学东（日）文，和译西书不如译东书，以及其他种教育上的错误。而况就使我们以为教育问题和文化问题，是可以分开来说，而不能以彼之错，而连带及此，则我们所要知道的，是勒克教授，是哪一种的教育专家呢？

他是不是一个从事于大学的教育专家呢？他是不是对大家教育素有研究的人呢？我可以很自信和大胆地说：他对于大学教育是像没有做过研究的人，而且【他对于】大学教育不是他的主要兴趣。在 4 月 21 日晚的晚餐后，勒克教授述及在北平的考查经过给我们听，他说："北平的学者，真不得了！北平的学校，也真不得了！"大意以为因为学者像丁文江们，只会做试验室里的奴隶、图书馆里的书虫，像这样的人，于中国有何用呢？至于北平的大学，也只会竞建生物学馆、化学试验室、物理试验室，这些本〔东〕西，也是没有用的呵！

其实勒克教授，连了理科不要了！设使我们再推衍去，恐怕一间农学院里所设的试验室，也没用了！然而十余年来在哥林比亚的林肯学院，费了无少金钱，调了不少的助手，天天在那里办事，所采集材料，写信到各处询问教育状况，来写了四五千页的社会研究教科书，又有了什么用处呢？一方面看不起人家的研究工夫，一面自己所做的却是研究工夫，这样看起来，他自己岂不是打了自己的嘴吗？

勒克教授本来是一个从事于研究大学以下教育的人。他用了十年的工夫，去为了六大本社会研究教科书，其目的是为了一般的中等学生。第一本的内容是说明美国的经济生活。第二本说明他的国家的社会及经济生活。第三本是讨论土地、工业及商业历史，以及其对于美国社会的影响。第四本讨论美国政治之趋向于民治政治。第五本是说明文化变迁的团体中的个人的生活。第六本是说明世界各大国的重要的政治及社会问题。这六本书册，合起来差不多有了三千五百页左右，其所包括之智识，如政治、经济、工业、商业、地理等。本来在这么大的题目，在这么广的范围里，随便把了一个小小的问题，或是一个科目，要做彻底的研究，就是用了二十〈年〉的工夫，恐怕所知者，仍是有限。勒克先生用了十年工夫，要说是彻底，是谁都不相信的。不过彻底并非勒克教授的目的，因为他并不是为着彻底而研究，他是为着一般的中等学校的青年学生而著作。所以他据以为参考的教材，也是为简单浅白为主。比方：说起人类的史略，地质家、人类家所为的专门书册，不待说了，就是 H. G. Wrels 的《世界史纲》，也在不取之列，而单择 Van Loon 的《人类的故事》。他的全副工作，既是为中等学生而著作，所以他对于大学的需要上，不但是没有注意，简直是没有作过专门的研究。

　　本来教育学是一种应用的学科。他的目的与其说是求知，不如说是应用。他的应用处，与其说是为着大学以上的教育，不如说是为着大学以下的教育。比方在美国哥林比亚大学的教育学院（教师学院），专以教师的名字来说，已占了学院章程二十六页，讲师也有了二百余，学生差不多有了二万。然而像教育哲学等科目，授者不过数人。他们的大学时间，是消耗于研究像课程的构造、怎么授英文于外国人。此外，如学校的会社，班级的跳舞等，也成了一个科目。又如在芝加哥大学的教育学院，虽然对于心理学上的问题，加以注意，然大部分的科目，仍是注重实习方面。科目像学校职员的职务，中学女生的研究与管理等，简直是没有多大意义，而犹是对大学教育上没有意义。所以在欧洲，像美〔英〕国的剑桥、牛津大学教育学的正教授，好像是没有；同样像我所知德国也没有教育学正教授，而所谓教育学这名词，也是很少流行的。其实欧战以前在德国大学里，好像是没有过教育学的。

　　教育学的本身，既不是根本为求知的学科，学教育学的人，又因太看重了大学以下的教育，结果弄到有时只记得推广中等小学，以及其他的低级学校，而忘记了大学之所以设立，是首在于求知，而非急于应用。

　　这样看起来，勒克教授之对于大学教育的忽略，并非是凭空而来的，一个注重大学以下教育的人，对于大学以下的教育拼命提倡，并不算做什么稀奇的事。然而一个只晓得大学以下教育的人，极力来提倡废除大学教育，以扩充大学以下的教育，我们只觉得他的意见是大偏了。

而且因为了他是看轻了大学的教育，所以他跑到中国来。他并不问及中国教育的各面，而只注意于一个方面。他来中国不想考察整个的中国教育概况，以及中国的情况，然后看看哪一种教育是要提倡，哪一种要改革，以适中国的需要。他未来中国以前，老早是想叫中国人只好提倡大学以下的教育，而特别是农工学校。所以他到中国，除了像到中山或岭南找【找】点教育统计的报告外，和找了一点像定县的农村教育的报告外，再不想做比较精深一点的考察和调查。其实连了梁漱溟的村治呐喊是怎么样，定县的试验是什么，还是弄得不清不楚。这样而来谈中国教育的改造，中国教育今后所应采纳的方针，岂非太过。

勒克教授是长于用统计方法的人，而且是自鸣为科学的教育家。然而这样的游了中国数个月，就要著书立说，希望成一部有科学价值的书册，恐怕是办不到的。

这样不合科学的勒克教授，这样先存偏见的勒克教授，这样自相矛盾的勒克教授，难道我们的教育专家们，还要死心贴地地去拜门请教吗？难道我们主持大学教育的当局，还要受他的教训，来改造我们的大学教育吗？我们希望我们的教育专家是受过勒克教授的影响而有 5 月 19 日的会议的传说，幸而不中；万一是中了，那么简直是不幸中的最不幸罢。

最后，我们指摘勒克教授的短处，决非有意去抹杀他的长处和好处。他的教育上的统计方法（1917），在研究教育学的方法上，的确是一本精密的著作。他的社会研究教科书，也有他的好处。然而他究竟是研究大学以下的教育的人，对于大学的教育没有明白的了解，也会是意中的事。设使这次的教育会议的专家，而是主持中等教育、职业教育者，而受过勒克先生的影响来倡导废除及减少大学教育，那是一件无甚足怪的事。今 5 月 19 日会议的教育专家，大半都是大学教育的当局，要是不愿意去步着约翰斯霍金斯大学的 Gilman、德国的 F. Althoff 的后尘，至少也要看【看】过关于大学教育的出版物，然后说话才好。

我们的意见是：我们不办大学则已，要是办大学，则对于大学的目的如何，至少也要知道。中山大学的过去是高等师范，岭南大学的过去是广州基督教学院，我们为什么不别开了一间工学院、农学院，偏偏要把来改做广东大学、岭南大学呢？我们的改名扩充的目的，岂不是欲办成一间名附〔副〕其实、各科完备的大学呢？

我们已经说过，大学的目的在乎求知，而求知的范围，是包括了智识的全部。所以一间称为完备的大学，是对于研究全部智识的各方面的设备上，都应有尽有。因为智识范围太广了，我们不得不分科别类，以求专一，而采精深。然智识本身上，却是互相关系、互相影响的，所以无论智识的哪方面都和其他的方面有了密切的连带。除非我们以为智识的各方面，以及其全部，是没有研究的价值。我们决不能把她分开来说，这是有用，那是没有用。须知他的用处，却不必是一定要能造出什么物质生产来，也不必一定是能把来在当铺里当得多少钱，才算有用。他的用处，是在乎满足人生的求知方面的需要和冀求。所以一个人没有饭食的时候，叫做肚子饿，然没有机会来求高一层的教育，以满足他的求知的欲望，可以叫做智的饥饿。

我们把了一本柏林大事的科目报告看看，内边载有戏院学（Therter wissauacheft）。一般不知大学教育为何物的，恐怕总免不得以为此种科目，是教人家做明星，或是布置戏院的工匠。却不知这位戏院学教授及学生所研究的，并非想得戏院老板的赏识而取钱，而在于从文学和美的价值方面来研究。

"有什么用呢?"我们也许这样地问问柏林大学的当局。

柏林的当局必定答道："我们这处是要问问你对于这种戏院的智识所知的，到什么程度，并非讲求应用。设使你是为著应用而求学，最好是找间明星学校来入，请勿进大学之门罢"。

教育的中国化和现代化 *

一

从《独立评论》第 11 号登载邱椿先生讨论《关于教育崩溃的一个责任问题》的通讯里，我们找出下面一段话：

> 中国新的教育，最初抄袭日本……后来模仿法国……近三四年来，他们都觉悟纯粹抄袭的错误，而提倡中国化的教育。关于这类文字，已发表了好多，差不多成为烂［滥］调了。

新教育的"中国化"，的确是数年来一般教育家的时兴口号，而且是国内一种很普遍的思想。这种思想的动机，也许会像邱椿先生所说，是由于他们"觉悟纯粹抄袭的错误"，然其结果——璩［据］我个人的意见——是很有中国教育再趋向于复古运动的危险。

原来新教育，既像从事这种运动的人们所说，不是中国固有的教育，而是从外面输运过来的东西，那么中国固有的教育，当然是旧的教育。旧的教育，是旧时代的产儿。新的教育，是新时代的产儿。要是新的时代，是要有新的教育，那么，新的时代的中国，也要有新的教育。换句话来说，就是中国的教育的新时代化，或是现代化。

除非我们把这个"中国化"的中国，叫做旧的中国，那么"新的"教育这回事，是无从发生的。因为使中国而新了，则中国变为现代化的中国，并非现代的"中国化"。同样，使中国的教育而新了，那是中国

---

* 录自《独立评论》第 43 号，1933 年 3 月 26 日。同题文章后收录于陈序经《大学教育论文集》（岭南大学 1949 年版），个别字词略有更改。

的教育的新化，或现代化，并非新教育的"中国化"。所以，把中国和新教育来相提并论而要新教育的"中国化"，显然是想把没有经过现代化的中国，来化新的教育。

但是所谓没有经过现代化的中国，不外是旧的中国。旧的中国，是旧时代的产儿。从新的时代或现代看去，旧的中国，若不是落后的中国，至少也是"古董"的中国。因为她若不是落后或古董的中国，他必定是适合现代的中国。适合现代的中国，就是新的中国。要是整个中国是新了，是现代化了，那么教育也必定是现代化了，也是新了。同时，这一个中国是用不着现代化的，而这一种教育，也用不着新化，更没有所谓"中国化"的可能。所以，要使新教育"中国化"，其结果若不是新教育的退后化，至少也有新教育的古董化的危险。

既是古董，必不能适合时代。既是新的，必非古董。新教育的"中国化"这句话，本来是自相矛盾的。新教育既不能而且不应该退后化、古董化——"中国化"，而所谓新教育的"中国化"，又恐怕是挂起新教育的招牌，骨子里还是以前屡屡发现的复返旧的教育的主张。而所谓复返旧的教育的主张，就是复古运动。

明明白白是复古运动，偏偏又要加上一个"新"字，这简直是一种"挂羊头卖狗肉"的故智。一方面把［打］起一个新教育的招牌，来号召一般所谓喜欢于新的人；一方面又挂起"中国化"的招牌，来笼络一般的留恋于旧的人。在这青黄不接、新旧过渡的时代，一般所谓喜欢于新的人，既看不出这个运动是复古，而一般留恋于旧的人，当然是快快活活地以为温故知"新"，吾道而西。为了这个原故，怪不得所谓新教育的"中国化"的运动，能够这么行时。怪不得关于这类文字的发表，多到要成烂［滥］调。

我们忍不住这种似是而非，而最易迎合一般中国人的心理而有开倒车的危险的言论，因在这里稍事批评。

二

所谓新教育的"中国化"的最大理由，大约不外以为专从西洋贩来的教育，总不免有了不合于中国的国情和需要的地方。假使能合中国的需要和国情，就是叫做"中国化"。这种议论，骤然看起来，好像非没有她的道理；然详细地去考察，实在是一种很大的错误。

我们上面已经说过，新的时代是要新的教育。中国既是要在这新的时代过日子，中国就不能不提倡，而且不能不特别地提倡新的教育。所以从中国目下的需要方面来看，中国之应当新教育化，可以说是完全没有问题的。至说新教育要合中国的国情，我们首先就要问问，什么叫做国情？国情这两个字，虽可以包括一切的天然、气候、地理、物产、人种——以及文化的情况，然而事实上所指明的，却只能说是文化一方面。我们承认天然、气候、地理、物产上的不同，固然可以影响到教育的制度，然在文化进步的社会，这些东西的影响，其实微乎其微。而且事实上中国的天然、气候、地理、物产，和西洋文化先进的各国，并没有多大的差别。此外，若说中国人种的聪明和脑力，没有像西洋人这么高超，所以说不到来模仿新教育，配不上来享受新教育，这是无论何人，都会不承认的。

国情既是专指文化方面来说，教育又不外是文化的很多部分当中的一部分。因为她是文化的一部分，或是一方面，她不只和文化有密切的关系，而且还受文化的支配。因此之故，想对于教育上有相当和充分的了解，应当明白文化之对于教育的关系，以及教育之受文化的支配。

在文化没有或是很不发达的社会里，本没有所谓教育、政治、经济、宗教的分门别类。这些分门别类，是在文化较高的社会才有的。因为文化愈进步，则分工愈繁复。人们因为精神时间的有限，不得不把文化来分门别类，使能对于某一门或一类上，能够专精。于是有的叫做教育，有的叫做政治，有的叫做宗教、经济等等，然文化本身上，并没有这样的分门别类。她是一种复杂的总体，而分开不来的。所谓分开，不外是我们对于事物认识上的一种主观作用。文化本身既不能分开，一方面的波动，必引起他方面的影响。因为了这个原故，新教育的"中国化"，或是中国教育的现代化，都和文化其他的方面有了密切的关系。

固有的中国文化，是自成一个系统的，自成一个圈围的。所以，固有的中国的教育和固有的中国的文化，像政治、经济等，有了密切的关系。自东西文化接触以后，中国人感觉到事事样样都不如人，同时又不能闭关自守，而保存自己固有的文化，结果是固有的中国的国情，已不适合新的时代。整个文化既是不合现代的环境，则整个文化也要现代化了，何况文化之一部分的教育呢？若说中国的国情，或文化的某一部分，或好多部分，是合乎新时代；那么，这一部分或好多部分，已变为现代的需要，而非中国的独有的，或固有的需要。在这种情形之下，也没有所谓新教育的"中国化"的可能；因为除了教育外，文化的其他方面，已经新了，哪里还有新教育的中国的国情化呢？

所谓新教育的"中国化"的前提，必定把现在目下的中国，当作还未达到现代化的地位。但是中国而若尚未达到现代化的地位，则今后的中国，愈要赶紧地现代化。同样，今后的中国的教育，也当然要加紧地现代化。把新教育来"中国化"，又岂不是变成中国及中国的教育的现代化的历程中的大大的窒碍物吗？

我们以为所谓新教育"中国化"的最大错误，正是以为现在的中国的国情，还是中国的固有的国情。他们忘记了现在的中国，已和六十年前的中国很不相同。现在的中国的国情，事实上也非中国的固有国情。而且这些国情，正是朝向着新时代化的途程中。我们可以说，固有的中国的国情，不过是从旧的中国的国情，到新时代的中国的国情的过程中，逐渐地已成以及将成为过去的陈迹罢。

同时，他们又必以为除了文化的教育一部分外，其他的部分像政治、经济等，还是依旧的不变。他们忘记了不但是教育，就是经济、政治等，也是趋向着现代化的历程中。要是教育家不愿努力来求教育的现代化，而反要使新的教育，来适合正在变换历程中的旧的政治、经济或礼教等，以及这些东西所产出的结果，或是所传下来的遗毒，试问我们何不专心去保存旧的教育，以及文化的其他的方面，来维持我们的固有的国情，却要多生枝节的，去采纳新的教育，而致徒劳无益呢？若说因为了除了教育以外的他方面的文化，已非固有的，所以教育也要变换来适合这一个国情；那么，这一个国情，显明非中国固有的国情，而是现代化的国情。现代化的国情是现代的环境，并非中国所独有的，更非中国所固有的。这么一来，中国教育之要现代化，不但是理论上所必然的，而且是事实上所不免的。

三

平心来说，从数十年来的新教育史上看去，新教育并非完全没有成绩。她不过是进步太缓罢。我们当然可以说，这么迟慢的进步，是不能够适应我们的需要，而叫做失败。但是与其说这种失败，是由于新教育之不能完全和彻底"中国化"，还不如说是由于中国教育之不能完全和彻底的现代化。

我们已经说过，教育是文化的一部分。教育的彻底现代化，当然是和全部文化的彻底现代化，有很密切的关系。关于全部文化的彻底现代化的问题，我们不能在这里讨论。单从教育的现代化的历史来看，我们可以大胆地说一句，六十年来所谓教育现代化的运动，是陷于皮相浅薄的现代化的危险。而这种危险的主因，又不外是由于教育上的"中国化"的运动——复古的运动。

中国之采纳新教育的制度，固不过是三十年左右的事情，然感觉到新教育的必要，却在六十年前。是 1872 年，第一批学生在容纯甫先生的指导之下，起始赴美留学。这一次所派的学生数目是三十人。到了 1873 年及 1875〈年〉，又继续遣派。然自 1876 年，陈兰彬被派为美国公使，吴子登为留学监督以后，留学生之命运也因而中止。纯甫先生自传里说：

> 盖陈之为人，当未到美国以前，足迹不出国门一步。故于揣度物情，评衡事理，其心所依据为标准者，乃完全为中国人之见解……推彼之意想，必以为一已所受纯洁无瑕之中国教育，自经来美与外国教育接触，亦几为所污染。盖陈对于外国教育之观念，实存一极端鄙夷之思也。（《西学东渐记》页一二〇——二一）

陈兰彬之为人既是如此，而吴子登更是冥顽固塞。结果正是像耶路大学校长朴德（Porter）一般所说，这般的中国留学生，还未受有相当的教育，而遣之回国，能不痛心？然则这一次所派的留学生之未能彻底西化，而仅拾其皮毛，可以概见。

不但这样，这一群留学生之在美国，因为当局要使其不忘祖国的文化，于是特造一坚固壮丽的特别房子，来安置他们。他们除了在美国学校上课和特别情形之下，所谓读经文，谈天地，相交友，相习染，他们差不多可以说是像在中国一样。我们简直可以叫这地方做中国城（China Town）。结果是一方面少有机会来审察西洋人的教育和生活的真精神；一方面因为和这般所谓头脑顽固、成见过深的官僚监督朝夕相处，仇恨愈多，因此，彻底西化的教育固没有法子去领受，还有中途遣回的悲剧。这一点错误，事前虽为纯甫先生所意料不到，然而事后却为他所承认的。

一直到中日战争和八国联军入京以后——1902 年，中国始废八股，设学堂，和再遣派留学生。这一次的学生之赴外国者以到日本为最多。然其所学的，十九都是速成科。日本人为求满足中国学生的欲望起见，还且专替他们创设一所弘文学馆来容纳他们。里面连教授时，也有人翻译为中文。这也正是中国城。结果是大多数留日学生，不但是直接的西洋教育，没有法子享受，连间接的日本教育，也学不到家。因为，他们对于必要的工具的日本文，还是十九不懂。

这种不彻底的外国化，固是由于学者之只慕留外的虚名，然当时名为维新，实是守旧的政府及士人，乃是最大的阻碍。曾国藩、李鸿章的惟务机器教育，固不待说；像张之洞的"中学为体，西学为用"的思想，尤为铸成大错的主因。

张氏的《劝学篇》，刊行于光绪二十四年（1898）。他本是当时一等名流，又被办理学务像张百熙一流人，称为当今第一通晓学务的人；而且他的著作，又得上谕的奖励广布，一时传诵，无不奉为金科玉律。这本书分为内、外两篇，张氏说：

> 中学为内学，西学为外学，中学治身心，西学应世事。不必尽索于经文，而必无悖于经义。

从这种理论推衍下去，遂有所谓：

> 游学之国，西洋不如东洋。一路近省费，可多遣。一去华较近，易考察。一东文近于中文，易通晓。一西书甚繁，西学不切要者，东人已删节而酌改之。中、东情势风俗相近，易仿行。事半功倍，莫过于此。

所谓"无悖经义"、"去华较近"、"易晓畏繁"，没有一件不表示根本上，他们是要沿旧蹈常。他们忘记了直接去仿效西洋，尚恐不能得到西洋教育的真谛，何况是从东洋间接学来？他们忘记了东洋人能够从西洋直接学来，中国人安有不能的道理？何况以"中学为体，西学为用"的信条，来提倡新教育，根本上已经不彻底，而事实上却是趋于复古。

从1902年到欧战的时候，可以说是日本教育化最流行的时代。然事实上这班跑去日本留学的人自己对于西洋教育的研究，已不彻底，无怪乎尚不及日本教育化的中国，是没有多大的成绩。我们反观中国留学生的日本教师们，尚终年孜孜不倦地读西文书籍，以求直接得到西洋教育的真诠。中国好多留日学生，西文不读，尚有可想，连日文也不愿读，相形见拙［绌］，并非无因。

十余年来，大家都以为中国的教育是美国化的。我们以为设使中国的教育而是认认真真地美国化了，那么，中国的教育，断不会糟到这么田地。其实，一个人若到美国读了十余年书，恐怕未必就能和美国人并驾齐驱。要把全国的教育，于十余〈年〉间，做彻底的美国化，或是任哪一国化，恐怕是绝对不能实现的事。何况，国人十余年来的教育上的复古趋势，层出不穷，数见不鲜呢？

欧战以后，国人见得欧洲满目疮痍，于是大〈加〉提倡其东方精神文化。教育——我们已说过——是受文化支配的，而又是精神文化的一部分。提倡精神文化的人，对于西洋教育之彻底采纳，当然存着怀疑态度；所以，最近如邹海滨、陈果夫等的提倡停办文科、法科，专事发展职业教育，无非表示我们之对于现代化的不彻底。我们试想，文科、法科及无论哪科，才在萌芽的时期，就要停办，而专提倡职业教育，又岂非跑回曾国藩、李鸿章们那条路吗？

四

我们的见解是：全部的中国文化是要彻底的现代化的，而尤其是全部的教育，是要现代化，而且要彻底的现代化。职业教育固是要如此，普通教育也是要如此。低级教育固是要如此，高等教育也是要如此。城市教育固是要如此，农村教育也是要如此。惟有现代化的教育，才能叫做活的教育。惟有现代化的教育，才能叫做生的教育。惟有现代化的教育，才能叫做新的教育。中国人而不要新生活的教育，也算罢了，要是要了，那么只有赶紧的、认真的、彻底的现代化。然而，要达到这个地步，首先就要放弃和推翻这种似是而非、而最易迎合一般中国人的心理，而有开倒车的危险的言论。

师范学院的存废问题 *

近年以来，教育当局，除在好几个国立大学加设师范学院之外，还开办国立的女子师范学院，这不只是抗战以后的高级教育上的一种值得注意的事件，也是我国近代整个教育上的一种很为重要的设施。

这种设施，从教育当局看起来，自有很多的理由，主要目的，虽然在于提高师资的素质，然而照我们的意见，这种设施，在目前的中国，而尤其是在抗战的时期，在理论上，固未见得很健全，在事实上，又有很多的困难。

我们首先要指出，在我国师范教育的提倡，并非最近的事情，在满清末年，南洋公学所设立的师范科，与政府在北平所开办的优级师范，以至民国元年在各处所倡办的高等师范，不但在教育史上，占了重要的地位，而且可以说是我国的高等教育的嚆矢。其实，在那个时候，除了京师大之外，所谓高等教育所谓最高学府，无非就是优级师范或高等师范。

在目的上，在性质上，现在的师范学院，既非大异于从前在北京、南京、广东、武昌、成都、奉天各处的高等师范，而且后者却是现在好多国立大学的前身。其实，除北京高等师范外，其他的高等师范，都改为国立大学。南京高等师范改为东南大学，后来又改为中央大学；广东高等师范改为广东大学，后来又改为中山大学。以及武昌高等师范之变为武汉大学，成都高等师范之成为四川大学，奉天高等师范之立为东北大学，是中国高等教育史上最值得我们注意的事情。所以大致上，我们可以说，中国的高等教育的发展，是从师范教育，而趋于大学教育，因

---

* 录自《当代评论》第 2 卷第 2 期，1942 年 1 月 19 日。

而师范教育在中国的教育史上所占的位置，是很重要的。

在大学教育尚未发展的时候，优级师范或高等师范，对于中国整个教育，有了很大的贡献，是无可疑的。因为这不只是中学以至一些小学的师资来源，而且是研究比较高深的学问的学府。二十年前，除了教会所设立的学校之外，在一般国人自立的中学里的校长与教员，大多数是出身于高等师范。直至现在，还有不少的高等师范毕业生，在中学里服务。又在那个时候，所谓最高的学府，既差不多就是高等师范，出[除]了出国留学之外，欲在国内研究比较专门的智识，也只有高等师范，能够稍为满足这种欲望。

高等师范之改为大学一方面可以说是中国高等教育上的一种补宜的政策，一方面可以说是中国高等教育上一种进步的表征，我说这是一种极宜的政策，因为高等师范，已略奠大学的基础，稍具大学的模型。改为大学，无论在人力上或财力上都比较的便宜。我说这是一种进步的表征，因为在高等师范里，不但学科不多而缺乏专门的分类，而且高等师范的主要目的，既是培养中学的师资，那么高等师范的学生，与其说是为着研究而研究，不如说是为着教人而研究。教授中学学生所需要的学问，在比较上是普通的，而非专门的，只有主要是为着研究而研究的大学里，始有机会去讲求更深的学问。

大学的目的与师范的目的固有其不同之处，可是大致上，大学可以代替师范的任务，而后者却不易负起前者的使命。所以大学里所教的好多学科固为高等师范所没有，而后者所有的各种学科，都可以在前者中开设。此外大学里的教育学系，在某种意义上，也可以说是高等师范的缩影，虽则我们应该指出，以往的教育学系，不但其本身有了多少的缺点，就是与其他各系的关系上，也少有合理的联络。这一点我们不必在这里加以讨论。我们所要特别说明的，是我国现在的好多大学，既[即]是从高等师范发展而来。同时大学而尤其是大学的文理学院，既可以代替高等师范的任务，实现高等师范的目的；那么师范学院的增设，在目前的中国，而尤其是在抗战的时期，可以说没有开办的必要的。

其实，自从高等师范改为大学之后，大学本身固有了很大的发展，就是在供给师资上，也有很大的贡献。二十年来的中等学校的增加，可以说是中等教育的发展的一种表示，然而这些中等学校的师资的来源，主要却是出自大学。我所以说大学可以代替师范学院的任务，与实现师范学院的目的，不但只有理论上的根据，而且有了事实上的证明。

不但这样，若再从师范学院的内部的组织方面看来，师范学院的增设，不但与大学，而尤其是大学的文理学院有了重复的弊病，而且引起好多的困难问题，就师范学院所设立各学系来说，根本上，这些学系并不大异于大学里所设立的各学系。国文、英文、教育、数学各系，可以说是各大学所常有的学系。所谓史地、理化、博物三系不外是大学里的历史、地理、物理、化学、生物、地质矿学等系的缩影。音乐、体育、家政各系也可以在大学里设立。至于公民训育系的公民部分，可以归并于大学的政治学系，而训育方面，又可以归并于大学的教育学系。

我们承认，在各学科的题材的选择上与各学科的教授的方法上，师范与大学固有其不同之处，因为正像我们上面所说，前者是为教人而研究，后者是为研究而研究，可是我们应该明白，无论是为教人而研究，或为研究而研究，对于这些学科，都要有充分的认识。这是两者的根本相同之处。大学而特别是大学的文理学院，既已经或可以设立师范学院所需要设立的各系与各科，在大学里增设师范学院，岂不是有了重复的弊病吗？

若说师范学院的学科的题材与教授的方法与大学的学科的题材与教授的方法有了根本的差异而要有特殊的教授去教授，那么这些特殊的教授不但在现在的情形之下，不易找出来，就是将来怎么地能够培养出来也成为问题。而况所谓师范学院的教授，既就是现在的大学里的普通教授，那么这些教授，既可以在师范学院里教授而开设所谓教人而研究的学科，他们若为实际上的需要起见，也可以在大学的各系里开设这些学科。质言之，与其在大学里加设一个师范学院，不如在大学的各系加设所谓为着教人而研究的学科，使一般有要从事中等教育的学生，得以选读。这种办法，一方面既可以实现师范学院的任务，一方面也可以节省了不少的财力与人力。

师范学院设立了那么多的系，不但教授必需增加，而且每系必设一系主任。假使系主任是由大学原有的系主任去兼，则系主任在行政上所费的时间，必定很多，结果对于学问工作，固必受其影响，对于行政工作，恐怕也难免有其疏忽之处。假使系主任是另行聘任再加上每系的办事人员，结果是行政人员以及其有关的设备，必需增加，而大学的经费也必增加。此外师范学院有了好多系如史地理化博物所包括的根本不同的学科，至少在两科以上。专于经史者，未必长于地质以至矿学。每系的主任不只是系行政上的领袖，而对于其系的学科，应有充分的智识。假使以一个历史学的专家，而为史地系主任，他虽对历史方面的确有了充分的认识，然他对于地理，也许不是学有专长。以一个学乏专长的人去作当系主任，不能不说是一种缺点。

上面所说是稍为偏重于理论方面。若再从事实方面来看，设立师范学院的目的之不能实现，更是一件很显明的事情。

师范学院设立的目的，最要提高中等教育的师资的程度。反过来看，提倡师范学院的教育当局，好像以为在现在的普通大学里所培养的文理法各院的学生程度是不足以为人师的所以才加设师范学院。同时又增加了师范学院的修业期限为五年，比一般大学的修业期限，多了一年。然而若照这数年来的事实来看，究竟这种目的是否已经达到，或是否能够达到，实在是个疑问。照一般人的观察，师范学院的学生的程度，并不一定较高于大学的其他学院学生的程度。其实在教育部办理统一报考的时候，对于师范学院的新生的录取，并没有而且不易去提高其入学考试的程度。入学考试的标准既并不提高，想在入校以后而提高其程度，也非一件容易做到的事情。最近国立武汉、浙江、中央、西南联大四大学联合招考新生，投考师范学院的学生的程度，也未见得较高于投考其他各院的学生的程度。若就考上的人数来看，西南联大仅有五人，而中央大学也不过廿余人，这是很值得教育当局的注意的。

此外师范学院的设立的目的也可以说是注重于学生的人格的训练。换句话来说，就是训练出良好的师范的人格，以为中学学生的模范，因此之故，在师范学院里，对于学生日常生活的管理，与良好习惯的养成，都要特别地加以注意。然而我们也得指出，师范学院的学生，固要有良好的人格，难道别的学院的学生不要有良好的人格吗，作教师固要良好的习惯，作文学家、法学家，以至作商人、作国民，就不要良好的习惯吗？而且师范学院既为大学的学院之一，大学的学风若不良善，则师范学院是否能"独善其身"，也是一个疑问，这也是很值得教育当局的注意的。

最后，师范学院设立的目的，又可以说是救济一般贫苦的学生。师范学院的学生，除了免缴学费宿费外，还有饭费的津贴。在抗战以前，这种办法，对于一般贫苦的学生，未尝不是一种优待的办法。不过抗战以后，各国立大学的学费，既皆免缴，而津贴贷金之给与大学各院的学生的，往往占了学生的总数之一半或多半。凡领贷金或津贴的学生有时除了膳费外，还剩多少以为零用，结果是所谓师范学院的学生的特殊权利，却变为一种普通的权利，或大学皆共有的权利。师范学院的学生既没有特殊的权利，而照教育部的定章，毕业以后，却有在中学服务多少年的义务。此外，师范学院的修业期限，既定为五年，比之普通大学多了一年。就平时而论，除学费、宿费、膳费三者之外，衣服文具以及各种杂用所需的款项，往往比之前三者为多。师范学院的修业期限既多了一年，不但这一年内不能出而作事，以求入息，反而增加了这一年中的衣服文具以及各种杂用。在环境变动耗费之下，所谓救济贫苦学生的目的，既不能达到，反而增加这些学生的负担，这又是很值得教育当局的注意的。

总而言之，在目前的中国，而尤其是在抗战的时期，师范学院的增设，在理论上固然未见得很健全，在事实又有很多的困难。这是提倡师范制度的教育当局所不当忽视的，而况抗战以后，一般原有的大学的各学院，因人力与财力的缺乏，维持原来的状况，已成为事实所不许；再要增设师范学院，不但师范学院的本身的人力与财力，很为缺乏，而难于发展，而且恐怕直接上或间接上还会影响到原有的其他学院的发展，这□又是提倡这种制度的教育当局，所要特别加以注意的。

论国立大学与私立大学 *

好多大学之逐渐改为国立大学，这是近年以来我国大学教育上一种很为显著的趋势。这种趋势在我国大学教育的前途上有何影响，或是否健全，这是一个很值得我们讨论的问题，可惜国人之能够注意到这个问题的实在太少。我不揣愚昧，愿意把个人对于这个问题的见解，略为解释，希望能引起国人的注意。

从我们的大学教育方面来看，我们除了国立大学之外，还有省立大学与私立大学。省立大学如以前的四川省立大学、云南省立大学。私立大学可以分为教会所设立的大学，与其他的私立大学。前者是由外人创办，后者乃由国人自立。属于前者，如燕京、齐鲁、沪江、东吴、金陵、岭南等等。属于后者，如光华、南开等等。

我们知道，近年以来，除了教会所设立的大学之外，不只省立大学，已一个一个地改为国立大学，就是一些国人自办的私立大学，也改为国立大学。其实，所谓省立大学，似乎已经绝迹。至于私立大学，如厦门大学，如复旦大学，也已改为国立大学。

为什么这些省立而尤其是私立的大学，都逐渐地改为国立呢？照我们的观察，至少有了三个理由。

第一，从一般人看起来，而尤其是从一些学生们看起来，在国立大学里读书或毕业，至少在名义上好像好听得多。从前东南大学改为江苏大学的时候，学生就起而反对。其所争持的名义是江苏与中央。因为江苏这个名词所代表的意义是一省的，而中央这个名词所代表的意义是全国性。所以省立与私立的大学，在名义上，就不像国立的大学说来

---

* 录自汉口《读者》第 3 卷第 5 期"本期特稿"，1947 年 5 月 16 日。

好听。

第二，从一般人看起来，而尤其是从大学的当局看起来，改为国立，在经费方面，比较充裕。因为改为国立之后，若非全部经费由教育部发给，至少在原有的经费之外，可以由教育部津贴。比方从前云南大学，除了省政府补助之外，又有教育部补助。其实，由省立或私立而改为国立的主要目的，是希望学校的全部经费，由教育部给与，使主持大学的行政当局，没有筹款的责任。

第三，从一些人看起来，而尤其是从政府的教育当局看起来，省立大学或私立大学若改为国立，则在教育行政上，比较容易管理。比方大学负责人物上的更调，或内部行政机构上的变换，皆可以白教育部直接来指挥，使教育行政上能够统一。比方数年前，某省立大学因更换校长而发生风潮，省政府与教育部两方面都很安稳，好像不想负起责任去解决学潮，结果是风潮愈来愈大，使学校不得不暂时停课。因而就有人提议，这个大学应该改为国立大学，使这个弊病，不会再发生，就是一个例子。

其实，这些理由只是一种表面上的看法，而不一定有了事实的根据。照第一个理由看起来，一个大学的好坏，并不在于名义上是国立、省立或私立，而在于这个大学在学术上是否有了较大的贡献。若说加了国立两个字，就会变好，那是妄想。牛津与剑桥并不是英国的国立的大学，然而这两个大学不但是英国很好的大学，而且是世界上的很有名的大学。哈佛、耶路、芝加哥、哥伦比亚，也并不是美国的国立的大学，然而这些大学，也不但是美国的很好的大学，而也是世界上的著名的大学。所以在牛津或剑桥念书的人们，谁都没有要求把这两个大学改为国立大学。而在哈佛、耶路、芝加哥、哥伦比亚各校读书的青年，并不因为这些大学不是国立而觉得不好听。

好的私立大学，固不一定要改为国立大学，好的省立大学也不一定改为国立大学。在美国，联邦政府不但没有所谓国立大学，而且没有所谓教育部。所以美国除了像上面所说的以及其他的私立大学以外，没有省立的大学。加利福生、华盛顿【立】大学，都是美国的著名的大学。同时它们也并不见得一定想改为国立。同样，在德国，严格的说，中央政府并没有设立所谓国立的大学，柏林、波恩、哥丁根等等十余个大学，系属于普鲁士联邦的。此外，爱朗栈、明兴、维支堡、比来锡、村平根、弗来堡、洁台尼、耶拿于基逊、汉堡、负诉托克等，乃属于八个不同的联邦政府。

总而言之，好的大学固不一定是国立的大学，而坏的大学，也未必是省立或私立的大学。只要大学办得好，国立、省立或私立是无关重要的。假使只顾了国立的名义，而不顾及大学本身的好坏，就是改为国立，也不见得有何荣誉。假使大学是好的，那么这个大学就是私立的，则其私立的名义，也没有改为国立的必要。所谓国立、省立或私立等等名称，只是大学的分类上的一种权宜的办法，故大学的好坏，或是本身上以及其学术上的地位，是有关系的。

从第二理由看起来，我们以为一个大学无论是国立、省立或私立，在其目的上，都是为国家提倡学术，与教育人才。私立大学在这方面对于国家的贡献，既未必就比较国立大学为少，那么从政府的立场来看，凡是成绩优良的大学，应该加以鼓励，加以补助，使其能够充分地发展。而对于腐败不善的，应该加以取缔，以免花了有用的金钱，去维持这些有名无实的大学。就这个观点来看国立大学的经费，固然是由政府去给与，私立大学有了经费的困难，政府也应当予以补助。

以常理言，所谓国立大学经费既由政府给与，主持这种大学的人们，对于经费既无须筹备，对于提倡学术与培育人才上，应当有了较大的贡献；反过来看，主持私立大学的人们，花了不少的精力、时间去筹措经费，在这种情况之下，而欲与国立大学并驾齐驱，那是一件很不容易的事。然而照事实来看，在美国的一些私立大学，比之好多政府——州政府——所设立的大学，还好得多。就以我国现有的大学而言，国立大学既并非个个都好，而私立大学，也未必个个都坏。

因此之故，我们以为一些成绩优良的私立大学，在经费困难的时候，而尤其是在经过了八年多的困难之后，私立大学在被毁或被迫他迁而特别而要经费上的补助的时候，政府应该给与特别的帮忙。

若说凡大学之得了政府的补助的，就非改为国立不可，那也就无异等于说，私立大学是为私人的利益而设立，而非为国家提倡学术与培育人才。这种看法，不只会使一般热心办理教育的人们失望，而也失了国家发展教育的本旨。这是从政府的立场来看。若从民众的方面来看，今日的中国，虽是一个穷国家，然而若说整个国家不能维持几个好的私立大学，这也是我国国民的一种耻辱。上面所说的英美两国的私立大学，主要经费是由其国里面的一般民众去捐助的。就以我国来说，有好多私立大学也是多由于私人帮忙，那就是表示我们的国民太不争气了。

从第二［三］个理由来看，若说大学改变国立，在教育行政上易于管理，这也未必是对的。大学是研究智识的机关，在原则上要想大学在学术上能够充分的发展，对于大学的研究工作，固要给予充分的自由发展的机会，对于大学的行政方面，也应该给予充分的自由调整的机会。主持大学行政的人们，若完全不能自由去改善学校的行政机构，不只学校本身不会发展，就是在整个教育制度上，也不会有所改善。至于研究工作之需要充分的自由发展的机会，更不待言。学术的发展，有赖于自由发表意见，自由参加讨论。能够这样的作去，才能发明新学理、新事物，所以教育当局，对于大学的行政的工作，固不应处处加以干涉，而对于研究的工作，更不应加以管理。

然而教育当局在近年以来，对于大学的行政与研究及教育方面的管理，可以说是无微不至。院系的规定，理工的注意，以至课程的编制，无一不使大学的教育成为机械化，根本上，这是反于大学教育的目的。

因为国立大学是直接地受了教教［育］部的管理，所以校长、教务长、训导长、总务长，以至师范学院院长，都由教育部委任或圈定，因而大学的本身的行政与研究的工作，往往也免不了因教育部的人事的更物［换］，而有所影响。这是一般主张大学改为国立的人们，所要特别加以注意的。

上面是指出大学之逐渐改为国立的理由之不充足，此外我们以为此个私立或省立的大学，都必有特殊的地方、特殊的贡献。假使改为国立，只是名义上的更换，则这种变换没有什么意义的。假使这种更换，是名义上的更换，那么这种更换，结果不必使这些私立的大学的特殊的地方与特殊的贡献，逐渐消灭或大受影响。

不但这样，私立大学既为私人所设立，则这些创办或主持这种大学的人们，也必有其特殊的个性或特殊的才能。同时，其在教育上的抱负，也必有其特点。这种大学，若改为国立，不只是影响到大学的特点，而且容易消灭了这些特殊的个性与才能。

我们不要忘记：教育当局不是万能的，国立大学既直接受了教育部的管辖，教育部对于各大学的特殊的地方与特殊的贡献，未必能够处处顾及，而部令的颁布，又往往偏于标准化、划一化，结果不但会使各大学逐渐趋于机械化，而且往往使其内部的发生［展］有了很大的窒碍。

何况部长的更换，不只对于大学的校长以及教职员有所波动，就是对于大学教育的政策上也有所影响。学工科的人，若作了部长，很容易偏重于工科；学过文科的人，若作了部长，也许又偏重于文科。这种因人施政的弊病，在我国目前的情形之下最易发生，而在尚未上轨道的大学里，也最易受其影响。

总而言之，近年以来，国立的大学虽愈来愈多，可是未必个个都很好。除了教会所创办的大学之外，国人自办的私立大学已是寥寥无几。经过八年多的抗战，好多国立大学固是不易发展，而这些寥寥无几的私立大学，更不容易支持。现在抗战胜利，大学教育复员的呼声正高的时候，政府对于国立的大学固要负起责任，使其能够充分地发展，而对于私立的大学也要特别加以补助。因为从国家的立场来说，无论是国立的大学，或是私立的大学，同样地为国家提倡学术，同样地为国家培育人才。好的私立大学则不一定改为国立，坏的国立大学，即使政府花了不少的金钱，去扶持其存在，也未必能于国家有所裨益。

与胡适之先生论教育 [*]

胡适之先生最近从南京返抵北平，曾发表一篇谈话（见天津《大公报》〈9〉月 8 日）。其中有两点很值得我们商榷：（一）为主张在第一个五年内，由政府指定五个大学作到第一等地位；（二）为反对近年来的留学政策。

胡先生以为："中国应该看日本。日本明治维新以后，倾全国之力，只办东京及京都两帝大，到最近十几年，才以余力在九州、汉城、台湾添了几个大学。"因而提议在五年内，政府要用全力去培植五个大学。这就是北大、清华、浙大、武大及中大。

大体上，我们反对政府近年以来的大量创办专门以上的学校，而不注意到这点学校的质的问题。胡适之先生所以有了这种主张，大概也是因为他看出这种重量不重质的毛病。然而我们所不解者，是胡先生不知何所根据，而推荐这五个大学？胡先生抗战开始就出国，战后很久才作归计。十年来的中国真面目，或未必很了解，十年来的中国的大学教育，或未见得很能知道。若只凭着那"一点偏私"的感情作用，而随便去提议，随便去推荐，这不只为了胡先生的地位与声誉而会引起很大的影响与不公平的结果，而且是失了胡先生的一向"拿证据来"的治学的精神。

不但这样，胡适之先生一方面虽反对大学教育的重量不重质的政策，一方面好像又歌颂这种政策，甚至实行这种政策。这是一个矛盾。记得不久以前教育部长朱家骅先生曾广播教育概况，指出在抗战时期中

---

　* 录自天津《大公报》，1947 年 9 月 11 日第 1 张第 3 版。上海《读书通讯》第 144 期（1947 年 11 月 10 日）以《陈序经与胡适之先生论教育》为题再刊。后收录陈序经著〈大学教育论文集〉（岭南大学 1949 年版）。

国的专门以上的学校曾由一百个单位左右，而增到一百七十多个单位，同时以为这是中国高等教育的发展的表征。胡适之先生在北平的一个演讲会与在天津美国大学会，曾一再把这个数目字去证明这是中国高等教育的进步的明征。一方面反对这种政策，一方面歌颂这种政策，这岂不是一个很大的矛盾吗？

其实胡先生不只歌颂了这种政策而且实行了这种政策，这是有例可举的。胡先生是北京大学的校长。我们且以北京大学为例。北京大学在战前，只有文理法三个学院，学生人数大致不过一千。抗战以后，虽然承受了伪北京大学的不少遗产，然而现在不只院增了两个，学生也增了数倍。以北京大学的目下的经费设备种种来说，专办文理法三个学院，犹嫌不足，可是同时却增加了两个最费钱财与最缺师资的医工学院。再加以数倍的学生，这岂又不是拼命去实行这种政策而成为一个最大的矛盾吗？这样看起来，去国十年的胡适之先生，不只对于中国的整个大学教育，似乎未必很为了解，恐怕对于北京大学的本身，也未见得很为知道罢。

关于胡先生反对近年来的留学政策，从表面上看起来，虽是很有理由，可是事实上，也有很多的错误。我们不能在这里畅所欲谈，只能略加指出而已。

第一，我们要指出，北京大学一年所得的美金或以好多个大学一年所得的美金，来比胡先生所估计的四百万美金的留学费用，无疑的后者是一笔很大的数目。然而我们不要忘记，把四百万美金的留学费来比政府每年无益的浪费，恐怕真是微乎其微。试问今日因贪污而浪费的金钱与因党争而浪费的金钱究竟多少？试问今日因缺乏行政效率而浪费的金钱与因许多骈枝机关而浪费的金钱，究竟多少？试问今日在美国好多有名无实的我国政府机关所消耗的美金，究竟又有多少？试问今日在美国的一些花钱如泥沙的所谓高等华人所消耗的美金，究竟又有多少？试问华府的索拉尔姆饭店的国人所花的美金又有多少？以至在纽约的戴门贺修夜会的国人所花美金又有多少？胡先生对于这些浪费，不加指摘，而却对于四百万美金的留学费加以非难，真令人莫测高深。而况专以今日教育经费来说，其中浪费的，也不知多少啊！

第二，我们要指出在抗战以前，我们的学术水准，已是很低，而大学设备，也是很差。经过八年来的抗战，再经过两年来的纷乱，其水准之低，与设备之差，更不待言。国家专门人才的需要，大学师资来源的枯窘，若说不靠留学而只有金钱即可以很短的时期就能解决，那又未免把这事看得太容易了。

我们赞成胡先生提议充实我们大学的图书仪器，然而我们反对他提议以留学的经费去作这件事，因为这是两件功用不同的事情。在一个相当的时期里，充实国内大学的设备固是很重要，而出洋留学尤宜注意。我们不要忘记世界学界而尤其是自然科学日新月异。若说我们只靠买大量图书与最新仪器，就可以赶上人家，那是一个最大的错误。这是八十年前曾国藩的思想，还跟不上五十年前张之洞的留西洋不如留东洋的浅见。

我曾把近代数位学者来比较。康有为只靠广学会所出版的一些翻译书籍，而提倡维新，故后来竟成为开倒车的典型人物。梁启超上了东洋漆，勉强读日文，所以在日本办《新民丛报》的时候，成为国内新思想界的慧星。然而正如梁氏自己所说，对于西洋的认识太浅，只拾日本人所输过的一些唾余，来源容易枉枯干，结果是一代介绍西洋思想的大师，后来不得不跑回线装书中讨生活。最后还大声疾呼，希望中国青年要向东跑，不要学西洋人的把戏。至于胡先生之所以直到现在，还站在学术界的前线，这不只是因为他懂得读西文，而且因为他久住西洋，有了环境的薰染。所以从介绍新思想方面来说，康有为比不上梁启超，梁启超比不上胡适之。这并不是一件偶然的事，我们希望胡先生不要忘记这一点啊。

记得在纽约的时候，胡先生曾说找《水经注》的板〔版〕本，在美国比中国为容易。胡先生久住美国，不用时间去研究外国最新颖的哲学、文学，以介绍于国人，而在美国研究线装书，已不免使我们惋惜，然而连水经的研究，也是以在美国研究为最宜，那么不只日进千里的科学需要我们到美国去研究，就文明古国的国学，也要我们到美国去研究了。

公论耶？私论耶？*

天津《益世报》于 10 月 4 日及 5 日，曾登载平津一些学者对于胡适之先生的《十年教育计划书》的谈话。其中有了一段很值得我们注意的，是北京大学法学院院长周炳琳先生所说的。周先生告诉我们道：

> 除去对于五个大学的选择外，这个计划，似乎不该引起什么争论。

这明明是指出胡先生所选择的五个大学，是有问题的。然而，周先生又紧接着说：

> 胡校长是我们的领导者，他的意见也可以说是我们大家的意见。五个大学的选择，社会自有公论，胡校长以前所提的北大、清华、武大、浙大及中大五个大学，几乎已为社会所公认。

这又明明指出胡先生所选择的五个大学，是没有问题的。我们以为假使《益世报》的记者，对于周先生的说话，没有记错的话，那么周先生这两段话就有了矛盾。

我们承认，在教育上，胡先生是我们的领导者，然而我们不敢赞同，他的意见就可以说是我们的意见。而且，我们未必赞同，他的意见也就可以说是社会所公认，或是社会的公论。

其实，周先生就忘记了胡先生在 9 月 8 日各报所载的学术谈话中，已经承认，要实行这种计划，"这自然非有一点偏私不可"。到了我的《与胡适之先生论教育》一文，在 9 月 11〔日〕的《大公报》发表之

---

* 录自《世纪评论》第 2 卷第 21 期，1947 年 11 月 30 日。1949 年收录到岭南大学出版的陈序经《大学教育论文集》中。

后，胡先生在9月13日，又有一个声明，据9月14〔日〕的《大公报》的记载，胡先生说：

> 先建设五个大学之拟议，不过为新闻记者问及时的一个私人意见，政府未必照此实行。

胡先生一则曰："这自然非有一点偏私不可"；再则曰："这不过为新闻记者问及时的一个私人意见"；三则在后来所发表的《争取学术独立的十年计划》一文中（《大公报》，9月28日），也并没有再指出那五个大学，而周先生却当为这是我们大家的意见，这是社会的公论。我们在这里忍不住地要问问，这究竟是周先生的个人的私论呢？还是周、胡两先生的公论呢？胡先生与周先生两个人的意见，尚且不同，而周先生还说是大家的意见，是社会的公论，这未免强私意以为公论了。何况，就使周先生与胡先生是同意了，这也未必就是我们大家的意见，也未必就成为社会的公论呢？

然而，为什么胡先生有了这个私人的意见，为什么周先生指出这是社会的公论呢？

记得去年北京大学开学的时候，胡适之先生在其讲演词里，曾称颂北京大学的历史久、院系多、学生众。假使我的记忆不错的话，他在这次演讲词里或是在其他的谈话中，还把北京大学的历史，拉到汉唐之世。北京大学的历史不如北洋或交大之久，已经有人指出，若说北京大学是继续汉唐的教育制度，而承受中国的学术正统，这又恐怕是胡先生的个人私意，而未必是社会的公论。

若说北京大学是以好几百年来的京都所在而得名，因而有特殊的地位，那么北京也称北平，以前的北平大学，也可以争这一席了。倘使我的记忆不错的话，从前岂不是有人主张把北京大学并入北平大学之说吗？然而在那个时候，反对这说最厉害的好像还是北京大学。我们现在想起北平大学，四分五裂，而有一部分并入北京大学，真有今昔之感。

北京大学的院系多、学生众，这是事实。但是我已指出，北京大学在战前，只有文、理、法三院。战后不够一年，增加了三个最费钱财与最乏师资的农、工、医学院。教育部规定，凡有三个学院以上的，可称为大学。这等于新办一个大学。北平的清华已有农工学院，而协和医学院又为远东最驰名的医学院。北平并非工商中心的都市，以目前国家经济的困难情形来说，北京大学以现得的经费的全部，拿来办战前的三个学院，已嫌不够，而却再加上这三个学院，好像使我们感觉到所谓大学之所以特别大者，乃院系多与学生众之谓者。其实，这种作法，北京大学的同人之中，也有很多不赞成者。比方，朱光潜先生指出："燕京现在是宁缺毋滥，这是最聪明的办法"。他并且希望"中国教育界，也处在最困难时期，应当仿照燕京的办法"。这就是一个例子。然而，北京大学的当局并不这样地作，而却大加扩充院系。这是公论呢？还是私论呢？

而况，反过来看，有些大学，在战前已有的院系，办理已有相当的成绩，而教育部却不愿使其恢复。教〈育〉部厚于北京大学，而薄于其他的大学，这是不公平，这是有偏私。不公平而偏私，难道也可以谓为公论吗？

国内大学，在战前，设备较好的，要算清华。可是清华之所以能这样，主要是依赖于美国退还的庚子赔款。清华直到今天，在美国还存了好几百万的美金。所以在全国大学中，还是最富的大学。但是我们不要忘记，清华历年来所用的金钱，以至现在所存的美金，不外是抽了四万万五千万的同胞的人头税而来，在经济与外汇这么困难的时候，存钱在美国，由清华独享，是否公平，也是一个问题。而况，美国今日物价，也愈来愈涨，美金越来越贬值，若不早用这笔基金，而这样地存下去，等到将来美金贬值到一个很低的地步，岂不是很可惜吗？到了那个时候，不只是国人昔日的血汗所得的金钱也许成为乌有，就是清华而欲独享也不可得。这岂不是更可惜吗？清华有了经费而不先用，在国家经济困难的时期，胡适之先生还要政府特别给予款项，而对在抗战时期破坏到"四壁全无"的大学，不加以赞助。胡先生之于"母校"，厚则厚矣，但是这种主张，是私论呢？还是公论呢？

胡适之先生在《争取学术独立的十年计划》一文中，曾举出1891年，罗氏基金会捐了二千万美金来创办芝加哥大学。哈勃尔校长得了此款，高价去聘请美国与欧洲著名学者到芝加哥讲学，"一年之后，人才齐备了，设备够用了，开学之日，芝加哥大学就被公认为第一流大学"。

我们知道，芝加哥在美大学中历史很短，比不上哈佛、耶鲁，固不用说，比起意利诺及好多大学也比不上。假使胡先生所说有了钱财，就可以立刻创办或发展一个第一流的大学，那么我们可以同样地说，只要政府愿意给与充裕的经费，无论哪个大学，或是新办大学，马上都可以成为第一流的大学。这么一来，北京大学以及胡先生所选择其他四个大学，有了这笔经费，固可以成为第一流的大学，难道这五个大学以外的其他大学，有了这笔经费，就不能成为第一流的大学吗？然则所谓政府应该用全力去培植这五个大学的主张，究竟是私论？还是公论呢？

胡先生还举出吉尔门校长创立霍铿斯大学的成绩。这位校长高瞻远见，是无可疑议的。但是我愿意指出吉尔门在当时之所以能办得有成绩，固是像胡先生的说法，也是得力于某铁路公司的巨款帮忙，但是我不要忘记后来这个公司的股票落价了，霍铿斯大学的经济来源大受影响，现在这个大学之在美国的大学中已有逊色，这也可以说是因为经济的困难。然则有钱则兴，无钱则衰，胡先生在今日也许可以利用其地位声誉，而使政府用全力去培植这五个大学，而成为第一流的大学，将来若没有了像胡先生这种人，一旦政府若停止或减少了这种全力帮忙这五个大学的时候，这五个大学岂非又要像霍铿斯大学一样的日落西山，渐有逊色吗？然则今日所谓第一流大学者，岂非也会降为第二流或第三流大学的地位吗？

胡先生与周先生所说的五个大学之中，除了北京、清华之外，还有中央、武汉、浙江三个大学。中央大学在年来，以至武汉大学，在某一时期所用经费，不可谓不多。然而中央大学在这数年来，数易校长，吴有训先生作校长，不够两年，据说辞职不知多少次。教育部给了很多的经费与中央，在地域上，教育部之离中央只有咫尺，从最高的当局，以至著名的名流学者，都不能久位于中央大学，然则中央之所以被加青眼的根据，除了因为是在中央之外，不知是否还有其他的理由否？

有些人说，周鲠生先生以至竺藕舫先生之于胡适之先生的私人感情很好，是无可疑的，不知胡先生之所谓"自然非有一点偏私不可"，是指着这个人感情，还是别有所指。然而无论如何，既曰"偏私"，既曰"私意"，就不得谓为公论？胡先生尚不肯承认其所主张为公论，而周先生却说这是大家的意见，这是社会的公论，这未免有了强词夺理之嫌了。

若说胡先生这个计划，曾得了蒋主席、张院长以至朱部长的赞同，而遂可以谓为公论，这也是一个错误。

我们要指出政府所设立的学校，虽称为国立或公立，然而这种所谓国或所谓公，只是指着政府而已。所以就使蒋主席、张院长以至朱部长代表了我国的政府，而赞同了胡先生所提议的意见，这也只能说是政府的言论，而非社会的公论。何况，政府的言论之于社会的公论，往往可以处于相反的地位呢？

不但这样，政府的代表人物，既是随时可以变更，所谓代表政府的言论，也可以随时变更。胡先生也许能够说服了今日代表政府的人物，而实现其计划，胡先生能够担保今后的代表政府人物，同样的这样作吗？北京大学在今日，可以享受政府特殊的待遇，北京大学在明日，是否能够这样受宠，却是一个问题。胡先生与周先生，大概不会忘记，北伐成功之前，五四运动之后，政府对于北京大学的态度如何罢。在那时候，蔡元培先生固站不住，胡适之先生也不得不"浮居海上"，挂名去作中国公学的校长。至于教授像傅斯年、杨振声、周炳琳诸先生等，也不得不跑到广州去当今日人人所讥骂的中山大学的教授。傅斯年先生那个历史语言研究所的招牌，就挂在东山我的寓所的房边。抚今追昔，感慨何如？

其实，专仰政府的鼻息，以讲求学术独立，从学术的立场来看，是一件致命伤的事情。近年以来，一些政府人物所提倡的思想统一，以至党化教育，何尝不挂起学术独立的招牌。胡先生告诉我们，他的学术独立的计划，在南京时，曾与蒋主席谈过，那么蒋主席对于胡先生的意见，我们相信必定很为尊崇而受了影响。我们读了蒋主席今年10月10日国庆日的演讲词，其中且有一段标题为"讲求学术独立"。然而，凡是读过蒋主席与胡先生的学术独立计划的人们，都能看出他们两人的意见有了很大的差异，这种差异，不只是因为前者是站在政治的立场而发言，而后者却站在学术的立场而说话，而且有了其他方面的差异。学术之于政治，是否能够脱离关系，我们不愿在这里加以讨论，然而发展学术，专只靠政府的力量去推动，是一件很危险的事情。二千年来，中国学术之所以因循固塞，而不能放异彩者，也无非是由于政府的专制。孔孟之所以被尊崇，佛老之所以被排斥，也无非就是这个原故。然而，读中国历史的人，若以为孔孟的言论，乃社会的公论，而佛老的言论，乃私人的言论，这又是一个错误。二千年来的专制政府用了力量去推动孔孟的言论，而孔孟的言论，尚不能成为社会的公论；在今日正谈民主的时代，而欲以政府的言论去霸占社会的公论，这未必得能够成功啊！

我们只要回想，数十年来的大学教育，就能明白政治色彩最浓的大学，往往吃了大亏。中山大学是一个很好的例子。我同意朱光潜先生所说："广东的中山大学虽然历史很悠久，面积很广大，建筑物很良好，但除此以外，却没有什么。"去年我回广东，有人告诉我，中山大学之害广东，比之鸦片尤甚。这是言之过甚，然而中山大学之办理不好，是无可疑的。中山大学在战前的经费，比之国内任何大学的经费都多得多，然而中山大学不能像胡先生所说有钱便可办好，而为世人所诟病，原因究竟何在？照我个人看起来，政治的色彩太浓，实为主要原因之一。因为这是纪念孙中山先生的大学，所以党化的色彩太浓，校里的党争也因之而起，而一般之主持此校者，若不只是从其政治的立场去办学，就不外是只顾其政治的地位，而把大学的事务置之脑后。邹鲁先生主持中山大学的时间最久，他是用政治的立场以至手段去办这个学校，所以连了校长出入，固有卫队保护，就是校长办公室也有卫队保护。这是把大学当为衙门，并不当为大学。至于在戴季陶与朱家骅两先生作正副校长的时候，假使我的记忆不错的话，前者跑去南京作考试院长，而后者跑去浙江作民政厅长，整个校务委之一位秘书沈鹏飞先生，这是作官呢？还是办学呢？朱家骅先生现在还当教育部长，胡先生与周先生若以为其计划得了教〈育〉部的同意，而遂为社会的公论，则今后中国的教育前途尚何堪问！

国立大学，固可以成为政治上的党派人物所利用而不得其公；国立大学，也可以成为教育上的学阀所利用而不得其公。所谓国立者、公立者，在这种情形之下，只是假公济私而已矣。反之，私立大学，虽名其为私，固未必是为私，除了一些办学以敛钱的外，办教育总是为公。所以国立大学，固是为国家为社会造就人才，难道私立大学，就不是为国家为社会造就人才吗？从这个观点来看，大学以至其他的教育机关，本无所谓公私之分。一个大学或学校必加上"国立"或"公立"两字，这已是表示政府欲遂其私。政府是代表人民的机构，官吏是人民的公仆，政府设立学校，固为民众而设，人民自己设立学校，又何尝不是为民众而设？只有政府所立者，而始称之为"公"，而私人之为公而设立者，却名之为"私"，然则所谓公者，未必为公，而私者却未必为私，是一件很为显明的事了。

不但这样，国立学校，靠了政府的扶植，而私立学校，虽曰靠了私人的力量，而实靠了社会的帮忙。所以只靠一个私人去办学校，决不易显出成绩。就是有了，也不能久长。人生短促，制度绵长，以短促的生命，去维持绵长的制度，是不可能的。陈嘉庚先生欲以独力去办厦门大学，而终不能不改为国立，就是一个例子。所以私立大学之所以能够成立，而有成绩者，不能不靠社会的帮忙，但是能够得了社会的帮忙，也可以说是因为社会公认其大学有了成绩，或是公认了主持这个大学的人或人们，是为了公众、为了公益。周炳琳先生指出："私立大学，拒绝政府资助的，也并非无此前例，所以私立、国立，不应混为一谈。"这种看法，固有其道理，然而我们不要忘记，在经济困难的时期，政府对于私立大学，不能漠然视之。一个私立大学，对于国家，对于社会，其贡献既不比一个国立大学为少，不只在其困难时期，政府应当加以扶植，就是在其平时，政府也要特别加以鼓励。假使不是这样的话，试问谁愿去办私立大学？结果是所有大学，恐怕非都改为国立大学不可。所以，站在国立大学的地位的人，若说只有挂了"国立"两字，才能要求政府扶植的话，这是把政府当为私物，而非把政府当为公器了。政府欲遂其私，而名其大学为国立、为公立，而国立大学又把政府为私物、为私囊，这是从前私天下的帝王的心理，安得谓为公呢？既是不公，又安得谓为公论呢？

而且，我们不要忘记，在我国大学的发展史上，尤其是早期的发展史上，私立大学在学术上、在教育上贡献很大。北京大学的理学院，正在胚胎的时代，好多私立大学，尤其教会所设立的大学，已有了很完备的实验室。清华大学还未成立大学之前，私立大学已经出了不少的优良的大学毕业生。在国立大学，只能发三成薪水的时候，好多私立大学除了薪水发足之外，还有住房以及好多其他的便利。十年来，因抗敌以至因党争而使经济凋零，私立大学所受的苦难，与日俱增，政府在这个时候，若能特别给与他们以帮忙，更能表示政府的公而无私啊！至说私立大学拒绝政府资助的例子，固然并非没有，然而不愿耗费国家的钱财，而宁愿自己设办法，这岂不是更足以表示他们是为公设想吗？今日的主持大学教育者，整日奔走权贵之门，以求一饱，只能说是不得已而为之，不能谓为光荣而为之。政府设立学校，应该有充分经费，浪费国家钱财于其他方面，教育界没有人起而指摘，而却只为保存一校两校而提倡什么计划，这是为公呢？还是为私呢？

何况，近年以来，好多国立大学，浪费多而效率低，其原因虽多，然而把国立当为官立，结果是大学成为衙门化。反之，好多私立大学，因为经济的来源往往取之于社会，要作出一些成绩来，才能得到社会的帮忙，因而不得不特别小心，求节省，增效率，一个钱做两个钱事，一个人作两个人事，与一些国立、官立大学之讲门面，讲派头的，大不相同。假使社会而有公论的话，那么这些办私立大学的人们的这种精神，应该特别加以提倡。假使政府而能公平的话，那么在困难的时期，私立大学应该得到公平的资助，这还有什么可疑呢？

自我的那篇《与胡适之先生论教育》一文发表之后，在各报章上所登载关于这个问题的文章，以至在私人谈话中，往往涉及南开大学。比方，周炳琳先生说："南开虽然有良好的历史，经济研究所也有卓越的成绩，但选择起来，恐怕难免落到第二批里去。"陆志韦先生说南开经济研究所的工作，必得继续发展。吴世昌先生提起南开改为国立的事情，更有些位因为看得我在南开教书，而且兼任了一些学校行政工作，因而以为我之所以发表那篇文章，是站在南开的立场而说话。阎简弼先生以为这是愤懑之言；而说得很刻薄的，像吴景超先生，以为这是吃醋之言。

我要指出，我个人虽在南开作事，可是我既不是南开旧同学而作护校之言，严格地说，我在南开的时间，不过四年，说不上去站在南开的立场来说话，可是好多人既然因为了我的那篇文章而谈起南开，我不能不在这里略为解释。

南开本来是私立大学，在抗战时期的九年中，虽很荣幸地而跻于国立北京大学与国立清华大学之林而成为西南联合大学，然而南开一般同人，始终欲保留着私立的地位。抗战结束以后，南开也曾作了一个十年计划，呈请政府批准。这个计划虽然也名为十年计划，而比之胡适之先生的十年计划早了二年，但是南开的十年计划中，并没有要求政府给与南开比其他各校较多的待遇。大致地说，其办法是在十年中，南开希望政府在头一年里，给与南开等于北京大学或清华大学的一年经费。自第二年起，每年照比例减少十分之一，到了第十年后，完全由南开自己去筹经费。照了这个十年计划来说，南开除了头一年欲得与北京大学或清华大学的同等经费之外，不但没有要求较多的经费，反而愿意年年减少，到了十年后，政府可以完全不负有南开经费上的负担。

这个十年计划，除了行政院通过之外，又得国民政府主席的批准，同时也由国民政府正式通知南开。然而，后来因为教育部对于这个计划不表同情，另有解释，结果始终没有实行而成为画饼，所以南开之所以改为国立，并非南开的本意啊！

不但这样，南开同人深深地感觉到抗战开始，南开就遭受四壁全无的破坏。战后图书仪器的购置，固很困难，而优良师资的聘请也不容易，因而决意从第一年级办起，希望慢慢地恢复旧观，然后再从而谈到扩充光大，因为我们感觉恢复旧观已不容易，遑言扩充与光大。

　　我之所以举出南开的十年计划，以至从第一年级办起的事情，无非要表白南开既不希望去国库里拿比人为多的钱财，也不侈谈在五年内，或十年内，能成为世界第一流的大学。我们只愿耕耘，不问收获。既不羡慕人家大量的经费，也不夸张自己的工作而要求特殊的待遇。所以最近一次教育部长朱家骅来天津参观南开大学的时候，南开师生虽然感觉到一年以来，南开所领得的经常费及各种补助费，比之人家少得多，使浩劫最甚之后的复员工作更为困难，然而他们并不因此而包围朱部长，也不为了这个问题而提出要求增加经费。反之，在张伯苓先生的致辞中，他还一再感谢政府的帮忙、政府的好意。他的理由是在从前私立的时候，从经费的立场来说，几乎是今日不知明日，天天都要发愁。现在呢？政府所给与的经费虽然少得可怜，然而尚非完全没有。在抗战前，南开同人薪水，比之一些国立大学少了三分之一至四分之一。现在呢？南开同人回想当年，虽觉目前的薪给太不能敷其所支出，然而比之其他大学的同人，并没有什么分别，大家同样的吃苦，只好忍耐而已。在抗战前，南开每年预算经费，远不及好多国立大学之一半或三分之一，然而南开同人，从不觉得用钱少是一件耻事，而必用得多才觉得为光荣。在抗战前，募捐了一些经费，多数是来自社会热心教育的人士，因为恐怕负了这些人的好意，故极力节省。现在呢？经费虽完全来自政府，然而政府的钱财，是一般人民的血汗挤出来的，用能出钱或是有钱的人们的钱，南开还是不敢随便地用，用一般人民的血汗挤出来的钱，南开更何敢多所浪费？更何敢多所要求？所以若说我们是愤懑，若说我们是吃醋，那是太误会我们了。因为只在争取经费上，我们从没有愤懑过，我们从没有吃醋过。这样看起来，一些以为我是站在南开的立场，而作愤懑吃醋之言的说法，是公论呢？还是私论呢？

论发展学术的计划*

自胡适之先生发表他的学术独立的谈话（9月8日各报均有登载）之后，我于9月9日曾写了一篇《与胡适之先生论教育》，发表于9月11日的天津《大公报》。此外，邹鲁先生也致函与胡适之先生，询问所谓五大学中的中大，是指着中山大学，还是中央大学。胡适之先生为了答复我的文与邹先生的信，于9月14日又发表了一篇谈话。据这一天的《大公报》所载，其中有了下面一段的话：

> 先建设五个大学之拟议，不过为新闻记者问及时的一个私人意见，政府未必照此实行。所指中大，确为中央大学。本人并未以地域分配。东北、西北、西南都没有提到，并不只华南。平时我也认为政府所耗外汇太多。如冯玉祥政府拨给六十万美金，李汉魂考察欧美一行，达二十人之多。卫立煌大约也在国外耗费不少。资源委员会高级职员在国外的，有四百人之多。我在美国作大使数年，作旅行讲演，达四百次，都是未带一个随员。提了皮包，自己走路，未替国家糟花一个美金。我并不是反对留学，不过是拿来与建设国内大学相比而已。

我的那篇《与胡适之先生论教育》，主要的也是指出胡先生之提倡用政府的全力，去发展五个大学，这就是北大、清华、中大、武汉、浙江，是不见得公平。同时我又指出我虽赞成国内大学，要充实起来，然我却反对用目前的留学的外汇，去作这件事。因为国家的外汇与钱财之浪费于其他方面，实在太多，若以此区区之数，去发展国内大学，也未

---

* 录自上海《观察》第3卷第17期，1947年12月20日。1948年《现实文摘》第1卷第10期摘录。1949年收录于岭南大学出版的陈序经《大学教育论文集》中。

见得是好办法。胡适之先生这个谈话，既声明"先建设五个大学之拟议，不过为新闻记者问及时的一个私人意见，政府未必照此实行"，同时又并不是反对留学，而且承认政府所耗外汇于其他方面的太多。这个声明之于我的意见，可以说是比较接近得多了。

但是，胡适之先生这个声明，不只不能使邹鲁先生满意，而且引起冯玉祥先生的反感与翁文灏先生的答辩。冯玉祥先生的信，曾在 10 月 4 日的北平《世界日报》上登载。翁文灏先生的信，由胡适之先生发表（10 月 5 日天津《大公报》）。翁先生的信里，承认战后资源委员会，先后派出赴美实习人员，总数确有四百人左右，虽则他也指出，今年 5 月以后，已令其逐个回国。至于冯玉祥先生之指出胡先生"任意胡说"，胡先生虽也正式请中央社更正他所说的数目字的错误，而且表示歉意，然而据薛笃弼先生的信中说，冯玉祥先生出国，除了政府给国币之外，政府先后给了十三万余美金。

平情而论，胡适之先生所举的数目字，虽有错误，可是冯玉祥先生用了十三万元美金，数目并不算小。战后多少大学，请求政府准购外汇，以便在美国购置图书、仪器，其请求十万或八万美金者，据我所知道的，固未见其照准，就是请三千、五千的，也未见得容易答应。冯玉祥先生并非水利专家，赴美考察水利，已使人们惊讶，而所用美金若此之易，较之一般的大学请求美金若是之难，两相对比，我们惟有慨叹"师道衰"而已矣。

胡适之先生虽有了上面的声明，但是国人对于这个问题的讨论愈来愈热烈。除了我的文章，与上面所举出的函件，以至胡先生的《争取学术独立的十年计划》（9 月 28 日天津《大公报》）之外，天津的《益世报》的记者，曾访问了平津的十多位学者，对于这个计划的意见，发表于 10 月 4 日与 5 日的该报。此外，关于这个问题的文章之发表于各处刊物的，也有十多篇。最近在北平出版的《现代知识》，还出了一本学术独立专刊，这都是表示国人对于这个问题的注意。

我个人对于这个问题的意见，大致上虽已在《与胡适之先生论教育》以及《公论耶？私论耶？》两篇文中说明，可是还有不少意见在那两篇文中没有说及，或是说及了，而却言之未尽的。我愿意在这里，再略加解释，以供关心这个问题的人们作参考。

在这一次的讨论中，好多人都觉得胡适之先生所用"学术独立"这个名词，未甚妥当。因为学术是没有国界的，所谓学术独立，会变为孤立，而成为闭门造车的流弊。我以为胡先生之用了这个名词，虽未免有了语病，但是在意义上，胡先生也并没有这样的想法。胡先生在《争取学术独立的十年计划》一文里也说：

> 我说的学术独立，当然不是一班守旧的人们心里想的"汉家自有学术，何必远法欧美"。我决不想中国今后的学术，可以脱离现代世界的学术，而自己寻出一条孤立的途径。……我所谓学术独立，必须具有四个条件：（1）世界现代学术的基本训练，中国自己应该有大学可以充分担负，不必向国外去寻求。（2）受了基本训练的人才，在国内总该有设备够用，师资良好的地方，可以继续作专门的科学研究。（3）本国需要解决的科学问题、工业问题、医药与公共卫生问题、国防工业问题等等，在国内都应该有适宜的专门人才与研究机构，可以帮助社会国家寻求得解决。（4）对于现代世界的学术，本国的学人与研究机关，应该和世界各国的学人与研究机关，分工合作，共同担负人类学术进展的责任。

我们希望中国的学术，能够作到这个地步。所以大致上，我们也可以赞同胡适之先生这种想法。不过要想这样的作，与其说是争取学术独立，不如像袁贤能先生所说，是争取学术并立。换句话来说，我们所要争取的是想与欧美的学术并驾齐驱，或是进一步地去驾而上之，并非独立。而况照胡先生所举的四个条件来看，无一不与现代世界的学术先进的国家有了关系，而所谓"分工合作，共同担负人类学术进展的责任"，更不允许我们去谈学术"独立"了。

假使我们不以辞害意，而同胡先生一样的希望中国学术能与欧美并驾齐驱，或是驾而上之，那么问题是如何始能达到这个地步了。胡适之先生说：

> 要做到这样的学术独立，我们必须及早准备一个良好的坚实的基础，所以我提议中国此时应该有一个大学教育的十年计划。在十年之内，培植五个到十个成绩最好的大学，使他们尽力发展他们的研究工作，使他们成为第一流的学术中心，使他们成为国家学术独立的根据地。

我们同意于胡先生所说在学术方面我们必须及早准备一个良好的坚实的基础，但是我们未必赞同胡先生所说，在五年或十年内，政府用全力去帮忙五个到十个大学，就能达到胡先生所希望的学术独立。

我们知道中国之接受西学或胡先生所说的现代学术，虽然有了七八十年的历史，但是因为我国固有的文化的惰性作祟，所谓"汉家自有学术，何必远法欧美"，以至"中学为体，西学为用"，不只使中国的自然科学落后得很，而且使中国的社会学科或人文学科，也远不及人家。在寻求高深的智识上，大学的历史既不过是五十年左右，研究院的成立更为较晚。至于图书仪器的设备，也是简陋不堪。再加以数十年来的政治上的波浪与经济上的凋零，学术的研究当然难于进展。抗战八年，又加以二年来的纷乱，一般的大学固多是基础未坚实，而在风雨飘摇之中，就是一些历史较久的学府，像北京大学，亦何尝不尚筑在"沙滩"之上。在这种情形之下，就欲以政府的全力去培植五个或十个大学，而想在五年或十年内，能够成为世界第一流的大学，是否能作得到，实在是一个问题。

而况学术水准的提高，不只是靠着五个或十个大学的努力，因为一般的智识水准以及好多的条件，都有了密切的关系。比方美国的学术，在现代的世界里不能不称为发达，在殖民的时期固是深受了英国的学术的影响，在19世纪以至上次欧战，大致上又很得力于其留学生，而尤其是从德国回来的留学生的提倡。三十年来，若用胡适之先生的名词来说，美国的学术总可以说是独立了，然而不少的美国权威学者也曾指出，在应用的科学上，美国虽很发达，可是在理论的科学上，还赶不上欧洲。有一位还说美国在这一方面，至少落后五十年。所以直到现在，他们还要跟着像爱因斯坦这些人去学。美国有了三百年以上的哈佛，有了将近三百年的耶路，以至二百年的普林斯顿，与好多百余年历史的大学，再加上美国的安定的政治与富裕的经济，以至近数百年来的欧洲的学术的坚实的基础，而在学术的某一方面——也许是主要的方面，尚赶不上欧洲，那么中国而欲在五年或十年内，发展五个或十个成为世界上的第一流大学，并非一件容易的事情。

我们并不忘记，芝加哥大学以至加里福尼大学，在很短的时期也能跻于第一流大学的地位。然而这不只是有了像哈佛、耶路、普林斯顿，以及好多大学所发展的学术风气，而且有了美国以至欧洲的一般的智识水准。有了充分的经费，固是发展学术的一个重要条件，但是只有了这个条件是不够的。陆志韦先生说："有人才才有仪器设备，仪器设备不能造人才。"这也许太看轻了仪器设备，然而若说只有钱财去充实仪器设备，就可以成为第一流大学，那又未免把办大学看得太容易了。

我以为在我们这种大学教育还在萌芽，与学术水准很为落后的时境之下，假使要政府而对于高等教育有计划的话，在目前的中国里，至少对于下列两点应该加以特别的注意：（1）是各大学有成绩的院系，（2）是各大学的所在的区域。

我们知道，在世界上，无论哪一个著名或所谓第一流的大学，未见得样样都办得很好。所以一个著名大学，其学院或学系尽管很多，或是几乎无所不有，然而办得好的往往也只是少数或一部分的院系。有的某一院或两院特别著名，可是不只在一院之内，往往其所著名的也不过是一系或两系，甚至在一系之内，往往其所著名的也不过是一两种科目。所以，成绩卓越的大学，固往往未见得各院各系都好，而一些人们所目为办得不很好的大学，也未见得一定是样样都要不得。比方年来国人对于中山大学的批评相当严厉，可是，比方我已说过，我们未必（按《世纪评论》2 卷 21 期中所载拙作《公论耶？私论耶？》漏了未必两字）同意于朱光潜先生所说："广东的中山大学，虽然历史很悠久、面积很广大、建筑物很好，但除此以外，却没有什么。"我曾指出过去主持中山大学的人们，因为只顾了政治上的地位，而忽略了办教育的职责，使中山大学吃了很大的亏。然而若说中山大学除了历史久、面积大、房子好之外却没有什么，却是不公平之言了。中山大学的农学院、医学院都有其贡献，其他的院系也有其好学的人士。农学院的昆虫学有了很好的历史，新办的北京大学的农学院的昆虫系，还要请了中山大学的昆虫学的教授去帮忙。假使我们而说凡是中山大学所办的通通都不好，那是未免太过了。而况事实上，国内之多多少少的大学之比中山大学之办得不好，又不知多少。所以，平心静气而论，假使我们对于中山大学的责备，较之别的好多大学为甚的话，与其说中山大学办得比别的好多大学为不好，不如说是我们对于中山大学希望太大。中山大学是纪念孙中山先生的大学，又是革命策源地中的唯一的国立大学。在抗战之前，所用的经费又特别的多，所以在一般人的心目中，这个大学应该是国内的模范大学，应该是"世界的一个第一流的大学"。然而正是匚为大家对于中山大学的希望太大，结果是失望亦容易很大。在失望很大之余，中山大学却为世人所诟病，但是事实上，愿意去作了详细考察的人，大概不致于若是之失望罢。

所谓著名的大学，既未必样样好，受人讥骂的大学，也未必样样坏。公平的办法，是应当去鼓励那些成绩卓越的院系，使其基础更加坚实，使能充分去自由发展。这才是政府秉公办理的善法。若只含混地去培植几个大学，而一笔勾销了其他的大学，结果是不只其他的成绩卓越的院系的工作因之而停顿或退步，就是那几个受了特殊待遇的大学，在五年或十年内，其有成绩卓越的院系，既未必就成为第一流的院系，而其新办或一向没有什么成绩的院系，基础也未必能稳固。这不只是一件不公平的事情，而且是国家的很大的损失。

不但这样，全国各大学大致上既皆在萌芽的时期，政府对于各大学在地域上的重要性与特殊性，应该加以特别的注意。我国大学教育一向集中于平津京沪数个地方，这本来就不很合理。抗战时期，虽有数个新立大学或不少内迁大学在西北与西南各处，可是战后内迁的既已迁回原来的地方，而新立的基础又太不稳固，结果是大学教育还是集中于这些地方。从地域方面看起来，这是一种畸形的发展。又我国交通事业一向不发达，再加以抗战时期以至战后的惨重的破坏，不只内地青年之考上平津京沪的大学的，不易负笈来求学，就是中部、南部各处的已被取录的青年也难于到校。这是辜负了不少的青年，而未免失乎国家造就人才的本意。

而况学术的研究，往往有与特殊的地域有了密切的关际。比方，西北考古的工作，最好是在西北的大学中发展。西南民族的研究，最好是在西南的大学推动。又如研究广东各种方言，以至研究中国之于南洋或中国之于西洋的关系与海道的交通，最好是由在广东或福建的大学去负担这种工作。此外，又如农学院或工学院的发展，最好是能顾及地域上的特殊性。这不过只是随便地举出一些例子而已。

总而言之，在目前的中国，大学教育既在萌芽，而学术水准又很为落后，我们对于大学教育，假使要有计划的话、合理的计划的话，那么我们对于已经办理得有成绩的院系，既应该加以特别的鼓励，而对于大学教育的区域的特殊性，也应该加以特别的注意。若只是随便地举出或指定五个或十个大学，希望政府能用全力去培植，而期望在五年或十年的时间，成为世界第一流的大学，这不只是不见得公平，而且未必能做得到罢。

乡村文化与都市文化[*]

在《大公报》10 月 13 日登载乡建工作讨论会在定县开幕详纪里，我们找得梁漱溟先生下面一段讲演词：

……乡建的目的是：（1）从中国固有的历史，演变下来的，使中国成为高度文明以乡村为主体、为根据的社会；（2）西洋的近代文明，与中国固有的文明，结合演成今日状况。西洋的都市文明、工业文明，与中国的乡村文明、农业文明，两相接触，改造一种新的环境，在不断的转变之下，成为今日中国民族自救的运动，成为我们今日的乡村运动。我国经过不少运动，惟此运动，切重实际，亦可谓之最后的运动。已往诸运动，初起时亦呈风起云涌之势，但渐渐失败。……中国原以农业立国，自受西洋工业文明影响以后，也想走入西洋之路，但未走通；如已走通，固无需再有今日乡建运动矣。如日本因种种条件适宜，故摹仿工业文明而成功，走上了工业文明、都市文明之路，所以无需有乡建运动，农村受都市压迫过甚，故偶然的需要救济，但谈不到建设。我们因无路可走，才走上乡建之路，开辟别一个新路线，以农村为主体来繁荣都市……开辟世界未开辟的文明路线，以乡建工作为民族自救的惟一出路。

在梁先生这段话中，可以商榷之点很多，但我在这里所要把来讨论的是：他以为西洋文化是都市文化，中国文化是乡村文化，而且这两种文化接触起来，就会产生出一种中西合璧的新文化。

我们的意见是：所谓都市与乡村，从文化的观点来看，不但是在性质上，不过是文化很多方面的两方面；就是在发展上，是要在文化较高

---

* 录自《独立评论》第 126 号，1934 年 11 月 11 日。

的社会里才能发展的。因此之故，在一般经济学者所谓渔猎以至畜牧时代的社会，城市固是难于发生，连了梁先生所谓以农业为基础的乡村，也是难于发生。

不但这样。乡村的发展固多依赖于农业，然而有了农业的社会，未必一定是以乡村为社会的基础。比方，南方好多的苗、黎和南洋好多的土人所住的地方，在很远的距离中才见了一家茅屋。所谓乡村固是少见，就是三五个家庭聚居一处也不多有。然而，这些的人们大多数是靠着农业为生，同时他们的农业的知智和经验，未必是低过我们所谓"以农立国"的国民。

同样，都市固是工业的展览处，可是都市尚未发生或发达的原始社会，工业也许已很进步。比方，美洲土人所制作的土器，菲[非]洲土人所铸造的铁具，苗、黎的刺绣，以及他们或其他的原始社会的人们在工业的其他方面的出品，在人类文化史上所占的位置都很重要。

都市与乡村既不只是文化很多方面的两方面，而且是要在文化发展较高的社会，或是某种特殊的文化的社会里，才能发生或发达，我们就能容易明白文化可以概括都市与乡村，而乡村与都市却不能概括文化。梁先生以都市与乡村来范围文化，已经不合逻辑，何况就算都市与乡村可以范围文化，则西洋文化既不只是都市文化，中国文化也非只是乡村文化呢？

原来西洋现代的文化，并非突然地发生或创造出来的。它是经过好多年的时间，和费了无数人的精神劳力，一点一点和一步一步地累积而成的。所谓 20 世纪或 19 世纪的西洋文化，不外是十六七八诸世纪的文化的伸张；而十六七八诸世纪的文化，又不外是从西洋文化发生以至十四五诸世纪的文化的果实。都市是文化特性之一，当然也是像文化一样的发展而来。所以从大体上看起来，西洋的都市历史，也有了好几千年的久远，然而，从其发展的速度方面来看，这种速度的增加得利害，是19 世纪以后的事情。我们知道1800 年的法国的人口过十万的都市，不过有了三个。在那个时候，纽约大约只有六万人，伦敦不过十四万左右。巴黎是欧洲的重心，也不过是五十万左右。芝加哥到了1830 年，还不过是一个百人左右的乡村。此外，在今日所谓为大都市，在1800年有的还是荒邱[丘]旷野，有的还是穷乡陋邑。所以1800 以前的西洋的人民，差不多百分之九十都在所谓乡村里过着他们的生活，我们若用了梁先生的名词来说明西洋文化，那么这时候的西洋文化，岂非也是乡村文化吗？然而，1800年的西洋文化，老早已进入现代文化的时期。

就是19世纪中叶的西洋都市，有了一百万人的固不易找出来，有了五十万以至十万的还是无多。纽约成为美国最大的都市，人口至多也不过五十万左右，芝加哥只有五万。巴黎据说有了一百万，可是在法国那个时候，百分之八十的人民是乡村的居民，于是可知西洋的文化不只是都市的文化。

而且事实上，近百余年以来，西洋的都市固是发展得很快，西洋的乡村何尝又没有发展呢？一般浅见的人，见了纽约、伦敦、巴黎、柏林、芝加哥的人口，在这个时期里增加了好多倍，他们忘记了西洋各处的乡村的人口，在这个时期里也增了不少。举一个例罢：1800年的英伦与威尔士两个地方的人口总数是九百万，住在都市的有了三百万左右，住在乡村约有六百万；到了1900年这两个地方共有人口三千万，住在都市的约二千万，而住在乡村约一千万。这个统计虽也指示都市的发展是较乡村的发展为快，但是我们所要特别注意的点是：乡村并不因都市的发展而零落；反之，乡村的人口也差不多增加了一倍。何况事实上，今日之所谓为都市，大〈多〉数是从前的乡村；所以表面上，我们虽说乡村发展和都市发展有了分别，事实上，所谓都市的发展，差不多也就是乡村的发展。

同样这般浅见的人，只见得新的都市在这百余年以内增加不少，他们忘记了在同样的时期里，新的乡村也增加了不少。他们只见得西洋在这百余年来，都市的物质文化进步得很快，他们忘记了西洋在同样的时期里，乡村的物质文化也进步得很快。他们只见得都市人口增加较快，乡村人口增加较迟，以为后者就被了前者压迫，他们忘记了机器发明以后，从前要十人来耕一幅地，现在只用一个人就够了；他们又忘记了，交通便利以后，所谓乡村与都市的界限，已不像从前那样的清楚，居住乡村的人，固有不少跑去都市，然而居住都市的人，也有不少的跑去乡村。

再从西洋文化性质来看，一般人——梁先生也在内——都以为科学及民治为西洋文化的特征，但是科学对于都市的发达上固有不少的帮助，其对于乡村的发达上，又何尝没有很大的贡献？例如，交通上种种便利，与其说是有益于都市，不如说是更有益于乡村。至于民治精神与制度之发展，差不多可以说是"以乡治国"的表征。在帝王专制的时代，政治完全取决于国都与都市，在民治时代的国家，政治主权是要在一般民众的手里找出来，现代国家的乡村的民众，既还占相当的数目，则乡村之在政治上的力量，也是不可忽视的。

上面是说明西洋文化不只是都市文化，我们现在可以解释中国文化不只是乡村文化。

《易》云："日中为市"，这可以说是中国都市的起源；《周礼》里"国"与"鄙"每相对称，"鄙"是指着乡村，而"国"却可以说是都市。至于管子说"野与市争"，已经证明"市"的位置的重要。又如《公羊传》宣〈公〉十五年何注文说："春夏出田，秋冬入城郭"，是指出都市不但是政治工商的中心，而且是农民的秋冬两季的寄托所。至如秦的咸阳，汉的长安的位置的重要，更不待说而可以明白的。汉代文化的中心是在黄河流域，故《史记·货殖〈列〉传》载长安以外河南有七个大都市，直隶、山东、山西、安徽诸省各有两个；南方文化较低，故都市之见于货殖传者，仅江苏、湖北、广东各一。于是可知中国的文化，从来就不只是乡村文化。而且从货殖传里的指示，我们知道文化之优高低下，每以都市之大小多少为衡。

从汉朝至现在朝代虽变了不少，然都市在中国文化的位置的重要是无可怀疑的。我们试读元代马可·波罗的《中国游记》，其所赞美歌颂的中国文化，何莫非像梁先生所说的"都市文化"？假使那个时候的欧洲人，而像梁先生一样的把文化来分为都市和乡村两方面，则读了马氏游记之后，岂不是也要叹道：中国文化是都市文化了！

梁先生既错认中国的文化是乡村文化，他又错认中国成为高度文化是以乡村为主体、为根据。我们要问梁先生所谓以乡村为主体、为根据而成为高度的中国文化，是指着哪一种的文化呢？在物质方面，是不是以农业为本的乡村的农业出产呢？在社会方面，是不是以宗族为本的乡村的宗族制度呢？在精神方面，是不是以保守为本的乡村的只知有乡不知有国、有世界；只知因袭，只知复古，不知进取，不知图新的思想呢？其实，中国数千年来的文化之所以停滞而不能发达的一个很重的原因，恐怕正是因为中了这种乡村制度的遗毒，和受了老子、孟子的"老死不相往来"的理想乡村的影响。结果是智识固塞，科学不振，工业、商业固无从发展，连了所谓为乡村基础的农业也是沿旧蹈常，与所谓原始文化的社会的情况相去不远。至今无路可走，迫不得已的还要派留学生到西洋学农业，派大官红员去西洋调查乡制，考察农政，购买农品，移植种子。我们清夜扪心，应该惭愧万分，努力急起直追，企有与西洋并驾齐驱的一天。哪料所谓乡村运动领袖像梁先生，还要在那里梦想以西洋人千数百年前所也曾经过的中国式"农村文化"，而融合于西洋的现代文化，以成为什么一个新路线、新文化，岂非可笑！

事实上，我们相信新的文化的创造，与其说是依赖于乡村，不如说是依赖于都市。上面已经说过，一般人都以为现代西洋文化的特征，是科学与民治，可是科学这件东西差不多完全是都市的产物。同样，民治的发展也是得力于都市。法国所有的革命都起自都市，而特别是法国最大的都市——巴黎。法国的革命是这样，别的国家的革命也是这样。在英国、在瑞士，民主政体的种子，人们虽说是他们祖宗在山林田间种下来，然而，我们不要忘记，他们的现代的民主政治是工业革命以后才发展的，而工业革命的策源地又是都市。而且工业革命的发生，是由于机器的发明，机器的发明，又不外是科学发达的表征。

所谓现代西洋文化的特征既是都市的产物，现代西洋文化的高峰或梁先生所谓的高度文化也是要在都市里找出来。西洋固是如此，中国也是如此。中国都市的发达虽然比不得上西洋，可是中国而真是有了高度文化，那么这些的高度文化，也是"都市的文化"。我们的都市且叫做"国"，我们的乡村是叫做"鄙"，已是表示两者的文化高低不同。我们的乡人曾屡唱着"不到京城终贱骨"的句子，可是我们没有听过都市的人唱过"不到乡村终贱骨"的句子。我们有乡下佬出城的笑话，我们没有城上人下乡的笑话。这不过是就我们传统和一般人的观点来说。假使我们从我国的文化本身来看，那么无论在物质方面，在精神方面，都市都比乡村为高、为优。所以外国人来中国观光时，我们要叫他去北平看皇宫，看花园，看《四库全书》。万一外国人到了我们的乡下，照了几张泥屋、豚尾、人畜共处、鬼神偶像的片子回去在西洋的影戏院里开演起来，我们马上就要抗议，以为他们侮辱我们的国体、民族。连了一般真是同情于中国一般民众生活、农村概况的外国人，若是到了像定县那样的地方，我们所给与他们参观的，也不外是在县城里或是县城附近的西化的保健院、西化的农场……试问我们所谓以乡村为主体、为根据的中国的高度文化，又在哪里呢？是的，在定县的农场里，我们曾搜集了华北好多的家畜像鸡、像猪，和好多的农品，像麦、像棉，然而把我们这些东西和西洋的这些东西陈列在一块地方，三尺孩童一拿两者〈比〉较起来，立刻见得我们的农品的低劣。比方，中国顶好的棉花，一比起美国棉花不但是小得很利害，而且向地生长，正像了垂头丧气的老大要死的人一样。难道梁先生所指为高度文化，就是这些东西吗？我想定县试验的领袖们也许是不会这样想的。他们的目的，要是我的认识不错，无非是想把美国的种子，介绍到中国来。可是这么一来，他们的目的，并不像梁先生所说乡村运动和建设的目的是欲以乡村为主体、为根据的中国的高度文化，加上西洋的现代文化上而成为一种新的文化；反之，他们的目的是西洋化，也许彻底西洋化、全盘西洋化。

农产上的目的固是如此，其他像教育、像医院，以至像瞿菊农先生家里的火油箱做的沙发Sofa椅的目的也是如此。假使他们的目的不是这样——彻底西化、全盘西化，那么定县的试验简直没有意义，无疑的且要失败。因为，他们若只是以保存中国固有的乡村的文化来做他们的运动和试验的目的，那么这种运动，这种试验，在中国已有了好几千年的历史，用不着他们再来费了宝贵的光阴、劳苦的工夫的和有用的金钱呵！

明明白白是走在西洋化的路，偏偏要说是中国的路、中西合璧的路、世界未曾开辟的路。这是谎话，这是矛盾。

我以为梁先生的最大错误，是他把目的与手段这两件东西，弄得不清不楚。目的是要西化，而且要彻底与全盘西化。至于如何达到这个目的，那是手段或方法的问题。美国的棉花，大过中国的棉花好多倍，我们要移植这种棉花来中国，使其能像美国的棉花一样，这是我们的目的。可是因为人才、智识、经济的原因，我们不能一时推广美国的种子，故用美国人改良种子的方法来改良中国的种子，或是把美国的猪种来和中国的猪种混合起来而得到一种较好于中国固有的棉花或猪种。这是一种达到西洋化的目的的手段或方法，而非目的的本身。若说中国的小猪和了美国那样好的猪混合起来，第二代就会有了比美国猪还要好的结果，那是一种笑话。农产如此，整个文化，也何尝不是如此。

总而言之，梁先生和我们的异点：是他要把中国固有的乡村来融合于西洋或西化的都市，而成为一种新文化；我们却要把中国的乡村西化起来，使能调和于西洋或西化的都市而成为一种彻底与全盘西化的文化。这是从目的方面来说。若从手段或方法来说，乡村西化固是要从乡村本身上着手，然而我们也要知道科学化的试验工作未必一定是要在乡村的。岭南大学的农场、丝厂，中山大学和金陵大学的农场所试验的东西，好像正是定县的农场所试验的东西，何况定县的农场，也要设在定县城，或县城的附近地方。又从经济的供给和设备的便利，以及人才的利用方面来看，试验的工作，与其分散于这么多的乡村，不如集中于数处，而这数个地方，无疑的以在都市或都市附近的地方较为得当。这样看起来，都市固不只不会像梁先生所谓是压迫乡村的仇敌，而是帮助乡村的好友了。何况，事实上我们今日所谓乡村运动的人才、经济种种，差不多完全是依赖于都市呢？一般乡村居民，不但不懂乡村运动、乡村建设是什么一回事，还要一般生于都市，或长于都市，或受教于都市，或居住于都市的人们，用尽苦心，出尽方法，才能不遭乡村人民的反对，得到他们的信心，然后才能开始乡村建设的工作呵！

最后，我觉得我们现在所谓乡村运动，是最近数年来才发生的。可是，这种运动之在西洋，却有了很久的历史。我们很多乡村运动的领袖，饱受西洋文化的空气，或且专在西洋研究过农村运动，究竟能否同意于我们主张中国的乡村应该彻底与全盘的西化，是别一个问题，然大家大约总不会说我们这个运动是没有受过西洋的乡村运动的影响；只有没有出过国门，不懂西洋乡村是什么的人，才会自夸这个运动，是我们自己发明的新运动、自己开辟的新路线罢。

乡村建设运动的将来[*]

乡村建设运动，在我国近年以来，可以算作一种很时髦而很普遍的运动了。

我个人以为在今日的乡村建设运动中，除了青岛的工作与方法比较上稍为差强人意外，其他各处的工作与方法好像都不能名实相符。我个人对于今日一般所谓乡村建设的前途，颇感觉悲观。我现在很愿意略略说明我为什么悲观。

我以为凡是稍知道十余年来的乡村建设运动史的人，都免不得会觉到这种运动已经有了很多失败，而且有不少还正在失败的途上。

十余年来，较早注意与从事乡村建设的要算山西省政府。山西省的村政运动始于民国七年，而其目标可以阎锡山先生的"村村无讼，家家有余"两句话来作代表。据说进行办法，关于"村村无讼"者有奖励村仁化、村公道、整顿息讼会、普及法律知识等。关于"家家有余"者有奖励农家副业，提倡水利、林业、合作、节俭储蓄与取缔游民等。然而，梁漱溟先生老早告诉我们道："但实际上这许多办法多不易实行，或未实行，或行之亦是空而无用。"结果是不但"难如所期望"，而且"不免有流弊"。梁先生后来又很肯定地说："山西村政今已达到不能进行之境地，非改弦更张不可，则亦不可讳之事实。此在阎公以次之山西政府当局亦多承认之。"

山西村政在数年以前是很负盛名的。山西村政运动的失败的原因，有些人说是由于政府敷衍了事，有些人说是由于人民智识太低，可是失败是一种事实，这是无论何人都不否认的。

---

[*] 录自《独立评论》第 196 号，1936 年 4 月 12 日。

继山西的村政运动而起比较上且能引起人们注意的，如河南辉县百泉的河南村治学院。这个学院的提倡与主持人是民国十八年正月在北平创刊《村治月刊》的王鸿一与彭禹廷诸先生。学院是在同年十月秉承河南省政府委员会的委托而成立。该院分设农村组织训练部与农村师范部两部。此外，对于农业改良、乡村自卫等，均加注意。

河南村治学院之能够产生是得力于冯玉祥、韩复榘两先生在河南的政治地位。但是不够一年，冯、韩两氏离开河南，这个学院也因政治的关系而停办了。

现在从事于乡村建设的团体虽很多，可是比较上负有相当时誉的要算山东乡村建设研究院的邹平试验区与中华平民教育促进会的定县实验区。然而，邹平与定县的乡村建设的工作都好像赶不上他们所得的盛名。梁漱溟先生在乡村工作讨论会第一次集会时，报告山东乡村建设研究院邹平实验工作，曾有下面一段话：

> 总而言之，本院两年工作所感之困难，出于本身之缺欠者多，出于外面障碍者少。同人大部分精力耗于研究训练两部学生之学业上，而此两部七百余之学生果能为益于乡村足以偿其取给于乡村者否正不敢自信。吾人日言乡村建设，其不落于破坏乡村者几希，言念及此，不寒而栗。

晏阳初先生在乡村工作讨论会第二次集会，报告中华平民教育促进会定县实验工作，也有下面一段话：

> 定县的全部实验工作起始于民国十八年。五年经过，其成功究竟到了什么，实难断言。因为：第一是人才问题，这种改造全生活的实验，关系的方面太多，无处供给所需要的各种人才。第二是经费问题，在这民穷财尽的时候，很难筹措这百年大计的实验费。第三是社会环境的问题，现在全国方在一个天灾人祸内忧外患的环境中，国难如此严重，大家容易误认这种工作为不急之务。第四是时间问题，这种改造民族生活的大计划决不会一刹那间就能成功。有此四种困难，平教运动的前途殊可栗栗危惧。

梁先生的话是两年前说的，晏先生的话是一年前说的。这两位领袖，一个是"不寒而栗"，一个也"栗栗危惧"，他们说的难道都只是自己谦抑戒惧的话吗？

照梁漱溟先生的话来看，邹平尚没有作过什么乡村建设的正常工作，已有建设乡村变为破坏乡村的危险；照晏阳初先生的话来看，定县正在开始试验乡村建设的初步工作已感觉到这么多的困难。一县的乡村建设已有这么多的困难，一国的乡村建设的困难之多是可以想象而明白的。乡村建设的实验区中人才最多，经费最裕，环境较好，时间较长，还是定县，而其困难尚且如此，其他各处的乡村建设之不易发展更可以想象而明白了。

乡村建设是一种实际工作。乡村工作讨论会所编的《乡村建设实验》第一集的序言里曾郑重声明："本会重实际不尚虚谈，故集会时仅许报告工作，不谈理论。"又说："农村问题非空谈所可了事，乡建工作非仅形式组织所可推进，必也农村问题从实际工作里求办法。"

然而，事实告诉我们，十余年来的乡村建设工作还未超出空谈计划与形式组织的范围。比方在第一次乡村工作讨论会里，李石曾先生的演讲已趋于理论方面。到了第二次乡村工作讨论会里，梁漱溟先生便大谈理论起来。又我们若把历年各处从事乡村工作的报告细心来看，我们便容易感觉到这些工作的报告多是空谈计划与组织。此外，一般"汗牛充栋"的乡村建设的出版物也多是空谈计划，偏重理论。原因不外是实际作过工作的寥寥无几，就是作了，也多是"空而无用"。邹平与定县是乡村实验之最负盛誉的，据梁漱溟、晏阳初两先生的报告，尚觉得工作有限，前途少望，其他各处更不必说。

梁漱溟先生本来是一个理论家，现在还是一个理论家。这不但是一般普通人的见解，就是从事乡村建设的工作的人也有这种感想。邹平的乡村建设运动对于国人所以有了不少的影响，与其说是由于邹平试验区的工作，不如说是全由于梁漱溟先生的理论。至于定县的晏阳初先生，虽不像梁漱溟先生一样的"以文载道"，然他在讲台上的长谈伟论，差不多也可以说是他之所以引起人家对于这种运动发生兴趣的一个原因。而且十年以来，他的大半时间也是消耗于实验计划与形式组织上。近来有好多人以为各处的乡村建设实验区，宣传工作多于实际工作，这并非完全无稽之谈。实际工作是人们所能共睹的，实际工作有了成绩，既不容人们否认，也不需自己宣传。

所谓乡村建设工作，大概来说，可分为四方面：一为教育，一为卫生，一为政治，一为农业。假使我们从这四方面的工作略加检讨，我们难免失望。在农业改良方面，据邹平、定县各处自己报告，均有多少成绩。但是求合于现代科学的生产标准与一般农民的需要，恐怕相差还很远吧？而况有好多地方所谓农业改良的工作完全尚未开始，或已进行而完全没有效果。

在政治方面，比方定县、邹平各处都是实验县，对于地方自治工作似可从速进行，但事实上也不是这样。乡村工作讨论会第二次集会自治保卫组且告诉我们道：

> 同人咸以为今日谈不到地方自治。必先用教育引发培养人民新的智识能力，使乡间分子渐次团结。用"政教合一"的方式发生一种力量，由力量过渡到组织，由组织然后才能达到自治。

实验区在未实验以前，已有这种论调，我不知道中国人民要到何时要在何处才有实验自治的机会。这好像不但证明我们的训政时期再要延长下去，而且证明民主的讨论，宪法的起草，全是多事了。又如所谓公民教育的效果如何，只看东北伪国招收工人时，定县人民去者达万余人便能知道了。

在卫生方面，几个实验区都设有医院，但是这些医院，无论在治病或研究方面，都嫌太过简陋。连了他们所注重的管理卫生的制度也只有制度而少有实益。同时这种制度也仿佛是与各县已经实行的学区制度根本没有很大差异。此外，在各实验县的县城或乡村各处的街道的污秽，以及其他不合卫生的现象，和其他各处也好像没有多大差别。

在教育方面，据晏阳初先生去年十二月在广州岭南大学演讲，称"在定县共有人民四十万，中有青年八万，在这八万男女青年中受过教育的只有一万人，其余都是未受教育的文盲"。而且平民教育所给与于乡民的教育不但往往不够应用，而且每因不常应用而把所识的字也忘掉了。平教会在北平的教育的失败就在这里。定县的教育比较普及，再加了平教会十年的提倡，结果也不过如此，可知这一种乡村教育的前途是很难乐观的。

照我个人的观察，今日所谓乡村建设工作还是注重在教育方面。教育固是建设的一方面，也是建设的一个预备。乡村建设实验区的教育工作既没有特别的贡献于乡民，又不能适应乡民的急需，那么这种教育并不异于一般的普通教育了。

李景汉先生在《独立评论》179 号发表一篇《深入民间的一些经验与感想》，指出："与农民打成一片，话是很容易说的，志愿也是容易立的，等到实行的时候，问题可就发生了。"他且说：

起初你愿和他打成一片，他却躲避不愿和你打成一片，等到后来他愿和你打成一片时，你又受不了，不愿和他打成一片了……因为他本人的气味使你不舒服，家内坑上的不洁净使你坐不住，食品的粗劣使你难下咽，其他种种不卫生的状态，和拿时间不算回事的和你应酬，都是使你不大受得了的。就是能够居然作下去，也免不了是很勉强的，痛苦的。

李景汉先生在这里所谈的经验大概是一种为调查与研究乡村状况而深入民间的经验。这也只能说是乡村建设的一种预备工作。为调查与研究而深入民间已是这么困难，为乡村建设而深入民间岂非更难？因为这样一来，在实际上不但是要自己去作乡民，自己去作农民，而且要自己作成一个模范的乡民，成功的农民。假使不是这样作去，决不易引起乡民的同情，决不易得到农民的信心。梁漱溟先生曾说过："乡村建设的目的是要自家创造出饭来吃"，就是这个意想。假使提倡或从事乡村建设工作的人不能自家创造出饭来吃，则照梁先生的理论，所谓乡村建设者，只是乡村寄生虫而已。

但是事实上今日一般之提倡与从事乡村建设的人，不但不能"自家创造出饭来吃"，连了深入民间也少能实行。一方面提倡跑回乡村，一方面又要自己的妻子享受都市的生活；一方面鼓吹教育农村化，一方面又要自己的儿女享受特殊的教育。而其较甚者是自己往往也只住在半都市式的县城或市镇里，终年少有到过乡村。一般热心于这种工作的领袖每以为环境或他种关系，整天忙于招待参观来宾，招待关系上司，以至应付工作人员，管理各种事务，而好多普通工作人员又把这种工作当作进身之阶，吃饭之所，结果恐怕只是养出一个吃乡建饭的新阶级罢。

从一方面来看，今日的乡村建设工作之难于发展也许是由于经费的缺乏。孙友农先生在乡村讨论会第一次集会报告安徽和县乌江乡村建设事业概况里说：

提起乌江的招牌，能够吓死人，"中央农业推广委员会乌江农业推广实验区"乃是堂堂国府的三部——内政部、教育部、实业部——合组的。然经费来源，开办时每月五百元，不久减成三百，减成二百，未及一年，分文莫名。此时周明懿主任急成痨病，许多同志各谋出路，只剩我与李洁斋先生。因农民眼泪滴滴，不忍言去。数月饥饥，饱尝吊死鬼打溜不上不下的滋味。此后邵仲香先生勉强从金陵大学农学院弄来百元，位置了李洁斋先生，而我之生活，由浩劫余年之乌江农学会会员供给，勉强拖到今日。

工作人员的饭碗尚且不保，建设工作当然是谈不到的。然这还可以说是比较极端的例子。就如经费较裕的邹平与定县，每年若用了十余万或二三十万的款项，专为建设学校、医院、农场还是不够，结果这些建设也多只能当作装饰品看。而况这十余万或二三十万的经费有不少——也许是很大部分——要把来维持工作人员的薪俸，招待来宾，以至宣传工作。因此，乡村建设固难于建设，就是维持工作人员的生活也成问题。乡村建设的目标是救济乡村农民，然结果却变为救济工作人员，我所以怕今后会养出一个吃乡建饭的新阶级，就是这个原故。

总而言之，乡村建设运动之在今日好像差不多要到了专为着维持工作人员，保存乡建机关而工作的地步。对于乡村，对于农民，精神方面固少有建树，物质方面更少有改造。我记得从周村到邹平一条三十余里的汽车路，除了邹平实验县在了两旁插了不少禁止毁折树木的牌示外，树木固很少见，道路更不成样子。那个时候，汽车固不能跑，洋车也跑不来，结果是要步行。好多到过邹平的人都说："一条路且没建设好，乡村之建设可知。"未知主持乡村建设工作的人以为如何。

乡村建设理论的检讨 [*]

　　我在《独立评论》196 号曾发表过一篇《乡村建设运动的将来》。那篇文是注重在乡村建设运动的工作方面的观察，我现在再想从这个运动的理论方面加以检讨。

　　照我个人的意见，近来好多所谓乡村建设运动，在工作方面所以少有成效，而渐呈枯萎的现象，从一方面看起来，固有多少由于客观条件的缺乏，如人才难找、经费不足、环境恶劣等等，可是从别方面看起来，也可以说是由于理论方面的错误。在某种意义上，后者比之前者好像犹〔尤〕为重要。这种理论方面的错误，分析起来颇为繁杂，我在这里只能将比较重要几点略为说明。

　　乡村建设运动，在名词上虽是很新颖，在理论上却有了多少复古的趋向。这种趋向，在对于这个运动提倡较早，实行较力的中坚人物，如米迪刚、梁漱溟、王鸿一、严慎修诸先生的言论或著作里最为显明。米迪刚先生以为"欲为中华民族找出平安大道，亟须恢复吾国固有之村治"。他又提醒我们：他的思想渊源是《周易》，他的理论根据是《大学》，他的理想人物是虞、舜（《三十年村治经验谈》，《乡村建设》旬刊 1 卷 3 期）。梁漱溟先生相信中国文化与西洋文化"是两个永远不会相联属的东西"。"我们几十年来愈弄愈不对的民族自救运动都是为西洋把戏所骗。殊不知西洋戏法，中国人是要不上来的。"他指出我国民族觉悟之机已到，而这种觉悟的起点就是中国固有的"村治"的路（《中国民族自救之最后觉悟》）。王鸿一先生的理论大致可以说是与米、梁两先生的相同。至于严慎修先生提倡复回古乡饮礼与古乡射礼，也是有复古

　　[*] 录自《独立评论》第 199 号，1936 年 5 月 3 日。

的趋向。照严先生的意见，乡饮礼乃所以"保长幼之序，免争斗之狱"，乡射礼是自卫的办法；所以他说："乡之自卫，当先从奖励人民拳术射击起，而以举行乡射礼为鼓舞之术。"质言之，乡饮礼是对内方面，乡射礼是对外方面。

我想这种复古论调的错误是不必详加指摘的。而况米迪刚先生在翟城村所提倡过的新教育、女学校，既已非我们固有的路，梁先生在廿三年 8 月 31 日《大公报》所发表《我的一段心事》的演讲词里，也不能否认"要让乡村进步，那就得接受外面的新科学技术、新知识方法，绝不能深闭固拒"。又如严慎修先生希望以古乡饮礼来"保长幼之序，免争斗之狱"，恐怕也只是一种梦想。至说习拳术、射击是乡村自卫的方法，那是言之太过罢。拳术、射击在今日不但不能抵抗土匪、共党，用以制服穿窬小偷也嫌不够。这真无异于提倡肚子可以敌枪炮、大刀可以胜飞机的故智罢。

好多提倡乡村建设运动的人，以为我们固有与过去的乡村曾有过光荣灿烂的地位，不过现在一方面由于帝国主义的侵略，一方面由于天灾人祸的压迫，以至农村衰落。因为了农村衰落，所以提倡农村复兴。乡村建设运动有时也谓为农村复兴运动，恐怕就是这个原故。

中国今日之受帝国主义的侵略，而影响到乡村，是无可讳言的。但是要想抵抗或打倒帝国主义，我怕还是要帝国主义。处在今日的世界，要想闭关自守固是做不到，复回过去地位也是无济〈于〉事。胡适之先生在《答梁漱溟先生》一文里曾说：

> 帝国主义者三叩日本之门，而日本在六十年之中便一跃而为世界三大强国之一。何以堂堂神州民族便一蹶不振如此？此中症结究竟在什么地方？岂是把全副责任都推在洋鬼子身上便可了事？（《胡适论学近著》第一集，页四六六）

至说天灾人祸之影响于乡村，那也是一种事实。然而，同时我们不要忘记，这些天灾人祸并非最近才有的。我怕我们在过去的天灾人祸，比之近来的还且较为厉害。不过，过去交通不利便，消息不灵通，以致人们不大感觉。同时没有欧美、日本各国的乡村来和我们的以相比较，而不致相形更绌罢。

事实上，我们很怀疑中国的乡村在历史上曾有过一个光荣灿烂的时代。我们的国家时时闹着饥荒，我们的人民从来少有资产。天天都与贫穷为邻，处处都与灾祸相挣。差不多已到无可衰落、无产可破的地步。

大概是为了这个原故，所以我们的圣贤哲人处世立身与规劝后人的宝箴不外是"忍"、"俭"两个字。因为贫穷太甚、灾祸太多，而又信命做事，靠天吃饭，除了"忍"、"俭"以外，试问还有什么别的办法？西北各处的穴居，华北一带的泥屋，以至所谓数百年京都附近的裸体在田里工作，与吃树皮、观音泥的种种现象与苦况，难道是到了最近来才有的吗？

乡村建设运动主要可以说是主张"以农立国"。乡村工作讨论会所编的《乡村建设实验》第一集的《集会起源及目的》里说：

> 我国数千年来以农立国，农村之健全与否，农业之兴隆与否，不仅为农民生死问题，亦为国家民族存亡问题。……现在关心国事者，以国之不强，由于农业之不振，使坐不救，则覆亡厄运，必迫在眉睫。

梁漱溟先生在《山东乡村建设研究院设立旨趣》里，也有下面一段话：

> 假使中国今日必须步近代西洋人的后尘，走资本主义的路，发达工商业，完成一种都市文明，那么中国社会的底子虽是乡村，而建设方针所指犹不必为乡村。然而，无论从哪点上说，都不如此的。近代西洋人走这条路，内而形成阶级斗争，社会惨剧，外而酿发国际大战，世界祸灾，实为一种病态文明，而人类文化的歧途。日本人无知盲从，所为至今悔之已晚的，我们何可再蹈覆辙。此言其不可。……抑更有进者，我们今日便想走西洋的道儿亦不可能，在这个世界上，个个俱是工商的先进国，拼命竞争，有你无我，我们工商业兴发之机，早已被杜塞严严的不得透一口气，正不是愿步他们后尘或不愿的问题，而是欲步不能了。……现在资本主义下的工商业只是发财的路，而不是养人的路。……农业则不是发财的捷径，而正是养人的路。……只有乡村建设，促兴农业，能解决这多数没饭吃的问题。

我国耕地有限，而人口过多。目下一般农民之无田可耕者已不知几许，自"九一八"事件发生以后，迁移东北四省又生问题，苟非振兴工商业，即此大多数的人民更将没有出路而坐以待毙。而况今日耕地的分配又很不均，自耕农为数很少。近来有好多人提倡"耕者有其田"，就是这个原故。然而，我们不要忘记，即使耕田能够分配均平，问题仍未解决。因为问题的重心是在于田少人多。又据专家估计，我国农民，而尤其是北方农民，因为天时气候的关系，每年耕作时间仅占全年时间三分之一，假使这些农民每年三分之二的时间闲坐而吃，不但是国家的大损失，而且容易养成怠惰的劣性。

至说国之不强，由于农业之不兴，那是无稽之谈了。假使这种理论而是对的，那么英国不会强了，德国不会强了，日本不会强了。若说中国自来"以农立国"，所以现在也要"以农立国"，那又是食古不化了。古今的情势不同，我们不能以古绳今。一百五十年前的英国岂不是以农立国吗？一百年前的德国也岂不是以农立国吗？五十年前的日本又岂不是以农立国吗？

梁漱溟先生以为工业发达，"内而形成阶级斗争，社会惨剧，外而酿发国际大战，世界祸灾，实为种病态文明"。他忘记了我国有史以来，内乱惨剧层出不穷，弄到吃人肉，住洞穴，衣不蔽体。近来外患日迫，土地丧失，国家难保，我们不自努力，不自责备，而作这种无益于己、无益于人的空论。这是妄说，这是夸大狂。

然而，最奇怪的是梁先生说："日本人无知盲从，所为至今悔之已晚的，我们何可蹈其覆辙。"这种言论，恐怕日本人听了也要暗笑起来。最近天津《大公报》登载日本名流中野正刚、室伏高信等所开的座谈会，已有人感觉到中国若真正工业化起来，日本要受恶影响。那么中国人士提倡以农立国，岂非日本所最欢迎的吗？

至说我们"工商业兴发之机，早已被杜塞严严的不得透一口气"，而不能步人家后尘，那是惰性作祟罢。五十年前的日本何尝不受西洋各国的工业压迫？然而，今日日本的工商业不但蒸蒸日上，而且威胁了西洋各国的工业。其实这种论调，无异等于说中国飞机、火车、轮船、科学以及一切的东西，都不如人家，所以不能步人家后尘，而也不必步人家后尘！

梁先生说："现在资本主义下的工商业只是发财的路，农业才是养人的路。"我们以为假使梁先生而放开眼睛来把"重农"与"重工"的国家比较一下，便能知道他的言论的错误。这一点《独立评论》已发表过不少文字，用不着我在这里重述。我只要指出：一个国家要独立生存于这个世界，专事养人是不够的。养人以外，譬如，交通的工具，卫国的武备，以至一切的日常工业用品，也不能不特别留意，尤不能不努力发展。

提倡乡村建设运动的人也许说道：农业是工业的基础，农业不发展，则工业不易发达。这种见解，我们并非完全否认。然而，我们不要忘记，欧美工业发达的国家并不轻视农业。事实上，人［他］们今日的农业之发达，也为我们所望尘莫及。我们今日各处的农业试验场岂非还要移殖外国的农产种子吗？而况我们不但好多次要农产，如水果之类，要由外国输入，就是好多主要农产，如米如麦，也要从外国运来。这又岂非证明人家的农业比我们的进步吗？又况西洋农业之特别发达，还是在工业发达以后。从前用十个人耕的田，现在只用一个人就已够用，这又岂不是机器发明、工业发达以后的结果吗？

事实上，中国工业苟不发展，则农产出路也成问题。自己没有工厂，则好多农产价格必操之外人之手。加以我们目下既不能复回从前的闭关时代，而自安于简单生活，日常需要各种工业又多依赖外人。外人计奇操纵，以贱价购买我们的农产，以高价出售其货物，结果是我们受了双层压迫。处这种情形之下，怪不得我们要有"年丰而无一饱"的现象。

注重农业发展，本是物质建设之一种。然而最奇怪的，是提倡乡村建设运动的人，对于物质方面的建设，以至农业方面的改良，又往往忽略。假使有人到各处乡村建设实验区参观考察，一般提倡乡村建设运动的领袖又会常常提醒人们，不要注重于他们的物质方面的建设，而要静观他们的精神方面的动作。我们也许承认物质是精神的外表，有了建设的精神，就可以有物质的建设。然而，什么是精神建设，以及精神建设的效果如何，他们又不能给我们以一个满意的回答。我国人数千年来侈谈精神建设，物质建设固因此而没有成效，精神方面又何尝有过什么成绩？

因为提倡"以农立国"，而农业又在乡村，所以提倡乡村建设运动的人又标出都市人返乡村的口号。照他们的意见，乡村的衰落，是由于乡村人跑去都市。这好像是倒因为果。我们恐怕正是由于乡村的衰落，人们才跑去都市。现在的乡村已感人口过剩，耕地太少，再要都市人跑去乡村，岂非自寻死路吗？

梁漱溟先生以为乡村之锢蔽愚昧，乃由于有智识人均奔向都市，因而提倡"智识分子到乡间去"。我们并不反对智识分子到乡间去，然而若说乡村之锢蔽愚昧，乃由于有智识人均奔向都市，便是错误。都市是智识的重心，高等与专门的教育机关固在都市，中等以至好多较好高小学校也是在都市或半都市式的县城与市镇。中华平民教育促进会，山东乡村建设研究院，也岂不是在都市县城吗？这是一种事实，而不能否认的。事实既是如此，假使我们而要提倡智识分子下乡，那么首先恐怕还是要提倡乡村人民到都市求智识。我国人口，住都市的不够百分之十五，而这百分之十五之有智识的恐怕没有十五分之一，以之建设乡村固嫌其太少，以之建设都市又何尝过多呢？

此外，又如梁漱溟先生把民主政治与乡村建设当作两种不能相容的东西，也是错误。照他的意见，中国不能施行民主政治的路，只有乡村建设的路才可以救中国。关于这一点，我在这里不必详加讨论。我只要指出：梁先生不但忘记了乡村自治可以叫做民主政治的一种方式，而且忘记了民治［主］政治也可以当作乡村建设的一种工作。我把梁先生所著的《村学乡学须知》翻阅之后，觉得梁先生所谓"作村学的一分子，要知道团体为重，开会必到，有何意见，即对众说，以及尊重多数"种种要点，均是受了民主政治思想的影响，然在字面、口头上却又极力反对民主政治，这真是令人莫名其妙。

最后，我愿意指出，乡村建设运动可以叫做社会建设运动的一种，乡村建设实验也可以叫做社会建设实验的一种。在历史上，社会建设实验并非没有的。比较显明的例子如欧文（Robert Owen）在斯格兰的新兰诺克（New Lanark in Scotland），与在印第安那的新和谐（New Harmony in Indiana）。欧文不但有了相当的经费、相当的人才、相当的环境、相当的经验，而且有了动人的理论；然而，他的实验工作也终不能免于失败。我们虽不能因过去的失败而放弃实验工作，然而，实验的工作需要健全的理论，这是一般提倡或从事乡村建设实验的人所不可忽略的。

乡村建设运动的史略与模式[*]

一、史略

国人重视乡村的观念，本来很早。老子说："修之于乡，其德乃长"；孔子说："吾观于乡，而王道易易"，便是最显明的例子。至于孟子所谓："死徙无出乡，乡里［田］同井，出入相友，守望相助，疾病相扶持。"可以说是孔子、老子的理想乡村的注脚。此后如王阳明、吕新吾对于乡治不但重视，而且具体地计划，努力去实行。

可是严格地来说，"乡村建设"这个口号与这种工作之成为一种流行标语与有力的运动，还是最近十余年来，而特别是近数年来的事。

近来好多人都以为乡村建设实验工作之最早的，是河北定县的翟城村。而其提倡与创办这种工作的中坚人物是米鉴三、米迪刚先生们。据说他们在光绪三十年已注意到乡村的教育与农业。在教育方面，他们先后创设国民初级小学校与女子学堂；此外又有农隙识字会，后改为简易识字班。民国三年又改为半日学、乐贤会、宣讲所等。在农业方面，他们大体仿效吕氏乡约，制定了看守禾稼、保护森林、禁止赌博等条约。后来，中华平民教育会特地选择翟城为试验区，大概是为了这些历史的关系罢。

到了民国三年间，定县县长孙发绪氏对于翟城的工作很表同情，且加以提倡，所以除了教育、农业以外，据说对于卫生、保卫、路政、风

---

* 录自天津《大公报》，1937 年 4 月 14 日第 11 版南开大学经济研究编"经济周刊"213 期。

俗都加注意。此外又创设因利协社与村会所。

后来，孙氏离了定县，于民国五年擢升山西省长。他到任后注意山西村政，同时又得督军阎锡山先生的赞助，所以山西的村政，逐渐地遂引起国人的注意。

山西办理村政的经过，据《山西村政汇编》上划分为两个时期：一为官治提倡村制的时代，一为村民自办村治的时代。前者是从民国七年至十一年，后者是从十一年至十六年。

山西在民国七年所施行的村制，大概于村之下尚有闾、邻。五家为邻，二十五家为闾。邻有邻长，闾有闾长，村有村长。其所办的村政，除编查户口等外，尚有主要六项：即禁赌、禁蓄辫、禁缠足、植树、开渠、养牛。前三项属消极方面，后三项属于积极方面。这都是属于省政府六政考核处，后来又改为村政处。

第二个时期，可以算作山西村治最负盛誉的时代。这与阎锡山先生的极力提倡，有了很大的关系。他以为提倡村治的目的是要使"村制组织完全，俨成有机活体。凡村中所能自了之事，即应有自了之权，庶几好人团结，处常足以自治，遇变足以自防。"其所以达此种目的者乃注重于五种设施，这就是村范、村民会议、村禁约、息讼会与保卫团。

到了民国十六年八月，山西村制又加以改订。设施计划以阎锡山先生的"村村无讼，家家有余"为目标。关于"村村无讼"，有奖励村仁化，维持村公道，整顿息讼会与普及法律知识。关于"家家有余"，有奖励农家副业与工业，提倡水利、林业、合作社及节俭储蓄等。

民国十七年以后，国内的乡村建设运动逐渐发展，大有"如花怒发"、"如月初升"的景象；然在山西的村政，却因各种原因而致停顿。现在谈乡村建设者，似已把山西过去的村政计划或设施，当作历史陈迹。客岁，阎锡山先生鉴于过去的失败与村乡的坠落，又倡土地村有的制度，且指定晋北几个乡村为实验区。这种计划曾引起国人的特别注意，然而大体上说，好像责难者多，而赞同者少。

在山西，除了政府努力提倡乡村工作外，严慎修先生及其朋友于民国十一年间，计划办理河津县上井村晋祠十三村自治。严先生及其友朋们很注重于古乡饮礼、古乡射礼，并设立勤志职业中学。此外，对于信用合作、简易医院，亦加以注意。

在华北自民国十七年后，乡村建设运动较为发展，而其最著名的，如中华平民教育促进会的定县实验区，燕京大学的清河试验，河南镇平内乡的乡村建设，河南辉县百泉的河南村治学院，与山东乡村建设研究院的邹平、菏泽等实验区；青岛市政府在九水、阴岛、薛家岛、李村、沧口各处的乡村建设。

中华平民教育促进会最初在北平提倡识字运动，到了民国十五年，又选择定县翟城村促进乡村教育。民国十八年起，始以整个定县为实验单位，并且对于教育工作，扩大范围，而从事农村各种工作，如农业、卫生、合作各方面。他们以为中国有四种基本缺点：一是愚，一是穷，一是弱，一是私。因而提倡四大教育以补教育这种缺点，这就是文艺教育、生计教育、卫生教育和公民教育。

燕京清河试验，创办于民国十七年冬，主其事者为燕京大学社会学系，经费由罗氏基金会捐助，试验工作的原则，据说是：（一）以调查为基础，实事求是。（二）以通盘计划，应付整个问题。（三）以经济为一切上层建设之基础。（四）一切均与本地及外界各专门机关合作。（五）尽量聘用人才加以训练，以免人存政举，人亡政辍。（六）一切设施均与当地情形相合力，求简单与经济，以奠自立之基础。工作方面分为四项：社会服务、农村经济、农村卫生、农村调查。

镇平与内乡两个地方，都是由自卫入手，发展乡村事业。镇平、内乡各处，在民国十六年间，盗匪猖獗，这个时候适彭禹廷先生丁忧回镇平，创办民团，肃清土匪。十八年彭氏任河南村治学院院长，镇平又遭匪患。彭氏于十九年秋又回镇平办理民团，并组织自治机关。到了二十二年彭氏被人谋害，他的朋友、学生们继续在镇平、内乡各处从事地方自卫与乡村工作。他们的最终目的，据说是"夜不闭户，路不拾遗，村村无讼，家家有余"。

河南村治学院，是民国十九年春设在河南辉县百泉乡。其组织主要有两部：一为农村组织训练部，一为农村师范。此外，又有农村警察训练部、农业实验部与村长训练部。河南村治学院是受河南省政府的委托而设立的，但是主动的人物乃王鸿一先生及其朋友。听说王先生曾深受了章行严先生的"农村〈救〉国"论的影响。他在民国十三年与米迪刚先生在北平创办《中华时报》，已很注意提倡村治。到了民国十八年正月，王、米诸先生又组织《村治月刊》社于北平，发行《村治月刊》。这个时候，冯玉祥与韩复榘先生正在河南，对于村治，也颇注意，因召王鸿一先生主持河南村治学院。王先生自己不能应聘，乃推荐彭禹廷先和梁仲华两先生为正副院长，梁漱溟、王怡柯、陈亚三诸先生为专师及各部主任。但是这学院成立不够一年，因河南政治变化，冯、韩两位先生离开河南，村治学院也因之而停办。

山东乡村建设研究院，可以说是河南村治学院的后身。韩复榘先生离河南后乃到山东省主政，因召办理河南村治学院的领袖到山东设立乡村建设研究院，并制定邹平县为实验区。院址设于邹平，而任梁仲华、孙则让两先生为正副主任，梁漱溟先生为研究主任。后来，梁仲华先生辞院长职，而从事于豫鲁乡村建设联络工作，梁漱溟先生遂为院长。实验区由邹平扩充至十四县，别设分院于菏泽。组织方面，分为乡村建设研究部、乡村服务人员训练部与实施乡村建设的试验区。最近来该院又有改为山东乡村建设师范学校之说。

青岛市政府于民国二十一年间，成立乡村建设办事处五处，分驻于李村、九水、沧口、阴岛、薛家岛，并于水灵山岛附设分处。乡村建设办事处，由市政府及所属工务、社会、教育、公安各局、农林事务所各派一人组织而成，并由市政府指定一员为主任，以便常驻各处。其工作事项，由市政府各局计划施行，故大概来说，分为工务、社会、教育、公安、农林五项。

华北乡村建设的工作，或与乡村建设有直接关系的工作，除了上面所说的外，如梁式堂先生在内蒙古一带之致力于垦殖事业与提倡村治，以及齐鲁大学的齐大乡村服务社在龙山的工作，中法大学在温泉的乡村建设工作，北平师范大学在辛庄村的工作，与其他各处，如河套的乡村建设，都值得我们注意的。

上面是略说华北方面的乡村建设运动。在华中方面这种工作之较发达的，要算江苏、浙江、安徽、江西各省。在民国十五年五月，中华职业教育社联合了中华教育改进社、中华平民教育促进总会、东南大学农科共同试办划区，改进农科工作。同年十月，成立第一试验区于江苏昆山的徐公桥。到了民国十七年，徐公桥由中华职业教育社独力继续举办。中华职业教育社本来努力提倡都市工商业，但是后来觉得在中国这样国家而谈职业教育，应当以农业为主要，因而变更方针，注重农村、农业工作。他们的目标是："自养养人，自治治群，自卫卫国。"质言之，就是富、政、教三者合一，以改进农民整个生活。据说徐公桥已于二十三年七月交归地方人士接办。中华职业教育社现在又在上海近郊择地实验，一方面作为在都市中鼓吹农村去的实例，一方面作为"农学团长修科团友实习，在复式组织下，办理农村改进的场所"。

在江苏除了中华职业教育社所举办的徐公桥实验区外，民国十六年中华教育改进社在南京所主办的晓庄学校，虽偏重于教育方面，然对于乡村建设运动有了不少的影响。又如：江苏省立教育学院在高长岸与社桥村两个实验区、江宁的汤山乡村实验区、上海的俞塘乡村实验区、南汇的界沟实验乡，或由地方人士自动办理，或由政府委托，或由教育机关提倡，或由公私团体合办，总共至少有二十余处。

在浙江方面，民国十七年二月浙江萧山县由沈玄庐先生领导组织，成立衙前村试办乡村自治筹备会，注重自治工作。民国二十年中华职业教育社与浙江鄞县人士合办的白沙乡村改进区、民国二十三年浙江桐乡县政府所主办的南日晖乡新农村实验区，以及别的地方如永嘉的农村合作实验区、杭县凌家桥民政实验区，均是对于农村建设运动努力提倡的。

安徽和县的岛江农业实验区，本是金陵农学院实施农业工作的地方，民国十九年后由中央农业推广委员会与金陵大学农学院和组为实验区。此外，有如中央侨务委员会所提倡的侨乐村，也可以说是乡村建设运动的一种。

又如江西省农业院，虽是为一总管农业研究、试验、教育推广及行政的机关，然目的也是复兴农村。至于湖南、湖北各省当局或各种团体对于农村农民都能注意。他如四川巴县在民国二十二年所设立的乡村教育学院，却可以说是专为推进乡村建设的运动了。

在华南方面，对于这种运动，虽不若华北、华中那样努力提倡，然而比方岭南大学农学院在琼州、香山各处所设的试验场，岭南大学青年会的乡村服务部在岭南近郊的各种工作，广东省农林局在民国二十二年在海南岛各乡村对于农民教育农业改良，以至黄艮庸先生于民国二十二年在番禺新造所主办的新造乡民学校，均是朝向在乡村建设运动的途上。梁漱溟先生在《乡村建设》旬刊上发表《主编本刊之自白》一文，且以为他的乡村建设的主张的成熟，是在民国十六年秋住居广州新造细墟乡的时候。至于广西政府对于乡村工作，也颇注意。广西柳州试办区是邀请定县派人指导的。

总之，我们这里所述各处乡村建设运动，只是这种运动的一些比较显明的例子。此外，比方江苏江宁、浙江兰溪、江西临川各处的县政实验区，重心虽在县政的改善，然对于乡村工作也有很密切的关系。然只从上面所举的例子来看，已使我们不能否认这种运动在近年以来，影响之广，势力之大。

然而，同时我也不能不指出上面所述各处的乡村建设的机关与团体，有了很多已不存在，而一些之尚存在者，其工作或则已多缩小范围，或则陷于停顿的状态。

二、模式

我在上面已经指出乡村建设运动的大概与史略，我现在要把在比较上足以代表这个运动的模式的几个例子，作进一步的叙述。

选择乡村建设运动的模式的例子当然不是一件容易的事。原因也许是：一来，研究的观点，每因各人有了多少主观的成分；二来，乡村的工作又每因各处有了多少重复雷同。然而大体上，假使我们能注意在理论与计划方面来观察这个运动，我们可以举出三个例子来做这个运动的模式。这三个例子就是邹平的山东乡村建设研究院、定县的中华平民教育促进会与青岛市政府乡村建设办事处。

邹平的乡村建设运动的中坚人物是梁漱溟先生。梁先生在民国十一年所发表的《东西文化及其哲学》一书，极力提倡孔子之道。他以为世界文化的种类可分为西洋、中国、印度三方面，而世界文化的发展也是从西洋而至中国，再从中国而至印度。照他的意见，西洋文化已发展到极点而趋于没落，印度文化则理想太高，非目下或最近的将来所能实现，所以只有中国文化的路，是正常的路。而所谓中国的路，也就是孔子之道。梁先生之所以偏于复古，就是这个原故。

梁先生既偏于复古，他不得不反对"西化"。他以为"西洋戏法，中国人是要不上来的"。他相信中国民族自救运动之最后觉悟是中国自己固有的文化的路，而这种最后觉悟的起点，就是中国自己固有的"乡治"的路。

梁先生告诉我们：他的"乡治"主张，成熟于广东。而他所月"乡治"一名词的拈出，也在广东。这是民国十五六年间的事。他在那个时候，同黄庆先生到黄先生的乡间——离广州五十里水路地名新造细乡——去歇暑，与乡间青年诸友同读共谈，使他觉得"乡治"之必要。同时又得了李济琛先生的帮助，因而决心提倡乡村运动。他本意拟在广东实施这种工作，后来因为李氏失了在粤的政治地位，所以他继在北方从事这种工作。

梁先生数年以来，不但对于乡村建设的理论方面，努力提倡，而且对于乡村建设的工作方面，也参见领导。他从前是河南村治学院的研究部主任，现在是山东乡村建设研究院院长。

在《河南村治学院旨趣书》里，梁先生说："中国社会一村落社会也。求所谓中国者，不于是卅万村落，其焉求之?"后来在《山东乡村建设研究院设立旨趣及办法概要》里他又说：

> 中国原来是一个大的农业社会，在他境内，见到的无非是些乡村，即有些城市（如县城之类），亦多数只算大乡村，说得上都市的很少。就从这点上说，中国的建设问题，便应当是乡村建设。

梁先生虽提倡与从事乡村建设，照他的意见，乡村建设的目的，并非建设事业之一，而乃民族自救的新方向与最后觉悟。且看梁先生在《主编本刊（村治月刊）之自白》一文里说：

> 我眼中的乡治或村治，全然非所谓什么"当今建设事业之一"，或什么"训政时期之一种紧要工作"，我是看作中国民族自救运动，四五十年来再转再变转变到今日——亦是到最后——的一新方向。这实是与四五十年来全然不同的一新方向；——以前都是往西走，这便要往东走。我不能牵牵扯扯裹混在往西的人堆里，干我往东的事；——事原是大家的事，原要大家往东走才行，我一个人往东没有用的。如果大家于旧方向不死心断念，则我的乡治或村治即无从谈起，这时你和他说些个乡治或村治的怎样办法，中什么用呀？我不开口说话则已，我说话，劈头一句就要先打破他往西走的迷梦，指点他往西走的无路可通。

关于中华平民教育促进会在定县方面工作的起源，晏阳初先生在《乡村建设实验》第一集报告该会工作大概，有了一段简明的叙述：

> 平教运动的发端，是在欧战的时候，当时各国招募华工到欧洲工作，兄弟从美国到法国办理华工教育，目睹华工不识字之痛苦，从那时得了一些经验，同时联想到国内一般不识字文盲，关系国家民族前途的重大，所以回国以后，就从事识字运动。但是在工作经验中，相信中国大部分的文盲不在都市，而在农村。中国是以农业立国，中国大多数的人民是农民。农村是中国百分之八十五以上人民的着落地，要想普及中国平民教育，应当到农村里去，所以同人才决定到定县去工作。

晏先生在《乡村建设实验》第二集报告平教会工作大概里，又"觉得中国真正最大之富源，不是煤，也不是钱，而是三万万以上不知不觉的农民。要把农民智慧发展起来，培养起来，使他们有力量自动地起来改造，改造才能成功，自动地起来建设，建设才会生根，自动地起来运动复兴民族，民族才有真正复兴的一日"。

中华平民教育促进会在定县的工作的计划，是像上面所说的四大教育。这四大教育就是文艺教育、生计教育、卫生教育、公民教育等。我们已说过这四大教育的理论根据，是筑在中国人的四大弱点上，所谓四大弱点，是愚、穷、弱、私。关于这四点弱点与四大教育的关系，晏阳初先生在乡村讨论会第二次年会报告平民教育促进会工作大概里也有一段简短的解释，今录之于后：

> 本会最初欲去除一般人的愚昧，而启发其智慧，所以有文艺教育以培养"知识力"。嗣后感觉人民之愚与穷有莫大之关系，且人民之愚尚能苟延残喘，穷则不保朝夕，乃又有生计教育以培养"生产力"。后又感觉人民体弱多病，而死亡率高，实为民族前途之忧，乃又有卫生教育以培养"健强力"。同时感到一般人民自私心重，因之生活散漫不能精诚团结，于是又有公民教育以培养"团结力"。所谓四大教育，实为根据实际生活之要求，逐渐演进而创出之新民教育内容之荦荦大端。其实施方式，有学校式以教育青年为主要工作，因青年是国家今日建设之主力军，同时又顾到教育儿童，因儿童系民族复兴的后备队。学校式之外有社会式及家庭式，其目的在使整个社会尽是教育的环境，以免一曝十寒之弊害。教育内容的实验，所以定教材之是否合适，教育方式的实验，所以定方法之是否合宜。而教育方案之拟定，又必根据社会调查所得之事实，以免主观之谬误。

这四种教育，固正如晏先生所说乃"根据实际生活之要求逐渐演进而创出之新民教育"。可是这种"新民"教育，是我们数十年来的小学校里也已努力提倡的。德、智、体三种教育者，岂不就是晏先生所谓公民文艺卫生等教育吗？至于生计教育，自曾国藩以来所提倡的富国教育，以至我们的农业教育，又何尝不是生计教育的别名呢？

至于青岛乡村建设的模式如何，青岛市《乡村建设》月刊第1卷第1期的发刊词里，说得很详细。我愿意把数段抄之于后：

古代以农立国，社会组织简易，工商属农之副产，市廛属乡村之附庸，经济生产寄于是，宗教与礼寄于是，教化庠序寄于是，内政军令亦寄于是，故曰国为乡之积，乡治则国治矣。

其后由农业经济社会，进而为工商经济社会，国家组织复难，固未可以古代之农村国家相提而并论矣。顾工之制造，商之贸迁，必以财货为主，而财货之来源，仍仰脸于农村，必有渔猎畜牧耕稼之开辟地利，供给物资于先，而后工商犹制造贸迁推广其用于后，故工商之事业，虽聚于市，而工商之资源，乃系于乡。

青岛固世所谓工商之都会也，顾市区中括有乡村数近三百，全境七万余户，乡居者占十分之六，然而行政机关以及教育、卫生、交通、娱乐一切设备，大都集于市区之一隅，乡民无由享用；市内道路纵横，任驰车马，而乡间崎岖坎坷，举步维艰；市内装设水管，吸取自如，而乡间井泉不足，饮灌两缺；市内医院林立，而乡间更无一家；市内船埠完整，停泊便利，而乡间缺乏港湾，避风无所；市内电报电话，线路纵横，而乡间则并邮信，多且未通；凡此各属经济生存之设备，为人生所必需，而其缺乏如此，则乡民之故[固]步自封，罕知进化，又何责焉。夫运输设备不完，而乡民又不知合作，往往运柴一车，往返二日，贩猪数头，跋涉百里，此乡村产业难于发展者一也。井泉不足以资灌溉，又不知所以选种施肥，其以园圃果木为业者，遇有虫灾，无术救济，此乡村产业难于发展者二也。山洪时发，河堤不固，田庐冲毁，时有所闻，此乡村产业难于发展者三也。港湾码头不足以供停泊，而旧有之渔船渔具不适于远洋之用，渔区不能扩充，而外人复侵入，此乡村产业难于发展者四也。乡民智识低落，而资金匮乏，不知利用机械，温故知新，古来著称之纺织事业，久为新式纱布所换夺，而家庭之副业，去其大宗，此乡村产业难于发展者五也。交通机关不备，九水、乌衣巷等处偏在一隅，消息隔绝，阴薛诸岛，更属隔海孤悬，别有世界，市内文化不能传达于乡间，乡村人物亦不获尽量效力于市内，此乡村产业难于发展者六也。医药不备，卫生无方，平时不能保应有之健康，凶年更不能救非常之疫疠，是则生命且欠安全，又不仅生计职业之问题矣。乡村建设之缺乏，此不独乡村之忧也，而城市亦将感受其害。市内工场林立，所需男女工徒为数至夥，今因乡村子弟，堕落愚陋，以致工厂招工，军警募士，均难其选，其影响一也。乡民穷困失业，麇集于市内，乞讨谋生，紊乱社会风纪，此其影响二也。乡村生计艰难，不能自卫，流氓地痞，匿迹其间，始有远方侵入近邻，继由近邻波及市内，此其影响三也。卫生设备不全，疫疠因时而发，细菌行动自由，市乡并无所择，本年霍乱传染多发源于阴岛、薛家岛、台东、台西，此其影响四也。市内所需蔬菜果品，多由乡村供给，因乡村园艺无由进步，以致供给常缺，转须求之远方，物既陈腐，价更昂贵，此其影响五也。由此观之，乡村不救，则城市岂能独全，诚所谓疼痒相关，不能漠视者矣。

本市接收以来，于今十稔，对于乡村设治，历年虽亦有兴革，究以幅员辽阔，终有鞭长莫及之势，官厅政令不行于下，民间疾苦罕达于上。……乡村症结所在，既已大明，用于今春创立乡村建设办事处五处，分驻于李村、九水、沧口、阴岛、薛家岛，并于水灵山岛附设分处，使任民事之责，由社会、公安、工务、教育四局及农林事务所选派人员，通力合作，而市府置一主任，以总其成，事属兼职，费不增额，并由市长率同各局所长以及主管人员每周一度更番视察，以资促事务之进行，于是拨筹市款，辅以民力，增建校舍，充实学额，调查学龄，施行义教，延长村道，增广汽车，修筑堤坝，预防水灾，建立船埠，以利停泊，鼓舞造林，奖励家畜，筹集贷款，推行合作，严禁烟赌，取缔缠足，选练团丁，以资保卫，兴利除弊，劝善惩恶，经营半载，渐有端倪；凡此诸端，不致谓有何成绩，亦惟竭寅僚之心力，尽官府之天职，因势利导，先其所急，求其所以保民、安民、教民、养民，以立民主政治之基础而已。

我们现在可以把这三个模式来做一个简单的比较研究。邹平、定县、青岛各处的乡村建设工作，都注重于农业方面，但是青岛之所以注重农业与邹平、定县有了不同。前者是为救济都市的需要而注重，后者却是受了传统的"重农"观念而注重。

邹平在理论方面，因为梁漱溟先生的理论的原故，影响最大；定县在实际方面，因为宣传较力，影响较大；青岛乡村工作，照我个人看起来，成绩好像较好，然而外间知者较少。这也许因为一来青岛的乡村工作差不多为了青岛市的声名所遮掩；二来青岛在宣传上好像较少，我们试看乡村工作讨论会第一次集会时，青岛没有参加，便能知道。到了该会第二次集会，沈鸿烈先生虽到场报告工作大概，然乡村工作讨论会所编的《乡村建设实验》第二集，也没有文字报告。我在上面不厌繁冗而抄了几大段关于青岛乡村建设的理论，也是为了这些原因。

邹平与定县都是用全力去培养乡村力量，发展乡村文化。他们的理论是发展乡村以救济都市；青岛却以目下都市的力量去发展乡村。因为这个原故，青岛只利用了市政府固有的力量、人才、机关，以扩大其工作的范围，而定县、邹平却要重新培养力量，训练人才，创立机关，以为乡村建设的基础。

从乡村运动发展史上看起来，这三个地方的工作都非最早的工作。我们已说过，好多人都以近代乡村工作始于定县翟城，而山西继之。可是前者无论在工作上、在影响上、在地理上，范围都小，而后者却偏于地方行政方面。其足以代表这个运动的整个方面之较早者，要算中华职业教育社在昆山所办的徐公桥实验区。不过以现在的情况来看与研究便利起见，邹平、定县与青岛，可以当作代表这个运动的几种模式。

乡村建设运动的组织与方法的商榷*

一、乡村建设的组织

我在《独立评论》196 号，曾发表过一篇《乡村建设运动的将来》，注重于这个运动的工作的观察。在《独立评论》199 号，又发表一篇《乡村建设理论的检讨》，注重这个运动的理论方面的检讨。我现在又在想注重这个运动的组织与方法方面，略加商榷。

我首先要指出今日关于乡村建设的机关或团体的数目太多，发展太快。我们知道十年前，在我国所谓乡村工作的机关，除了山西省政府的村政处，或其他一二处外，很少听闻。七八年前，在北方，中华平民教育促进会虽到定县翟城村从事工作，然工作的重心，却仍是平民教育方面。直到民国十八年，平民教育促进会才致力于乡村建设工作。在华中，除了中华职业教育社于民国十五年起在江苏昆山徐公桥的乡村促进会从事乡村工作，及南京的晓庄学校注重乡村教育外，也不多见。至于华南，除了岭南大学农科在琼州、中山各处的农场及青年会乡村服务部的片断工作，少有人注意到这个问题。大概来说，是在民国十八年以后，乡村工作的团体，始如春笋初发。到了民国二十二年，乡村工作讨论会在邹平开第一次集会时，这种团体之参加者有了三十余个。到了次年在定县开第二次集会时，到会团体有七十余个。此外，尚有好多团体没有参加。据好多人说，二年前，在南京关于农村复兴的机关，已有五十余个。又据实业部民国二十四年报告，全国关于这种团体有了一千零

* 录自天津《大公报》，1937 年 4 月 21 日第 11 版南开大学经济研究编"经济周刊"214 期。

五个。这个数目乃是实业部调查所得的，也许尚有好多团体不计在内。

乡村建设团体数目之多，发展之速，从一方面看起来，好像是这个运动的很好现象；然而从别方面看起来，却也是这个运动的危险预兆。其实这种危险预兆，就是从事乡村工作的人也未尝否认。三年前，梁漱溟先生在乡村工作讨论会第一次集会时已提醒大家道："请大家格外小心，乡村事业实在发展太快，勿以救济农村而损害乡村"。二年前，晏阳初先生在乡村工作讨论会第二次集会也说过：

> 今日乡村建设运动的风起云涌……可以说是乡村建设的极好现象。但同时不能不为此运动担忧，盖深恐热烈过度，忽略了实际，如已往一般的运动同归消沉也。

我在《乡村建设运动的将来》一文，已经指出今日一般所谓乡村建设，很多名不符实，因为能够埋头苦干、实事求是的团体实在很少。有好多人与好多团体，从来没有丝毫注意到农村问题，可是一听了乡村建设运动是一种新运动，于是立刻改变方针，更换名义，以从事乡村工作，推进乡村运动。然而事实上，他们不但好多对于乡村建设没有相当的认识、充分的诚意，而致没有的效果，连了他们已往所作的事业也多付诸东流，置诸脑后，而致完全废止。其更甚者，是见得自己本来所作的事业不能久持，就要失败，以至无路可跑，于是也利用乡村建设运动这个招牌以掩人耳目。名义是扩充范围与工作，实际是一种卸责的烟幕弹。有些也许因为没有事作，故也标起乡村建设的招牌以相号召。怪不得杨开道先生在《民间》半月刊 2 卷 1 期《我为什么参加乡村工作》一文里，劈头就忍不住地说道：

> 中国改造运动的方式，已经由上层而下层，由都市而农村了。此中不少投机的分子，无聊的举动，因此也就引起外界不少的误解，不少的批评。

事实上既有了不少的投机的分子从事乡村建设工作，那就不能怪得外界不少的批评，也不能说这种批评就是误解。杨先生又接着说道：

> 虽然农村工作同志曾有口头的解释，书面的宣言，然而认识的朋友和不认识的同胞，还有不少怀疑的地方，非难的地方。

乡村建设工作是一种实际工作，照我个人的意见，实际工作的试金石是实际的功效；有了实际的功效，既用不着口头的解释，也用不着书面的宣言。假使大家都没有实际的功效，一般投机分子固是很可恶，就是真心做事的分子，恐怕也免不了"徒劳无补"。

乡村建设运动的目的，是为救济乡村、帮助农民；然而，今〈日〉好多提倡乡村建设运动的团体，正像我已说过，差不多要到了专为维持工作人员保持乡村建设机关而工作的地步。关于这一点，我愿意把马伯援先生在《民间》半月刊 2 卷 11 期所发表《今日农村运动的问题》一文里一段来说明：

> 旋记者离却湖北的农村运动，又从事东京青年会的社会事业。我辞职原因，当然是照例说病，而我的病并不是什么糖尿，或甚么血压，只是精神不快已耳。何谓精神不快？我办的是合作社，当然对象是农民。但我日日接见的不是农民，却是找差事的穷朋友与苦学生。我们的主张当然是生产，是给农民找饭吃，而我们所办的事，却是多半为自己的伙伴找饭吃。

我不知道今日所谓乡村建设团体之处在这种环境有了多少，我不知道今日之能如马伯援先生之热心从事乡村工作的人有了多少，我更不知道今日之能如马先生愿意承认失败的人有了多少。

其实，机关太多，不但在工作方面有了不少的重复，而且往往互相推诿牵扯。孙则让先生在乡村工作讨论会第二次集会对于这点也曾说过：

> 中国普遍的情形，都是骈枝机关太多，人力钱力极不经济，而且互相推诿牵扯，如南京关于复兴农村的机关，竟有五十七个，可谓多矣。

孙先生这里所指的是城市里的乡村建设的机关，他以为："今后的改革，第一步是要将经费大部分用于乡间，城里的办事组织，愈简单愈好。"这种建议，是有相当的见解的。然而，我们同时还不要忘记，现在好多乡村建设实验区的组织也很为繁杂。我们试一把山东乡村建设研究院，在邹平以及菏泽各处的各种组织，或中华平民教育促进会在定县以及〈与〉其有相关系的各种组织，就能明白他们的团体组织并非简单。至于在各乡村里的种种团体组织，至少从一般乡民看起来，总是太过繁杂。比如，在邹平的村棉运销合作社与总社的关系，以及每村里的各种团体的关系，有的因为指导方面〈本〉身的缺点，有的因为村民的认识能力不够，所以每增不少的麻烦与纠纷。然而，组织本身的复杂与不健全，也是发生问题的一个主要原因。

乡村建设运动在目下看起来，还未超过实验的阶段。照我个人的愚见，从事乡村工作的人，好像应当用全力在实验工作上面，不当在实验工作尚没有什么成效之前，已竞事推广工作，而使人才、经费两方面徒增困难而鲜有实益。比方，中华职业教育社除了徐公桥的实验区以外，在江苏、浙江各处参加实验区的工作还有十余处，这种热诚也许可嘉；然而，我怕正如晏阳初先生所说："深恐热烈过度，忽略了实际，如已往一般的运动同归于消沉也"。

今日一般之从事乡村建设者，有了不少是以"县"为实验工作单位的。"县"本是我们的政治组织的根本与较小单位，从政治改造，或地方行政方面来看，以"县"为试验的对象，固无有真当的理由；从乡村建设或社会改造来看，未免太过勉强。因为，从一方面看起来，"县"既嫌得太小；从别方面看起来，"县"又嫌得太大。

其实，县政苟能办理得法，则乡村当然受其利益；而所谓县政，又非专指政治方面，而乃社会各方面的建设与改良。比如，民国十八年十月二日国民政府公布的《区自治施行法》，〈规定〉每区应办之事务范围很广，举凡户口调查、土及〔地〕调查、道路、桥梁、公园及一切公共土木工程建筑修理、教育、保卫、体育、卫生、水利、森林、农工商业、垦牧、渔猎、合作社、风俗改良、育幼养老、济贫救灾、公营事业等，比之目下一般人之提倡乡村建设的事务，并没有什么分别。假使从事乡村建设运动者，对于乡村各种建设没有特殊的贡献与成绩，则其结果并无异于各级地方政府机关所办的事务。

今日所谓乡村建设实验区所办理之事务，大略分为农业、教育、卫生、保卫、政治数方面。实验区的农业试验，应当与各大学农科或政府的促进农业的机关，也没有什么分别。关于保卫方面，专靠一县是不行的。从前河南镇平与近来的山西晋西之受土匪、共〔产〕党的蹂躏，就是显明的例子。至于教育的重要，各县、各乡，以至各村无不注意，而且应该注意；实验区固极力提倡，非实验区也不应忽略。又如，政治制度的改良，只是地方政府分内的事；医院的设备及卫生的管理，也是地方政府所应办的事。

好多提倡乡村建设运动的人，对于人才的训练很为注意。比如，晏阳初先生且宣言："中国农村运动若不从训练人才方面着手，眼见就要失败。"照这些领袖看起来，乡村建设的人才是一种特殊的人才，而特殊人才是要特殊的训练。因此之故，好多所谓乡村建设试验区，差不多全副精神都放在人才的训练上。从前的河南村治学院，现在的山东乡村建设研究院，以及其他好多处都是这样。正如梁漱溟先生所谓："同人大部分精力耗于研究训练两部学生之学业上"。此外，还有好多学校，因为受了这种运动的影响，而要变换方针，注重乡村建设。如近来山东的师范学校，改为乡村建设师范学校，就是很好的例子。

我们以为乡村建设，只能当作国家社会建设的一方面。乡村建设的人才，根本并不大异于国家社会一般建设的人才，受过相当的教育与有了专门的智识的人，只〈要〉有志向到乡村去作工作，也能建设乡村；所以，乡村运动既不当太过注重于特殊的人才的训练，更不必提倡去把已有的普遍或专门学校改其制度，而加以"乡村建设"的字样。

何况，今日一般之从事乡村工作的领袖与专门人才，又何尝受过特殊的乡村工作的训练。即使训练特殊的工作人才是像晏先生与一般的领袖所说那样重要，那么就怪不得今日乡村建设运动，有了不少已经失败，或将要失败；因为一般之从事乡村建设工作的领袖，自己就没有受过这种训练。

事实上，今日好多所谓乡村建设的训练团体与机关，不但没有什么特殊之处，而且却有成为一种特殊阶级的趋向。提倡乡村建设的人，每每指摘目下的教育制度的缺点与不实用，然而所谓乡村训练的机关，偏偏也走这条路。这一点黄庆先生在《寄梁漱溟先生书》里（《乡村建设》旬刊十七、十八期合刊）已经说过，今录之于后：

> 生言至此，未尝不翘首而遥念吾邹平数百之青年学子矣。……凡今日之学校其靠政府以成立者，学生入学之后，其心理终不免有成为一种公务员的暗示。一也。招生入学，此种招生办法实极无理，吾何为而招之，彼何为被招而来，其间真有甚难言可笑者，古人所谓礼云来学，不云往教，今之招生办法，则往教亦说不二，如此而成师生的关系，盖亦滑稽之至矣，邹平今后亦不能不招兹，此问题将如何解决耶？二也。既成学校，则必有好多功课，必靠其功课的成绩，以判其及格不及格，此又无形中鼓励学生向智识一路，人生行谊之谓，终为附带条件而已。三也。凡此三点，生甚疑之，亦愿吾师细审之，呜呼！慎之始，慎之终，始作也简，将毕也巨，可不念哉！

我们也许未必尽能同意于黄先生的怀疑，然于乡村训练学校之自身矛盾，已可概见。黄先生不但是一位热心于乡村工作的人，而且亲率学生以耕以食，以养以教。我希望一般之提倡乡村训练教育的人，不要忽略他的话。

又如，乡村工作讨论会是国内从事实地乡建事业者一工作报告团体，该会感觉到"我国社会通病，多于一事业之进行，侧重组织，忽略事功，高谈计划，不务实际"。然而，据《乡村建设实验》第二集集会经过里告诉我们，在开会两天连接的报告中，有了一种倾向："就是大多述说各团体的功绩，和他们是怎样努力乡建，怎样的认识乡建，对于实际问题似乎很少提出。"大概也是因为这个原故，所以才引起代表山东民众教育馆的屈凌汉先生，忍不住地到了讲台上大声疾呼：

> 这种情形是错误，是给来赴乡村工作讨论会人以失望。实际工作的人，是不需要种种口头的宣传，或者文字的宣传的。即如各机关各团体所出的印刷品，只是你出给我看，我出给你看，对于农民本身，对于乡建本身，丝毫无用处。我们来赴会的目的是：（一）实际工作上发生问题，求得解决；（二）乡村建设前途得到指引，但这个会是不能给与解答的。农民在水深火热中，怎样的急切待我们去拯救，而一些机关实验团体，还说慢慢地研究一套一套地实验，有了结果，又推行出去。理论是好听，然而，乡下的人们是等不得了。

二、乡村建设的方法

乡村建设运动在组织上固太过复杂，在方法上也太过参差矛盾。关于组织面的复杂，我们在上面已经说过，现在且来谈谈方法的参差矛盾。

提倡乡村运动的人，有些如定县的领袖们，以为要从教育下手；有些如镇平的主持人，努力在保卫方面；有些如数年前的山西政府，以为要从地方政治做起；有些如近来的山西当局，又主张从"土地村有"做起；有些如金陵农学院，特别注重种子改良；有些如燕京大学，好像注重社会方面的改良；有些致力农村合作；有些提倡农村工业。此外又如：邹秉文先生以为农村工作，应提倡乡民爱国；沈昌晔先生以为乡村建设，应留意集体农场；梁漱溟先生以为这种运动，要先着重在"推动社会组织乡村"；严慎修先生以为这种运动，为〔不〕要忽略"古乡饮礼与古乡射礼"。

在理论上，一般提倡或从事于乡村工作的人们，也许侧重在某种方法，然事实上却不一定是这样。比如，定县虽着重在教育方面，然而实施工作时，他们又觉得："建设是个政治问题，如果政治责任者不愿建设，或者不许建设时，怕是谁也不好建设；如果政治责任者懂建设而又顾建设，以政治的力量去推动农村建设，那是件比较快当的事情。"因此，定县的领袖们，又觉得不能不拿定县的政治权力过来。平民教育促进会之外，又有河北省县政建设研究院。晏阳初先生既是平教会的主人，又是研究院的院长。在一方面看起来，晏先生及其同志有了政治的权力，在建设上应当有了效率；然而，从别方面看起来，乡村工作的领袖，却又因此而难免跑入政治的漩涡。假使人民与高级政府对于晏先生与其同志在政治上的设施不能满意，而使他们的政治地位有所移动，那么免不得也要影响到他们的乡村工作方面。

听说几年前，晏阳初先生曾在南京见过蒋介石先生。蒋先生说，要把定县乡村实验工作收回政府办理，晏先生的回答是：假使政府为乡民、为乡建着想，请蒋先生不要用政府名义去办乡村实验。一方面不要政府染指，而别方面又要取得政权，晏先生和其同志的苦心固可原谅，然而这种矛盾及其困难，却是一件显明的事。

又如，梁漱溟先生在民国二十三年八月十二日《大公报》所发表的《乡村建设与教育》一文，也说过"我们原初，虽不想办教育，但往前探求，我们的途径到今来已不觉走上社会教育一条路"。可知梁先生在事实上所作的工作，与其原定的方法计划是不相同的。其实，梁先生在乡村工作讨论会第一次集会报告山东乡村建设研究院工作时，已经指出他们数年来大部分的精力耗于研究训练两部学生之学业上。质言之，他们目下所做的工作，还是教育的工作，而非纯粹的乡村工作。

梁先生目下的工作，既跑不出教育一条路，可是他在日本东京中华青年会演讲《我国乡村运动》（天津《益世报》二十五年五月十日），又主张乡村建设要从政治入手。他说：

> 我自己的办乡村的动机，与旁的朋友们不大一样。国内办乡村工作的最多是由乡村教育转来的，如陶行知的南京晓庄师范，定县是由平民识字运动而起，无锡师范及职业教育改进社都是。我的动机是注意到政治改造。我在十四五岁时，中国初有学堂，那时有那时的国难，那时也有青年爱国运动，由此注意政治改造，也曾经跟

着光绪末的立宪及革命运动跑过。1911 年民国成立，可是政治仍不见有所改造。在各种烦闷里，所得到的一种认识，一种感觉，便是阻碍政治的改造的，不是几个军阀，也不是袁项城，而是大多数的人民，没有新的政治习惯。所以如欲政治改造，必须培养少数国民的新的政治习惯，因此乃想到〈从〉小范围的乡村自治入手，因此很热心乡村自治。以前用村治二字，也许日本报章上现在还用着，多少含着乡村自治的意想，以后为防杜撰之义起见，便没有用，所以我的动机，是由中国政治烦闷转出来的一种要求后来慢慢展开扩〈大〉。

梁先生之所以就山东乡村建设研究院院长兼邹平县县长，以及主张以乡学、村学以替代从前的乡公所、村公所，大概是要从政治改造入手罢。然而，梁先生这数年来的精神既放在教育方面，那么他在政治方面的改造又怎能兼顾呢？而且梁先生又好像晏阳初先生一样的虽要操纵政治权力，却又以为政府对于乡村工作不应当有所染指。其实，他不但不要政府来染指，他简直觉得政府是直接破坏乡村的力量。梁先生在《乡村建设》旬刊第 2 卷第 30 期《乡村建设是什么》一文（二十二年 5 月 21 日）已经说过：

> 昨天看报上，行政院汪院长的谈话有"政府深切感觉中国最急要之事，无逾建设，建设中最急要者，尤当以农村复兴为中心"等语，其大体意想，自是很对；可是我们要借此申明一句，中国现在在南北东西，上下大小的政府，其自身皆为直接破坏乡村的力量，这并非政府愿意如此，实在它已陷于铁一般的形势中，避免不得，乡村建设的事，不但不能靠它，并且以它作个引导都不行。

然而，梁先生在这里又不但好像忘记了他从前所参加的河南村治学院是政府所委托的机关，就是现在在山东乡村建设研究院以及邹平县的政府，也是山东省政府所委托而设立与指导之下的机关。质言之，前者只是后者的一部分、一种附庸。假使政府的自身而是直接破坏乡村的力量，难道山东乡村建设研究院、邹平县政府，就不是直接破坏乡村的力量吗？一方面主张乡村建设不应依靠于政府，不应受政府的指导；一方面是偏偏依靠于政府、受政府的指导，要政府去津贴，这又岂不是一个很滑稽的矛盾吗？

不但这样，梁先生在日本东京中华青年会的演讲词里又说：

现在恐怕在我们眼前的不只是一个政治问题，而是整个的社会机构重新建立问题，我们现在已渐渐离开单纯政治问题，而意识到转移到整个的问题了。

理论上，现在有好多提倡或从事乡村建设运动的人，同梁先生一样的逐渐感觉到教育、经济、政治等各方面都要并重。然正像李石曾先生所说："事实上慢慢地总要发生偏重一方面的弊害。偏重了教育，往往可以叫短衣的农民都为长衫的农民；偏重了自治，则往往因为要叫政治农村化，及化反而倒把农村政治化了；偏重了经济，也有扶东倒西的不便。"

李石曾先生虽然觉到事实上所发生偏重一方面弊害，以及事实往往背乎理论而驰，他个人仍"主张不偏重任何一方面而注意于平均的理〔发〕展"。然而，李先生同时又说："乡运者单做政治以外，社会以内之事。"这岂非打破了平均发展的主张吗？所以，怎样使理论的方法与事实的方法能够一致和谐，又是乡村运动上一个很重要与很困难的问题。

关于乡村建设各方面的平均的发展的不容易，罗卓如、别廷芳两位先生乡村工作讨论会第二次集会报告内乡县建设工作里说得很详细，今且抄之于下：

过去地方事业，是由自卫入手，办理自卫式的地方自治，虽是时势逼迫着，不得不走这条路，所得结果仅是脱出骚动的形态，进入安定的现状。人民的自觉力和自动力仍觉着较差。至于顾及社会整个性的推动乡村建设，尚谈不到。绕来绕去，绕出一个政教养卫合一的要求。对于壮丁训练，就经过三个时期的转变：第一个时期是想扭民团，走向生产化、教育化、建设化的大道。然而事实不像理想这么简单，于是有第二个时期的转变，转变后独觉力量多薄，不能深入农村，于是又有第三个时期的转变。就理想上说，现在小队长是民众学校教员，同时又是辅导保长的保长，第二联队副是该联队的民众学校校长，同时又是辅导联保主任的第二联保主任。保长和联保主任，工有作不力者，将来就以小队长、联队副，任保长和联保主任。同期各处小学教员又是训练过的，要他辅导着小队长、联队副共同推进地方事业，这么一来，不就把政教养卫拉合起来吗？然而地方又发生了问题，整个就设方案如何决定？这一套连锁的方法，又如何研究？这个大前提得不到解决，联队副、小队长等下乡的时期，哪当先作？哪当后作？推动这一件事，又怎样能够叫哪一件同时动起来？

所谓乡村建设工作，在目下看起来，至多也不外是一种尝试或试验的工作。然而，一般提倡乡村建设工作的领袖，如晏阳初、梁漱溟以至孙伏园先生们，老早就已大声疾呼、极力宣传乡村建设运动是救民族与国家的唯一途径。梁漱溟先生在其《中国民族救济之最后觉悟》一书，孙伏园先生在其《全国各地的实验运动》一文（《民间》半月刊 1 卷 1 期），都极力指摘以往各种民族自救的运动的失败与缺点，而归结到今后民族的唯一的出路是乡村运动。我们的意见是：假使这个运动是民族自救的唯一与最后的运动，那么试验的工作是用不着的。反过来说：乡村建设运动，既还尚在试验的时期，那么试验的结果，是否能够成功，是否能够推行，均是疑问。在这种疑问尚未解答之前，就说这种试验是救国的最后觉悟唯一途径，这岂不是一个错误吗？

其实，这种实验工作能否成功，固是疑问，而一般提倡与从事于乡村实验工作的人，以为这种实验工作乃一种科学的实验工作，更使我们怀疑。近来好多人因为见得在自然现象里有所谓科学方法、实验方法，于是对于社会运动也欣喜应用科学方法、实验方法。我们虽不反对这样的应用，然而"科学方法"、"实验方法"这些名词之被人滥用是无可讳言的。社会现象是否能够用自然科学中的科学方法、实验方法还是一个疑问，然而社会运动者，却已宣布他的方法是科学的、实验的，这都未免陷于神经过敏。社会现象总算不是变化无常，然而常常变化是无疑的。纵使所谓乡村实验者，能够找出一个方法或一套模样，然而能否适于常常变化的社会也是疑问。

不但这样，乡村实验工作之发达虽是近数年来的事，然这种工作的历史却比较为早。米迪刚与晏阳初先生们在定县的实验工作，岂不是有了三十多年的历史吗？然而，三十年余来的定县的实验方法，试问有了哪一套是有功效的呢？

我们不但怀疑提倡与从事乡村运动的人所用的实验方法，我们还且怀疑他们以一县或一乡以为单位的方法。乡村运动的对象是中国整个乡村，然而，这种工作到今还只限于一县或一乡；然而，提倡与从事这种运动的人，还且标出什么"定县主义"、"邹平主义"等等单位主义。在某种意义上，我们也许不反对以一县或一乡为工作的起点，可是我们也要知道，一乡是与他乡有关系的，一县是与他县有关系的，同时一县一乡不但与一省、他省以至全国有了关系，就是和了世界各国都有关系。从这一点看起来，不但一乡或一县的工作，从国家的立场来看，实在有限；而且这一乡一县的工作纵算有了不少成绩，于整个国家也未必有补。我在这里愿意抄了章元善先生一段话来解释。

> 像（定县）东建阳这个村子，经济虽不景象，人民还能安居，充满新气象，这一点小小成绩——代表平教会多年的经营——是经不起大兵们一天的光临的呢。

我们还可以把实例来说明：镇平在民国十六年间，得了彭禹廷先生创办民团，对于土匪肃清虽有成效，然十八年彭先生离了镇平，土匪猖獗，县城失守，损失更大。又如，最近来共［产］党占据晋西等处，严慎修先生与其朋友在河津的工作恐怕也免不得要受影响。我们的意见是，假使这些琐碎的一乡或一县的工作，尚且不能维持，要想以之来救国是很不容易的。

最后，提倡与从事乡村建设运动的人，每每以为实验工作要在一个标准乡村或县镇里从事。中华平民教育促进会之选择定县，山东乡村建设研究院之选择邹平，皆以为是合于所谓标准区的条件。他们的理论是乡村与都市不但不同，而且处于相反的地位。质言之，都市是破坏乡村的力量，所以乡村的建设，不但是自有其特殊的方法，而且要离开都市的势力范围。

我们以为他们这种观念是错误的。他们忘记了今日之主持乡建工作的人才乃多来自都市；他们忘记了今日之供给乡村工作的经费，也可以说是多来自都市。都市在今日是人才和经济的重心，乃是一种事实。都市既已为人才与经济的重心，而且今日的乡村建设工作的人才与经济又多来自都市，那么都市不但不是乡村之敌，乃是乡村之友了。都市既是乡村之友，为什么乡村建设工作，不能在都市附近，而必离开都市较远才行呢？

乡村建设的途径

　　自民国十五年，至民国二十五年的十年间，"乡村建设"这个口号，可以说是轰动一时，而"乡村建设"这个运动，也可以说是蔓延全国。北至河北，南至广东，西至四川，东至江浙，不只在理论上，到处有人提倡乡村建设，就是在实际上，也到处有人实验乡村工作。定县、邹平、辉县、新造、巴县、昆山、萧山以及其他的好多地方，都有了乡村实验区的成立。有人估计到了民国二十四年为止，关于乡村建设的团体，有了一千多个，同时与这种团体有关系的农学会社，又有了一万多个。至于理论方面，除了梁漱溟先生的著作之外，出版物之提倡乡村建设工作的，也有了十余种之多，从我们的行政院以至好多省政府、县政府、区公所，对于这个运动，都给予不少的注意。

　　"七七"事变发生以后，这个运动受了一个很大的打击，而各处的实验工作，差不多完全停顿。以提倡理论著名的山东乡村建设研究院，固是早已停顿，就是实验工作著名的中华平民教育会的乡村建设工作，自离开定县之后，始而迁到湖南衡山工作，继而参加四川新都与贵州定番的实验，然而因为种种的原因，终于不能在这些地方继续维持其工作。中华平民教育会后来虽在四川北碚左近，重张旗鼓，开设乡村建设育才院，可是比起其在定县时的声誉与规模，不能不有今昔之感了。

　　"七七"事件的发生，对于乡村建设的运动，固有不少的影响，然而事实上，就使没有"七七"事件的发生，乡村建设的工作是否能够维持下去，已成了一个问题。其实，据我个人的观察，乡村建设的运动，

　　* 录自《当代评论》第 4 卷第 2 期，1943 年 12 月 11 日。《中农月刊》第 5 卷第 3 期（1944 年 3 月）"农业经济金融资料文摘"栏目对此文摘录。

在抗战以前的两三年，已有了日落西山的景象，敌人的侵略，我们只可以说是加速乡村建设运动的衰败，而非促成乡村建设运动衰败的主要原因。因为乡村建设运动衰败的现象，在"七七"事件尚未爆发之前，已经很为显明。

我个人以为乡村建设运动之所以衰败的主要原因，是因为在理论上，就有其根本错误的地方。一般提倡乡村建设的人们，都以为中国自来是以农立国，所以今后的中国，还是要以农立国。他们所提倡的乡村建设运动，也可以说就是农村建设运动，因而他们遂成为农本主义的推动者，在积极方面，他们既主张以农为本，在消极方面，他们是反对工业的发展，反对都市的发达。"作农人"，这是他们的口号，"下农村"，这是他们的呐喊。梁漱溟先生固是这样的大声疾呼，其他的一般从事于乡村建设运动的人们，也是这样极力唱随。梁漱溟先生还以为我们的工业太过落后，假使我们与欧美、日本各国在工业化上去赛跑，结果是人家走十步，我们只能走一步，这样的比赛下去，我们是终必落后，而且要愈趋落后。所以我们只能从农业方面去发展，中国才有出路。

这种乡村建设理论的错误，我在《乡村建设运动平议》一书里已经指摘出来，我在这里只要指出，因为目前的工业落后而不得不主张重农，这是一错误，这是自暴自弃。我们知道，一百年前的德国工业，并没有英国的工业那样发达，然而德国人并不因此而主张重农反对工业化，五十年前的日本的工业，也并没有德国的工业那么发达，然而日本人也并不因此而主张重农，反对工业化。其实，因为目前不如人而自暴自弃，已是一种失败者的心理的表征，而况一般提倡乡村建设运动的人们，大都是一般回恋于复古的人物，欲以"以农立国"、"死不出乡"的传统思想，以应付现代的世界，这是愚妄，这是幻想。

然而，我们这样的批评过去的乡村建设运动，并不是说中国的乡村建设运动是不需要的，也并不是说中国的乡村建设运动是没有希望的，反之，中国的乡村建设是需要的，中国的乡村建设是有希望的。

原来中国的百分之八十的人口，是住在乡村，故乡村在我国所占的地位的重要，是无可疑的。乡村在我国的地位既是那么重要，那么我们要想建设中国，我们不能不注意于建设乡村，至于乡村建设的前途，究竟如何，主要的要看我们对于乡村建设的理论，是否健全，要看我们对于乡村建设的方法，是否妥善。我们在上面既已指出以往的乡村建设运动的错误，那么今后的乡村建设，照我个人的意见，应该是：

一、以工业为前提，以都市为起点。

为什么乡村建设是要以工业为前提呢？原来我国人口众多，而土地过少，据人们的估计，我国土地约为十三万万亩，而人口却有了四万万五千万。在南方的一些土壤较为肥美的地方，每一个人有二三亩地，虽可够用，可是在北方的好多平原沙土之地，每一个人非有五亩，是不够用的。就以往每人平均四亩来计算，我国所有的土地就缺少五万万亩，这就是说全国土地，约只能够三分之二的人口之用，而况在这十三万万亩的土地之中，还有不知多少的土地，是不能耕种的，又况在目前的情形之下，土地的分配并不平均，因而不知多少的农民无田可耕，土地的面积既已很不够用，而人口是逐渐增加的，假使我们只靠农业以解决中国的农村问题，这是不可能的；反过来说，必要极力去发展工业，以吸收农村的过剩人口，才是办法。

而且因为我国的旧式工业太过落后，外来的工业用品，不但畅销于沿海都市，而且已深入到内地乡村，中国的旧式工业既不能与外来的工业用品相竞争，那么旧式工业逐渐被淘汰，结果必使我们的一切工业用品，非用外来的不可。在这种情形之下，不只是都市经济必受很大的影响，旧式乡村的经济，也必愈为枯窘。

而况进一步来看，假使工业不发展，则农业也不易发达，比方我们尽管种了棉花，但是我们若没有纺织厂，那么不只是我们需要的布料要靠外国输入进来，就是我们的棉花市价，也必受了人家的管制。结果是往往使我们以低价出卖我们的棉花，而以高价去购买人家的布料。农村的人民在这双层吃亏之下，农村之愈趋衰落是不可免的。棉花固是如此，其他的好多农产品，又何尝不是这样呢？

其实，近代农业的发达，是依赖于高度的工业化，是一件很显明的事。农耕之需要机器，农品运输之需要便利的交通工具，以至农田肥料之依赖于新式的化学工业，都可见得工业之于农业的关系的密切。农村或乡村的建设，主要固是要看农业是否发达，可是农业的能否发达，又要看工业是否发达。

上面不过随便地举出一些理由，去说明乡村的建设，要以工业为前提。然而，乡村建设之于工业发展的关系，已可概见。

在抗战以前，重农的主张，得了一般提倡农村建设运动的人们的鼓吹，使重工的主张，受了国人的蔑视。抗战以后，国人虽然很能感觉到非振兴工业，不足以复兴国家，可是一般提倡工业的人们，主要是着重于国防工业方面。至于能够指出工业的发展，是农业发展与乡村建设的必须条件，尚不多见。我们希望一般提倡以农立国与乡村建设的人们，对于这一点要特别地加以注意。

二、为什么乡村建设要以都市为起点呢？

我们知道，过去的一般人之从事乡村建设的，往往以为乡村建设，须从所谓"标准的乡村"下手。所谓标准的乡村，就是离大都市相当的远而具有中国一切的乡村的特色的乡村。反过来说，就是一般之没有受过大都市的影响的乡村，中华平民教育会之选择定县为实验区，山东乡村建设研究院之选择邹平为实验区，都可以说是为了这个原故。他们以为要在所谓标准的乡村中去作实验工作，才能找出一套建设乡村的办法，而推广和应用到其他的乡村。然而事实上，这种所谓标准的乡村的赞［实］验工作，在过去的二十年中，不但不能找出一套可以推广或应用于建设其他乡村的办法，连了本身的实验工作，往往也失败了。而其所以失败的主要原因，照我个人的观察，就是因为他们不以都市为建设乡村的起点。结果是不只往往因为离开都市而在治安方面发生了好多问题，而且因为这个原故，遂使建设乡村所需要的人才与经费，也往往异常缺乏，而使这种工作难于进行。

因为交通不便，以及其他的好多原因，离开都市较远的乡村或区域，治安很成问题，这个治安问题，又并非一个乡村或一个区域的问题，而是与其他的乡村或区域的治安有了密切的关系。在甲村或甲区从事实验工作的人，在其乡村或区域之内，也许对于治安问题有了解决的办法，然而假使其相近的乙、丙【村】、丁村或其他的乡村建设的治安有了问题，则在甲村的工作，必受影响而致于停顿。比方河南邹平的乡村建设工作，在民国十八年间，就因了土匪猖獗，而使一切的工作受了影响。

所以我们以为假使这种工作，若从都市而尤其是大都市的左近的乡村下手，同时利用都市的维持治安的机构，使能逐渐放大其维持治安的责任，即这些左近的乡村治安，能够充分地去利用都市的维持治安的机构以维持，那么一般从事于这些乡村建设的人们，能够安心去推动其工作，则其收效必较大得多。

又乡村建设工作，若离开都市过远，欲找这种工作的人才，而尤其是技术的人才，如医生、农业专家，至为困难。关于这种人才就是位在平汉铁路线旁边的定县，与位在胶济铁路线左近的邹平，也不容易罗致。因为这些专门人才在今日的中国的都市，以至高等学府中，尚不易找，假使一些偏僻的乡村，而欲找了这些人才，更不容易。所以假使这种乡村建设工作，若是能在都市左近，则利用了都市中的各种专门人才，比较容易得多。我们要指出我们并不主张都市中原有各种专门人才，要放弃其在都市中的固有位置，而跑到乡村工作。我们希望的，是在他们的固有工作之外，可以利用其多余的时间，以从事乡村建设工作，或是放大其工作范围，而包括了多少乡村在内。

从经费方面来看，假使一个乡村，离开都市过远，则一切关于建设上的设备，都要自置自备，那么其所用的经费必定很大，而同时在效益上，却未必很大。比方以前定县的乡村建设工作，每年花了数十万元，以一个实验区域来说，其数目不能说不多，然而定县的一间卫生院，或一个农场，要真正办得好的话，那么每年数十万元拿来办一件事业，也未必够用，而况所谓乡村建设的工作，是多方面的。卫生与农业，只是好多方面中的两个方面罢了。

总而言之，我们的意见是：这种乡村建设工作，最好是以都市为起点，先从在都市左近的乡村下手，尽量利用都市中的行政机构，如工务局、公安局、卫生局、教育局等等放大其工作范围，或另设一乡村建设委员会，再加了一个促进农业的机构，而充分的利用这些机构中的人才设备，以及都市中的其他的人才与设备，去帮忙其左近的乡村的各种工作，如治安、交通、卫生、教育以至农业。在其办理的初期，不妨从与都市最近的乡村做起，逐渐地放大其范围。能够这样地作去，则不只不会陷于过去乡村建设运动的错误，而且必定有很大的效益。其实这样的做法，以前青岛市政府，曾经试办了好几年，而且有了显著的成绩。我愿意一般之谈乡村建设的人们，对于我们这种的主张，以及青岛的过去的经验，能加以特别的注意。

春秋战国政治哲学的背景[*]

一

我尝拟中×［国］政治哲学史，而划分之为四大时期：一为胚胎时期【时】，二为繁盛时期，三为黑暗时期，四为异化时期。这四期所包括之时间，可略为分配如下：

（1）胚胎时期……周室东迁以前

（2）繁盛时期……东迁以后至秦统一天下

（3）黑暗时期……秦统一后至清末

（4）异化时期……清末至现在

这四个时期中最值得我们注意和研究的，要算繁盛时期。因为胚胎时期不过是繁盛时期的预备，黑暗时期的政治哲学，不但跳不出繁盛时期的思想的圈子，连了那时代所固有的几乎保存不住。夏曾佑著《中国历史教科书》曾说：

> 由周中叶至战国为化成之期，因中国之文化在此期造成。此期之学问，达中国之极点，后人不过实行其诸派中之一分以各蒙其利害。

政治哲学可以说是教化之一方面的表现，和学问研究所得的结果之一。中国全部的文化和学问，在我所谓黑暗时期，既不过实行我所谓繁盛时期中诸派之一部分；则政治哲学在黑暗时期的成绩，可以想见。

有些人或者以为若照上面所说，则所谓黑暗时期中之出产物，如王

---

* 录自岭南大学政治学会《政治》，1929 年刊。

充之《论衡》，陶渊明的《桃花源记》，《抱朴子》中的《诘鲍》里的鲍生的思想，以及黄梨洲《明夷待访录》等，岂非太为蔑视？我以为像上面所举出之数种著作，固然是中国思想界的特出。然王充《论衡》，在政治哲学上没有什么大贡献；陶氏的《桃花源记》，虽然可说是政治思想中的乌托邦，他的渊源，可以逐回到老子《道德经》第八十章中的《理想国》。至于鲍生及黄氏的"非君"思想，也可以说是受过繁盛时期的"民贵君轻"，及像《战国策·齐四》里田需所谓"士三食不得餍，而君鹅鹜有余食；下宫糅罗纨，曳绮縠，而士不得以为缘"，及《淮南子·齐俗训》中的言论等的多少影响。

至于异化时期中的政治思想，虽别开生面，支派纷纷，然追本逐源，并非中国人本来的思想，而不都是从西洋输运过来。在他所做的《五十年来中国之哲学》文中，蔡孑民先生告诉我们：

> 五十年来中国之哲学一语，实在不能成立，现在只能讲讲这五十年中中国人与哲学的关系，可分为西洋哲学的介绍，与古代哲学的整理两方面。

近代中国哲学一语若不能成立，近代中国政治哲学一语，也何独不然？我们既知道所谓春秋战国的政治哲学占有中国政治哲学史上的特殊位置，我们对于这期的政治哲学的研究，要加以特别的注意，也是当然的。但是政治哲学的发展和繁盛，并不是凭空而来，因为她常常和她的时代环境是有密切的关系；而所谓时代环境，就是本篇所谓背景。从一方面看去，我们可以说政治哲学是背景的反射；从别方面来看，我们也可以说社会政治的背景是政治哲学的表现。比方我们可以说美国的三权并立制，是受过孟德斯鸠的三权并立学说的多少影响；又法国的革命，也是受过卢骚的学说的多少影响。这不过就一方面来讲，若从他方面来看，我们可以说欧洲中世纪的宗教臭味的政治哲学，是当时宗教制度的一种结果；近世的社会主义，是近世经济社会状况的一种表现。

总而言之，政治哲学与其背景，是在为因果的；所以一个人的政治学说，可以说是背景的表现，也可以影响到后来的政治制度。最显明的例是孔子的政治学说，因为他的政治学说，不但是周代政治制度的结晶，并且是中国后代政治制度的重要的标准。夏曾佑氏说："孔子一身直为中国政教之原，中国之历史，即孔子一人之历史而已。"这话恐怕未免言之太过，然孔子政治思想之影响于中国社会政治制度之大，当无可疑。

看看社会政治制度的沿革，再看看政治哲学的发展和派别，究竟是前者影响于后者大，还是后者影响于前者多，是别一问题。究竟中国政治哲学所影响于中国政治社会制度者如何，又是一问题。本篇所注重的是以一时期——周中叶以后至秦统一——的背景做立脚地，将当时的环境比较上与当时政治哲学有关系的略举出来，以明这时期的政治哲学所以能臻盛者，并非偶然。

二

《战国策·赵三》里说："且古者四海之内，分为万国。"相传禹时涂山之会，执玉帛而来朝的有万国之多。至汤的时代，相传有三千国；传载武王克商，尚有千八百国。春秋时代，国家之见书的，一百四十余。苏东坡做《春秋列国图》，说国之见于经传的共一百二十四；他又说惟蛮夷戎狄不在内。到了战国时代，国家的数目更是减少，故战国末年，我人常谈的不过七国。

国家的数目，由多而少，是国家土地由小而大的表征。因为弱肉强食，强的日见强大，而弱的日见消灭。并且中国的版图，至春秋战国的时候，日趋日大，《左传》鲁成公四年的时候，季文子还说楚非我族类，其心必异。成公十五年，鲁与吴第一次相会于钟离。到了襄公三年六月，晋文侯使荀会逆吴子于准〔淮〕上，吴子虽然不到，然此时的吴已非蛮夷之邦。到了春秋末世，吴越居然称霸东南。不但是东南的版图增大，西北也同样的扩大。秦霸西戎，征服不少土地；晋与燕均向北发展，而增大其疆域。

强大的国，虽日加强大，中国的版图，虽日加扩张，然以现在的眼光去看，春秋战国时的国家，还是不得谓之大。夏曾佑氏说："古国能如是之多者，大抵一族即称一国，一国之君殆一族之长耳。"可知古时所谓"国"的意义，与现在的国的意义的不同处。中国人——春秋战国时的人——既惯于这种土地狭小的国家的事实，而此种事实之影响于当时的思想界，当然不少。我们试一阅这一时期的著作，觉得好多的士大夫，常常以"国小不足虑"的信条去劝谏一般人主，这一种思想的结晶，我们可于老子《道德经》八十章中见之：

> 小国寡民，使有什伯之器而不用；使民重死而不远徙。虽有舟车，无所乘之；虽有甲兵，无所陈之；使人复结绳而用之。甘其

食，美其服，安其居，乐其俗，邻国相望，鸡犬之声相闻，民至老死不相往来。

这一时期中的政治哲学家，不少的梦想天下统一四海来朝。儒家所谓"治国平天下"，管子也说"国乃天下之本"，《战国策》所载"温人之周"一段，也可以代表当代的天下四海观。

温人之周，周不纳客，则对曰。"主人也。"[1] 闻其巷而不知也，吏因囚之。君（东周君）使人问之曰："子非周人，而自谓非客，何也?"对曰："臣少而诵《诗》，《诗》曰：普天之下，莫非王土，率土之滨，莫非王臣。今周君天下，则我天子之臣，而又为客哉? 故曰主人。"

然而恐怕除了驺衍外，这时代的思想家所说的天下还不外是禹夏商周统治下的土地。这一种的天下观，与现在的世界当然有别。并且恐怕他们所谓的天下，是专指中国而言，所谓夷狄不在其内。因为夷狄是没有政教的，所以孔子说：

夷狄之有君，不如诸夏之亡也。

而他们所说的四海，大约也不外《王制》所谓：

西不尽流沙，南不尽衡山，东不尽东海，北不尽恒山，凡四海之内，断长补短，方三千里。

上面是将土地的广狭，与当时政治思想的关系而言。至于土地的位置，和政治思想的关系也有多少。本时期前，国家天下之迭兴，皆沿黄河一带。春秋时代，楚兴于南，而继起者为吴越，此数国皆在长江一带。黄河所处之地位，既与长江不同。黄河流域所影响于政治思想，也与长江流域所影响于政治思想有不同处。因此学者遂分当时思想为二派——南派、北派——南派以老子为宗，老子楚人，楚在南；北派以孔子为宗，孔子鲁人，鲁在北。因为老、孔所处的地位不同，故其影响于思想上也非浅鲜。关于这一层，梁任公在他的《中国古代思想》里，说得颇透切。

我中国有黄河、扬子江两大流域，其位置性质各殊，故各自有其本来之文明，为独立发达之观。虽屡相调和混合，而其差别相，

---

[1] 原文应为："温人之周，周不纳，问曰：客耶? 对曰：主人也。"

自有不可掩者。凡百皆然，而学术思想其一端也。

他又说：

> 北地苦寒硗瘠，谋生不易。其民力以奔走衣食，维持社会，犹
> 恐不给，无余裕以驰骛于玄妙之哲理。故其学术思想，常务实际，
> 切人事，贵力行，重经验，其修身齐家治国利群之道术，最发达
> 焉。惟然，故重家族，以族长制度为政治之本，敬老年，尊先祖。
> 随而崇古之念重，保保之情深，排外之力强。则古昔称先王内其
> 国，外夷狄，重礼文，系亲爱，守法律，畏天命，此北学之精神
> 也。南地则反是。其气候和，其土地饶，其谋生易，其民族不必惟
> 一身一家之饱暖是忧，故常达观于世界以外，初而轻世，既而玩
> 世，既而厌世，不屑屑于实际，故不重礼法，不拘拘于经验，故不
> 崇先王。又其发达较迟，中原之人常鄙夷之，谓为蛮野。故其对于
> 北〈方〉学派有吐弃之意，有破坏之心。探玄理，出世界，齐物
> 我，平阶级，轻私爱，厌繁文，明自然，顺本性，此南学之精也。

不但是南北因地势不同，而影响于政治思想；东西各国，也因为地
理上各异，故其政治思想也有不同处。齐国极东而近海，有鱼盐之利，
管子曾利用这种天然出产物以富齐国；而他的政治思想，也筑在物质经
济的基础上，太史公在他的《管晏列传》里说：

> 管仲既任政相齐，以区区之齐，在海滨，通货积财，富国强
> 兵，与俗同好恶。故其称曰，仓廪实而知礼节，衣食足而知荣辱，
> 上服度则六亲固，四维不张，国乃灭亡。下令如流水之原，令顺民
> 心，故论〈卑〉而易行。俗之所欲，因而予之；俗之所否，医而去
> 之。其为政也，善因祸而为福，转败而为功。

管子自己也说：

> 地者万物之本原，诸生之根苑也。美恶贤不肖，愚俊之所生
> 也。水者地之血气，如筋脉之通流者也。

齐国既近海洋，而海洋比较上易使人有广大之胸怀，而发生一种较
大的世界观。这一种的世界观的代表，就是驺衍。《史记·孟荀列传》
说驺衍，以为儒者所谓中国者，于天下乃八十一分之一耳。中国名曰赤
县神州，赤县神州内自有九州，禹之序九州是也，不得为州数。中国外
如赤县神州者九，乃所谓九州也。于是有裨海环之，如此者九，乃有大

瀛海环其外焉。

极西的国家是秦。《战国策·苏秦始将连横说秦惠王》曰：大王之国，西有巴蜀汉中之利，北有胡貉代马之用，南有巫山黔中之限，东有肴函之固。梁任公先生说："秦控山谷之险而民族强悍，故国家主义亦最易发达。"

梁先生又说：

> 宋、郑，东西南北之中枢也。其国不大，而常为列强所争，故交通最频繁焉。……墨家、名家，起于此间。……墨子生于宋；宋，南北要冲也，故其学于南北各有所采，而自成一家言。其务实际，贵力行也，实原于此派之真精神；而其刻苦也过之。但其多言天鬼，颇及他界，肇创论法，渐阐哲理，力主兼爱，首倡平等，盖亦被南学之影响焉。……名家起于郑之邓析，而宋之惠施，及赵之公孙龙，大昌言之。其繁重博杂似北学，其推理俶诡似南学，其必于中枢之地而不起于齐鲁秦晋荆楚者，地势然也。……地理与文明之关系甚密切而不可易有如此者，岂不奇哉？

《战国策》也说：

> 赵氏中央之国也，杂民之所居也。其民轻而难用。

我们已将土地幅员及位置的大概，及其与政治思想的关系略为解释；此外物产天时之影响于政治及政治思想，也不可轻视。北方《战国策·苏秦说赵王》说：

> 大王诚能听臣，燕必致毡裘狗马之地，齐必致海隅鱼盐之地，楚必致橘柚云梦之地。

其言天时，如《管子》所说：

> 国多财则远者来……不务天时则财不生。

又说：

> 惟圣人知四时，不知四时，乃失国之基。

其他如说风的重要：

> 然则柔风甘雨乃至，百姓乃寿，百虫乃蕃，此谓星德。

所谓物质的政治思想的基础，在政治哲学的起源和发展上所占的位置，究竟如何，非不题范围内的事；然物质与政治思想有多少关系，是无可疑的。上面所举出春秋战国的政治思想的物质方面的背景，虽不过东鳞西爪，然二者之关系，已可想见。

三

中国的社会制度是筑在家庭的基础上。《大学》上说：古之欲明明德于天下者，先治其国；欲治其国者，先齐其家……家齐而后国治，国治而后天下平。

管子也说：

> 有家不治，奚待于乡？有乡不治，奚待于国？有国不治，奚待于天下？天下者国之本也；国者，乡之本也；乡者，家之本也。

家是国家社会的基础，这是中国社会制度上最可注意一件事也，是中国人一种最普通的观念。中国的家庭，是广义的家庭。它不只是包括夫妇及其子女，而且包括父母的兄弟及兄弟的妻子以及父的父母——祖及祖母——祖的兄弟及其妻子。若再数上去则曾祖……祖也在内。家庭的意义虽广，家庭所包括的人虽多，然治家的原则，是很简单的。这种原则就是：长幼有序，老小有分。幼小的对于长老的所应尽的职分，是孝敬服从。孟懿子问孝，孔子答以"无违"，子女之对父母，要观其志之所之而顺之。所以说：

> 事父母几谏，见志不从，又敬不违，劳而不怨。

至于长老之于幼小，以慈以爱；至于同辈相待，则以孝友。所以说：

> 惟孝友于兄弟，施于有政，是亦为政，奚其为为政？

但是这一种统治家庭的原则，在春秋战国的时代，被了不少人的破坏。家庭中父子兄弟夫妇之互相残忌的，随处可见。石碏之于石厚，雍姬之于雍纠，庄公之于叔段，及武姜周王之于王子带，不过几个例子罢。而其最显明的，还是《左传》所载下面那段故事：

> 初，卫宣公烝于夷姜，生急子，〈属诸右公子。〉为之娶于齐，而美，公取之，生寿及朔，属寿于左公子。夷姜缢。宣姜与公子朔构急子。公使诸齐，使盗待诸莘，将杀之。寿子告子［之］，使行。

不可，曰：弃父之命，恶用子矣！有无父之国则可也。及行，饮以酒，寿子载其旌以先，盗杀之。急子至曰：我之求也。此何罪？请杀我乎！又杀之。

诗人因为这件事而感慨地唱道：

> 二子乘舟，泛泛其景，
> 愿言思子，中心养养，
> 二子乘舟，泛泛其逝，
> 愿言思子，不瑕有害。

家庭不但是国家的基础【炮】，而且是国的放大，其实有些人说古代所谓国，本来是家族，国里有君主，亦犹家里的家长，臣民应忠于君主，亦犹子女之当孝家长一样。故"忠"与"孝"，须异名而实则一。然当时的家里，既有父子兄弟夫妇相残，国里也有弑君之臣、暴虐之君。不怪得孟子要叹道：

> 世衰道微，邪说暴行有作，臣弑其君者有之，子弑其父者有之。

这种现象，是把数年来的家族国家社会里的人与人的关系的礼俗推翻打倒。回顾过去为黄金时代像孔子的当然要惧恐起来，所以当齐景公问为政之道于他的时候，他说：

> 君君，臣臣，父父，子子。

这是孔子的政治根本思想；这种思想就是他的正名主义。故子路问政，孔子说：

> 必也正名乎。
> 子路曰："有是哉？子之迂也，奚其正？"
> 子曰："野哉由也！君子于其所不知，盖阙如也。名不正，则言不顺，言不顺，则事不成，事不成，则礼乐不兴；礼乐不兴，则刑罚不中！刑罚不中，则民无所措手足。故君子名之，必可言也！言之，必可行也！君子于其言，无所苟而已矣。"

四

中国学者对于道德和政治，自来没有分清楚，道德常常是把来作政治的基础。西洋有些人因为这个原故，遂说中国没有政治思想，只有道德观念。政治是否应当筑在道德的基础上，西洋人是否把道德和政治分开得分［清］楚，是别一问题！然中国人素来以道德为政治的基础。是很显明的。《左传》上说：

> 德者国家之基也。

道德既看得这么重要，那么道德的变更动摇，当然与政治思想的变迁有密切的关系。我们上面所举出家庭制度之动摇，名分之不讲，以及君臣父子的相残，均可说是因袭道德在当时堕落的明征。我们若再进一步来看当时的道德状况，我们觉得无论是在私德方面，是公德方面！无论是个人道德方面，国际道德方面，均使当时一般政治家失望。比方男女有别，是一种遗传的道德的信条，故《左传》说。

> 男女之别，国之大节也。

管子也说：

> 男女无别，则民无廉耻。

而廉耻是四维之二。

> 四维不张，国乃灭亡。

男女界限的分开，既与国家治平兴存到这么重要；然而当时的事实，是怎么样呢？读这时期著作的人，都感觉到这时期的男女之别之礼法，太不讲究。庄公之于齐崔杼的妻，卫宣公之于夷姜及急子之妻，文姜之于齐侯，晋献公之于齐姜，晋侯之于贾君，以及春申君之于李园女弟，吕不韦之于始皇之母等，通通都是没有道德的行为。又像《诗经》上所载：

> 静女其姝，俟我于城隅；
> 爱而不见，搔首踟蹰。

朱子也说是淫奔期会的诗。

同姓不昏［婚］，也是道德上一种信条，故《礼记·大传》说：

> 系之以姓……虽百世而昏姻不通者，周道然也。

《左传》上也说：

> 男女同姓，其生不蕃。

　　而然当时这种礼法，也有人去破坏。《战国策》崔武子之取齐棠公之妻，就是一个例。

　　上面所说不过就道德之一二方面来说，其他如朝秦暮楚两头蛇，如《战国策·东周》中所载的苏子者，徒顾自己的位置和利益，均当时一般思想家所视为不道德的行为，无怪得孔子恶之，大声疾呼以提倡忠孝之义，以维持社会而治国家。

　　这还是就个人道德方面来讲。国际的道德，同样的堕落。今天盟会，明天背约，是屡见不鲜的。国际的信用，因此而失，而国际的纷争，也永无止日。虽然有一般士大夫知道"弃信背邻，患孰恤之"，虽然知道背盟不祥，然言者谆谆听者藐藐，也不乏人，结果尔诈我虞，尔征我伐。孔子所说"人而无信，不知其可也"，盖亦有其所自。

　　国际道德和个人道德，在范围上虽然各异；在性质种类原则上，并没有什么分别。这种道德观，可说是"一以贯之"。所以说修身、齐家、治国、平天下。然在春秋战国时代一以贯之的原则，渐与事实相反，而个人道德和国际道德，遂呈失调之现象。北方用个人的名义去杀一个无辜的人，是不道德的举动，然用国家的名义去杀一般无辜良民，不但一般人不以为不道德，还以为是件荣幸事。墨子觉得此一种现象是件最痛心的，所以他在《非攻》里说：

　　　　今有一人，入人园圃，窃其桃李，众闻则非之，上为政者得则罚之。此何也？以亏人自利也。至攘人犬豕鸡豚者，其不义又甚入人园圃窃桃李。是何故也？以亏人愈多，其不仁兹甚，罪益厚。至入人栏厩，取人牛马者，其不仁义又甚攘人犬豕鸡豚。此何故也？以其亏人愈多。苟亏人愈多，其不仁滋[兹]甚，罪益厚。至杀不辜人也，拖褫其衣裘取戈剑者，其不义又甚入人栏厩取牛马。此何故也？以其亏人愈多，苟亏人愈多，其不仁滋甚矣，罪益厚。当此，天下之君子皆知而非之，谓之不义。今至大为攻国，则弗知非，从而誉之，谓之义。此可谓知义与不义之别乎？杀一人谓之不义，必有一死罪矣；若以此说，往杀十人，十重不义，必有十死罪矣。杀百人，百重不义，必有百死罪矣。当此，天下之君子皆知而非之，谓之不义，今至大为不义攻国，则弗知非，从而誉之，谓之义，情不知其不义也。

五

宗教制度及宗教观念之于政治思想的关系，凡读过欧洲中世纪的政治哲学史的人都能领会。中国宗教之影响于政治者，当然比不上欧洲，然天鬼之观念，亦广义宗教之一。关于天者，像《书》① 说：

> 惟天监下民，典厥义。

又：

> 天毒降灾荒殷邦。

《诗经》上像：

> 天命降监，下民有严。

介乎天人之间，而为天人会通的代表是祝。祝之位置既高，权力亦大，周室既衰，一般人都以为是天作出来，故《诗》曰：

> 昊天不佣，昊天不惠，昊天不平。

又像：

> 天之方难……天之方蹶……天之方虐……天下方济。

《左传》叔詹也说：

> 天其或者将建诸……天不靖晋。

关于人鬼的故事也不少。《左传》杜伯之射周宣王，庄子仪之击燕简公，均说是人鬼作祟。春秋战国时对于天鬼起怀疑的人也不少，像子产所谓："天道远，人道迩。"又史嚚说："国将兴，听于民；国将亡，听于神。"但是天神人鬼之与政治之关系相信的人还不少，比方墨子说：

> 天欲义，而恶其不义者也。
>
> 今天下之君子中实将欲尊道利民察仁义之本天之意，不可不慎也，天之志者，义之经也。

又：

---

① 《尚书》之谓。

> 顺民之意者，兼也……兼者，为道也，义正。义正者何？若
> 曰？大不攻小也，强不侮弱也……若事上利天，中利鬼，下利人，
> 三利无所不利，是为天德。

这简直是把天的观念来联络他的非攻主义，非攻是到兼爱的要津，
所以他的根本思想都筑在他的天的观念。

至于鬼与政治的关系，他更说得津津有味：

> 是以吏治官府之不洁，廉男女之无别者，鬼神见之；民之为淫
> 暴寇乱盗贼，以兵刃、毒药、水火，退无罪人乎道路，夺车马、衣
> 裘以自利者，有鬼神见之。是以吏治官府不敢不洁廉，见善不敢不
> 赏，见暴不敢不罪。民之为淫暴乱贼，以兵刃、毒药、水火，退无
> 罪人乎道路，夺车马、衣裘以自利者，由此止……是以天下治。

管子也说：

> 顺民之经，在明鬼神……不明鬼神，则陋民不悟。

六

中国是以农为立国之本，而表明农业制度最显明的，是井田制。
《公羊》何①注说：

> ……一夫一妇，受田百亩，以养父母妻子。五口一家，公田十
> 亩，所谓十一而税也。庐舍二亩半，凡为田一顷十二亩半，八家而
> 九顷，共为一井。故曰井田。

在这种制度之下，人民20岁则受田，至60岁乃归还。在这种制度
之下，贫富相差，必无大远，其原因在土地之限制。故其相差处，不外
在于个人之勤力。勤者多得点，惰者少得点。到了春秋战国的时代，各
国既日事战争，迫于外患，对于此种制度，难于顾及，结果此种制度日
渐废弛。加以执政者如魏李悝之以尽地力为教，商鞅之废井田、开阡
陌，于是土地专有之风遂开。孟子见得井田的废弛，喟然叹道：

> 今也制民之产，仰不足以事父母，俯不足以畜妻子，乐岁终身
> 苦，凶年不免于死亡，此惟救死而恐不赡，奚暇治礼义哉？

---

① 何休，东汉今文经学家。

所以他主张：

> 仁政必自经界始。经界不正，井地不均［，谷禄不平］。是故暴君污吏，必慢其经界。经界既正，分田制禄，可坐而定也……请野九一而助，国中什一使自赋。卿以下必有圭田，圭田五十亩，余夫二十五亩。死徙无出乡，乡田同井，出入相友，守望相助，疾病相扶持，则百姓亲睦。方里而井，井九百亩，其中为公田，八家皆私百亩，同养公田。公事毕，然后敢治私事，所以别野人也。

农业制度的根本既动摇，工业、商业在当时代之而兴。《汉书·货殖传》说："稼穑之民少，商旅之民多，谷不足而货有余。"工业、商业的发达，是贫富阶级发达的原因。《货殖传》说："用贫求富，农不如工，工不如商。"求富之道，工既不若商，一般做手工的人，结果不过是为他人作嫁衣裳。诗人因感女工的困苦而咏道：

> 纠纠葛屦，可以履霜；
> 掺掺女手，可以缝裳？
> 要之襋之，好人服之！

贫之原因，不但是因井田之废弛，工商业之发展，并且是因他种原因，如苛税、苛政等。老子说：

> 民之饥，以其上食税之多，是以饥。

又说：

> 天之道，其犹张弓与［欤］？高者抑之，下者举之，有余者损之，不足者补之。天之道，损有余而补不足；人之道则不然，损不足以奉有余。

孟子也说：

> 易其田畴，薄其税敛，民可使富也。

其见于《诗经》的，如：

> 硕鼠硕鼠，无食我黍！
> 三岁贯女，莫我肯顾，
> 逝将去女，适彼乐土，
> 乐土乐土，爰得我所。

其痛骂苛政的像：

> 人有土田，女反有之；
> 人有民人，女覆夺之；
> 此宜无罪，女反收之；
> 彼宜有罪，女覆说之；

贫者愈贫，富者愈富，结果是：

> 彼有旨酒，又有嘉肴，洽比其邻，昏姻孔云。
> 念我独兮，忧心愍愍，佌佌彼有屋，蔌蔌方有谷。
> 民今之无禄，天夭是椓。哿矣富人，哀此茕独！

又如《汉书》上所描写的：

> 富者〈木〉土【本】被文锦，犬马余肉粟，而贫者短褐不完，含菽饮水，其为编户齐民同列，而以财力相君，虽为仆虏，犹亡慍色。

七

中国的封建制度，有些人说是唐虞产物，有些人说是周初产物。究竟何说为当，于本题没有重大的关系，我们所注意的是它的组织法。就大略而言，在此种制度之下，各侯国的政府的组织大都相同。侯国政府与帝王政府的不同处，亦不过是范围及威权的差异，而非组织的不同。从侯国与帝王的关系来看，前者在后者的统治之下；然从内政方面来讲，各诸侯有充分行使其自治权。同等诸侯的关系，以同等相对，若诸侯有争端，当由帝王裁决。

诸侯分为公、侯、伯、子、男，公、侯统治方百里的地方；伯七十；子与男五十。公、侯叫做大国；伯，中国；子、男，小国。地方若没够五十方里的叫做附庸，附属于国之下。除了上面所举的诸侯所管理的地方外，王畿地方千里，是属于中央的。在帝王权力强大的时候，各诸侯都尊重中央命令。然王室一衰，诸侯间既均处同等之地位，无论何国，都不愿受治于他国。野心的诸侯，既想扩张其势力土地，于是争端以起，而战争的现象，也因之以生。春秋战国的战争，简直是家常便饭一样。《春秋》、《左传》、《战国策》这几部书，简直是当时的战争史。

战争不仅限于诸侯和诸侯，而且是诸侯和戎狄。诸侯和王室战争，既是这么多而又这么常，结果是四海之内，没有片干净土。而其流弊，正如老子所说：

> 师之所处，荆棘生焉；大军之后，必有凶年。

孟子也数出战争的罪恶如下：

> ……况于为之强战，争地以战，杀人盈野；争城以战，杀人盈城，此所谓率土地而食人肉，罪不容于死。

战争得利害，人民不得不他迁以避，诗人因之而永［咏］：

> 北风其凉，雨雪其雰，惠而好我，携手同行，其虚其邪，既亟只且。
>
> 北风其喈，雨雪其霏，惠而好我，携手同归，其虚其邪，既亟只且。
>
> 莫赤匪狐，莫黑匪乌，惠而好我，携手同车，其虚其邪，既亟只且。

被迫而他迁的人们，不能同家人同行。在身处异乡【的】时，当然是没有人同他们的父母兄弟的一样对待。他们是穷极，然终是没有人来顾及。下面的诗，就是这种人的苦况的表现：

> 绵绵葛藟，在河之浒，终远兄弟，谓他人父，谓他人父，亦莫我顾。
>
> 绵绵葛藟，在河之涘，终远兄弟，谓他人母，谓他人母，亦莫我有。
>
> 绵绵葛藟，在河之漘，终远兄弟，谓他人昆，谓他人昆，亦莫我闻。

他们在他乡既不得好的待遇，他们又想回了所以咏：

> 黄鸟黄鸟，无集于谷，无啄我粟。此邦之人，不我肯谷。言旋言归，复我邦族。
>
> 黄鸟黄鸟，无集于桑，无啄我梁。此邦之人，不可与明。言旋言归，复我诸兄。
>
> 黄鸟黄鸟，无集于栩，无啄我黍。此邦之人，不可与处。言旋言归，复我诸父。

流离他邦的人，固然是备尝苦艰，然留在故乡的，想逃到他邦而不可得。他们同样地感受苦痛，诗人因之而描写如下：

> 相彼泉水，载清载浊。
> 我日构祸，曷云能谷？
> 匪鹑匪鸢，翰飞戾天。
> 匪鳣匪鲔，潜逃于渊。

又如：

> 鱼在于沼，亦匪克乐。
> 潜虽伏矣，亦孔之炤。
> 忧心惨惨，念国之为虐！

处在这到处都有和连年不绝的战争环境之下，和生在此政治社会黑暗的时代，他们只好自怨自己不幸而生。代表此种态度的如：

> 苕之华，其叶青青。
> 知我如此，不如无生！

中国人的俗话有一句"好子不当兵"，所以做兵的人，在中国并没有什么人看起他，其原因大约是因为大家都以为做兵的人，多数是性情残暴；然此时做兵的人，想起在家父母没有人养，也有悲痛之极，而发之于言的如：

> 肃肃鸨羽，集于苞栩。
> 王事靡盬，不能蓺稷黍。
> 父母何怙？悠悠苍天！曷其有所？

又如：

> 何草不黄？何日不行？
> 何人不将，经营四方。
> 何草不玄？何人不矜？
> 哀我征夫，独为匪民！

其代表怨于久役的如：

> 祈父予王之爪牙，
> 胡转予于恤，靡所止居。

八

教育之于政治，有莫大之关系，孟子说：

> 人之有道也，饱食暖衣，逸居而无教，则近于禽兽。圣人有忧之，使契为司徒，教以人伦，父子有亲，君臣有义，夫妇有别，长幼有叙，朋友有信。

教育的提高，和普遍于政治思想，有不少的影响。因为教育愈高，则人民对于政治的组织及种种的了解愈明白。有了这种的了解，才能在政治上表明意见。这种意见，就是政治思想。

中国古代的教育，差不多是贵族所专有。春秋战国时代教育渐趋于平民化，而其原因约有数种。第一，由于贵族阶级之打破。第二，老子做史官时，曾传了不少书到民间去。第三，学校林立，由私人出而讲学的，如孔子、孟子，大不乏人。第四，各位君主重视读书之士。第五，此时文字渐趋简单，书册日多。第六，交通日趋利便，故智识之传播亦易。

因为教育发达和普遍，求学的人口多，而学派的分支也繁。当时学派之大宗为九流，所谓九流，就是儒家、道家、阴阳家、法家、名家、墨家、纵横家、杂家及农家。若加之以小说家，则称为十家。各家学说虽不同，然多数在政治哲学上的贡献很大。而其最特出的，当推道、儒、墨、法四家。

政治思想，乃思想之一方面，故某时期的政治思想的趋向，及大概如何，当和其时期的普通思想的大概及趋向，有莫大的关系。春秋战国时代的思想，虽分做好多派别，然若从时间及空间二方面来讲，我们可以将这时期的诸子百家的不同的思想概括于数派之下。其属于空间方面，我们在上面已略分为南北二大派，而附以折衷及东西数派，并解释其大概。至从时间方面来说，我们略可将当时的普通思想，分为二派：一为保守派，一为维新派。前者崇古，后者因时。所谓法先王者属于前派，所谓法后王者属于后派。大约当时所有的思想家，都可以略括于此二派之下。这二派的言论的不同处，我以最好的例子是《战国策·赵二》里所载武灵王因胡服事而与群臣的谈话。

> 赵造曰："臣闻圣人不易民而教，知者不变俗而动。因民而教

者，不劳而成功；据俗而动者，虑径而易见也。今王易初不循俗，胡服不顾世，非所以教民而成礼也。且奇服者志淫，俗辟者乱民，是以莅国者，不袭奇辟之服，中国不近蛮夷之行，非所以教民而成礼也。且循法无过，修礼无邪，臣愿王之图之。”

王曰："古今不同俗，何古之法？帝王不相袭，何礼之循？宓戏、神农教而不诛，黄帝、尧、舜诛而不怒；及至三王，观时而制法，因事而制礼，法度制令，各顺其宜；衣服器械，各便其用；故礼世不必一其道，便国不必法古。圣人之兴也，不相袭而王；夏殷之衰也，不易礼而灭，然则反古未可非，而循礼未足多也。且服奇而志淫，是邹鲁无奇行也；俗辟而民易，是吴越无俊民也。是以圣人利身之谓服，便事之谓教，进退之谓节，衣服之制，所以齐常民，非所以论贤者也。故圣如 [与] 俗流，贤与变俱。谚曰：以书为御者，不尽于马之情；以古制今者，不达于事之变。故循法之功，不足以高世；法古之学，不足以制今：子其勿反也。"

九

上面已略将春秋战国时代的政治哲学，略为分析及略加解释。关于背景的分析，我略分为地理、家庭、道德、宗教、经济、政治、战争、教育及普通思潮，及其派别。我觉得此时期的政治思想的背景，所包含的尚不止此，我所举出的，不过我个人觉得在比较上较为重要之数方面；并且背景的各方面的分析不外为利便研究起见，并非因背景的各方面有可分的清楚界限。因为背景本身上，是互有关系和连带，没有清楚的限界。所以研究时，未免有多少重复，或眉目不清楚，这实是无可如何的。关于解释背景的各方面，我为了时间所限，不能做深究的研究，而求较好的系统。我所写出的，不过东鳞西爪，想到哪些便写哪些。连了好多引述的段句，也没有时间去检查。至于措词的乏当，及他种毛病很多，我自己也觉得没有发表的价值。然本刊要稿太急，我没有法子，只有潦草从事以塞责。末了，我应当向编辑各位和读者道歉。

利玛窦的政治思想 *

一、绪论

照一般普通人的观察，利玛窦之在中国的影响，大概不出两方面：一为宗教的宣传，一为科学——天算——的介绍。宗教的宣传，本是利氏来华的目的，而且是他住华的职务；然自从前的中国人看起来，这是谎说邪教，不但不值得中国人崇信，而且时时引起不少的恶感。所以当时礼部曾奏言："其所携来之天主与天主母图为不经之物"。又如清初的杨光先，在其《不得已》书里也说道："以西洋邪教，为中国人，而欲招徕之，授引之，自贻伊戚。"至于科学的介绍，从利氏及天主教徒们看起来，不过是他的副业，他的手段；然从中国人看起来，这是利氏个人在华的最大的贡献，也是中国学术史上一个新纪元。故在那个时候，已搏了中国朝野上下的羡慕与尊崇，所以利氏死后，当有些人反对赐给葬地与他时，叶文忠公并不踌躇地对着他们说："子见从古来宾，其道德学问，有一如利子者乎？毋论其他事，即译《几何原本》一书，便宜赐葬地矣。"

事实上，自从利氏来华以后，为人欣喜的西洋科学之在中国，固是逐渐发展以至于今，就是为人反对的西洋宗教之在中国，也是永不间断地发达而至现在。

所以现在无论何人，一谈起西洋科学与宗教这两件东西，总不能不

---

　* 录自《政治经济学报》第 3 卷第 2 期，1935 年 1 月。北平《新北辰》第 2 期（1935 年）也同题全文刊载。

追源逐本于利氏。不过事实上,利氏之在中国,除了宗教的宣传和科学的介绍之外,还有一种很重要而却为人们所尚未注意的东西的介绍与宣传。这就是他的政治思想。

利氏的政治思想是否影响于中国,或其影响于中国的程度,究竟如何,我们在这处可以放开这个问题,不必讨论。但是我想若照利氏个人方面来看起来,他对于这一点上的宣传与介绍的努力,未必是亚于他的宗教的宣传与科学的介绍。所以我们要是叫他做宗教家与科学家,我们也可以叫他做政治家,而且是当时一个最大的政治家。我们试想他以中国人素来目为蛮夷的身份,到了中国以后,初则游说广东大吏,居住端州,十有余载;继则广交廷臣,宠见天子,终其身于中国,而破蛮夷不能长住皇朝的故例,这岂不是他的政治手段的高妙,始能致此吗?一个纯粹的政治思想家,也许一生没有参加过实际的政治工作,可是一个置身于政治漩涡的人,对于政治上,总很难免得没有多少的意见。利氏在华的时候,既不能不借政治的势力而使其能安居于中国,则其对于中国政治的人物制度与思想,必有不少的反响与意见。这种反响与意见,就使利氏不笔之于书,像我们在他的《天主实义》里或其他的著作所能找出的;至少也许发之于言,而为当时之和利氏友善者所知道。

然而三百余年以来,人们对于他的政治思想,却没有加以注意的原因,大约一方面是由于政治思想这种东西,不像天算那样的实用,与宗教的圣像、教堂以及在崇拜上的种种仪式,显而易见;一方面是由于中国人从来就把政治思想,当做伦理思想的支流,而且受了"夷狄之有君不如诸夏之亡也"和"半部《论语》可以治天下"的金科玉律的影响太深;再加以利氏的政治思想的基础,是筑在他的宗教的信仰上,以致人们不察,加以忽视。

本篇的旨趣,是要从政治的立场上,来解释利氏的思想。换言之,就是要把利氏在政治的思想方面的几种要点,加以说明。但是在未将他的政治思想的本身介绍以前,我们应该对于他的政治思想的背景和他的身世,略加介绍。

二、利氏略传及背景

利玛窦(Matteo Ricci),1552 年,生于意大利的马塞拉塔城(Macerata)。他少年的时候,曾在他自己城里的耶稣会所开办的学校里读书，后来又到罗马学习法律。到了 1571 年，他加入耶稣会，虽则这种举动，是为他的父亲所极端反对。六年后（1577），他决意到印度传教，遂于 1578 年直从罗马到葡萄牙。他这次离开罗马，连他的故乡和他的父母，也不回去看一看。他从葡萄牙到印度的卧亚（Goa）住到 1582 年，始由印度到广东、澳门。在澳门住了二年，略习中国语言，然后移住肇庆。他在万历二十八年（1601）上表皇帝曾说：

> 时历三年，路经八万余里，始达广东，语言未通，有同暗［喑］哑，因僦居而习语文，淹留于肇庆、韶州二府垂十五年。

他在肇庆时，曾把中国的《四书》译为西文，同时得了好多个信徒。后来移居韶州，又交好了不少官吏、学者。《几何原本》据说是在这个时候开始翻译的。他在韶州的信徒很多，且建设教堂。万历二十六年（1599）他曾到北京，惟因"关白倡乱，朝鲜多事"未得朝见，因回南都暂住，且认识了很多名臣大夫。至二十八年（1601）始再北上，朝见神宗，并献天主圣像、圣母像、《天主经典》、自鸣钟、铁弦琴、万国图等物。神宗见他远道来朝，"别见便殿，垂帘以观"（比较萧司铎著《天主教传行中国考》页一三四）。他在京师献物时，礼部因为未经该部译验，径自进献，曾具疏指摘，并疏请不要令他"潜居两京，与中人交往，别生事端"。神宗置之不理，而且"假馆授粲，给赐优厚"。从此以后，一直住到他死那年（1610），未离北京。利氏在京师，不但得了神宗的恩宠特加，就是一般的公卿大夫以下，和他交游的很多。他也乐于接引，每日"除趋躬瞻礼，存想省察诵经外，皆谈道著书之侯也"。他卒后，赐葬西郊外（关于利氏传略可参考《明史·意大里亚传》，艾儒略著《利氏传》，及萧司铎著《天主教传行中国考》）。

上面是利氏的传略，我们现在可以略谈他的背景。

自马丁路得的宗教改革以后，欧洲的基督教分为两派：一为新教，一为旧教。新教的势力既日见澎［膨］涨［胀］，忠心于旧教的人，免不得不想出其所以补救的方法。耶稣会（Jesuit order）就是应着这个时势而生的一个旧教的团体，她的创立人是罗早拉（Ignatius Loyola）。罗氏感觉到旧教的势力日蹙，思有所效力以维残垒，乃于 1539 年得教皇的特许而设立这个会。其目的本来是要扶将倾的旧教，故其动机是完全注重于宗教方面。但是宗教生活与政治生活，在欧洲的中世纪，有过深切的关系，而事实上也不能把两者完全分开起来。因为宗教和政治，不过是生活的很多方面的两方面，而生活的各方面，却又是互有密切关系的。宗教之于政治既不能完全分开，宗教的运动或思想，总不能免去多少的政治的色彩。耶稣会的设立虽是着重于宗教方面，而且该会有了不准参加实际政治工作的明训；但是耶稣会不但在政治思想史上占了一个重要的位置，就是在实际上，会员之参加政治工作的却也不少。欧洲固不待说，就是在亚洲，我们试一看中国的明末清初的天主教徒在政治上所占的位置，和把拉苟亚的耶稣国（Jesuit State of Paraguay，1609—1767），便能知道他们在实际政治上的位置的重要。

从政治思想方面来看，耶稣会可以说是中世纪的传统政治思想的产儿，同时又是近代政治思想的先锋。这是一个矛盾。可是这个矛盾，并不难于解释。盖自宗教改革以后，教皇与教会在过去所有的威权既损失不少，各国皇帝的势力却日日增加，甚至大声疾呼打倒教会、教皇专制的马丁路得，以至加尔文，都趋向于帝王神权和帝王专制的思想。这也许是因为他们之所以成功，是得力不少于帝王。耶稣会是旧教的拥护者，旧教既不外是中世纪的遗产，中世纪的基督教化的帝国的实现，自然是他们的理想国。然而，想要实现这个基督教化的帝国，不能不反对帝王神权的思想和帝王专制的形成。要想打倒帝王神权的思想，与帝王专制的形成，他们又不能不表同情于正在萌芽的民权思想。因为只有立在民权的战线上，始能战胜这蒸蒸日上的君权。所以在宗教方面来看，十六七世纪的耶稣会是旧教，是中世纪的思想的代表；然而，从政治思想方面来看，她却是近代政治思想上的先锋、民权思想的拥护者。

事实上，我们差不多可以说主张人民主权、反对君主专制这种思想，在 16 世纪，不但是耶稣会的人们表示同情，就是一般的天主教徒，也都同声相应。我们知道在 16 世纪的时代，除了耶稣会以外，法国的天主教徒在 1572 年以后，已逐渐地感觉到反对君主专制的必要，所以在 1576 年他们且联合起来，组织天主教徒同盟会（The Catholic League）。从一方面看起来，天主教徒同盟会之对于教皇的拥护，和中世纪的基督教化帝国的梦想，固然没有耶稣会的诚意，而偏于近代的民族主义，然民权思想之影响他们之深，并不减于耶稣会。正是为了这个原故，天主教徒同盟会遂为法国皇帝显利第三的目中钉。

利玛窦是天主教徒，是耶稣会会员，而且是在这种思想和运动的时代里生长，是在这个时代来住中国，那么这个时代的思想和运动之影响于他个人，也是自然而然的。

三、利氏对于佛、老、孔子之态度

政治思想是思想的一部分，所以每一个人的政治思想和其普通或根本思想，不但有密切关系，而且后者每为前者的基础。利玛窦的政治思想与其普通或根本思想也是这样。因此，我们若想明白他的政治思想，应该先明白他的普通与根本思想。

利氏是天主教徒，而又是耶稣会会员。他的普通与根本思想，当然与欧洲一般的天主教徒和耶稣会会员的，是没有什么特异之处。若我们而从欧洲人的立场来看，那么他的思想之在思想界，是没有什么位置的。但是这种思想，一传到中国来，却在中国思想界上开了一个新纪元，而像他在中国的宗教与科学史上所占的位置同样重。

原来中国数千年来，朝代的变换，虽不知好几多次，然思想上，始终跑不出老子、孔子的圈子。后来佛教输入中国，其势力与影响虽不可忽视，然习闻于老、庄的思想的中国人的脾胃，对于佛教的输入，并没有尝之而不合之处。中国人之所以把佛、老来相提并论，就是因为两者的根本思想没有很大的差别。至于一般自命为孔家之徒，对于佛、老的排斥，虽不遗余力，然细心研究过孔子与老子的思想的人，总能知道表面上，孔、老虽似有很大的不同，骨子里却又不是这样。

根本上，利氏所介绍的西洋思想，却不是这样。他不但极力反对佛、老，而且极力反对孔子。他在《天主实义》上卷第二篇里批评佛、老两氏道：

> 两氏之谓：曰无曰空，于天主理，大相刺谬。

老氏的无，佛氏的空，是违背天主的道理。天主既为他所尊崇，老、佛当然是他所反对。于是，他又从而解释所谓无与空的道理的错误。他说：

> 天下以实有为贵，以虚无为贱，若所谓万物之原，贵莫尚焉，奚可以虚无之贱当之乎？况已之所无，不得施之于物以为有，此理明也。今曰空，曰无者，绝无所有于已者也，则胡能施有形性以为物体哉？

> 物必诚有，方谓之有物焉；无诚，则为无物，设其本原无实无有，则是并其所出物者无之也。世人虽神圣，不得以无物为有，则

> 彼无者空者，亦安能以其空无为万物有，为万物实哉？试以物之所以然观之，既谓之空无，则不能为物之作者、模者、质者，为者，此于物尚有何着焉？（同上）

他对于儒家的批评是：

> 夫儒之谓：曰有曰诚，虽未尽闻其释，固庶几乎！（同上）

原来从政治的立场来看，儒家的势力之在中国，远非佛、老所及，盖儒家的思想，实为中国的政治传统者的护身符，而且是中国的传统与中心思想代表。利氏的全副精神，本是要想打破儒家思想，然在其著作里却又不敢显明的攻击，像他攻击佛、老一样，大概是因为儒家的思想势力太大，若攻之太甚，则其反响的势力也必大，故不得不假为迁就，使他能久住中国，从容变换人心。然他在上面所谓"儒者之谓……虽未闻其释固庶几乎"，已显明地表示他对于儒家的怀疑。在《天主实义》引里，他说：

> 圣人不出，丑类胥熸，诚实之理，几于销灭矣。窦也从幼出乡，广游天下，视此厉毒，无陬不及，意中国尧、舜之氓，周公、仲尼之徒，大理正学，必不能移而染焉，而间有不免者，窃欲为之一证。

《天主实义》的目的正面，是说明天主的道理，反面就是指摘中国思想的缺点。他虽然不敢公然去毁谤尧、舜、周、孔，然暗中却是处处指其错误，如在其所译《几何原本》序里说：

> 夫儒者之学，亟致其知，致其知当由明达物理耳。物理渺隐，人才顽昏，不因既明，累推其未明吾知奚至哉？吾西国陬，国虽褊小，而其庠序所业，格物穷理之法，视诸列邦为独备。

这明明是指出儒学没有西学好，其蔑视儒家溢于言表。消极方面，他既批评中国固有的学问思想；积极方面，他又欲以天主道理来替代儒教。所以他说：

> 此天主道，非一人一家一国之道，自西徂东，诸大邦咸习守之。圣贤所传，自天主开辟天地，降生民物，至今经传授受，无容疑也。但贵邦儒者鲜适他国，故不能明吾域之文语，谙其人物，吾将译天主之公教，以征其为真教。

四、利氏的世界观与理想的政治社会

中国人把自己的国家叫做"中国",不但是表示这个国家是居乎天下之中,而且天下之中里的唯一的国家。此外,所有的民族不外是南蛮、北狄、东夷、西戎。他们不但不配叫做"国家",就使有了君主,也是"不如诸夏之亡也"。《春秋》的大义,是内中国而外夷狄。而所谓内外的分别,不但是像胡安国所谓:"中国之有戎、狄,犹君子之有小人",而且是一种绝对的文化高下不同的团体。故在中国人的思想里,所谓国家间的国际平等这回事,简直是没有的。利玛窦作的《万国全图》,根本就要打破这种观念。他告诉中国人道:

> 天下有五大洲:第一曰亚细亚洲,中凡百余国,而中国居其一。第二曰欧罗巴洲,中凡七十余国,而意大利亚居其一。第三曰利未亚洲(按即今的菲[非]洲),亦百余国。第四曰亚墨利加洲(即美洲),地更大,以境土相连,分为南北二洲。最后得墨瓦腊泥加洲(Magellanica,明末欧洲地理学家以为在南美洲之南,盖今之澳大利洲,尚为欧人所未熟识也),为第五,而域中大地尽矣。

中国只是亚洲里的百余国之一,而亚洲又只是五大洲之一。这种言论,在现在的小学里的学生也能明白,可是在明末的中国人,以至清代乾隆年间的《四库全书》的编纂者纪晓岚也似不晓得世界有这么多的地方。更怪不得《明史·意大利传》里述了这段话后要说:"其说荒渺莫考"。所谓"荒渺莫考",从地理上来说,是表示中国人的地理智识的固陋;从政治思想上来说,是表示中国一种夸大偏见,以为中国就是天下,就是世界。利氏籍属意国,他特地指出意大利亚是欧洲诸国之一,而中国不过是亚洲诸国之一,已显明表示意大利亚是和中国为同等的国家,而无所谓内外高下之分。我们知道近代国际公法的鼻祖的格老秀斯(Grotius)的有名的《战争与和平法》(De Jure Belli ac Pacis),虽然刊于利氏死后十五年(1625),然欧洲的国际平等的思潮,在 16 世纪已很发达。利氏生在欧洲,而且游过好多国,其为此种思想所影响,当无可疑。加以从天主教的立场来看,各国之于天主,本无内外高低之别,像他所谓"天主道非一国之道",故国际间的平等思想之为他所极力主张,实无足怪。

这种的国际平等思想,在消极方面,是打破中国的内夏外夷的传统思想；在积极方面，却又是他心目中的世界主义的必然的结论。本来中国人的理想政治，是治国、平天下，所谓"普天之下，莫非王土，率土之滨，莫非王臣"，也是含有世界主义的色彩。不过，中国人这种世界主义是完全以中国为本位的。换言之，就是以中国民族来征服或感化其他的民族，而使其服从中国。这种世界主义，在欧洲的罗马人在其全盛时代，也似趋向于此。利氏却不是这样，他的出发点是基督教。耶稣基督是犹太人，欧洲人受了这种宗教的影响，而极力宣传，根本就没有国界、民族的狭见。何况教义的本身上，是承认人类平等的原，所谓"天主之道非一国之道"的意义，就本于此。利氏说：

> 天主者，非若地主，但居一方，不遣人分任，即不能兼治他方者也。天主知能无限，无外为而成，无所不在。

天主既无往而不在，则相信天主的人，也无往而不可居住，所以他说：

> 敝会之趣无他，乃欲传正道于四方焉耳。苟此道于西不能行，则迁其友于东，于东犹不行，又将徙之于南北，奚徒画身于一境乎？（《天主实义》卷二第八篇）

这种思想，不但是与老子的"老死不相往来"，及孟子的"死徙不出乡"的地方主义，有了很大的差异；就是与所谓"远托异国，昔人所悲"以至"非吾种类，其心必异"的信条，也有天渊之别。

以天主为人类的共同信主，固是基督教的根本思想；以世界为个人的归宿家室，却是耶稣会会员的最特出的精神。因为他们有了这种精神，所以他们对于狭义的国家思想，是不表同情的。利氏曾说道：

> 近爱本国，庸人亦能之。故常有群卒致命，以御强寇奸宄者。（同上，卷一第四篇）

爱本国是一种庸常人所能做得到的事情，用不着人们去提倡。只有世界主义是庸人之所难明的，故要超群出众的人来从事。所以他说：

> 独至仁之君子，能施远爱，包覆天地万国，而无所不及焉。君子岂不知我一体，彼一体，此吾家吾国，彼异家异国，然以为皆天主保存生养之民物，则分当兼切爱恤之，岂若小人但爱己之骨肉者哉？（同上）

在天主的心目中，人类是平等的。所谓君子、小人、仁者、庸夫的分别，乃在于明白天主道理与否。使小人、庸夫也能明白，则世界只有仁人，而世界大同，也就实现。

本来基督教的理想世界，是未来的世界。耶稣说："我国在天"就是这个意思。利氏也说：

> 现世者非人世也。……吾所侨寓，非长久居也。吾本家室，不在今世，在后世；不在地，在天；当于彼创本业焉。今世也，禽兽之世也。故鸟兽各类之像，俯向于地，人为天民，则昂首向顺于天，以今世为本处所者，禽兽之徒也。（《天主实义》上卷第三篇）

这个后世天国本是基督教的极乐世界人类最高的理想国——天堂。这种学说，本来似近于佛家天堂之说，然利氏却力辩其不同，且以为：

> 天主教，古教也。释氏、西民，必窃闻其说矣。……释氏未生，天主教人已有其说，修道者，后世必登天堂，受无穷之乐。（同上）

佛教本非中国固有的。佛教之所谓天堂乐国，利氏既以为与天主教的天堂乐国不同，又以为前者或乃拾后者之余唾。这种后世天国的世界主义，是为老家、儒家所本来没有的思想，他们对于它是始终怀疑而不相信的。

照利氏的意见，后世天国是最理想的世界。然除此以外，还有一个在历史上曾经实现的地上的理想世界。这个地上的乐国，比之后世天国虽不如，然比之今世却好得多。他说：

> 天主始制创天地，化生人物，汝想当初，乃即如是乱苦者欤？殊不然也。天主之才最灵，其心至仁，亭育人群，以迨天地万物，岂忍置之于不治不详者乎哉？开辟初生人无病夭，常是阳和，常甚快乐，令鸟兽万汇顺听其命，毋敢侵害，惟令人循奉天，如是而已。

这种的理想世界，和孔子所梦想的尧舜黄金时代，与老庄所描写的自然世界的景象，虽颇相近，然根本上却有差异之点。老庄的自然世界，是自然而然地发生的，孔子的尧舜的黄金世界，是圣人造作出来的，而利氏所说的过去的地上极乐世界，却是天主创制的。这一个神造的原始地上极乐世界，和孔、老的理想世界，不但在来源上不同，就是在范围上也是各异（虽则庄子好像是个例外）。正像上面已经说过，老子的理想世界，是小国寡民的不相往来的乡村，孔子是以中国汉族为主的世界，而利氏却以整个世界为对象。

原初的地上，本是个极乐世界，为什么到了现在，却弄成一个灾害祸乱，到处都有的世界呢？利氏说：

> 夫乱夫灾，皆由人以背理犯天主命……以此自为自致，万祸生焉。世人之祖已败人类性根，则其为子孙者，沿其遗累，不得承性之全，生而带疵，又多相率而习丑行。（同上，下卷第八篇）

原初的地上极乐国之所以不能保存，是由于人类罪恶贯盈，历时愈久，则每况愈下。到了现在，简直是成为禽兽的世界了。他很慨叹地说道：

> 呜呼！子（指中国人）以是为平世乎？误矣！智者以为今时之灾，比尧舜之灾愈洪也。（同上）

孔子所目为黄金世界的尧舜时代，据利氏看起来，本是一个罪恶频生、灾祸多作、而值不得去歌颂的，何况今时之中国，比于尧舜的时代，还且不及呢。

罪恶固是增加，灾祸也固是增加，然人类本性，本是善的。要是人类而能改过归善，则理想世界，未尝不可以致。

故他又说：

> 虽然性体自善，不能因恶而灭，所以凡有发奋迁善，转念可成，天主亦必佑之。（同上）

所可惜的：

> 民善性既减，又习乎丑，所以易溺于恶，难归于善耳。（同上）

人民既难归于善，结果又怎么样呢？且看他说：

> 天主以父慈恤之，自古以来，代使圣人继起，为之立极。（同上）

质言之，天主悯怜人类之易溺于恶、难归于善，故不得不使圣人来治理他们，企其能舍恶归善，不负天主创造人类的初心。所谓圣人，就是统治者；所谓人民，就是被治者。政府的成立的条件，是要有统治者与被治者。人民之所以要被人治理，天主之所以使圣人来统治人民，既皆由于人民的罪恶的增长，那么，政府不外是罪恶的产儿了。

反过来说：设使没有罪恶，当无政府；而且也用不着政府。这一种的政府起源论，本来是欧洲中世纪的很流行的学说，也是一般基督教教父所共同的见解。

政府既是罪恶的产儿，所谓圣人的统治者，其实不过是一位管理罪人、恶人的首领。这个首领所负担的责任，无论如何重大，这个首领的个人，无论如何神圣，是别一问题；可是政府这个东西的本身，却不是一个重要的组织，更不是一个神圣的机关。因为她的基础就是罪恶，而她的来源也是罪恶。在理论上，中世纪的教父之所以鄙视政治工作，以至耶稣会之鄙视政治活动，大都因此。而利氏之以为现世乃禽兽之世，精神工作重要于俗事工作，也就是这个意想。

这么一来，政治工作本来是一件很不得已的事情了。其视我国人之醉心于做官一途，与"学而优则仕"的传统思想，又有不同之处，怪不得杨光先在其《不得已》书里对于清初之天主教士之对政治活动的消极态度，特别加以攻击，以为不想做官的人，不是常人之情，而必别有藏心叵测的目标。

政府虽是罪恶的结果，然有了圣人来治理，比之原初天主所剙造的世界和地上的天国，那样升平快乐，固是望尘莫及，可是比之现世、现在，却又较好。他说：

> 逮夫淳朴渐漓，圣贤化去，从欲者日众，循理者日稀，于是大发慈悲亲来救世，普觉群品，于一千六百有三年前，岁次庚申，当汉朝哀帝元寿二年冬至后三日，择贞女为母，无所交感，乇胎降生，名号耶稣。耶稣，即谓救世也。躬自立训，弘化于西土，三十三年，复升归天，此天主实迹也。

照利氏的意见，世界在耶稣尚未降生之前，圣贤化去之后，政治社会的坠落，已达于极点。耶稣之所以降生，就是欲救人民于水火。故自耶稣躬自立训以后，西洋的人民始逐渐地从罪恶之途，而趋于良善之路。故西洋目下的政治社会，已逐渐地上了轨道，比之未知天主为何物，未信天主的道理的人民的国家，已有不同之特征。中国既尚未天主教化，则中国的政治社会之不如西洋，当无可疑。我们且把《天主实义》二卷第八篇里二段对话录之于后：

> 中士曰：贵邦（指西洋）既习天主之教，其民必淳朴，其风必

正雅，愿闻所尚。

西士曰：民之用功乎圣教，每每不等，故虽云一道，亦不能同所尚。然论厥公者，吾太西诸国，且可谓以学道为本业者也。故虽各国之君，皆务存道正传。又立有最尊位曰教化皇，专以继天主颁教论世为己职，异端邪说，不得作于列国之间。主教者之位，享三国之地，然不婚配，故无有袭嗣，惟择贤而立。余国之君臣，皆臣子服之。盖既无私家，则惟公是务，既无子，则以兆民为子；是故迪人于道，惟此弹力，躬所不能及，则委才全德盛之人，代诲牧于列国焉。……又有豪士数会，其朋友出游于四方，讲学劝善，间有敞会以耶稣名为号，其作不久，然三四友者，广闻信于诸国，皆愿求之，以诱其子弟于真道也。

这是一个天主教化的欧洲，也是利氏的理想世界。我们知道，在16与17世纪，欧洲的宗教势力已渐衰弱，而教会内部的分裂也很显明。利氏上面所描写的天主教化的国家，已有文过其实。可是因为他的心目中的理想世界，是中世纪的世界的再生，而且他又希望这个理想世界，也伸张实现于中国；所以他不但辩护这个正在日落西山的中世纪的教会宗教化的政治社会，还且用中士的口气，来赞美这个世界：

中士曰：择贤以君国，布士以训民，尚德之国也。美哉风矣！（同上）

上面的解释，也许嫌于复杂，但其原故是因为利氏在中国，受中国传统思想的排斥，不敢尽量地说其所欲说。又加以宗教的彩色既浓，而有不能自圆其说的地方。然简单地说，消极方面，他反对中国人的"唯我独尊"的传统思想的国家观，世界观；积极方面，他要介绍一个天主教化的政治社会。这个政治社会的最理想的，是后世天国；次之，却为天主原初开辟的世界；再次是圣人统治之下的时代的世界；最坏的，是耶稣尚未降生以前的世界。到了耶稣来世以后，欧洲又逐渐地趋于理想的世界的途程。至于中国，尧舜时代已非理想的世界，至多恐怕也不像他所说的圣人统治之下的时代的世界；到了现在，更是每况愈下，唯一的出路，是要步尘西洋的以天主教为基础的政治社会。

五、利氏的主权论及其对于君主之态度

上面是说明利氏的天主教化的政治社会，或世界观，我们现在要进

一步来谈谈他对于这个政治社会的统治者——而特别是关于君主的意见。

在中国，因为人们以为君主是受命于天，故叫做"天子"，所以君主的威权是至尊无上的。利氏却不是这样，他以为君主的威权与地位，不但远比不及天主，就是比之教主也是低下。照他的意见，天主不但是高过君主，而且超在中国人所谓的天地之上，所以他说：

> 今我欲拟指天主何物，曰非天也，非地也，而其高明博厚，较天地犹甚也。（《天主实义》卷一首篇）

这种观念和我们的《易序》所谓：天地为万物，男女，夫妇，父子，君臣之源，很不相同。因为天主不但是超在天地之上，而且是天地的创造者。这种思想当然是来自《旧约》，用不着多事解释。我们所要注意的，是他既把这个天主，放在天地之上，那么不但是天之子的君主，要受天主的统治，就是天的本身，也要受治于天主之下。天地尚且这样，君主的地位的低下可以概见。关于这一点，李之藻在《天主实义重刻序》里已经说过：

> 其言（指利氏）曰：人知事其父母，而不知天主之为大父母也，人知国家有正统，而不知天主统天之为正统也。

利氏也说：

> 天主为万物之所以然，至公至大，而其余之所以然，近私且小，私且小者，必统于大者、公者。（卷一首篇）

他又说：

> 天主……所御九天万国，体用造化。

又如《天主实义》引里说：

> 平治庸理，惟竞于一，故贤圣劝臣以忠；忠也者，无二之谓也。五伦甲乎君，君臣为三纲之首，夫正义之士，此明此行。在古昔，值世之乱，群雄分争，真主未决，怀义者莫不深察正统所在焉，则奉身殉之，罔或与易也。邦国有主，天地独无主乎？国统于一，天地有二主乎？

又如他借中士的口气来说明这一点：

> 夫……君长赐我以田里树畜，使仰事俯育，我又当尊，矧此天

主之为大父母也，大君也，为众祖之所出，众君之所命，生养万物，奚可错忍而忘之？（同上）

天主既为天地万物的父母，天主的威权，是绝对的，无上的，无二的，至尊的。故他说：

> 物之私根固不一也，物之公本主，则无二焉。何者物之公本主，乃众物之所从出，备有众物德性，德性圆满，超然无以尚之。使疑天地之间，物之本主有二尊，不知所云二者，是相等乎？否乎？如非相等，必有一微，其微者自不可谓公尊，其公尊者，大德成全，蔑以加焉。如曰相等，一之已足，何用多乎？又不知所云二尊，能相夺灭否？如不能相灭，则其能犹有穷限，不可谓圆满至德之尊主，如能夺灭，则彼可以被夺灭者，非天主也。

这段议论，可以说是政治哲学上的主权一元论者的最普通而最精彩的辩护了。主权一元论，本始于法国的布丹氏（Bodin）所著的《共和六书》（1577）。然布氏对于这一点的解释，尚未十分严密，其较为严密者要算霍布士（Hobbes）。此外，法之里亚尔（De Réal）、英之奥斯丁（Austin）、美之凯尔洪（Calhoun），皆有所发挥。利氏所说，且在霍布士所说五六十年之前。我们承认利氏上面那段话，是专指天主的威权或主权而言，可是我们不要忘记：一来主权一元论，根本是哲学论理的问题，利氏这处所说的，全是以哲学论理为立场；二来 16、17 世纪的所谓君主神权论，根本就把政治的主权论和宗教的主权混在一起。利氏的政治思想基础既筑在天主教上，那么他的天主主权一元论，当然是和他政治主权一元论，有了密切的关系，而且前者可以应用到后者。且看他说：

> 一人止有一身，一身止有一首，有二则怪异甚矣。一家止有一长，一国止有一君，有二则国家乱矣。（同上，参看卷一首篇）

又如：

> 一家止有一长，二之则罪，一国惟得一君，二之则罪。乾坤亦特由一主，二之岂非宇宙间重大罪犯乎？（卷二第七篇）

他又说道：

> 且夫天下之物极多极盛，苟无一尊，维持调护，不免散坏，如作乐大成，苟无太师集众小成完音，亦几绝响。（卷一第一篇）

主权一元论不但可以应用于天主，而且可以应用于国家、家庭、身体。换言之，在每一事物团体之内都必有一个至尊无二的主权，以维持调护这个事物的平衡与和谐。要是这个事物或团体的主权不是至高无二，则结果必使这个事物或团体犯罪紊乱，而至消灭。这种理论又正是像后来一般主权一元论所谓"分开就是消灭"（To divide is to destroy）的见解了。

上面是解释利氏的主权一元论，但是最有趣的，在他的主权一元论的里头，我们又找出一个和这个一元论相反而近于现代所谓主权多元论的论调。这也许是利氏自己所不及料的。原来他既相信天主主权以外和以下，还有所谓君主主权、家长主权以至个体主权，那么事实上他承认了主权之中有主权，或主权里的主权。这与 13 世纪的保曼诺（Beaumanoir）的 Les Coutumes du Beauvoisir 的主权观，和联邦国家里的好多主张权分的人们所谓"联邦总体与各个邦在某种范围之内各有主权"，颇相类似。质言之，照利氏之意，似以为主权的性质上固可以相同，然范围上可以各异。不过，同时他以为范围最大的主权，却有统治其他一切的主权，而成为唯一至高的主权。

君主的主权的范围，既小于天主的主权，那么君主是自然而然地受治于天主。这样说起来，君主或所谓天子的主权，是有限制的。而且除此以外，君主的主权，还有一种限制，这就是教皇的主权。利氏曾说过，在欧洲除了各国君主外，在地上还有一个"最尊位曰教化皇，专以继天主颁教谕世为己职"，同时"余国之君臣，皆臣子服之"。这本来是中世纪的普通思想，然而把来介绍到中国，却又是一种新奇的思想。

君主的主权，一方面既受制于天上的天主，一方面又受制于地上的教主，则君主地位的低下，不言而知。

我们已解释君主之于天主与教主的关系，现在再来看看君主之于人民的关系如何。

人民是受治于君主的，所以君主的地位似当高于人民，而人民对于君主，似当服从。然而，其实君主之统治人民，和人民之服从君主，只是一种相对的原则，而不是绝对的道理。这个原故，就是因为君主的主权是相对的，而不是绝对的。人民之服从君主，并非是为君主而服从君主，乃是为天主而服从君主。人民之对于服从天主的责任，比之服从君主的责任为大，故人民苟能服从天主，就可以不必管及君主，所以他说：

> 凡人在宇内有三父：一谓天主，二谓国君，三谓家君也。逆三父之旨者，为不孝矣。天下有道，三父之旨无相悖，盖下父者命己子孝事上父者也，而为子者顺乎一即兼孝三焉。（卷三第八篇）

可知人民所要服从的只是天主，而且是国君、家君的责任，去命令人民服从天主，反乎这个原则，就是不孝。所以他说：

> 天下无道，三父之令相反，则下父不顺其上父，而私子以奉己，弗顾其上。（同上）

在这种情形之下，为人民的要怎么样呢？他说：

> 其为之子者，听其上命，虽犯其下者，不害其为孝也。若从下者，逆其上者，固大为不孝者也。（同上）

用浅明的话来说，就是人民可以反抗君主，要是君主不能尽其职责。我们在上面已经说过，16世纪下半叶的天主教徒与耶稣会的人们，都相信人民有权来反抗君主。事实上，他们很多都主张君主之所有的权威，都是人民所给与的，所以他们可以叫做近代民权论的先锋。利氏在其著作里，对于这种思想，虽没有积极地和详细地说出来，然细心去读他的著作的人，总能领会到这一点。所谓人民可以犯君主、家长，而不害其为孝，就是这个意想。

然而，其最为我们的传统思想所难容的，却是他说：

> 国主于我相为君臣，家君于我相为父子，若使比乎天主之公父焉，世人虽君臣父子乎，为兄弟焉耳。此伦不可不明矣。（同上）

在天主的面前，虽君臣父子，不过兄弟。这并不是说臣可以不叫君为君，子可以不叫父为父，而可以叫之为兄为弟；而是说，在天主的面前，君臣父子是平等的。我们可以放开父子的关系而不讲，专从政治的立场而解释君臣或君民的关系。假使人们承认人民和君主是平等的，那么人民之服从君主，必非徒然的服从，必非绝对的服从。因为徒然的服从和绝对的服从，是没有条件的。人民方面对于君主若要绝对没有条件的服从，则必不能谓之平等。所谓平等，必于君主方面给予人民方面以某种利益，或某种允许，人民然后服从。但是君主而果必给与人民以某种利益或某种允许，则君主也居于必要服从的地位。因为君主若不服从人民所要求而给与利益与实现允许，人民也可以不服从君主。服从与服从相消起来，结果是等于没有服从。所以归根究原起来，两方面既处于平等，即无所谓服从，而所谓君民的关系，不外是两者之间有了一种互相依赖的结合和互必遵守的契约。某一方面的违背，就是这一方面的放弃责任。除非这个结合可以不要的话，那么违背这种契约而放弃责任那方面，自然要受相当的惩罚。民权思想的基础本来就是筑在这种君民平等的原则上。

事实上，平等的主张，差不多可以说是以基督教为基础的政治思想的一种必然的结论。严复在其《原强论》里对于这一点，曾有下面一段的解释。

> 今微论西洋宗教如何，然而七日来复，必有人焉，聚其氓而耳提而命之。而其所以为教之术，则临之以帝天之严，重之以永生之福。人无论王侯君公，降而至于穷民无告，自教而观，则各天之赤子，而平等之义以明。平等之义明，故其民知自重而有所劝于为善。

> 今夫上帝临汝，勿贰尔心，相在尔室，尚不愧于屋漏者：大人之事，而君子之所难也。而西洋小民，但使信教诚深，则夕惕朝乾，与吾之大人君子也无异。内省不疚，无恶于志，不为威惕，不为利疚，诚教中常义而非甚瑰琦绝特之行者也。（参看《林严文钞》、《严复文集》）

所谓明平等，知自重，不为威惕，不为利疚的精神，可以说是民权运动的原动力。是以这种精神为出发点，而使 16 世纪的许多天主教徒和耶稣会友，主张人民可以反抗无道之君，而且在必要时，可以用武力来反抗，必要时，可以置君主于死地。

我们应当承认天主教徒们，除了地上的君主统治之外，还有一个教皇的统治。主张反抗君主的天主教徒们，也许是为着伸张教会的势力和服从教皇而出此。然而这只能代表一部分的天主教徒的见解。事实上，好多天主教徒，而特别是 16 世纪的法国的天主教联合会的人们，不但对于教皇是持了一种消极的态度，而且有些还要反对教皇。同时我们不要忘记，像利氏上面所说教皇本身，既不婚无嗣，选择而立，那么教会制度的本身，已和专制政体不同，而近于现代的政治制度。我们知道在 12 世纪的时代，罗马教皇的枢密员们（Cardinal）已经宣布教皇 Eugenius Ⅲ 的威权，不是他自己固有的，而是他们所给与的。又在 15 世纪的议会运动（Counciliar Movement，1414—1417），是一个极力主张以现代所谓代议制来改造教会的内部，而使教会的最高威权在代表民众的公共意见的议会里。利氏是很热心于宣传宗教和建立教会于中国的人，其受过当时教会的制度与过去教会改造的运动的影响，乃所不能免；何况，在他的著作里，他很诚恳与显明地赞美"择贤以君国，布士以训民"的制度呢？

在欧洲近代的民权思想、代议制度，曾受过15世纪的宗教的议会运动和16世纪的天主教的民权思想的影响，没有什么可疑的。可是在中国，这种思想的轮廓大概，既由利氏介绍过来，要说是完全没有半点的影响，那是使人百想而难解的。

六、利氏与家族主义

我们上面已经说过中国的传统的政治思想，根本是儒家的思想。而儒家的政治社会或国家与天下的基础，又筑在家庭上。天下不过是国的放大，而国又不过是家的放大，所以国里的君主，正像家里的家主。君主为人民的父母，亦犹家主为子女的父母。因为国就是家的放大，治国的原则和治家的原则，是没有分别的。故曰："以孝事君则忠"。同时，家既为国之本，则欲治其国，必先齐其家。故曰："家齐而后国治"，"国治而后天下平"。又如"克明俊德，以亲九族，九族既睦，平章百姓"，也是这个意思。这种政治思想，简单地说，就是：

以家族为重心的政治思想。

家族在中国的政治思想所占的位置，既是这么重要，那么要批评中国政治思想的人，不能不向着这个家族来挑战。

利氏是一位很明白中国政治思想的重心的人，同时他也可以说是反对中国家族制度的先锋。

我们在利氏的传略里已经说及，他曾反对过他父亲的劝告而入耶稣会，和不告家庭直由罗马远游异国，这不但证明他对家庭的态度的消极，而且是一位不要家庭的实行家（按耶稣会会员是不婚的）。这种行为，在欧洲已算做特别的行为，何况他来中国以后，见得中国人的家族观念，到了这么深重，当然会使他生出不少的反响。

利氏既以为在天主面前，虽父子犹如兄弟，那么中国人的父子关系，是他所不取的。我们的普通见解是：无父则无子，可是利氏告诉我们道："无子则无父"（上卷第二篇）。他这句话，虽然不以"子为父之原"，然他已指示父子的关系是相对的。子固不能离父而生，父也不能无子而名，二者的关系既是相对的，那么父也没有绝对的威权来命令子，何况父的背后还有一个天主。使子而能服从天主，则子之是否服从父，是没有问题的。这样看起来，中国人的子必从父的信条，是被他攻击了。不但这样，照他的意见，吾人之于父的亲密，还没有吾人之于天主那样亲密，所以他说：

> 人之中虽亲若父母，比于天主者独为外焉，况天主当在物内自不当外。（卷二第七篇）

他又说：

> 人有爱父母不为天主者，兹乃善情，非成仁之德也……奴有志于天主之旨，则博爱于人，以及天下万物，不须徒胶之为一体耳。（同上）

家族中心的思想，是要人们先爱家人、族人，而后及于他人。质言之，爱是由近及远的。以天主为中心的利氏，却又不是这样了。在他的思想里，亲爱是"一视同仁"的，没有远近之分，也没有亲疏之别。

我们的信条是：身体发肤，受之父母。利氏却说："天主赐我形神两备，我宜兼用二者以事之。"我们的古训是：子应孝父，利氏却说，孝天主比之孝父尤为重要。我们的圣教是："不孝有三，无后为大"，利氏却以为无后并非不孝。关于这一点他很详细的讨论，不惮繁冗，抄录于下：

> 中士曰：……中国有传云：不孝有三，无后为大者如何？
>
> 西士曰：有解之者云：彼一时，此一时，古者民未众，当充扩之，今人已众，宜姑停焉。予曰：此非圣人之传语，乃孟氏也。或承误传，或以释舜不告而娶之义，而他有托焉。《礼记》一书多非古论议，后人集礼，便杂记之于经典。贵邦以孔子为大圣，《学》、《庸》、《论语》孔子论孝之语极详，何独其大不孝之戒，群弟子及其孙不传，而至孟氏始著乎？孔子以伯夷、叔齐为古之贤人，以比干为殷三仁之一，既称三子，曰仁，曰贤，必信其德皆全而无缺矣。然三人咸无后也。则孟氏以为不孝，孔子以为仁，且不相戾乎？是故吾谓以无后为不孝，断非中国先进之旨。使无后果为不孝，则为人子者，宜旦夕专务生子，以续其后，不可一日有间，岂不诱人被色累乎？如此则舜犹未为至孝耳。盖男子二十以上可以生子，舜也三十而娶，则二十逮三十非孝乎？古人三旬以前不婚，则其一旬之际，皆非孝乎？譬若有匹夫焉，自审无后非孝，有后乃

孝,辄娶数妾老于其乡,生子至多初无他善,可称可为孝乎?

学道之士,平生远游异乡,辅君匡国,教化兆民为忠信而不顾产子,此随前论,乃大不孝也。然于国家兆民有大功焉,则舆论称为大贤。孝否在内不在外,由我岂由他乎?得子不得子也,天主有定命矣。有求子者而不得,乌有求孝而不得孝者乎?孟氏尝曰:求则得之,舍则失之,是求有益于得也。求在我也求之有道,得之有命,是求无益于得也。求在外也以是得嗣,无益于得,况为峻德之效乎?太西圣人言不孝之极有三焉:陷亲于罪恶,其上;弑亲之身,其次;脱亲财物,又其次也。天下万国,通以三者为不孝之极,至中国而后闻无嗣不孝之罪,于三者犹加重焉。(卷二第八篇)

他既反对"不孝有三,无后为大"之说,他又指摘多子之害,而其理由是:

今世之患非在人少,乃人众而德衰耳。图多子而不知教之,斯乃只增禽兽之群,岂所云广人类者欤?(卷二第八篇)

这真是痛快淋漓地指摘了!可惜到了现在,我们大部分的中国人,还是没有领略到这种的劝告。

家庭的基础是婚姻,耶稣会的人们既是不婚,根本就是打破家庭的制度,他们之所以有此种主张的经济理由是:

娶者以生子为室家耳。既获几子,必须养育,而以财为置养之资,为人之父,不免有货殖之心。今之父子众,则求财者众也。求之者众,难以得所愿矣。吾以身缠拘于俗情,不能超脱无溺,必将以苟且为幸也。(卷二第八篇)

从传教的立场来看,其理由是:

匹配之情,于务道之意,孰重乎?天下宁无食,不宁无道,天下宁无人,不宁无教,故因道之急可缓婚,因婚之急不可缓道也。(同上)

又说:

有志乎救世者,深悲当世之事,制为散会规则,绝色不娶,缓于生子,急于生道,以拯援斯世堕溺者为意。(同上)

中国之传道者,未闻其有出异国者,夫妇不能相离也。(同上)

从修德的观点来看，其理由是：

> 绝色一事，果人情所难，故天下不布之于诫律，强人尽守，但令人自择，愿者遵之耳。然其事难能，大抵可以验德。（同上）

又说：

> 窃谓婚姻之情，固难竟绝，上主之祀，又须专洁……夫人奉事国君，尚有忍克本身者，奉事天主，讵不宜克己欲心哉。（同上）

我们要知道利氏固非希望人人绝色不婚，然绝色不婚乃他所觉为一种高尚的行为、理想的生活和神圣的事业，所以他说：

> 吾察百世以下，敝土圣人之尊者，咸必终身不娶。圣人为世之表，岂天主立之为表，而处己于不义之为哉。（同上）

除此以外，他对中国家族制度中的崇拜祖先，亦若隐若显的，加以非议，而目为一种不开化民族的举动，故说：

> 上古之时，人甚愚直，不识天主。……或自恋爱己亲及其死，而立之貌像，建之祠宇庙祢，以为思慕之迹暨其久也，人或进香献纸，以祈福佑。（卷二第七篇）

这样看起来，家族制度之受他攻击，所谓无孔不入。那么筑在家族之上的政治制度之为他所不取，不待言而可以明白了。其实，我们相信不但在理论，中国家族制度的推倒，是中国政治制度崩裂的预兆；事实上，中国政治制度的崩裂，乃是中国家族制度推倒的一个必然的结果。这也是我们对于利氏的攻击家族制度的意见，加以详细解释的理由。

利氏还有一种反乎中国的传统思想的介绍，这就是男女平等的观念。这一点的介绍，他虽是从普通方面来解释，然和家族制度与政治思想，也有密切的关系。他说：

> 传生之责，男与女均。（卷二第八篇）

因为男女传生的责任是均等的，男女在此生生的世界里的位置，也应该均等。况在天主面前，男女是一视同仁呢？故说：

> 天主又教之以礼，不拘男女，咸日诵经拜叩，以闲其邪。（卷二第七篇）

不但是学礼诵经，不分男女，就是在圣殿里拜祭谈道，也不拘男女。且看他说：

> 列国（指西洋）之人，每七日一罢市，禁止百工，不拘男女尊卑，皆聚于圣殿，谒礼拜祭，以听谈道解经者终日。（卷二第八篇）

这些事实和这种主张，和我们的重男轻女、男尊女卑，而尤其是所谓"男女授受不亲"、"女子无才便是德"一类信条，正相冲突。

事实上，西洋好多国家的妇女，在政治上与男人平等，是近数十年来的事情；然理论上，在宗教上男女的平等既已承认，则政治上男女平等，当无反对之理。这种涵义，在近代妇女政治运动上，无不有相当的帮助。

其实，从天主的观点来说，一切人类都是平等的。君民如此，父子也如此。男女如此，贫富也如此。天主既一视同仁，宣传天主的道理的也应这样。艾儒略的《利玛窦传》里告诉我们道：

> 门有过访，必亟倒屣出迎，时患头风，虽伏枕呻吟，闻问道者至，即欣然延接，悉忘其苦。客退，呻吟如故。于是从致日广，喜与利子相亲。利子率谆谆乐告之，即有贫贱者利子亦作平等齐观，其接见与大宾无异也。

利氏不只是平等主义的主张和提倡者，而且是平等主义的实行家了。

人类平等的原则之应用于宗教，以至政治男女，已经说过，我们现在可以从这个原则在经济方面的应用，略为叙述。

上面已经说过，在利氏解释不婚的理由中，有一个是经济理由。一方面子女太多，则用财必多，结果是使人们终日劳苦，连年焦思，无非为着金钱。金钱的欲心日盛，则对于宗教的信仰和道德的修养的忽略所不能免。一方面有了家室子女，则自私的念头必重，结果是私产的制度的发展必趋于极端。这二方面的缺点，都足以使社会上的贫富的阶级的形成，而发生社会的畸形的现象。因为有的子女多，而没有钱财，则必愈入贫穷之路。有的少子女或无子女，而拥有财货，也许财上生财，以致富者愈富，而产生贫富悬殊的现象，则平等的道理不易显明。耶稣会的人们，看到这一点的弊病，因而不但主张不婚，而且实行财产共有。利氏曾借中士的口气来申说这个制度道：

> 尊教之在会者，无私财，而以各友之财共焉。（卷二第八篇）

这个财货共有主义，从基督教的教义的立场来看，大概并不算做什么希奇了不得的主义。基督教的创立者，岂不是老早说过吗？

> 信仰的都在一处，凡物公用，并且卖了田产家业，照各人所需用的，分给各人。（《新约使行传》第二章第四十四和四十五节）

利氏不过是把耶稣会的制度和主张介绍到来中国。耶稣会的这种主张和制度，又不过是从《圣经新约》里推衍出来罢。

有些人说：中国的家族制度，本有共产制度的彩色。比方在广东，到了现在大半部的财产，仍然在宗祠管理之下，可是这个制度，只是限于一族，而不出于他族。其来源是由于祖宗共同。本来在家庭里夫妇子女，财产大概是共有，宗族财产的共有制度，可以说〈是〉家庭财产共有的放大。原始基督教，也许耶稣会的共产思想，却不只是限于一族、或一国、或某一阶级、或某一团体；他们的对象，是整个世界、整个人类。

此外，在利氏的著作里，我们还可以找出一种近于所谓有机体的分工的政治社会观。他说：

> 夫天下人民，总合言之，如一全身焉。其身之心意惟一耳。各肢之所司甚众。令一身悉为首腹，胡以行动？令全身皆为手足，胡以见闻？胡以养生乎？比此而论不宜责一国之人各同一辙。（卷二第八篇）

质言之，国家既犹如一个机体，机体有好多不同的构造，以司各种不同的功用，国家里也应该有各种人民分工合作，而像机体一样的和谐生长。

工则分作，产则共享，这又是利氏的理想政治社会了。

最后，我们知道，根据耶稣会的创始者的意想，耶稣会的会员，是要绝对的为这个会社而服务。他的遗教是："会社是一切，个人是乌有。"（Society is everything, individual is nothing.）这好像了一般唯心的论者如柏拉图、黑格尔的国家观。同时，他又以为耶稣会的会员，是要绝对地服从这个会社的命令。事实上，他是用一种军法的精神来治理这个会，所以耶稣会的首领，是叫做将军。这种精神，又似近于军国主义。这两种精神——服从，服务——可以说是耶稣会的成功的一大原因，然而同时似反乎这种精神，我们又找出利氏与一般的耶稣会会员，处处都表出一种坚强的个人主义的精神与主张。

在行为上，这种个人主义的精神，是很容易地看出来。比方他不听父亲的劝训而入耶稣会，不宦不婚，不畏艰难辛苦而跋涉重洋，远离祖国，到了中国之后他又持坚忍不拔的意志，努力传道，百折不回的精神，和一个处处和他为难的环境相斗争。这种的行为，以及他种行为，除了一个个性是特别超越的人，是不容易做得到的。

可是这种个性之所以能到在行为上实现出来，自然是根据于他个人的信仰上。这个信仰的对象，就是天主。他说：

> 人以天主之心为心。（卷二第八篇）

因为他相信天主是要他宣传天主的福音，服务于世界的人类，所以他才不顾一切，不畏一切，向前直往，求达目的。从表面上看起来，他好像不过是天主的工具，是依赖天主以为生的人。但是从实际上看起来，天主既不过是一个抽象的东西、理想的模型，那么所谓以天主之心为心，简直就是说：

> 以自己之心为心。

换句话来说，他自己就是天主了。这么一来，上面所谓天主无往不在，无所不包，事实上就是他自己无往不在，无所不包了。我们试看他说：

> 吾会三四友，闻有可以行道之域，虽在几万里之外，亦即往焉。无有托家寄妻子之虑，则以天主为父母，以世人为兄弟，以天下为己家焉。其所涵胸中之志如海天然，岂一匹夫之谅乎？（卷二第八篇）

我们现在可以明白他的个人主义，和他的世界主义的关系了。世界主义是他的理想国，然而，这个理想国不但是藏在他的如海天的个人胸怀里，而且要靠着他的坚强的个人主义，来实现起来。

中国妇女运动过去与将来 *

自 18 世纪的末年窝尔斯吞克拉夫特（Marg Wollstonecraft）刊行《女权的辩护》（*A Vindicatronion of the Right of Woman*，1791）以后，弥尔（J. S. Mill）的《妇女的压制》（*The Subjection of Women*），白浩芬（Bachofen）的《母权论》（*Das Mntterreebt*），华特（L. Ward）的《女性中心论》（*Gtynecocantric Theory*），相继出版，提倡女权。这些提倡女权的学者的理论，是否健全，我们在这里不必加以考究，不过这种理论，对于 19 世纪以至 20 世纪的妇女运动，有了重大的影响，是没有可疑的。

妇女运动是近代的产物，同时又是 19 世纪以至 20 世纪的社会运动的一种主流，与民族运动、民主运动、工业运动以至都市运动，同样的发展，同样的重要；而且互有密切的关系，形成近代文化的特性，而与以往的文化，有了根本不同的地方。我们知道在过去，而尤其是在希腊与罗马的时代，女子的地位，不但比男子的地位低得多，而且女子往往是被视为货品，与奴隶牛马处于差不多同等的地位。亚里士多德把女子奴隶与耕牛，相提并论，就是这个原故。照中世纪的基督教教义，男女在上帝面前虽是平等的，可是实际上，男女并没有平等。直到 19 世纪，大思想家像孔德、像斯宾塞尔，不但不承认事实上男女不平等，而且也不承认理论上的平等。

所以妇女运动不仅是近代的物产，而且是欧洲近代文化的特征。中国与西洋的文化接触历史虽久，然而妇女运动的历史，却可以说是 20 世纪以后的事情。

---

* 录自重庆《妇女新运》第 4 卷第 2 期，1942 年 2 月。

自明末天主教传入中国之后，利玛窦在其《天主实义》里，虽主张在上帝面前男女是平等的原则，虽反对中国的多妻多妾的制度，可是实际上，并没有很大的影响。到了 19 世纪的中叶，西洋的基督教徒，一方面受了西洋的妇女运动的影响，一方面藉着条约的特权，在中国提倡教育，逐渐打破女子无才便是德的观念，女子在智识上，才有发展的机会。又如维新运动的领袖们，如康有为、梁启超，曾在上海倡设女子不缠足会，以及一般教育家对于女子体育的提倡，使女子在体格的发达，是中国近代妇女运动中的最有功效的事情。

国人从来对于体育，从不注重，而女子尤甚。桃口柳腰，风吹欲倒，这是国人的理想，理想的姿态。金莲三寸，寸步难行，这是国人的理想的女子的动作。女子为国民之母，女子体格太弱，不但女子本身吃了大亏，就是其所养育的子女，也易成为弱质。此外，礼教既奖励女子不出闺门，而风俗，尤其北方的风俗，又往往养成女子少任劳力的工作，一生的时间，大半消耗于火炕之上，此外若再习染于不良习惯，如吹鸦片之类，则其损害于身体更甚，结果是女子的体格愈趋于软弱。我们未必完全相信软弱的母亲一定生出软弱的子女的论调，然而我们可以相信软弱的母亲不易养出强壮的子女。西洋人所以目我国人为东方病夫，主要可以说是由于女子的软弱。

然而，近代的好多女子，就不是这样。缠足的恶习，既逐渐打破，她们若是有了机会去进入学校，则体格必比较强壮得多。只要我们把一般的女学生来与一般的没有受过教育的小姐们的体格，来比一比，立刻可以看见其差异。这不只是在沿海的通商大道的情形是这样，就是西北、西南的内地各处的情形也是这样。人种的强壮，是复兴民族的重要条件，而女子体格的强壮，又是人种的强壮的基础。所以今后的国人，对于国民的体育，固要特别加以注意，而对于女子的体育，尤要特别加以注意。

其实，女子能参加各种有益于身体的游戏与运动，是中国种族上的一大变化。现在不但在普通的学校里，体育为女子的必修科，而且有了女子体育专门学校的设立。至于学校以外的各种游戏运动或旅行团体以至军事团体之由女子主办或有女子参加的，也逐渐增加。这是中国妇女运动中最值得提倡的事情，而这种事情，直接上固是增进妇女本身的健康，间接上，是增进中华民族的健康。

妇女智识的发展，可以从近代妇女教育的女子，然而为数极少。至于有些贻文弄墨，唱目〔月〕咏花的女子，虽非没有，然也只以文字为装饰品，谈不到有什么特长的智识。而况女子无才便是德，既成为国人的传统思想，女子若受教育，不但是违反中国的道德的信条，而且往往成为"才女薄命"的悲剧。加以学校既不允许女子的进入，就是女子欲想读书，亦少机会。女子至多只能在所谓读书之家里，拾得一些余唾罢。

自海禁既开以后，提倡女子教育较早而影响较大的，要算教会，而尤其是新教会所设立的学校。1834年伦敦妇女会已派妇女来澳门创办女子学校，自此以后，以至19世纪的末年，中国女子教育之推进最力而成效较多的，还是教会学校。教会学校不但在中国设立学校，教育女子，而且往往送派中国女子，到外国留学。

维新运动以后，而特别是辛亥革命以后，国人逐渐感觉到女子教育的重要，因为女子本身有了益处，对于其子女的教育尤多帮助。所谓家庭教育，主要可以说是母亲教育。三四十年来，女子之在小学、中学读书的人数既日日增加，就是在大学的也日日增加。我们回忆二三十年前的学校里，很不容易找到女教师，而现在，不只是幼稚园里固全用女教师，就是小学里，也多为女教师。此外，在中学里以至大学里也有不少女教员。至于专为女子而设之中学、大学以至师范及各种职业学校，在近年以来也逐渐增加，这都是女子智识发展的表征。

除了体格的发展与智识的发展之外，在政治上、在职业上，以至在社会的其他工作，女子之参加的也逐渐地增加。甲午败后，康、梁提倡维新运动的时候，谭嗣同夫人李闰及一些对于政治改革发生兴趣的女子，已有中国女学会的组织。革命运动的初期，秋瑾曾奔走革命，到了1907年，她与徐锡麟、熊成基等拟在安徽、浙江各处作大规模的起义，不幸因事泄而被杀，这实为参加实际政治运动的女先辈。直到现在，凡是读其诗文的人都能感觉其爱国之诚。辛亥革命成功的时候，妇女曾派代表向政府要求参政。民国二年的广东临时省议会中，已经有了几位女议员。到了民国十年三月二十九日，广东的省宪起草时，广东的妇女界曾作过大规模的巡行，要求女子参政权。她们这一次的运动，虽未能完全达到目的，但也得到参与市政的权利。过了几个月，湖南省宪也规定女子可以被选为省议员。民国十五年国民党第二次全国代表大会举行于广州，也议决女子应有财产继承权。未久而广州的最高法院也判决，无论已婚或未婚的女子，应与男子一样的有财产继承权。上海的地方法院曾有女子作过法官。至于抗战以后的参政会，每届都有好几个女参政员。事实上，抗战以来，妇女之随军或参加各种抗战工作的为数不少，至于各级各种政府机关之任用妇女为公务员或者职员的为数更多。

在职业上，妇女之参加的，也可以说是与日俱增。商店之雇用女职员，不但在通商大邑随处可见，就是在内地的城市里也随处可见，而且近来有些商店是完全由妇女去经营。上海曾有女子储蓄银行的创办。近来银行对于妇女行员的取录，虽特别加以限制，然而银行之用女行员的并非没有。交通机关如电话局、电报局，以至邮政局，也有很多的女职员。在工业方面，纺纱厂、蚕丝厂之用女工的更多，而好多的手工业品，多由妇女制造。

近来有些职业，逐渐已为女子所独占。幼稚园的教师，医院里的看护，固不待说，就是小学里的教师，与一般办公室的打字人员也有这种趋向。至于一般的社会救济工作、社会服务工作，以至助产医士、手织工业等，妇女之从事的都逐渐增加。

总而言之，在事实上有些政府机关，有些职业，也许妇女之参加的为数很少，或甚至于完全没有，然在理论上，无论何种政府机关、何种职业，大致上妇女都有机会去从事。

理论上无论何种政府机关或何种职业，妇女都有机会去参加，那么事实上凡是男子所作的事情，妇女是否也要同样地作去，却是一个讨论的问题。在分工合作的社会里，男女在实际上所作的事情固不必尽同，不应尽同，就是在男子与男子之间，或女子与女子之间，也未必尽同，不应尽同。我们固不能武断地说，某种工作只有男子才能作，或某种工作只有女子才能作，然而我们也不能武断地说，凡男子所作的工作，都要女子同样地去作，或女子所作的工作，都要男子同样地去作。所谓男女平等，是机会的平等，非人家作什么，我们也作什么，才算平等。

我们承认在目前的中国里，重男轻女的观念还未完全打破，然而我们也得明白，在数千年的男尊女卑的中国文化之下的女子，在今日能够有机会去发展其体格，发展其智识，能够有机会去参加政治工作，参加各种职业，已足证明中国的妇女运动并非完全没有效果。我们承认在目前的中国里，有些政府机关，有些职业团体对于女子的任用很为踌躇，然而这也许是因为实际上的困难，或是传统思想的作祟，然而这种实际上的困难与这种传统思想的作祟，并非完全没有办法去打破的。数十年来的妇女运动，既已打破了不少的旧观念、旧制度，那么今后的妇女运动，无疑的要使妇女得到较多的自由与较多的平等。

维新运动的历史意义 [*]

戊戌维新运动，为时不过百日，虽如昙花一现，然在历史上所占的位置，却很重要。因为这个运动，在广义上，是鸦片战争以后的变法运动与文化改革的一个重要的关键；在狭义上，是我国的专制政体与革命运动的一种折衷的办法。梁启超在《戊戌政变记》里曾有下面一大段话，今录之于下：

> 我国迫于外侮，当变法者，盖六十余年矣。然此六十余年中可分为四界：自道光二十三年割香港，通五口，魏源著《海国图志》，倡"师夷长技以制夷"之说，林则徐乃创〈译〉西报，实为变法之萌芽。然此后二十余年，迭经大患，国中一切守旧，实无毫厘变法之说也。是为第一界。同治初年，创巨痛深，曾国藩曾借洋将，渐知西人之长，创制造局以制器、译书，设方言馆，创招商局，派出洋学生。文祥亦稍知时局，用客卿美人蒲安臣为大使，编［遍］交泰西各国。变法之事，于是荜路开山矣。

> 当时又议选翰林部曹，入同文馆学西文，而倭仁以理学重名为宰相，以孔［死］争之，败此大举，且举国守"攘夷"之说，郭嵩焘【一】以通才奉使，深明时局，归而旨［昌］言，为朝士所攻，卒罢去。至于光绪甲申，又二十年，朝士皆耻言西学，有谈者诋为汉奸，不齿士类。盖西法萌芽，而俗尚深恶，是为第二界。马江败后，识者渐知西法之不能尽拒，谈洋务者亦〈不〉以为深耻，然大臣未解，恶者尚多，议开铁路，犹多万［方］摈斥。盖制造局译出之书，三十余年，而销售仅一万三千本，京师书肆尚无地球图，其

＊ 录自《自由论坛》第 2 卷第 4 期，1944 年 4 月 1 日。

讲求之寡可想矣。盖渐知西学，而莫肯讲求，是为第三界。然尽此六十年中，朝士即有言西法者，不过称其船坚炮利制造精奇而已，所主［采］用者，不过炮械军兵而已，无人知有学者，更无人知有政者。自甲午东事败后，朝野乃知旧法之不足恃，于是言变法者乃纷纷。枢臣翁同龢，首先讲求，辅导皇上，决意变法，皇上圣明，日明外事。乙未五月翁同龢拟旨十二道，欲大行变法之事，以恭邸未协而止。然朝士纷纷言新法，渐知学堂为变法之本，而皇上频雇［催］办铁路、矿物、学堂之事，未几西后复收大权，皇上几被废，新政遂止。然而强学会、《时务报》大呼于天下，天下人士咸知变法，风气大开矣，是为第四界。然明于下〈而〉未行于上，新旧相争，大臣多不以〈为〉然，以未定国是〈故〉也。标准未着，人心不一，趋向未定，虽云变法，仍是守旧而已。及经胶州之变，朝廷益震动，康有为于正月上书请变法宜先定国是，【为】下总署议，上再催而未覆。旅顺、大连之事继起，皇上圣明，益明中外之事［故］，知不变法不能立国，而恭亲［王］屡谏，谓祖宗之法不可变，上曰：今祖宗之地不保，何有于法乎？因使庆王告西后曰：朕不能为亡国之君，若不予我以权，宁逊位而已。西后虽愤甚，然因别有所图，始听皇上之所为，乃使庆王复于上曰：皇上欲办事，太后不阻也。至是恭亲皇［王］适薨，翁同龢辅政，锐志改革，御史杨深秀、侍读学生［士］徐致靖，相继上书，请定国是，上既决心，乃白西后，召军机全堂下此诏聿［书］，宣示天下，斥墨守旧章之非，著托于老成之谬，定水火门户之章［争］，明夏葛冬裘之尚，以变法为号令之宗旨，以西学为臣民之讲求，著为国是，以定众向。然后变法之事乃决，人心乃一，趋向乃定。自是天下响［向］风，上至朝廷，下至人士，纷纷言变，盖为四千年揆［拨］旧开新之大举，圣谟洋洋，一切维新，基于此诏，新政之行，开于此日。

我们从此可以明白戊戌的维新运动，是与中国这个运动以前的所谓新政的设施，是有了密切的关系。不但这样，这个运动失败以后，好多守旧者既愈趋于守旧，而好多维新者愈趋于维新。庚子八国联军的占据京师，可以说是守旧者所造出的结果。而此后各种新文化的运动的发展，又与这个运动有了密切的联系。梁启超自这个运动失败以后，逃去日本，努力学习日本文字，最初办《清议报》，后来又办《新民丛报》

与《新小说》新［杂］志，尽量介绍西洋智识，极力主张中国西化，不但在当时影响很大，就是此后的文化运动，而尤其是"五四"的新文化运动的领袖们，不论在直接上，或间接上，都受其影响。我所以说这个运动在广义上是鸦片战争以后的变法运动，与文化改革的一种重要的关键，就是这个原故。

为什么我说这个运动在狭义上，是我国的专制政体与革命运动的一种折衷的办法呢？原来中国自数千年来是一个专制的国家，朝代的变化虽然不知有过多少次，但是大致上政体是循环不变的。自鸦片战争以后，太平天国崛起南方，就其反抗满清来看，这可以说是一种革命运动。近人每每以这个运动与孙中山先生所领导的革命运动相提并论，就是这个缘故。而孙中山先生在少时之所以羡慕洪秀全的事业，也是这个原故。然而在政治上，洪秀全还是一个主张与实行专制政体的人，虽则他所主张与实行的专制政体，是染了西洋的神权的色彩。反之，孙中山先生所主张与实行的政体是民主政体，这是两者在政治上的根本差异的地方。至于戊戌维新运动，是一种君主立宪的运动。这个运动的领袖，既并不主张推翻君主，又并非完全主张民主。他们一方面是拥护皇帝，一方面要伸张民权。在政治的性质上，成为专制与民主的一种调和的政体；在政治的发展上，成为一种过渡的办法。这个运动不只是我国的政体演变上的一种承上起［启］下阶段，而且是加紧了专制的淫威，与促成了革命的成功。西太后与满清的大臣，本来是守旧的，戊戌的维新运动既然使他们愈趋于守旧，而有庚子之祸，国家的危机，愈为显明，使革命运动易于成功。反过来说，假使戊戌的维新运动是成功了，或是没有了这个运动，那么满清虽未必不被推翻，然而革命的成功，也许未必能够那么快。

维新运动的领袖是康有为。康有为是广东南海人，他本来是研究理学与孔孟的，后来到了香港、上海，见得西洋人在这些地方的建设，比了我们内地各处的情形，优越得多，因想西洋人在其本国的文化，必定更好，同时又加以在那个时候，中国又时时受了外人的压迫，因而努力去览阅已译为中文的西书，又与当时的外国教士相往来，并著《日本变政者［考］》，及《俄彼得变政者［记］》诸书，以为中国变法的供镜。据梁启超说，他自光绪十四年就以"布衣伏阙上书，极陈外国相逼，中国危险之状，并发俄人蚕食东方之阴谋，称道日本变法致强之故事，讲厘革积弊，修明内政，取法泰西，实行改革"。可是在京师的人们都以为他是病狂，所以他的上书不能上达，他不得已乃回广东，开塾讲学，以教授弟子。甲午败后不久，康有为又到京师。上万言书，主张变法，当时因得翁同龢的帮忙，他所上的书始得光绪阅读。翁同龢是光绪的师傅，自甲午以后，觉得非西法不足以图存。他不个［仅］是代达康有为的主张，而且极力劝导光绪下诏变法。乙未年六月，翁与光绪决议拟下诏敕十二道，宣布维新的计划，但是此事还没有施行而西太后已知道，她不许翁同龢在毓庆宫，同时又把光绪所信用的汪鸣銮、长麟等褫革。翁同龢等既被摈斥，康有为又不得不离京南下。直至光绪二十三年（1897）德人占据胶州，康有为又到北京上书，主张变法。到了光绪二十四年，又由翁同龢奔走，光绪始决计变法，开制度司，以进行变法事宜。同年四月二十三日下诏定国是，二十八日召见康有为于颐和园的仁寿殿。据说这次召见历时至九刻钟之久，为向来召见臣僚所未有的例。

除了翁同龢以外，帮忙康有为的维新运动最力的要算梁启超了。梁启超是康有为的弟子，他十八岁时（1891）就教于康有为。1896年二十三〈岁〉在北京代表广东公车一百九十人上书，陈时局，同时又帮忙康有为联公车三千人上书及创设强学会。次年到湖南长沙时务学堂讲学，到了戊戌年又在京师参预新政。

此外，赞成或参预维新运动的，据梁启超《戊戌政变记》还有二十多位，而陈宝箴、黄遵宪、谭嗣同，对于这个运动尤多赞助。

参加这个维新运动的人，虽有不少接近皇帝，或身处高位，然并非真有实力的人。至于接近西后的荣禄，以至有声望的疆吏如张之洞，不但没有赞成，而且加以反对。

维新运动之所以能够逐渐引起国人的注意，主要是得力于康有为及其他的领袖们的努力鼓吹与提倡。他们除了联合上书之外，还且创办新报，组织学会，与设立学校，以为推动的工具。关于联合上书的概略，梁启超在《戊戌政变记》曾有下面一段记载：

> 乙未二三月间，和议将定，时适会试之年，各省举人集于北京者以万数十［千］计，康有为创议上书拒之，梁启超乃日夜奔走号召连署上书论国事。广东、湖南同日先上，各省从之。各省连署麇集于都察院者，无日不有，虽其言或通或塞，或新或旧，驳杂不一，而士气之稍由［申］，实目［自］此始。既而〈合〉十八省之举人聚议于北京之松筠庵（庵者明代烈士杨继盛氏之故宅也），【一】为大连署以上者［书］，与斯会长［者］凡千三百余人，时康

有为尚未通籍，实领袖之。其书〈之〉大意凡三事：一曰拒和，二曰迁都，三曰变法，而其宗旨则以变法为归。盖谓使前此而能变法，则可以无今日之祸；使今日而能变法，犹可以免将来之祸；若今犹不变，则他日之患，更有甚于今者。言甚激切，大臣恶之，不为代奏，然自是执政者，渐渐引病去，公车之人散而归乡里者，亦渐知天下大局之事。各省蒙昧〔昧〕启辟，实起点于斯举。此事始末，上海刻有《公车上书记》以记之，实为清朝二百余年未有之大举也。

这种上书请愿，拒绝议和，实可说是后来"五四"运动的先河。联合上书主要的是要使皇帝大臣，明白变法的需要，至于创办新报主要的是要使一般士民了解变法的需要。康有为自光绪二十一年，联合公车上书，拒绝议和，未见效力之后，复又上书请求变法。可是这次上书是不能上达，他逐渐感觉到单靠朝廷变法是不容易的，他以为各国的改革多要依赖于一般的士民的觉悟，然欲唤起士民的觉悟，又要赖于报章的鼓吹，于是他乃独自捐款创办《万国公报》于北京。这是一种日报，由他与梁启超、麦孟华等主持笔政，撰述文章。据说每日发到二千份，编送士大夫贵人。在那个时候，北京还没有报章，所以这个《万国公报》，可以说是一种创举。《万国公报》创办未久，被迫停版，后来他们又刊行《时务报》。《时务报》的创办很得力于黄遵宪，及其他的有识人士，而梁启超的《变法通议》就是在光绪二十三〔二〕年（1896）的《时务报》上发表的。这可以说是梁启超的较有一系统的长篇政论之最先刊行的。后来的戊戌变政的时候，光绪要梁启超贡献变法的意见，他就把这篇文章呈与光绪。《时务报》出版于上海，可以说是近代中国新〈杂〉志的先锋。在当时是思想的明星、变法的南针。梁启超以为《时务报》大呼于天下，天下人士咸知变法，风气大开，而推进中国的西化入于一个新阶段，并非虚言。《时务报》后来改为官报，又在各省设报馆。此外，官报局的设立，及其他的报馆杂志的刊行，都可以说是随着维新运动的潮流而发展的。

学会的设立，也是始于光绪二十一年的强学会。该会初设于北京，也由康有为创设，梁启超被委为该会书记。当时南洋大臣张之洞听了这个消息，曾寄了五千金为该会经费。康有为见得张之洞对于这个组织表示赞助，乃立赴南京看张之洞，并劝张之洞设强学分会于上海。据说张之洞很为喜欢，所以上海的强学分会也得成立，但是北京的强学会设立不够三个月，而为清廷所封禁。

强学会虽不久被封禁，然而各处与各种学会之相继设立的很多。北京的知耻会、经济学会；上海的不缠足学会、农学会、医学会、译书会、蒙学会；湖北的质学会；湖南的南学会、地图公会、明达学会；广东的粤学会、群学会；广西的圣学会，以至苏州的苏学会，陕西的味经学会，以及陕学会、闽学会、蜀学会，谭嗣同夫人李闰所发起的中国女学会，以及其他的好多学会，可以说是极盛一时。

据说强学会每十日开会一次，每次都有士大夫们数十人到会，同时又有演讲。康有为曾撰《强学会序》文，以资鼓吹。而湖南的南学会则七日开会一次，主其事者为谭嗣同。他不但集合湖南的人士，而且联络各省人士，讲爱国的道理求救亡的方法。据说每次集会参加的有千数百人。谭氏慷慨论天下事，闻者无不感动，使湖南风气大开。至于其他各学会，或讨论国事，或介绍西书，或研究学术，而成为近代各科学会的先驱。

此外，还有保国会的组织也为康有为与其徒众所创议，目的为保全国地、国权与圣教。拟在京师与上海设保国总会，各省、各府以至各县皆设分会。会中公选总理若干人，值理若干人，常议员若干人，备议员若干人。董事若干人以同会中的多数人推荐者为之。这可说是仿效了近代的代议制度，而取决于多数的方法，又规定常议员，公议会中事，总理以议员多寡决定事件推行，而董事管理会中杂事、凡入会之事，及文书、会计一切诸事。

保国会成立之后，又有所谓保滇会、保浙会继之。据梁启超说保国会在京师开会时，曾集朝官自二品以下以至言路词馆部曹及公车数百人，座无虚位。康有为演说时，声气激昂，座中有为之流泪的。保国会不久虽为守旧者所反对而解散，可是，风气既渐开，人心又渐放，既振发，而对于维新运动有莫大的影响。

新式学校的设立，历史馆〔既〕很久，然而以学校为政治的活动的中心，也可以说创始于维新运动的领袖。这种学校之最著名的，为湖南长沙的时务学堂。这个学堂本为黄遵宪、熊希龄等所创办，而聘梁启超主讲席。梁启超在该校所讲授及批答诸生答记，皆当时一派的民权论，同时又多述清代故实，批评政治的不良，而偏于革命的思想。据说湖南绅士叶德辉曾把梁氏在该校的言论与批答逐条反驳，目为怪论。然而这个学堂不但是开湖南风气的机关，而且养出好几个高材生。蔡锷、林圭、李炳寰，都是由该校出身的。

此外，他们还提倡建立政治学校，翻译外文书籍，开设图书馆、博物馆、仪器院等等。

其实学校的倡办，是维新运动中的主要工作。我们现在看自光绪二十四年（1898）四月二十三日，诏定国是命令下了之后，直到八月政变的三个月里，新政诏书之颁布，差不多天天都有，而且有时一天数次。然其关于创办学校的诏书特别的多，而其原因可以从梁启超下面一段话看出来：

> 自甲午以前，我国士大夫言西法者，以为西人之长，不过在船坚炮利、机器精奇，故学之者亦不过炮械船舰而已。此实我国致败之由也。乙未和议成后，士大夫渐知泰西之强由于学术，颇有上书言之者，而刑部侍郎李端棻之奏，最为深切详明，得旨允行，而恭亲王、刚毅等，谓可以缓办，诸臣和之，故虽奉明诏而束高阁者三年矣。皇上既毅然定国是，决行改革，深知现时人才未足为变法之用，故首注意学校，三令五申。诸大臣奉严旨，令速拟章程，咸仓卒不知所出，盖中国向无学校之举，无成案可稽也。当时军机大臣及总署大臣，咸饬人来属梁启超代草，梁乃略取日本学规，参以本国情形，草成［定］规则八十余条，至是上之，皇上谕允，而学校之举乃粗定。

然而要想振兴学校，不得不废除八股，康有为、梁启超、张元济、杨深秀均以为变法的基础，在于得人才，而得人才又要先改科举，要改科举又必先废八股，他们以为八股之害，甚于"焚书坑儒"，八股是使人不学，八股是使种族亡，所以光绪二十四年五月初五日的上谕决废八股，这个上谕说：

> 我朝沿宋明旧制，以四书文取士。康熙年间，曾经停止八股，考试策论，未久旋复旧制，一时文运昌明，儒生稽古穷经，类能推究本源，阐明义理，〈制〉科【判】所得，实不乏通经致用之才。乃近来风尚日漓，文体日敝，试场献艺，大都循题敷衍，于经义罕有发明，而浅陋空疏者，每获滥竽充选，若长不因时通变，何以励实学而拔真才。著自下科为始，乡会试及生童岁科各试，同［向］用四书文者，一律改考策论，其如何分场命题考试，一切详细章程，该部即妥议具奏。此次持［特］降谕旨，实因时文积弊太深，

> 不得不改弦更张，以破拘墟之习。至于士子为学，自当以四子六经为根抵［柢］，策论〈与〉制艺殊流同源，仍不外通经史以达时务，总期体用兼备，人皆勉为通儒，毋得竞逞辩博，复蹈空言，致负朝廷破格求才之［至］意。

光绪既下谕废除八股，同时又诏立京师大学，以为各省倡立大学的榜样。京师大学既为各省倡立大学的榜样，必须规模阔远，兼用中西学术，谕旨之提及京师大学的也好多次，这都是说明学校在维新运动上所占的地位的重要。

总而言之，联合上书，创办新报的目的是唤起朝野明了变法的必要。学会的组织与学校的设立，一方面固是研究学术，然而别方面是政治改革的基础。梁启超在上陈宝箴一书中以为：

> 策中国者必曰兴民权，斯固然矣。〈然〉民权非可〈以〉旦夕而成也。权者生于智者也，有一分之智，即有一分之权，有六七分之智，即有六七分之权。有十分之智，即有十分之权。……是故权之与智相倚者也。昔之欲抑民权，必以塞民智为第一义；今日欲伸民权，必以广民智为第一义。

怎么样地去发展民智呢？第一要组织学会。他以为"欲与［兴］民权必先兴绅权，欲与［兴］绅权，宜以学会为之起点"。第二要广设学堂，与派送学生出洋留学。大致上说，照梁启超以及好多维新运动的领袖们的意见，学校当由政府设立以培养人才，以为国家之用，而学会是由士民组织，以训练士民以帮助新政。前者是为政府预备施行政事的人才，而后者是为士民预备论列国事的机会。前者是偏于行政方面的准备，后者是偏于立法方面的准备，梁启超谓学会兼地方议会之规模就是这个意思。

我们已经说过维新运动的领袖的政体的主张，是君主立宪，所以他们所谓民权，也就是在这种政体的范围之内的民权，而非革命运动的领袖所说的民权。因为他们不但不主张推翻满清，而且并不主张打倒皇帝，其实他们不但只尊君，而且希望去利用吾主的力量以改革政体。可是事实上，光绪自己就没有权力，虽则他自己很愿意去效法西洋，去伸张民权，而同时真有力量的西后，不但不愿意去伸张民权，而且不愿意去效法任何西法。结果皇帝虽有其名，而没有其力。到了西后挑［排］斥所谓维新的分子的时候，光绪自己也有"朕位几不能保"的表示。维新运动之所以失败，可以说是没有实力以为后盾。

康有为服膺孟德斯鸠的三权鼎立的学说，羡慕英国君主立宪的政体，在他请定立宪开国会的疏里，他主张以国会立法，以法官司法，以政府行政。他主张尊崇人主为神圣，不受责任，而政府代之。他以为东西各国皆是应用这样理论，实行这种政体，只有中国是一个专利［制］政体的国家。专制政体的国家，是一君与大臣数人共治其国，立宪政体的国家，是人君与千百万的国民合为一体。千百万人去治理国家的事，是胜于数人去治理国家的事。所以君主立宪是胜过专制政体。而且前者可以强，而后者多是弱，前者可以兴，而后者多是衰，这【康】是康有为的理论，也是当时主张变法的一般人的理论。

此外康有为又主张设制度局，以为变法的总机关，而别设十二局以分管其事务。光绪二十四年康氏在其《统筹全局疏》里有下列十二局的提议。

> 一曰法律局。外人来者自治其民，不与我平等之权利，实为非常之国耻，彼以我刑律太重，而法规不同故也。今宜采罗马及英、美、德、法、日本之律，重定施行，不能骤行内地，亦当先行于通商各口。其民法、民律、商法、市则、舶则、讼律、军律、国际公法，西人皆极详明，既不能闭关绝市，则通商交际，势不能不概予通行。然既无律法，吏民无所率从。二曰度支局。我国地比欧洲【大】，人数倍之，然患贫实甚，所入〈乃〉下等于智利、希腊小国，无理财之政故也。西人新法、纸币、银行、印税、证券、讼纸、信纸、烟烟［酒］税、矿产、山林、公债，皆致万万，多我所无，宜开新局专任之。三曰学校局。自京师立大学【堂】，各省立中学，各府县立小学，及专门各校［学］，若海、陆、医学、律学、师范学、编译西书，分定课级，非礼部所能办，宜设局而责成焉。四曰农局。举国之农田、山林、水产、畜牧，料量其土宜，讲求其进步〈改〉良焉。五曰工局。司举国之制造机器、美术，特许其新制而鼓励【改】之，其船舶市场、新造之桥梁堤岸道路咸属焉。六曰商局。举国之商务、商学、商会、商情、商货、商律，专任讲求激励之。七曰铁路局。举国之应修铁路，绘图定例权陈咸属焉。八曰邮政局。举国皆行邮政以通信，命各省、府县、乡咸立分局，并电线属焉。九曰矿务局。举国之矿产、矿税、矿学属焉。十曰游会局。凡举国各政会、学会、教会，游历、游学各国会，司其改律而

鼓舞之。十一曰陆军局。选编国民为兵，而司其教练。十二曰海军局。治铁舰、练军之事。

这些局及其名称，在当时虽因间［时］局短促，未能一一举办，但是戊戌政变以后，所设新政的设施，其部局的设立，与康氏所拟定的范围与职务，多有与其相合之处。当康氏主张设立这十二局门时候，他自己以为原有的部寺"率皆守旧之官骤予改革，势难实行"，所以照他的意见，新政可以设立新局去施行，而旧有的部寺，尽可任其存在，以保存原有的臣僚，而免其反对。不过不除旧，难于布新，而且有的衙门官职，只有其名，而无其实，糜费国库，消耗财源，若不设法裁减，则新的局政，难于发展。所以好多维新志士，而特别是岑春煊上书请求从速裁减，因而戊戌七月十四曾有下面的谕旨。

国家设官分职，各有专司，京外大小各官，旧制相沿，不为［无］冗滥。……现当开制百度，事务繁多，度支岁入有常，岂能徒［徒］供无用之冗费，以致碍当务之急需。如詹事府本属闲曹，无事可办，其通政司、光禄寺、鸿胪寺、太常寺、太仆寺、大理寺等衙门，事务甚简，半属有名无实，均著即行裁撤，归并内阁及礼、兵、刑等部办理。又外省如直隶、甘肃、四川等省，皆系以总督兼管巡抚事，惟湖北、广东、云南三省督抚同城，原未划一。现在【在】东河〈在〉山东境内者，已隶山东巡抚管理，只河南河工，由河督专办。今昔情形确有不同，所有督抚同城之湖北、广东、云南三省巡抚，并东河总督，著一并裁撤。其湖北、广东、云南三省，均著以总督兼管巡抚事，东河总督应办事宜，即著归并河南巡抚兼办。至各省漕运，多由海道，河运已属无多，应征漕粮，亦多改折，淮盐所行省份，亦各分设督销，其各省不办运务之粮道，向无盐场，仅管疏销之盐道，亦均著裁缺，归各藩司巡守道兼理。此外，〈如〉各省同通佐贰等官，有但兼水利盐补［捕］，并无地方之责者，均属闲冗，即著奏明裁汰……其余京外尚有应裁文武各缺，〈及〉一切裁减归并各事宜，著大学士六部及各直省督抚，分别详议筹办，仍将筹议情形，迅速具奏……并又［不］得以无可甬［再］裁，敷衍了事……著各督抚凛遵前旨，将现有各局所中冗员，一律裁撤净尽，并将候补分发捐纳劳绩等项人员，一律严加甄别沙汰，限一月办竣覆奏……若竟各挟私意，非自便自［身］图，即见好僚属，推诿因循，空言搪塞，定当予以重惩，决不宽贷。

此外，在地方行政方面，他们又提倡所谓"地方自治的制度"。梁启超在其上陈宝箴书里，曾反对以他省或他处人来治理本地的人民。他说：

> 夫以数千里外渺不相属之人，而代人理其饮食讼狱之事，虽不世出之才，其所能及者几何矣？故三代以上，悉用乡官，两汉郡守，得以本郡人为之，而功曹掾吏，皆不得用它郡人，此古法之最善者。今之西人莫不如是。唐宋以来，防弊日密，于是悉操〈权〉于有司，而民之视地方公事，如秦越人之视肥瘠矣。今欲更新百度，必自通上下之情始，欲通上下之情，则必当复古意、采西法、重乡权矣。然亦有二虑焉：一曰虑其不能任事，二曰虑其藉比舞文也。欲救前弊，则宜开绅智；欲救后弊，则宜定权限。定权限者何？西人议事与行事分而为二，议事之人，有定章之权，而无办理之权；行事之人，有办理之权，而无定章之权。将办一事，则议员集而议其可否，既可乃议其章程，章程草定，付有司行之，有司不能擅易也，若行之而有弊，则告于议员议而改之。西人之法度，所以无时不改，每改一次，则其法益密，而于其民益便。盖以议事者为民间所举之人也，是故有一弊之当革，无不知也，有一利之当兴，无不闻也……推而大之而一县而一省而一国莫不如是。西人即以此道治一国者也。

可知他不但以本地人治本地人，而且主张所谓立法权与行政权要分开。黄遵宪在南学会里演讲，第一次讲义也主张以本地人治本地人。他说：

> 诸君多有读二十四史者，名相良相能吏功臣，可谓繁夥矣，惟读到［至］循吏传，则不过半卷耳，数十篇耳，二三十人耳。无地无吏，无时无官。汉唐宋明，每朝数百年，所谓循吏者只有此数。岂人性殊哉，亦［抑］人才不古若欤？尝考其故，一则不相习也。本地之人，不得为本地之官。自汉既有三互之法，如今之回避，至明而有南北互选之法。赴任之官，动数千里，土风不谙，山川不习，一切禁俗，茫然昧然。供［余］尝见一广东粮道，询其惯否？彼谓饮食衣食［饰］均不相同，嗜欲不通，言语不达，出都以后，天地异色，妻奴僮仆，日夕怨叹，惟愿北归。以如此之人，而求其治民，〈能乎不能。〉此不相习之弊。一则不久任之弊矣。今制三年

为一任，道府以下不离本省，是朝廷固知不久任之弊矣……诸君试思之，不相习与宴会时之生客何异？不久任与逆旅中之过客何异？然皆遵之为官矣。

梁启超、黄遵宪，与陈宝箴、谭嗣同等，在湖南时既极力提倡地方自治的制度。同时对于地方行政如保卫局等，又努力进行，使湖南成为施行新政的一个策源地。

这是调整行政机构的重要建议，也是戊戌维新运动的重要改革，其重要性并不下于废除八股文章。其实废除八股文章，与裁减行政机构，这两件事可以说是维新运动中的消极方面的最具体的工作；而创办学校与设立新局，这两件事，又可以说是维新运动中的积极方面的最具体的工作。而且要振兴学校，就不得不废除八股文章。要设立新局，又不得不裁减繁冗机构。所谓消极与积极的工作的区别，也可以说是一件事的两方面。同时设立学校的目的，既是在于建立政治改革的基础，那么政治上的除旧布新，是与教育上的除旧布新又有了密切的关系。康有为在其上书里屡屡以为"不变则已，若决欲变法，势当全变"，就是这个意思。

后来西太后垂帘问政，推翻新法，不但复八股取士的制度，还要罢经济特科，停止各省府州县所设立的中学校、小学校；不但复置光绪所裁汰的詹事府等衙门与各省冗员，而且废农工商总局，这也可以说是守旧者的整套。他们差不多好像说"不守旧则已，若决欲守旧，势当全守"。然而，事实上潮流是趋于维新的，而且八股既废，学校既兴，旧衙既裁，新局既立，西后虽全反其所为全复其旧制，可是新政仍逐渐深入人心，而潮流又难盲目反抗。结果是愈反抗，而愈使维新者与革命者张目，满清之所以覆灭之快，不能不说是执政者之太守旧罢。

宪政·选举与东西文化（一）^{*}
——评梁漱溟的《预告选灾·追论宪政》

一

我们知道，二十多年来，梁漱溟先生是一位最喜欢谈东西文化这个问题的人物；然而照我个人的意见，梁先生对于西洋文化的认识，既是很为浅薄，对于中国文化的了解，也未见得很为透切。结果是，在他的关于这个问题的著作里，像我以前已经一再指出，往往是错误百出、矛盾丛生。

最近梁先生在《观察》的第 3 卷第 4 与第 5 期中，发表了《预告选灾·追论宪政》一文，我以为，他在这篇文里所讨论的问题，在题目上、在表面上，虽是一个中国政治的问题，可是在内容上、在根本上，还是一个东西文化的问题；而且，也像他的以往的著作一样的，有了不少的错误，有了很多的矛盾。

他的这种言论，在他看起来，虽是"未得高明之士，唱和于学术界"；然而我们也知道，国人因为深受数千年来的传统思想的影响与文化惰性的作祟，在有意或无意中，与他作同样的看法的并不乏人，在各种不同名词之下，像什么新儒学派、什么新生活运动等等，又何尝不与他的主张有了根本或多少相同之处？因此之故，我读了这篇文章之后，忍不住地要借本刊的篇幅，指摘他的错误与他的矛盾。

二

所谓选灾，据梁漱溟先生的意见，是指全国大选举之为灾而言。梁

---

* 录自南京《世纪评论》第 2 卷第 23 期，1947 年 12 月。本篇原题为"选举·宪政与东西文化"，鉴于后 3 期连载标题均为"宪政·选举与东西文化"，故从后者更名。

先生说：

> 我并不敢杜撰此怪名词。这是十年前（民国二十五年）全国举
> 办国民大会普选时，善于取谑的吴稚晖老先生所创造。当时吴老看
> 了各地为选举而闹得举国骚然鸡犬不宁，公私耗财之巨，社会风纪
> 秩序破坏之烈，乡里友好结怨成仇，伤亡而继之以词讼，精神物
> 质，一切损失之无法计算，于是从此悯怜之怀，发为讽刺之言。他
> 叹息于水灾、旱灾、风灾、虫灾……任何一种灾，亦没有这选灾普
> 遍而深入。这确是个古所未有、比什么都重大的灾祸。然而不幸的
> 很，今年我们在许多水灾（两广、成都各处）、旱灾（山西、河北
> 等处）和兵灾外，又将有一次这重大的选灾到来。

梁先生又指出中国若学西洋的竞选，必只有恶果，他说：

> 打架斗殴，有形之灾，亦既惨矣。社会风纪，乡里人情之无形
> 破坏，尤遗祸无穷。不但求为改进后之西洋选举不可得，即求为西
> 洋一场酣斗，亦岂可得？它除了丑恶，还是丑恶，别无所有。

我们在这里，不必去考究善于取谑、与喜为讽刺的吴稚晖先生之杜
撰这个名词，是否同梁漱溟先生一样地感觉到所谓选举的灾害的重大，
比之任何灾害为甚。我们所要指出的，是在对于东西文化的态度上，吴
稚晖先生之于梁漱溟先生，却有了根本不同之处。前者是重于西化的主
张，而后者却趋于复古的途径。假使梁漱溟先生因为借重了吴稚晖先生
所杜撰这个名词，而使读者没有认清这一点，那便是一种错误了。

我们承认，西洋的选举制度不只行之于中国，免不了有多少毛病，
就是在西洋经过多少年的改善，也不能说是完全没有流弊。但是，我们
若正像梁先生所说："中国需要民主，亦需要宪政"，那么这种选举制
度，总不能不加以采纳。假使因为有了流弊，遂以为完全要不得，那是
"因噎而废食"了。完全只有利而没有弊的事，在历史上、在世界上，
是不容易找出来的。假使因为有了多少毛病，而就要完全放弃，那么一
切的政治，以至于社会的改进，就无从兴办了。我们知道，凡是文化惰
性愈大的社会，其革新也必愈难，而所需要的代价也必愈多；但是反过
来说，若是因为代价太大而不愿去改革，则其流弊恐怕愈来愈多。比方，
革命是流血的事，然而在某个时代或某种社会里，革命是需要的。俄国
的革命、法国的革命，以至美国的独立，没有一件不是流血的事。但是
假使俄国与法国不革命，则俄国与法国避免不了专制政治的淫威与毒害。

假使美国不独立，美国就不易那么快地脱离其殖民地的地位。在俄国革命，或在法国革命，以至美国革命的时候，一般的人们何尝不当革命的灾害，甚于洪水的祸患，然而经过了相当的时期之后，弊病慢慢地改良，到了现在呢？不只美国人不会说现在的美国不如属地时代的美国；不只是法国人不会说现在的法国不如专制时代的法国；就是革命的流血还在记忆中的一般俄国人，大概也不会说现在的俄国不如沙皇时代的俄国罢。

俄国的革命，在意识上是共产主义，这是西欧的产物。假使俄国人以为这不是俄国的东西而不可要，则俄国的革命是灾害了、多事了。而况，照马克思的预料，这种革命应当先产生于工业化程度很高的西欧，而不应先发现于工业比较很落后的俄国呢？法国的革命，在事实上，也是多少受了美国的独立运动与英国的宪政运动的影响。假使法国人像孟德斯鸠、卢梭等，以为法国的民主宪政，应当从其固有文化中的暴君制度或专制政体引申发挥；那么，法国的革命是不会成功的，而法国的民主宪政也不会实现了。

总而言之，俄国的革命以至于今不出三十年，革命所产生出的病弊，我们还能回忆、或且还能看见；法国革命的成功，经过差不多百年的历史；美国之脱离英国，虽在1882年，然而18世纪的末年以至19世纪的初叶的美国，不能称为真正统一，固不待言，就是19世纪下半期的美国的南北战争，又何尝不是充分表示从殖民地时代以至脱离英国以后的互相猜忌与互相斗争所遗留下来的祸患呢？然而，不只是渎美国或法国的历史的人，不能不承认百余年来，这两个国家在政治上、以至在文化的其他方面，有了很多的进步。就是读了俄国的历史的人，也不能不承认，三十年来，苏联在这些方面也有多少的改善。18世纪的柏克（Eburke）对于美洲的殖民地的见解，虽然是半个世纪超出他的时代，然而他的《法国革命的回想》（*Reflection on the Revolution in France*），不只表示他是过于保守，而且表示他是未免短见，只看当时的法国的病弊，没有看到在一百年后，这种代价并不白废。这是读历史的人们所不应忽略的。

革命民主、宪政固是这样，选举制度又何尝不是这样呢？就以民主宪政先进的英国来说，选举制度之改善，也要经过好几百年的历史。从前也可以说是有钱有势的人才能选举或被选，而今则不是这样了。从前只是男人可以竞选，而今则女子也能这样作了。英国固是这样，美国以至其他的好多国家，又何尝不是这样呢？美国的政治头目（Political

Boss）纽约的塔米贺尔，在美国的选举制度上，又何尝不作出多少灾害。然而，美国人并不因此而放弃其选举制度，反而他们觉得这种制度的流弊都可以时时刻刻加以纠正、加以改善。

梁漱溟先生并非没有看到这一点，所以他说：

> 外国竞选，虽有弊，大致总过得去。彼固有其数百年所养者（法治之效习惯之成，条件之备，一般道德水准知识水准）在也。

然而，他又说：

> 中国而言竞选，一切无所循、无所据、无所养，多数老百姓，茫然不知所谓，只有听任此无所不至之人（按指逞欲，而亡耻与有钱有势者），表演其无所不至而已，尚何灾之不成？

这是牵涉到整个中西文化的问题，我们当在后面再加论列。我们在这里所要说明的，就是梁先生虽然指出外国竞选是有弊病，但是他也承认大致总过得去，而其所以过得去的原因，就是因为他们不只有了好的法治、习惯、条件等等，而且有了较高的道德与知识的水准。反之，中国之所以不能言竞选，就是因为中国缺乏了这些东西。这就是等于说是因为中国的法治、习惯、条件种种，以至道德知识水准，都比不上西洋。质言之，也可以说是中国文化是比不上西洋的。

我以为正是因为中国的文化比不上西洋的，所以中国需要西化、彻底的西化，全盘去西化。竞选固要举办，法治、习惯、条件种种以至道德知识水准，也要改善。反之，若自甘落后，则中国前途还有什么希望呢？

西洋人之所以至此者，既乃有其数百年所养者，那么中国要达到这种地步，就不能不用多少时间，去效法与试验，而求其所养者。假使因为其他条件尚未具备，而在未竞选之前，就预告选灾，这是等于未食之前怕噎废食了。

何况梁先生岂不是这样说过吗？

> 英国式宪政，是近二三百年社会进步逐渐开出来的。而有它，更大大促进社会之进步。二者互相表里，迭相为因果。于是有今天的宪政和今天的进步……再从其效率言之，往时西欧以二三百年得之者，后来日本以六七十年得之，苏联更以二三十年得之，固然后来居上，由于坐收前人研究发明之功，亦为日本较有目标预期，苏联更有计划之故，然则于此何去何从，亦可思矣。

　　我们先要指出，俄国之学西欧，并不只是二三十年的历史，而乃有了二百多年的历史，而特别是彼得大帝以后，俄国欧洲部分西化的基础已逐渐地建立起来。苏联在这二三十年来，不过是加强其速度而已，而且苏联与日本之效法西欧，在今日看起来，不只是还未见得后来居上，而且相差得多。至于政治方面的民主宪政，苏联与日本之尤见得学到英美，更是一件很为显明的事。但是我们所要特别加以注意的，是梁先生既以为苏联的更有计划而效法西欧，日本的较有目标去实行西化，而坐收前人研究发明之功，那么中国又何尝不能够这样作呢？若说中国没有其所养者在，所以不能效法，那么日本在六七十年前，俄国在二百年前，又哪里有其所养者在以为效法西洋的基础呢？这样一来，彼得大帝的改革，苏联、法国的革命，以至美国的独立，又岂非是多事多害之举吗？

　　不但这样，梁先生又告诉我们道：

　　　　今日所行一切，学自外国，别底犹可，唯自己出头竞选觍然不以为耻，实大悖于固有优美的谦德。……谦本来是中国人之道。后来人的谦，未必直；流俗人的谦，未必真。不真，不足贵。然犹胜于觍然无耻，不顾一切，以遂其所欲者。不为遂其所欲，他不会出头干这样。遂欲之人，就是中国所最不许可的……遂欲而亡耻，则其无所不至，自在意中。此其所以可怕也。

　　梁先生在一方面虽以为竞选是觍然无耻，然一方面像我们在上面已经指出"外国竞选虽有弊，大致总过得去，彼固有其数百年所养者在"，而所谓所养者在中国的一般道德水准的优越，又是一种重要因素，竞选既是耻事，竞选又是合于道德的，这又岂不是一个很大的矛盾吗？

　　而且，他一方面虽以为竞选是无耻，而实大悖于固有优美之谦德，然一方面又说道：

　　　　民主宪政，即有与我们精神相通之处……民主就是承认旁人，承认旁人即与恕谦让相通……宪政是有争而无乱之道，无乱即与礼相通。

　　这岂不又是一个矛盾吗？除非梁先生以为西洋的礼让谦恕，以至于整个道德要素之于中国的是有了不同之处，则这种矛盾是无法解释的。而况，他却明明白白地指出西洋的这些德性之于中国的是相通的呢？

　　其实，从梁先生上面那段话里看起来，中国本来之谦早已坠落，所以他说："后来人的谦，未必真；流俗人的谦，未必真。"在没有介绍西洋的竞选之前，中国的谦早已不真而流为虚伪，然而梁先生还说这种虚伪的谦，犹胜于竞选之觍然无耻，犹胜于西洋之有谦的民主，以及有礼的宪政，这真可以说是矛盾中之矛盾了。

我们知道，梁先生之所排斥的是西洋的竞选之输入中国，而他所提倡的是中国古代的选举。这就是他所说的"中国的老选举"，且看他说：

> 选举竞争，在西洋，本从其古人粗朴行动，渐渐理性化、理智化而来，为数百年精神向上走之结果，其事当然可行，当然可资之以建立民主政治。但中国的历史文化，完全两样。今要学他，便与固有美德相悖，却是精神向下去了。匪独民主政治不能资以建立，其后果之恶，将不可言。我之所谓不可学者，谓此。

西洋的竞选是否像梁先生所说是从其古人粗朴行动而来，我们不必在这里讨论，然而，一方面既说西洋的竞选，可以资之以建立民主政治，一方面又说这种竞选不可学，又是一种矛盾了。梁先生又说：

> 唯公平之选举，才见民意。一般老百姓，无钱、无势、无知、无胆、无空闲、无兴趣……试问他们的意想，从何表见？其结果，当然只是对成势力的那些新旧恶势力之一度取得民选美名，更加他们一层合法保障而已。

我们应当指出，西洋的选举之在今日，所以像梁先生所说大致总过得去，而当然可行者，也非一朝一夕所能作到这个地步。中国而欲学西洋，不只要经过一个相当的时间，而且，同时要使一般老百姓逐渐地有钱、有势、有知、有胆、有空闲、有兴趣。西洋以往的一般老百姓，既也没有这些，而是逐渐地得到的，那么除了中国的老百姓甘愿永远是生活于这样状态之下，则中国老百姓，为什么不能因了这种情形的改变，而实行选举呢？而况实行选举，也是推动民主宪政的一种主动力，而推动民主宪政，也是使一般老百姓能够逐渐地有钱、有势、有知、有胆、有空闲、有兴趣的一种主动力呢？梁先生对于这一点，也无否认。而况，他既指出西洋的选举乃有其所养者，同时他又指出"一切学自西洋别的既犹可"，为什么选举就不可呢？因为学了西洋的别的东西，则中国也有其所养者在，那么选举之取法于西洋尚有什么问题呢？

其实，梁先生所歌颂的中国的老选举，究竟是什么东西，他就没有明白的解释。他说："在中国老政治上，老选举上，本没有党派"，然而他又紧接着说："或至少不以有党派为正常"。这又是承认有了党派了。

只指出中国的选举之于西洋的选举，只是同名而异实，所以他说：

> 中国古时行乡举里选，后来历代史书多有选举制。那完全与今日所行，同名而异实。

我们以为不只是西洋的选举之于中国的选举，有了差异，就是中国固有的选举，又何尝没有差异？《王制》所记的选士，是先试之学，而给以作官的地位。周代又有所谓宾兴的制度，所谓三年大比，兴其贤能，而不必入国学。汉代的举贤能方正，也谓之选举，这与以往的选举也不见得完全相同。然则梁先生所提倡的古代选举，究竟是哪一种呢？

其实，与其说中国的选举之于西洋的是同名而异实，不如说中国的选举只是有名而无实。中国古代的选举，虽如上面所说，有其自身的不同之处，然而根本上是"御命式"的任命，并非由民众选出的人士，而乃绅士或官家所选出的人物。《王制》所谓："令〔命〕乡论秀士升之司徒曰选士。"《周礼》所谓："三年则大比，考其德行道艺，而兴贤者、能者。乡老及乡大夫帅其吏，与其众寡，以礼礼宾之。"汉文帝恒在位之二年，曾下诏曰："二三执政，举贤良方正，能直言极谏者，以匡朕〈之〉不逮。"又十五〈年〉又诏："诸侯、王、公卿、郡守，举贤良能直言极谏者"。这岂不是御命式的选举吗？岂不是只是有名而无实的选举吗？

不但这样，就是这种选举，也有了不少病弊。东汉举士的滥溢，所谓辟贤召士，一些自命为士人贤者，迷于仕途，不以卑微自诅，这又岂是知耻的人所作的事情吗？

何况在中国的仕途上，觍然无耻之事太多了。苏秦、张仪以及其徒众之低首下心、游说诸侯，以求得一官半职，固不见比之今日之自己出头竞选为高明，孔子、孟子之仆仆风尘、周游列国，莫非为利禄熏心。难道这就不是觍然无耻吗？读李白的诗的人，总能羡慕其气节清高，然而一读了他的《与韩荆州书》的人，真不免感觉到他是作了摇尾乞怜的状态。所谓"一登龙门，则声价十倍"；所谓"君侯何惜阶前盈尺之地，不使白扬眉吐气，激昂青云耶？"这简直是失了诗圣的尊严了。所谓中国的谦让之道，难道就是这样吗？此外，又如读韩愈的《进学解》的人，以至于其他之所谓怀才不遇的人士的诗文的人，不能不感到中国人之热于升官发财，而忽于礼义廉耻。到了近来，政治上的钻营卖官，官吏中的贪污罪行，难道还未闹得举国骚然吗？难道这些怪象，比之自己出头竞选还为好吗？

宪政·选举与东西文化（二）[*]
——评梁漱溟的《预告选灾·追论宪政》

三

梁先生不只是提倡老选举，而且好像提倡"老民主"、"老宪政"了。且看他说：

> 中国需要民主，亦需要宪政，不过民主宪政在中国，都要从其固有文化引申发挥，而剀切于其当前事实，不能袭取外国制度。

在中国的固有文化中，有没有民主呢？有没有宪政呢？假使是有的话，那么我们无疑地可以引申发挥。假使是没有的话，那么我们自然地无法引申发挥。梁先生虽然要从中国的固有文化中，引申发挥我们的民主宪政，然而自己却否认中国以往有了民主的观念。在《观察》的第2卷第6期中，梁先生所发表《中国文化特征之研究》一文里曾说：

> 又应指出民主、自由、平等一类观念要求，及其形诸法制如欧洲所有者，始终不见于中国，亦事属可异。自由一词，在欧洲人是那样明白确实，是那般宝贵珍重，又且是口中笔下行常日用不离，乃在中国，竟无词语，适与相当，可以翻译出来。

梁先生又举出他在《东西文化及其哲学》一书里一段话：

> 权利自由这类观念，不但是中国人心目中从来所没有的，并且是至今看了不得其解底……他对于西方人之要求自由，总怀两种态度：一种是淡漠的很，不懂要这个作什么；一种是吃惊的很，以为

---

* 录自南京《世纪评论》第2卷第24期，1947年12月6日。

这岂不乱天下。

我们现在要问，在这种的中国的固有文化之下，而欲引申发挥民主宪政，这又岂非是一种矛盾吗？我们并不忘记，梁先生在同文里，也曾指出："平等与民主二词，亦非中国人所习用者，但平等精神与民主精神，在中国却不感生疏。"他因此而又把梁任公在《先秦政治思想史》等书里所指出像孟子的"民为贵，社稷次之，君为轻"一类话，以为证据。其实，这一个错误，这是数十年前一般顽固复古者流，所用以反对效法西洋的把戏。所谓飞机来自墨子的飞鸢，所谓汽车来自孔明的木马，凡是西洋一切的日新月异的文化，不曰来自中国，就说中国老早已经有了。民主政治同样的是中国的固有的东西，所以用不着去取法西洋。

其实，假使我的记忆不错的话，梁任公并不把孟子及其他的古籍那些话而当为民主观念。他用了"民本"这个名词去代替民主这个名词，以为中国只有前者而没有后者。梁漱溟先生也有下面一段话：

> 虽然如此，却要晓得其所发挥仅至民有（of the people）与民享（for the people）之意思而止，而民治（by the people）之制度或办法，则始终没有人提到过。更确切地说，中国人亦曾为实现民有、民享而求些办法，设些制度，却总没有想到人民可以自己作主支配这方面来，如举行投票表决，或代议制等。

这些话，也差不多是梁任公在数十年前所说过的。我们也得指出中国不但没有民主或民治的制度，其实也没有这个观念。不但没有这个观念，连了这个名词也不容易找出来。而且民主的真谛，就是要由人民自己作主去治理国家的事情，这就是 By the people 的意思。中国既然没有了这一点，那么要想从中国的固有文化中引申发挥民主的精神，岂非是缘木求鱼的故智吗？

中国的固有文化中，既没有民主的精神，也没有宪政的主义（Constitutionalism）。宪法是国家的根本大法，不只人民要遵守，就是官吏、帝王也得遵守。其实，西洋宪政的发展，与其说是为着人民守法而来，不如说是为着限制官权、王权而生。从英国的大宪章以至近代的宪法，没有一件不是这样的。而况所谓保障人民的权利，却为近代宪法的重要部分。中国以前虽有所谓法家主张用法去治民，然而这不外是帝王臣僚立法而要人民去遵守而已。帝王臣僚是创制法律者，所以他们可以逍遥于法律之外，这是专制政治的特征，而与民主政治恰恰相反。因此之故，我们若想从中国的固有文化中引申发挥宪政，又岂不是一个很大的错误吗？

此外又如梁先生说：

> 西洋宪政，起于限制王权，而予人民以自由，这对于旧日中国消极无为之老政治，自属药不对症，然而矫正近年之一党专政、个人独裁，又未始无用。

然则梁先生也承认西洋的自由、民主之有用于中国了。梁先生反对民主自由之应用于中国的主张，又可以不攻而自破了。其实，不只是在一党专政个人独裁以至所谓思想统一、言论统制的中国，需要自由，需要民主，就是在数千年来的专制政治之下的中国，又何尝不需要民主，又何尝不需要自由呢？秦政的"焚书坑儒"，汉武之"罢黜百家"，清初的文字狱，以及数千年来的种种的专制政治，在中国政治的思想与制度的发展上，固是一件很为不幸的事，在中国整个文化以及其他的各方面的发展上，又何尝不是一个最大的阻力？所谓保守主义、闭关主义，所谓排斥异己，所谓天子独尊，在政治上就是专制护符，而在文化上又是惰性的作用。政治在以往，既往往成为文化的重心，政治制度既历来不变，文化也免不了而随之延滞。难道梁先生看不出来专制政治的遗毒之流行于今日，而还要我们不谈民主、不争自由吗？

梁先生也许告诉我们道：他所欲从中国的固有文化中所引申发挥的民主宪政，不一定是西洋的民主宪政，而是与西洋的这些东西有了相似的精神。在这篇《预告选灾·追论宪政》一文中，他曾摘录张东荪先生的《理性与民主》一书中数段话，以结束这篇文。张东荪先生的话是：

> 凡文化的沟通，应从其比较相似或比较相接近的地方着手，换言之，即容易不起误会。
>
> 于是我们便得一个定理：就是，两个文化交流时，必于其相类似处，方能融会，必须有融会，方能产生新文明。（中略）同此，我主张儒家思想，与西洋民主精神有相似点，就可由此一点之接近，而把民主主义迎接进来。
>
> 总之，从原则言，从理想言，从标准言，民主主义及社会主义，在中国没有问题。但从制度言，从实施言，则必须有深知中国国情与中国文化的学者，同时又深知西方文化与政治这样的学者，

多多益善，大家会同研究出来，专为中国而设底制度。

我所以抄了这几段话，因为梁漱溟先生说：他读了张东荪先生的书后，"发见他有些意见颇同我相近，欣然摘录于此"。梁先生既然摘录这些话以结束这篇文，大致上也可以说是梁先生的意见了。然而我们上面已经指出，梁先生不只坚决地说中国没有民主精神，而西洋的民主精神又不合于中国固有的国情，那么梁先生若是同意于张东荪先生这种说法，岂非又是一种矛盾吗？

而况，若照张东荪先生这种说法，却等于"西学为体，中学为用"的主张了。所谓原则、理想、标准，岂不是民主之体吗？所谓制度、实施，又岂不是民主之用吗？梁漱溟先生所谓从中国的固有文化中引申发挥民主宪政，本来是一种复古的主张，至多也不过是"中学为体，西学为用"的主张，现在这么一来，真是有了天壤之别了。梁先生而要把说这些话的张东荪先生引为同志，岂非是自己打了自己的嘴巴吗？

然而，我们所要讨论的，是儒家的思想是否与西洋的民主精神有了相似之点，而能够互相融会。我们所以提出这个问题，一来，是因为梁漱溟先生的思想、骨子里还是儒家的思想；二来，近来要把这种思想去融合西洋的民主思想的并不只是梁漱溟与张东荪【先生】两先生，而却大有其人在。

上面已经指出，梁漱溟先生虽说在孟子的言论中有了民有、民享的意思，而却没有民主的观念。这么一来在梁漱溟看起来，就没有相似之点了。而况，他曾一再声明，这种民主精神中国始终没有过。张东荪先生在上面数段话里，虽没有提出在儒家思想中哪一点与西洋民主精神有相似的，可是最近来《大公报》（10 月 24 日）载他在燕大师生的"什么是民主"的讨论会中的谈话，便可知道他所说的相似之点，是"孔子做人之道如容忍是"，所以他说："以容忍与民主相接则甚易，此乃治本治标之法。在于和平战争中，决不能产生民主。治本、治标兼施，若干年后，中国才能蹈上真正之民主轨道。"

我们以为，假使容忍而是达到民主政治的必需条件，那么在西洋的民主主义里早就有了容忍之道了。容忍他人的信仰，这是西洋人近代的宗教上容忍。容忍他人的意见，这是西洋人近代的言论上容忍。这也就是西洋人所说的信仰自由与言论自由，这是民主主义的要素。换句来说，西洋人的民主政治之所以能够发展，是由于在西洋有了容忍之道。反之，中国虽有了孔子的容忍之道，自己产生不出民主主义，则这个容忍之道，是否与西洋的容忍之道相类似，能否与西洋的民主精神相融会，却成了问题。

其实，从中国的保守主义、闭关主义，以至专制主义来看，中国对于容忍之道，至为缺乏。就以孔子来说，他作官不久，就诛了少正卯，而其所以诛他的原因，就是因为他不能容忍少正卯的言论与行为。他说："攻乎异端，斯害也矣。"这又是不能容忍别人的意见的表示。至于孟子之骂杨墨为禽兽，那是更显儒家之不能容忍别人的学说了。因此之故，所谓儒者或孔子之徒，如汉时董仲舒、唐的韩退之，没有一个不是心胸狭小，不能容忍异己的理论。中国学术之不能发达，固由于此辈之固塞所致，中国政治与文化之不放异彩，也莫非由于此辈之不能容忍。

孔子之道，既与民主主义相背而驰，那么，欲以孔子之道去调和西洋的民主精神，这又岂不是很大的错误吗？

孔子之道不只是反乎民主的潮流，而且是拥护专制主义最力的。他说："不在其位，不谋其政。"这是极端的专制的论调。他说："民可使由〈之〉，不可使知之。"这不只是专制的论调，而且是愚民的政策了。其实，孔子之在中国历史上，其所以能得到专制帝王的尊崇，无非就是因为他的这套理论，作了专制政治的护身符。所以，刘邦在未作皇帝之前，曾以便溺儒冠，可是发极之后，却尊崇孔子起来。此后一朝一代之尊崇孔子的君主，又莫非是因为他的理论是合乎他们的口胃。日本人占据了东北四省，也抬起孔子来。英国本为民主先进的国家，然在殖民地里，像在香港这个地方，却也鼓励孔子之道。所谓尊崇君主，敬仰皇家，又何尝不是因为孔子的主张是合于统治殖民地的原则。民国以来，香港之所以成为尊孔的大本营，并非无因。国民党北伐成功之后，所谓党国显要之提倡祭孔尊孔，又何尝不与一党专政、思想统一等等口号有了密切的关系。我们抚今追昔，已是无限感慨，而一些学者士人还想从孔子之道理引申发挥民主宪政，真不知其用心何在。

上面已经指出梁漱溟先生的好多错误与矛盾，但是梁先生的错误与矛盾，何止只像上面所说的。事实上，读了他的这篇文的人，不能不怀疑梁先生对于政治学上的一些基本原则，与对于西洋政制的一些普通事情，是否弄得清楚。比方梁先生说："团体公共之事，谓之政治"这个说法，大概是依据了孙中山先生的说法。孙先生说："政就是众人的事，治就是管理，管理众人的事，便是政治。"然而若从政治学的立场来看，孙中山先生的说法就有了商讨的地方。因为政治固可以谓为团体公共或管理众人之事，而团体公共或管理众人之事，未必就是政治。一个救济会社所作的事，可以叫作团体公共之事了，然而我们并不叫做政治。一种宗教组织所作的事，也可以叫做团体公共的事了。可是我们也不叫做政治。一个教育机关所作的事，也可以叫作团体公共的事了，可是我们也不叫作政治。总而言之，团体公共之事太多了，政治不过是其中之一。若把所有的团体公共之事，而谓为政治，那是一个错误。假使梁先生而曾读了一些政治学普通原理的书，我想他当不会有了这种错误罢。

梁先生对于政治的概念，既弄不清楚，他对于宪政的意义也很含混。比方他说：

> 我在政协会中，对政府问题，决定不发一言，不参加宪政小组，不参加宪章审议会，而积极参加军事组，致力于军队国家化之商讨。

然而，梁先生又紧接着说：

> 凡我所发言，总不出于军队问题，暨人民言论、身体自由问题之二端。

难道人民言论、身体自由的问题，就不是宪政的问题吗？其实，所谓人民言论、身体自由的问题，是宪政上的主要问题。梁先生大谈了宪政问题，而却说对于宪政问题不发一言，这又岂不是一个矛盾吗？

又如梁先生说：

> 现在世界上，除了苏联外，各国政治制度，皆渊源于英国。

这是把世界各国政治制度分为两种：一为苏联式，一为英国式。然而，梁先生又说：

> 本来有三种不同（政治制度）蓝本可供中国选择：第一，便是渊源于英国，而泛滥于世界的。所谓宪政，尽管其间出入甚大，变化多端，可任人剪裁拼拢，却仍不失其为一套蓝本，可供中国选择。第二，便是孙中山先生"五权宪法"之一套，虽总理遗教具在，而在国民党内已言人人殊，遑论党外。所以，亦尽可自由运用，而终不失为一套蓝本。第三，便在苏联自其革命以来的几次宪法，它因自成一格，不为恒情所许，但同有宪法之号，亦未尝不可取材。

上面是把世界各国政治制度分为两种，而这里又把其来分为三种。

这本来就是一个矛盾。事实上，假使孙中山先生的五权宪法而能自成一套，那么美国的三权宪法也可以自成一套了。若说美国的政治制度是渊源于英国，而列为英国式，那么，五权宪法大致上也可以谓为英国式了。我们并不忘记，国民党的一党专政作法是本于苏联，而今后就要施行的宪法中的国民大会，还脱不了苏联的政制的色彩。然而，若照梁漱溟先生逻辑，孙中山先生的五权宪法主要也可以说是渊源于英国。其实，所谓现在世界上除苏联外，各国政治制度实皆渊源于英国这两句话，就过于笼统，就要很多的解释。比方，瑞士的委员制度，美国的联邦制度等等，都未见得是渊源于英国。然而，要讨论起这些问题，则其所牵连的必定更多，只好从略。我们在这里，只是把梁先生自己的错误与矛盾指出而已。

梁先生一则曰："英国式政治是我早所倾服的"，再则曰这种政治是"我始终倾服"。同时，他又指出中国需要民主，需要宪政。此外，他还指出西洋的民主宪政的精神是与中国的谦恕礼让的德性有了相通之处。这么一来中国之学西洋，当然没有问题了。然而，同时他又一再声明中国政治于西洋的完全不同，所以一再声明中国不应学西洋，学西洋〈岂〉只学不成，而且只毁了自己固有的政治。这是矛盾，这是错误。

宪政·选举与东西文化（三）[*]
——评梁漱溟的《预告选灾·追论宪政》

四

上面是批评梁先生的政治主张。我们现在且进一步去指出他对于文化的问题的错误与矛盾。

我们已经指出，梁漱溟先生在《预告选灾·追论宪政》这篇文里，曾把世界的政制，分为两大类：一为英美式，一为苏联式。同样的，他把世界的文化，分为两大系：一为英美系，一为苏联系。这两种文化的不同，可以用他在民国三十六年一月十二日上海《大公报》所发表《政治的根本在文化》中的两段话来说明。

> 眼前世界上，英美代表着一大文化派系，苏联又代表着另一大文〈化〉派系。我们谈到英美文化，就包括其政治、经济乃至一切而说，同时，也就指着贯乎其全部文化中的个人本位制度而说。个人本位制度，是英美文化的骨干，亦是贯乎英美文化之一根本意义。同样地说，苏联文化就包括其政治、经济乃至一切而说，同时亦就指着〈贯〉乎其全部文化中的社会本位制度而说。社会本位制度，是苏联文化的骨干，亦是贯乎苏联文化中之一根本意义。政治在这里，只是表层的东西，而且亦只居其一部。

> 未来一切文化，从两种因素构成：一种是人的好恶取舍，抑扬轻重，及一切价值判断，流露在人生目的方面的。再一种则是顺此目的而来之手段方法技术等等，前者为主，后者为从。不同系派之

---

[*] 录自南京《世纪评论》第 3 卷第 1 期，1948 年 1 月 3 日。

文化，皆因其前者之不同，而不因其后者。试再借眼前来说明，个人本位、社会本位之取舍不同，重视政治之自由，而轻视经济之平等，重视经济之平等，而轻视政治之自由；便是英美文化与苏联文化所由分。即此取舍轻重，是其文化里而各自最主要的所在，至于那些农工生产方法技术等，即为文化之从属部分。两方自然要科学化、工业化，彼此并没有什么不同，即有些不同，亦无关重要。

在《预告选灾·追论宪政》一文中，梁先生也说：

> 在本年新年之初，我为文呼求国人认识今天的问题，在文化极严重地失调，呼求国人要以固有文化和英美、苏联两大派文化，作比较研究，才得解决政治问题。正为中国的问题，不起于中国；今天的问题，不始于今天；政治问题，不出在政治上，所以其解决之道，即必从综合比较研究中得之。

在某种意义上，我们承认政治的根本在文化，这是牵涉到文化本身以及其各方面的互相关系的问题。我们不能在这里畅所欲谈。我们所要指出的，是梁漱溟先生对于东西文化的观念的好多错误与矛盾，也是由于他对于文化的根本原理没有了解。就以政治的根本在文化这个看法来说，我们以为在某种意义上，我们承认这种看法有其道理，然而我们也得承认，政治对于文化的其他方面，也有很大的影响。在我们上面所抄梁漱溟先生《预告选灾·追论宪政》一文中一段话里，他自己指出："英国式宪政是近二三百〈年〉来社会进步逐渐开出来的。"（这已表示梁先生对于英国式的宪政史，就不大懂。因为英国式的宪政是从 13 世纪发展而来，已有七百多年的历史）然而，我们所要特别加以注意的，是他在这里也承认有了英国式的宪政"更大大促进社会之进步，二者互相表里，迭为因果，然后才有了今天的宪政与今天的进步"。

若照这种看法来说，则宪政实为推动社会进步，或是文化进步的一个主因了。宪政不过只是政治的一方面，或是政治力量的一种力量。宪政对于社会进步，对于文化进步，既有了很大的影响，那么政治之对于社会，或文化的其他方面的影响是不待言而知的。比方，我们上面所说中国的专制政体，以至其整个政治的制度与观念之对于中国文化的影响，就是一个例子。至于西洋的整个政治的制度与观念之对于西洋的文化的影响，也是更很为显明的事情。

然而，梁先生在《政治的根本在文化》一文中，以至在《预告选灾·追论宪政》一文中又说：政治在这里（按指文化而这只是其表层的东西），换句话来说，文化的其他方面是政治的基础，是政治的里层的东西，结果是只有政治，随文化的其他方面的变化而变化，而文化的其他方面，却不会因政治的变化而变化了。

梁先生一方面承认政治可以促进文化的进步，政治之于文化其他方面互相表里，迭为因果；而别一方面又说政治是文化的表层，政治是文化的枝叶，文化是政治的根本，这又岂不是一种矛盾吗？

不但这样，照普通的看法，英美之于苏联的不同是政治制度上的差异。后者是一党专政，而前者是多党政治。梁先生之所以把世界的政治制度分为苏联与英美两大类，也是为了这个原故。然而同时，他又把世界的文化分为两系，一为英美的，一为苏联的，以为前者是以个人为本位，而后者是以社会为本位。前者是重视政治上之自由，而轻视经济上之平等。后者是重视经济上的平等，而轻视政治上之自由。这么一来，英美之于苏联的文化的不同，好像并非政治制度的不同，而乃一个是个人主义，一个是社会主义。而所谓个人主义，又好像是政治上的个人主义，所谓社会主义，又好像是经济上的社会主义。其结果好像又以为英美的文化，是偏于政治的文化，而苏联的文化，是偏于经济的文化了。

梁先生在我们上面所抄下来那段话内，已经指出无论是英美也好，苏联也好，其文化乃包括其政治经济，乃至一切而说。那么，这种所谓英美的文化，是偏于政治方面，而苏联是偏于经济方面，又不知其作何解？难道英美对于经济的改革没有苏联那么注意吗？难道苏联对于政治的设施，没有英美那么注意吗？

我们承认，在事实上，苏联的人民在政治上没有英美的人民在这方面那么自由，然而这只能说在政治的自由的争取上，苏联还没有做到英美的地步。这是因为苏联革命未久，以往的沙皇专制的主义，尚未能在短时期内完全打破而已。若说苏联人民不要政治上的自由，那恐怕又非他们所承认罢。

从经济方面来看，苏联固是努力于经济上的平等，英美又何尝不在这方面努力。所不同者，前者是用激烈的革命的方法而求这种平等，后者是用温和的改良的方法而求这种平等。所得税、遗产税等等，在节制资本集中，不能说没有效力，而享用物品的限制与管理，对于贫者富者的享用上，又不能不说是趋于平等的途径。所以在目的上，无论是英美也好，苏联也好，两者在经济的平等上，都走在同样的途径。

我们以为，与其说英美重政治，而苏联重经济，不如说是英美从政治上的平等而趋于经济上的平等，苏联是想先得经济上的平等然后求政治的平等。然而，我们也得指出，无论英美也好，苏联也好，都以政治的力量去施行经济的政策。所以从文化的整个方面来看，经济问题在今日的世界上，虽是一个很为重要的问题，然而文化还脱不了政治的重心。争取政权，还是当为施行经济政策的先决条件。因此之故，若谓英美的文化，是偏于政治方面，而苏联的文化，是偏于经济方面，又是一个错误。

至说英美的文化，是以个人为本位，而苏联是以社会的本位，这种区别，在现代的西洋文化中，而尤其是自这次大战以后，只是程度上的不同，而非性质上的不同。而且在程度上，也逐渐接近起来。比方，苏联在革命后虽极力打破私产制度以至个人信仰，然而后来不只私产制度恢复起来，就是旧教崇拜，也恢复起来。至于英美在近年以来其文化的社会化的程度，也日来日高，所谓个人本位，早已失去本来的真面目，而况梁先生自己岂不是说过："欧洲人从来过着集团而斗争、斗争而集团的生活。"假使这种说法是对的话，那么苏联固是欧洲文化圈圈的一个单位，难道英美就不是欧洲文化圈圈的一个单位吗？而所谓集团云者，又岂不是以社会为本位吗？

不但这样，梁先生曾指出西欧的社会文化的进步，是经过二三百年的时间，苏联有计划地去坐收前人研究发明之功，而在二三十年中学了西欧的文化。这样看起来，在文化上苏联乃是西欧的徒弟而西欧（英国在内）却成为苏联的师傅了。然而所谓苏联的文化之于英美的文化的不同，究竟是有何所指呢？

梁先生也许说道：他所谓苏联之学西欧者，乃是那些农工生产方法技术等等。这乃梁先生所谓为文化之从属部分，而非文化之主要部分。而所谓主要部分，又乃指着经济政治的制度以及一切价值判断流露在人生目的的方面的。前者为从，后者为主。而所谓为从，却是从主而来。我们先要指出，苏联的以及一般的马克思主义者，对于这种说法，是绝对否认的。因为照马克思的看法，恰恰相反。他以为社会各种制度以至意识是随着生产的方法的改变而改变的。他的经济史观，也是筑在这个概念上。马克思这种看法对不对，我们不必在这里加以讨论，我们所要特加以注意的，就是梁先生自己也曾说过，英国式的宪政是近二三百年来社会进步逐渐开出来的。所谓英国式的宪政岂非西欧的政制之一吗？

而所谓社会进步又岂非指着或包括了农工生产方法技术等等吗？这么一来岂非反主为从了吗？若照梁先生所谓这两者是互相为表里、迭相为因果来看，那么，这两者乃处于互相关系、互相影响的地位，而所谓主从之分，又是一个错误了。

总而言之，所谓农工生产方法技术等等，也无非是就经济的。经济生活固受其他方面的文化的影响，如政治、宗教、道德等等，这些东西，也受经济生活的影响，两者既互相为表里，迭相为因果，就无所谓梁先生所说的主从了。

文化的各方面既是互有关系，互相影响，文化的某一方面或数方面的改变，往往会引起他方面以至于全部的改变。而况像俄国这个国家，自 17 世纪以后，而尤其是彼得大帝就位之后，对于欧化提倡，不遗余力，故二百余年以来，俄国的文化，遂成为欧洲的文化系统。我们知道，16 世纪的俄国，还是在东方文化中过活。17 世纪以后，逐渐地受了欧洲的文化的影响，到了彼得大帝的时候，乃极力去效法西欧，萨诺菩（Charles Seignobas）氏在其《近代文化史》中，曾有下面一段叙述：

> 彼得大帝……1697 年又作西欧修学旅行，与俄罗斯青年二百五十人同行，盖欲授以西方文明之方法也。彼得既返俄，即努力改变俄人为欧洲人。帝素无俄罗斯之偏见，不喜俄国风俗，亦不尊重俄国宗教，生平非常赞美西方文明，欲将其余入帝国。既知俄皇发令，人民无不服从，帝即令其臣民改变习俗。违者非处罚金，即处鞭刑。帝禁蓄长须，且亲自修剪廷臣之长须。无何，帝又令所有俄宫官员，一律改着西服。帝许人吸烟，而烟固俄罗斯教会所视为一种魔草，而在所必禁者也。帝以身作则，首先吸烟，帝又令妇女参与宴会，着欧洲礼服，不御而网。迨后 1718 年，帝又于圣彼得堡地方，试创客厅生活。帝令廷臣更番举行会议，换言之，举行晚会。贵族男女皆与宴，依欧洲法式寻乐，或跳舞、或斗牌、或吸烟、或杂谈……其两女皆受欧洲教育，日后继承帝业者，即此辈妇女也。为避免莫斯科人民起见，帝于波罗的海附近地方，建新都，而称之为圣彼得堡，盖德国名称也。帝强迫阿堪遮人民迁居新都，并令所有领主，各于新都建筑宅第。彼得在位之日，将其所赞许之欧洲礼节及制度输入帝俄焉……帝固曾化陈旧野蛮及半亚洲之俄罗斯，为一欧洲大帝国也。此种变化，由表面上观之，似须百年始克

有功，帝则仅以三十年之时间致之也。（依陈建民译本）

国内之一般反对西化，像梁漱溟先生们，阅了这一段话，无疑的必以为彼得之这样的提倡西化——以至于所谓皮毛西化像跳舞、斗牌等，是太"在盲目中学"了。然而，我们不要忘记，假使没有彼得那样大刀劈斩，去排斥俄国的固有文化，与提倡西欧文化，则不只帝俄的西化的基础不会成立，就是苏联欲像梁先生所谓在二三十年内"坐收前人研究发明之功"，〈也〉是不容易的。而况，直到今日，苏联的欧化尚不彻底呢。

所以，从文化的立场来看，17世纪以后的帝国也好，卅年来的苏联也好，其所循的途径是西洋的。这就是说，她是西欧文化的徒弟，她是西欧文化的一部分。不只是从农工生产方法技术以至整个物质文化，她是采纳西欧的，就是从社会风习，以至信仰意识，她也吸收西洋的。共产主义，可以说是苏联的信仰意识了，然而正像我在上面已经指出，这岂不是西欧的产物吗？我们不要忘记，马克思、恩格斯的思想主张，是西欧的环境——这就是西欧的文化中薰染出来的。马克思生长在德国，流浪在法、比，而最后的很多年，是住在英国，以至死在英国。他的最大与著名的著作——《资本论》，是在英国搜集材料与写作的。至于恩格斯，更不用说了。连了列宁，也不知花了多少时间在西欧。

总而言之，苏联今日的文化，在系统上是西欧的。假使我们以为苏联之于英美有了不同之处，是枝叶上的不同，而非根本的差异。然而，所谓枝叶的区别，不只苏联之于英美是这样。比方，若说政治上的一党专政，是苏联的特色而别于英美的多党治国，那么纳粹时代的德国，以及法西斯时代的意国，也岂不是一党治国吗？然而，我们是不是会因之而分西洋文化为德国派系的文化，与英国派系的文化呢？其实，在文化上，与其说苏联之于英美的不同，像梁漱溟先生那样看法，不如说是前者之西化的程度尚不彻底，尚不到家，而遗留了不少彼得大帝以前的俄国的东方色彩的文化。所以过去二百多年的俄国，固在努力去西化，今后的苏联，还是有意地或无意地走在这条路线。然则把政治上的政制或政策而分苏联与英美为文化两大系统之说，只是片面之见，只从枝叶去分罢。

宪政·选举与东西文化（四）[*]
——评梁漱溟的《预告选灾·追论宪政》

五

梁先生对于西洋文化的认识，既像我在上面所说，很为浅薄，他对于中国与中西文化的问题的解释，又有不少的错误与矛盾。比方，他说：

> 中西历史中西社会怎样不同？极简单地说，欧洲人从来过着集团而斗争，斗争而集团的生活；而我们则大体上过着散漫而和平，和平而散漫的生活。团体公共之事谓之政治，要求参预政治，即团体之事，必要给我预闻。要求自由，即抗拒团体过分之干涉压迫，而划分群己之界。民主者，承认旁人之谓也。承认公共之事，大家皆得预闻，承认人各有其自由，就是民主。宪政则是一种制度，借了它得保证民主之日即将开展。西洋当中世纪之后半，近世之初期，宗教、文化、政治、经济，各方面都特别表见分离、对立、竞争、斗争、凌乱……之情形。在其间，分中有合。唯一是民族国家之形成，而民主和宪政则不外是使这些在一国之内，变得有条理、有秩序、有轨道之可循。其道即互相承认，互相制裁，分离还是分离，对立还是对立，竞争还是竞争，斗争还是斗争，只是免除了凌乱暴乱。暴形之力，亦未消未减，但一齐用向国外去。国家是现有最高团体，在它以内，有秩序，在它之外，无秩序。宪政者无他，只是在这西洋国家内部一种有争而无乱之道而已。其为集团而斗

* 录自南京《世纪评论》第 3 卷第 2 期，1948 年 1 月 10 日。

争，斗争而集团，仍然未变。不过团体内组织得更好，对于斗争起来，其力更大。

但中国是什么呢？中国是和合统一的一个单位。它的统一，与其说在政治，毋宁说在文化，与其把它作为一种政治单位看，毋宁作为一文化单位看。二千年来，他是不像国家的国家。他以不要政治为政治，所以有人会说一句妙语，近代的英国人，以国家为必要之恶；中国人，自二千年之古昔，已把国家当作"不必要之恶"了（日本学者长谷川闲如是言）。盖一切国家都是阶级统治，他即缺乏阶级，难言统治。只是一消极相安之局，而非一积极统治之治。在内缺乏阶级意识，在外则缺乏国家意识，其散漫即此可征，其和平即此可征。综千言为一语，像西洋那样，处处可以见到对抗之力者，在他这里是看不到。难道他在这里就无争夺，无叛乱，无相争相抗之事，当阶不是这么说。在他全部文化气息上，在他全部历史事实上，和合统一是正面，是其本行本色，这些虽有，只是负面，或变例，间杂于其中，不同乎西洋竞争斗争，是其正面文章所在。

西洋的社会历史是斗争的社会历史，中国的社会历史，是和平的社会历史，这是近数十年来的国人的一般看法与老生常谈。梁先生这种看法，并不算为希［稀］奇。然而这种看法，未必是对的。梁先生自己就已承认，西洋的分中既有合，而中国的和中也有争。不过他以为斗争是西洋的正面文章，而和合是中国负面变例。然而我们读中西历史的人，若把二千余年的历史来看，我们也能明白，斗争既未必是西洋的正面文章，而和合也未必是中国的负面变例。在西洋数百年中的罗马帝国，一千多年的中世纪，大致上固是一个和合局面，就是近代国家制度发展之后，国内固像梁先生所说有秩序，就是国与国之间，也未见得天天在斗争，而没有秩序。

反过来看，中国春秋战国的时代的斗争，固不必说，秦代统一的时间，实在太短，汉祚虽有数百年，然而汉初诸王的叛乱，吕后的专政，汉族之于匈奴与南越西域的斗争，以致王莽之乱；此外如黄巾、黑山诸贼之乱，以至三国之争，无一不是在斗争与紊乱的环境。那么从春秋战国至东汉末年的长期中，所谓斗争是负面变例，却是一个错误了。到了五胡乱华，五代之世，紊乱情形，更不待说。唐称盛世，然而太宗时代之伐突厥，灭高丽，以至破吐谷浑，固是斗争，高宗时代之伐高丽，击吐蕃，以至伐西突厥，又何尝不是斗争？武后专政，天下纷乱，安禄山之反，以至德宗、宪宗时代之屡次反叛，僖宗时代的王仙芝、黄巢之乱，此外西北异族的祸患固是历年不断，西南南诏之患，也未见得时间很短。宋元两代之纷乱，明代像张献忠之作乱，清代像洪秀全之反清，以至三十多年来的内乱外患，无一不是中国的斗争史。

这样看起来，所谓在中国的社会历史上，斗争是负面变例，而和合是正面文章，却又未见其然了。

总而言之，一部西洋史，既未必是一部斗争史，而一部中国史，也并非一部和合史。一部中华民族发展史，无论是对内或对外，也可以说是一部斗争史。从黄帝与蚩尤之战，以至今日的内乱外患，何莫非是斗争的历史。四千多年来所谓和合统一局面，与其说是中国的史实，不如说是中国人的理想。然而这种理想，也非中国人所独有的东西。罗马帝国的建立者，基督教会的教士，但丁、康德、威尔逊、罗斯福，以及其他的好多的西洋人，又何尝不渴望有和合而平天下呢？

而况梁先生既承认现代的西洋，其内部既讲民主而使分中有合，而得到有争而无乱之道；反之中国连了国家的意识，还很缺乏，整个局面，趋于散漫，以至连年内乱，那么若照中国人的治国然后平天下的道理来看，西洋岂不是已经做到治国的地位，而中国连了这点，尚未作到。"国治而后天下平"，国尚不治，而欲以平天下的道理去教训西洋人，这岂不是愈见其妄吗？

梁先生又说：

> 自来中国所获致者，不在物而在人，尤在人的修养。——这正是西洋所遗漏了底，是能处己有自皆得，处人仁让谦礼，以视近世西洋人日以遂［逐］于外，争于人者，其人生意趣之造诣深浅精粗大不同矣。此即所以西洋人必且学走中国路，而中国人则终不学走西洋路之故。

然而，在别一地方，梁先生又指出西洋人的"民主就是承认旁人，承认旁人即与恕让谦相通……宪政是其有争无乱之道，无乱即与礼相通"。民主宪政既是与恕让谦礼相通，而所谓恕又可以说是与仁相通，那么所谓中国人处人之道，西洋人也已有了。梁先生以为这是西洋所遗漏了底，又岂不是一个矛盾吗？西洋人从其民主宪政而有了仁让谦礼，而中国人有了这些东西，却不能有民主宪政，西洋人有了民主宪政，故能无乱，中国人有了仁让谦礼，却不能免于乱，这么一来，中国人有了效法西洋之必需，而西洋人却无学走中国路的要求了。然则梁先生所谓

"西洋人必且学走中国路，而中国人则终不学走西洋路"的说法，又岂不是一个错误吗？而况梁先生还指出西洋之所以能够实行竞选，是因为他们的一般道德水准高于中国呢？

不但这样，梁漱溟先生又告诉我们道：

> 如此温文无力，与世无争之中国，近百年忽遭遇了像前所说底近代西洋国家，其必无幸，夫何待言。丧败之余对于西洋，乃不胜其羡慕，而以学他为自救之道，盖亦势所必至。六十年来之谋国者，总是向往西洋而初不悟西洋之不可学。……中国尽可以成一泱泱大国，却天然无法同他们争强斗胜，而且相遇之下，只有自己认输，不必更作他想。因为彼此根本是两回事，学不来，学不成他，只毁自己，所谓"邯郸学步并失其故步"。

梁先生在《政治根本在文化》一文里却又说：

> 旧文化的崩溃，本不必顾惜，像俄国旧文化不是全部被布尔斯维克推翻了吗？只要新文化能建立起来，如苏联今天这样，又何必顾惜旧物，苦就苦在旧文化崩溃，而新文化产生不出来，如我们今天这样者。

我们先要指出，帝俄的文化之在今日的苏联，既并非全部被布尔斯维克推翻，而尚有其多少留痕，今日的苏联在文化的体系上，还是继承彼得的西化政策。梁先生一方面对于旧的文化的全部推翻，并不顾惜，一方面却又提倡中国固有文化之路，不只中国要保存，而且西洋且必学，这又是一个矛盾。梁先生所觉以为苦者，是旧的文化破坏，而新的文化尚未建立。然而我们也要指出，今日中国的新的文化之所以不能够创立，就是因为强固的旧的文化的惰性所作祟。梁先生把"邯郸学步并失其故步"来作比喻，我们却以为故步既还未全失，而"邯郸学步"，并未学到步，并未学到家。换言之，其所以学不到家的，一方面是因为不愿诚心去学，一方面是因为不愿放弃故步。正像他以为西洋的民主宪政之于中国固有的政治，有了根本不同之处，然而一方面他既主张中国需要民主，需要宪政，一方面又主张民主宪政在中国，都要从其固有文化引申发挥。民主宪政为中国文化所最欠乏的东西，他尚不愿去学，而要从其固有文化引申发挥，我所谓他的这种想法，是缘木求鱼的故智，就是这个原故。

梁先生又说：

> 凡与民族固有精神优良传统之事，不可行，行之，便自取毁灭。中国几十年来，祸乱愈演愈烈，到今天去毁灭不远的皆在此。

又说：

> 低陋之物质，益以圮败之精神，整个社会陵夷之就下溃乱，不能自主，几返于无文化无人性之境地。甚至无文化之区，亦所不能有之事，在此都可以看见。抑且满眼皆是，以此云惨，惨之极矣。或犹以为中国固如此而不知漫然以学西洋之为祸，此我所以极言西洋不可学，冀国人之有悟也。

我们不知梁先生所谓"民族固有精神优良传统之事"，所指者何。若说是仁让谦礼的特性，则照梁先生看起来，西洋也未尝不有，而且能够实现于民主宪政。若说是一般道德的水准，则照梁先生看起来，西洋比之中国还要高，然则所谓优良传统，是什么东西呢？

而况，他既这样地反对学西洋，他无疑地是要复回固有的文化，然而同时他又说：

> 我们还有数不清的问题，像工业之亟待建设，像弊风陋俗（缠足、早婚、迷信等）之亟待改革，像教育文化水准之亟待提高，像国防问题等等。

梁先生本来是要中国以农立国，而反对工业化的，现在要中国工业化起来，已是前后矛盾。而况所谓工业国防的建设，又岂非梁先生所指的西洋的低陋的物质文化吗？所谓弊风陋俗的现象，教育水准的低下，又岂非中国固有文化的传统吗？要想改革弊风陋俗，要想提高教育水准，又岂不是要走西洋的路吗？

这不过只是把梁先生在《预告选灾・追论宪政》与《政治的根本在文化》两篇文中，关于中西文化的观念的错误与矛盾，加以指摘。其实梁先生之对于这个问题的解答的错误与矛盾，何止于此？关于这一点，我在别的地方，已经一再批评，这里不必赘述。至梁先生说：他正写《中国文化要义》一书，希望读者"设于本文（《预告选灾・追论宪政》）有批评见教之处，不妨待之全部理论主张看过之后也"。我们却以为待到该书出版之后，还可再来批评指摘他的错误与矛盾。我们所怕者，他的这本《中国文化要义》中的理论主张，大概也不过就是像他在过去的好多著作一样的，对于这个问题的理论主张，重复而又重复地叙述而已。其结果是没有什么值得我们再加批评指摘罢。

蛋民的起源[*]

一

关于蛋民起源的传说或学说，据我们现在所知道的，约有三十余种。为着研究与解释的便利起见，我们可以把这三十余种传说或学说，概括为下列六类：

一、是从蛋民的体格或其艇舶的形状方面而说明其来源的；

二、是从蛋民的蛋字而解释其来源的；

三、是以为蛋民乃由某种动物而来的；

四、是以为蛋民乃来自某一地方的；

五、是以为蛋民乃始于某一时代的；

六、是以为蛋民乃某种民族的别名或其支流的。

我们愿意承认这个分类，并非一个精密的分类，因为有些关于蛋民起源的传说或学说，是同时的属于上面所举出的二类或三类者。比方，有一个传说或学说以为蛋民乃起源自某一时代的某一地方的某种民族，而且所谓时代、地方与民族有了密切的关系，以构成这个传说或学说。我们若以这个学说或传说的三种要素——时代、地方与民族——分开为三种类别，以说明其来源，自然是失了这传说或学说的整个意义。

因此之故，我们以蛋民起源的传说或学说概括为六种类别，不外是将某种传说或学说之注重于某一方面者，而列入某种类别。比方某种传

---

* 录自天津南开大学经济研究所《政治经济学报》（原《经济统计季刊》）第 3 卷第 3 期，1935 年 4 月。1946 年陈序经《蛋民的研究》（商务印书馆出版）一书，将该文列为第一章。

说或学说，对于蛋民的起源虽不限于时代方面，然其主要点是偏于时代者，列入时代类。总之，分类固为研究学问与解释现象的工具，然我们也不能为着分类而失却某种传说或学说的整个意义。

二

专从蛋民的体格方面说明其来源的人们，以为蛋民而特别是蛋妇，臀部圆大像蛋，故曰蛋民。这种说法，本来是过于简单，而且含着一种蔑视与讥笑的态度，很难置信。

原来蛋民世居艇舶，艇舶里的地方狭小，起立行走的机会很少，他们一切的日常工作，甚至有时摇艇，皆坐而为之。两脚运动甚少，移动时多用臀部，也许因此之故，经时既久，臀部较为发育。然若因此而谓为像蛋故曰蛋民，则陆居之人之有同此体态者，也可以叫做蛋民了，这岂不是滑稽之甚！何况蛋民之中，也非人人具有这种体态，所以持此种态度，而说明蛋民的起源，除了像上面所说是含着蔑视与讥笑的态度外，实没有什么研究的价值。事实上要是这种传说而是对的，那么我们也用不着把来研究了。

从蛋民的艇舶的形状而说明其来源的人们，以为蛋艇像蛋之半剖形，上盖以蓬，又像其他之一半，故曰蛋艇。因为艇形如蛋，故艇家也叫做蛋家。屈大均《广东新语》卷十八"舟语蛋家艇"条云：

> 诸蛋以艇为家，是曰蛋家。

虽不明言其艇如蛋，是曰蛋家，然语气颇近此说。清乾隆年间，沈复著《浮生六记》里说（卷四）：

> ……出靖海门，下小艇如剖分之半蛋而加蓬焉……也许相信艇形如蛋，所以叫做蛋艇。又如英人邓宁氏（C. T. Downing）在其所著《番鬼在中国》（*The Fan—Qui in China*，1838）一书里也有这种意见（参看 Vol. I，p. 27）。此外又如英国秉钦（J. E. Bingham）所著《远征中国记》 （*Narrative of the Expedition to China*，1842）也持此说（参看 Vol. II，p. 270）。

以艇人的艇舶的形状像蛋，而遂叫艇人为蛋民的传说，照我们的意见，只是说明蛋民之所以叫做蛋民的由来，并非说明蛋民本身的起源。这个传说以为（一）蛋民于未用如蛋的艇之前并非叫做蛋民。（二）艇民之艇不像蛋者也非蛋民。可是事实上，据可靠的史书记载，唐以前的蛋民，不但没有像蛋的艇，而且并非永〔水〕居，同时照我们现在所知的蛋艇种类繁多，并非通通像蛋。于是可知以蛋艇像蛋而说明蛋民起源的传说，不能相信。

三

从蛋字的解释以说明蛋民的来源的，有好几种。现在略述于后，以见大概。

第一种说法是以为蛋家乃艇家之转音。许予一先生在《贡献旬刊》第 4 卷第 6 期发表一篇短篇文章，名曰《蛋家考》（页五十）力主此说，今把他的几段话抄之于下：

> 考蛋家亦称艇家。艇者，亦为《说文》新附字之一，小舟也，从舟，艇声。徐铉音徒鼎切，读如 Ting，今粤读为 Tang，盖古音之遗也。是犹庭之音为 T'ang，青之音为 Ch'ang 也。至如广东香山县土音，沙廷、地廷之廷，皆读为 Tang，是亦古之遗音也。《诗·卫风·硕人》云："巧笑倩兮，美目盼兮。"以倩韵盼（P'an），是知倩之古音必为 Chan 也。今粤人谓好为盏（Chan），盖即此字之讹，然而倩从青声，是从青声（Chang）之倩，转为盏（Chan）也。此因 Chang 失其竟文（Final）g 耳。犹是从廷声（Tang）之艇，转为蛋矣。故蛋实为艇之转音，而蛋家则为艇家之讹。蛋之入声则为带，带者舟之古音也。故《诗·大雅·公刘》："何以舟之"，《传》云："舟带也"，是舟乃蛋之转音；然蛋乃艇之转音，是舟即艇也。无怪《说文》无艇字矣。总之，艇家、蛋家，皆为舟家之讹，而舟乃蛋之转，蛋乃艇之转也。

罗香林先生最近在国立中山大学《文史学研究所月刊》第 2 卷第 3、4 期合刊发表《唐代蜑族考》上篇一文，对于许先生以蛋乃艇之转音，曾作下面的批评：

> 许君似于古音训释仍有未达，姑无论上列音释是否合理，然即就蜑族史实言之，亦已足证蛋乃艇讹一说，不足依据。按蜑族原亦陆居，移栖水面，意乃五代后事，唐人著作，无蛋人浮生江海之记录也。艇家一词，乃彼族一部分人移栖水面后所被称者，未得以水

居后起名词，逆绳囊昔陆居原名也。即谓艇蛋有音转关系，然此亦只能谓艇家一词，原自蛋家一词所演出，必不能谓蛋家反为艇家之讹。

我们以为罗先生以唐以前无蛋人浮生江海而乃陆居的史实以批评许先生的蛋家为艇家之讹的意见，很为合理。可是罗先生以为艇家一词，乃彼族（蛋族）一部分人移水面后所被称者，故艇家一词，原自蛋家所演出，也有商量之处。照罗先生的理论，艇家乃蛋家的一部分，而且蛋家又先于艇家。考《说文》虽只有蛋字而无艇字，然这里只能说明蛋字是先于艇字，并非一定证明水居的蛋，是先于艇。且照事实来说，艇之存在，应当先于蛋之水居，盖蛋之水居，必赖于艇，较为近理。至谓艇家乃蛋家一部分，恐怕也非事实。考广州所谓艇如艇仔并无一定是指着蛋艇，盖蛋艇以外还有别种艇也。又照琼音与厦门、潮州音艇仔（小艇也）的仔，是从 K 音，艇家的家也从 K 音，故艇仔与艇家有同音关系。然在琼州一般人所谓艇仔或艇家之于蛋家，没有关系。可知水居蛋家固是艇家，而艇家却未必是蛋家。

第二种解释，以为蛋字本作但，《吴下方言考》引《淮南子》卷十七《说林训》："使但吹竽使氏厌窍，虽中节而不可听，无其君形者也。"谓蛋户与蜑户同本作但，后世改作蜑，柳柳州乃作蛋，《辞源》"蜑户"条亦云："蜑户亦作蛋户，本作但，南蛮之一种。《淮南子》使但吹竽，使氏厌窍是也"。吴高梓先生在《社会学界》第四卷有一篇福州蛋民调查文章，也说此处（《淮南子》）的但和蛋无异（页一四二）。《辞源》与吴先生不过是述《吴下方言考》的意见。此外，罗香林先生《唐代蜑族考》上篇（页二十六）曾有同样的意见。他的理论，可于下面一段话里见出：

> 吾考《吕氏春秋》十四，《孝行览·遇合篇》载，越王不善五声故事。谓凡能听音者，必达于五声，人之能知五音者寡，所善恶得不苟。客有以吹籁见越王者，羽角宫徵不谬，越王不善为野音，而反善之，说之，道亦有如此者也。按籁为箫类，乐器古制比竹为箫，大者二十三管，小者十六管，越王不善闻籁，以不习吹也。此与不知吹之，但微有关涉，盖余最近考证，蜑族原即越族遗裔。越王不习闻籁，似当时越族风气使然，但不善竽，意亦不习吹也。但越不习吹，如此暗似，谓但为蛋之别写，殊可能也。

罗先生不相信王念孙在其《读书杂志》谓但为佢误之说，而同意于《吴下方言考》。但是罗先生上面所解释蛋与但的关系太过勉强。高诱以但乃古时不知吹人，并不一定证明但乃越族。考但《说文》训为拙，《广雅·释诂》训为钝，钝拙之人，不知吹，较为近理。故王念孙之说，固未可尽非也。又据《晋书·乐志》有所谓《但歌四曲》，出自汉世，无弦节作，伎最先唱，一人唱三人和，魏武尤好之，自晋以来，不复传。然则"但歌"之别于"蛋歌"，极为显明。此外尚有但姓者，宋之但忠，明之但懋，然但为特别的种族，而和蛋有关系，均未见于史书。《说文》"蛋"、"但"两字均有，可知"但"、"蛋"未必相同，就使"蛋"本作"但"而言之成理，我们对于蛋族的起源，还是没有明白的认识；反之却使我们对于研究这个问题别生枝节，因为"但"为种族之说，尚未成立故也。

第三种解释以为"蛋"与"狙"同音，故谓"蛋"就是"狙"。刘锡蕃先生近著《岭表纪蛮》，颇主此说。他说：

> 今吾桂三江及黔南一带尚有所谓狙族者，狙与蛋同音，是必在陆为狙，在水为蛋；最先原为一族，其后逃窜分离，因而发生字异耳。（页二五）

关系狙族之见于著作者很少，嘉庆《广西通志》列传二十四《诸蛮二》（卷二百七十九）有一段很短的记载：

> 狙人居山谷，种山禾，日暮始春，无隔宿之炊，单衣不利于寒，长袴不利于走，较诸蛮最为愚弱，怀远县有此种。

狙人居山谷，与其说和蛋人有关系，不如说是和猺、獞诸族有关系。且狙之历史，据我们所知者，似不若蛋之久远。常璩《华阳国志》已有关于蛋的记录，又蛋在唐以前多陆居。刘先生所谓在陆为狙，在水为蛋之说，更难成立。若谓"狙"与"蜑"同音，故有密切之关系，则与其说"蛋"乃"狙"之转音，不如说"狙"乃"蛋"之转音，较为近理。然这种说法，只能说明"狙"之来源，并非"蛋"之来源。

第四种解释以为蛋或即疍之俗字。钮树玉《说文新附考证》卷六"蜑字"条云：

> 蜑疑疍之俗字，《玉篇》但有蜒，以然切，训蚰蜒（本《方言》及《释名》郭注），盖延之俗字（《汉书·司马相如传》〈作〉宛蜒，《扬雄传》作宛延）。《广韵》上声二十三旱，蛋，南方夷，徒旱切。

《隋书·地理志》长沙郡旧有夷蜒名莫猺，据《吴志》黄龙二年，遣将军卫温、诸葛直将甲士万人，浮海求夷洲及亶洲云云。窃疑蛋名或本此，故《隋志》称夷蛋也。

这种解释太过勉强，钮氏自己也不过疑蛋乃亶之俗字，而未敢确言。其实蛋字与亶字的关系尚未确定，何况从蛋字与亶字而再推到蛋族与亶洲的关系。至于万人浮海求夷洲及亶洲之说，似亦近于荒诞，不可轻信。罗香林先生在《唐代蛋族考》上篇，以为亶洲即今台湾琉球地，其人即所谓东鳀人也，与蛋人不无相当关系。他说：

夫亶鳀台岱，与太蛋皆舌头音，字虽不同，而皆一声之砖。钮氏疑蛋为亶，诚所谓读书得闻者也。台湾与闽仅隔一衣带水，与会稽亦相迎，闽越盛时，其人乘风浮海，往来移殖自为意想中事。故连氏《开辟记》亦云或曰楚灭越，越之子孙迁于闽，流落海上，或居澎湖。越族遗裔已多称蛋，则台湾越裔之称鳀人，寖假称居地曰亶洲，曰台湾，亦意中事也。

这种解释，比之钮氏的解释，未必较好，而且罗先生所谓自为意中事等词句，正像钮氏所谓蛋疑为亶之俗字的疑字没有什么分别。故我们对于这种主张，用不着多事批评。

第五种解释是福建蛋户俗称科题（或曰曲蹄）。科题的意义罗香林先生在上面所举那篇文里，曾有下面一段话：

按科题或曲蹄，方音同读题，蹄《广韵》见卷一十二齐，杜奚切，舌头音也。古音脂微齐与灰皆同部，今日齐部属字古音每收音ai，于而题、蹄二字则读如 Tai，此与安南、缅甸掸人之自称为 Tai，及古台湾土著之称鳀人正相符合，以知曲蹄之蹄，与科题之题，其实皆蛋字音转也。

罗先生是从盛功叙《福建一瞥》、《闽省琐谈》里所说，福建的蛋户，"多在闽侯一带，俗称科题，或曰曲蹄……"而发出上段解释。按福建蛋户俗称科题，或称曲蹄，又称裸蹄，关于科题、曲蹄与裸蹄的解释，吴高梓先生的《福建蛋民调查》一文里曾略言之。他说：

科题二字，本身毫无意义，不过普通福州人都称蛋民为科题，所以只要是福州人，一听到科题二字，没有不知道这是指福州的蛋民而言。据我个人的观察看来，科题二字，或是裸题〔蹄〕二字的转音，裸蹄与科题字音颇相近，或者科题就是裸蹄的转音，也说不定。福州蛋民无论男女，全是裸蹄露脚的，裸蹄的名称，亦许就由这缘故产生出来。

关于曲蹄的解释，吴先生说：

> 曲蹄二字，按闽音与科题郭倪（按福建蛋户亦曰郭倪）都很相近，科题二字也可以是曲蹄的转音，这是因为正与以前已经说过的科题二字没有意义的。福州的蛋民，所以也称做曲蹄的缘故，大概因为蛋民所居住的地方，不过是小舟，他们的工作和睡卧的地方，都是在舟上，他们的空间是非常狭小的，所以他们的行动，饮食卧起等多须屈膝。他们在舟上的行动，多半是不自由的，虽然他们自己——因为习惯和环境使然——并不觉得不自由。换一句话来说，他们在舟上动作时，他们的身体无形中要受空间的裁制，曲蹄驼背，乃是蛋民所常有的现象，这个或者就是曲蹄名称的缘起。

我们以为吴先生的解释，也许未必尽然；然比之罗先生的解释，较为明白，较为切实。原来蛋民之裸蹄、曲蹄乃蛋民的一种普通现象，不仅福州为然，典籍中之载蛋民跣足者也并不少。然而这种解释，只是说明蛋民之所以叫做科题的原因，并没有给我们以蛋民的起源的暗示。

罗先生还举出浙江的惰民，《列子》卷下《汤问》第五里所说的楚南炎人，以及《山海经》第六《海外南经》里所说的戬国之于蛋民有了关系。这种关系，似均不外是像罗先生所说的，乃意中事一样。我们可以不必多事讨论，就使他们之于蛋民有了像罗先生所说的关系，我们对于蛋民起源的问题，还未得到相当的认识。

第六种解释是以为蛋字是鲲字的转音，周觉校本《章氏新方言》的补篇里说：

> 粤语呼卵曰旦，此不识其本字，乃有臆造蛋字以当之者。不知卵字古读如关如管，其古文关作丱，《五经》文及《九经字样》，所引《说文》可证。《礼记·内则》卵酱，郑读为鲲，鲲鱼子也，鲲丱声同……今人遂无有知卵之字本作丱，其音读如关如管如鲲者矣。段氏《说文解字》辩之甚精，观此之今语之旦，即丱之转音矣，又可悟今人呼水居之民曰蛋民者，盖即丱民，亦即鲲民，因其水居，故以此贱名名之。

这当然是含了蔑视的态度，我们知道蛋民二字是陆上人所称者，蛋民自己不但少用这个名称，而且很不愿意听闻人家叫他们做蛋民，正像蛮夷、番鬼一般名词，是我们给予别人的。事实上，他们不但自己不会叫做蛮夷、番鬼，而且要当我们做蛮夷、番鬼。蛋人从来被人鄙视，故以鲲的贱名名之，也并非绝对没有可能。但是我们已经说过，蛋蛮之见于史书的为时甚久，唐前的蛋民的记录既并不言及蛋乃水居，则周氏所谓因蛋民之水居故以小鱼的鲲的名称来加诸蛋民，是不合历史事实的了。

第七种解释，是以为蛇龙蛋诸字乃同一音，所以蛋字也许就是蛇龙之转音。刘大白先生为钟敬文先生做《蛋歌序》的附记中有云（看《白屋诗话》页二九〇）：

> 蛇本作它，古音同佗，是 D 发音，龙从童声，古音也是 D 发音。蛇龙和蛋都是一音之转，所以蛋人也许本来叫做蛇人或龙人，后来音转为蛋，才相沿称为蛋人。

刘先生在这段话里不过说明蛋音是由蛇龙转变而来，究竟蛋音是由蛇龙转变而来，还是蛇龙音是由蛋转变而来，还是一个问题；就算蛋是蛇龙的转音，我们从刘先生的解释，也不过是知道这个蛋字的来源，而非蛋民民族的来源。因为所谓蛋民本来是叫做蛇人、龙人，还是神话；这一点我们当于下面再讨论。不但这样，蛋人不仅是叫做蛇人、龙人，而且有人叫他们做鲸鲵族、獭族的；若专从音韵方面来考证，那么一般人以为鲸鲵族、獭族之于蛋民的关系，又怎么样解释呢？

注重蛋字的解释，以说明蛋民的起源的，也许还有好多，这里所提出以讨论的，不过略举大概。我们以为从这一点来考证蛋民的来源，虽非没有价值，可是专从这一点来着想，也许有时会有太过穿凿附会之嫌，要是同声即称同类，恐怕也许生出指鹿为马的弊病。我们在上面所举出几上例，好像免不了这个弊病。我们的意见是：要想知道蛋民的来源，特别要从历史上的记录蛋民的文化与体质方面多做些工夫。此外，加以音韵或其他的工具，才能得到相当的认识。

四

我们现在可以把一般以为蛋民乃由某种动物而来的传说，略为叙述。

第一种传说以为蛋民是龙种。南海邝露著《赤雅》上编"蜒人"一节里有云：

> 蜒［蜒］人神宫画蛇以祭，自云龙种，浮家泛宅，或住水浒，
> 或住水澜，捕鱼而食，不事耕种，不与土人通婚，能辨水色，知龙
> 所在，自称龙神，籍称龙户，莫登庸其产也。

照这段话看起来，蛋民出自龙种的传说，乃蛋民自承认的。其不出
自蛋民自云而以为他们是龙户者，如《图书集成·广州杂录》（卷一千
三百十四）里言及之：

> 蛋户以舟楫为宅，捕鱼为业，或编蓬濒水为居，又曰龙户。

吴震方著《岭南杂记》却不肯定地说蛋人是龙户，且看他说：

> 蛋户其种未详何出，或云即龙户，以船为家，以渔为业，见水
> 色则知有龙。

此外，顾宁人《天下郡国利病书·广东八》、《图书集成·广州府风
俗志·俗考之六》卷一千三百零八，咸丰《兴宁县志》及《小方壶斋舆
地丛钞·说蛮类》，均有下面一段记录：

> 蛋辨水色则知有龙，故曰龙户。

这是显明地指示因为他们能辨水色，而知有龙，所以叫做龙户。对
于这一点，说得最清楚的是田汝成和屈大均。田氏在其《炎缴纪闻》
里说：

> 蛋人或编蓬水浒，谓之水蛋；以钓鱼为业，辨水色性，已知龙
> 居，故又曰龙人。

屈大均《广东新语》"蛋家艇"条云：

> （蛋）昔时称为龙户者，以其入水，辄绣面文身，以象蛟龙之
> 子，行水中三四十里不遭物害。

于是可知蛋人之所以称为龙人或龙户，未必就是证明他们是出自龙
种，而是因为他们是像龙子知龙居而已。邝露以为他们自称龙种，也许
未必尽然。

第二种传说以为蛋民来自蛇种。顾宁人《天下郡国利病书·广东
八》述《潮州志》云：

> 潮州蛋人有姓麦濮，吴、苏自古以南蛮为蛇种，观其蛋家神宫

蛇象可见。

《图书集成·潮州府杂录》之五卷一千三百四十二，曾有同样的抄述。李调元《粤风蛋歌题后注解》也说：

> 蛋有三种，蠔蛋、木蛋、鱼蛋。寓浮江者乃鱼蛋，未详所始；或曰蛇种，故祀蛇于神宫也。

咸丰《兴宁县志》却云：

> 所奉蛋家官肖神像，旁为蛇，每五月五日，享神而载之竞渡以为礼。

我们以为要是因为蛋民祀蛇而遂谓其为蛇种，那么像一般在南洋祀虎的人，也可以叫做虎种了。但是事实上却不是这样，因为南洋的土人，和中国人之祀虎，是由于畏惧老虎，故尊崇而祀之，希望其不为人害，并非以为他们的祖宗是虎，故加以崇拜。同样祀蛇的原因，也许是因为从前的南方，尚未开辟，毒蛇猛兽屡为人害，由畏惧而尊崇，历时既久，浅人不察，以为来自蛇种，也未可知。总之，祀蛇的原因也许很多，然若谓祀蛇即为蛇种，殊难相信。

第三种传说以为蛋民是鲸鲵的种族。屈大均《广东新语》卷七"人语蛋家贼"条云：

> 蛋家本鲸鲵之族，其性嗜杀。

李调元在其《南越笔记》也有同样的词句。蛋民所以叫做鲸鲵之族，大约是因为水居，而且像屈大均所说，其性嗜杀，犹如鲸鲵之在水里，残杀其他的动物一样，故以此名加之。这个传说当然亦含蔑视的态度，非一般蛋民所乐闻，可以不必多谈。

第四种传说以为蛋民是獭家。屈大均在同书同处曾说蛋民：

> 今止名獭家，女为獭而男为龙，以其皆非人类也。

这恐怕是为鄙薄蛋人的人所捏造，而其原因，大约不外是像宋周去非在其《岭外代答》"蜑人"条里所云：

> 蛋舟泊岸，群儿聚戏沙中，冬夏无一缕，真类獭然。

东莞[莞]邓淳所编的《岭南丛述》"蛋人"条曾抄述周氏这段话。其意不外是以为蛋人冬夏无一缕，好像獭一样，于是一般鄙薄蛋人的人，遂说他们是獭。这种捏造，于蛋人的起源上，当然是没有关系。

最后，还有人以为他们是蛟种的。邓淳《岭南丛述》、屈大均《广东新语》均提及。我们以为这也是没有什么讨论的价值，不过提起蛟字，我联想到梁任昉撰的《述异记》和邝露《赤雅》卷上，曾有所谓鲛人的记载。他说：

> 在海外有鲛人，水居如鱼，不废织绩，其眼能泣珠。

水居的人类，据我们所知的，只有蛋民，这里所说鲛人水居的鲛字，恐怕就是传说中所谓蛋人，乃蛟族的蛟之转。又所谓其眼能泣珠，大约是从蛋人下海能见物，和采珠的事实推衍而来。盖最初沉海采珠的工作，差不多是蛋人独占的工作。至说鲛人不废织绩，也合事实，盖从前蛋人的衣服，多须自己织绩。

考旧本《述异记》是梁任昉所撰，惟其中有北齐武成河清年事，故著作的时代尚有问题。不过假定这本书为梁齐间的著作，同时假使鲛人就是蛋人，则蛋人水居之历史，却在唐代以前，这一点也许使我们对于蛋民水居的历史的认识上，有了一种新的发见。可是对于蛋民的起源的问题上，却没有什么的关系。

事实上以蛋民为某种动物的族类，而谓其来自某族，只能当作神话来看，不能当作事实来研究。本来在初民的社会里，图腾制度很为普遍，某一种族每每自托为由某种兽物而来，因而崇拜这种兽物。蛋民而自称为龙为蛇，固非不可，无奈这些名称多非蛋民自称，而乃从来鄙视他们的人们所给与的。其与初民社会里的图腾制度，显有很大的分别。

就使我们同意邝露所说，蛋人出自龙种，而承认这是图腾制度的存在，我们对于以图腾制度来说明某种民族的起源，也不能得到一种满意的回答。因为图腾制度的本身，就是神话的反影，初民智识太浅，而迷信过深，对于一切的事物缺少研究和探求的精神，故相信其祖宗为某种动物者。从我们的眼光来看，当然是不可靠的。

五

以蛋民的来源是由某一地方者，也有数种传说或学说。第一种以为蛋民乃来自福建的，这也许是因为有一部分像海丰一带的蛋民，多能操福佬话，和能用福佬话来唱歌谣。但是专把这个理由来解释蛋民来自福建当然不对；因为蛋民之能操别的言语很多，比方在广西西江一带的蛋民的言语，是在客话、粤话、獞话之间，在广州者除广州语外，别的言语多不能操，其在琼州者则杂以客、黎音。故因某一地方的言语是近于福佬，而谓其来自福建，似未能轻信。

第二种传说以为他们本是广州南岸的陆上居民，因为某年江水泛滥，他们的一切财产都付诸东流，他们没有法子来纳税，请求免税一年，第一年曾得到政府的允许，到了第二年，他们同样的没有钱来纳税，可是政府此次硬要他们缴纳，结果是出了一个折衷办法，就是以蛋代钱。这样的相沿下去，以至一班新的政府人员，不准他们以蛋代税，他们没有法子，每于政府人员收税的时候，迁移下艇他去以避。政府见了他逃避不纳税，下令收没他们岸上的土地，同时不准他们再登岸居住。他们从此漂流江海，而蛋民这个名称，从此也把来给与他们。

这个传说在一般的广州人都能乐道，虽则各人所言者有了多少的异点，大体上总是这样。

这也许是一般没有法子去说明他们的来源，而见他们是叫做蛋民，故想出一个和蛋有了关系的故事来解释罢。在过去的著作里，既没有这种传说的记载，而史籍所载的蛋民事实，又没有对于这个蛋字有所解释，而且蛋民的陆居历史，见于史书者甚早，而其地点却并不只是广州，故这种传说殊不足信。

第三种传说以为他们本是南雄、北江一带的富有的居民。某一年因为盗贼和兵灾的压迫，这个地方的居民，无论贫富，都不能在那里过活。一般贫穷的居民携妻负子，徒步沿着北江而南下，以至珠江的下流，斩荆棘辟田园而成为今日的人烟稠密的陆地居民。他们呢？因为是富有之家，人人都迁移金钱财产至舟里，沿江而下。因为家素富有，从来不做苦工，耕种他们已不愿意，而且也非所素习。现在要他们去开辟这荒芜而未经开辟的新地方，更不容易。结果是他们固守舟中，坐食江山，到了财尽产无时，只好以艇为业，捕鱼为生。后来人口日增，分布日广，而成为今日的蛋民。

广州的人之熟悉这个传说的也不少，蛋民自己也有谈及者。余前在西江遇一年纪约五十的蛋民，询其来源，曾以此相告。他讲这段故事时，大有今昔之感，而几至泪下。

第四种传说和第三种所说的地点也是南雄，不过仅限于南雄的珠玑巷，而其故事却和上面不同。这一种传说的例子，最好是一位姓梁的蛋民的族谱里所叙述的故事。这本族谱是我们从广州岭南大学对面的沙南一位姓梁的借来的。族谱是新做的，而且是用已经印成的族谱格式填写的。里面有一篇家谱序云：

> 余始祖于珠玑入于大湾。

关于他们因何从珠玑巷移来广州一带，谱序里面有一段很详细的记载。今录之于下：

> 元祐（宋哲宗年号）间，以党人贬粤东南雄府，遂卜居珠玑巷石井头仁厚里而家焉。其后侄讳绍为广东提幹挂冠示从而占籍焉，是粤东之有梁姓，实始于此矣。当宋南渡咸淳甲戌有官人苏氏，貌美姓[性]淫，贪私无已。一夕王幸宫失调雅乐，上怒命下冷宫，时官法不严，妃已潜逃别处，自揆不可复回。扮游妇混杂京省，踪迹漂泊，所遇辄投。时有富民黄贮万，系南雄府始兴郡保昌县牛田坊人。万备船运上京至关口市下湾泊船只，备牲酬福，时妃歌舞近前，似有献媚之态，万见其美，稍以意挑之，即下船与言，娓娓不已，愿托以终身之事，万因载而归。后【皇】上行刺[敕]，复取苏妃，而不知妃逃亡久矣。上怒，刺[敕]兵部尚书张钦命行文各省，缉访经年无踪，乃复奏皇上准歇不行，不知万所遇之女子，即苏妃，已张姓，立为宠娱[妇]，因其家人刘壮反主走出，扬泄敝根，传溢京省，兵部等官知此，恐皇上叅，因乃诈称民讳法作孽，会同五府六部文武官僚并掩前因，密行计议，欲芟洗其地，以灭踪迹。伪称南雄府保昌县牛田坊有贼作乱，流害居民，冒奏皇上，以南雄府始兴郡保昌县牛田坊择地建筑与良民、平寇寨所，聚兵镇守，庶国泰民安。时（梁）悦叔讳郡字乔晖，现在京都职任兵部职方主事，闻获声息，遂遣人密报，未旬日部文行知，饬令照议严行迁徙，时始兴郡牛田坊五十六村，居民亿万之众，莫不嗟怨惶惶，惟珠玑巷石井头仁厚里居民九十七家恍密相通透园[团]集议，曰自我祖传，闻南方烟瘴，地面土广人稀，必有好处，大家向南而往，遇有江山融结田野宽平之处，众相开辟住址，〈共结婚姻，〉朝夕相见，仍如今日之故乡也。

这处所叙述是否为蛋民的南迁的事实，当然可疑，而且据家谱所述，他们本居山东郓州须城，元祐间始迁来粤，可知本非住珠玑巷。但是多数的蛋民，据吾们调查所得，都说是由珠玑巷来的，珠玑巷本为广东望族从前聚会之地，屈大均《广东新语》云：

> 吾广故家望族，其先多从南雄珠玑巷而来，盖符祥（按符祥乃
> 开封）有珠玑巷，宋南渡时，诸朝臣从驾入岭以至南雄，不忘扮榆
> 所自，亦号其地为珠玑巷，如汉之新丰，以志故乡之恳也。

原来蛋民没有机会受教育，识字者很少，祖宗之过三代者，多已忘记。以我们调查所得，已故的祖父，甚至父母的情形，也有未知或忘记者。故假托名门，虚报望族者，比比皆是。他们来自珠玑巷，或像第三种传说所谓来自富贵之门，恐怕也是假托罢。

第四种解释以为蛋民是从海岛而来的，而所谓海岛有的以为是台湾，有的以为是海南，更有的以为是南洋群岛。以蛋民来自台湾的人，大概以为蛋民就是从前的蛋家贼，他们屡在广东沿海一带为患，而其巢穴乃在台湾。此外，又如罗香林先生疑古之亶洲是今之台湾，而蛋人或即亶字之转音，亦同此说，这一点上面已经说过，不必再述。

以蛋民来自海南的传说，以为蛋与苗黎同祖，至说他们来自南洋的理论，是见得蛋民所住的水栅或水棚，正像南洋一般的水边居民的水棚一样。又很小的蛋民小孩，已能游泳，好像在暹罗各处的小孩之善于泅水。此外，据说蛋民的体质亦有多与南洋上人的体质相同，故谓疍民来自南洋。

除此以外，蛋民自己多谓来自南海的官窑地方者，又有谓来自东莞，来自清远等处。然这些传说大概是指着某一部分的来源，而非整个蛋民的来源。

这数种传说像来自台湾、海南、南洋、官窑、东莞、清远等，当然是值得把来研究。可是事实上所指示于我们者，是蛋民所占据的区是古代的巴蜀，即今四川境内。晋常璩《华阳国志》有好几处说及这点。此外，唐延寿的《北史》及〈令〉狐德芬［棻］的《周书》也载及天和元年诏开府陆腾讨伐三峡的蛮蛋，于是可知蛋民在历史上所占据的地方，多不在闽广海岛一带。

六

从时代上以说明蛋民的源始的，也有数说。第一说以为他们是李自成的旧部。李自成败后，他们流入福建，漂流水上而成为蛋民。第二说以为他们是元的后裔，元亡后他们为汉人所排挤与虐待，流居水上。又有以为他们是元亡后的色目人，也是遭汉人的排挤与虐待，而移居水

面。这两说我们当于下面再述。

第三说以为蛋民是宋代的遗民，这一说所根据的史实是宋末陈宜中、张世杰修海舟奉帝昰及卫王、杨太妃等的记载。又史载张世杰奉其主帝昰移驻崖山时，官民二十余万，多居舟中，后来世杰兵败，陆秀夫负其主卫王昺赴海死，这些居住舟中的官民，皆是对于宋室很尽忠的，宋室既覆，他们当然有不少人不愿失节事元，漂流江海，而成为蛋民。

上面三种传说，当然不能置信。蛋民之历史，远在隋□以前，而其水居，则宋代周去非《岭外代答》已言之甚详。故谓蛋民始于明末、元末及宋末之说，均是无稽之谈。虽则我们对于宋元的遗民是否曾与原有蛋民相混杂而成为今日之所谓为蛋民的问题，无不有研究之价值。此外，据吴高梓先生说，在福建好多人以为蛋民是始于唐末五代之时。他们以为当王审知入闽后，原有的土人皆被驱逐入水，遂成后来的蛋民。然此亦不过一种传说，没有确实证据。

比较普通的传说是以为蛋民乃晋卢循的党徒与后裔。考卢循事迹，见于《晋书》列传七十（卷一百）。循与妻兄孙恩当时称为海盗，横行于东南沿海一带，孙恩事迹亦见于《晋书》列传七十《孙恩传》云：

> 初，恩闻八郡响应，告其属天下无复事矣……乃虏男女二十余万口，一时逃入海……及桓玄用事，恩复寇临海，临海太守辛景讨破之。恩穷戚乃赴海自沉……余众复推恩妹夫卢循为主。

而《卢循传》也云：

> 恩亡，余众推循为主，元兴二年正月，寇东阳，八月攻永嘉……因自蔡州南走，复据浔阳。（刘）裕先遣群率追讨，自统大众继进，又败循于雷池，循【又逃】〈欲遁〉还豫章……裕乘胜击之，循〈单〉舸而走，收散卒得千余人，还保广州……道覆（徐）保始兴，固 [因] 险自固，循乃袭合浦，克之，进攻交州，至龙编刺史杜慧〈度〉谲而败之。循势屈，知不免，先鸩妻子十余人，又召妓妾问曰：我今将自杀，谁能从者……有云，官尚当死，某岂愿生，于是悉鸩诸辞死者，因自投于水。慧度取其尸斩之，及其父虾，同党尽获，传首京都。

从这里看起来，卢循既已把他的妻子鸩死，而同党又尽获，则所谓蛋民乃卢循后裔党徒或遗种，已不合理。又列传所载，战事多非海战，也没有确定的记载其逃避江海。故传说蛋民为卢循遗种甚为可疑，考这种传说之见于著作者，可于《图书集成》卷一千三百零八《广州府风俗志》里，今摘录于下：

> 俚俗有三曰蛋户……又曰龙户，即今蛋家。编在河泊所者曰卢亭，在州城东南百里，以采藤蛎为业……相传为卢循遗种，故名曰马人，本林邑蛮，随汉马援来者……

这段话本来就不清楚，既说蛋相传为卢循遗种，又接着说故名曰马人，本林邑蛮随马援来者。按卢循乃汉种而林邑蛮乃为人们所目为别于汉族的蛮夷，安能相混而为一谈。

又马援是汉时人，而卢循为晋人，两者前后相差了好多年。若谓蛋民乃马人而随马援而来，则蛋之历史还在卢循之先，这么一来，蛋为卢循遗种之说，不攻自破。若谓蛋人为卢循遗种，则所谓蛋为马人，本林邑蛮之随马援来者之说，也不攻而自破。根本上我以为这段记载，已经糊涂，故这里所说蛋相传为卢循遗种，便不能使人没有怀疑。

此外邓淳《岭南丛述》"卢亭"条云：

> 大奚山三十六峡，在莞邑海中，水边岩穴，多居蛋蛮种类。或传系晋海盗卢循遗种，今名卢亭，亦曰卢余。似人非人，兽形鸠舌，椎髻裸体，出没波涛，有类水獭；往往持鱼与渔人奂米，或迫之则投水中，能伏水三四日不死，出复如旧。率食生物，以鱼鳖为饔飧，其捕鱼使人张筌，则数人下水，引群鱼入筌内，既入引绳示之，则攀筌并其人以上。正德中，其人入水时，偶值飓风不能起，潜游数月，至香山见筌以为己物，乃坐其中；为人所获，执以赴官，或识之曰此卢亭也。初获言语不通，久之，晓汉语，询之信然。

这也像是说蛋民就是卢亭，而为卢循的遗种。然所谓"或传系晋海盗卢循遗种"，并非肯定的词句。又邓氏所记者，乃东莞蛋蛮，也许东莞蛋民皆是卢亭，故谓卢亭蛋民乃卢循遗种，且标题为卢亭，或者是专指东莞的蛋民之名卢亭者而言。此外，在同书蛋人条内，邓氏明明白白地说卢亭乃蛋之一种：

> 广州有蛋一种，名曰卢亭，善水战。

这种善水战的卢亭，宋周去非《岭外代答》"蜑蛮"条，已先邓氏言之，和上面言语特殊，生食裸体的卢亭，当然不同。是则不但卢亭乃蛋之一种，卢亭本身也有数种了。故谓蛋乃卢循遗种，未必是指明所有的蛋，而乃专指卢亭而言。邓氏还于上面所抄"蛋人"条几句话后，接着即说：

> 秦时屠睢将五军临粤，肆行残暴，粤人不服，多逃入丛薄，与鱼鳖同，即丛薄之遗民也。

关于蛋民与屠睢的关系，我们当于下面再述，惟这里所说的卢亭，或一般普通的蛋人，乃卢循的遗种的传说。我们从此可以见得一般著述家对于蛋民的起源的传说的本身，已弄得不清不楚，他们当然谈不到传说的真伪的问题。

其实卢亭是不是蛋民，还是一个问题。唐刘恂《岭表录异》有关于卢亭的记载。他说：

> 卢亭者，卢循前据广州既败，余党奔入海岛野居，惟食蠔蛎，叠壳为墙壁。

刘氏这本书是记载岭南人物很早的著作，他的书里既找不出关于蛋民的记载，而这里虽说卢亭是卢循，然卢循之党，并非水居，而乃奔入海岛而野居；且叠蠔蛎之壳为墙壁，显明其和舟居的蛋民不同。若谓唐代蛋民，尚未水居，故卢亭尚未谓之蛋民，亦不合于史实，盖晋以前固早已有蛋民。

我们考《晋书·卢循传》与刘恂《岭表录异》，均未有卢循遗种水居之记载。这种记载之见于著作较早的，是顾炎武《天下郡国利病书·广东八》所述"月（后）山丛谈"一段话：

> 晋贼卢循兵败入广，从舟逃居水上，久之，无所得衣食，生子皆赤体，谓之卢亭。尝下海捕鱼充食，其人能于水中伏三四月不死，尽化为鱼类也。

其明白地说卢亭与蛋不同的，如顾氏《天下郡国利病书》卷一百零四"广东八"里云：

> 卢亭亦曰卢余，在广州城东南百里，以籚蛎为业……相传为卢循遗种，故名裸体，能伏水中数月，此其异于蛋而类于鱼者也。
> （顾氏作芦循，严如煜《洋防辑要》作卢循）

总而言之，蛋民的来源，并非卢循之后，无庸异议。我们不嫌繁琐而详加引论，不外是想指明各家对于卢亭的传说的记载的差异之点，不但繁多，而且互相冲突，使我们不但对于卢循和蛋民的关系难于相信，就是卢亭是不是蛋民，也成了一个尚须加以考证的问题。

第五说以为蛋民是秦使尉屠睢杀西瓯王，越人不愿事秦，故逃入丛薄，蛋民就是这些越人的遗种。这个传说之见于著作者很多，而特别是粤东的府志县志，上面所举出邓淳《岭南丛述》那段话也本此说，顾炎武在其《天下郡国利病书》卷一百"广东四博罗县"条有下面一段话：

> 蛋其来莫可考；按秦始皇使尉屠睢通五军监禄杀西瓯王，越人皆入丛薄中，与禽兽处，莫肯为秦用。意者，此即丛薄中之遗民耶。

又卷一百零四，"广东八述惠州志"其词略异：

> 蛋其种不可志，考之秦始皇使尉屠睢统五军监都凿河通道，杀西瓯王，越人皆入丛薄中，与禽兽处，莫肯为秦用，意者，此即丛薄之遗民耳。

上面所录邓淳《岭南丛述》的所载这段故事的词句，稍有出入，而且比顾氏所述为简。又邓书乃道光年出版，恐也是由顾氏或各府或县志抄述而来。此外，《小方壶斋舆地丛钞》、《番禺县志》及各处所记载与顾氏所抄述，大致相同。

《寰宇记》说："郁林为西瓯"，那么蛋之发源地点，乃在广西。考《华阳国志》、《北史》、《周书》诸书所载，蛋民盛在四川三峡。历史记载，未有言及蛋民来自广西者。反之，一般传说及据余个人询问，广西诸蛋民多云来自广东。故谓蛋民为西瓯越人之遗民，未可轻信。

不但这样，在秦的时代，版图固然是扩充到南越，可是南越的地方之为越人所经营的，还是很小的部分。是晋永嘉以后而特别是南宋以后，汉人多向南迁移，这些地方才逐渐地发达起来。至于广西，就是到了现在，还是人烟稀少。若说是在秦的时代，因为屠睢杀了西瓯王，所以越人就要皆逃入丛薄，与禽兽鱼鳖处，那是很没有道理的。又秦的享祚，不过十余年，所谓莫肯为秦用，而至其子子孙孙都处丛薄，以至变为蛋民，更是没有道理；何况越王赵佗报文帝书里明明白白地说：

> 西有西瓯其众半赢南面称王。

可知西瓯的越人并不像传说所说，皆逃入丛薄，就算屠睢杀西瓯王时，他们皆逃入丛薄，则秦室亡后，他们也已重回故乡，否则吕后文帝时代，安再有西瓯半嬴之众，而南面称王的史实。这样看起来，蛋民为屠睢所征伐而逃避的遗民，恐怕也是无稽之谈了。

最有趣的是屠睢和卢循的故事，有些人竟混杂起来，而成为蛋民起源的传说。上面所举出的邓淳之记载，关于蛋民起源的传说，好像有了这种的趋向，然其最显明的是前香港教会史长（Archdeacon）格来氏（J. H. Gray），他在其所著《中国》（China）一书里曾谈及这个问题。他说蛋民溯源于 Loo Tsun，这个英文译名好像是指卢循。然卢循、屠睢音声颇近。故此两人之故事，多所混杂。他说这个故事的时代，是西历纪元前二百年左右，这明明是指着屠睢，但他又以为这个故事的主角 Loo Tsun 是海南岛的南口（NamKou）（广州对面）一个乡长，从这个故事的地点来看，好像是指着卢循，虽则卢循并非河［海］南岛的南口的乡长。他又以为 Loo Tsun 是秦的将军（按秦与晋的声音也相近，也许是他弄错了），这又好像是指着屠睢。但他又说 Loo Tsun 因为自己势力澎涨［膨胀］，乃反中央，其后被政府打败了，其徒遂流居艇舶，这又好像是指着卢循。

这些不清不楚的记载，使我们对于蛋民在时代上的原始，不易索摸。同时我们也可以明白关于蛋民起源的各种传说，愈传则愈复杂、愈含混，而且传说也因此而愈增，而其结果愈不容易研究。

第六说以为蛋民是范蠡的后裔，这个传说是根据范蠡与西施隐居五湖的故事衍出来。考《史记》卷四十一《越王勾践世家》记载范蠡于勾践既霸，范蠡知其能与同患难不可与共安乐，遂辞越王而去。《史记》且云：

> 乃装其轻宝珠玉，自与其私徒属乘舟浮海以行，终不反……范蠡浮海出齐，变姓名自谓鸱夷子皮，耕于海畔……居无何，致产数千万，齐人闻其贤，以为相，范蠡喟然叹曰……久受尊名，不详，乃归相印……间行以至于陶……于是自称陶朱公。复约要父子耕【耕】畜……

俗人徒见《史记》所载乘舟浮海，遂以为与蛋民有关系，而演出蛋乃范蠡之后裔，殊不知这里所说不过是乘舟赴齐而从事耕畜，并非水居。至说与西施隐居五湖事，大约也是后人之好事者，串成贤臣美人，当成眷属的把戏，似难置信。

第六种传说以为蛋人也是黄帝的子孙，这也恐怕是假托罢。又上面所说的蛋民，《梁氏族谱序》里有云其祖宗：

> 溯而上之，乃出于帝颛顼、高阳氏之裔孙大业也。

恐怕也不外是从其他的梁氏族谱抄过来的。

照上面看起来，从时代上而说明蛋民的原始的传说，差不多可以说是应有尽有了。从李自成的党徒，以至黄帝的子孙的传说，大都是近于假托，没有史实的证明。我想设使我们而承认蛋民是中国来源的土人，而别于所谓来自西方的汉人，则蛋民在时代上的原始，恐怕还比之黄帝为先。这个怀疑从一方面看起来，自然没有史实的证明，可是从别方面看起来，却比了上面所述那几种传说，并没有不合理处。

七

以蛋民为某种民族的别名或支派也有数说：第一说以为蛋乃色目人。据云元时民族分为三阶级，第一级为蒙古人，第二种为色目，第三级为汉人。蒙古人征服汉人以后，恐汉人反叛，故对待汉人特别残酷与刻薄，同时又纵色目人以监督汉，而色目人也借势欺辱汉人。因此之故，汉人之对于色目人，恨之刺骨，元亡后，汉人乃逐之江海中，不准登岸，而成为蛋人。

第二说以为蛋民乃蒙古人。这种传说多为福建人所道，盛叙功氏著《福建一瞥》，曾有关于这种传记的记载。他说：

> 福建的蛋户的祖先，是蒙古族。元代成吉思汗统一中国时，将蒙古人移殖于各省，后来元亡明兴，蒙古人遭汉人的驱逐杀戮，黄河以北的，都逃回内蒙古，惟黄河以南的，则不能逃回，杀戮较多，一部分则逃于水上，过水上生活，后来又禁止与汉族通婚，生活极为艰苦。

上面二种传说，我们已经说过，不足相信。因为在时代上看起来，蛋民之历史远在汉晋，而水居蛋民之记载已见于宋，而且元泰定元年，曾有诏罢广州、福建等处采珠蜑户为民，三年八月又谕廉州蜑户使复业。那么谓蛋民乃色目或蒙古人，显乃附会假托之词。

第三说以为蛋民本是汉族。上面所谓蛋民，乃卢循遗种，宋代遗民或是广州河畔的居民，因避税而海居，以至《梁氏家谱》等，均可以说是属于这一说。但是这些传说，仍难于置信，上面已经说过，无容再述。此外主张此说者像白月恒最近《民国地志种族篇》云：

> 蛋族亦为汉人之一派，一般汉人多贱视之。

蛋民是否乃汉人当然有讨论的价值，从历史上的记载来看，蛋乃列为蛮人之一，故谓蛋乃汉人之说，似难成立。但是现在所有的蛋民，是含了不少的汉人的成分，这是没有可疑的。一方面因为多数的蛋民喜欢购买陆上穷苦的人的子女以为子女，一方面亦有不少的陆上人因为职业的关系而移居水上，逐渐同化于蛋民。但是这种混合而特别是后一种的事实，于蛋民起源的问题上，有无关系，是不容易明白的。

第四说以为蛋家乃客家。照这种传说，客人乃由北方迁来南方的，当他们南迁的时候，因为肥美的地大都已经有人居住，他们有的留住于山岭之傍，有的飘于河海之上；近山岭的叫做客家，住水面的叫做蛋家。这种传说没有史实的证明，也不易相信。蛋家在广东各处之说客家话者虽不少，然这也许是这些说客家话者，是由韩江上游移住他处的。蛋家之在某一地方者，多说这个地方的方言。考从前韩江上游蛋家颇多，现在则已大减少，也许这些蛋民移住别处，虽不得不说其所移住的地方的言语，然其原说之客话，或有尚留存者，乃理所当然。

第五说以为蛋民是蛮族。常璩《华阳国志》、《隋书·南蛮传》、李延寿《北史·蛮獠传》、〈令〉狐德芬〔棻〕《周书》、樊绰《蛮书》第十、周去非《岭外代答》"蛋蛮"条、陆凤藻《小知录·四裔》、邓淳《岭南丛述》"诸蛮"条，以及各省府县志，及其他好多著作，均以为蛋乃蛮之一种或蛮之别名。

又如（第六说）王桐龄先生著《中国民族之研究》一文里（见《社会学界》第一卷）以为蛋乃苗族。他说：

> 黄色人种下了帕米尔高原以后，便分道往东南、东北两方面进行。那往东南方面进行的有三族，历史家称他们为南三系……南三系中第一族搬到中国中部南部……就是扬子江流域七省，西江流域五省……同印度支那半岛……就是越南、暹罗等等地，历史家称他们为交趾民族。现在四川南部的獠，贵州的苗，广西、湖南的瑶，云南的猓，广东的蛋，同暹罗、越南境的〔内〕的人，皆属于此族。因为中国唐虞时代，他们曾创立过大国，与汉族对抗，那国名叫做三苗，所以历史家就称他们为苗族。

这里所说的苗的意义很广，和上面蛮没有什么分别。我们以为谓蛋为蛮种，或为苗种，均嫌太过空乏。因为一般人所谓蛮和王先生所谓

苗，乃指汉族以外一切的南中国以至安南、暹罗的民族而言。事实上南
中国及安南、暹罗的民族，种类之繁，不胜枚举。同时这些各种民族之
起源的问题，尚须有待于一般人类学者的研究。若徒然以中国人素来的
夸大蔑视的态度，以为中国人以外的人类，都是蛮夷的偏见，而笼统地
说其他的民族，像蛋民等都是蛮种，那是失了研究的态度。事实上所谓
蛮或所谓苗（照王先生的说法）的内部的民族的差异之点，比之苗或蛮
之于汉人的差异的点，恐怕利害得多。比方安南人或是蛋人之于汉人，
大致没有什么差别，然安南人或蛋人之于暹罗人的差别，却显而易见。
这不只仍从其文化方面求［来］看，就是从其体质来看，也是这样。这
样看起来，笼统地根据了中国人从来的夸大和蔑视的态度来说明蛋民的
来源，是要重新的用为研究而研究的精神来改变一下。

第七说以为蛋民乃林邑蛮。《图书集成》卷一千三百零八《广州府
部汇考》十、《广州俗考》之六云：

> 俚俗有三曰蛋户……本林邑蛮。

近人相信这一说的颇不少，罗香林先生在国立中山大学历史语言研
究所《民俗周刊》七十六期《蜑家》一文，便是一个例。然我们读《晋
书》卷九十七《四夷列传》云：

> 林邑国本汉时象林县，则马援铸柱之处也。去南海三千里……
> 其俗皆开，北户以向日，至于居止或东西无定。人性凶悍，果于战
> 斗，便山习水，不闲平地。四时暄暖，无霜无雪，人皆裸露徒跣，
> 以黑色为美。贵女贱男，同姓为婚，妇先"娉"婿，女嫁之时着迦
> 盘衣，横幅合缝如井栏……其王服天冠被缨络，每听政子弟侍臣皆
> 不得近之。

根据这段话里所说，除习水、徒跣颇近蛋民外，余皆少有相同。按
马援铸柱之地，虽是南越，然所谓以黑色为美，与着迦盘衣的事实来
看，却又似印度人之一种，与今南洋人所叫为吉冷黑人之以黑为美无
异。又据《隋书》卷八十二《南蛮列传》云：林邑人嫁女时，女家请一
波罗门，送女至男家，且皆奉佛，更证其与蛋民少有关系。且《隋书·
南蛮传》已有蛋族的记载，然并不言及蛋与林邑的关系，则蛋为林邑族
之说，殊难相信。

第八说以为蛋民乃马人。上面所举《图书集成》同处有"蜑户……
名曰马人"的词句。关于马人，邝露《赤雅》卷上云：

> 马人本林邑蛮，深目狠鼻，散居峒落，献岁至军府听令，不与猺、獞同群。韩退之诗："衙前龙户集，上曰〔日〕马人来"。金曰：伏波遗种也。

韩退之所谓龙户虽似和蛋有关系，而毛奇龄《西河合集·蛮司合志》卷十五，且谓退之所谓龙户即蛋人。然邝露并未明言其和蛋人有关系。马人既是林邑蛮，则蛋人乃林邑蛮之说，既难相信，蛋乃马人之说，也不足信。又据顾炎武《天下郡国利病书》卷一百零四"广东八"云：

> 马人本林邑蛮，随马援流寓铜柱后，随讨来附者也。始十户，后孳息至三百，皆姓马，其人深目缀喙，散居峒落中，献岁时至军府听令，猺、獞不与同群，自为一种，今亦不可复办矣。

邝露与顾氏书均未说明与蛋有关系，《图书集成》乃在二氏书之后，其所载似本由邝、顾二氏书抄袭而来，却谓蛋乃马人，极为可疑。

第九说以为蛋或为乌蛮种。陶宗仪《辍耕录》卷十谓有司名采珠的人曰乌蛋户及关于广东乌蛋户的记载。邝露《赤雅》云：

> 乌蛮古损子产国，即乌浒蛮也，生首子辄解而食之……汉建武间，除蛮，遂散处山谷，其风不改。

顾炎武《天下郡国利病书》卷一百零四"广东八"有差不多同样的记载，惟顾氏则不言明乌蛮为古损子产国。关于古损子产国，顾氏别为记载，其足令我们注意的，为下面一段：

> 其国（即古损子产国）有乌蛮滩焉，其后国废，于汉建武中，民各为族。常取翠羽采珠为产，又能织斑布可以为帷幔。以鼻饮水，口中进啖如故，当交广之界，恒出道伺候二州行旅，有单途辈者，辄出击之，利得人食之，不贪其财货也。

顾氏记载古损子产国人采珠事与《辍耕录》所记"乌蛋户"采珠事似有关系。又据其所载乌蛮滩与汉建武间伐败古损子产国的事情来看，则古损子产国似即邝露所说的乌蛮国，故乌蛮也许就是乌蜑蛮。

按《唐书·南蛮列传》有云："南诏为乌蛮别种。"近来且有人以为南诏为蜑族所建国之说。然乌蛮的事迹，《唐书·南蛮列传》（卷二百二十二）没有记载，故乌蜑蛮就是乌蛋蛮之说，尚有待于考证。而且就使乌蛋蛮乃乌蛮之别种，我们于蛋民起源的问题，还未能得到一个满意的解决。盖蛋民是否皆即乌蛋蛮，还要加以讨论，换句话来说，采珠的乌蛋蛮，固然是蛋之一种，然蛋民固未必皆是乌蛮，使蛋民而通通是叫做乌蛋蛮，则何不直叫做蛋民，而要加上一个乌字。

第十说以为蜑民乃越种。《隋书》卷八十二列传四十七谓蛋为古之百越种。顾炎武《天下郡国利病书》卷一百"广东四博罗县"条，与卷一百零四"广东八述惠州志"，以为蜑人为越人之遗民。因秦始皇使尉屠睢临越行残暴杀西瓯王，越人不服，逃入丛薄，后变为蛋。此外主张此说的，如罗汝楠《中国近世舆图说》卷十七，谓"沿海蛋户……昔人称为百越，诚非虚也"。又如顺德仇池石编《羊城古钞》里说：

> 今粤人大抵皆中国种，自秦汉以来，日滋月盛，不失中州清淑之气。其真鬋发文身〈之〉越人则今之猺、獞、平鬃、狼、黎、岐、蛋诸族是也。

仇氏这一段话，大约是从屈大均《广东新语》"真粤人"条脱胎而来。他好像是把粤人与越人分开来讲，正像现在一般人所谓粤人，大概乃指由北南迁的汉种，而越人乃指着原住中国南部粤地的土人，本来粤与越是相通，故一般人之说诸南蛮或蛋人为粤人时，实乃指原住中国南部粤地的土人。邓淳《岭南丛述》"蜑人"条云：秦时屠睢将五军临粤肆行残暴，粤人不服的粤人，就是越人，而别于汉族的越人。又如黄培堃、岑锡祥合编的《广东乡土地教科书》里谓：

> 若舟居之蛋族亦粤族。

这里所谓的越［粤］族，也是指着越族，而最近罗香林先生的《唐代蜑族考》上篇，也主此说。

本来蛋民水居，而越人善于水，如《淮南子》所谓越人便于舟，也许两者有了关系。不过越人善水之说，于汉初已传，而唐以前关于蛋民记载，既没有水居的痕迹，也没有善水的指示。故因越人善水，而谓为与蛋有关系，太过勉强。且善水之人固不限于越人，近海居民，如南洋群岛的土人，均善没水。那么照此类推，南洋诸民族，也与蛋民有关系了，这当然是不合逻辑的。又我们知道善于水，便于舟，乃习惯使然，并非生而就会的。山居之人，若移水居，学而时习之，也必善于水，便于舟。反之，现在闽广蛋民之不会游水者，数目也不算少，故因越人善水、便舟，而谓为蛋人之祖先，未可轻信。

又所谓越族的范围很广，支流又多，《史记·西南夷传》有载东越、南越的分别，东越据《史记·东越列传》云：

> 闽越（《集解》韦照曰：闽音武巾反，东越之别名也）王无诸
> 及越东海王摇者，其先皆越王勾践之后也。

而在《越王勾践世家》又说：

> 越王勾践其先属之苗裔而夏后帝少康之庶子也。封于会稽，以
> 奉守禹之祀；文身断发，披草莱而邑焉。

这段记载本身就不大清楚，所谓文身断发固是近于原来的土人或越
人，但越人既为勾践之后，而勾践的祖先又为禹之苗裔，少康之庶子，
则东越人，本中国汉族了。

又《史记·东越列传》索隐解说：

> 按《说文》云：闽，东越蛇种也，故字从虫，闽声，音旻。

这又和上面所说蛋乃蛇种好像有了关系。然东越或闽越既为勾践之
后，汉族之裔，则索隐所说，闽越蛇种又是无稽之谈。

至于南越的种族，古书所载，含糊之处亦不少。《史记·南越尉陀
〔佗〕列传》说：

> 南越王尉陀〔佗〕者，真定人也，姓赵姓。

索隐云"真定故郡名，后更为县，在常山也"。藏〔臧〕励和等编
《中国地名大辞典》"正定"条云：

> 真定本正定郡，春秋晋地，战国属赵，秦为钜鹿郡地。汉高祖
> 置恒山郡，后改曰常山郡，又分置真定国。

这么一来，越王赵佗也非南越人，而是晋、赵人了。然而在越王赵
佗上文帝书，又明白地自认他是蛮夷，所以他说"蛮夷大长老夫臣陀
〔佗〕"，他且说：

> 蛮夷中间，其东闽越千人，众号称王，其西瓯、骆裸国亦
> 称王。

据此则不但赵佗自己是蛮夷，所谓越王勾践之后的东闽越，也列于
蛮夷，而和西瓯人相类了。

所谓越族的本身，专就《史记》所载，已有使人怀疑之处，那么蛋
民为越种之说，当然是发生问题。

　　而且除了上面所说的浙越、闽越、广越之外，还有扬越（江西）和骆越（安南），古人谓为百越。在地理上所估的范围既广，在种族上其类别必繁，是有可能性的。比方现在的安南人亦曰越人，然在安南本部的民族，已有不少的差异，那么以蛋民为百越遗种，也似太过空泛。

　　其实古人所谓百越，所占据的地方，就是现各种别于汉族的各种民族，如苗，如黎，如猺、獞，和历史上所记载如林邑，如乌蛮等，好多种民族所居的地方。若谓蛋为越种则诸蛮皆可谓为越族，其结果是以为蛋之于其他的蛮民同为一种了。这种说法与谓蛋为苗族遗种，恐怕没有很大的分别的。

　　我们上面已经说过，罗香林先生也主此说，他在《唐代蜑族考》一文，也很明白地承认这个问题并不简单，而他所谓蛋族乃越族苗裔，也不过是一种臆说假定，所以他说：

> 兹所比证，不敢谓已为定论，然较之前人臆说，微近实际。处此文献不足，考核未周之会，为求增进研究兴味，自无妨假定蜑民为越族苗裔，以为续求证佐之依据，此则区区立言微意也。

　　总而言之，蛋民究竟是那一种民族的别名或支流，这个问题，是和这一个民族的本身的来源，和这个民族与其他的民族的关系的问题，是有了密切关系的。在关于蛋民的文献缺乏和研究的工作尚未萌芽的的［时］候，我们不但对于蛋民的本身上，要加以特别努力从事研究，还有从一般民族之和蛋民之有关系者，加做点文献考证，实地调查的工作。

　　第十一说以为蛋民是猺种。雍正七年五月二十八日的《解放蛋民的谕示》中曾说：

> 上谕闻粤东地方四民之外，别有一种，名曰蛋户，即猺蛮之类。

　　又《隋书》卷三十一《地理志》下也说：

> 长沙郡又杂有夷蜒，名曰莫猺，自云其先祖有功，常免徭役，故以为名。

　　按猺与猺本相通，猺族之猺，本作猺，莫猺也即莫猺。顾炎武《天下郡国利病书》卷一百零四"广东人"有一段关于莫猺的记载云：

> 莫猺者，自荆南、五溪而来，居岭海间，号曰山民。盖槃弧之遗种，本猺、獞之类，而无酋长，随溪谷群处。斫山为业，有采捕

> 而无赋役，自为生理，不属于官，亦不属于岗首，故名莫猺也。岭南海北人呼为白衣山子，钦廉迩来，亦有垦田输税于官，愿入编户，盖教化之渐也。

雍正既谓蛋为猺蛮之类，《隋书》也有蛋名为莫徭的记载，而顾炎武也记载莫徭为猺、獞之类，又所言来自荆南，无赋役，与《隋书·地理志》所说相合。顾氏又谓莫猺随溪谷群处，业有采捕采斫山木，与周去非《岭外代答》所谓的木蛋相似。至捕鱼为业，更和蛋相似，那么蛋为猺族，固有研究的价值了。

然而，我们在顾氏同书卷一百"广东四博罗县"项内，又于关于猺的记载云：

> 猺本槃弧种，地界湖蜀、溪峒间，即长沙黔中五溪蛮，后滋蔓，绵亘数十里。南粤在在皆有，至宋始称蛮猺，其在邑者，俱来自别境……粤人以山林中结竹木障覆居息为巢，故称猺。

猺的名目既至宋代而由粤人始这样的称呼，那么猺可以说是由莫猺或莫徭而来，换言之猺实为蛋之支流，而不能谓蛋为猺之支流。盖莫猺或蛋于隋时已有，而猺则好几百年后才有。况顾氏所记猺之地方来源，本为《隋书·地理志》、《北史·列传》列"蛮獠"、《周书·列传》蛮类，与《华阳国志·巴志》所载，蛋民所占据的地方。

又顾氏以为莫猺之在岭南海北，人呼为白衣山子，与蛋又似有别。照顾氏述《晋书·陶璜传》岭南晋时已有蛋民，要是莫猺为蛋，何不就叫做蛋，而名为白衣山子。且宋代周去非《岭外代答》里已说广东钦州有蛋，可知蛋在钦州历史较久，与顾氏谓钦廉迩来亦有白衣山子，当不相同。

因此谓蛋来自猺之说，难于成立，何况《隋书》谓长沙蛮蜒，名曰莫猺，显明指示莫猺乃蛋之别名，也许乃蛋之一种。不过要是我们相信猺族乃蛋之别种，则我们对于蛋的过去历史，以至其起源上，也有了不少的暗示，正像我们上面所说，要知蛋民的来源，对于和蛋有关系的民族的来源，也应该知道。

八

本篇的旨趣，本不过是想将各种关于蛋民起源的传说或学说，加以解释，可是在上面我们不但是专事解释而且将各种学说或传说之史实与常识之不相符合的地方指明出来；而其结果是根据我们上面所说的话，没有一种关于蛋民起源的传说或学说能够给我们以一个合理或满意的解答，也许读者忍不住地要问题〔道〕：那么蛋民究竟是怎么样的来源呢？

我以为要想对于这个问题得到一个合理或满意的解答，至少要对于下面三种工作加以努力。

第一，我们对于过去关于蛋民的文献记载要加以系统的整理和深刻的批评。

第二，我们对于蛋民的文化上要加以实地的调查。

第三，我们对于蛋民的体质上要加以科学的检验。

原来蛋民自己既少有教育，对于自己过去的事迹，既没有记载留传，而又被人蔑视为贱种，结果是关于他们的记载，寥若辰〔晨〕星；而这些稀少零碎的记载，有的太过于神秘，如说他们的祖先是蛇或是龙，有的只知谩骂如说他们是鲲或是贼。有的经过加一次的抄袭，却加多一点的错误，如《图书集成》谓蛋为马人，好像是从邝露《赤雅》和顾炎武的《天下郡国利病书》里抄出来，可是在这两本书里的没有蛋乃马人的痕迹。此外，关于蛋民的风俗习惯，种种记载，不但简而未详，而且有了不少言过其实。故我们目下要先设法把已往的文献尽量的找出，关于蛋民的记载，加以整理，然后严格的批评一下，以求记载的真实。

又过去对于蛋民的记载既少，他们的文化的真相我们还没有相当的认识。今后应当实地地调查他们的文化，而特别是他们自己固有的特殊文化的留痕，然后把这些研究的结果来和其他的所谓蛮夷种族的文化或汉族的文化比较起来，看看他们的文化究竟是和哪种的文化较为类似，较为相近，而有密切的关系。

最后，我们应当从体质的人类学来研究他们的体格体质，而找出他们的体质上一种固有或特殊的普遍的标准。然后以这个标准来和其他的民族比较起来，看看他们的体质，究竟是和哪一种民族，有较密切的关系。

也许我们做了上面所说的工夫以后，我们对于蛋民的起源的问题，尚未得到正确的解答。一来因为也许历史上的记载就不过是我们现在所已知道的材料；二来也许他们的文化和体质因为经过这么久的历史，已与他种民族的文化混合而没有法子去找出他们一个固有的普遍的标准。

然而探求学问的精神，是不应当因此而退缩的，而且在我们尚没有做过研究工夫之前，我们更不应当因此而中辍。何况就我们从来对于蛋民的研究，已经忽略，我们应当努力去明白他们；就使我们对于蛋民起源这个问题，没有正确的认识，我们至少对于他们的现在的情况，总会了解不少。

因为我们对于蛋民的认识尚少，我们现在对于蛋民起源的问题，当然没有法子去得到满意与合理的解答。但是从我们上面所研究的结果，我们也有了不少的暗示。这些暗示虽不是严格地说明蛋民的起源，然对于研究蛋民起源的问题，也有了密切的关系，故不妨略为说明于下。

第一，蛋民的体格虽有特殊之处，然以为其形像蛋而乃叫做蛋民是不足相信的。至于以为他们的艇舶似蛋，故曰蛋民也难相信。

第二，从蛋民的蛋字来解释他们的来源，虽未可尽非，然诸说不但多是勉强，而且有时会使我们对于这个问题横生枝节。

第三，以蛋民由某种动物而来，只是初民的图腾制度的痕迹，而近于迷信，不能当作事实来看。

第四，从地理上看起来，蛋民最初是分布于四川三峡之间，惟顾炎武《天下郡国利病书》"广东八"，述《晋书》陶璜上疏，晋时广州南岸周旋六十余里，已有不少蛋民。

第五，从时代上来看，蛋民在汉时已有。

第四、第五两项所指的蛋民，是陆居的蛋民，至于水居蛋民，好像是唐以后才有的。在这里当然发生一个问题，这就是水居的蛋民，是不是陆居的蛋民移住水面呢？要是，那么他们为什么和怎么样地跑到水上居住？同时为什么现在只有福建、广东、广西三省才有蛋民，而四川等处却又没有呢？这些问题是很重要的。要是水居蛋民，不是陆居蛋民移住水面的，那么除了这两者的陆居水居的差异外，他们又有什么差异？同时除了同叫做蛋民外，还有什么是相同的呢？又水居蛋民是从何处而来？始于何时？这些问题，均要特别研究。

第六，蛋民似非汉族，虽则现在的蛋民，有了不少的汉族和他族的血统，但他们究竟是属于哪一施〔族〕，或是从初到今是自成一族，尚须研究。

其实，蛋民乃汉族之说，固很少有人主张，蛋民乃别的种族的别名，或其支流之说，据我们上面所说，也缺确实的证据。我们以为蛋民的历史，据常璩的《华阳国志》既在晋初，据宋王谠的《唐语林》卷七又以为"诸葛武侯相蜀制蛮鲵侵汉界",则假设蛋民为本来一种独立的民族,也无不可。盖巴蜀西南一带在汉代尚为非汉族的人们所居住,中国人对于这些民族很少认识,对于他们的历史及来源更无所知。然"蜑"民既每与"蛮"族并称,则其在当时的人数之多,势力之大,可以想见。要不是这样,为什么人们不谓之蛮,而必特别的名之为蛋呢?于是可知所谓蜑族的历史,必比史书所载者,较为久远,而其来源,也许不但先于汉族,或且较先于其所谓蛮苗诸族也。

蛋民在地理上的分布[*]

一

蛋民在地理上的分布，大略可从两方面来讲：一是历史上的分布，一是最近来的分布。据晋常璩《华阳国志》卷一《巴志》所载关于蛋民的地理的分布的大概，有如：

> 其地（指巴）东至鱼复，西至僰道，北接汉中，南极黔、涪……其属有濮、賨、苴、共、奴、獽、夷蜑之蛮。

又云：

> 吴平巴东后……置南浦，晋太康初，将巫、北井、还、建平、但五县，去洛二千五百里，东接建平，南接武陵，西接巴郡，北接房陵，奴、獽、夷蜑之蛮民。

又云：

> 涪陵郡，巴之南鄙，从枳南入折丹涪水，本与楚商于之地接……东接巴东，南接武陵，西接牂柯，北接巴郡。土地山险水滩，人多戆勇，多獽、蛋之民。

又云：

> 涪陵县……丹兴县……汉平县……万宁县……汉发县……诸

* 录自天津南开大学经济研究所编《政治经济学报》第 4 卷第 1 期，1935 年 10 月。1946 年陈序经《蛋民的研究》（商务印书馆出版）一书，将该文列为第二章。

县……北有獽、蜑。

在《国志》第二卷《汉志》里，他又举蜀郡、广都县有蜑民。然而所谓巴地、巴东、涪陵、广都诸处，即今之四川境内及云南、贵州之北境。除四川及这些地方以外，据顾炎武《天下郡国利病书》卷一百零四《广东八》，述《晋书》陶璜上疏云：

> 晋时，广州南岸周旋六十余里，不宾服者五万余户，皆蛮蜑杂居。

按今存《晋书》卷五十七列传第二十七《陶璜传》，没有"皆蛮蜑杂居"句，其述陶璜上疏，仅有下面一段：

> 上言曰：（指璜）广州南岸周旋六十余里，不宾服者，乃五万余户，及桂林不羁之辈，复当万户，至于服从官役，才五千余家。

惟又接着云：

> 又以合浦郡，土地硗确，无有田农百姓，惟以采珠为业。

采珠之业，据史书所载，多为蜑民所专，然决不能因其乃采珠而遂谓为蜑民。顾炎武所述陶璜上书有"皆蛮蜑杂居"句，未知从何处来。使顾氏所述而是真确，那么晋时不但是四川一带有蜑民，广东也已有蜑民。且陶璜上书［疏］先于常璩《华阳国志》之作，故陶璜南征交趾事，常璩曾记其大略（卷四《南中志》）。由此观之，广东的蜑民的历史之见于史书者，还比四川的蜑民为久。或者广东的蜑民与四川的蜑民有别，也未可知。然而在晋的时代，蜑民在地理上分布之广，已可概见。又广州南岸周旋的地方，河流交错，广东的蜑民是否已经水居，也是一个值得研究的问题。

在《北史》（列传八十三）及《周书》（列传四十一）里载："刘石乱后，诸蛮无所忌惮，渐得北迁，占据三峡文州一带。"按这里所谓诸蛮之中，本乃包括蜑民，故"蛮蜑"二字并用。三峡在四川、湖北之间。《北史》与《周书》有（蜑蛮）"屯据三峡，断遏水路，荆蜀水路，至有假道者"等语。这样看起来，不但四川有蜑民，湖北也许有蜑民了。又按文州乃甘肃地，然则蜑民所居住的范围，也许扩张到甘肃了。

大约晋朝永嘉以后，以至隋代，蜑民在地理上，所分布的领域甚广。北至甘肃，南至广东，西至四川之西，东至湖北。自然的，这些地方除了蜑民以外，尚有其他民族或蛮族，并且和汉族杂处，故《隋书》

卷八十二《南蛮传》云：

> 南蛮杂类与华人错居，曰蜒，曰獽，曰俚，曰獠，曰㐌。

而且在隋的时代，在湖南一带，也有蛋民。《隋书》卷三十一《地理志下》云：

> 长沙郡，又杂有夷蜒。

在唐代，蛋民在地理上的分布之见于史书者（参看《僖宗本纪》、《李德裕传》），仍在四川之南部。韩愈《清河郡公房公墓碣铭》有"林蛮洞蛋，守条死要"之句。按房启经略容州，而容州据说即今广西容县。然则唐时广西也好像有蛋民了。

唐代兵威较盛，版图较广，故四川、两湖的蛋民，或被政府之征伐，或同化于汉族。此外也许有了不少向南迁移，其结果是：在宋代的蛋民所聚居之地方，多在两广一带。同时关于蛋民的记载，多称他们为水居民族。例如：周去非《岭外代答》所谓"以舟为室，视水如陆，浮生海上者，蛋也"。范大成《桂海虞衡志·志蛮》所谓"蛋，海上水居蛮也"。陈师道《后山丛谈》所谓"二广舟居，谓之蛋人"。乐史《太平寰〈宇〉记》卷一百五十七《岭南道》所谓"蛋户生在江海"。他如冯应榴《苏文忠诗合注》卷三十九《连雨江涨》诗所谓"浦浦移家蛋子船"，及《追钱正辅〈表兄〉至博罗〈赋〉诗〈为别〉》诗所谓"舣舟蛋户龙刚〔冈〕窟"，均是以水居为蛋民的特点。

按上面所举宋代各种著作之记载蛋民水居者，以《太平寰宇记》较早。此书成于宋太平兴国间（约西历 978 年间），其去唐之灭亡，不到一百年，其去唐僖宗令西川节度使高骈讨伐四川蛋蛮，也不过一百年。蛋户生在江海的记载既若是之早，那么蛋户之水居的历史必定较早。陈师道与周去非的著作，虽比乐氏的书为迟，然一则谓"舟居谓之蛋"，一则谓"蛋视水如陆"，均是说明蛋民的特点是水居，于是更可证明蛋之水居的历史，必有非他们所能考者。在上面已说及顾炎武所述晋陶璜上疏，有"广州南岸皆蛮蛋杂居"的话。也许这时的蛋民已有水居的。后来因汉族南迁，在陆者或被迫而水居，或同化于汉族，相沿至唐之晚年，宋之初年，所有蛋民皆是水居。且顾炎武在同书同处，述"蛋户以舟楫为宅……自唐以来，计丁输课于官"，然则蛋户好像是在唐时已经水居了。

宋朝以后的蛋民，据我们目下所能从文献中找出的证据，大部分是水居。如《元史·安南传》所谓"市蜑船百斛者千艘"。明设河泊所，蛋民归该所管理。此后水居遂为蛋民之所以别于他种民族的特点。然陆居者之见于著作也不少。顾炎武《天下郡国利病书·广东八》里曾说："或登陆附籍"。邓淳《岭南丛述》"蜑人"条谓"广州城西的周墩、林墩是蛋民村"。此外，《图书集成》卷一千三百八十《琼州府部汇考八》风俗条，也说在琼山县，

> 民居近海者与蛋杂处。

在文昌县，

> 无黎而有蛋。蛋世渔户也。茅檐覆地。

在万州，

> 蜑人隶州者，若新泽、东澳等处，茅屋居海滨。

在陵水县，

> 蛋民世居保平港，大蛋港，望楼里，濒海诸处……间有种山园，置产，养牛，耕种。

这些记载，都是指明他们是陆居的。自然的，这些陆居的蛋民也许并非世居陆上，而乃由水居而移到陆上，正如顾炎武所谓"登陆附籍"一样。

事实上，我们以为最初的蛋民，大概多是或全是陆居。除非我们相信他们是鲸鲵之族，那么他们的祖宗断不会是从水里跑出来。不过因为他们的水居的历史久远，人们遂叫他们为水居民族罢。至于邓淳《岭南丛述》"卢亭"条，以为东莞的大奚山三十六屿，有蛋名为卢亭，能伏水三四日，或且有些记载，以为能伏水三四月，恐怕是荒诞之言罢。

二

上面是说历史上的蛋民的地理上的分布。我们现在可以略谈他们在最近来的地理上的分布的大概。

明代清初之关于蛋民的记载，多只说及广东的蛋民。雍正解放蛋民的谕示，也不过是说："上谕闻粤东地方……别有一种名曰蜑户"，而不言其他处的蛋民。我们以为这也许是因为广东的蜑户较他处的蛋民特别的多，未必是说除了广东以外，别的地方完全没有蛋民。比方清中叶的

《广西通志》已有关于蛋民的记载，那么蛋民之在广西的历史必定颇久。何况上面已经说过，韩愈所谓"林蛮洞蛋"，大概是指着广西的容州的蛋民。此外，福建的蛋民据传说是元败后的蒙古人之流居江海者。这虽不足信，但是蛋民在福建的历史，远在雍正之前。比方元泰定元年曾有诏罢福建等处采珠蛋户为民。也许那个时候，他们人数不若今日之多，故人们没有注意罢。

据我们现在所知道的蛋民的分布的区域，不出广东、广西、福建三省。而蛋民最多的地方，又要算广东。广西的蛋民，很多告诉我们：他们是来自广东。福建蛋民也有人相信是来自广东。关于福建蛋民来自广东之说，似有相当理由。因为据历史上的记载，江西以东的浙江、福建，并没有蛋民的足迹。若说他们从长沙一带，经过江西和福建之西而来更不容易，故福建蛋民大概是由水道而来的。但是水道当以从广东的潮州、汕头一带而到厦门与闽江，较为可靠。原来从晋至唐，四川三峡和长江上游，均有陆居蛋民，他们被迫而沿着长江以下，然后沿海而到福建，固非绝对没有可能。不过他们若由这一条水道而来，则长江一带以至浙江沿海的宁波各处，也应有他们的足迹。现在不但宁波钱塘一带没有蛋民，就是和福建毗连的浙江沿海一带如瓯江至温州等处也没有蛋民。于是可知从水道方面来看，福建蛋民是由广东迁移去的较为合理。

至于广西的蛋民来自广东之说，就未免有问题了。我们可以相信在珠江的上游，好多蛋民是由广东沿着西江而到梧州，然后分散于大江及北江各处。但是假使韩愈所谓的"林蛮洞蛋"是指着广西容州的蛋民，那么广西没有水居蛋民以前，或是除了水居蛋民之外，还有陆居蛋民。这么一来，除非广西的陆上蛋民完全同化于他种民族，或是完全消灭，则他们应当尚必有遗存在陆上，或是迁移到水上。但现在广西陆上没有蛋民，那么陆上蛋民之移居水上乃意中事。而且据我们调查所得的结果，在柳州一带的蛋民，其勇悍的性情，和一般山居陆居的其他民族很多相似。此外，体态言语也有雷同之点，而别于梧州、大江一带的蛋民。又史书记载四川之南部与云南、贵州的北境，曾有过很多蛋民，则他们由这些地方南迁而来桂，也非无稽之谈。所以谓广西蛋民有一部分是来自广东，固无可疑，若谓通通是来自广东，却有商榷百［之］余地。

至于广东的蛋民是从何处来的，也是一个值得研究的问题。要是顾炎武所述晋时陶璜上书［疏］有广州南岸有"蛮蛋杂居"是确实，则广东的蛋民的历史不但是很久，也许他们就是原有的广东的南蛮之一。可是现在所有的蛋民，是否皆是原来的广东南蛮之一种，又是一个问题。《隋书·地理志下》谓："长沙有蛮名莫猺"。据说莫猺曾率迁来广东各处。但莫猺或猺种之于广东的蛋民，又有很多不同之点。关于这一点，我在《蛋民的起源》一文，已经说及，不必再述。（参看本学报 3 卷 3 期）

总而言之，我们对于这些问题尚难解决，只好暂且放开。现在且略述目下在广东、广西、福建三省里的蛋民的地理分布的概况。

据我们所知的，现在不但是在中国只有这三省有了所谓蛋民，就是在世界上，也只有这三省有了所谓蛋民。在这三省之中，蛋民最多的，又要算广东。

广东的蛋民的地理分布，大概可分做三方面来叙述。第一是珠江流域，第二是沿海一带，第三是韩江流域。珠江流域的范围很广，若以广州市为中心，则西有西江，东有东江，南有出海而到香港、澳门的大江，北有北江。在这一个区域里，蛋民最多的地方是番禺、南海、三水、顺德、香山、新会、东莞各县的珠江主流及支流。我们差不多可以说，在这些地方，凡是有河流小溪的处，都可以见到蛋民的踪迹。事实上，在好多小河细流，而特别是在城市小镇以至乡村的河面，多为蛋民的艇舶所布满。

除旧属广州府的区域的珠江主流或支流外，蛋民较多的地方，是由广州沿着西江而到梧州一带。凡是由广州搭轮船到梧州的人，总能看见得凡是轮船停泊的商埠、城镇，其较大的像容奇、马宁、九江、三水、河口、肇庆、六步、悦城、六都、德庆、都城、封川的蛋民的人口，为数很多。就是沿西江一带的小市镇，以至乡村，也每见蛋民艇舶的萍踪。此外，蛋民的渔艇、货船之来往于河面者，在在皆有。又西汇尚有不少支流，如由南江口逐流而上，也有蛋民的踪迹。其实，凡是水路所能通的地方，都差不多可以找到蛋艇、蛋民。

北江方面，自三水、河口直上，一路都可以见到蛋民。而其最多的，是清远和韶州两个地方。东江由广州东往，经过石龙、惠州等处，以石龙较多。旧惠州府所属各县的河流，有了不少蛋民，可是在惠州城左近，却不甚多。大约是因为这些地方河流浅急，故蛋民无多。所以连了最有名的惠州的西湖里，也找不到蛋民住家艇。

由广州到香港或澳门的大河里，河身较大，风浪有时也很利害，所以由广州搭轮到香港或澳门的人，也许见不到蛋民聚集之所，然在河的两岸旁边，也有不少的蛋民。

沿海一带，从东部的汕头至西部的北海，以及海南岛的沿岸一带，都有蛋民。从前钦廉和惠州属的海岸的蛋民很多，现在要以香港、澳门一带为最多。次为惠州的海岸，再次则琼、雷各处。旧惠州属海丰、陆丰、惠阳各处的蛋民的概况，年来在报章中时有记载，他们的环境似最不好。香港、澳门接近洋场，故其环境较好。此外，琼崖环海如铺前、清澜等处，均有不少蛋民，然也很穷。

从前韩江上游，蛋民很多，可是近年以来大为减少，其原因未得而知。也许一方面因为韩江年来日见浅急，一方面因为客家及潮州人口日增，蛋民所赖以为生的渔业与摇舟，均为他们所争夺，故现在在韩江、江口、汕头等处的艇舶，大概总是客家艇舶。

在广西，从梧州经过南宁的大江，或从梧州到柳州的北江，均有蛋民踪迹，而以梧州最多，次为柳州与南宁。

至于福建，则沿海一带与闽江均有蛋民，而以福州为最多。

蛋民浮生水面，萍踪多不固定，由一个地方移到别个地方的，屡见不鲜。其原因大概是为了生活与经济所驱使。而且同在一个城里的河面，他们每每因入息的多少而变换地方。著者知道不少关于这种的例子。比方，在广州的东堤，有了一家蛋民，父母、子女、媳妇六人，本来是在东堤的，可是后来见得河南（广州对面）怡乐村的过河人客较多，他们立刻移居怡乐村的左近，虽则这个地方，比之东堤很为偏僻。又如在白鹤洞码头，从前有了不少的蛋艇，可是后来因为由白鹤洞到沙面有了电船行驶，他们又分散到河南、花地等处。此外由一个城市移到别的城市的也很多。在梧州一家蛋民告诉著者，他们本是住在广州，惟常常载盐到梧州。后来运盐的生意不好，而且艇舶历时太久，要造同样的新艇舶，又没有钱，结果是把旧的艇舶出卖，再造两只较少的摇渡过河的小艇。因此他们就不得不在梧州找生活。

除此以外，凡是一个新辟的地方，往往有别处的蛋民移居那里去。香港附近的青山，就是一个例子。十四年前，著者曾到过青山。在那个时候，青山上只有一个和尚寺和一座尼姑庵，别有一位在香港的马家太太筑了一间房子在尼姑庵的旁边，以便有时到来这里享清净的空气。当时我们想找一只蛋民渔艇，也不容易。可是十年后——三年前的环境，已大不相同了。蛋民的艇、货船、盐船的数目，不但有了数十艘，就是专为摇渡过海的蛋艇也有十多艘。其原因是自从九龙直有长途汽车路通到新市、元朗以后，青山旁边也有了十余间小生意店。而且青山寺庵变为香港附近的名胜，往来的人逐渐增多。著者在该处住过两个夏天，每次约有月余之久，对于蛋民曾做过详细调查。据他们说，大多数是来自香港。本来从香港到青山，小火轮船也要二小时，他们摇小艇，顺风顺水，至少要四小时，可是一听到青山过海客多艇少，所以他们来青山的很多。因为迁移的时间尚短，他们的亲戚朋友之在香港者，若有婚姻丧祭，他们多不辞劳苦，不怕风浪，每每回去香港，小住数天，然后回来。要是你问他们年纪较大的人是哪里人，他们必告诉你道："我们是香港人。"要是你们问着小孩子，他们也许会说道："我们是青山人。"

此外，有些蛋民一年会住两三个地方的。比方，近年来在琼州东北的青〔清〕澜港，每年春夏两季，好多蛋家渔艇，多从万州、陵水一带随南风而来清澜，他们在青〔清〕澜海傍，有些插木为柱，以茅为瓦，有些仍住艇上。到了秋冬两季，他们又随北风而南返万州、陵水。他们秋去春来，正像我们的春去秋来的燕子一样的，一年要住两个地方。

最后，也有些蛋民，是终岁来往各处而没有一定的停泊处。这一种的蛋艇大概是接运或租给人家运载各种货物。要到什么地方，完全由人作主。今日租给这个人到某处，明日也许租给别个人而到别一个地方。

因为了他们的萍踪不固定，他们在地理上的分布，随时可以变更。"四海为家"这句话，好像是为着蛋民而咏的。

蛋民的职业[*]

关于蛋民的职业，有些人以"捕鱼为业，卖淫为生"这两句话来概括。可是对蛋民的职业稍有过多少认识的人，总能明白这两句话不但是片面之言，而且后者对于蛋民有了侮辱的恶意。事实上，不但是现在的蛋民的职业，不能以这两句话来概括，就是有史以来的蛋民，也不只以"捕鱼"、"卖淫"两者为职业。

反之，蛋民的职业的种类也很繁多，关于历史上所载的陆居蛋民的职业如何，我们不易知道。但是水居蛋民和现在之迁移陆居者的职业，大概可以略为叙述。

历史上，水居蛋民的职业之见于著作者，厥为采珠。宋范大成《虞衡志》已经说过：

> 合浦珠池蚌蛤，惟蛋能没水探取。

要是珠池蚌蛤惟"蛋"能采取，则采珠之业，也许是蛋人所专有。关于珠池的起源与沿革，据顾炎武《天下郡国利病书》卷一百零一《广东五》曾说：

> 按珠池之事，汉唐无考，自刘铱置媚川郡，宋开宝以还，遂相沿袭，置场置司，或采或罢，迄无定制。洪武二十九年，诏采而已，未有专官也。正统初始令内官一员，分镇雷、廉，正德中，又取回，镇雷者，总属于廉。嘉靖时，巡抚林公富尽奏除之。专其任于兵备宪臣，此廉郡之大幸也。

珠池之由政府管理，虽像顾氏所说，汉唐无考，然关于珠海或珠母

---

* 录自天津南开大学经济研究所编《政治经济学报》第 4 卷第 3 期，1936 年 4 月。1946 年陈序经《蛋民的研究》（商务印书馆出版）一书，将该文列为第五章。

海，《旧唐书·地理志》曾有记载云：

> 合浦县有珠母海。

又"合浦还珠"是汉代孟尝做合浦太守时的故事（见《后汉书》），可见采珠的历史很久。假使采珠为蛋民所专有，则不但指示广东的蛋民在汉唐时代的职业，且足以证明广东蛋民之水居的历史很久。

可是采珠之业，恐怕未必是蛋民的专有业。《晋书·陶璜传》载"合浦百姓惟以采珠为业"。《旧唐书·地理志》也云："珠母海为郡人采珠之所"。清孙承泽《春明梦余录》也云：

> 雷州直出海中，有涠洲。周广七十余里，内有八村，专业采珠。

又如明林富《请罢采珠疏》有云："题为乞罢采珠，以苏民困"等语。《旧唐书》所谓"郡人"，孙承泽所说的"八村"，林富所指的"民困"，大约不一定全是蛋民。不过，自宋以后，蛋民在采珠业上所占的位置的重要，是无可疑的。

蛋民采珠的方法及这种职业的危险，范大成《虞衡志》已有记载。他说：

> 旁人以绳系其腰，绳动摇则引而上。先煮毳衲极热，出水，急覆之；不然，寒栗而死。或遇大鱼蛟鼍诸海怪，为鬐鬣所触，往往腹溃折股，人见血一缕浮水面，则蛋死矣。

其对于采珠的方法叙述较详的，如明陆容《菽圃〔园〕杂记》云：

> 珠池居海中，蛋人没而得蚌剖珠。盖蛋丁皆居海舶中，采珠以大船环池，以石悬大絙，别以小绳系诸蛋腰，没水取珠，气迫则撼绳，〈绳〉动，舶人觉，乃绞取，人缘大絙上。前志所载如此。闻永乐初，尚没水取，人多葬鲨鱼腹，或〈止〉绳系手足存耳。因议以铁耙取之，所得尚少，最后得今法。木柱板口，两角坠石，用木〔本〕地山麻绳绞作兜，如囊状，绳系船两傍，惟乘风行舟，兜重则蚌满，取此〔法〕无逾此矣。

历史上的蛋民，除了采珠的职业外，志书所载及民间传说，多以为蛋民乃赖打劫为生，故每被叫做"蛋家贼"。毛奇龄《西河合集·蛮司合志》卷十五，关于这一点，曾有两段记载，今录之于后：

蛋户在雷、廉间，盗珠为生。其酋长不一，有苏观升、周才雄为二酋。其先皆安南夷，尝款石城塞为臣仆，因得充蛋户，阻乌兔，乃浪为险，招致大贾，侵禁池盗珠。禁池兵卫故甚设，蛋自度不敌，乃阴集四方，亡命出劫。前此酋长罗汉卿阻中路港，诸偷袭散之，于是他酋曾国宾以三十艘入海康。万历改元，犯北海；明年，犯上村，至四年，犯合浦、冠头岭；五年，犯永安；还入太廉角。既而悔祸，肉袒请归命。其七年，佯为珠商所迫，鼓棹而入于海，因犯南板村，杀周英，擒林一。岭西兵备使招之降，复降。是年，观升、才雄亦以十八艘入合浦，犯乾体村。暂，蛋民林三焚杀男妇六人，其后又犯安南、永安州，官军逐之急，乃遁还乌兔。乌兔北枕高山，南滨大海，可为窟穴。乃采大木十围以上者建屋，居令部曲，相保为堑，联校木棚，开东西二大门而封之。独启南一门，面海通出入。诫门者勿轻启，凡启必张旗志，鸣金鼓笳吹，闭亦如之。夜用逻卒数十人，衔枚击刀斗道上，至日出乃已。已乃椎牛飨诸贼，治舳舻三十艘出海。九年犯断州。当是时，断州去永安所近有百户，张袆备白沙哨千户田治，备滨汫哨，皆援旃擐甲出战。袆攻其东，治攻其西。治长于击剑，横行诸蛋中，诸蛋中当之辄刨。顾倔强，宁赴水死勿受创。以故剑所及，只斩九级，生获林细武等八人，而余死于水。自是之后，蛋人自以为勿及也。无可，蛋中亦募善击剑者出指治，治久易蛋不为意，蛋伧卒围治，治及兵士王致祥皆身受创死。于是都司陈居仁，廉州推官王尧卿，引白鸽寨兵，追斩吴三等数级。观升阳令榜人击鼓还寨，复突入东山，杀军人邓邦进、吴得贤等。岭西分守张明正、海北分守陆万钟，及分巡徐时可、薛梦雷，请于总制刘尧诲，遣楼船军以二十一艘为东哨，指挥文济武统之。且分兵断其走路，贼势不支，闻大兵至，夜半从榄树港逃之井村。官军追之，生获苏观敬、陈鹰瓜等一百一十九人，保奸李志岳等二十一人。及再追，得苏观升、苏观祥等七十二人，保奸王廷幹等一十人。是时大风从西南来，蛋舟多湛溺，死者无算，而前后斩捕不下四五百人，诸蛋狼狈。有林允厚者，倡曰：与我散蛋死，曷若聚蛋诣军门，唯将军命之，或尚有剩蛋哉？众曰，诺，独酋长陈泉不从，诸蛋乃缚泉及苏三等献将军，将军赦之，而周才雄者，别为石城将所获，众皆定。其后梁本豪复乱。

梁本豪者，亦广海蛋酋也。先是海贼曾一本称雄海上，豪与马国政、陈世元诱一本入城，一本死，豪窜于海曲，贼党渐集，乃有梁本明、马本高、石志和、布尚韬诸酋，合千余人，往来波罗、香山、三水东西海，日夜习水战。所制艓舶，或八橹，或十橹，不用榜人，诸蛋自操〈棹〉，濯乘风荡波涛中，倏若闪电。一旦有缓急，辄走入水，水不能为灾，俗号人獭。其俗［族］女子，勇倍于男。男少时，膂力返［反］过于壮者。以视海上官军，一可当百。官军逮捕，即百不得一。第捕急，则山中编氓，为保奸者，往往藏诸偷于家，深闶之。官军在门，门中无老少男女皆出视，坚称此门中无盗，不稍间口。前此海贼诱倭奴入寇，颇得利，本豪既东结倭奴，乃复往西番交林道乾，约寇会城。总制陈瑞，御史罗应鹤，与布政李江，按察赵可和等，计议谓本豪曾杀千户濮汉典、史林煌，卤执通判骆秉韶等，情罪重大，且复与倭奴林酋相依为奸，此不可宥，请复广州标兵，治战舰进讨。初渔人杨玉在长沙港，见倭操舟人，不满八十，既而渐众，则皆海上人无赖，往附之者，故海上俗惯造乌槽横江船，因缘为利，顷以微税苛报，罢海上人，无以为资，皆阑入倭舟。总制乃移总兵黄应甲令先逐倭舟，倭舟沉溺不敢前。时诸蛋方略沙头邓氏执其男妇，素［索］赎金，指挥徐瑞阳住老万备倭，把总张容正住虎门，参将榻［杨］为栋、白翰纪备外海，游击沈茂、指军王权备内海，分守周之屏、同知朱一相营居中，皆令乘白艚大艘，不足则借及渔艇，分道并立出鏖战，沉贼船八十余，生获本豪等一千二百余人，俘获三百余人，斩首二百六十余级，听抚者无算，凡倭番土人之在蛋者，皆歼之。

毛奇龄所述之蛋贼，大概为明时事。清顾祖禹《读史方舆纪要》也谓明嘉靖年间，倭人之入寇，多由蛋民引导。至于清初屈大均在《广东新语》中"蛋家贼"条，也有关于这种记载。

　　广中之盗……患在无巢穴者，而不在有巢穴者……蛋家其一类也……彼大艟小艑，出没波涛江海。水道多岐［歧］，而罟朋之分合不测，又与水陆诸凶渠相为连结，我哨船少则不能蹑其踪迹，水军少亦无以当其锐。

后来邓淳在其《岭南丛述》"蛋人"条也说：

　　其（指蛋人）性凶善盗，多为水乡祸。粤故多盗，而海洋聚劫，当起蛋家。其船杂出海上，多寡无定，或十余艇为一宗，或二三罟为一朋。每朋则有数乡船随之腌鱼，势便攻劫，为商旅害。秋成时，或劫割田禾沙田，农人有获稻者，各以钱米与之，乃免祸。

又同治十年所修的《番禺县志》及三水江范端昂吕男所辑《粤中见闻》也有这段记载。此外传说及著作之言及蛋民以打劫为生者尚多。比方在琼州东海一带，客船、货船之往来于清澜、陵水及各口岸者，每有谈及蛋家船之流为盗贼者。可是近年以来，此风已大减少。至于广州、三水、香山、新会各处的蛋民，据我们调查所得，不但少有盗贼的行为，事实上，他们要算人民之最能守法安份〔分〕者。我们以为过去传记及志书之多视他们以行劫为生的盗贼，恐怕未免于言过其实。盖蛋民本为人们所目为蛮夷种类，他们就使没有盗贼行为，也为人们所鄙视虐待，何况，人们之对于他们每尽其压迫之能事，而政府又从而冲涌之，无路可逃，不为盗贼，必至饿死。故凡一般人之稍能明了其实况者，无不嗟叹其为世间最可怜、最贫苦的民族。顾炎武《天下郡国利病书》卷一百"广东四博罗县"条，对于这一点已说得很明白。今录之于后。

嘉隆间，山海夷并作，盗不专于猺与蛋，而猺、蛋或为盗囮芝夷之后，族不可蕃。承平六十一年，复蠢蠢动矣……邑之蛋有二，一编为筐箕之属，一捕鱼，皆不从业编竹者。籍隶于东莞，其赋长岁，赋丁银一钱。捕鱼者隶归善，其赋长岁，赋人年十两，更籍又赋人五两，子壮有室，则父免。狭河驾艇舟，得鱼不易一饱，而赋身钱如许，欲不激而亡且盗乎？邑鱼课米，既派于民田，而业渔者闲累乃更甚，是安可不亟为之所也。

关于此种苦况之记载于书籍者，不胜枚举。然则，蛋民之因被迫而为盗贼，可以概见。

上面所说的采珠为业，打劫为生，现在可以说是几乎完全没有。关于现在蛋民的职业，我们可以将比较普通及重要数种来讲：

蛋民既差不多完全以舟为家，浮生海上，捕采海鲜食物，乃是环境所使然。范大成《虞衡志》谓："蜑海上水居蛮也，以舟楫为生，采海物为生。"周去非《岭外代答》谓："钦之蛋有三：一为鱼蛋，善举网垂纶；二为蚝蛋，善没水取蚝……"《广西通志》述桂林知府钱元昌《粤西诸蛮图记》谓："或执篙撑舟，其浮家江滨，而止以捕鱼为业，惟蜑人也。"《图书集成》卷一千三百八十《琼州府〈部〉汇考》八《风俗志》谓陵水："蛋民世居……濒海诸处，男子罕事农业桑，惟缉麻为网罟，以渔为生，子孙世守其业。"又万州"蜑人……居海滨，业渔，以鱼赴墟换谷"。"文昌有蜑，蜑世渔户也"。此外，关于记载蛋民之从事渔业之志书著作，不可胜举。现在沿海一带的蛋民之在香港、澳门、琼岛、陆丰各处者，多依赖于渔业。至于珠江、闽江流域之以渔为业者，也不算少。单以广州河面来说，渔艇约有一千五百艘。艇的名目，也很繁多。所谓打鱼艇、捕鱼艇、蛤艇、虾艇、蚬艇、鱼水艇、捞蚬艇，又有专取虾䲒（音春，虾卵也）艇。在广州所见之渔艇，大概很小。普通长约一丈四尺，阔仅三尺二寸。除捕鱼网罟竹笼及线钓各种用器外，夫妇子女住食均在其中。西江从三水至梧州间，所见渔艇，略为广大。大约因每年西水泛滥，河流急迫，太少易生危险故。至于香港、澳门及沿海一带之蛋民渔船，大的有千数百担，小的三两百担。在河里的渔艇，很少有帆，海里皆用帆。捕取的海鲜食物，除偏僻地方外，蛋民少有自己把上墟出卖。大多数是直运到鱼栏售与鱼商，然后由鱼商转运各处。

渔业的蛋民，而特别是广州的渔业蛋民，环境较诸其他普通蛋民尤为贫困。一来，广州河面及其左近艇舶，来往太多，鱼虾很少。二来，广州税饷名目繁多，而且一般征收税饷者，往往多事勒索，故捕鱼之蛋民，大都衣服破烂不堪，而其小孩多有一丝不挂者。至于艇小人多，其跼促情形，殊非笔墨所能形容。且一遇风雨交作，或寒气迫人的时候，其苦惨之景象，使人目不忍睹。在香港、澳门的渔业蛋民，亦有致富小康者，然其数无多。在香港附近蛋民之捕鱼者，著者目见在四五日间捕取不够三斤。欲以自养尚且不够，欲把来换米菜，裁制衣裳，修理艇舶，更不容易。在三水渔业蛋民，二十年前，入息颇丰，且有联络而建筑祠堂。然近年以来，零落情形，日甚一日。至于琼州沿海一带，年来渔业之不振，蛋民亦难免波及。他如惠阳各处的捕鱼蛋民，苦况之见载于报章者，已不止一次了。

大概来说，在沿海一带及珠江、闽江流域的较小市镇或乡村左近的蛋民，多以渔业为生。至于在大城市里像广州，以至梧州等处，因为河之两傍均为繁盛市场的区域，故来往两岸及河面的交通，差不多完全依赖蛋民艇船。在广州所谓四柱大厅、横水渡、孖艔艇，以至沙艇，都是专为渡河或到广州附近各处的客艇。这数种艇中，四柱大厅数目最多，在广州至少有五千艘以上。沙艇有二千五百艘左右，可是很少掉客。渡河横水渡，约有五六百艘，孖艔也有三百六至四百艘之间。统共这数种掉客渡河艇，约占广州艇舶的全数三分之一有余。每艇不均至少二人以上，于是可知蛋民之以掉客渡河的人数之多。而这些掉客渡河的蛋民，差不多百分之九十五都是妇女。

在广州，在西濠口、白鹤洞、花地、岭南及颐养园下渡各处，没有电船来往渡河之前，所有两岸的水道交通，都操诸蛋民之手。有了电船以后，蛋民之赖掉艇过海者，多受打击。虽则这些电船上的工人，也有不少是蛋民，然电船所用工人既少，载客又多，此外价值之廉，时间之快，均于蛋民艇舶大为不利。比方，从前没有白鹤电船的时候，从白鹤洞到广州各处的【的】蛋艇，不下三四十艘，有了电船以后，现在至多不出十艘。此外，岭南各处的蛋艇之为电船而受打击者，虽没有白鹤洞的蛋艇那样利害，然比之从前也有天壤之别。

然而，过海蛋艇之受打击最大者，要算跨过珠江而连接河南、河北的海珠铁桥。在铁桥尚未筑成以前，在广州河南、河北两岸，而特别是在桥附近之靠掉客渡河为生者，每天每艇不均，入息总在一块钱以上。铁桥筑成以后，每天所得不均，仅四五毫，有的整天没有开市者。至于康乐、岭南一带的蛋艇，岭南日间有电船后，日间所得平均不够两餐（两餐约需五毫）；比之从前每天平均至少一元五毫以上，已大不同。近来岭南电船夜间加开一次，他们的环境愈觉困苦。再加以铁桥之筑成，遂使其现状，似乎不改别业，无以为生。

最近来，黄沙铁桥又正兴工，则此后之对于这般专以渡客过海的蛋民之必再受影响，是无可疑的。

凡是到过广州而步游或坐东洋车经过长堤一带者，免不得会听到沿途蛋妇叫"过海呵"的声音，不绝于耳。要是你行近培英、岭南各处码头，她们立刻蜂拥跑到你的身傍，不绝地问道："先生到岭南呵！到培英呵！"要是你在沙面的沿岸，她们就会问道："先生到白鹤洞呵！"要是你不在这些码头附近，她们会问道："过海河！""游河呵！"一个新到广州的人，有时也许会因为她们蜂拥而来的威势，不绝而叫的声音，起了慌忙。

这种的艇舶，普通二人掉摇。一人在后面立起。多数两手掌管两枝橹，有时一枝橹。一人在前面，多数坐着掌着一橹。有时前面加坐一人，而加用一枝橹的。这是四柱大厅沙艇以及横水渡的大概。至于孖舲艇，则两个人立在后面掌管两橹，客人所坐的位置，是艇的中间部分。在孖舲艇者，面向着掉艇者，而背着艇前驶的方向。其他艇舶的客人，则面向前面直驶。

这些艇舶都很清洁，有的还装饰得很美丽好看。近来所有的四柱大厅，多仿岭南码头艇舶，客位背后有一横板斜置，以便坐者背后有所依靠，故很为舒服。蛋民妇女之掉艇者，多衣服整齐洁净，而且招待周到，故也有不少的人们，喜欣多费点金钱，多点时间去搭艇，而不愿搭小轮船。

平常每艇两个人中，一人留艇，一人徘徊于岸傍，招徕人客。她们每早六七点至晚间，除了用膳之外，一则忍耐地坐在艇里，一则忍耐鹄立堤岸，有些数日没有一客光顾的。苟得了一客，则满面笑容，欣喜欲跃，而其旁立之一般同辈，亦似有了不胜其羡慕的样子。

从事这种职业的蛋民，既差不多完全是妇女，其中也有不少当作副业，而非正业。比方，沙艇多为热天过夜游河或做住家之用，然日间有客叫搭艇渡河时，她们也多乐就。或者因正业入息太微，而不得不从事副业以资弥补。又有不少妇人，丈夫所得的月薪入息，本可够用，然也从事这种工作，因为她们既别无所事，而蛋民社会，固少有坐而食的。又蛋民普通入息无多，能多得一点钱，虽牛马之劳，而为陆上人们所觉得所得太不抵所失的她们皆乐而为之。故在蛋民之中，无老无幼，无男无女，没有一个不终日劳碌。她们以为以艇掉客，也许十日无客光顾，然一月之中能有十次八次也胜于无。盖其生活艰难，使之不得不如此。

这是广州之以艇掉渡人客为职业的蛋民的概况。在香港、九龙的过海交通，完全为小轮船所垄断。且海面较广，风浪较大，小艇较为危险，故掉客过海之蛋艇，可以说是完全没有。但是香港为东亚大港，每天世界及国内各处轮船之往来者很多，轮船少有码头停泊，多下锚于港中海面，故人客之上落轮船，除电船外，也有不少的依赖于蛋艇。至于旅馆中所借以搬运人客行李，差不多完全是用蛋艇，故他们之在沿岸一带者，也多以此为业。可是他们招徕生意，不像广州的这种蛋民直接地去寻找，或候待客人，他们多数是要和旅馆合作，或由旅馆长期或预先雇定。往来香港的客人，鲜由自己直接雇艇上岸与到轮船。

三水、河口蛋民很多靠珠江流域的轮船上落客人以为生。但是三水、河口既仅为客人换驳舟车的市镇，接送客人上岸下船均由蛋民直接交涉，故凡每次广三火车到三水时，蛋民之争找客人，每每多至用武。苟非十分灵敏者，没有法子找得生意。其由西江上游各城镇来河口的客人，多数于船未到河口时，船上人员或侍役每代找艇；故蛋民之要多找客人者，必和船上人员侍役先前联络。然这种情形并非普遍。此外，尚有由河口至西南的渡艇。两个人摇掉一点钟左右，仅得一毛钱，故情况最苦。

肇庆及西江几个大市镇，从前的蛋民也有很多像三水、河口之依赖接送人客到轮船以为生者。但是现在这种权利已为捐商所独占，客人之中，鲜有不搭公司艇的。其结果是往日仅赖此区区以为生者，至今几乎不能不放弃而图别业。

来往梧州之轮船、渡船，多停泊码头，蛋民之接送客人之到轮船或渡船者，没有很多。又梧州过河对岸在大江以南者，地方偏僻，介于大江、北江之半岛，也非商业之区，蛋民之依赖掉艇过河者，人数也不很多。自广西大学开设于夹在大江、北江的半岛后，往来于梧州及半岛者，人数较多，蛋民在那个地方，掉渡客人过河，入息颇丰。据说每艇每月约有五十元以上之入息，比之广州好得多。然这种艇舶数目不多，又将来若有过海电船行驶或铁桥建筑，则这般蛋民，必定受累。

除了掉客过河或接送客人到轮船的蛋艇外，又有载货物的蛋船。从事这职业的人，在广州并不少过于从事送客来往的艇舶。据广州公安局二十一年报告，货船总数为五千零七十八艘。然事实上尚恐不止此数，照广州市二十一年人口调查报告，货艇约分为七十种。我们差不多可以说，在陆上所有各种商店所发售的货物，在水上都有装载这些货物的艇船。

这些载货艇舶，有些很大，有些很小。在香港的蛋民货艇，有能载数千担重货物者。在珠江流域大者约载千担左右，小者数十担。普通来说，货船有二种：一为专在市内装载货物，一为由一市镇装载货物到他市镇。前者多由蛋民自己用橹或竹竿摇渡，后者多合数船雇一小轮船拖驶。此外如在三水等处，因西水澎涨时，岸上铺店多被水浸，故特造一种货仓船，常泊于一处，少有移动。

货物艇舶的名目虽多，然蛋民自己差不多完全只是船主，而非物主。他们所靠以为生者，不外是船租与搬运货物上落的劳力酬劳。

货艇载货的价目，因时因地因货因艇而异，没有一定的标准。年来经济不景气象，在广州以及各处货艇之没有人雇的，触目皆是。在广州尚有载运肥料尿粪艇等，约四百余至五百艘。

除上面所说的职业外，又有所谓专为人们娱乐的艇舶。这一类艇舶，大约可分为三种：一为游河之用，一为住宿之用，一为饮食之用。在广州、佛山、肇庆、梧州各处不少的蛋民，是靠着陆上人雇艇游河以为生的。沙艇、四柱大厅、孖舻及洋板均做游河之用。沙艇天热时人们多当作旅馆住宿。在肇庆、清远等处好多蛋艇，是住宿艇。饮食艇在广州、梧州、佛山有美丽的"紫洞"。此外，所谓厨艇，也是饮食艇，但这些艇多为蛋民自己于婚嫁或特别事故而请客时雇用。

游河艇通常约二毛至三毛钱一句钟，雇全日者价值较廉。住宿艇在广州大约每天六毛至一元之间，可容住客二三人。在三水因为由西江上游来的轮船多在早上三四点间，故接客蛋艇，多预备给客人休息或睡觉至天明。在肇庆、清远各处住宿艇价钱较广州略低。这些艇的内部，均极清洁，一般所谓走水客与有些商人，多喜借宿。较好的"紫洞"，大概租银每天要十元或八元。若叫他们自己预备酒菜，租银也许减少，菜银每桌约二十元。沙艇有时也为游客或住客预备小食，大约三四友朋给二三块钱，他们就能弄出五六样可口的菜色。

在广州、佛山、三水、肇庆、梧州各处，所谓社会上高等人物，像教育界、军政界，或是出头的商家，对于蛋民多存了蔑视的态度，少有当蛋艇做旅馆者；然雇艇游河，或下艇请饮，却是一件很平常而且很高兴的事情。特别是在炎夏的时候，在广州东堤左近的紫洞艇每每要早几天雇定。至于荔枝湾的洋板，东山的四柱大厅，差不多完全是靠着这些所谓"优秀"的市民的光顾以为生。近年以来，一般名流政界连了招待外国领事人士，也有到这些地方的。

我们在这里可以顺便谈及蛋民的娼妓生涯。

"卖淫为生"是一般人所想象中的蛋民妇女的职业，所以有好多人，一谈到"蛋妇"这两个字，就会联思到"妓妇"这两个字。比方，胡朴安先生的《中华全国风俗志》下篇卷七《广东部》"广东之蛋妇"条里说：

> 粤有所谓水鸡者，即所谓蛋妇也。以其居水滨，故名。浮家泛宅，一叶扁舟，日以渡人为业，生涯亦颇盛。顾此等水鸡，则注意于夜市。所撑之艇曰沙艇，装潢美丽，洁净非常。每当夕阳西下，则灯火齐明。沿河一带，如西濠口、长堤、沙基等处，济济溶溶，触目皆是。一般青年蛋妇，盛服艳装坐以待客。或高唱其咸水之歌，或娇呼其唤渡之声。于是"叫艇呀"，"游河呀"，"乘凉呀"，"过夜呀"，一片柔脆声浪，乍聆之如春莺出谷，殊令人解颐，遇炎时犹多。第见其衣黑绸之衣，长可及膝；着黑绸之裤，短及于胫。赤足盘座而露其雪白娇嫩之肤焉。夜度之资甚廉，然多麻疯之症，

偶一不慎，则祸立随之矣。

这是犯"文而不实"的毛病。我且略举数点，以示其错误的大概。第一，蛋妇所撑之艇，并非完全叫做沙艇。广州的沙艇数目，不及艇的总数十分之一。第二，这十分之一的艇，有了不少是家道小康，或入息充裕的蛋民的住家。第三，有了不少的沙艇虽可游河借宿，然并没有少妇，而却乃老妇或夫妇。第四，公娼艇、私娼艇中之妓女，有不少是陆上人下艇充当者。第五，蛋民虽作鸨母，然自己女儿，使之当娼却很为例外。当娼者多为由他蛋民或陆上幼年购买者。故若谓蛋妇皆妓妇，则错误之甚。这正像游上海四马路而见野鸡者，谓上海妇女皆为野鸡，没有分别。

清乾隆年间，沈复在其所著的《浮生六记》卷四里，曾有下面一段的记载。

> 正月既望（按乾隆五十九年，西历 1794〈年〉），有署中同乡三友，拉余游河观妓，名曰打水围。妓名"老举"。于是同出靖海门，下小艇，如剖分之半蛋而加篷焉。先至沙面，妓船名"花艇"，皆对头分排，中留小巷，以通小艇往来。每帮约一二十号，横木绑定，以防海风。两船之间，钉以木桩，套以藤圈，以便随潮长落。鸨儿呼为"梳头婆"，头用银丝为架，高约四寸许，空其中而蟠发于外，以长耳挖插一朵花于鬓，身披元青短袄，著元青长裤管，拖脚背腰，束汗巾或红或绿。赤足撒鞋，式如梨园旦脚，登其艇即躬身笑迎，塞帏入舱。旁列椅杌，中设大炕，一门通艄后。妇呼有客即闻屧声杂沓而出。有挽髻者，有盘辫者，傅粉如粉墙，擦脂如榴火，或绿袄红裤，有著短袜而撮绣花蝴蝶履者，有赤足而套银镯者，或蹲于炕，或倚于门，双瞳闪闪，一言不发，余顾秀峰曰："此何为者也？"秀峰曰："目成之，后招之，始相就耳。"余试招之，果即欢容至前。袖出槟榔为敬，入口大嚼，涩不可耐，急吐之以纸擦唇，其吐如血，合艇皆大笑。又至军工厂，妆束亦相等。维长幼皆能琵琶而已，与之言，对曰：哝哝者何也。余曰少不入广者，以其销魂耳，若此野妆蛮语，谁为动心哉？一友曰：潮帮妆束如仙可往一游。至其帮，排舟亦如沙面。有著名鸨儿素娘者，妆束如花鼓妇，其粉头衣皆长领颈套项销〈锁〉，前发齐眉，后发垂肩，中挽一鬏，似丫髻裹足者著裙，不裹足者短袜，亦著蝴蝶履长拖裤管，语音可辨，而余终嫌为异服，兴趣索然。秀峰曰：靖海门对渡

有扬帮，皆吴妆，君往必有合意者。一友曰：所谓扬帮者，仅一鸨
儿，呼曰邵寡妇，携媳曰大姑，系来自扬州，余皆湖广、江西人
也。因至扬帮对面，两排仅十余艇，其中人物皆云鬟雾鬓，脂粉薄
施，阔袖长裙，语音了了……遂有一友别唤酒船大者曰"恒艛"，
小者曰"沙姑艇"，作东道相邀请余择妓，余择一雏年者，身材状
貌有类余妇芸娘，而足极尖细，名喜儿……遂有伻头移烛相引，由
舱后梯而登，宛如斗室，旁一长榻，几案俱备，揭帘再进，即在头
舱之顶，床亦旁设中间。方窗嵌以玻璃，不火而光满一室，盖对舟
之灯光也。衾帐镜奁，颇极华美。喜儿曰：从台可以望月，即在梯
门之上，叠开一窗，蛇行而出，即很[后]梢之顶也。三面皆设短
栏，一轮明月，水阔天空，纵横如乱叶，浮水者酒船也。闪烁如繁
星列天者，酒船之灯也，更有小艇，梳织往来，笙歌弦索之声，杂
以长[涨]潮之沸，令人情移。余曰：少不入广当在斯矣……一夕
之欢，番银四圆而已。

我不厌繁来抄这一大段，一来，说明从来艇舶中的娼妓不少自陆上
各处来的。二来，略给我们明白河中的妓艇的大概及妓妇的生活。现在
广州的妓艇中，所谓扬帮、潮帮无大听闻，而各种不同妆束，如沈复所
述的也不见及。至于艇的大概，却没有多变。妓艇所在地，除沙面、长
堤一带，又加了东堤。东堤在五六年前，很为热闹，可是现在已稍趋零
落。在沙面的妓艇，自西洋人占据沙面以后，西洋商人及西洋水手多光
顾。一般俗人所谓"咸水妹"不但能操数句英语，甚有不少头发金白，
面色桃红，像西洋人的样子。妓艇大概可分为两种：一为公娼，一为私
娼。据公安局二十一年报告，公娼仅有三十三艘，也许不止这个数目。
私娼没有正确统计，大约自沙基到东堤一带，夜间在岸上鹄立找客的很
不少，十九是住在沙艇。有的是艇家自养的，有些是自己出当者，有的
是由陆上或他埠来的。私娼之于蛋艇，两者互相利用。艇家给妓妇以住
所及饭食，而妓妇每日或每月所得之入息，半数要交艇家，半数归自
己。还有一种私娼，是自己掉艇到各轮船或渡船、帆船，而特别是盐船
去迁就客人的。然这种私娼，若不是为客人所素熟识，多须线人引导，
或预先约定。艇妓亦有陪客上岸在旅馆住宿者，然非熟客，必不敢就。
艇上妓妇夜金亦有贵到十元者，然究属少数。大部分仅得一二元，甚或
有三五毫以至二三毫者，其困苦之况，可以想见。

蛋家妇女之当娼者，正像陆上妇女之当娼者，到处都有。且有到南

洋各处者，甚或有卖女为娼以钱为男娶媳的。然其所以至此，大都由于贫穷所致，且乃少数例外之事。我们在沙南的蛋民中，调查约一千人中，妇女之充当私娼者不出三人，可知人们所谓蛋妇皆以"卖淫为生"之见，实为错误。

在商业上，广州、梧州的蛋民没有什么位置。在梧州而特别是广州的河面小贩生意，是随处可见。日常的食物，如米、肉、鱼、菜，以至布匹、杂货，都有小艇装载到各艇舶出售。此外，在二沙头的沙南、沙北等处的陆居蛋民，也开各种商店，可是本钱有限，规模很小。又有到广州附近或西江各市镇购买货物出售，或由广州载运货到这些地方出售者，然人数也无多，而且大都是私人和零碎的买卖。有时因为有多少利可图，也许继续做下去，略有亏本，则立转别业。至于有的专做私货生意者，更没有固定性。

比较在商业上之有多少位置的，要算三水、河口、澳门、香港的蛋民。三水、河口，事实上可以叫做蛋民市镇，除大部分的水居蛋民，还有很多陆居。在这个地方，商店之属于蛋民者很多。米店、日常用品店、杂货店以至报关行，均有蛋民经营。所以，他们不但在三水、河口的商会，报关行公会有相当位置，副镇长也是一位蛋民。至于香港、澳门等处的蛋民，因经营商而富至数十万者，也有其人。可是他们富有之后，却多不愿认为蛋民，其原故不外因恐人们鄙视。

在农业上，据旧籍所载，多说他们不事农产。惟《图书集成》卷一千三百八十《琼州府部汇考》八《风俗〈志〉》记载，陵水蛋民"间有种山园，置田产，养牛耕种"。可知他们亦有从事于农业者。近来，蛋民之耕田的还是很少。在广州沙南，蛋民之从事耕种者，几等于掉艇的人数，然多数是为陆上人耕种，非自己有田而耕，其自有田园者只有几家。也有以农业而致富数万金者。

在工业上，他们也没有位置。《图书集成》有云"陵水妇女兼织纺布被为业"。然他种书籍所载，多云他们不事纺织。近来在沿海一带，有的蛋民善于造作网罟绳线，然多数乃为自用，甚少出售。艇舶是蛋民的住所，在广州及西江一带造艇舶厂，却多为陆上人所设。在沿海一带的小市镇的蛋民，也有能制造者，这大概是因为他们自己需用，不得不为，并非专为他人而制造。

此外，在其他各种劳工上，差不多无论在哪一方面都有蛋民。我们现在略举所常见数种，以为本篇结论。

　　挖河底泥沙，是广州蛋民一种很普遍的工作。广州年来填长堤内港各处，与市民之填地建屋所需沙泥，为量甚多。据公安局廿一年报[告]，专挖泥沙的艇舶，也有四百四十九艘。艇约阔二丈八尺，至少需四人，盖每由海底取一篮泥沙上艇，费力不少。此外，还要自己担到陆上目的地。每艇泥沙及人工，约三块钱，每日至多只能取两艇。

　　蛋民之做机器工人的也不少。香港、澳门、广州、西江一带的轮船，及小轮船之用蛋民管理机器或驾驶者数颇不少。又如，广州、康乐、岭南的小电船，多为他们所驾驶。这一类工作，入息有的百余元，少的也十余二十元。

　　破竹是蛋民妇女中很普遍的一种工作。妇女除掉艇及日常正当工作外，多以破竹为副业。他们所破的竹，是用来造香以奉神。这种工作，每日入息，多者约五六元，少者一元数毫。

　　起盐的工作，是蛋民中一部分所享受的特种权利。在广〈州〉的沙南，据说一百年前他们的祖宗多在河里取虾卵，盐商每请他们起盐，不给工资，仅给盐与他们腌虾卵。到后来，外来之盐日增，他们完全放弃取虾卵，专为盐商起盐。除得工资外，此种工作，且为他们所独有，故至今尚传之子孙，由各子孙分配轮流工作。此种工作，虽非天天能有，然平均每日做工半天，每月也有二十余元的入息。

　　打石的工人中也有很多蛋民妇女。这种工作，地点多在广州、东堤一带。建筑事业发达，大石打成碎石，所用人工不少。售石公司多在河边，故附近的蛋民妇女，多乐从事。每天所得工银，约四五毫。

　　伐木是蛋民一种历史久长的工作。宋周去非《岭外代答》已说："木蛋善伐山取材"。他们在东、西江上游的山林中斩伐后，拖入河里，用绳缚成一大块。他们就在木上结茅为屋，沿江而下，到各市镇。但现在伐木工人，多非蛋民。

　　此外，蛋民男人在广州、梧州、香港、澳门等处之到陆上各商店中为伙伴，及各种杂工的甚多。在肇庆，著者见过好几家的蛋民曾在旅馆里当下船接客的工作，虽则妻子住在水面。又有在陆上当苦力者。在三水海关里的下级检查员，通通是蛋民。在德庆，一个蛋妇告诉著者道：她的丈夫在梧州一个店里当大厨。别一位说：她的丈夫是在理发店理发。至于一般赴南洋的蛋民之在橡皮园、锡矿做工的，数目也不少。

蛋民与政府[*]

关于蛋民和政府的关系这个问题，我们可以从几方面来讨论。从常璩的《华阳国志·巴志》里，我们找出下面一段话：

> 涪陵郡……多獽蜑之民。县邑阿党，门讼必死……汉时赤甲军，尝取其民。蜀丞相亮，亦发其劲卒三千人，为连弩士，遂移家汉中。

又同书《汉志》说：

> 蜀郡……广都县……汉时，县民朱辰字元燕为巴郡太守，甚著德惠。辰卒，官郡獽民北送及墓，獽蜑鼓刀辟踊感动。

这两段话，都是说明蛋民和政府的关系，虽则前者是说蛋民被压迫而移居，后者是说他们因受德政而感动。我们于此，可以明白在汉时，政府之于蛋民，已用过两种方法来治理：一是武力的征服，一是德惠的柔化。同时，我们也可以知道，在汉时的蛋民，并不像后来的人们之目为野性难驯，而加以"蛋家贼"的名号。他们本是良民，政府苟能设法来导化，他们是不会反叛作乱的。

但是自汉末三国以后，大约因王室政权日衰，未遑顾及他们，同时也许地方官吏刻薄压迫他们，使他们无路可逃，故不能不反抗。关于蛋民反叛和政府讨伐事略，唐李延寿撰《北史》卷九十五列传第八十三"蛮獠"条，及唐〈令〉狐德棻撰《周书》卷四十九列传第四十一"蛮类"，均有差不多同样的记载。今摘录《周书》一段于后，以

---

* 录自天津南开大学经济研究所编《政治经济学报》第 4 卷第 4 期，1936 年 7 月。1946年陈序经《蛋民的研究》（商务印书馆出版）一书，将该文列为第四章。

示大概（《周书》虽被人称为"文而不实"，然这段记载似较比《北史》简明）。

蛮者，盘瓠之后，族类番衍，散处江海之间，汝豫之郡。凭险作梗，世为寇乱。逮魏人失驭，其暴滋甚。有冉氏、向氏、田氏者，陬落尤盛。余则大者万家，小者千户；更相崇树，僭称王侯，屯据三峡，断遏水路，荆蜀行人，至有假道者……武成初，文洲［州］蛮叛，州选军讨定之。寻而冉令贤、向五子王等，又攻陷白帝，杀开府杨长华，遂相率作乱。前后遣开府元契、赵刚等总兵出讨，虽颇翦其族类，而元恶未除。天和元年，诏开府陆腾，督王亮、司马裔等讨之。腾水陆俱进，次于汤口，先遣喻之，而令贤方增浚城池，严设扞御，遣其长子西黎、次子囷王领其支属，于江南险要之地，置立十城，远结涔阳蛮为其声援。令贤率其精卒，固守水逻城，腾乃总集将帅……乃遣开府王亮率众渡江，攻拔其八城，凶党奔散，获贼帅冉承公并生口三千人，降其部众一千户，遂简募骁勇，数道入攻水逻，路经石壁城，此城峻崄，四面壁立，故以名焉。唯有一小路，缘梯而上。蛮蜑以为峭绝，非兵众所行。腾被甲先登，众军继进，备经危阻，累月乃得旧路。且腾先任隆州总管，雅知蛮帅冉伯犁、冉安西与令贤有隙，腾乃招诱伯犁等，结为父子，又多遣［遗］其金帛，伯犁等悦，遂为乡导。水逻侧又有石胜城者，亦是险要。令贤使兄子龙真据之，腾又密诱龙真云：若平水逻，使其代令贤处。龙真大悦，密遣其子诣腾，腾乃厚加礼接，赐以金帛，蛮贪利既深，仍请立效。乃谓腾曰："欲翻所据城，恐人力寡少。"腾许以三百兵助之，既而遣二千人衔枚夜进。龙真力不能御，遂平石胜城。晨至水逻，蛮众大溃，斩首万余级，虏获一万口。令贤遁走，追而获之，并其子弟等皆斩之。司马裔又别下其三［二］十余城，获蛮帅冉三公等。腾乃积其骸骨于水逻城侧为京观，后蛮蜑望见，辄大号哭，自此狼戾之心辍矣。（参看同书卷二十八列传二十《陆腾传》）

这段话里所说的蛮，也许未必完全就是"蛋"，然而所谓"蛮蜑以为峭绝"，"蛮蜑望见，辄大号哭"，明明白白地告诉我们，蛋民被过陆腾征伐，至少是表示蛋和其他种蛮族杂处。同时，冉令贤和其种族，也许皆是蛋族，不然，蛋民何苦帮助他们而反抗政府，而致被戮的数目到这么多。

我们从上面那段话里，还得到一个暗示：这就是，这些蛋民，不但要费了政府不少的力量才能荡平；事实上，他们自己好像成立"国家"，有过军事与政府的组织；而且这个军事与政府的组织，也许很为完备。所谓"僭称王侯"，"增浚城池"，"置立十城"，"遣帅调兵"，"兼复资粮充实"，"器械精新"，通通都是说明他们是一个有军事与政府组织的民族。而且以当时称为第一流将才的陆腾，也要用欺骗奸诈的手段，始能克服他们，可知在蛮蛋所统治下的军旅政府，必定是不像一般所谓乌合之众所可同日而语的。

又《唐书》卷十九《僖宗本记[纪]》说：

> 乾符元年……南诏蛮寇蜀，诏河西、河东、山南西道、东川征兵赴援，西川节度使高骈奏，奉敕抽发长武、鄜州、河东等道兵士〈赴〉剑南行营者，伏以西川新军旧军差到已众，况蛮蛋小丑，必可枝梧。今以道路崎岖，馆驿穷困，更有军顿，立见流移。所谓望一处完全而百处俱破，且兵不在众，而在于和……诏答曰：蛮蛋如尚凭凌，固须倍兵御敌，若已奔退，即要并力追擒，方藉北军助平南寇。

同书卷一百七十四《李德裕传》说：

> 德裕所历征镇，以政绩闻，其在蜀也，西拒吐蕃南平蛮蛋，数年之内，夜犬不惊，创[疮]痍之民，粗以完复。

罗香林先生在其《唐代蜑族考》上篇里（参看国立中山大学《文史学研究所月刊》二卷三期），曾引这两段话，来说明唐代的南诏是蜑族所建国。这种臆说，是否确实，我们未敢置词，就使是确实，也不算做希罕，盖《北史》、《周书》已明白地说蛮蛋曾有过军事政治的组织。但是，我们所要注意的，是蛮蛋的势力，既到这么大，使政府要调动大员，四处倍兵抵御，则不但他们是政府的一种重要障碍物，而且指示他们必定有过强有力的政府和军事的组织。

大概自汉到唐，蛋民之在四川三峡一带的，人数必不为少。同时，他们的势力，有时澎涨[膨胀]，有时衰落。在澎涨[膨胀]的时代，政府要用了不少的兵力始能征服。惟唐代政府兵威较强，版图扩张也较大，也许他们有的被迫他徙，有的逐渐同化，其结果是在这些地方的蛋民逐渐消灭；故在宋代的文献之记载蛋民事迹者，差不多完全限于广东一带和水居蛋民，而且从宋以后，志书文献之记载关于蛋民者，据我们所知的，皆谓蛋民为水居种族。

上面是从蛋民之反叛而致政府征伐，与蛋民自己的军事政治组织，来说明蛋民之于政治的关系。我们现在且来谈谈政府对于统治蛋民的机关的设立，及其组织的概略。

据我们目下所知道的，统治蛋民的较早的机关，是明洪武所设立的河泊所。河泊所的职务是掌收鱼〔渔〕课，在明代河泊所多设立于大河以南，河北据说只有盐山县（在今河北省）。蛋民因为水居，而且大都捕鱼为业，故归入该所管理。顾炎武《天下郡国利病书》卷一百零四《广东八》里曾说：

> 蛋户……洪武初，编户立里长。

此外，《图书集成》卷一千三百十四《广州部杂录》、陆凤藻辑《小知录》卷三《四裔》、《番禺县志》、《兴宁县志》等，均有同样的记载。可知政府对于蛋民的管理，已有一定的计划，而且编户、立里长，俾治理上负责有人。明代河泊所的设立乃掌收渔课，并非专为管理蛋民，故除广东外，他处也有河泊所。到了清代大概惟广东有这种机关，其主要原因也许是为着管理这些蛋民起见。顾炎武《天下郡国利病书》卷一百《广东四》，述博罗县蛋民谓"属河泊所"。光绪七年的《惠州府志》卷三十五云：

> 蛋……籍隶河泊所，有长有民。

又说：

> 蛋人属籍归善，有河泊所，有蛋户。

又说：

> 兴宁有蛋户，河泊所则正统中知县朱孟德奏革，以其人阱贯六都籍，立其中首甲以领之矣。（参看《咸丰兴宁志》）

同治十年《番禺县志》云：

> 今河泊所额设蛋户。

可知，广东各处之有蛋民者，多有河泊所。然有蛋民而无河泊所者也不少，如《惠州志》谓海丰、河源、龙川等县均无。河泊所设官二人，以掌收渔课。官名据王亦鹤先生（按王先生乃光绪年间河泊所所长王勋先生之弟）云，是叫做"大使"。王先生且函告我道：

> 清代沿前朝官制，广东南海、番禺河泊所大使二人，掌收渔

课。及道光十二年，奉敕裁去一员，合并两县为一员。

在河泊所管理之下的蛋民，分为蛋户。《番禺县志》及邓淳《岭南丛述》，述蛋户又分为下面诸类：

有大罾、小罾、手罾、罾门、竹箔、篓箔、大箔、小箔、大河箔、小河箔、背风箔、方网、辕网、竹艻、布艻、鱼篮、蟹篮、大罟、竹篁等户，一十九色。

现在这些名目，已不听见，惟这些名目的起源，必定很早。顾炎武《天下郡国利病书》卷一百零四《广东八》云："广中罾门……多为势家所夺"等语，可知"罾门"的名词，流行很早。

河泊所在光绪末年尚存。王勋先生于光绪二十八年，尚为该所大使。到了光绪三十年左右，广东当局设水巡总局于广州河里的海珠岛上。民国初年，广州警察制度改为区制，全市共分为十二区，其中一区为水上警区。区之下又分为一、二、三、四分处。近来广州警察的制度，又从区制改为局制。全市有公安局一，别有分局二十九。蛋民属于花地、海珠、鹅潭、南石头四分局。因为海珠分局较大，尚有分局，如二沙头分局。

因为蛋民是居在水上，所以公安局的地点、设备和人员的训练上，均和陆上公安局的有点不同。这数个局的地点位于河边，且多搭棚，棚伸出河面。巡查多用小轮船或小艇。局内人员，且要能游泳与摇艇。

据我们在民国二十二年的调查，关于广州管理蛋民的各公安分局的人员警士及其职务的分配，和其所管理水居人民的数目，大略可于下面两个表中见之。

各区警长与警士的职务分配表（一）

区别 \ 职别	警长的职务		警士的职务					总数
	勤务	合计	站岗	特务	内勤	预备	合计	
花地	6	6	81	0	6	6	93	99
海珠	12	12	108	6	12	7	133	145
鹅潭	6	6	30	8	6	2	46	52
南石头	6	6	30	0	6	3	39	45
总数	30	30	249	14	30	18	311	341

各区警士及每警所管人数分配表（二）①

区别	警士	人口	每警所管人数
花地	93	9 893	106.38
海珠	133	44 254	332.73
鹅潭	46	33 332	724.54
南石头	39	18 834	482.15
合计	311	106 312	（平均）441.45

这个表是完全根据公安局各分局的报告而来。表一没有可以讨论的地方，表二却略有说明的必要：一来公安局的人口报告很不准确，故表中谓每一警士所管理的人数，当有可疑。二来，花地、海珠各局间有管理其附近陆居人民的，故这些公安分局，不能谓为绝对的水上公安局。又水上居民，亦有非蛋民者，数目虽不多，然这些分局，也非完全为蛋民而设。这几点，我们在讨论人口问题中说及，这里不必多谈。

事实上，从公安局来看，本无所谓蛋民和非蛋民的差异，也无所谓陆上居民或水上居民的不同。在法律上，这些分别更是没有什么意义。不过，因为水上的治安的管理和设备之于陆上的治安的管理和设备，有了不同；又因水上居民差不多完全是蛋民，而我们的研究对象，又是蛋民，故略为叙述。此外，有些蛋民之居于陆者，自然而然地受陆上公安局的管理，其和一般陆上居民，并没有什么分别。

除公安局外，蛋民还受管于别一政府机关，这就是广州从前的航政局，现在改称为港务局。港务局名义上所管理的是交通，该局平常也有巡艇巡查。然事实上，巡艇大概是催缴交通费，而交通的管理，却是由公安局代行。

上面所说的是广州的公安局及港务局之于蛋民的关系。在广西像梧州的蛋民，也是由这两个机关管理，虽则广西仍然沿用航政局的名称。其他各处之没有航政局或港务局的，则由公安局完全负责管理。至停泊于乡村的蛋民，多由乡团或村中的自治机关管理。

在这里，我们可以顺便说几句关于公安局及航政局或港务局的职权上的关系。在职务上，公安局所管理的是治安，而航政或港务局所管理的是交通，可是在实际上，这两种东西是有了很密切的关系。据我们从

---

① 此表中数字原文如此。——编者注

广州公安局所调查的结果，公安局年来所受理关于蛋民的案件，至少十分之五是属于艇舶相撞的事情，可是这些事情，是因交通上的拥挤或不遵守交通规则所致。严格来说，要由港务局来管理，可是实际上既是公安局管理，同时蛋民之缴纳交通费，却比公安局费多了好几倍。在梧州，我们听说这两个机关，因为争执这笔较大的费用，而发生职权上的纠纷。至于蛋民方面，因为和公安局的关系较深，且其历史较久，对于公安的费用的缴纳，极为愿意。有了不少蛋民告诉我们：公安局对于他们负了很大的保护责任，缴纳公安费用是很应当的。但是航政局或港务局，他们却看做一无所事，只会白收税款的机关。

我们现在再来谈谈政府对于解放蛋民，与蛋民参加政治的运动的概略。

原来蛋民在历史上既被视为蛮夷盗贼，在视蛮夷为禽兽的传统思想之下的中国人，对于他们只有尽压迫之能事，遑言解放。人们不但不允蛋民们读书考试，而且不准他们陆居。不但不准他们陆居，甚至他们穿丝绸也不许可。所以怪不得有些人说："蛋民是天下最可怜的民族"。

然而，人类思想观念是随时代而变化的。所以，在千余年或二千年的重重压迫之下的蛋民，到了现在，居然也会谈起参政的问题，做了参政运动，希望得到参政的权利，这是最值得我们讨论的一件事。

据我们所知的，在历史上较早对于蛋民加以注意，而命令解放的，是清代的世宗。他在雍正七年五月二十八〈日〉（1729）曾下过下面一篇谕令：

> 上谕，闻粤东地方，四民之外，别有一种名曰蛋户，即猺蛮之类。以船为家，以捕鱼为业，通省河路俱有蛋船，生齿繁多，不可计数。粤民视蛋户为卑贱之流，不容登岸居住，蛋户亦不敢与平民抗衡，畏威隐忍。踉跄舟中，终身不获安居之乐，深可悯怜。蛋户本属良民，无可轻贱摈弃之处，且彼输纳鱼课，与齐民一体，安得因地方积习强为区别而使之飘荡靡宁乎？著该督抚等转饬有司，通行晓谕，凡无力之蛋户听其在船自便，不必强令登岸，如有力能建造房屋及搭棚栖身者，准其在近水村庄居住，与齐民一同编列甲户，以便稽查。势豪土棍，不得借端欺凌驱逐，并令有司劝谕蛋户，开垦荒地，播种力田，共为务本之人，以副朕一视同仁之至意。（参看《雍正硃谕》）

雍正是有清一代在行政上比较负责任的君主，他对于当时的民情、时俗的认识，较为深刻，所以他之悯怜这般蛋民，也许是体恤下民的一种表示。然而，同时他之所以解放这般所谓"卑贱之流"，也可以说是有了不少的种族的背景。原来中国人之鄙视汉族以外的民族的厉害，是用不着我们申说的。满清本是东胡，入关以后，虽以武力统治汉族，然汉族之看不起他们，是处处可指的。顾炎武、黄梨洲、王船山用不着说，就是一般的庸儒、平民也有了这种思想。满清政府为要打破汉族的种族偏见，故对于这般所谓"卑贱之流"的蛋民不能不加以同情，而副他所谓"一视同仁之意"。这是我们研究他之所以解放蛋民的谕示，应当注意的一个要点。

又从《皇朝通考》里，我们找出下面一段话：

> 乾隆三十六年，广东之蛋户，浙江之九姓渔户，及各省凡有似此者，悉令该地方查照雍正元年山西乐户成案办理，令改业为良。

雍正、乾隆的谕令，虽不能使一般人民与官吏消灭其从来蔑视蛋民的态度，可是在表面上，地方政府及志书记载，已不叫蛋民为"贱种"。比方，同治十年所修的《番禺县志》说：

> 诸蛋……每岁计户稽船，征其鱼课，亦皆以民视之矣。

这与雍正所谓"蛋户本属良民……与齐民一体"的意想，大致相同。民国成立，以"五族共和"为口号、人民平等为原则，蛋民当然不能算作例外；所以从政府的立场来看，蛋民之于其他人民，当然没有尊卑之别。

民国二年间，广州西水泛滥，市民之受水灾害的很多，在广州河里的蛋民曾救了不少市民的生命，故不但一般市民，对于蛋民的态度为之大变，听说政府对他们也特别奖勉。

到了民国二十一年，广州市政府所设立的"调查人口委员会"曾发表过一篇《告水上居民书》，今抄录于后：

> 亲爱的水居市民，本市这次举行大规模的人口调查，已于十月二十三日在陆上举行了。陆居的市民，现已调查完竣，现定于十一月二日，再来开始调查水居的人口。关于调查人口的意义，本会早已尽量宣传，谅大众都晓得了。不过我们还要水上居民注意和认识的，就是这次调查人口，在政府方面是要替人民谋利益，是想把地方自治来完成。我们如果怀疑到政府是查人抽税等等的误会，那实在是庸人自扰。在人民方面我们更要认识填报人口之后，我们才能

获得市籍；有了市籍，才有市民资格，才能受政府一切的法律保障，和受到市民一切的权利。水上的市民们来呵！忠实的填报人口，你们才能获得法律和市民权利。

这篇告书，目的固是劝他们忠实地填报人口，然实际上是显明地承认水上居民——蛋民——的政治和法律地位，与陆上居民的绝对平等。而且在这篇告书里，政府已避免了"蛋民"这两个字，而代以"水上居民"。可知从政府的立场来看，过去所谓蛮蛋的鄙视态度，已完全没有。又所谓"水上的市民们"这句话，也显明地表示政府并不当他们作一种特别的民众，而当做市民的一部分；所以我们以为无论这篇告书里所说的话，是否能够实行，然在理论上，蛋民的法律和政治的地位之和其他的市民平等，是无可疑怀的了。

上面是说政府承认蛋民的法律和政治地位，和其他国民处于平等的地位，我们现在且来看看蛋民在实际上为政府服务，以及参加政治的运动的概略。

政府正式承认蛋民地位，与"齐民一体"据我们所知的，虽不过是二百年前，然蛋民之服务于政府的历史，好像较为久远，虽则其所服务者只限于某一方面或很少数的人们，比方屈大均在其《广东新语·人语类》说：

> 蛋人则编以甲册，假以水利，每十艇为一队，十队为一长，画川使守，略仿洪武初以蛋人为水军之制，择其二三知[智]勇者为大长，授以一官，俾得以军律治其族，与哨船诸总，相为羽翼。

据说明洪武间珠江的蛋民，每每流为盗贼，骚扰居民，弄到政府方面的哨船水军，常常也没有办法来征服他们。为着"以毒攻毒"、"以夷制夷"的方法，政府乃编蛋民万余人为水军，一方面可以减少他们的骚扰，一方面可以使他们控制他们同族；因此，蛋民遂有服务于政府者，且有当队长、大长及官职者。

这样看起来，蛋民之服务于政府，好像是始于明初，然我们从周去非《岭外代答》"蛮人"条又找得下面一段话：

> 广州有蜑人一种，名曰卢停[亭]，善水战。

广州在宋代，在政治及文化各方面的位置已很重要，这些善水战的卢停[亭]，若非为政府服务，而为海盗，必不能在广州居住。若在广州居住，而善水战，也许是帮助过政府或服务于政府，始能见其所长；

所以蛋民之服务于政府水军的历史，也许是在明以前。又其实在隋时，蛋民好像已在政府服务，《隋书》卷三十一《地理志》下云：

> 长沙郡又杂有夷蜑，名曰莫徭。自云其先祖有功，常免徭役，故以为名。

所谓先祖有功，而免徭役，也许是在政府服务过，而占有相当的位置。这么一来，蛋民之实际服务于政府或是参加政治工作，也许在隋代或隋代以前了。

总而言之，政府在军事上之得力于蛋民的历史，大约是在明初以前，不过到了明洪武间，始正式编为水军。此外，又别设河泊所，立里长，以资管理罢。

在武官方面蛋民曾有过地位，已如上说；至于文官方面，蛋民在雍正以前，也似有过地位。顾炎武《天下郡国利病书》卷一百零四《广东八》云：

> 广（州）中近年亦渐知书（指蛋民），或发陆附籍，与良民同编。亦有取科第者矣，然晋门多为势家所夺。

读书是科第的基础，做官是科第的目的，能够登科第，则做官是无大问题的。蛋民既亦有取科第者，那么蛋民之可以进仕途，当无疑义。又谓"晋门多为势家所夺"，又好像是证明明代清初的蛋民，本有科第名额，不过他们势力无大，遂至这些名额，为了陆上有势的人所夺罢。

我们从这些记载来看，大致可以证明蛋民正像雍正所谓"本是良民"；同时，也好像指明政府从来之对他们，也并没有禁止过他们读书、登陆、应试。然习俗相传，他们不能读书，不能登陆，不能应试，甚至不准穿丝绸，大约是由于陆上一般人民，以及土豪势家所做出来；积之既久，遂以为此乃政府所令，或且假托政府禁止之名，以行其私。蛋民势力薄弱，难于抵抗，结果是愈迫愈甚，而他们在政治上、社会上也完全没有地位。

所以若据顾氏所言，则雍正以前，蛋民固亦有陆居读书应试或至为仕者，雍正谕示所谓"不容登岸居住"的话，大概是指着那般土豪势家而言。何况据史书所载，蛋民本乃陆居，而顾炎武曾引《晋书》陶璜上疏，以为广州南岸，在晋代也有数万"蛮蜑杂处"，于是可知蛋民大概乃因被迫而水居了。

不但如此，蛋民之应与齐民一体，虽已经雍正谕示，然在满清时代，蛋民之被陆上人压迫之厉害，比之雍正以前，恐怕且有过之而无不及。然在此种压迫之下，蛋民之读书与移陆居住者，也非没有，比方《番禺县志》云：

> 诸蛋亦渐知书，有居陆成村者，广州西周墩、林墩是也。

实际上，既有蛋民陆居读书，则身入仕途，理所宜有。惟常人之所以以为他们没有参加政府工作，而史籍也没有记载者，恐怕不外由于蛋民陆居之后，因恐怕受人压迫而不敢自认其为蛋民；同时或由于已和陆上居民同化之后，不易认识其为蛋民罢。

总之，我们以为所谓政府禁止蛋民参加政治之说，颇难置信。

上面是略说他们过去服务政府或参加政治的概略，最近来，广州市调查人口，办地方自治，对于蛋民的参加政治，曾特别加以勉励。这一点已见于上面所抄录的"调查人口委员会"的《告水上居民书》里；此外，去年又有蛋民要求选举权的运动。广州《民国日报》曾以《蛋民争选举权》为标题，并略记其事如下：

> 本市自去年办理地方自治，至今数月，各区及农工商各界市参议员，业已先后选出，惟水上蛋民，未得参与，现闻海珠、南石、白鹅潭各处蛋民，以彼辈亦负纳税义务，为市民之一，应有选举权，特推派代表多人，前赴"协助自治委员会"，要求成立水上自治区，选举市参议员，闻该会已据情转呈市府请示云。

这可以说是蛋民在政治史上一种的创举。

市政府对于此事，曾有批文，大意以为市参议员的选举，仍照各区办理，不必划分蛋民的界限。这就是说，蛋民本来是属于海珠、鹅潭、花地、南石四区，按照各区选举参议员的条例，由这数区同样的选派。我们以为这种态度，本是政府所应持的。使政府而特别的设立蛋民选举区，不照原有的市区办理，则显然的把蛋民当做一种特别民族看待。不过，事实上的蛋民，既是被人蔑视，又没有智识势力，同时这数个分区中，又有多少陆上人民混杂而居，结果恐怕所谓按照分区选举，所谓蛋民区的市参议会代表，又不外是为陆上居民或和蛋民没有半点关系者所操纵。这么一来，蛋民一切的意见与痛苦，却又无从表示出来；所以我们以为政府对于这些蛋民，也许要考虑其特别情况，而找出一个办法。何况，事实上，人口调查委员会所发刊"水上居民的人口调查表"，已和陆上居民的很不相同而有了界限的分别。

又广州二沙头的沙南，是蛋民所居的地方，属于番禺县，近来也照县政府所颁布的《乡村自治条例》，实行村治，选举村长。又有乡团的组织，以维持治安。这都可以说是蛋民参加政治的初步。

除了广州市及市附近地方如沙南外，蛋民之在政治上有多少地位的，要算三水县的河口镇了。河口是广东西江一个重要的市镇，她不但是位于西江、北江和南通香港、东通广州一个河口，而且是广三铁路的终点。这个市镇，简直就可以叫做蛋民的市镇。在好几千的人口中，大半居住水面。在水面居住的全是蛋民，同时在陆上居住的也多是蛋民，故无论在那一种商业上，蛋民都有相当或较优的地位。现在的副镇长，也是一位蛋民。又因为河口是三水县的重要商埠口岸，在政治上的地位本极重要，故蛋民在县政上的地位，当然不可忽略。至于他们之在海关里服务的，为数也很多。

政治经济上的琼崖[*]

从历史上看起来，琼崖是往往被人轻视的。汉时贾捐有议罢殊崖，唐的李德裕，宋的苏东坡，都是琼崖人很尊崇的人物，直到现在还且修祠纪念，可是他们都以为琼崖乃鬼魅之地。德裕在其诗里有"崖州在何处，生渡鬼门关"之句，东坡在到昌化的谢表里也说："子孙痛哭于江边，以为死别，魑魅迎逢于海上，宁许生还。"清代雍乾间，何绛在其平黎立县议中，还以为"得其地不足以益国家分毫之赋，得其人不足以当一物之用"。这不过是随便举几个例子，然而琼崖之向来为人轻视已可概见了。

自安南、台湾丧失后，列强对于琼崖，又不断地垂涎窥伺，国人始逐渐地感觉到琼崖的重要。清末曾纪泽与张之洞都主张开辟道路，以为各种建设的张本。前者大概是从琼崖在国际地位上的重要来看，而后者却为两广总督的地位而加以注意。民国以后，政府与地方人士都屡有改省的提议。西南军政府时代，曾派殷汝骊、彭程万等到琼崖调查实业，他们编了一本《调查琼崖实业报告书》可说是中文方面关于琼崖概况最先的一本著作。民国十八年间，陈铭枢氏任广东南区善后委员时，又编了一本较为详细的《海南岛志》。后来伍朝枢先生愿意放弃了立法院长的高位，而要做琼崖特别区委员。这可说是国人对于琼崖逐渐加以注意的表征。

此外，商界与实业界以至学术界，于琼崖也逐渐注意。宣统时代，在南洋的华侨中已有人注意到琼崖的种植事业，并且有些人移植南洋各种著名的植物于岛上。民国初年，南洋华侨商界与实业界曾集资开辟清

* 录自《边政公论》第 5 卷第 1 期，1946 年 7 月。

澜商埠，后来因为战争发生，南洋商业大受影响，股本不能收集，因而作罢。又关于种植方面如椰子园的开辟与南洋著名植物如树胶、咖啡的移植，均有不少效果。此外，如北平静生生物调查所及岭南大学社会调查所，在抗战前也屡次派人到岛上调查动植物与社会概况。此外，又如北平静生生物调查所以及许多大学也逐渐地注意到琼崖的各种物产。

琼崖之所以被国内外的人们所注意，主要的可以说是因为它在政治上与经济上占了很重要的位置。关于政治方面尤其是军事方面，琼崖是中国南方的门户，一面可以牵制华南，一面可以控制南洋。在抗战期间，日本人曾当作他们的生命线，现在抗战胜利，琼崖应该是我们的第一生命线了。

其次，琼崖在交通上是我国与南洋航程上的枢纽。我们在经济上仰给于南洋的地方很多，南洋有千多万的华侨，他们不特执南洋经济的权柄，就是在华南的经济上，也占很重要的地位。比方广东的财富，根本就是华侨的财富，华侨在过去对于革命与此次抗战上既有重要的贡献，那么今后建国期中所需要于华侨是很显明的，而琼崖与南洋交通上是如此的密切，则琼崖的重要可知。

至于琼崖本身在经济上也很重要。琼崖四面环海，渔盐之利至为丰富。广东、湖南各处的盐，有了不少是来自琼崖，现在岛上的盐场大致是在陵水的三亚一隅，假使沿海各处都能利用起来，不但可以抵抗安南、暹罗各处的盐的输入，且可供给内地各处。渔利的丰富更不待说。所可惜者是捕鱼的方法太不讲究，致使渔利为外人所侵占。又岛上森林很多，所产树木，坚硬而耐久，如石枳、苦枳、坡櫑、荔枝、胭脂等木，均有千年不朽之称。他如沉香伽楠，尤为岛上的特产。农产方面，不特种类繁多，而且每年收获的次数也较多。从前邱濬曾说："岁有八蚕之茧，田有数种之禾"，便可证明。此外有许多用途很广的植物如椰子之类，是国内各处所无的。又南洋一带如树胶、咖啡之类，均可以移植于岛中，假使国人能努力垦植，则琼崖在经济上的地位必更形重要。

上面是从琼崖的特殊的地理与丰富的物产，以说明其在政治与经济上的重要，至于琼崖的民众，在政治与经济上也很值得我们的注意的。据史籍所载，汉族移居岛上最多的时候，是在异族征服中国的时候，所以元初与清初，岛上的人口都增加得特别多，因此之故，反抗异族的心理很为厉害，广东东莞邓淳的《岭南丛述》里曾录"广语"、"琼人不仕元"条云："宋末琼州人谢明、谢富、冉安国、黄之杰，曾从安抚赵与洛拒元兵于白沙口，皆被执，不屈以死，于是终元之世，郡中无登进士者，明兴，才贤大起，文庄，忠介，于奇甸有光。"到了明亡之后，琼崖人之不愿仕清者也很多，所以有清一代，在政治舞台上几没有琼崖人的地位，直至民国以来，情形始稍为变更。

汉族之所以南移琼崖，在政治上看起来，固多因反抗异族的统治，在经济上看起来，可以说是开疆辟土的先锋。又琼崖是人们所目为炎热瘴疬之地，这些迁居于岛上的人们逐渐适应于这种环境之后，又多变为开辟南洋各处的先锋。比方，在暹罗北部、西部与许多地方，一般华侨从前因为水土不服，难于居住，可是来自琼崖的侨胞多能处之泰然，等到后者住过相当的时期与发展到相当的程度之后，别处的侨胞才慢慢地增加起来。

现在琼崖是收复了，我们希望今后国人能多多注意琼崖问题，尤其希望大家进一步去从事实际的政治与经济的建设工作。不过在从事这些建设工作的时候，我们尤希望政府与地方人士不要忽略了治安与教育这两个问题。

琼崖在历史上的大患是黎患，自民国四五年后，军队横行，土匪猖獗。经过这次敌寇的蹂躏，民不聊生，治安尤成为极大的问题，治安不良，人民是无从安居乐业的。从前有一位华侨很热心地在琼崖种植树胶，可是因为土匪猖獗，连他的儿子也被打死，他只好放弃了他的一切计划了，所以至今一般华侨一谈起发展琼崖实业，总有戒心。

从量的方面看起来，琼崖的学校并不算少。民国三年间，文昌一县，有三百多间学校，可是在质方面，却大有改良的必要。近年以来，许多在琼崖读书的学生，想升入各处办理较好的学校，往往就有问题。琼崖有十六个县，而高级中学是最近才有的。至于适合于地方性的职业或专门学校，完全没有。这可说是对于将来各种建设所需要的人材方面有很大的关系。

总之，治安是各种建设的先决问题，教育是各种建设的根本问题，假使政府与琼人对于这个问题不注意，那么政治与经济的建设是不大容易下手的。

进步的暹罗[*]

　　国人对于暹罗，大概以为一来是一个蕞尔小国，二来是我们过去的藩属，三来没有什么特殊的优高与固有的文化，所以从来不但很少注意，而且很为蔑视。近数年来，因为暹罗发生了好几次革命与排华运动，国人对之虽稍加注意，可是蔑视的心理好像并不减少。连了好多住在暹罗的华侨也存这种观念。

　　暹罗在幅员上虽远不及我国之广大，然而一个国家的富强并不一定依赖于幅员的广大。欧洲各国可以不必说，我们的东邻就是很好的例子。又暹罗能从藩属的地位而变为一个独立的国家，一方面是表示我们的国势的衰弱，一方面是证明暹罗的地位的增高。至于文化方面，暹罗虽没有其特殊的优高与固有之处，然恐怕正是因为了这个原故，所以它在消极方面，才没有像我们的文化的惰性那样利害，阻止其文化发展，使能在积极方面尽量西化。

　　其实，东亚的独立国家，除了中国与日本外，只有暹罗。现在我们看不起我们的南邻，正与从前我们看不起我们的东邻一样。可是我们不要忘记，我们的南邻的野心未必减于我们的东邻。暹罗人近来常常说："唐代的南诏是他们的故国，中国的南部是他们的故乡。"他们既是被迫而南迁，他们也许待机而北还。暹罗的第七世皇又对过华侨说："华暹血统关系很深，即我个人也含有华人血统，故在暹华侨就是暹人，当忠爱暹罗。"暹罗全国人口只有一千万左右，而华侨已有三百万至五百万，暹王这些话决非无的之矢。

　　四年前我到过暹罗，已经觉到暹罗的进步之快。去年又得机会在暹

　　* 录自《独立评论》第 235 号，1937 年 5 月 23 日。

数月，使我觉得只在这四年内，暹罗已有很大的变化。暹罗华侨有了一句俗话："暹人穿裤，唐人走路（意站不住）。"四年前暹罗人还是穿着他们的纱笼（帕农），现在则很多穿裤子了。去年政府且通令政府机关人员要穿西服。这不过是一个浅明的例子，然而，我们从此也可以明白暹罗近年来的变化的厉害。

据我个人在暹罗的观察，在进步的暹罗中，有了好几点是值得我们注意的。我愿意简单地把来说明。

第一，暹罗的天然物产是很丰富的。暹罗地居热带，天然物产，如米、木、蔗、烟草、椰子、水果、树胶、矿产，至为丰富。目下暹罗出口最多的要算米，约占全国出口货百分之七十，此外木料亦为世界著明[名]的出产品。暹罗的天时与土壤极宜种稻，一般农人从放种子一直至成熟收获，用不着什么人工。有一种稻叫做水稻，是随着水平的增高而长高的，所以纵使大水来了，稻也不会为水所浸淹。至于水果如芭蕉之类，则遍地可见。又如在雨水最多的时候（夏秋两季），在院子里，在坡顶上，也可以捕鱼。在暹罗，只要一个人愿找食物，决不会饿。因为暹罗木料丰富，而房屋多用木造，而又简单，故关于住方面也没有什么问题。在暹罗有一句俗话："一条布可以过活一生。"现在情形虽变更，可是因为气候的关系，衣服也是比较简单的。总之，因为天然物产的丰富，与气候的关系，暹罗人在衣食住方面没有什么问题。我在暹罗跑的地方不少，然而还没有遇过一个乞丐。

第二，暹罗政治已上了轨道。暹罗本是一个专制政体的国家，然而经过几次革命以后，已经逐渐趋向民主之路。国家统一的基础，经过第四、第五、第六三个能干的君主，已很稳固；所以近数年来革命虽有过好几次，可是不但对于人民生命、财产及国家元气没有什么损失，反足以证明此后是很不容易的发生剧烈的内乱。我有一次从呔叻搭火车到乌汶，途中见了一对夫妇和三位小孩上车。因为那天二等车很拥挤，那位男的很客气地请我们给一个位与一个小孩。后来知道他是一位新上任的省长。新上任的省长不坐专车，不坐头等，已使我奇怪，然而最使我惊讶的，是他到了目的地的时候，除了省政府三数位高级职员到站迎接外，民众好像完全不知有其事。什么欢迎标语与仪式都没有。不但这样，在他下车和迎接者握手之后，夫妇两人以及迎接者一齐跑到行李车里，帮忙脚夫搬行李。一省之长尚且如此简单，至于各级政府的组织的简单是用不着我申说的。

　　第三，暹罗治安的良善是凡住过暹罗的人都会称赞。好几位英国的商人曾对过我说，暹罗的警察制度比起英国的警察制度好得多。在曼谷那么大的都市里，重大案件固很少发生，很小案件也不多见，就是有了，也不难破获。从南邦到青来一带，差不多都是深林峻岭，据汽车夫们说：自开辟长途汽车路后，汽车往来日夜不绝，可是打劫案件从不发生。又暹人住宅多用木板构造，至为简单，有了门户，几等于无，然而无论在通都大邑、穷乡陋邑，也很少有人打劫。这都可以证明暹罗的治安的良善。

　　第四，暹罗内政固良善，国际地位在实质上也并不低。在暹罗的国境里，我们找不出一片租界。暹罗曾失过治外法权，暹罗关税也曾受过限制，然而暹罗能够发奋努力，又得了外交部长大来托把攀（Traides-Pralandb）与其顾问美人塞尔（Francis B. Sayre）的外交手腕，已使这些耻辱差不多完全废除。暹罗人自称为汰族（Tai）。汰的意义是自由。我们试一看南洋各处，除了暹罗能屹然独立以外，无一不是西洋各国的殖民地，就能明白暹罗实在不愧为自由的民族。

　　第五，在交通方面，暹罗有一条大河叫做"湄南"，直贯南北，而且有好多支流，故交通很便利。差不多五十年前，政府对于铁道的建筑提倡不遗余力，现在铁道网布满全国，以曼谷为中心，至于东南西北各境界都有干线，此外尚有好多支线。凡是没有火车可达的地方，差不多都有公路。航空事业近年来也很发达。至于各种交通的管理上都很有成绩。火车的清洁，公路的平坦，都是在我们国内所不容易多见的。

　　最后，关于教育方面也很发达。暹罗教育从前操于寺院手里，1871年后，政府就注意于新教育。除暹文学校外，且别设英文学校。1891年已颁布新学制，三年后成立教育部。1896年设立大学，女子学校设立于1897年。

　　暹罗自政府实行强迫教育之后教育很为普及，现在国内无论男女，识字者为数很多。这固由于政府提倡之力，然犹得力于暹罗的文字。暹文是拼音的，普通人读了三两年就能写信、作文。

　　暹文易读，不但在扫除文盲与探求智识上有很大和很快的功效，就是在同化异族上也有很大和很快的功效。在暹罗之东北主要为佬人，佬人有佬人的语言，自被暹人征服后，暹人利用其简易的文字去同化佬人，结果佬人不但在语言方面逐渐趋于"暹化"，在文化的其他方面也逐渐地趋于"暹化"。这种同化政策现在已施诸华侨，其施行方法也是从强迫华侨子弟读暹文入手。又如，暹文的打字机的简便与速率，比之欧文的并没有分别。这也是因为文字的关系。

物产的丰富，是自然给与暹罗人的。至于政治、治安、外交、交通、教育种种的进步，却是暹罗人自己努力的结果。暹罗的第三世皇在19世纪的初年已洞识世界大势的趋向与闭关自守的流弊。第四世皇在未就位之前（1851）已经努力学习英文，虽则暹罗人在这个时候，懂得英文的除了他以外，也许不易多找出来。到了第五世皇（1873—1910）且亲游欧洲两次，其子第六世皇与第七世皇，以至现在的第八世皇，从小即派赴西洋留学。我们从此就可以明白暹罗的维新运动之早与其西化的程度之深。

四年前，我从安南西部边境搭火车赴暹京曼谷，车中有一位暹罗移民局局员与我谈天。谈到中暹关系时，他说：“从前暹罗有好多事情要效法中国，现在不但用不着请教于中国，恐怕有好多事情中国也可以借镜于暹罗。”我的情感虽使我对于这话很为难堪，可是我的经验使我觉得这话并非全无根据。我回想七十年前的日本，有好多事情还要效法中国，然而差不多四十年前，国人已有唱留西洋不如留东洋的论调。从前俾士麦与黄公度曾劝我们注意我们的东邻，我愿国人今后不要蔑视我们的南邻。

暹罗华化考*

一

关于暹罗这两个字的连用与其来源，《明史》卷三百二十四《外国传》，曾有下面的记载：

> 暹罗在占城西南，顺风十昼夜可至。即隋唐赤土国。后分为罗斛、暹二国。暹土瘠，不宜稼；罗斛地平衍，种多获，暹仰给焉。元时，暹常入贡。其后罗斛强并有暹地，遂称暹罗斛国。洪武……十年，照禄群膺承其父命来朝，帝喜，命礼部员外郎王恒等赍诏，及印赐之文曰："暹罗国王之印"，并赐世子衣币及道里费。自是，其国遵朝命，始称暹罗。

从这一段的记载看起来，暹罗这两个字的连用，是始于明洪武十年（1377 年），虽则暹罗斛国这个名词，在洪武十年以前、元朝以后，已经为中国人所知道。我们考暹国与暹斛国之见于《元史》者，共有十多处，可是没有暹罗斛国数字的连用。《元史》卷十九述成宗"大德元年（1297 年）四月壬寅赐暹国罗斛来朝者，衣服有差"。这显然是说明暹国与罗斛是两个国家。又在《元史》里除大德元年，载暹国、罗斛两国同在一处外，其他各处之关于暹国与罗斛的表贡，皆分开记载。例如，卷十六载"至元二十八年（1291 年）十月癸未罗斛王遣使上表"，与卷二一〇载"暹国当成宗元贞元年（1295 年）进金字表"。又元至正九年（1349 年）汪大渊所著的《岛夷志略》曾有罗斛与暹的记载。他对于这

---

* 录自《东方杂志》第 35 卷第 20、21 号，1938 年 10 月 16 日、11 月 1 日。

两个国，不但分开来记载，而且明明白白地指出暹与罗国是两个国家。然则"暹罗斛国"这数个字的连用不知从何时始，也不知是从何处来。

《岛夷志略》暹国条云："至正乙丑（1349 年）夏五月暹国降于罗斛"。《大明一统志》卷九十暹罗国条也有"至正间，暹始降于罗斛而合为一国"，与上面所抄的《明史》所谓"其后罗斛强并有暹地"，也许是根据《岛夷志略》而来。

《岛夷志略》的著者汪大渊，在元至正间，曾附贾舶浮海历南洋数十国，所记大约无大错误。又我曾参阅达吗銮拉查奴帕（Prince Tam-rong Rojanubhab）所著的《暹罗古代史》（壬又甲译本），也有多少同样的记载。

又考《元史》卷二十八，至治三年（1323 年）春正月，暹国尚遣使来贡。所以暹之被罗斛征服的时间，当以汪大渊所说为准确。

不过，我们不能不奇怪的，是暹既为罗斛所征服，为什么此后还以暹字列首，而谓为暹罗国或暹罗斛国。

不但这样，暹国之见于中国史书最先者好像是《元史》，而罗斛已见于《宋史》。《宋史》卷四百八十九"丹眉流国"条云："丹眉流国东至占腊……东北至罗斛。"罗斛既是一个历史较长的国家，后来又灭了新兴的暹国，而中国方面还叫做暹罗国或暹罗斛国，这是很使我们不解的。

总之，从中国的记载看起来，《明史》所谓"暹罗"这个名词，是始明初，大致没有什么错误。因为罗斛之并暹是在 1349〈年〉，而《明史》载洪武之赐名乃在二十二年后（1377 年）。就使暹罗这个国号并非始自洪武，那么暹国与罗斛之合为一国而谓为暹罗，也当在 1349 以后。达吗銮拉查奴帕氏在其《暹罗古代史》里，以为"暹罗"这个名词，乃出自中国。他说：

> 当希因他拉蒂王（King Sri Intaratitya）在苏口胎京（Sukotai）宣布立国之时（按为西历 1258 年），考木人（Combodians）尚在洛帕布里（Lopbouri）存有一部分之实力。洛帕布里又称罗，塔娃劳狄区域至此遂分为二。中国方面记载，称在南方尚属于考木者为罗斛国，系采罗之意，至于北方，已隶汰族人之苏口胎则名曰暹国，取其在暹国境以内之意。（依王又申译本）

至于英文 Siam 一字，达吗銮〈拉查〉奴帕氏欲以为出自印度。他说：

　　Siam 之一字，乃为近代始有之名词。外国人称暹罗曰 Siam，但汰人自称曰汰国或苏口胎京。Siam 一字原属梵文，因此疑 Siam 一名亦系由印度人首先称呼者。中国外国之人，亦不过依声称呼而已。照字意讲，Siam 一字有两种解释：一曰棕色，二曰黄金。用之于人种，意则其人棕色，用之于国家，意即其国多金。据外国之考古学者推测，Siam 一名，原以称呼南部汰人者，大汰（饶）之住于缅甸境内者为巉（余按似为掸）。巉字恐为 Siam 之变形，积时日久，音调转变，乃成为巉。但持反对者，亦大有人在，谓汰人皮肤比之考木老人洁白好多，故棕色之解释为误。又因暹国产金，故多金之说，较为近情。此层更与教史中所载阿轮王派遣教使二人至素湾蒲木（意即产金之地）宣传教义之说，互相印证，更觉吻合也。

　　此外，又如格累姆（W. A. Graham）在《大英百科全书》（Encyclope-dia Britanica）十一版暹罗（Siam）一文，以为 Siam 这个名词，在暹罗一千年前，也许已很通用。不过，用这个名词来指明暹罗这个国号，却非暹罗人自称其国的国号。可惜格累姆在这篇文里，并没有指明出 Siam 这个字怎样来源。我们知道暹罗人自称其族为汰族（或作泰）（Thai 或 Tai），自称其国为汰国。最近来林惠祥先生在其《中国民族史》卷下第十六章"僰掸系总论"里，曾据丁文江先生的研究，而有下面一段话：

　　　　僰掸即所谓泰掸族（Tai-Shan）。掸为种族名，泰其自称之语，意为自由者。掸字之起源，或谓由于中国语之山字。暹罗之暹字，亦与掸字相近，《后汉书》有掸国之名，即指此。此族散布之地颇广，占暹罗全部，缅甸东部，安南西部，及中国西南部纬度二十五度之南。名称随地而异，在缅甸者仍称掸，在暹罗北部及安南西部者则称老挝（Laos），在暹部者则暹罗人，在云南者名僰夷（Peyi）或摆夷、白夷、蒲蛮（Pu-man），在贵州者谓之狇家或水家，在广西者为獐狑，四川者为獠以及土人、沙人、民家、濮等名，在中国之掸又称为台苗（Tai-mao）或中国掸（Chinese Shan）。中国自古即有僰濮，及卜之名称，故可称为僰族或僰掸族以为掸中之一支。

　　我们阅了这段话，可以明白所谓泰掸的分布的区域之广。可是在这段话里，也有不少可以商量的地方，不过我们所要特别注意的是泰掸（Tai-shan）这个名词。照我个人意见，英文所谓泰掸（Tai-shan）两个字，也许是由掸字而来。《后汉书》卷二百十六《西南夷列传·哀牢夷》

一篇里，曾有一大段述及掸族。有些西洋学者，如胡特（W. A. R. Wood）以为泰族（Tai）是从中国南部迁到暹罗。在唐以前，乃谓为哀牢，在唐谓为南诏（参看 Wood, *A History of Siam*）。所谓泰是不是唐的南诏，以及唐以前的哀牢，我们在这里不必讨论。又《后汉书》所载的哀牢与掸国有否关系，也是很值得研究的。不过，我们在这里所要讨论的，是这个掸国。掸注作坛，本为 T 音，英文当作 Tan，与英文的 Tai 相近。现在的暹罗人自称为泰（Tai），也许就是从古掸音而来。又古 T 音的掸变为齿音的掸而读如 Shan。今日的掸（Shan）族就《后汉书》的掸族，大概没有什么疑义。英文所谓 Shan，大概是从齿音的掸而来。现在暹人所谓汰或泰大概是从舌音的掸而来，所以，现在在暹罗的汰是与掸同种，这一点不但人类学者所公认，就是暹罗人也承认。

我们既说明泰或汰是从掸而来，我们现在再进一步而讨论暹与掸的关系。丁文江先生以为："掸字之起源或由中国之山字，暹罗之暹字亦与掸字相近。"暹字音也许是由掸字音转变而来，因此我们也许可以说暹族就是掸族。

我们若再进一步而考究中文的暹与英文的 Siam，我们以为好像也有很大的关系。暹字思淹切，西文 Siam 的 Si 与 am 是与"思廉"或"思淹"很近的。其实，广音还可以切为 Si am。证之厦门、潮州、海南各种音，更为明显。速读即好像单音，然慢读就可以切为 Si am 或Siam。

这样看起来，西洋人之所谓 Siam，大概也是从中文的暹而来。至说 Siam 一字原属梵文，而遂以为 Siam 是由印度人首先称呼，恐怕也不过只是一种臆说罢。

总之，我们以为暹罗这个国名的称呼，无论是暹罗人方面或西洋方面来看，都与中国人所称呼的"掸"或"暹"有了密切的关系。这样看起来，暹罗这个国名，也许已经华化了。

二

我们要说明历史上的暹罗华化，我们对于暹罗民族的来源应当有多少的认识。暹罗民族的来源究竟是怎么样，还是一个尚没有解决的问题。从现在的暹罗的民族来看，暹罗民族决非一种纯粹民族。好多人种学者以为暹罗现在至少有二十多种民族，不过大体看起来，以暹罗人、中国人、老挝人、柬埔寨人、马来由人为最多。根据一般历史家的意见，现在所谓暹罗人主要乃为泰族，这就是握着暹罗政治权柄的民族。泰族究竟何时迁入暹罗，也是一个尚有待于人类学者及历史家去解决的一个问题，不过现在我们所知道确实的是：泰族之据暹罗以为己有而建立现代的暹罗国家，乃是 13 世纪中叶的事。约当我国宋末理宗宝祐的时候。在 13 世纪中叶以前，泰族虽有多少散布于暹罗各处，然而并没有多大势力。

若从中国历史上的记载来看，我们知道在泰族未统治暹罗以前，暹罗已与中国交通。这一点是没有可疑的。《宋史》卷四百八十九《外国传》记丹眉流国一段里，有下面一段话：

> 丹眉流国东至占腊五十程；南至罗越水路十五程；西至西天三十五程；北至程良六十程；东北至罗斛二十五程；东南至开婆四十五程；西南至程若十五程；西北至洛华二十五程；东北至广州一百三十五程。

关于这段话里所说的地名，我们所要特别注意的，一为罗越，一为罗斛。按《唐书》卷二百二十二《南蛮列传》曾有关于罗越的记载。飞里士斯（Philips）以为宋时的罗斛似即唐时的罗越，而其位置似在马来半岛东岸。史莱格（Schlegel）又以为罗越为暹罗语之 Lavak，而即 Pallegoix，谓为柬埔寨之一古城之名。至于伯希和（Pelliot）又以为罗越应指马来半岛南部，罗斛应指湄南下流一带。（参看 Paul Pelliot, Weux Itinéraires de Chine en Inde à la fin du VIIIe Sièclo，冯承钧译为《交广印度两道考》）

罗越之于罗斛究竟有否关系，我们这里可以不必讨论，但是罗斛这个国号，宋赵汝适的《诸蕃志》、《宋史·外国传》、元汪大渊的《岛夷志略》与《元史》好多处，以及《明史·外国传》均有记载，而其地点大概就如伯希和所谓应指湄南下流，或如达吗銮拉查奴帕所谓就是现在的洛帕布里（Lapbouria）地方。故今日的暹罗是宋元的罗斛与暹国是无可疑的。

《大明一统志》卷十九暹罗国条谓"暹乃汉赤眉种"。假使此说有所根据，那么赤眉本来就是中国人，而其文化也完全是中国文化（参看《汉书》卷十一《刘盆子》）。

此外，《明史·外国传》却谓"暹罗即隋唐赤土国"。《隋书》卷八十二《南蛮列传》谓"赤土国乃扶南之别种也"。《晋书》卷九十九《西南四夷列传》有扶南国的记载云：

> 武帝泰始初遣使贡献，太康中又频来。穆帝升平初复有竺旃檀称王，遣使贡驯象。帝以殊方异兽，恐为人患，诏还之。

近代好多人都以为古扶南国即今日的暹罗地。我们看了贡驯象的记载，当然与暹罗有了不少的关系，可是扶南是否受过中国文化的影响，还是一个疑问。《隋书·南蛮列传》关于赤土国的记载，颇为详细。隋炀帝大业三年，屯田主事常骏、虞部主事王君政等，请使赤土，炀帝很为喜欢，并且遗宝物五千段之多，以赐赤土王。常骏等至赤土后，大受赤土王及其国人的欢迎。其大方丈且告诉常骏道："今是大国中人，非赤土国矣。"后来，赤土国王遣派其子那邪迦与常骏来中国谒炀帝。

从《隋书》里，我们虽不能找出关于暹罗华化的明显的记载，然而，炀帝既遗宝物至五千段之多以赐赤土王，与常骏之受赤土国人之热烈欢迎，则中国物质文化以至精神文化之流入赤土，而对于赤土必有多少影响是无可疑的。又赤土大方丈之所谓"今是大国中人，非复赤土国矣"，以及赤土王之遣派其子来中国朝贡，也不能说在文化上是完全没有关系的。

《隋书·赤土国志》所述赤土的各种风俗如婚姻、丧葬，有了不少是与今日的暹罗的有了雷同之处，故《明史》所谓暹罗乃隋唐赤土国，也许不是凭空造说的。

李长傅先生在《南洋华侨史》里，曾根据在暹日本人会所出版的《暹罗事情》（页七八）而写下面一段话：

> 中、暹之交通，最早大约尚在汰族（Tai）未建设暹罗国家之前。中、暹国际交通自苏库泰伊（Sukotai）王丕耶路【路】斯朝贡中国为始。丕耶路斯之渡航中国在佛灭一千二百年间，当我梁末至隋代。时正群雄割据，朝贡何国，不得而知。相传当时有中国公主下嫁为王妃之事，并有陶器制造工人及其他美术工艺家五百人随之南来。据暹罗史乘所载，公主笃信佛教，闻暹罗佛教兴盛，故愿下嫁云。苏库泰伊王卒，其子（Pnsuch）嗣位，发生内乱，求中国之应援，中国朝廷以暹罗王孙系中国外孙为口实，遣武器制造工人十名，及战士多名应之。暹罗之铸大炮，烧黏土以作炮弹，以及发炮之方法，皆由此等工人传入。嗣后中国视暹罗为藩属，入贡不绝，惟无精确之记载。一方私人之交通亦发达，中国人之归化暹罗

者亦不少，不绝输入中国文化与印度文化混合，而发生暹罗文化。

这段话里所说的故事当然是一种传说，有好多地方可以商量，不过我们在这里所要指出的，是暹罗既与中国交通之后，暹罗文化必受过中国文化的不少影响。

唐代关于赤土的记载很少，宋代更少。《宋史》及赵汝适的《诸蕃志》虽有关于暹与罗斛的记载，可惜太过简单。至关于暹罗华化这个问题的材料之缺乏，那是更不待说了。

总之，关于泰族尚未统治暹罗以前的暹罗文化之受中国文化的影响的材料，据我们目下所能找得到的，大概只如上面所述。我们现在可以叙述泰族统治暹罗以后的暹罗华化史略。不过要想明白泰族统治暹罗以后的暹罗华化史略，我们也得明白泰族的来源，以及其过去的文化与中国的文化的关系。

三

关于汰族的来源，刘继宣与束世澂所合著的《中华民族拓殖南洋史》（页三），曾据《华侨半月刊》第二十九期而述下面一段话：

> 考古家温斯登博士于 1932 年 7 月间在南洋槟城演讲古打及威斯省之古史，谓据彼发现之结果，当耶稣纪元前四千年前，暹罗人之祖宗，系住在上海及广州，而马来人之祖宗则居于中国南部，巴布亚人种则繁殖于华南各省及印度支那之北部。彼时纯正之中国人，系在黄河流域出没。该种人最喜子孙，遂日就繁殖，将紧邻之暹罗、马来、巴布亚各种人驱迫南下，因此暹罗人为自家地位计，更迫马来人南下，而马来人则驱逐巴布亚南下云。

这种学说是否有征，还要人类学家以及历史家加以考究。此外，达吗銮拉查奴帕在其《暹罗古代史》里说：

> 汰人在佛历纪元以前，早已成为亚洲东部之一大民族，虽在今日汰族除暹罗国外，杂居别地者亦夥。中国沿边各省、东京、缅甸，以致印度边陲之亚山省皆为汰人，惟其名因地而殊，有呼为暹罗人者，有呼为老（猺）人者，有呼为长人者，有呼为巇人者，有呼为猺人者，有呼为黎人者，有呼为恳人者，有呼为禽兽者，有呼为亚洪者，有呼为浩人者，而照原名呼为汰或淘者间亦

有之。以上所列名虽各异，然其为汰族也则一。操暹罗语言亦自认为汰人。据历史所传，汰族初发源于中国之南方，如云南、贵州、广西、广东四省，以前皆为独立国家。汰人散处各处，中国人称之曰番。至于汰族放弃故土，迁徙缅甸及猺蛮等地之原因，实由于汉族开拓领土。据历史所载，约于佛历四百年间，刘备在四川立国，孔明起师征伐孟获以向西拓张其疆域。此段记载即为汉族南征汰地之记载。汰人既无力与汉族抗衡，又不肯受统治，不得已而移居西方，另辟新土。一部分沿空［崆］河流域入缅甸抵亚山省内，名曰大汰（今日称曰猊或巉）；别一部分向南而移，抵东京及崆江以北之十二朱汰、十二板那等地，名曰小汰；实为暹罗汰人及青冬、青龙、黎人、恳人之始祖也。汰人虽失其发祥故土之大部分，但非尽亡，尚能保存一部分原有土地，维持独立局面，至数百年之久。据中国方面记载，谓汰族之五个独立区域，合成一国，时在唐朝，称之曰南诏。南诏王国都昂赛，即今日之云南省大理府……直至元始祖忽必烈可汗在中国即皇帝位，始于佛历一千七百九十七年，调动大军，征伐汰国至入缅甸境内。自彼时起以至今日，汰族原有土地，乃尽沦落，而变成中国领土……汰族既被侵扰，放弃故有土地，迁徙而南者日多，兰那（今日之怕呀甫省）之汰族，因之势力大振，不再受考木人（柬埔寨）之任意宰割，乃起而反抗。时有权如附庸之太守二人，一为帕龙王族之邦央太守邦钢套，一为辣得太守耙蒙会师进攻苏口胎城与考木人激战，败之，遂于佛历一千八百年占领考木北方重镇之苏口胎城，然后共推邦钢套在苏口胎城即王位，称曰希因他拉蒂王。此实为暹罗国内婚族之第一个君主。

胡特氏（W. A. R. Wood）在其《暹罗史》（*A History of Siam*）里，也以为现在暹罗的泰族就是唐时的南诏。他并且把泰族的历史，拉长至汉代，以为泰族就是汉的哀牢。南诏为哀牢之后，见于《新唐书》卷二百二十二上《南蛮列传》。胡特氏的主张，大概是根据《唐书》而来的。

大概来说，暹罗历史在 13 世纪以前，差不多完全无可考证。佛历二四七〇（西历 1927 年）暹罗政府出版了一本巨著，名为《暹罗——从古代至现代》（*Siam：from Ancient to Present times*），对于 13 世纪以前之历史完全没有提及，大概就是因为材料太过缺乏。

因此，我们对于 13 世纪以前的汰族的历史，不能不持怀疑的态度。同时对于一般人所谓泰族乃来自中国南方的主张，也不当随便轻易相信，虽则这个问题与暹罗华化这个问题是有了密切的关系的。但是，在我们尚未有充分的证据去证明汰族并非唐时的南诏与汉代的哀牢之前，我们愿意暂时以哀牢为研究的起点。

四

哀牢见于《后汉书》卷一百一十六《南蛮列传》，据云：

> 其先有妇人名沙壹，居于牢山，尝捕鱼水中，触沉木，若有感，因怀妊，十月产子男十人……后牢山下有一夫一妇，复生十女子，九隆（沙壹之第十子）兄弟皆娶以为妻，后渐相滋长，种人皆刻画其身象龙，文衣著尾。九隆死，世世相继……

这段故事，据说现在云南的泰族尚有留传，《后汉书》又云：

> 生人（指哀牢）以来未尝交通中国。建武二十三年（西历 47）其王贤栗遣兵乘箄船南下江汉，击附塞夷鹿茤……鹿茤王与战，杀其六王……贤栗惶恐，谓其耆老曰：我曾入边塞，自古有之，今攻鹿茤辄被天诛，中国其有圣帝乎？天祐助之何其明也。二十七年贤栗等遂率种人户二千七百七十、口万七千六百五十九，谐［偕］越嶲太守郑鸿降求内属。光武封贤栗等为君长。自是，岁来朝贡。永平十二年，哀牢王柳貌遣子率种人内属，其称邑王者七十七人，户五万一千八百九十，口五十五万三千七百一十一。西南去洛阳七千里，显宗以其地置哀牢、博南二县，割益州郡西部都尉所领大县，合为永昌郡，始通博南山，度兰仓水，行者苦之，歌曰："汉德广，开不宾，度博南，越兰津、度兰仓，为它人。"

这虽只说哀牢的内属，然而我们也可以想象哀牢的文化，必受中国文化的多少影响。而况光武封贤栗等为君长，显宗以其地置为郡县，均可以说哀牢在政治上的中国化。政治上既受了中国影响，别方面也必受了中国不少的影响。

又《滇南杂志》曾有下面一段记载：

> 哀牢旧皆夷姓。武侯平南后，始赐以赵、张、杨、李等姓。又军卒遗于此，聚居于诸葛营之旁，谓之曰旧汉人，姓氏乃渐蕃衍。

又据《洞〔峒〕溪签志》云：

> 金齿古哀牢国……其人有数种，有以金裹两齿者，曰金齿；有漆其两齿者，曰漆齿；有刺面者，曰绣面蛮；有刺足者，曰花脚蛮；以绿绳摄髻者，曰花角蛮。惟居诸葛营者，衣冠礼仪，悉如中土。

这是说明三国及三国以后的哀牢的姓氏及衣冠礼仪之华化。至于唐代，据《新唐书》卷二百二十二上《南蛮列传》云："南诏，或曰鹤拓、曰龙尾、曰苴咩、曰阳剑，本哀牢夷后，乌蛮别种也。夷语王为诏，其先渠帅有六，自号六诏。"六诏与《后汉书》所述哀牢六王，颇相吻合。这也许是《新唐书》谓南诏为哀牢之后的一个原因。而南诏谓王为诏，与今日之暹罗称王为诏，也相吻合。这也许又是一般人之所以主张泰族为南诏之后的一个原因。

南诏的文化受了中国的文化的影响很大，这是一般人所承认的。伯希和在《交广印度两道考》里也说："南诏感受中国文化之深，其事甚著。"可惜，伯希和氏并没有详明指出南诏华化的史实。

据《新唐书》卷二百二十二上，天宝年间（742—755），南诏王异牟寻之父，曾朝见玄宗，玄宗赐了许多东西之外，还赐笛工歌女。到贞元六年夏，祠部郎中袁滋到南诏时，这些笛工歌女尚存，是则中国音乐之影响于南诏，乃意中事。又贞元五年，异牟寻遣使三人到成都，在其《遗皋帛书》里，也有南诏"本唐风化"的话。又卷二百二十二中也有下面一段话：

> 大和三年……嵯巅（南诏将）乃悉众掩邛、戎、嶲三州，陷之。入成都，止西郛十日，慰赉居人，市不扰肆。将远，乃掠子女、工技数万，引而南，人惧自杀者不胜计。救兵逐，嵯巅身自殿，至大度〔渡〕河谓华人曰："此吾南境，尔去国当哭。"众号恸赴水死者十三。南诏自是工文织，与中国埒。

又同处载唐代曾许南诏"子弟入太学，习华风"。然则，南诏受了中国文化影响之深，可想而知。又达吗銮拉查奴帕《暹罗古代史》也说：

> 南诏之汰人，素称强悍，曾多次侵入唐地，及西藏。但终于佛历一千四百二十年间（西历877年僖宗四年）与唐朝和好。南诏之王，曾与唐朝之公子缔婚。自此以后，王族之中，遂杂汉族血统。

汰人亦逐渐忘却其风俗习惯，而同化于中国。

按《唐书》卷二百二十二中，僖宗乾符四年，南诏王骠信求婚，西川节度使劝帝和亲，"帝谓然，乃以宗室女为安化长公主许婚"。可是此事好像始终没有实现。

然而无论如何，嵯巅既掠了子女工技数万，而使"南诏工文织与中国埒"，则中国文化影响于南诏，与南诏与中国的血统的混杂，是没有什么问题的。

此外，胡特在其《暹罗历史》里，以为 11 世纪以前的南诏语言，就是中国语言（页八八）。

又按《唐书·南蛮列传》上云：南诏亦用"员外"、"大将军"诸名词。又云：

> 幕爽主兵，琮爽主户籍，慈爽主礼，罚爽主刑，劝爽主官人，厥爽主财用，引爽主客，禾爽主商贾，皆清平官酋望大将军兼之；爽，犹言省也，督爽，总三省也。

按"爽"、"省"两音本相近。现在在琼州东北角铺前的人们读"省"独读如广音的"爽"，这也许是南诏华化的一例。罗香林先生在国立中山大学《文史学研究所月刊》第 2 卷第 3、4 期合刊《唐代蜑族考》一文且说：

> "省"、"爽"一声之转，南诏欣慕华化。设官分职，多仿唐制，省之称爽，是又并袭中土音读矣。

这样看来，不但是在礼乐、艺术、学术、言语及各方面的文化，南诏受了中国的影响，就是在政治制度组织上，南诏也受了中国的影响了。

《唐书·南蛮传》又记载南诏到了唐之末叶，"因中国乱不复通"。在宋时，南诏叫做大理，故《宋史》卷四百八十八《外国传》云："大理国即唐南诏也。"据《续云南通志》卷一五九云：

> 王金斌既平蜀，欲因兵威取滇以图进于上，太祖（宋）鉴唐之祸，基于南诏，以玉斧画大渡河曰："此外非吾有也。"由是云南三百年不通中国。段氏（大理国王）得以睨临僰爨以长世焉。

所谓云南三百年不通中国，似非事实。《宋史·外国传》载宋神宗熙宁九年（1076 年）大理曾遣使朝贡。徽宗政和五年，广州观察使黄璘奏南诏大理国"慕义怀徕，愿为臣妾"。六年，南诏大理国"遣进奉使天驷爽彦贲李紫琼，副使坦绰李伯祥来。"他们从大理至湖南，据说：

> 方紫琼等过鼎，闻学校文物之盛，请于押伴，求诣学瞻拜宣圣像，郡守张察许之，遂往遍谒见诸生。又乞观御书阁，举笏扣首。

这可见得南诏、大理景慕中国文化之深，同时我们以为不但这些使者返国后，对于中国文化必努力提倡，就是一般的南诏、大理人，对于中国文化也必努力提倡。其实，这些使者，姓名多已中国化。又据史书，唐昭宗时，南诏蒙氏为郑买臣所篡，改国号大长和，后来赵氏又篡郑氏而改号为大天兴，赵氏复为杨氏所篡，而改号大义宁。后晋时，复为段思平所篡，改国大理国。这些姓氏国号，均已华化。大概来说，南诏经过唐代华化之后，宋代的华化的程度必定很高，所以这些使者才有"诣学瞻拜宣圣像"的行为。

大理国在宋理宗宝祐元年为蒙古所灭，而仍用段氏治其地。直到明太祖的时候，始置大理府而与内地各府同样的治理。

五

据暹罗及西洋方面的记载，汰族在元朝以前，已散居于暹罗各处。至元灭大理国之后，汰族之南迁者更多。因此汰族在暹罗的势力，也因之大振。不过，我们既知道《宋史》已有罗斛国的记载，又大理国虽为蒙古所亡，然段氏尚治其地，那么汰族这次是否多被迫南迁，同时暹罗的汰族是否因为在大理的汰族南迁而增其势力，以建暹罗境内的汰族王朝，当然还是疑问。其实暹罗历史，不但是在 14 世纪或是希啊呦他亚城建筑（1350）以前，很不可靠，就是从这个都城建筑以至被了缅甸攻陷之时的四百一十七年中的历史，也很缺正确的记载。近来虽有些历史家，从各种碑文里找了不少材料，然而记载之不完备，是大家所公认的。连了在乾隆年间的郑昭时代的史实，以及其传略，记载也不大清楚。

不过，从中国史料方面看起来，宋代的罗斛以及元代的暹国与罗斛的记载，大致没有什么可疑之处。《宋史》虽述及罗斛，然在文化方面的影响，找不出什么痕迹来。至于元代关于述及暹国与罗斛的地方，据伯希和的考证，共有十六处之多。其中有了三处专述及罗斛，十二处专述及暹国，有了一处（卷十九大德元年）述及暹国、罗斛两国来朝。这些记载很为简单，除至元十九年六月命何子志为管军万户使暹国，与同年十月万户何子志、千户皇甫杰使暹国外，余皆述暹国与罗斛来贡，而对于文化方面的影响，也不容易找出什么线索。

但是，我们若从西洋及暹罗方面的记载，我们却可以找出多少暹罗华化的材料。不过，这些材料是否可靠，又是一个疑问。比方，据《元史》卷二百十《外夷传》云：何子志、皇甫杰于至元十九年使暹国舟经占城，皆被执，二十年正月占城国主杀何子志、皇甫杰等百余人。而胡特氏在《暹罗史》里（页五十五）却说：何子志（按胡特氏拼为 Haw Chaw Chi）曾与苏库胎王朝订了条约。

然而，暹文与西文方面之述及拉吗克摩项王（Rama Kamheng）之来中国及传播中国文化于暹罗一事，似有多少可信。据《元史》卷十八至元三十一年（1294）七月申戌"诏招谕暹国王敢木丁来朝，或有故，则令其子弟及陪臣入贡"。按敢木丁大概就是 Kamheng 的译音。暹罗皇帝按照数目字而叫，则为拉吗第一，拉吗第二（Rama Ⅰ，Rama Ⅱ），中国方面不译其首音，故仅称敢木丁（Kamheng）。

达吗銮拉查奴帕《暹罗古代史》里说：

> 尚有一事，足以表示拉吗克摩项王（Rama Kamheng）之英明者，即曾两次入中国是也。中国方面之记载极为明晰。佛历一千八百三十七年（西历 1294）到中国一次，至佛历一千八百四十三年（1300）又去中国一次。据暹罗历史所载，暹国君主之曾亲历异邦谋修盟好者，只有二人，一为拉吗克摩项王，一为吻嗒哪勾辛本朝之朱拉銮干拉吗第五世君主而已。拉吗克摩项王之往中国系负何种任务，回来之时，得到多少成绩，尚未多明了。据今日之已得推知者，只拉吗克摩项曾带来中国磁匠，以烧制杯碗出售。其磁窑有设于苏口胎京者，有设于希萨那赖者。拉吗克摩王时代所制造之杯碗，人皆呼为桑甲洛磁器。调查今日尚存之磁窑旧迹，推知磁匠之多，尚有数百。其出产品并畅销国外，一如今日之邦达恼希窑。但制造之时间几何，何时停制，则尚不得知。

关于中国磁器之传入暹罗塞巴斯提安氏（E. G. Sebastian）在暹罗会的艺术部（The Fines Arts Section of the Siam Society）的演讲词里，曾经加以说明。这篇演讲词登在 1924 年 3 月 5 号的《曼谷时报》（Bangkok Times）。照赛巴斯提安氏的意见，中国磁器之传入暹罗，乃因南宋以后，中国北方的磁器也因之而有南移以至暹罗者。他以为在暹罗故都苏口胎所找得之磁器，多与直隶磁州（Tzu Chou）之磁器相同。苏口胎朝敢木丁所带的磁器工人，到了暹罗以后，见得萨文克乐（Sawankalok）的制造磁器的材料，比之苏口胎优美得多，因遂迁移苏口胎的磁器窑到萨文克乐。他又指出在颜色上，暹罗磁器是模仿宋代的淡绿色（Celadou）。在图样上，最初暹罗也效法中国，不过后来逐渐地暹化，而替以暹人所欣喜的动物如象与鱼等。

此外，如胡特的《暹罗史》（页五五），也有同样的记载，大概也是在从达吗銮拉查奴帕的《暹罗古代史》而来。

《元史》卷十八至元三十一年（1294），虽有诏招谕暹国王敢木丁来朝的话，但并未言及敢木丁来朝的事。大概敢木丁慑于元朝的威武，故不得不亲到中国，至于第二次（1300）又到中国。《元史》卷二十述大德四年（1300）六月甲子"爪哇、暹国、醮八等国，二十二人来朝，赐衣遣之"。这里也不明言敢木丁来朝，也许正像胡特在其《暹罗史》所说：敢木丁之来中国，必很感觉有了兴趣，所以又有第二次的来朝。我们以为无论如何，敢木丁既二次亲身来朝，那么他对于中国文化，必生很大的兴趣。朱拉銮干拉吗第五世君主，曾二次游历西洋，他对于暹罗西化史上是一位先锋、一位功臣。敢木丁之二次来朝中国，对于暹罗华化史上，当然也是一位先锋、一位功臣。这两位君主，是暹罗史上很有声望的君主，一则提倡华化，一则提倡西化，先后比美，至为巧凑。

而且据上面所引塞巴斯提安氏的演讲里，他且以为暹王敢木丁曾在中国娶了一位中国女子带回暹罗。塞巴斯提安氏未知据哪一种史料而说此。假使这是一种事实，那么敢木丁之华化程度必定很深。他不但在磁器方面喜欢华化，在别的方面也必很注重华化。又中国陶器工人，既有了很多到了暹罗，则中国文化之流传于暹罗以及影响于暹罗，也乃自然而然的。

我们在这里，可以顺便地说及关于暹王娶中国女子为妻的传说。李长傅据日人的记载，而谓隋末有公主下嫁之事。达吗銮拉查奴帕大概根据《唐书》而谓南诏王与唐公主缔婚。塞巴斯提安氏又以为敢木丁在中国娶一女子为妻。这三种娶妻传说，都与中国陶器及陶器工人之传入暹罗有了关系。究竟这些传说，是由一种传说推衍而来，还是各不相同，很值得我们的研究。因为这个问题对于暹罗华化是有密切的关系的。假使暹罗君主曾数次娶了中国女子，数次请了中国艺术工人去教暹人制造各种工艺，则其华化程度之深可以概见。

又在元代暹罗之入朝既多，暹罗当然受中国文化的不少影响。据《元史》卷二一〇云：

> 大德三年（1299）……暹国主言其父在位时朝廷常赐鞍辔白马，及金缕衣，乞循旧例以赐。

那么，暹罗之景慕中国文物是很明显的。此外《元史》屡记载元代君主之赐暹罗君主或使者衣服等物，那么中国文化之不断输入暹罗是无可疑的。

明代中暹交通极盛，而暹罗华化的记载较之前代也多。《明史》卷三百二十四《外国传》云：

> 洪武三年（1370）命使臣吕宗俊等赍诏谕其国。四年其王参烈照毗牙遣使奉表，与宗俊等偕来，贡驯象、六足龟及方物，诏赐其王锦绮及使者币帛有差。已复遣使贺明年正旦诏赐"大统历"及彩币。五年，贡黑熊、白猿及方物。明年复来贡。其王之姊参烈思宁别遣使进金叶表贡方物于中官，却之。已而其姊复遣使来贡，帝仍却之，而宴赍其使。时其王懦而不武，国人推其伯父参烈宝毗邪噎哩哆啰禄主国事，遣使来告，贡方物，宴赍如制……七年谕中书及礼部臣曰……暹罗……诸国入贡既频，劳费太甚，今不必复尔，其移牒诸国俾知之。然而来者不止，其世子苏门邦王照〔昭〕禄群膺亦遣使上笺于王太子……八年再入贡，甚旧明台王世子照孛罗局亦遣使奉表朝贡……十年，照〔昭〕禄群膺承其父命来朝。……比年一贡，或一年二贡，至正统后，或数年一贡云……崇祯十六年犹入贡。

这不但见得明代暹罗朝贡之频，而且表明除暹王外，其男女亲戚也来朝贡。至于中国方面，除了吕宗俊等奉命使暹以后也源源不绝，而其最著名的要算郑和了。至于中国人民方面之赴暹罗的也很多。暹罗史载洪武十年，暹罗王太子禄群膺（Prince Naklon In）也带了好多中国匠人到暹罗。《明史·外国传》说永乐年间"奸民何八观等，逃入暹罗"。天顺间，"汀州人谢文彬以贩盐下海，飘入其国，仕至坤岳，犹天朝学士也"。这不过是最显明的例。此外，一般平民之由陆道或海道之到暹而不为政府所注意者当然很多。《明史》又载弘治十年（1497）政府且访取能通暹罗言语文字者赴京备用，可见中暹交通之频。

中暹交通既若是之频，暹罗之受中国文化影响之程度必定很深。我们现在且略举例，以示大概。

据达吗銮拉查奴帕《暹罗古代史》云：

> 那坤因（即禄群膺）王于未进希啊呦他亚京即王位之前，曾于佛历一千九百二十年（1377）往明都南京入宫朝见中国皇帝。以后终其朝代，皆与中国修好。中国人之来希啊呦他亚京贸易通商者想亦必自那坤因王时代开始。在醒布里小河沿岸之瓷窑地方（彼时属那坤因境内），今日尚有瓷窑痕迹，其为中国式瓷窑，与萨晚喀露及苏口胎等处之瓷窑，毫无差异。据我人之推想，那坤因王想必会步拉吗克摩项（敢木丁）之后尘，带领中国匠人来暹烧窑。此亦建设之一道，与历史上之记载谓那坤因王竭力于整顿内政，从未有四出征讨，以扩张国土之事发生，若合符节。

这样看起来，暹罗之注重于中国陶器，可以说是至于极点了。

《明史》卷三百二十四《外国传》述暹罗之风俗云：

> 崇信释教，男女多为僧尼，亦居奄寺持斋受戒，衣服颇类中国。

然则，衣服也受了华化了。又据《大明一统志》卷九十《暹罗国志》云：

> 永乐初……其王照［昭］禄群膺哆啰谛剌遣使奈必表贡方物，诏赐古今列女传，且乞量衡为国中式，从之。

那么暹罗在照禄群膺的时代，量衡制度也是学中国了。又《明史·外国传》云："其国（指暹罗）有三保庙，祀中官郑和。"陈伦炯《海国闻见录》云：

> 相传三保到暹罗时，番人稀少，鬼祟更多，与三保斗法，胜许居住，一夜各成寺塔，将明，而三保之寺未及覆瓦，视鬼之塔已成，引风以侧之，用头中插花代瓦慢覆，今其塔尚侧。三保寺塔今朽烂，棕绳犹存于屋瓦。

这是神话，然同时也可以证明三保在暹罗的声名之大。同时，我们也可以推想三保影响于暹罗文化必非浅鲜。关于这点，我们可以举一二个例来说明。暹罗妇人分娩后，虽在天气很热的时候，也要赤身卧于板上，烘火数日。烘火时候，最忌避的是有人问"热否"、"苦否"这类话。至于初生小孩，听说每日必浸冷水好几次，直到面白唇青才抱起来。因为暹罗人以为假使他们不这样的做，必定多生疾病。然这种风俗的来源，有些人说是三保公所教的。又如每年九十月间，决水来时，水味清淡，他们却多在十月十五日以缸贮蓄，以备水咸时之用，据说因为他们相信三保公于每年此日放药下江，使水能久藏不坏，故这一天他们叫做"圣日"。

清代中暹的关系，尤为密切。顺治九年（1653）暹罗遣使上贡，并换给印敕，此后奉贡不绝，直到太平天国时代为止。《清史稿》载雍正七年，暹罗贡使呈称："京师为万国景仰，国王欲令观光上国，遍览名胜，归国陈述，以广见闻。"可见其对于中国文化之景慕。同时，我们可以说，这些使者对于宣传中国文化方面，必出了不少力量。《清史稿》又载同年暹罗："使臣复称本国产马甚小，国王命购数匹带归。"这又可见得中国马之传入暹罗。此外，帝皇所赐来朝使臣之带回各种赏物，及使臣在中国所购之各种货物，对于暹罗文化方面总必有不少影响。

在清乾隆时代，有一位中国人叫做郑昭，曾作暹罗皇帝。郑昭在暹罗史上的功劳之大，我们在这里不必说及，我们所注意的，是他既是中国人，他对于中国文化的提倡必定不遗余力。据 1926 年暹罗政府所出版的《暹罗——从古代到现代》（*Siam, from Ancient to the Present times*）一书，郑昭在 1782 年被迫退位，而其原因有三：第一，因为他是一位外国人。第二，他多用他的亲戚作政府高级官吏。第三，他个人的习惯不好，所以暹罗人才不欣喜他。我们以为假使这些原因，就是郑昭被逐的真正原因，那么郑昭大概是因为太过主张华化而致被逐罢。因为所谓把他当作外国人，和他的多用自亲戚，以至他个人的不良习惯，大概都是因为是受了中国文化的薰染很深，而引起暹罗人的反感罢。

郑昭死后，据《清史稿》所载，其子郑华就位，除遣使告知外，并请封。这当然是篡郑昭位的萨格利氏（Chao P'ya Chakri）恐怕中国方面干涉，故伪称为郑昭之子。而且此后之继王位者对于中国方面还称为郑氏，如郑佛、郑福以至郑明（蒙格克托）等。直至太平天国掘［崛］起后，暹罗始不再来朝。这可以见得在名称上至少他们对中国方面还是中国化。

上面是注重在历史方面，找出暹罗华化的事实，我们要再从现在的暹罗文化的各方面中找出华化的概略。

我们且先从语言方面说起。我们上面已经说过胡特氏（Wood）以为汰族在南诏的时代所用的文字，必定是中国文字。至于说话方面，大概也有多少中国话，如"省"读"爽"之类。据暹罗史家的考证，暹罗文字的创造是始于 1283 年的敢木丁王时代。1283 年以前的暹罗文字，多采用印度南部之柯伦文字，这种文字后来渐变为柬埔寨文，用以写汰语，很为不便，故敢木丁因乃加以改造而适合于汰语。敢木丁于创文字之后十年，曾两次到过中国，对于中国文字没有注意，大概是在他未创暹罗字母之前，暹罗文字已深受印度与柬埔寨的影响，故不得不以印度系的文字为基础罢。

暹罗文字虽属于印度系，然皆属单音，而且深受中国语言的影响。因为有了好多事物，直到现在还是用中国话，所以有些人说，暹罗语言（文字、说话两者）是以中国语言为根本，而运用印度的语言为记载事物的符号。丘斌存先生在《暹罗的国情》一文（《南洋研究》第 2 卷第 6 号）以为暹罗的言语十七［分］之七是中国话。这也许未免言之稍过，不过在暹罗人的说话中，中国话的成分是很不少的。比方，丘先生曾举出下面一些例：

> 三四五六七八九十纯是中国话。一至十的十个字中，除了一二五三字的声音不同外，其余的七个与中国话完全一样。如"太阳"暹罗人之说做"日"，"墨水"暹人之说做"蓝墨"，"我你他"，暹人之说做"我你他"，"猫"暹人也叫做"猫"，"马"暹人也叫做"马"，"骑马"暹人也叫做"骑马"，"鸡子"暹人也叫做"鸡"，还有"银"、"铜"、"布被"、"高椅"、"桌"，同我们中国话的声音一样样的。

其实，在数目字中的二与五，似也与中国语有了关系。暹语读"二"如"爽"，或如西文的"song"。"二"本有"双"的意义，"双"在广音，而特别是琼音与 song 很相近的。至于"五"，暹语读如广音之"虾"，与广音之"五"也颇相近。此外又如，暹语的炭、妇人、脚、桶、穿、送、磨、声、住、腰、分、旧、请、脱、官等，均可以说是中国话。

华侨之在暹罗者从潮州去的为最多，所以在暹罗除了暹罗话外，潮州话很为流行，因而暹罗语言中之杂有潮州话的也很多。

在物质文化方面，暹罗也受中国多少影响。历史上所记载的磁器用不着说，就是其他好多用具，如铜器之类，亦有效仿中国的。至于日常生活方面，因暹罗气候物产的关系，比较上似不大受中国文化的影响。《明史·外国传》载暹罗僧尼衣服，颇类中国。以现状而看，无论在颜色上，或样式上都与中国不同。其实暹罗男女原来所穿的东西，根本即不是我们所谓为衣服。好多人说："在暹罗，只有一条布，就可以过一生。"就可见得穿的简单。现在在暹罗各处，也许有暹罗男人或女人之穿中国裤子或衣裳的，然为数尚不多。听说数年前，在曼谷的暹罗女子，以穿中国裤子为时髦，可是后来被了暹罗报纸的讥评，现在已很少见。关于食物方面，饭可以说是与中国没有什么分别，虽则煮法不同。暹罗人虽有不少能用筷子与喜欢中国菜，可是这不能算作日常或普遍的习惯。酒似受了中国的影响。现在在暹罗各处的酒廊（制酒处），多由华侨经营，材料与制造法，与中国大致相同。至于住屋，差不多全用木料，样式与中国也不相同，而且极为简单。

但是暹京曼谷的皇宫，与各省的大建筑，却受了中国很大的影响。比方，高门阔阀，以及堂阙楼阁的式样，布置均与中国的皇宫府第有了很多相同之处。此外，又如门前的阶级与屋顶的鹅头，也与中国的屋宇建筑没有什么分别。至于暹罗庵寺的建筑，根本虽模仿印度，但其中也有多少中国的彩色，其最显明的如大佛寺的外门之守门各种偶像，这些伟大的建筑的工人，在过去差不多完全为中国人，故其受中国建筑的多少影响乃当然之事。我在乌汶参观了一座新建的佛寺，见其建筑的样式与工程，与其他的佛寺有了不少的差异，后来问了一位当事者，始知这座佛寺乃完全由暹人自建。他很坦白地告诉我：暹人自建，在好多方面都远不及中国人，可是他们之所以这样做，一来欲从佛寺里表示真正暹罗人的精神与样式；二来暹人自建的东西，比之中国人建造的东西，价钱至少减了三分之一。不过，就以这座全由暹人自建的佛寺来看，有的地方还可以找出中国艺术或工程的表示，这大概是因为这些暹罗工人，在无形中已受了中国工人的影响罢。

又如，凡是到过暹京曼谷者，见了围绕皇宫的龙城，就很容易感觉其与中国的城围，有了不少相同之处。而且龙城之外，别有城围，仿佛是仿效北京的外城与内城的建筑。

其实，在暹罗各处的城，都可以说是受了中国的城的建筑的影响。比方，苏口胎是一个较久的城，现在虽然荒败不堪，然从其城基遗迹来看，与中国的城是没有分别。再如大城（即希啊坳他亚城）虽已拆为马路，然而游过城基马路的人，仿佛像游了如在广州的城基马路一样。至于暹罗北部的城，如旧城（Miaokao）或青迈（Chiengmai）等城，与中国城没有一点分别。青迈城到今尚保存完整，城的材料如大砖，与中国的一样。里面加以很厚的泥土，也像中国的一样。此外，城上掩身的城垛、城楼、城门以及城门的方向以至城内街道的建筑，都与中国相似。他如城围外面的城河与外观，统统与中国城没有什么分别。连了好几个城的名，也受了华化。比方，旧城的"旧"字是中国话。新城普通叫做青迈的"青"也许就是中国的"城"（按暹罗北部好多城镇，均冠以"城"音，如 chiengsen，chiengrai 等）。

在文化的社会政治组织方面，暹罗受过中国影响的程度如何，颇难指出。然大概来说，两者决非完全相异。比方，从家庭方面来看，据中国历史所载暹罗妇女权柄，比男的还要大。又据好多人说，暹罗风俗是男嫁女，而不像中国的女嫁男，这些风俗到了现在尚有不少痕迹，不过暹罗的华侨人数很多，而华侨之与暹罗妇女结婚者极多，故其婚姻制度，与家庭生活、宗族观念，不但一般与华侨结婚的暹妇受了中国多少影响，就是纯粹暹人的家庭，似也因与中国人接触而起了不少变化。比方，有些暹罗人现在也会把"不孝有三，无后为大"的信条，来辩护他们多妻的行为。

关于政治制度方面，据历史家观察，唐代南诏曾深受中国的影响，现代暹罗政治制度根本已经欧化，然好像还可以找出多少中国的影响。暹罗人叫"官"作"Khun"，这与我们叫做"官"一样。又暹罗官制分为五等：一为照佛爷（Jao Phraya），二为佛爷（Phraya），三为佛（Phra），四为銮（Luang），五为坤（Khun），这与中国的公侯伯子男五级相暗合。

此外，暹罗一般的男女老少，都很喜欢阅中国的旧小说，如《三国演义》、《西游记》等。因为要迎合一般人的心理的趋向，所以在暹罗的各家报纸相竞翻译这些小说，逐日登载，以飨读者。在市场的卖摊上与在商店里的男女——而尤其是妇人，以至在课余饭后的小孩，每每聚精会神的披阅报纸，其中很多可以说阅读中国小说。因此，在他们的闲谈言论中之述及这些小说里的故事的，也很不少，所以，这些小说之影响于暹罗一般人的思想，可以想见。著者从安南搭火车赴曼谷时，车中遇了一位操英语很流利的暹罗人士，当我们谈及近来中暹两国之被强邻压迫的苦况的时候，他很沉静严肃地说："假使悟空与关公这些人能够再生，那么我们什么都可以无怕了。"

暹罗的戏，也受了中国戏特别是潮州戏的不少影响。暹罗古戏极为简单，多为男女各一人或三数人表演。表演者并且自兼打锣鼓，或奏别的乐器。自中国戏传入暹罗后,暹戏受了影响,不但戏情、动作变为复杂,就是音乐、歌唱也有了很大变化。我在暹罗初次看暹罗戏,偎我最奇怪的,是有好多地方与潮州戏没有什么分别。而尤其是在每个戏员唱至最尾声时,后台的剧员也同声地唱。而且有的剧员在说白时,每每喜欣说了一二句潮州话。原来好多主导暹剧的人,都是潮州人,而剧员之中间也有潮州华侨,所以暹剧之受潮剧的影响是很当然的。

再如暹历以十二年为一纪,暹语为"耶克拉西"(Jakrasi),暹罗的十二属生肖与中国的十二属生肖如子鼠、丑牛、寅虎、卯兔、辰龙、巳蛇、午马、未羊、申猴、酉鸡、戌犬、亥猪都相同。十二属最先见于汉王充《论衡》,那么暹罗的十二生肖也许是从中国方面输入的,虽则中国的十二生肖,据说也非自己创造出来,而乃采自古突厥历。

暹罗商业,除西洋人的以外皆操于华侨之手,故在商业上所用的语言文字及习俗,多为中国的。暹罗政府,近来提倡商业教育,故在其所设立商业学校里,往往请中国人教授中国言语文字以及其在商场上的习俗。这虽为环境所迫,然也可以说是华化的一方面。至于近年来暹罗政府派留学生到中国广东、北平各处求学,主要目的也许为明了中国国内与在暹华侨的情况,然而无形中,这些留学生受了中国文化不少的影响。比方,有一位曾在北平留学而现在在教育部作〔做〕事的青年,无论在个人的行为思想,或从其家庭的状况来看,都受了中国文化的影响。

又如,暹罗与中国一样的"以农立国",中国有天子躬耕之期,暹罗也有国王躬耕的礼。这也许是受了中国的影响。此外,在暹罗新年(阴历二月)后数日,据说有了一个大节期,叫做"宋江节"。暹京越没寺中有关于"宋江节"的故事的石碑。华侨都叫做"宋江难"。且有些人以为出自《水浒传》的"宋江难日"。假使此说有征,那么这又是暹罗华化一个例了。

暹罗与日本 [*]

一

    暹罗与日本虽远隔重洋，却有好多类似的地方。在幅员上，两者都比较的狭小；在人口上，两者也比较的稀少；在体格上，两国的人民又比较的矮小；在文化上，这两个国家都没有什么固有的文化。两者直接上都曾深受中国文化的影响，间接上也深受印度文化的滋育。日本的佛教是由中国传播，而暹罗的佛教，主要却由缅甸与柬埔寨传播。虽则好多考古学者断定，暹罗在西历五六世纪的时候，印度的大乘佛教曾直接的输入暹罗，可是这种佛教在暹罗早已消灭，而现在所流行者，却为间接由缅甸与柬埔寨所传入的小乘佛教。

    因为这两个国家都没有什么固有的文化，所以对于采纳外来的文化，都较为容易。在以往，他们虚心容纳中国与印度文化，固不待说。日本自明治维新以后，暹罗自拉玛第四以后，对于西洋文化都能积极地提倡，积极地接受，而且两国的领导西化运动的人物，多为皇室与贵族方面。

    此外，在语言文字方面，暹罗与日本同样的受了中国的影响，可是两者都经过改革运动而趋于易读。又如日本的神道教与暹罗的佛教，在派别上虽是各异，然而对于人民生活的影响，却同样地有了很大的力量。日本政府与暹罗政府能利用这种宗教的势力，去统治人民，去统一

---

    * 录自《今日评论》第 2 卷第 17 期，1939 年 10 月 15 日。1940 年《改进》第 2 卷第 9 期再发表该文全文。

国家。他如日本之外出喜带剑，与暹罗人之外出喜带刀，也是风俗上的类似之处。

上面所说的类似之点，当然是偶然的，并非因暹罗与日本有了什么关系而致此。不过亚洲只有三个独立国家，除了中国以外，这两个国家却有了这么多的类似的地方，这是值得我们注意的。

而况近来不但在国内政治方面，暹罗与日本一样的偏向于法西斯蒂主义，而且在向外发展方面，我们的南邻的野心，并不下于我们的东邻的野心。日本人的大陆政策，要想并吞整个中国；暹罗人的大汰主义，也未尝不想鼓动中国境内所有的汰族。大陆政策与大汰主义，名称虽是不同，实际没有什么区别，两者都是侵略的口号，两者都是错误，两者都是妄说。

然而从中国的立场来看，我们对于两者都要留意，对于两者都要防备，我所以常常提醒国人不要蔑视我们的南邻，就是这个原因。

二

暹罗与日本的关系，据说在日本是始于庆长、元和、宽永之间，在暹罗为希啊呦他亚王朝时代（1351—1767）。日暹关系，比之中暹关系较晚得多，而且最足以使我们注意的是，那个时候的日暹交通，多依赖于中国的船舶，而且日暹的国书，多有汉文的本子，故中国不但是日暹关系的物质方面的媒介，而且是日暹关系的精神方面的媒介。

暹罗与日本在那个时候的关系，主要是在贸易方面。从日本运去暹罗的物品为金、银、铜、雕刻品、金屏风、绘画敷物、铜器、漆品、磁器、太刀、铠、枪、伞、扇子、硫磺、麦粉之类；由暹罗运去日本的货品为花、毛毡、木棉、绉更纱、鲛皮、黑糖、鹿皮、象牙、象皮、犀角、漆、漆器、烟、硝锡、槟榔、子簾、乳香、金刚石、珊瑚、琥珀、珠蓝、水牛角、紫檀、黑檀、白檀、火桐、伽罗、沉香、麝香、冰砂糖、西洋布、铁炮、铅、生丝、绢织物，此外又有鸟兽如鹦鹉、孔雀、驴、马、野牛、猫等。

日暹贸易的货物，在数量上如何无从考据。但是若单以种类上来看，由暹罗运去日本的东西，比之由日本运来暹罗的多得多。我以为假使暹罗人能闭着眼睛去回想那个时候日暹贸易的状况，再来放开眼睛看看现在日本的货物之在暹罗充斥城市，深入乡村，男女老少，日常所用的以至一身所穿的几无一不来自日本的情形，那么他们免不了要有今昔之感，而且必能感到所谓日暹亲善者，不外乎是暹人代日人畅销货物的意思。

据荷兰人亨弗利佗的《暹罗国志》：在日本宽永年间，日人之居留暹罗京都者有六百人。日本人之在暹罗最著名的为山田长政及其子阿因。据说他们对于暹罗皇室都有过很大的帮助。至于暹罗使节与译官之到日本者为数也在不少。至1898年，日暹又互订通商航海条约。

三

暹罗与日本在欧战以前，除了商业的关系外，在政治上以及文化的其他方面，可以说是没有什么特殊的关系。欧战时期，日本虽乘机积极的在暹罗扩充其经济势力，然在政治方面，尚没有什么活动。

"九一八"以后，日本除了经济上的南进以外，在政治上也极力拉拢暹罗。其目的无非使暹罗表同情于日本对中国的侵略以免在国际上处于孤立的地位。在国联会议谴责日本占据东四省的表决中，只有暹罗一国弃权，暹罗当局在当时虽宣称这种举动并非对于日本有所偏袒，然而暹罗亲日排华的政策，已很显明地暴露出来了。

同时，日本又向暹罗租借克拉腰地，希望开凿运河，使英国在新嘉坡的海军根据地失去其重要性，同时也能争夺英国在马来半岛的经济势力。此外，据说日本又曾向暹罗政府要求在大城（希啊呦他亚）租借地方，以为日本移民区。我个人因为好奇心所驱使，三年前游暹罗时，曾特地到了这两个地方调查，结果虽一无所见，然而日本并不因暹罗不答应租借这些地方，而停止其拉拢暹罗的举动。比方，日暹协会主席曾明白地指出荷兰与英国能否长久地保有他们的殖民地都成疑问，他又指出现在正是日本南进的好机会。在南进中暹罗最为他所看重，因为暹罗不但是有了丰富的资源，而且对日亲善。又如东亚文化协会的主席也说："安南与暹罗人民未享有他们所应当享的待遇，东亚新秩序是包括这些地方在内。"其实，这种妄说不但只侮辱了暹罗政府，而且侮辱了暹罗人民。难道日本人不知道暹罗是一个独立国家吗？暹罗既是一个独立国家，暹罗自己会为人民谋幸福，何苦日本去担忧呢？

不但这样，去年年底日本曾派一位海军大将到暹罗游说，要求暹罗与日本订结攻守同盟。同时，日本又极力引诱暹罗加入防共协定，暹罗对于攻守同盟虽已拒绝，可是对于防共协定，据说曾有参加的倾向。有些人且说已经秘密地签字了。然而无论如何，自德国与苏俄订结互不侵犯协定与共同瓜分波兰之后，暹罗人应该明白参加所谓防共协定是上了大当，日本人自作聪明却上了德国的当，暹罗又上了日本的当，这岂不是上了大当吗？而况数月前，法国报纸曾揭载日德曾签过一种瓜分亚洲的密约，而暹罗也包括在内。

日本人的东亚新秩序，已给暹罗一种侮辱，日本的防共协定，又使暹罗上了大当，日德的密约又要使暹罗成为刀上鱼肉，日本要亲善暹罗的用意很为显明，可是暹罗去亲善日本的政策，真是愚不可及。

四

然而，为什么暹罗还要与日本亲善呢？照暹罗人的看法，他们亲善日本，对于他们也有好处。比方：暹罗的人士与学生之赴日本者，得到日人的盛大欢迎，暹罗的海陆空军之积极扩充，又得到日本的很多帮助；同时日本又派送很多军事顾问与供给不少的工业资料与暹罗。暹罗在军事上既素来薄弱，在工业原料上又很为缺乏，日本既乐意帮忙，暹罗也乐意接受。然而暹罗人好像忘记了这些小便宜，远抵不过日本货物在暹罗畅销所得的利益。

此外，暹罗人受了近代国家主义与民族主义的影响之后，存了很大的野心，怀着很多的妄想。他们以为缅甸之东，安南之西，马来半岛之北，在历史上有的时候曾为暹罗所征服，暹罗人觉得应该夺回这些地方。我记得在暹罗东部边境有一个地方叫做乌汶，在县署的门上与好多地方都挂起抵御外侮的口号，贴了收复失地的标语。我又记得三年前经过暹罗与马来半岛的边界时，见到暹罗在军事上作了不少的准备，与六年前我经过那个地方的情形很不相同。我们知道东部边境的口号标语，是针对法国，南部边界的军事行动，却是针对着英国。暹罗既非英、法的劲敌，同时又要夺回所谓历史上的属地，那么非借日本的力量是不成的。

暹罗又以为在安南、在缅甸以至在中国，还有好多汰族的支流。暹罗人自称为汰人，对于暹罗以外的汰族自然很想联络起来而成为一大汰民族，所以暹罗在今年六月间曾改国号为汰。其用意我在本刊第 2 卷第 1 期所发表《暹罗与汰族》一文，已经申述。我们在这里所要注意的是：暹罗人这种用意，是早在我们意料之中。所以暹罗改国号为汰后，暹罗政府与学界曾宣传收复汰族已失的土地，建设汰族的国家。可是暹罗人要想达到这种目的，非借日本的力量是不可成的。

暹罗既有了这种野心，怀着这种妄想，日本人又从中煽动，结果只有使暹罗的国家主义趋于帝国主义，暹罗的民族主义趋于侵略政策！

这种帝国主义与侵略政策的趋向，不但对于英、法很为不利，就是对于中国也有害处。假使这种主义、这种政策实施起来，那么法属安南的柬埔寨，英属缅甸与马来半岛一部分，都要让给暹罗，同时中国境内的所谓汰族曾经占据过或尚正居住的地方，也要让给暹罗。

理论上，这种主义与政策的错误，我在《暹罗与汰族》一文已经说过，我现在所要指摘的是实际上，这种主义与政策是一条行不通的路。

暹罗要想实现这种野心与妄想，故不得不排英、法与中国，同时又不得不亲善日本。然而，暹罗好像忘记了假使日本能帮助暹罗去打败英、法，而夺取那些所谓历史的属地、那些所谓汰族的乡土，那么日本自己也能打败英、法，而夺取这些地方；假使日本自己能占据英、法这些属地，日本也能占据暹罗。暹罗之于英、法的属地正是"辅车相依，唇亡齿寒"。何况暹罗之所以能成为一个独立国家，完全依赖英、法二国以这块地方当作缓冲地带？英、法过去既因权利冲突，而给暹罗以独立的机会，英、法现在若利用联合战线来压迫暹罗，即使暹罗有了日本的帮助也是毫无济事。又况日本的东亚新秩序，防共协定，日德密约，无一不是当暹罗来作一种牺牲品。我上面所以说暹罗亲日的政策是愚不可及，就是这个意思。

至于暹罗排华，也是错误的。中国与暹罗并不接壤，暹罗要想重回他们所谓南诏祖国与汰族故乡，那么暹罗非借日方力量先占据英、法属地不可；可是这么一来，结果是正像我在上面所说，不但此路不通，恐怕暹罗本身也自受其危。

其实，暹罗排华，至多只给在暹罗的华侨吃亏，可是华侨吃亏，恐怕对于暹罗不但没有好处，反而有害。暹罗的经济权大半操在华侨的手里，暹罗人而尤其统治阶级，时假法律以抽税，用政治力量去剥削他们，假使华侨通通被迫而破产，通通被迫而逃跑，暹罗人这种闲坐而吃的权利也没有了。因为暹罗人直到现在，不但没有力量去创造华侨所已经造成的经济基础，而且没有经验去维持华侨所已经造成的经济基础。一个国家的经济基础，是与一个国家的本身成立有了密切的关系，暹罗压迫华侨，结果也不过是损害了自己罢！

暹化与华侨*

在南洋各处的华侨中，受当地或者是"土人"的文化的影响最为深刻的，恐怕要算暹罗的华侨了。

为什么暹罗华侨的暹化程度，比之南洋其他地方的华侨"土化"的程度为高呢？我们以为这虽与暹罗政府的暹化华侨的政策有关，然而暹罗的政治上的独立，也是主要原因之一。我已说过暹罗政府在消极方面，反对与中国交换使节，限制中国人民入口。在积极方面，用婚姻以引诱，用教育以淘〔陶〕染，用法律以压迫，都可以说是暹化华侨政策的实施。此外，暹罗虽像南洋其他的地方有肥美的土地，有丰富的物产，使中国人民驰之若鹜。而同时因为环境的作用，自然而然会受"土人"文化的影响，而趋于"土化"。可是，暹罗却有了一种东西，是南洋的其他的地方所没有的，就是暹罗为南洋唯一的独立的国家。这个独立的国家，既有了一种暹化国内其他民族的政策，而不像殖民地的政府，特别是英国殖民地的政府，不但对其所管辖的各种民族的文化，往往能够容忍，而且鼓励其保留。同时，暹罗政府在政治方面又给予华侨以参政的机会。只要华侨暹化，在政治上找个地位是没有问题的。我们知道在南洋其他的地方，在欧西各国的殖民政府统治之下，华侨在经济方面虽占了重要的位置，在政治方面可以说是绝对没有参加的机会。比方华侨可以入英国籍，华侨也许英国化，然而在政治方面，华侨完全不能打出一条出路。在安南的嗡帮（帮长），在马来半岛各处的甲必丹（Captain），虽可以说是殖民地政府的一种官衔，然而这种地位不但低下，而且可以说是殖民地政府所用"以华治华"的政策。有血气与有智

---

* 录自《今日评论》第 3 卷第 2 期，1940 年 1 月 14 日。

识的人，都感觉到这不是一种荣誉。至于土人不但只被欧西各国所征服，被殖民地政府的压迫，而且是被认为野蛮民族、低劣人种。华侨在这些地方，与这种情形之下，很易感觉到西洋人在政治上，既不以平等来对待他们，而有西洋人与中国人阶级上的区别。同时更易感觉到"土人"所受的层层压迫与痛苦，而不愿与之同化，因为同化或"土化"就是等于做奴隶，做亡国奴，人们对于奴隶、对于亡国奴，只会表同情，决不愿同化。

暹罗就不是这样，因为这个国家是独立的国家，它的人民是自由的人民，它的政府对于华侨，虽有顾忌的心理，虽有排斥的举动，然而它不但不当做奴隶看待，反而觉得华侨在经济上的优越的地位，是民族与文化的优越的表示，只要华侨愿与他们同化，他们不但不顾忌，不排斥，而且欢迎到他们政府中来做高官，居要职。所以在暹罗政府里的华侨——暹化的华侨——的人数之多，位置之高恐怕还比纯粹的暹罗人为甚。政治上的优越地位，既是一种引诱，政府的暹化政策，又是一种力量，这就是暹罗的华侨的暹化程度，所以较高于南洋其他的地方华侨的土化程度的主要原因。

大体来说，华侨暹化的历史，是与暹罗华侨的历史有密切的关系。因为在暹罗既有华侨，这些华侨总免不了要受暹罗的环境与文化的影响。不过因为史料的缺乏，不仅华侨暹化这个问题少有记载，就是中暹关系的史实，也少有存留。从三国时吴康泰使扶南到元代，关于这个问题的材料，在中国方面固不容易找，在西文与暹文方面也不容易找到。

据说，元代暹王敢木丁到中国，曾带了很多磁器工人到暹罗，他们最初在暹罗所制造的东西，完全与中国的一样。后来因为适应暹罗人的需要与嗜欲，遂渐渐改换表面的装饰，由此日趋于暹化。那么，这些工人在其生活方面有意的或无意的暹化，也是可能的事。

明代华侨之住暹罗者人数日多，故华侨之暹化者，为数也在不少，而其暹化的程度也较深。《明史·外国传》载汀洲人谢文彬以贩盐到暹罗，"仕到坤岳，犹天朝学士也"。后来且充暹罗使者来中国朝贡，这是华侨暹化一个很显明的例子。又同书载弘治十年，暹罗"入贡时，四夷馆无暹罗译书官，阁臣徐溥等请移牒广东访取能通彼国之言语文字者，赴京备用"。这大概是因为当时广东华侨之从暹罗回国而通晓其语言文字者已很不少，所以阁臣才有这种的奏牒。换句话说，至少在言语文字的方面，华侨之暹化的必定很多。

至于清代华侨之居留暹罗的既多，暹化的程度又较深刻，最显明的例子要算郑昭。郑昭这个名字乃乾隆四十三年的暹罗贡表上所称的名字，而非郑昭的真名。他的真名是信（Sin）或称达信（Taksin）。关于这点，许云樵先生在其所译郎苇吉怀根（Luang Wijit Watkan）的暹罗王郑昭传的弁言中有一段解释如下：

> 其实昭乃暹文的译音，其意为王，并不是他的真名。据暹史所载，他原名为信，所以一般暹人都称他为佛昭达信（Phra Jao Taksin）。佛是圣的意思，通常拿来称呼和尚神佛，或三品爵位的官绅的，但称呼君主，也须用佛冠于昭之前，即是所谓圣君，或圣主之意。达是地方，最初郑信封在该府为太守，TaoMu'ang 的暹人谈话时简称他为昭达。

又同书页三，又有下面的一段话，述及郑昭的身世：

> 佛爷诞生于佛历二二七七年（清雍正十二年，西历 1734 年），岁次甲寅，为赌［征］税吏中国海丰人之子也。伟人传记云：Nangsu. Aphinihan Banphaburut 方其初生卧摇篮中，有蛇入，蟠居其旁，其父以为不祥，拟弃之。初，海丰人与财政大臣昭佛爷碻克里闻其事，见此儿貌不凡，乃请收为义子。及九岁，令入哥萨互寺从高僧铜棣攻读。年十三，率之出晋觐颂载佛勃隆歌索皇，得侍卫职。暇则习华语及印度语，均能流利。比年二十有一，昭佛爷克里乃命之薙度为僧。越三载，乃返复任原职。迨佛第［弟］囊苏里阿默鳞皇即位，始赐爵为銮岳甲拔，仕于达府，既而擢为太守，既晋爵为佛爷，洼卿巴工迁治甘丕壁府，惟人民犹称之为佛爷达，即登极后，尚自称昭达。

所以从这两段话里，我们知道郑昭不但名字已经暹化，就是在教育、宗教以至习惯、语言各方面都已暹化。又据竹叶本《暹罗国史》载："其时（雍正年间）大城中有华人名郑镛者，中国海丰人，爵居坤佛，为摊主娶妻洛英生一子，名信，即皇也。"据说，洛英是暹罗妇女，郑昭的父亲娶了暹罗妇女，又有暹罗爵位，同时他到了十余岁始学中国话，则夫妇父子之间皆用暹语，是很显明的。这样郑昭的父亲的暹化程度，也必很深。我们知道中国人之在这个时候，侨居大城的很多，因为大城不只是京都，而又是商业繁盛的区域。郑氏父子既这样的暹化，其他的华侨之暹化的必定很多。又在通商都会华侨萃集的地方的华侨，尚且这样的遥化，则一般华侨之在内地居住的，其遥化程度之深，可以想象而知。

上面不过就我们所知的一些历史上的华侨遥化的事实，略为解释，我现在且将华侨遥化的各方面的大概，加以说明。

我们先从语言方面说起。大概地说，假使华侨夫妇两人都来自中国，那么其子女多能说中国话。虽则因为职业与环境的关系，他们兼得说遥罗话，假如其夫来自中国或者是华侨儿子，而其妇是遥人，那么不但子女会受母亲的影响而说遥罗话，就是为夫的也往往不得不说遥罗话。因为在这种家庭中，母亲固少能操中国语，子女也少能操中国语，因此之故，在华侨学校的第一二年级的教员，往往也得懂遥罗话。教员授中文时，有时还要以遥语解释。大概须候小学第三年级以后，始能全用中国话。以前中国国语尚未流行时，因为华侨中方言各异，互相谈话多用遥语，可是直至现在，除侨教育界外，能操国语的为数尚不多。又因他们身处遥罗，既以遥罗话为主，故一般华侨于无意中，常常以遥罗语为表达意思的工具。

遥罗的文字，比之中国文字易读得多，因而华侨只懂遥文而不懂中文的也很多。一般华侨子弟，假使从小就学了遥文，则长大时要使其学习中文，很不容易。这固由于先入为主的心理反应，然而中文虽比遥文难读，却是主要的原因。读了三二年遥文，作文、写信可以运用自如，读了五六年中文，未必能有这样的效果，因而有些华侨且主张中文遥化。

在衣、食、住方面，大概来说，华侨住处所受的遥化程度较深，在遥罗政府中任职的华侨，在遥罗政府未通令改穿西服之前，多穿遥人所穿的帕农。有些人说穿帕农是做遥官的一种条件，然而一般的华侨多用中服，虽则有些华侨在星期日喜效遥人穿红的颜色，至如男人的浴巾、女子的拖鞋，华侨男女用的很为普遍。遥罗小孩颈项上喜带［戴］一串珊瑚，或项珠，女孩下部遮以大约三寸长的银丝，此外，身上多是一丝不挂。华侨小孩效法的也不少，这大概是与遥罗的气候有相当的关系。遥罗人的食品以米为主，而胡椒、椰子、香料又为他们的特别嗜欲。用胡椒与椰子做一种东西叫做"供"。又用"供"以配鱼肉等物，华侨嗜者很多。至于槟榔，据说不但可以去瘴，而且为交际上的必需品，华侨之染此癖者，在二十年前已很多。至于蹲在地上，与用手吃饭的方法，效者较少。住屋因为气候与经济上的关系，多仿建遥罗的住屋，而且亦有仿效暹人之卧地板，蹲坐的。在郊外乡村或小市镇，多模仿暹人所建的"浮脚屋"，这也是因为避免地湿与避免虫兽之害的原故。

在家庭生活方面，凡是娶暹罗女子的家庭，暹化的程度最深。这种家庭在暹罗恐怕占华侨家庭的半数以上。其次为娶所谓土生的华侨妇女的家庭。至于由中国携来的妻子，则家庭生活暹化的程度最浅。不过也有些习惯为一般普通华侨妇女所采纳的，如以一手抱小孩于身旁的办法等。至于在政治方面，凡是在暹罗政府任职的华侨，其暹化的程度之深，更不待言。其实，他们往往就不承认其为华侨。在社交方面，暹罗人见面时合掌为礼或在他人前面弯腰而行，以示恭敬。华侨与华侨之间，虽少有仿效，然见着暹罗朋友时，多行暹礼。

在宗教上，暹罗人所信仰的是小乘佛教，中国人宗教观念较为薄弱，华侨也不能例外。可是比方施饭与僧侣的习惯，也为华侨所乐为。此外许多华侨，对于暹罗的"公头"，相当的信仰。"公头"是一种法术，可以使一个人得某种病，也可以使一个人迷醉于某种人物。我有一位朋友，曾受过大学教育，而且是学过自然科学的，对于这种法术，也很为信仰。他并且告诉我他亲眼看过这种法术的效果。

在医药方面，暹罗也有他们固有的医生与药品，华侨相信暹医暹药的也多。在艺术方面：暹罗的庙寺，多为华侨技工所建筑。式样自有特异的地方。华侨虽是代暹人建筑而必须迎合暹人的心理，然而这些技工，也受了暹罗艺术的影响很深。同样，戏剧方面，指导者很多为华侨，暹罗戏剧虽因此而华化，然而既是暹戏，这些指导者也无意地受了暹罗戏剧的影响。

上面不过随便举出一些华侨暹化的例子，华侨的暹化的历史的悠久，与范围的广阔，已可概见。暹罗的华侨，既因环境上的作用与影响，又加以政治上的引诱。使其暹化的程度日益加深。暹罗政府又实施上面所说的各种消极与积极暹化华侨的方法，目的不外是加强这种同化的作用，而使所有的暹罗华侨，都变为暹人。

可是暹罗政府这种政策，是否能够实现呢？

照我个人的看法，暹罗政府这种政策，不但难于实现，而且对于暹罗只有害处，没有益处。主要的原因，是在暹罗暹化华侨的历程中，暹罗本身已经剧烈地西化了。暹罗本身既已剧烈地西化，所谓华侨暹化，结果也不过华侨西化而已。其实所谓暹化华侨的政策，只是暹罗的国家主义与汰族的民族主义的表征。而这种国家主义与民族主义，大致地说又是暹罗西化的结果。至少，这些主义是受了西洋文化的影响，而增强其程度的。暹罗的汰族既因西化而发生，或增强其民族主义，难道暹罗的华侨就不会因西化而发生或增强其国家思想与民族意识吗？而况中国的国家改造与民族革命，主要是发动在暹罗与各处的华侨，又况中国本身的国家主义与民族主义，也因西化而发生或增强。暹罗的华侨不但只受暹罗西化的影响，且受了中国西化的影响，在双层的影响之下，华侨的国家思想与民族意识，不但比之国内的民众较为浓厚，就是比之暹罗的汰族，也必较为坚强。暹罗欲以暹化的政策去消灭华侨的国家思想与民族意识，哪知华侨却因暹罗与中国的西化而发生这种思想与意识。这么一来，暹罗政府的暹化华侨的政策，岂不是变为弄巧成拙欲益反损的吗？

暹罗的人口与华侨 *

　　暹罗的人口究竟有多少？特别是暹罗华侨的人口究竟有多少？这是值得我们注意的一个问题。据法国教士巴特来刚（Patlegoin）在 18 世纪初叶的估计，在暹罗境内共有六百万人。到了 1911 年，暹罗内务部调查全国人口的结果，共有八百二十六万六千四百零六人。暹罗曼谷《日日邮报》在欧战后十年，1928〈年〉所出的《暹罗现代史》一书，估计暹罗约有一千万左右的人口。又据 1939 年暹罗人口调查的结果，总数为一千一百五十万六千二百零七人。照这些统计看起来，从 18 世纪的初叶至 20 世纪初年的二百年间，暹罗的人口只增加了二百二十余万。而从 1911〈年〉至 1928〈年〉，不到二十年，却增加了一百七十余万至三百余万。这就是说：三十年前的二百年中，暹罗的人口，每一百年只增加了一百万，而十年前的二十年中，每十年增加了一百六十万。以常情而论，这种增加的速率似乎不大合理，不过我们若进一步去考究，也许未必全为无稽。原来暹罗从 16 世纪的末叶与 17 世纪的初叶，纳礼大王（Narit）开疆辟土，东降真腊，西败缅甸，北取清迈，版图既大，所管辖的人口当然增多。到了 18 世纪的下半叶，暹罗被缅甸所蹂躏，后来虽得郑昭恢复故土，然而人民生命之牺牲者不计其数，人口的减少与生产率的迟慢，也是合理的事。19 世纪的下半叶以后，暹罗又受了英法两国的威胁，失去了不少的土地。直到 1908 至 1909 年间，暹罗还割让巴丹孟、安谷尔等地与法，又割马来半岛的吉打吉兰姆丁加奴巴里士等地与英，土地的割让当然包括人民在内。我所说 18 世纪的初年至 19 世纪的初年的二百年中，暹罗人口的增加比较的少，未必全

---

* 录自《新经济》半月刊第 3 卷第 4 期，1940 年 2 月 16 日。

为无稽，就是这个原故。

自从 1909 年以后，暹罗不但没有外患而引起战争与割地，而且内部的进步也相当的快。比方，交通的发达、水利的开办、农业的改良、商业的发展、卫生的设备与治安的完善等等，都可以说是人口剧增的主要因素。而且外国人民在这个时期里，是直接或间接地受了上面各种因素的影响，使移入暹罗的人口日益增加。据德国摩索尔夫氏（Mosolff）在 1932 年所出版的《中国人民的迁出》一书里的统计，迁入暹罗的中国人，从 1918 年至 1919〈年〉的一年中，就有七万左右。从 1918 年至 1928 年的十年中，就有九十万以上。此外，从 1909 年至 1918 年间的中国人与他国人之到暹罗者，都不计算在内。假使摩索尔夫的统计是可靠的话，那么这二十年内，在暹罗境内增加了三百余万的人口，并不算做一件稀奇的事。

我们若从种族方面来看，据巴特来刚的统计，暹罗人为一百九十万，中国人有一百五十万，老挝人一百万，马来人一百万，柬埔寨人有五十万，派其由人五万，其他人种五万。又据暹罗内务部 1911 年的统计，暹罗人有七百二十七万六千六百一十，中国人有十七万零九百九十八，马来由人有十六万九千七百零五，柬埔寨人有十三万四千三百三十二，加林人有六万零一百八十五，蒙人有二万八千八百六十六，香人有三万六千零八十一，安南人有六千五百二十五，缅甸人有六千零六十一，欧美人有四百七十九，爪哇人有三百八十一，其他八千九百三十六人。

上面各种统计中，最足使我们注意的是暹罗人口与华侨人口的数目比率的不同。据巴特来刚的估计：暹罗人有一百九十万，华侨有一百五十万。这就是说，华侨的人口差不多与暹罗人的人口相等。然据暹罗内务部的调查，暹罗人（汰人）有了七百二十七万六千六百一十，而华侨只有十七万零九百九十八。这么一来，华侨的人口只等于暹罗人四十一分之一，等于暹罗人口总数四十八分之一。

自然，巴特来刚的统计是否正确，还有疑问。德国哥特发尔特（H. Gottwaldt）在 1903 年所出版的《华侨的移出及其影响于黄白两种人》一书里，估计在 17 世纪的末叶，中国人之居住暹罗的大约不出四千人，巴特来刚的估计是在 18 世纪的初叶，17 世纪的末年既只有四千人，那么 18 世纪的初年决不会增加到一百五十万。因为在这个时候，中国方面既没有特别的变迁，而使这么多的人民移入暹罗，只靠四千人的生育以增加到这个数目，是绝对不可能的事。不过，我们所要注意的，是哥特发尔特的这个统计只是一种推算，而巴特来刚则不同，他自己于 1700 年来暹罗，住在大城，亲目看见中国人之住在暹罗的人数很多，才有了这个估计。而巴特来刚之所以有这个估计，必定是因为他看到暹罗华侨的人口与暹罗的汰人的人口差不多相等。若果我们说他所估计的华侨人口过多，则他所估计的汰人的人口，也是同样的过多。我们固未能尽以他的估计为正确，可是哥特发尔特的推论，未必就是可靠。

暹罗的史料最为缺乏，18 世纪下半叶以至 19 世纪的史实，都不容易考查，比方郑昭的事迹就很不清楚。至于人口的估计，更不容易。不过中国与暹罗在历史上的关系至为密切，五百四十年前（1300）敢木丁来中国，光是中国磁匠就带了很多回暹罗，以后中国人移入暹罗逐渐增加。巴特来刚在敢木丁来中国的三百年后，他在暹罗看见暹罗人口与中国人口差不多相等，大有可能。其实，若以暹罗在那个时候的人口的总数（包括暹罗的马来人、老挝人等）来看，一百五十万的中国人也不过占了四份〔分〕之一。

我们纵就撇开巴特来刚的估计不谈，专就暹罗内务部 1911 年的统计来看，这个统计的错误极为显明。暹罗内务部这个户口调查，是始于 1905 年而终于 1911 年。起初暹罗政府不过试查了十二州，后来才扩大到全国。在这六年内，不但像我们上面所说因东南两部的土地的割让而使人口发生变动，而且因为调查的年日过久与方法缺乏完善，调查所得的结果就大不可靠。因而，关于华侨人口数目的错误，更为重大。

我们知道，在暹罗内务部正调查全国的人口的时候，曼各〔谷〕州于 1909 年曾举行过一次人口调查，结果曼谷的华侨有了十九万七千九百一十八人，而内务部调查全暹罗的华侨只有十七万九百九十八人。曼谷一州的华侨人口，比之暹罗全国的华侨的人口还多了二万余，这实在是谬妄之至。

又据暹罗政府 1919 年的人口调查总数为 11 506 207 人，其中华侨只占了 445 274 人。照这次调查的结果，华侨比之 1911 年的调查的虽增加了差不多二倍，占总数二十五分之一，然而这个数目还是太少。上面曾说过，摩索尔夫曾估计从 1918 至 1928〈年〉的十年间，就有九十余万华人从中国移入暹罗，而暹罗政府在 1929〈年〉关于华侨人口的估计，尚不及摩索尔夫所估计的一半，同时也不过多过 1909 年曼谷一州的华侨人口的一半，这显然又是很大的错误。

其实，暹罗政府无时不是有意地把华侨的人口数目弄得特别得少，照暹罗国籍法，凡是生在暹罗的皆为暹罗人。因而华侨在暹罗所生的子女，暹罗政府都当暹罗人看待。不但这样，暹罗政府因为对于华侨很为顾忌，年来施行暹化华侨的政策，有了这种政策，不得不故意把华侨的人口的数目弄得很少。因此，暹罗政府所调查的华侨人口数目之不可靠，是显而易见的了。

凡是到过暹罗的人，都能看见在城市的商店里与街道上的中国人，比之汰人多得多。就是在小乡村里，以至深山僻壤，也有华侨的踪迹。我们可以说，在暹罗，凡是有人类居住的地方，都有华侨，所以若说暹罗华侨只占了暹罗的人口总数四十八分之一，或是二十五分之一，这是谁都不会相信的。

这些统计以外，又如赖哈特斯（Richards）在 1908 年所出版的《中国简明地理》，商务印馆民国十三年所出版的《中国第一回年鉴》，与民国十四年驻外领事的报告，均以为在暹罗的华侨只有一百五十万，这与二百年前巴特来刚所估计的数目相同。这些统计是否也从巴特来刚的书中得来，不得而知。不过，赖哈特斯的估计，是三十年前，而中国年鉴第一回与驻外领事报告，均在十五年前，若照摩索尔夫的统计，则从 1918 至 1928 已有九十余万人，那么，这三十年来或是十五年来所增加的数目，与原有的数目总共起来也有三百万人左右。

照一般很低的估计，暹罗华侨的人口至少有三百万左右。比方，弥尔（Mill）在其所著的《国际地理》一书，就以为暹罗的华侨约在三百万人左右。这个数目大概是从华侨之自认为华侨的来说，至于实际华侨而因政治或其他原因不被认为华侨的人数，当必很多。所以照普通的估计，华侨有三百万至五百万是很合理的，至少华侨的人口不会少于汰族的人口。

同时，华侨人口的增加率，无论如何，比之暹罗境内其他的民族必定较大，因为华侨受了中国千子万孙传统观念的影响很深，既不施行节育，而在经济上的地位又比之暹罗人为优，故其儿童死亡率较低。而况中国国内的人民之到暹罗的又源源不绝，华侨在暹罗的人口本来已多，再加上这些原因，则华侨在暹罗人口之多，是无可疑的。暹罗的汰人所以对于华侨特别排斥和顾忌，实在是为着这个原因。

我们从人口的立场来看，汰族对于华侨的排斥和顾忌，却是一种错误。据 1911 年暹罗内〈务〉部人口调查的报告，暹罗人口总数为八百二十六万四百零八人，其中男子占四一二二一六八人，女子占四一四四二四○人。女子比男子多了二万二千零七十二人。一般看来，中国人口是男多于女，而暹罗却女多于男。暹罗女子之多，是到过暹罗的人所容易看见的现象。我以为女子多于男子，尚不止暹罗内务部人口调查所报告的数目。因为华侨之到暹罗者多为男子，二十年前，琼州女子就不许到暹罗与南洋各处，而潮州、梅县、广州、福建等处女子之到暹罗、南洋各地者为数亦少，因为生活艰难而到暹罗的人多无家眷，就是有了家眷，也难于偕行。

华侨之赴暹罗者十九既是男子，而暹罗人口的总数又是女多于男，于是暹罗政府不得不奖励华侨与暹罗妇女结婚，和特别的限制中国妇女入口，以调剂这个畸形的现象。然而，暹罗政府还要排斥华侨，这岂不是互相矛盾的吗？

其次，暹罗的幅员，比之中国，虽有十五分之一，而其人口比之中国，只有四十分之一，暹罗平均每方英里约有五十人，而中国每方英里约有百五十人。加以中国不宜于耕种的土地很多，连东南一角的许多肥美地方，也远不及暹罗土地的肥美。所以照现在暹罗的人口来看，就使增加了二倍至三倍，也不至于人口过剩。已往暹罗富源的开辟，主要是得力于华侨，暹罗将来国家的发展，主要的还须依赖华侨。华侨在暹罗过去既为暹罗开辟富源，将来又为发展暹罗所必赖，暹罗人坐受其益而又无人满之患，那么暹罗政府限制华侨入口，岂不是有害无益之举吗？所以，我们从暹罗人的人口上看来，暹罗当局的顾忌华侨与排斥华侨，不能不说是一种错误。

暹罗的汰族主义与暹化华侨 *

　　暹罗改国号为汰，是统治暹罗的汰族的民族主义澎［膨］涨［胀］的表征。暹罗民族有了二十余种之多，除汰族外，其人数较多的为中国、老挝、缅甸、柬埔寨等民族。汰族既是暹罗执政权的民族，所谓大汰主义的实施，大概来说，是有两个方面的意义。一是企图联合暹罗以外的汰族，一是汰化或暹化暹罗境内的其他民族。暹罗以外的汰族，是否能因暹罗境内的汰族改暹罗国号为汰而联合起来，这是一个值得讨论的问题。可是我们在这里，对于这一点，姑置不论。我们所要注意的，是暹罗的汰族的暹化暹罗境内的其他民族的政策。

　　大致看来，缅甸人与柬埔寨人因为在文化的各方面，而尤其是在宗教上，与汰族的文化与宗教较为接近，所以他们的暹化，比较的容易。老挝是被汰族征服的民族，他们虽有特殊的语言与文化，可是因为他们的文化较低，自被汰族征服之后，汰族用了政治的力量去汰化他们。至今他们虽保留了一个皇帝，可是这个皇帝，一方面受了汰族政府的压迫，一方面没有现代的智识与振作的精神，只当作汰族政府的傀儡，连了老挝人自己也要叫他做"番薯王"，意思就是愚笨。照我个人的观察，老挝人在目前虽仍然留了多少固有的文化，如穿纱笼而不穿帕农之类，但是他们暹化的程度，已相当的深，而且现在正在暹化的途中，所以他们的暹化，是没有什么问题的。

　　因此之故，所谓暹化暹罗境内的其他民族的最大问题，可以说是暹化华侨这个问题了。

　　华侨在暹罗有了三百万至五百万的人口，暹罗的人口总数不过一千

---

　　* 录自重庆《外交研究》第 2 卷第 2 期，1940 年 2 月。

万左右，而华侨却占了三份［分］之一至二分之一。除了其他的民族以外，汰族人口至多也不过占总数三份［分］之一。华侨比之汰人，恐怕还多得多，那么汰族之特别想要排斥华侨，其居心是显而易见的了。汰族排斥华侨的历史，至少有了一百多年，郑昭之被汰人暗杀而篡其王位，就是一个显明的例子。暹罗政府既因华侨的人口过多而排斥，可是他们明白：若果要把华侨完全驱逐出境，是一件做不到的事情，所以应付华侨的唯一办法，是暹化华侨。

暹罗的第七世皇在许多年前已这样说过：华汰血统，关系很深。他承认他个人亦含有华人的血统，所以在暹罗的华侨，就是暹罗人，应当忠爱暹罗。暹罗政府近年以来，对于暹化华侨的实施方法，大约有三：一是用婚姻以引诱，二是用教育以陶染，三是用法律去压迫。这是暹化华侨的积极方法。这种积极的方法，我在《新动向》半月刊第 3 卷第 4 期所发表《暹罗与华侨》一文，已经说及。这里不必再述。除了这种积极方法以外，还有消极的办法。消极办法，大致地说，也有二种：一是限制在中国的华人入口，一是反对与中国交换节使。限制在中国的华人入口的方法，又有二种：一是提高入口税，一是入口时要经过识字的试验。要到暹罗居住，现在要缴纳一百铢以上的居留税。一百铢暹币，在平时也要一百五十元国币。一个中国人要到暹罗，旅费又要花一百多元国币，两共起来，要三百元以上。赴暹罗的同胞，差不多完全是劳动界，假使一个人能有三百多元去做旅费与税项而到暹罗谋生，他可以用这三百多元在国内来做生意的本钱。而况到了暹罗，未必就有工作。假使按照现在外汇的价格来计算，就要五六百元的国币，才换一百铢的暹币。换句话说：一个要赴暹罗当劳动者的中国人，也需要差不多一千元的本钱，这可就不容易了。暹罗政府未尝不看到这一点，可是正医为他们看到这一点，他们才用了这个办法，来限制华侨入口。

预备到暹罗的同胞，大多数都是家境穷苦，少有受教育或没有受过教育的机会。暹罗政府又看到了这一点，所以又颁布了入口识字试验的办法。暹罗政府好像学了美国人对待黑人的方法来对待华人。美国人有些省份规定人民要能读美国宪法，才给他们选举权。黑人要求这种权利，美国人就要他们解释美国宪法。其实宪法的解释，在美国经过了一百多年法律学者的努力，其意义不见得完全清楚。美国人既不愿意黑人有这种权利，就使黑人能够解释，美国人也可以随便留难他们。暹罗所谓入口识字试验，既没有一定的标准，结果是正像华侨的俗语所说：

"有钱考上大人，无钱考到字尽。"暹罗政府对中国所试验的，固是中文，但是暹罗政府随便可以用这个办法来禁止中国人入口。因为无论学问怎样渊博的人，也未必尽识所有的中国字。假如暹罗政府不愿你入口的话，他们可以把字典里或俗字中所最不常用的字来考问你。除了你认识所有的中国字外，否则你总有因不识中国字而被禁止入口的机会。其实这个识字试验的办法，比之提高入口税的办法还要厉害，因为后者总有一定的标准，而前者是没有标准的。有标准可以预备，没有标准则无所适从，正等于没有法律一样。

其实暹罗政府对于一般新到暹罗的人，用了各种虐待的方法与蔑视的态度，使稍有血气的人，都难容忍。一般从马来半岛或从安南乘火车到暹罗的人，入口时，虽较容易，然由陆路赴暹罗的华侨，人数较少。国人之赴暹罗者，多由香港、汕头、海口等处乘轮取海道赴暹。到曼谷时，有时好几百人与牛马一样的押入一间小小的居留所，因为人数太多，空气不够，使人真要闷死。暹罗政府简直就不把中国人当作人来看待。这也不能不看作暹罗限制华侨入口的一种消极办法。而这些限制华侨入口的办法，便是防止暹罗华侨的人口过多，而使暹化华侨的政策不易施行。

暹罗政府不愿意与中国政府交换使节，也是暹化华侨的一种消极的办法。暹罗政府明白：假使中暹交换使节，则中国派了公使与领事到暹罗后，对于华侨的登记与华侨的保护，都是公使与领事要办的事情。可是华侨的登记与华侨的保护，结果不但使在暹罗的三百万至五百万的人民直接地受了中国政府的管理，而阻碍暹罗政府的暹化华侨的政策，同时会使三分之一至二分之一的暹罗华侨团结起来。中国人在暹罗的经济势力，不但在首都城镇占了优越的地位，就是在穷乡陋邑也占优越的地位。握着经济的权威，再加以本国政府的帮助而团结起来，这岂不是对于暹罗政府最为不利的事吗？

不但这样，在暹罗无论是居中央政府或地方政府要职的人，很多是华侨，或华侨的后裔。假使中国有了公使与领事在暹罗，无疑地要使这些人处于一个很难堪的地位。我们知道华侨爱国的热情，比之国内一般人浓厚得多。他们虽在暹罗政府服务，然而这是环境使然，决非出自本心。而且所谓"作番官"，从一般的华侨看起来，并非一件很荣誉的事。有些华侨说："在中国作人七，不如在暹罗作人一。"这虽然是一种聊以自慰的话，同时也是一种自贬的话。不但这样，华侨之中，有的弟弟当了暹罗的政府要职，而哥哥是华侨的爱国团体的中坚人物。假使中暹交换使节，而办理华侨登记，则他们必处于一种困难的地位。华侨且可以不做暹罗官，可是暹罗政府不得不用华侨，暹罗政府看到这一点，所以对于交换使节始终反对。

然而最奇怪的是：有些暹罗政府人员，在数年前，藉口中国尚未完全统一，故不能与中国交换使节。我记得七年前我曾与暹罗的外交部长谈话，在谈话中，我问他为什么暹罗政府不愿意与中国交换使节。他不踌躇地答道：中国现在尚未完全统一，南京有了一个中央政府，西南又有一个政府。照理我们可以与南京政府交换使节，不过华侨差不多来自西南，我们以往既没有与南京政府或北京政府交换过使节，我们现在也不愿得罪了西南政府而与中央往来。因为这个问题，我们讨论到耳热面红。他最后且说只要中国内部统一，我们对于交换使节是没有问题的。其实相反的，中国没有了南北之分以后，暹罗政府愈为顾忌了。所以直至现在，中暹还没有交换使节。假使中国要派什么侨胞慰问团之类到暹罗，暹罗政府在表面上虽是欢迎，而暗中却处处监视。甚至私人之到暹游历者，他们也处处加以注意。我们看看暹罗政府数年以来的亲日排华政策，愈觉得暹罗对于中国的恶感，是与暹化华侨的问题，有密切的关系的。

照我个人的看法，暹罗政府在积极方面与消极方面虽然想出好多方法来压迫华侨，但事实恰好相反，这不但不会暹化华侨，反而引起华侨的民族意识。在暹罗未改国号为"汰"之前，暹罗虽也受汰族的统治，不过在表面上汰族不以汰族主义去压迫华侨，暹化华侨。有些民族对于华、汰二个民族的区别，以至对立，并没有十分注意。现在汰族既把大汰族主义的招牌挂起来，使在暹罗的华侨，差不多人人都会感觉到他们若不暹化，必被摈斥。同时也会感觉到暹罗的汰族，不但只要暹化他们，而且想伸手到祖国去侵略所谓中国境内的汰族，离间祖国的同胞，破坏祖国的统一。华侨爱国的热情，向来浓厚。压迫他们自己，他们可以忍耐，侵犯他们的祖国，决不能袖手旁观。因之，暹罗政府这种政策不但不能暹化他们，反而引起他们对汰族的恶感，增强他们自己的民族思想。

何况数十年来，中国的民族主义思想，正是"如月初升，如花怒发"。暹罗的华侨与南洋的华侨，不但只受了这种思想的影响，而且是这种思想的先锋。孙中山先生以为华侨是革命之母，决非虚言。暹罗的侨胞对于中国革命运动在暹罗的事迹，与中国革命领袖在暹罗的言行，犹能了如指掌。民国十七年的北伐，他们又出了不少的力量。"七七"事件发生以后，他们愈觉得国家存在，他们才能存在，国家灭亡，他们便不能立足于世界之上；所以不但在财力方面，给了不少的帮助，就是在人力方面，也有不少的贡献。

这种中华民族思想的澎〔膨〕涨〔胀〕，比之汰族的民族思想的澎〔膨〕涨〔胀〕尤为厉害。在实际方面，这种思想的表现，至少可以从地方主义的打破，与中国国语的流行二方面看出来。华侨虽多来自闽粤，然而从前不但福建自福建，广东自广东，广东人中，也有广帮、潮帮、客帮、琼帮之分别。各帮"各自为政"，而且时有冲突。到了现在这种地方主义，已逐渐消灭。中华商会、中华学校，以及好多团体，不但超越帮界，而且超越省界，以整个民族，与整个国家的利益为利益，互相团结了。

中国国语，在暹罗与南洋各处的流行，是二十多年来最值得注意的一件事。从前在暹罗、南洋各处，不但一个广东人与一个福建人有语言不通的困难，就是广东人中，一个广州人与一个潮州人，也〈有〉这种困难。因为有了这种困难，又因为大家都同住在暹罗，于是多用暹罗语以表达意思。现在不但是一般华侨教育界，以至学校里的小学生都能操国语，就是一般的华侨商界，以至劳动界，也多能说国语。青年人固很热心地设法学习国语，老年人也同样地热心去设法学习。比方最近被害的暹罗中华总商会会长蚁光炎先生，年纪虽在六十以上，代理该会会长冯尔和先生，年纪也在五十以上，他们还是拼命去学习。不但在京都大邑是这样，就是在小城镇也是这样。

总而言之，暹罗华侨这种地方主义的打破，与国语的流行，以及最近来各种救国爱国的运动，是中国民族主义的发展的表征，同时又是中国民族主义的发展的动力。暹罗的汰族用了各种方法去压迫华侨，暹化华侨，现在又改暹罗国号为"汰"，目的也无非是要发展所谓大汰主义，而消灭华侨的民族观念，哪里知道实际上，反因此而增强了华侨的民族意识，使所谓华侨暹化的政策愈要受到重大的打击了。

暹罗与英法[*]

在现代的国家中，除了中国以外，与暹罗关系最为密切的，恐怕要算英法两国了。

在地理上，暹罗的东北与法属柬埔寨与老挝相接壤，西北与英属缅甸相毗连，至于南部又与英属马来半岛相交界，暹罗的南部虽有暹罗湾，西部虽有彭格尔湾，为其向外发展的出路，但是大概来看，暹罗在地理上是受了英法两国的属地所包围的。

在历史上，暹罗与法国的发生关系始于 1662 年。那个时候，法国人到暹罗的是传教士，这些教士的主要工作是救济贫苦、医治病人，与安慰监犯。暹罗皇帝因为他们所做的事情都有益于民众，乃允许他们在大城建筑教堂，这就是今日在大城的圣约瑟天主教堂。

这个时候因为暹罗与荷兰不睦，法国教士乃劝暹王帕纳来马哈辣请法国军事家与工程师来暹罗，在洛帕布里（Lopbouri）及曼谷（Bangkok）建筑炮台。法国当时正想伸张其势力于东方，立即派军舰六十余艘到大城，并且要求暹罗用法国兵士为侍卫，这是 1688 年的事。帕纳来马哈辣王既逝，帕马哈布卢王即位，乃将法国人驱出大城，并破坏法人正在暹罗的各种建设。从此以后，直至 1767 年，暹罗亡于缅甸，法人及教士虽非完全绝迹，然不但在政治方面没有力量，就是在宗教方面也少有活动。

18 世纪的末叶，越南嘉隆王阮福映因广南灭亡，求援于法国，法国乃逐渐乘机侵略安南，到了 1861 年，强迫安南割让南圻边和定祥、嘉定三省及昆仑岛（Poiucondoro）。法国既占了南圻，1863 年水师提督

---

* 录自《时事月报》第 22 卷第 2 期，1940 年 3 月。

克兰第耶（Dele Crandiere）又进一步而游说柬埔寨罗东王（Nordon）与法国订立富东条约，承认为法国的保护国。柬埔寨在这个时候，名义上是暹罗的藩属，暹罗因而提出抗议，法国不但不加以理会，且在1867年强迫暹罗订立法暹条约，其内容是承认柬埔寨为法国的保护国，同时法国承认旧属柬埔寨的巴丹孟与安谷尔二省为暹罗领土。二十一年后，法国又向暹罗要求割让湄公河以东的地方。1893年，法国正式占据暹罗藩属老挝，不久又派海军封锁暹罗东边海岸，直驶入曼谷，强迫暹罗割让湄公河以东的地方，并割湄公河西部及巴丹孟、安谷尔二省为中立地带。

英人之到暹罗，据说始于1612年间，英国初到暹罗的目的与法国人有点不同。后者的目的是传教，而前者是发展商业。英国人除了在暹罗经商之外，也有在暹罗政府中任职的。到了1822年，东印度公司与印度总督，企图在暹罗发展商业，乃派代表到暹罗要求通商，可是这次的交涉，因为其他的原因没有结果。

再过了三年，英国与缅甸宣战。暹罗与缅甸是世仇，因而帮忙英国，英国又乘机派代表到暹罗要求签订通商条约，暹罗政府答应了，乃于1826年签订英暹条约，这是暹罗有史以来第一次与西洋国家签订条约。从此以后，英国的商船继续不断地往来于暹罗港口。1850年，英国在缅甸的势力已逐渐扩大，又派代表到暹罗修改缅甸条约。这次的谈判，虽没有结果，但是五年后（1855），维多利亚女王又派香港总督的翰保宁为特别代表，另订条约。这个条约，英国在暹罗享有的许多特殊权利，如领事裁判权、购买土地权，皆有规定。后来其他各国在暹罗获得享受这种权利，都以这个条约为根据。

英国在19世纪下半叶，吞并整个缅甸和马来半岛之后，对于暹罗，除了在经济上扩充势力之外，还想在政治上统治暹罗。同时又因法国在暹罗的势力日益扩大，乃于1896年与法国会订英法协约，以湄公河为中立地带，以暹罗的东境巴丹孟、安谷尔、柯叻各处为法国势力范围，而以萨尔温河东岸及马来半岛北部为英国势力范围。到了后来，因为德国的势力侵入暹罗，英法又于1904〈年〉订立条约，以湄南河为两国势力范围的界线，河的东边属于法，河的西边属于英。

1908年间，暹罗又割让巴丹孟、安谷尔等地与法国。1909年割马来半岛的吉打、吉兰姆、丁加奴、巴里士四个地方与英国，以收回两国的领事裁判权为交换条件。这些地方，名义上虽属于暹罗，然而事实上早已不受暹罗直接的管辖。这也可以说是暹罗自愿割让的一个原因。

欧战发生后，暹罗于 1917 年加入协约国，1918 年且派了陆军二千人与空军人员到法国战场参加作战。欧战后，暹罗对于德奥以往所享受的特殊权利的条约，既宣布无效，同时又与美国于 1921 年另订新约。法国在 1924 年，英国在 1925 年，也均与暹罗别订新约，放弃旧约中所规定的特殊权利。其他各国亦跟着英法而别订新约，使暹罗七十年来所受的各种束缚，得以解放。

上面是很简略地说明暹罗与英法两国在地理上与历史上的关系，从文化的各方面来看，英国在暹罗的地位比法国在暹罗的地位重要得多。在经济方面，用不着说。就是在教育与日常的习俗来看，暹罗所受英国的影响，也较大于法国。暹罗的第四世皇在 19 世纪的中叶，已努力学习英文，此后有了好几位皇帝，都到英国留学，皇室贵族与青年子弟之赴英国留学者，也比赴法的多。故在暹罗境内，懂英文的人比懂法文的也较多。在学校里，英文比法文较为注重，连到法国教会所办的亚参善学校，也要注重英文，所以不懂暹文而懂英文的人，到了暹罗倒不觉得困难。然而这并不是说法国的文化对于暹罗完全没有影响。欧战以后，暹罗的留法学生逐渐增加，暹罗的第七世皇曾在法国留学多年。留法学生之在政府任职者也算不少，暹罗的现任财政部长朗伯第，就是一个例子。

也许为了这个缘故，特别是因为法国自 19 世纪下半叶以后，对于暹罗不断地作侵略的企图，所以暹罗对于法国的恶感相当的深。凡是到过暹罗与英法的属地交界的地方，对于这一点最容易看出来。在暹罗与法国交界的地方，反抗侵略的标语，不但特别的多，而且特别的沉痛。比方在乌汶的县署门楣上，就有了一首诗，意思是假使敌人要侵略我们，我们就是死了只剩一个，也要反抗。而且在这一带的民众，他们在茶余闲谈中，都不忘记老挝与巴丹孟。在安谷尔有了世界最著名的安谷尔寺庙（Angorwat），世界人士到这个地方凭吊者不绝于道，暹罗人对于这个寺更不忘情。我记得有一次我经亚兰而赴曼谷的车上，有一位暹罗青年，一听到我说我在安南曾到过这个寺庙之后，立刻告诉我道：这是我们的风景区，法国以武力占据这个地方，我们将来必以武力把它取回。暹罗是否能以武力取回这个地方，当然是一个问题，可是暹罗人仇恨法国的心理，可见是一件不易改变的事情。

暹罗人对法国如此，对英国人亦不见得就怀好意。近年来暹罗政府在英属地与暹罗交界的地方，对于军事的设备不遗余力。因为暹罗人对于马来半岛的北部，既不忘情，他们又明白假使现在英国要侵略暹罗，比之以前缅甸之侵略暹罗较为容易。暹罗曾为缅甸所灭亡，英国既能征服缅甸，也能征服暹罗，而况英法两国曾有瓜分暹罗的计划呢。

总而言之，暹罗对于法国固有恶感，对于英国也没有好意。

暹罗在一百年来，无日不受到英法的压迫，所以近年以来，排斥英法的思想越来越凶。自去年英法对德宣战以来，暹罗更想利用机会去铲除英法在暹罗境内的势力，与收复英法已占据的暹罗的藩属地方。我们说到这里，也许有人要问道：暹罗之被英法的压迫，历史上既若是之久，为什么前次大战时，暹罗不利用机会来实施这种政策，反而参加英法战线呢？我们以为这个问题可以从内外两方面来说明：暹罗在二十年前，不但海陆空军的基础尚没成立，就是各种条约的缚束，也未取消。对外方面，暹罗在那个时候还没有一个与国来帮忙，因此，它不但没有力量去排斥英法，而且没有胆量去得罪英法。现在呢？情形却不同了，暹罗在欧战中得到外交部长大来托把攀（Traidor prabandh）与其顾问美人塞尔（Francis B. Sayer），运用种种的外交手腕，欧战后，废除了各种不平等条约。二十年来对于海陆空军又有了多少的预备，自己以为可恃。加以近来经过几次革命之后，第七世皇普拉加特什克被迫退位，他现在虽然蛰居英伦，然并未忘记祖国。英国政府对于这位君主，待遇相当的厚，所以国内的政府，对于英国更为顾忌，使暹罗排斥英法的思想更加澎湃。另一方面，暹罗这时已经找到了它的与国，这个与国正帮忙暹罗，拼命地离间暹罗与英法的关系。这个与国不是别的，就是日本。日本为什么在前次欧战时不帮忙暹罗，离间暹罗与英法的关系，必须等到现在才如此？理由也至为简单：日本的南进政策，在前次欧战前，在政治上，在经济上都没有多大的力量来支持。前次欧战的时期里，日本才利用机会逐渐伸张其经济势力到暹罗与南洋一带。现在它在暹罗的经济势力，既已有了多少基础，便进一步而发展其政治势力，企图一方面能消灭华侨在暹罗的势力，以减少中国抗战的力量，一方面能消灭英法在暹罗的势力，以达到称雄东亚的幻梦。暹罗对于英法，从来既已有了顾忌之心，对于华侨又当作心腹之患，一经日本人从中煽动，于是数年以来亲日排华与排斥英法的政策，便越来越厉害，而所谓大汰主义与改国号为"汰"，却是这种政策具体的表现。

我们以为这种排英法亲日本的趋向，固有其历史的背景，然而却是一种短见的政策。暹罗应该明白暹罗在历史上的很多国耻与危机，固由英法造成，可是暹罗在近代之能够独立与统一，也未尝不是由英法所赐。13 世纪的中叶以前，汰族在暹罗还是一个没有组织的民族，而托庇于他人篱下，到了 1258 年，希因他蒂王（King Sriintantitya）在苏口胎（Suketai）宣布立国的时候，柬埔寨人还有势力在洛怕布里（Lopbouri）。那个时候，汰族所占的地方，至多不过现在暹罗的二十分之一。汰族在暹罗本来没有国家，本来没有土地，现在的国家是占据别人的土地而建立的。13 世纪至 16 世纪的汰国，又时为柬埔寨所牵制，16 世纪以后的汰国，又曾为缅甸所灭亡。假使柬埔寨不为法国的藩属，缅甸不为英国所并吞，暹罗未必就没有外患，暹罗也未必不再为缅甸所征服，也未必不为柬埔寨人所取回。暹罗——汰族——不应忘记曾要求过英国的帮助去抵抗缅甸，暹罗更不应忘记英国征伐缅甸时，暹罗曾自动地帮助英国，暹罗既占了柬埔寨人与其他民族的土地，又少了缅甸的忧患，现在应自知足。而况暹罗人口只有一千万左右，以暹罗土地的面积与物产的丰富来看，就是现在的人口总数再加上二三倍，尚不至人满之患，为什么还要侵略别人的领土？

英法把暹罗来当作一个缓冲地带，当然也是为他们自己打算，而非专为暹罗着想。不过暹罗也得明白，假使英法想瓜分暹罗，那么暹罗早已灭亡。四十年前，法国派了两艘军舰到曼谷，已使暹罗割地赔款，假使英法两国联合去征服暹罗，暹罗哪能抵抗？总而言之：英法既能征服了暹罗的劲敌，使暹罗无外顾之忧，同时，英法自己又没有瓜分暹罗的举动，而使暹罗得到独立的机会。现在暹罗不亲善英法，反而受英法所顾忌的日本的愚弄，想利用欧战的机会来占小便宜，排斥英法。将来欧战之后，英法若联合起来用严厉的手段去报复暹罗，恐怕暹罗到了那个时候，真是后悔无及了。何况目前日本用全力以对付中国尚嫌不够，那里有余力帮忙暹罗来反抗英法，实现暹罗人的大汰主义的梦想呢？！

越南与日本 *

　　日本侵略安南，是实现其南进政策的表征。自广州失陷以后，敌人侵略安南的野心日趋积极。据说，敌人既占广州之后，香港的大批特务人员，都被调到海防、河内与安南其他各处工作，开始用政治方式，去侵略安南。至于敌人占据海南岛，可以说是军事方面侵略安南的先声。原来自广州失陷以后，海南岛在中国的防务上，已失其重要性。敌人在海南岛登陆的目的，与其说是为着应付中国，不如说是为着侵略安南。而侵略安南的目的，又可以说是威胁南洋的先声，实现他们南进政策的初步。

　　到了今年6月，敌人乘法国惨败的机会，要求越南政府禁止运输军火入中国。在表面上，虽说是全为应付中国事件而提出这种要求，但事实上，却可以说是试探法、德政府的态度与安南政府的力量。换句话说，日本虽藉口于应付中国而要求禁运，但其真正的目的却是侵略安南，因而当时安南的局势已很为紧张。有一个时期在昆明，安南币一元只值国币二元。在安南南圻各处，安南币一元只换国币九角。而且据一般华侨的传说，把安南币去换国币的，多是安南政府位居要职的法国人的太太们。安南政府要人的太太们的恐慌，可以说是政府要人恐慌的反映，政府要人尚且这样的恐慌，一般人民的惊慌，可以想象。所以在东京①的人们疏散到中圻与南圻，而在中圻与南圻的城市上的居民又疏散到小市镇。咸菜卖到四五角一斤，咸鱼卖到六七角一斤。这是安南从来没有的现象，这也可作为越局紧张的一些实例。

　　日本虽迫使安南局势紧张，然而日本要想并吞安南，也非一件容易

---

　　* 录自昆明《今日评论》第4卷第11期，1940年9月15日。该文若干字句修改后收入1949年6月初版的岭南大学西南社会经济研究所专刊甲集第六种《越南问题》一书的"附录"中。
　　① 法属印度支那时代，西方人指称以河内为中心的越南北部地区。越南人谓之"北圻"。

的事。因为法国虽是战败，可是不但没有到了灭亡的地位，就是国家力量的损失，并不若一般人所想象得那么大，尤其在海军的实力上，大致没有什么损失。战败后的法国海军主要的既非对德作战，也非对英作战。假使法国把大部分海军的力量，来保护安南，则日寇无论如何猖獗，未必就有对抗法国的实力来并吞安南。同时安南政府的本身，若有决心去作军事上的防御工作，抵抗日本，日本也未必就能随便取获安南。其实德古将军之所以被派为越南总督，目的无非是要以一个有军事经验的人物，去应付目前的严重事件。又法国政府在越南局势危急的时候更换总督，也可以说是一种强硬对付日本的表示。而从安南皇帝及柬埔寨皇帝的庆贺德古将军的履新电文里，我们可以看出德古将军在越南的声誉之隆，同时也可看出越南土人的首领之关心越南的安全之切，以及其拥护法国政府之诚。总而言之，我们相信法国对于日本的仇恨，决不下于我们中国。法国从来同情我国抗战，而对日本占据海南岛，又表示过深切的愤慨。现在日本再要并吞越南，则法、日感情的破裂，显然可见。而况暹罗的窥视越南的西南，与德义［意］的侵略主义于直接上或间接上都是出于日本所煽动，法国既不会而且不必白白地让出越南与日本，日本想只以威吓的方法去取获越南，又是一件不容易实现的事。所以我们说：只要法国有了抗敌的决心，只要越南政府有了相当的准备，越南地方险要，资源丰富，不但可以积极的抵抗，而且可以永久的抵抗。日本侵略中国既已陷入泥足，再加上安南的抵抗，那么日本侵略越南正是自掘坟墓。

而且自德国战败法国以后，法国的殖民地的处置问题，可以说是不只是法国本身的问题，而是与德国也有关系的问题。德国已经宣布，法国的殖民地仍属法国。德国目前虽是没有什么实力来占据越南，甚至没有空暇时间来过问越南，然而这种表示，已使倭寇焦急。因为倭寇在国际上，原来已处于孤立的地位，若再不拉拢德国，则国际上的力量必完全丧失。日本之于德国既没有什么恩惠，德国又何必慷他人之慨，白白地送越南给日本？为德国本身计，假使德国不能战胜英国，德国占据安南也没用处。假使德国必能战胜英国，则安南可以说是德国的囊中物。在英德战局尚未决定之前，尽可利用法国的名义，去保留法国的殖民地。这么一来，不但日本欲占据安南不大容易，就使英国欲控制安南，也无从藉口。而况英美不但对于安南，没有侵略的野心，就是对于荷属南洋各处，也没有攫取的意思。其实德国对于日本，可以说是世仇。上次欧战的时候，日本岂不是趁火打劫攻击德国与我国所租借的青岛吗？日本对于欧战，并没有什么贡献，然而在战后攫取德国的战舰，享受德国的利益。记得数年前，著者在德国海军根据地的基尔，遇着一位曾住过中国的德国海军军官。他说：在上次欧战的时候，最无赖的国家是日本。英法虐待德国，还出了不少的代价，日本乘人之危，不费力量而争取赃物，是德国人最难容忍的。日本学德国的皮毛，而夜郎自大，也算罢了，还要用无赖的手段，欺侮德国，这真是德国的最大耻辱。现在日本【现在】又来占据德国从来关心的青岛，同时又要并吞德法和议以后的越南。这又是重演上次欧战的无赖的手段，这又〈是〉侮辱德国的举动。就使法国愿意放弃安南，德国未必而且何必出此下策，而况自前次欧战以后，中德邦交特别和睦。假使中国而为日本所征服，则日本称霸东亚，不但中国本身受亏，就是欧洲各国在远东的利益，也必大受影响。日本既藉口占据越南为侵略中国的根据地，假使德国为虎作伥，不但和睦的中德邦交必生裂痕，就是德国将来在远东，也无立足之地。又况日本不占据安南于巴黎未失之前，而要并吞于德法和议之后，则日本在越南的军事行动，不但是以交战国的地位去对待法国，而且以交战国的行为，去对待德国了。日寇虽颠狂，然而是否有这种胆量，与是否有这种力量，却是一个疑问。

这是从法德的立场，去说明日本侵略越南的困难。再从英美的立场来看，日本要并吞越南也非易事。在英国方面，越南苟为日本所占据，则日本的海军根据地必扩张至安南的南部，接近英国的海军根据地的新加坡。同时日本陆军从越南的西部经过暹罗而威胁缅甸、印度与马来半岛。暹罗现在已成日本的傀儡，越南若被占，暹罗必变为日本的俎上肉，而成为日本侵略缅甸、印度与马来半岛的根据地。英国政府与人士，近来对于安南特别关心，不只是与英国整个远东的政策有关，而且是与英国的本身的利益有了特殊的关系。在英德正在混战的时候，日本也许利用千载一时的机会，坐收渔人之利，可是日本本身的力量，既远不及英德，日本要想开罪英德，却不能不有所戒心。假使德国胜了，正像上面所说，安南是德国的赃物，假使英国胜了，英国绝不能容忍日本去占据安南。假使英德成立互相谅解，停战讲和，日本的侵略安南，又必为英德两国所不愿意。而况英国近来对日本的态度已逐渐趋于强硬，日本捕禁英国住日的侨民，与英国也捕禁日本住英的侨民，就是这种强硬态度的表示。

　　至于美国，也同样难容日本侵略越南，理由很简单。自海南岛被日本占据后，菲律宾已受日本的威胁。越南若为日本所占据，则菲律宾必为日本所包围。美国近来对于越南现况表示关切，而国务卿赫尔于8月4日又发表关于越南问题的声明，也可以说是美国对于日本侵略越南的野心，处处加以打击。美国与英国最近缔结军事协定，主要虽是应付欧洲局面，然而对于太平洋的安全，却也有重大的意义。至于传说美苏将联合遏止日本在远东的侵略的计划，苟能实现，那么日本的南进政策必受影响，而越南的局势也许不会十分严重。

　　日本虽急急于攫取越南，但是同时对于英、美、德、法又不能不有所顾忌，结果是自讨苦吃，故日本对于越南政府，时而威吓，时而引诱。代表团员的仆仆风尘，哀美敦书的送出撤回，越南的局势，若明若暗，一弛一张，也许便是日本的无赖的行为的一种先奏曲，然而这也是显出日本的外强中干了。我们相信，只要英美的态度能够强硬，只要德国不慷他人之慨，只要维琪政府不要受倭人欺骗，只要越南政府积极的准备抵抗，日本侵略越南的野心，是不易实现的。就使日本不顾一切而作军事的行动，越南也未必一定就为日本所征服。

　　其实，日本自己也未尝不感觉到并吞越南的困难，因此之故，它又不得拉拢暹罗的军阀与煽动越南的土人。日本拉拢暹罗已有好几年的历史，最近它更鼓动暹罗要求越南政府给与越南西南的土地。所以数月来，暹罗与越南边境的情况突趋紧张。我在《论泰越的关系》一文里，曾指出："在暹罗方面，亚兰是泰越交通的枢纽，据说在这里暹罗曾有各种军事上的准备，而且有过一个时期，连了旅馆也住了兵。在越南方面，金塔是越南西南部最大的城市，同时又是现在的柬埔寨的京都。它离暹罗的边境，虽有几点钟的汽车路程，但据我个人最近的观察，昔日的繁荣景象顿呈冷淡的空气，往来的旅客固然减少，市区的居民也有很多疏散到乡下去，也许是为了这原故。兵士之在街道上跑来跑去的，好像特别增加了很多。一个很美丽的巴黎式的公园，变为水沟式的防空地带。"传说暹罗人还利用住在暹罗的柬埔寨王的哥哥名号，在柬埔寨各处作挑拨离间的工作。暹罗与越南的边境的紧张的局面，可以说是由暹罗所造成，而暹罗之所以胆敢这样地做，又可以说是由于日本所煽动。日本这种举动，是借刀杀人的办法，能否收效，暂不必管。所可惜的，暹罗没有觉悟被人利用，而却忘记了越南若被日本占据，暹罗自己必变为日本的俎上肉。

　　日本煽动安南土人去推翻法国在安南的势力，也是一件很显明的事实，日本曾派代表到顺化去游说安南王，唆使安南人民反抗法国。日本又收买了好多安南人办的报纸，乱造谣言。日本利用许多安南浪人，去扰乱安南的治安。在巴黎失守以后，在越南的乡下与偏僻的地方，有些法国人被安南人殴打。近来报章传说越南人民起革命，恐怕就是因为这些事情发生，而日本人遂张大其词，以为宣传罢了。总而言之，日本自知其直接驱逐越南的法国势力之不易，便间接的利用安南人去做这种工作，然而我们希望安南人不要忘记，日本人所说的越人治越，是欺骗安南人的一种口号。法国人之统治越南，固未见得好，但是日本若统治越南，则其手段的毒辣，无疑的必百倍于法国。我们上面已经说过，日本之所以占据海南岛，目的是为并吞安南，日本之所以到了今日尚不占据安南，虽因力量有所不够，但是对于英、美、德、法也有所顾忌。假使越南人而愿作日本的奴隶，不愿受法国的统治，那是越南人的"自由"。不过越南人也得明白，日本是中国的仇敌，越南是中国的毗邻。日本占据安南，中国决不能容忍。中国与越南，不但有悠久的历史的关系，而且两国人士向相友好。越南若与中国之敌为友，不但不见得讨好于日本，而且必为中国所难忍受。

　　我们深切地希望，暹罗的当局，以及越南的人士，明白日本不只是东亚的公敌，而是世界的公敌。它现在已成为困兽，并吞越南的实力既不够，而在国际上又没有与国。只要暹罗的当局与越南的人士，不要上倭寇的当，那么倭寇要想并吞越南，并非一件容易的事了。

论中越法的关系 *

一

3 月 26 日的清晨，我与友人从海防乘车到河内的时候，路过海阳桥，看见了桥的两端各有三个兵士。我记得数天前，我从河内乘车到海防的时候，并没有这种现象，然而现在却是这样。这三位兵士，一是越南的，一是法国的，一是中国的。法国与越南的兵士，站在桥的两旁，相对而立，而中国的兵士不知是很凑巧的，或是有意的，站在这两者之中间，处于中立的地位。三者在距离上，并不很远，然而除了大家互相注视之外，静默的无一言。自然的，这位中国兵士，既不懂得说越南话或法国话，这位安南兵士，也不见得能说中国话或法国话。至于那位法国兵士，也不见得能说中国话或安南话。所以就使他们而想谈起话来，也不可能。

在他们的静默的情境中，好像又有了一种幽闲的态度。因为大家并不严格地去立正，而有些随便地去休息。然而，这里所说的静默的情境与幽闲的态度，恐怕只有一种外表的看法，在内心上，他们也许是很不耐烦，很为紧张，充分地表征越南而尤其是越北目下的局势。

这三位兵士，代表了三种民族、三个国家、三种情绪、三个地位，以至于这三方面的关系。我的朋友说："这是中越法的交叉点。"我可答道："这也是一国三公的局面。"

这条海阳桥本来是在法国人统治越南的时期所建筑的。自日本占据

---

* 录自重庆《东方杂志》第 42 卷第 16 号，1946 年 8 月 15 日。

越北之后，自然是由日本人去管理。可是，因为盟军的飞机常常去炸，直到日本投降后的时候，海阳桥断了三分之一。是一个多月以前才由中国的在越南接受日本投降的当局去修理起来，使往来河内与海防之间的火车、汽车可以直驶而无阻。

这条桥是由中国方面去修理，目的是便利运输，也可以说是主要的是为了军事上的交通。在中国军队尚未完全撤退之前，中国方面无疑地要想保持这个交通要点，所以派兵守护。最近来，法国根据了《中法条约》，派兵来越北接防，他们为了要想保持海防与河内的交通线，所以对于这个要点，也派兵守护。至于越南方面，现在已有其政府，要求独立，而且他们以为越南是越南人的越南，海阳桥也不能算作例外，所以他们也派了兵士去守护这个要点。

所以，海洋桥成为三种民族与三个国家的交会点。

海阳桥固是这样，整个越北又何尝不是这样？这一篇谈中越法的关系的文章之所以从海阳桥说起，并非没有意义的。

二

我们知道，海阳桥是差不多位在海防与河内的中间。从海防到河内，公路途程是一百零四公里。从海防到海阳桥是四十六公里。海阳桥离海阳省的省会只有三公里。海阳桥之所以得名，大概就是因为它是在海阳桥〔省〕境内，而尤其是因为它是靠近海阳省会。

海阳是越北出米很多的区域，也可以说是越北富庶的地方。然而，这个地方之所以产米很多与比较富庶，是因为它是处在红河的下游，而得了红河的水利的灌溉。

红河是越北的大河流。这条河流在越北，不只对于海阳有了很多的好处，而对于整个越北的经济上也有了莫大的关系。因为除了灌溉这里的很多田园之外，在交通上也有很大的效用，所以在河的两旁，既有了千亩万顷与每年收获数次的肥田，在红河中又有累千累百的汽船、木筏。在从前铁道、公路尚未建筑的时候，红河及其支流，实为越法的交通的要道。

红河是发源于我国。在我国的云南，这就是这条河的上游，是叫作富良江。富良江与红河名称虽异，江河却同一条。所以不尽红河滚滚来的海阳桥下的江水，无非就是来自云南的富良江。假使饮水应该思源的话，越南人是不会忘记这条水源的。

除了这一条河之外，在越南还有一条大河，这就是湄公河。湄公河也是来自我国云南的澜沧江。这条河在越南的西北部，是越南与暹罗的界线，而在越南的南部，是经金塔与西贡而出海。这是在越南的最大与最长的河流，在越南的农产与交通上之重要更为显明。

越南的最大河流，固是发源于我国云南，越南西北部的大山，也可以说是我国山脉的支派。在老挝的北部，群山起伏，是与我国西藏的连贯南下的横断山汇相接，其高度自三千尺至八千尺，这不只是越南其他山脉的所从出，而且是印度支那的屋脊。

不但这样，从地理上看起来，越南北部是与我国西南各省毗连。广东、广西与云南三省，都与越南接壤。在云南，除了红河上游可以驶行小舟之外，又有滇越铁路从昆明直通海防，这是我国西南的交通要道。在广西，从南宁到海防有了公路。至于广东的西南角的东兴之于越南的边境，也只隔了一衣带水，在抗战时期，是中越的交通孔道。

至若越北的气候之于我国西南各省也较为相近，而比于越南的南部的四时皆夏，则相差较远。

在地理上，中国之于越南的关系的密切，既如上面所说，在历史上这两者的关系的密切尤为显著。据《汉书·南蛮传》里说，交趾之南的越裳国，曾于周公摄政的第六年，派使者到中国朝贡。周公因为其使者忘记了回程，乃制造指南车给与他们。到了秦的时候，秦始皇征平中国的西南，置桂林、象郡，这是包括了现在的越南的一大部分疆域。从此以后，越南遂入了中国的版图。

汉朝初年，越南也是中国的属国。汉武帝平南越，置交州刺史。安南分为交趾（现在的北圻）、九真（现在的清化又安）与日南（现在的中圻）三郡。东汉初年，交趾反叛，光武命马援去征伐日南，立了铜柱而还。从汉代而至三国、两晋、南北朝以及隋、唐，越南虽有时反叛，然而不久又被平定，故始终为中国的版图的一部分。

唐太宗时，交州隶于岭南道，但是又以交州距离政治中心较远，因复置安南都护府以治理交州，这可以说是安南这个名词的原始。

到了五代的时候，越南乘了中国本部的紊乱而变乱。后来在宋太祖开宝六年（西历973），骧州刺史丁部领自号瞿越帝，脱离中国而独立，建立安南的丁朝。此后数百年间，有时内附，有时反叛，到了明成祖的时候，安南黎季厘反背诺言而杀陈太平，明成祖于1406年遣大军征伐越南，占其国都，并追获黎氏父子，押送到燕京。

安南在这个时候又改为交趾，置布政司，并设郡县。同时，对于四书五经又极力提倡，而衣服以及好多习俗，也跟着明代。

安南经过明朝这一次的征服之后，反叛之事虽数见不鲜，然除较短的时间外，总为明廷所征服。至于清初，安南入贡。乾隆时代，因为安南内乱，清廷曾命两广总督孙士毅督大军去征伐，占据东京，阮文惠出走。后来阮文惠虽乘了孙士毅的不备而攻败士毅，可是文惠既据东京之后，又遣使入贡，称臣赔罪。清廷以不愿劳民伤财，远征边地，因封文惠为安南王。

总而言之，安南自秦置为象郡之后，本为中国疆土的一部分，后来虽有时变乱，自立王国，然仍为中国藩属。明代还为中国的郡县，清代又自称为臣属。但是自法国的势力侵入越南之后，安南既为法国所蚕食，而中越的数千年来的历史上的密切的关系，也因之而变更。关于这一点，我们在下面当加以叙述。

中越在地理上、在历史上，其关系的密切，固像上面所说；在民族上，两者的关系也至为密切。

传说："高辛氏之犬，应悬谕令，啣吴将军头诣军前，帝女遂从之入山，生子女六人，自行婚配，繁衍众多，始于湖南长沙武夷后经桂省而至越。"这种传说，不易置信，然而越南民族之于中国民族，在血统上既有了密切关系，在相处之间又能和好，是无可疑的。

因为越南是中国的郡县，越南民族也可以说是中国人，而况自周秦以后，北方汉族之迁移于越南的，更不知多少。马援之征伐越南，其好多部下，就留在越南。后来有人叫他们为马留人，他们既皆为军队，那么他们决不会携眷去征伐越南，而此后世世相传，又无疑的是与了土人结婚，而始能有了后裔。

又据史书所载，历史上的不少罪人之到越南的，代代都有，而或宦或商之居留于这个地方更为不少。又在朝代交替的时候，忠臣烈士之不愿服事后代或外族君主而跑到这个地方的更为不少。故华越血统之互相混合，由来已久。所以，两种民族在血统上的关系，是很为密切的。

直到近代，在越南的华侨之娶越南妇女的，为数很多。越南妇女比之越南男子，勤劳得多。华侨之娶土人女子的，后者不只是对于家中一切可以管理，就是对于经商或其他的职业，也能给予很大的帮忙。这种家庭传之数代，就不容易分别其为华侨或为土人。

而况，在事实上，除了很多的华侨之外，在越北而尤其在中越交界的各处，好多所谓安南人，根本就是中国人。他们不只是体格上是中国人，就是语言风俗，也是近于中国。

又况，事实上，除了安南人的体格稍为矮小之外，他们之于中国人，根本上就没有什么的差异。所以，不只一般西洋人辨不出来中国人与安南人，就是中国人对于这两种的区别，也不容易分出来。我们在安南，能够说某人为中国人或安南人，而尤其是对于这两种女子的区别，主要是由于服装上的差异，而非由于体格上的差异。至于安南的男子之不穿安南衣服而穿西服，则其与中国人根本就不容易区别了。

总而言之，华越民族，因为地理的接壤、历史的关系，以至于华族的南迁与两族的互婚，结果是使两种民族久已混合；因此之故，所谓中越人民的分别，与其说是种族上的差异，不如说是在政治上，两者属于两个不同的政治团体，质言之，就是两个不同的国家。

三

因为有了上面各种的关系，所以中越两种民族，在平日相处之间是较为和好。我们读了中越的关系史，知道越南若有了变乱，而以干戈与中国相见，主要的乃两国的政府与政府间的争执，而非两国的人民与人民间的冲突。大致上，我们可以说，数千年来这两国的人民之相处，是相安无事。因此之故，在历史上，很少有了越南人排斥华侨的事件的发生，要是有了，那是多发生于法国占领越南之后。

为什么法国占领越南之后，却有了排斥华侨的事件的发生呢？主要的，我们可以说，是由于法国人排华，而并非越南人排华。沄国人为什么要排华呢？照我看起来，至少有了两个理由。

第一，我们知道，在法国未占越南之前，我国人之在越南的，不只是在经济上已有了优越地位，就是在政治上，也有了优越的地位。越南的北圻、中圻从来不［就］是中国的郡县，也是中国的属国，在南圻像河仙，在清的中叶，也为国人郑玖及其后代所管理。至于经济上，国人之在这个地方经商或种植而致富的，并不乏人。法国人对于国人之在安南的优越的政治的地位，当然极力去打破，因为他们要统治安南，就不得不排除中国在越南的政治的力量。1884 年的中法之战，也是为了这个原故。这次战争以后，而尤其是 1885 年的中法在天津所签的条约之后，法国得了中国承认安南乃法国的属国，中国在安南的力量虽因之而中辍，然而此后我国人之在安南的经济的力量，不只不因之而减少，反因之而增加。

原来，法国在占据越南的初期，因为要想开辟安南各处，除了处处需要人工之外，对于发展商业实业也极力鼓励。华侨之在南洋各处的，对于这些工作既早有成绩，法国人为要使安南繁荣，又不得不鼓励华侨到安南。

但是华侨既日来日多，而在经济上的力量又愈趋愈大，于是法国人又不得不有所顾忌。因此之故，他们对于华侨的入口，又加以种种的限制，而对于已在安南居留的华侨，除了增加了人头税外，又通过了好多条例，如中国人不准购买田地等等，目的无非要限制华侨的经济的力量的发展。

法国人既占据我国的属国，消灭了我国在安南的政治的势力，到了安南的开辟已达到相当的程度的时候，他们又以为可以不必再去利用华侨，因而对于华侨的经济的发展，以至国人之拟到越南的，又加以严格的限制，目的无非是要使法国人，无论在经济上、在政治上都能达到垄断的地位。

除了上面所说的法国人在越南的排华的原因之外，法国人在越南之所以要排华，还有一个原因。原来自法国人统治安南之后，对于安南人的管制日来日严，虐待日趋日甚。安南人虽惮于武力淫威之下，然数十年反抗法国的运动也数见不鲜，而尤其是近数十年来，安南人的智识逐渐发展，民族主义与国家思想也逐渐澎涨〔膨胀〕。他们明白近代欧洲，而尤其是法国的民族主义、国家思想以至民主政体、革命运动的发达，也不过是近数百年来的事。比方，法国之脱离罗马帝国，法国之变为民主国家，均非久远的事。法国人自己从前既也受过外族的统治，受过专制政体的压迫，那么现在法国又以外族与专制去统治安南。"己所不欲，勿施于人。"然则法国人之统治安南，是违反了为世所赞慕的人权宣言了。

因此之故，安南人不只要求安南要民主，而且要求安南要独立。在理论上，法国人之统治安南，既不能自圆其说；在政策上，他们又不得不找出一个代罪的羔羊以转移安南人的反法的注意力，华侨就变为这个替罪的羔羊。

法国人在越南通过了好多条例限制华侨，在表面上是说他们之所以这样的作，是为了保护安南人的利益起见。比方，不许华侨置田产，是怕田产都为华侨所购买，而使土人无田可耕，就是一个例子。他们既是为了保护安南人而这样的作，就可见得他们之为安南人而求幸福的苦心。

自然的，有了一些的安南人，也中了这种政策的毒而仇视华侨。同时，也有了一些的华侨，不深究底蕴，见得安南人仇视华侨，遂以为排华运动乃完全由安南人主动，因而使中越两国人民有了不少的误会。其实，这都是中了法国人的计。因为，他们所希望的结果，是安南人的排华的情绪愈高，则反法的心理愈减。

其实，只要一般安南的人士，头脑冷静的一想，就能看破了这种政策。中越的密切关系，既并非始于法国占据安南之后，而在历史上，华侨之居留安南的，一向就与越南人和好。以前的中国之在安南的政治力量，既早为法国人所消灭，而近代的华侨之在越南的一些经济力量，又为殖民地政府的苛捐杂税所侵蚀。越南的华侨的人口，数目比之南洋其他各处像暹罗、像马来半岛又少得多，华侨之在越南的，不外是图谋生活，政治上的野心是完全没有。连了这次中国军队到了越北，接受日本投降事宜，中国政府也并不因此而有久占越北的心理，所以最近来越南的民众对于华侨更加亲善，而使法国今后不易离间了中越人民的感情。

假使我们从文化方面来看，中越两国的关系的密切更为显著。

据说在秦的末年，南海郡尉赵佗乘中原之乱，而自称为赵南王，这就是越南史所称的赵武帝，他建都于番禺，而据有越南的地方，因而传播中国文化到越南。中国文字之为越南所采用，也是始于这个时候。我们知道，文字是文化的要素，越南在这个时候，既已采用中国的文字，那么中国的文化的其他方面之输入越南，是无可疑的，虽则在当时我国文化之在越南，并未见得很为普遍罢。

到了东汉的初年，中国对于传播文化到越南，取了积极的政策，因而越南华化愈为显明。《后汉书·南蛮传》中说及越南华化的有了一段，今录之于后：

> 人如禽兽，长幼无别，项髻徒跣，以布贯头而著之。后颇徙中国罪人，〈使〉杂居其间，乃稍知言语，渐见礼化。光武中兴，锡光为交趾，任延守九真，于是教其耕稼，制为冠履，初设媒娉，始知姻娶，建立学校，导之礼义。

从这一段话里，我们知道除了文字、语言之外，中国的礼仪、姻娶以至于教育制度、农耕方法也传入越南。

自汉代以后，越南在长期中，既为中国版图的一部分，其文化之为中国文化是自然而然的。而况，在明的时代，在越南对于四书五经之诵读，又积极提倡，而衣服装饰也又从了明制，所以越南的华化的程度更为深刻。

自法国统治越南之后，极力去提倡西化，而数十年间越南的文字也用了罗马字母。然而直到现在，凡是到了越南各处的人，总可以随时随地见得中国文化之在越南的留痕。房舍而尤其是庙宇，是模仿了中国的样式，所谓赋文弄墨的对联，又像有求必应的牌额，北至河内，南至河仙，都可以看到。此外，社会制度，以至于所谓种种的精神文化，也尚遗传到今日的，不可胜举。

其实，在五十岁以上的安南人士，还有很多能阅读中国的书籍与运用中国的文字。所以中国人之到安南而不懂安南方言的，遇着年纪较老的人们，用笔问答，可以□□。

最近来，国军到了越北，安南人民反法的运动，愈趋激烈，法文又少见起来。招牌标语，除了用安南文字之外，中国文字也到处可见。现在法国又到越北了，法文也许又要时兴起来，然而深染华化的越南，对于中国文化，是不容易在短期中忘记的。

四

上面是说中越的关系的密切，至于中国之为了越南而与法国所发生的关系，又怎么样呢？

简单地说，这是一种不幸的关系，这是一部争斗的历史。

法国之侵略安南，是始于1787年（乾隆五十二年），安南嘉隆王之受法国在安南传教的教士彼诺（Pigneau de Behaine）的劝请，而派其年甫六岁的幼子与彼诺到巴黎去乞师于法国路易十六，而订了法越攻守同盟的条约。嘉隆王的复国之得力于法国的帮忙，固是微乎其微，然而有了这个条约，法国遂得以藉口而侵略越南。关于法国之侵略越南的史略，我们当在下面加以叙述，我们在这里只要指出，法国既占据了南圻，又进而争夺中圻，再进而搜取北圻。到了1883年（光绪九年），法国强迫安南在顺化签了所谓哈尔曼（Harmand）条约之后，安南可以说是被法国所灭亡了。

清廷在乾隆的末年，既享了长期的升平，而对外取了傲视与蔑视的态度，所以对于法国人之在越南的南部的侵略的举动，完全没有注意，哪知差不多一百年后，法国人不只占了南圻与中圻，而且占了北圻。越北是与中国的西南各省毗连，法国人的势力既到了越北，结果是蝕了中国的西南的门户。

到了这个时候，中国不能不醒了。

我们应当指出，在 1874 年（同治十三年），法国与越南订了《西贡条约》以至 1882 年法国占了河内的时候，中国均有抗议。其抗议的理由，是越南是中国的属国，法国既占了安南，对于中国在安南的地位却完全抹杀。

然而，直到 1883 年，中国才派军队去越北。法国人见了中国派军队到北圻，他们在 1884 年 2 月间，也派了二万五千兵到越北，因此遂引起在越南的中法战争。

1884 年 3 月，中国军队与法国军队在北宁相接触，不久，中国军队因为人少械乏，而退到兴安，法军追围，于 9 月占了北宁，中国军队既被迫而退到红河的上游，李鸿章遂在天津与法国海军总兵孚尼挨（Fournier）立约，由中国撤退北圻的军队。

这是表明中国放弃越南而使法国去独霸。可是，在那个时候交通很不方便，公文来往须费时日，李鸿章虽然与法人在天津立约，中国在越北的军队并未接到政府的撤退命令，所以法国军队到谅山接收时，中国军队遂拒之，而第二次的中法战事又开。

法国军队到谅山接收而被中国军队的抗拒，使前者死伤相当的多，法国又因此而藉口要求中国赔款，中国既不允，两国的第二次战事又开始了。

这次战事开始之后，法国不只在越北与中国打仗，而且派其水师去攻我台湾、福州等处，但是当越北的法军入镇南关时，冯子材率兵大败了法军，法军司令尼格亚（De Negier）负伤而退兵，冯子材的军队却乘胜而追到谅山，这是一个大胜利。据说这个消息传到巴黎，法国的内阁总理斐尔理（Ferey）并且因之而辞职。

中国公使曾纪泽在这个时候，正在法国，他由巴黎电告我国政府，请勿立即与法国讲和而丧失权利，但是李鸿章一向是主和的，因与法国驻华公使又签订了《天津条约》。其内容的要点，是中国承认法匿与安南在顺化所订的条约，这是承认安南为法国的保护国，同时，又开老开、谅山为商埠。此外，又规定如中国南部要筑路，中国须用法国人，同时法方撤退了在基隆、澎湖的军队。

这个条约，不只是使中国放弃了在越南的一切权利，而且使中国的南部成为法国的势力范围。此后，滇越铁道的建筑，也可以说是根据了这个条约的，而开法国人在数十年来对于西南诸省的侵略的政策之渐。所以，法国之在云南的特殊地位，以至于后来的广州湾的租借，都可以溯源于这个条约。

冯子材的军队，在那个时候，能否乘胜而直趋东京，能否去长久抵抗法国，中国沿海一带能否坚守，中法战争是否要再扩大，都是难于置答的问题。但是中国军队正在胜利与法国本国正在倒阁的时候，李鸿章却签丧失国权的条约，这是当时以及后来的一般人士所不能谅解的。

自从这个条约签订之后，中国完全失了统治安南的权利，而法国也实现了占据安南的野心。安南从此就亡于法国。有些安南人，还怪了中国，因为他们以为这也是中国出卖了他们。自然的，法国与安南在1883年在西贡所订的哈尔曼条约是安南政府出卖安南的条约，而有些安南人以为安南既本为中国的藩属，在中国战败的时候，安南固不得不屈服于法国，可是在中国战胜的时候，也要签了放弃安南的条约。这又是当时的以及后来的一些安南人士所不能谅解的。

安南既亡于法国，中国的西南各省遂成为法国人的势力范围。

上面是说明历史上的中法之关于越南而引起的关系，我们现在且来看看越南之亡于法国的史略。

我们已指出，1787年的嘉隆王，因向法国乞师而订了《法越同盟条约》。这个同盟条约的内容，是法国派军舰三十艘、欧洲陆军五队、殖民地陆军二队，以及军饷军械去帮忙嘉隆王阮福映去复国。嘉隆王答应了法国在他的军队中，由法国人去充任官长，同时又允法国在安南的领事裁判权、全越南的伐木权；此外还答应法国派海军一队，永远驻在南圻，并且割让会安港与昆仑岛与法国。

不但这样，这个攻守同盟条约又规定，假如法国与英国在印度或印度支那有了战事，越南供给陆军六万人，同时法国也能在越南招一万四千人越南兵士，以参加战争。

事实上，这是阮福映的一个卖国求荣的条约，而不是法越攻守同盟的条约。我们现在到了河内，走在嘉隆街上，还免不了想起这位卖国求荣的君主，然而法国人却把他来当为法国的好友而加以纪念。

这个条约，并未实行，然不够两年，法国本国却有了掀天动地的革命。法国已自顾不暇，而福映还在暹罗那个富国岛上，希望法国大军东来，帮忙他去复其王位。

代表福映签订这个条约的法国教士彼诺，从法国东返的时候，既正是法国大乱的日子，所谓法国派遣大军去帮忙他复国的计划，却不能实现。事实上，他在法国只得了志愿军官二十余人，到了印度的时候，又游说了法国属地的总督，派了军舰两艘。

法国的志愿军官与两艘军舰到了西贡的时候，阮福映在这个地方已占了根据地。虽然法国军官与军舰的抵达，增加了阮氏的声势，但是实际上，他之所以能够复国，还是靠了他自己，与拥护他的人们的力量。

到了 1799 年（嘉庆四年），阮福映统一了越南，而自称为大南皇帝，并且遣使到北京朝贡，他当时的野心很大，要以南越为国名，但是清廷以南越在古代乃包括两广这两省，不许他这样称呼，所以他又不得不改为越南，而自称为越南王。

阮福映在位的时候，以至于他卒的一年（1820），法国本国经了革命的大乱，又受了拿破仑的惨败，法国当然无暇思及法越的攻守同盟条约，然而自他死后，在其子明命王福皎在位的时候，法国对于侵略越南的野心，又活动起来。

1831 年，法国派了使者到越南，要求越南实行 1787 年在巴黎所签订的《法越攻守同盟条约》。明命王不理会他，法国使者没有办法，只好回国。到了 1840 年，法国藉口越南虐待法国教士，乃派兵去攻会安，结果是越南大败。这次越南大败之后，法国军队虽不占据会安而去，然而法国对于越南的虚实既知之较详，而对于侵略越南的企图，操之愈切。

在越南方面，经过这次失败之后，对于仇视法人的心理，愈为加强。到了嗣德王就位之后，虐待法国教士的举动，又因之而愈多。1858 年，法国乃与西班牙联军而侵犯越南，并且占据了会安。后来又攻取西贡，可是他们的兵力单薄，不能再进，反使越南乘机而封锁他们。

1861 年，法国派查尔诺（Charnier）率军去援救西贡的法军，把安南的军队击退，又占领了美萩。同时，在北圻的越奸黎兴又勾结了天主教徒乘机作乱，响应南部的法军。嗣德王不得已而与法国订了《西贡条约》。其要点除了规定安南政府不得虐待基督教徒之外，又迫安南割南圻边和、定祥、嘉定三省及昆仑岛于法国。此外，又准法国军舰、商船自由航行于湄公河及其支流，并开会安、广和为商埠，准法国与西班牙通商。安南政府又赔偿法国四千万元。

这是安南因战败而割地赔款的条约。六年后（1867）法国又并吞了南圻的永隆、江安、河仙三省，使整个南圻入了法国之手。

法国占了南圻，还不满意。1874 年，又强迫了安南订立第二次《西贡条约》。其要点除了确定南圻六省完全由法国管理之外，又强迫越南允许法国开放红河，使各国商船得自由航行，并在北圻开辟商埠三处。法国除了设置领事之外，还驻一百名以下的卫兵。

1880 年，法国就根据了这个条约而派卫兵到海防与河内，同时又派兵去顺化与会安驻扎。越南人因而仇恨法国愈甚，乃利用黑旗党首领刘永福去招兵驱逐法人。法国军队在北圻虽屡遭永福的攻击而失利，乃改变战略而攻陷顺化。安南人因嗣德王的逝世，有了变嗣的争斗，使法人乘机而强迫越南订了《顺化条约》，这就是 1883 年所订的《哈尔曼条约》，这也就是越南人的卖身契。因为这个条约，规定安南为法国的保护国，不只外交事务、关税事务与内外交涉的司法事务，均由法国去管，这是大市的警察、税务以至安南官吏，也由法国去管了。

五

上面所说的中越法的关系，乃偏于历史方面的叙述，我们现在要来谈谈近来而尤其是自日本投降以后的中越法的关系。

自日本投降以后，同盟国方面要中国军队到越北接受投降事宜，这是安南的中越法的关系的一个新纪元。

法国也是同盟国之一，越南在日本人尚未占据之前，既为法国的殖民地，为什么不由法国去接受日本投降事宜，而要中国去接受呢？

这是一个重要的问题。然而这个问题的回答，是至为简单，因为日本并不向法国投降，而乃向美、苏、英、中四国投降。因此之故，越南的接受投降事宜，在越南的南部是由英国去办理，而在越南的北部却由中国去办理。为什么越南的接受投降事宜不只由中国去办理而必由中国与英国去办理，我们不欲在这里加以论列。我们所要说明的，是由中国的接受投降而引起了中越法的三方面的关系，以及其所发生的一些重要的问题。

因为日本并非向法国投降，所以越南在过去虽为法国的殖民地，法国却不能去接受日本的投降。

为了这个原故，直到现在，法国人之在越南的，要想直接去报复日本人在占据越南的时期而虐待法国人，都为日本人所反抗。照日本人说：他们并非向法国投降，所以不能容忍法国人对于他们有所虐待。一个法军官与一个中国军官行到一个日本的兵士的前面，后者只向中国军官敬礼，而不向法国军官敬礼，法国军官假使为了这个原故，而赏了他一个耳光，这个日本兵士就很不客气地去还打一拳。他的理由就是：日本并非投降法国，所以用不着向法国军官行敬礼。

在日本占据越南的时候，日本人有时要法国人去向着日本人去行鞠躬礼，现在日本败了，法国也以为日本人见了法国人，也要还以鞠躬礼，然而日本人并不这样去做，法国人若因此而加以非礼于日本人，日本人又必反抗，他的理由也是：日本并非投降法国，所以用不着向法国人客气。

自日本投降之后而到越北的人们，总会听见类似这些的例子。同时，也就是表示在越南接受日本投降的事宜，是中英两国而非法国。

其实，日本人虽然是败了，在越南的日本人，照旧的看不起法国人。因为他们以为法国不只曾经惨败于德国而亡国，而且惨败于日本而被日本所统治。日本现在虽败，然而并非败于法国。

我在河内的时候，有人告诉我这样一个故事：

日本投降之后，法国在河内的代表团，立刻搬进河内以前的总督府里办公。有一天，美国的在河内的军事当局，告诉法国的代表团说："这个地方是最高的军事当局的办公处，现在越南的接受日本投降事宜，既由中国军队办理，这个地方，应该由中国的军事领袖去占用，最好请你们迁出这个地方。"

法国的代表团说："我国也是同盟国之一，这是从前越南总督所用的衙门，我们现在代表法国，自然有权去用这个地方。"

据说美国人告诉他们道："我们不管别的，要请你们在今日下午某时以前迁出。你们能够自己迁出，那是很好，假使不是这样做，那么届时，我们也要替你们迁出。"

据说法国没有办法，只好自己在指定的时间之前迁出。

这段故事，是否真实，我在这里没有法子而且也不愿意去证明，不过这个总督衙门，是由我国的第一方面军把来作总司令部，而且照理来说，日本既非向法国投降，而乃向中国投降，那么日本人离开这个衙门的时候，应该由中国去接受，也是无可疑的。

其实，这个总督署，正像海阳桥一样，十足征象了今日的中越法的关系与越南的问题。

这是一座伟大的建筑，在过去，既是统治越南的头脑，在以后也是越法争持的焦点。中国的军事领袖，现在虽在这里，但是最近的《中法条约》签订之后，中国军队已开始撤退，待到中国军队都撤退了，中国也不再去用它来作总司令部。

听说在中国尚未离开这个衙门之前，安南政府的领袖，固请中国的军事当局，在离开的时候，要让这个地方与安南政府，而法国的代表人物，也请中国的军事当局，在离开的时候，要让这个地方与法国政府。

在越南的中国军事当局，正像在海阳桥的两端的中国兵士，是处于中立的地位。以中越的悠久的各种的关系来说，中国实在不好意思去推却越南人的请求，然以最近的中法的条约来说，中国又不能去推却法国人的请求。前者是以情以至于以理而论，而后者是以法而论。然而这个"法"，这就是最近的中法的条约，在越南的心目中，不只是不合于情理，而且不合于"法"。其实，现在的安南人也像六十年前的一些安南人，以为这个条约是中国人出卖安南的契约啊。

最近在重庆所签的《中法条约》，据我在越北的观察，不只是越南人表示失望，就是国人之在这个地方的也很不满意。

上面已经指出，有些安南人士对于1885年的中法《天津条约》，已觉其为这是中国出卖安南于法国的条约。最近来，一般安南人又以为在重庆所签的《中法条约》，也是中国出卖安南于法国的条约。为什么他们这样的看法呢？

他们以为越南本来既为中国的郡县或藩属，中国没有力量去保护安南，而免其灭亡于法国，也算罢了，然在中国击退法军的时候，还要与法国订立承认法国去统治安南的条约，这是中国出卖越南于法国。然而更甚的，是这次中国在越北接受日本投降，中国没有占领越北的企图，这是越南人所感激的，但是中国不把越北交回越南，而却订了《中法条约》，去把越北交与法国，这又岂不是中国出卖越北吗？

不但这样，越南人又以为像日本那样专事侵略他人的国家，在其占据越南的时候，还且承认安南政府的存在，而把以前法国占据越南的好多政府机构交给越南。而在《中法条约》中，在中国的眼中，只有法国政府，而没有越南政府，这是他们所不能谅解的。

　　此外，越南人又指出，自日本投降之后，中国在东亚是居于领袖的地位，中国的政府当局，既一再声明没有向外占据别的国家的领土野心，那么中国也应设法去帮忙一些被〈压〉迫的民族，使其能够独立自主，现在中国不只没有这样的作，反而与侵略者去订约，使他们重受压迫，这又是他们所不能谅解的。

　　而况，中国之于法国，为了越南的问题，在数十年以来曾以干戈相见。现在越北既已在中国之手，中国不去反抗法国的卷土重来，而给了越南以独立自主的机会，反而引虎入室，这又是他们所不能谅解的。

　　这都是越南人的看法，因为他们有了这种看法，所以《中法条约》公布之后，有一个时候，越南人对于中国的恶感相当厉害，在越南的华侨，且恐怕为了这个原故，而引起越人排华的举动，使他们又要吃大亏。

　　到了 3 月 6 日，法国军队事先未得我在海防驻军的允准，而强行登陆，我方乃用武力去击退，于是一些越南人，才明白法国军队之来越北，并非我方引虎入室，而对于中国的恶感始稍为减少。

　　其实，中国之到越北接受日本投降，乃一件事，而越南立否脱离法国而独立，又是一件事，《中法条约》也有其背景与原因。可是从安南人看起来，中国对于越南的处置，只与法国人办交涉，没有使越南人去决定，这与他们的越人治越的原则是相背驰的。

　　越南人对于《中法条约》固是表示失望，一般国人之在越北的，对于这个条约，据我个人的观察，也是很不满意。

　　照一般国人的意见，他们虽非反对军队及政府人员撤退，然而他们是异口同声地批评，这个条约规定军队及人员撤退的日期太过迫促。因为接受投降的事宜的结束，而尤其是军队撤退时的运输与粮食问题的解决，并非在 3 月底以前所能够办理妥当的。

　　不但这样，除了我国的外交代表之外，他们又以为中央政府之签订这个条约，根本就没有顾及他们的意见。结果是这个条约对于我国没有什么好处，而对于法国却给他们好多意外的权利。比方，他们说在条约未签之前，法国是愿意开放海防为自由港的，法国人是愿意滇越铁路的越段可由中法两国去共管。这都是对于中国西南各省而尤其是云南与广西的经济的发展上有了极大的帮忙，可是现在《中法条约》却不是这样。

　　他们承认条约中所规定我国人由海防而经滇越铁路所运载的过竟的

免税，是对于中国有利。然而他们又指出，这只是一种表面上的好处。因为在实际上，越南的法国政府，在以前所征收的货物过境税，也不过百分之二。现在虽可以免了这些税，但是假使法国在越南的政府对于滇越铁路的越段运费增加起来，则对于我国商人的货物的运输所损失的，比之百分之二的过境税还多得多。

这不过只是随便的举出国人之在越南的对于这个条约的不满意的例子。其实，他们对于这个条约的不满意的地方太多了。他们总说，外交部之签订这个条约，完全只顾及其所派在河内的亲法的代表的报告，而丝毫没有顾及其他方面的意见。

至于久住在越北的华侨之对于这个条约的失望，尤为显明。他们经过法国人的长期的虐待，再经过日本人的残酷的压迫，现在能在国军统治之下，当然是格外欣慰，可是国军若撤退了，他们不只怕法国人再用了传统的虐待政策，而且恐怕受了安南人的排斥。因为安南人对于《中法条约》既很为失望，而对于华侨未必好感。最近来，安南人之于在越北的国人，虽是没有什么举动，但是法国军队到了之后，做了很多的越轨行为，使一般华侨更加忧虑。因为他们以为在国军尚未撤退之前，法人已若是猖獗，那么国军撤退之后，华侨之要吃亏，是可想而知的。

六

总而言之，从法国的军队最近在海防而尤其是在河内的举动来看，今后的华侨之住在越南的，其财产以至于生命的保障固有问题，而今后法越之间的问题更为严重。最近，虽有了法越的协定，然而这个协定，安南人并不满意。安南人既不愿再受法国人的压迫，也不愿使安南成为法国的联邦之一。而况，十余日来法军之在河内的种种越轨的举动，如开入河内那一天人数不过一千二百人左右，而却大行示威。至于终日乘在铁甲车上四处乱跑，如临大敌，而加以种种抢掠与处处寻衅，都使越人无可容忍。

又如，在3月28日法国的军队事前未得越南政府的同意，而突然去占据了越南的财政部，使越南人仇恨法国的情绪愈为增高。结果是引起全河内的越南人罢工罢市。至于因为法军的越轨行动，而引起法越冲突到处可见。又如，最近来的河内车站的法越两军的冲突，更足以证明法越的问题之愈趋严重。

百余年来，法国用了武力去并吞越南，越南人时时处处受其虐待，越南人已忍无可忍，这次欧战发生未久，法国本部在很短的时间中就为德国所征服，而在越南的法国军队，更在数个小时里，被日本所压制而投降。安南人对于法国以武力去统治安南的梦想，已失了信心，而在日人统治之下的法国人的处境之窘，生活之苦，更使在越南的法国人的尊严丧失无遗。现在法国人又要重张旗鼓，卷土重来，而再用了传统的压迫殖民地的方法，去统治越南，法国是否有些〔此〕力量去这样的作，固是成为问题，至于越南人之不能再去容忍这种作法，是无可疑的。

越南人在过去也曾有过革命运动，可是终因自己力量单薄与法国的高压手段而归于失败。但是最近来的法国，大创之后，元气未复，而最近来的越南人不只已自有其政府，而且也有其军队。法越协定之所以不得不承认越南政府的存在，也可以说是由于法国明白了越南政府已有其军队作后盾，有了民众去拥护。假使法国而不彻底的觉悟"越南实乃越南人的越南"，而使越南有独立自主的机会，还要梦想以武力去绫治越南，去压迫越南人，那么今后的越南，固是危机四伏。就是对于法国的本身，在一败再败之后，再去劳民伤财征服越南，未必就能使越南去屈服。就使越南屈服了，这种作法，结果恐怕也是有害于法国的本身啊！

陈序经年谱简编

1903 年　1 岁

9 月 1 日，生于海南文昌县清澜港瑶岛村，名序经，字怀民。族中多南洋华侨，父陈继美长期客居南洋，经营种植园。

1906 年　4 岁

入私塾启蒙。

1909 年　7 岁

随父去新加坡读书。

1912 年　10 岁

由新加坡返乡，入读文昌汪洋致远小学。

1914 年　12 岁

入读文昌县模范小学，受教于校长林鸿茂。

1915 年　13 岁

随父侨居新加坡，先后在育英学校、道南学校、养正学校、华侨中学学习。

1919 年　17 岁

年底，回国。其父嘱勿作官、勿回南洋做生意。

1920 年　18 岁

入读"注重英文"的四年制广州岭南中学初中，插入三年级，曾任该级《全社》社刊编辑主任。

1922 年　20 岁

4 月，退学自修，备考上海的大学。

暑假，回南洋省亲。随后入读上海沪江大学生物系。

1923 年　21 岁

夏，与东南大学秉志、吴宪文等组织生物标本搜集团，赴浙江温州南部及沿海采集标本。曾任生物系一年级生物课实验辅导员。

1924 年　22 岁

因不愿入基督教，转入复旦大学社会学系。

1925 年　23 岁

1 月 1 日，在《复旦》第 1 卷第 1 期发表《进化的程序》一文。

7 月 1 日，获复旦大学学士学位。已对主权观念甚有兴趣。

7 月 1 日，在《复旦》第 1 卷第 2 期发表《贫穷的研究》一文。

8 月 5 日，按其父意愿由沪放洋留学美国伊利诺伊大学，攻读政治学、社会学。

1926 年　24 岁

8 月 14 日，获文学硕士学位。

1927 年　25 岁

春，完成博士资格考试，准备学位论文。

1928 年　26 岁

6 月，获伊利诺伊大学政治学博士学位。采纳 James W. Garnet 教授选题意见，完成学位论文《主权可分论》（Recent Theories of Scvereignty）。其论文得益于社会学系教授 Edward C. Hayes、哲学系教授

Matthew T. McClure、政治学教授 Clarence A. Berdahl 及 John A. Fairlie。① 留美期间，常有意无意说到"文化学"一词，或谈及其所含的意义。

秋，接受陈受颐建议，受聘于岭南大学社会学系。继续使用"文化学"一词，指出文化学是自有其对象、自有其题材的一种学问。

11 月 7 日，在岭大怀士堂听陈受颐演讲后，拟《再开张的孔家店》。

是月 17 日，该文在《广州民国日报》岭南大学学术研究会主编"学术周刊"栏第 7 期发表。

12 月 17 日晚，应邀草拟《春秋战国政治哲学的背景》。陈受颐在后记中叹称：中国"一般思想界，似乎大多数还赶不上二千多年前的赵武灵王"。1929 年岭南大学政治学会《政治》杂志发表此文。

是年，在欧班那（Urbana）与杜威晤谈，得知杜氏已放弃东方精神文化优越论。与哲学系卢观伟、国文系陈受颐常讨论文化问题，先后就"全盘西化"的主张轮流演讲十余次。

1929 年　27 岁

9 月，携妻黄素芬女士赴德国柏林大学，研究政治学、主权论、社会学，也阅读马克思、恩格斯及欧洲社会主义学说，尤注意搜集文化学材料。

10 月，在《社会学刊》第 1 卷第 2 期发表《海夷史教授》（作于 1928 年 9 月 3 日）一文，回忆与乃师 E. C. Hayes 交谊及其学术成就、旨趣、对中国学术界的影响；指出海夷史社会科学研究法则有四：（1）社会学不是解明所有的社会生活，而是因果范围内的一部分的实现；（2）社会学是心理功用的实现；（3）社会学是社会生活的统一的实现；（4）社会学的实现是伦理的实现。

1930 年　28 岁

5 月 1 日，《岭南学报》第 1 卷第 2 期发表《孔夫子与孙先生——欧游杂感之一》。是文 1929 年冬作于柏林。

9 月 29 日—10 月 1 日，在德国基尔大学世界经济研究院学习期间，

---

① 　SU CHING CHEN, Recent Theories of Sovereignty, Cantong, China, 1929, Preface.

与夫人一道参加由柏林高商学校举办的德国社会学会第 7 次会议。到会约 400 人，德国社会学家柏林大学的 Sombat Vierkaudt、基尔大学 Tonnies、Köln 大学 Wiese、Heidelberg 大学 Briukmann 等出席。东方人到会者除陈氏夫妇，余有日本新明正道。会议主题为新闻纸及公共意见，分议题有社会学的方法、美术社会学、统计社会学。①

1931 年　29 岁

新年日，因在德国阅孙本文《中国文化研究刍议》一文，有感而作《东西文化观》一文初稿。

4 月，因病离德返国。

同月，在《社会学刊》第 2 卷第 3 期发表《东西文化观》，借用西方社会学、人类学等基本理论，剖析中西文化异同，明确提出"全盘西化"论。

5 月 7 日，在《独立评论》第 49 号发表《人的文化与物的文化》。

6 月初，经荷兰、比利时、西班牙、意大利、埃及、锡兰、马来亚、新加坡、菲律宾、香港抵广州，任教岭南大学社会学系。曾应神学院院长龚约翰（J. S. Kunkle）之邀，为神学院学生讲授一个学期的中国文化。②

11 月，在《社会学刊》第 2 卷第 3 期发表《德国社会学会》一文，谈出席德国社会学会第 7 次会议观感。

1932 年　30 岁

1 月，应卢观伟要求，完成 8 万余字的揭橥"全盘西化"的纲领性著作《中国文化的出路》一书。

4 月 26 日，与美国哥伦比亚教育学院勒克教授及中外学者 40 余人，聚岭大文理科学院院长梁敬敦府上，共同讨论改造中国的问题。

6 月 1、2 日，在《广州民国日报》"现代青年"栏发表《对于现代大学教育方针的商榷》，反对"停办文、法科或减少数量，而代以职业教育"。

6 月 10、11 日，在《广州民国日报》"现代青年"栏发表《对于勒

---

① 参见陈序经：《德国社会学会》，载《社会学刊》第 2 卷第 3 期，1931 年 4 月。
② 参见陈序经：《有关岭大与钟荣光的几点回忆》，见中国人民政治协商会议广东省广州市委员会文史资料研究委员会：《广州文史资料》，第 13 辑，38、50 页，1964。

克教授（H. Rugg）莅粤的回忆与感想》。

7月28日，在《广州民国日报》"现代青年"栏发表《敬答对于拙作〈对于现代大学教育方针的商榷〉之言论》，批评对立派不了解大学教育"究竟是什么东西"，指出"20世纪世界，好多重要的世界问题，已变成中国的问题了；同时，好多重要的中国问题，也成了世界的问题"。中国办教育也需向西方学习。"对于事物的探求解释，能有精神的判断"，最终改变整个民族不求甚解的痼疾。

是年，在岭大开设中国政治思想史，在中山大学主讲政治学。

1933年　31岁

3月26日，在《独立评论》第43号发表《教育的中国化和现代化》。原稿成于上年，因读《独立评论》第38号发表的徐旭生《教育罪言》及蒋廷黻译陶因《中国的政治》，生出失望，爰发此文。

5月7日，1931年出版的亚洲文化协会第一次大会的主席开会词及《亚洲文化协会的使命》一文，将东西文化差异分为"人（王道）的文化"和"物（霸道）的文化"。陈氏在《独立评论》第49号发表《人的文化与物的文化》予以反对，曰：一切的文化，都是人的文化，没有物的文化。惟因有人，才能有文化。"人固然依赖于物以创造文化，但是物的本身上，决没有变成文化的可能性。"物质文化均是人所创造。"由人创造，就是人的文化。"人的本身，就是物质。而将东、西方文化归于王道与霸道，过于笼统、浅薄。东、西方文化内均有王道、霸道。

12月29日，应中山大学社会学系主任胡体乾之邀，在中山大学礼堂演讲《中国文化之出路》。礼堂有对联："把世界文化迎头赶上去，把中国民族从根救起来。"

是年，游安南、暹罗、新加坡。

是年，与伍锐麟共同主持广州沙南疍民的调查，该报告在翌年1月《岭南学报》3卷1期发表。

1934年　32岁

1月15、16日，中大演讲《中国文化之出路》由梁锡辉笔述，并蒙陈氏修订，刊于《广州民国日报》"现代青年"栏826、827期，引起广东文化论战。持异议者包括谢扶雅、张磐、陈安仁、王峰、穆超、吴景超等，支持者有吕学海、冯恩荣、卢观伟等。

1月29日，因张磬发表《中国文化之死路》，反对"盲目的崇拜西化"；陈氏在《广州民国日报》"现代青年"栏836期发表《关于中国文化之出路答张磬先生》一文作答。曰：张氏"对于文化的解释是完全站在最流行的经济史观上"，抄陈高傭《申报月刊》2卷7号所发表的《怎样使中国文化现代化》一文中引用的马克思《哲学的贫困》中的话："人类社会的改变，是随着生产方法的改变。手磨的时代，造出封建诸侯的社会；蒸汽磨机的时代，造出工业资本家的社会。"援引马氏思想"也不外是拾了西洋人的余唾"，何况马氏在《资本论》第3卷中明白说，"经济的原因乃社会或者是文化的发生和发展的很多原因之一"。"认识马克思最深切的恩格斯于1890年至1894年间，也发表了好多书信，说明马克思和他并没有否认经济原因以外的许多原因。"其实，"经济的本身，不外是文化很多方面的一方面。经济的势力，固可以影响于文化的其他方面；文化的其他方面的势力，也常常影响于经济的制度和观念"。"我虽是极力主张全盘和彻底的'西化'，却不主张盲目地全盘和彻底接受'西货'。"

同月，《中国文化的出路》一书由商务印书馆出版。

夏，转任南开大学经济研究所教授、研究主任；兼南开大学商学院教授，讲授社会学、乡村社会学；策划工业发展对社会的影响的调查。

11月11日，《独立评论》第126号发表《乡村文化与都市文化》。该文作于10月16日。

1935年　33岁

1月，在《政治经济学报》第3卷第2期发表《利玛窦的政治思想》。

3月17日，因吴景超在《独立评论》第139号发表《建设问题与东西文化》，提出"文化可分论"，以为文化可分为"含有世界性"、"含有国别性"两部分，批评陈氏全盘西化说。陈氏即在同刊第142号发表《关于全盘西化答吴景超先生》以"文化不可分论"为依据加以回应："从东西文化接触的趋势来看，接触以后，东方固不能存其固有，西方也不能存其固有；因为前者正在其趋于消灭的途程，而后者王趋于为共有的道路。从东西文化的程度来看，我们无论在文化哪一方面，都没有人家那样的进步。从文化本身的各方面的连带关系来看，我们不能随意的取长去短。从东西文化的内容来看，我们所有的东西，人家通通有，可是人家所有的很多东西，我们却没有。从文化的各方面的比较来看，我们所觉为最好的东西，远不如人家的好。"西洋文化之所以快速发展，中国文化停滞，即因前者动性较强、有创造力，后者则惰情较强、无创造力。即使西洋文化并未"臻完美至善"，但"中国文化根本上既不若西洋文化之优美，而又不合于现代的环境与趋势，故不得不彻底与'全盘西化'"。

4月21日，在《独立评论》第147号发表《再谈"全盘西化"》。

4月，南开大学经济研究所《政治经济学报》第3卷第3期发表《蛋民的起源》。

5月5日，完成于4月25日晚的《从西化问题的讨论里求得一个共同信仰》一文在《独立评论》第149号发表。

5月20—21日，在天津《大公报》发表《读十教授〈我们的总答复〉后》。

5月，在《岭南学报》第3卷第3期发表《南北文化观》。内分3编12章，论述历史上的南北文化观、西化始于南方的原因及新文化运动在经济、宗教、政治等各方面的贡献，并以"主张西化最力"、"影响最大"的容闳、严复、梁启超、孙中山的"中国西化观"为疏证。

6月，自1月赴暹罗、老挝考察近4个月后始回津。

7月21日，在《独立评论》第160号发表《全盘西化的辩护》。

10月，在《政治经济学报》第4卷第1期发表《蛋民在地理上的分布》。

是年，在冯恩荣编、岭南大学出版《全盘西化言论集续集》中发表《评中国本位的文化建设宣言》、《评张东荪先生的中西文化观》。完成约5万字书稿《全盘西化论》，首次从名词来源、意义的说明、理论的发展、理论的解释、理论的重建等5部分进行阐释。原拟由天津《大公报》社付印，惜"七七事变"，计划流产。

1936年　34岁

1月13日，在《国闻周报》第13卷第3期发表《一年来国人对于西化态度的变化》（完成于上年12月30日）。

4月12日，在《独立评论》第196号发表《乡村建设运动的将来》。

4月，在《政治经济学报》第4卷第3期发表《蛋民的职业》。

5月3日，在《独立评论》第199号发表《乡村建设理论的检讨》。

7月，在《政治经济学报》第4卷第4期发表《蛋民与政府》、《近代政治哲学选读》。后者简介 Margaret Spahr 所编 *Readings in Recent Political Philosophy*（纽约麦克米兰公司，1935）一书。

同月，在《岭南学报》第5卷第1期发表《东西文化观（上）》第一编"复古主张的观察"，内容包括：孔家复古主张的解释、孔家复古主张的批评、评辜鸿铭的复古主张、评梁漱溟的复古主张。

8月，在《岭南学报》第5卷第2期发表《东西文化观（中）》第二编"折衷办法的派别"，内容为：道的文化与器的文化、中学为体与西学为用、精神文化与物质文化、静的文化与动的文化、植物文化与动物文化、人的文化与物的文化、所谓科学的选择办法。

12月，在《岭南学报》第5卷第3、4期合刊发表《东西文化观（下）》第三编"全盘西化的理由"，内第15、16章详述自明末至新文化运动以来的"西化主张的态度趋向"；第17章谈中国接受西方物质文化、基督教、科学、教育、政治、法律、道德、文学、艺术、医药的"西化采纳的事实趋向"，强调"所谓西化，是要像放入自己的肚子，而能起了消化的作用。照板地运过来，只能叫做运，不能叫做化，运过来而不能化，其危险也许还要甚于不运"。第18章"近代世界文化的趋势"论述自从文艺复兴、宗教改革以来欧洲文化日益成为现代世界的文化，美国黑人、非洲人、南洋、日本先后西化，提出"假使中国要做现代世界的一个国家，中国应当彻底采纳而且必须全盘适应这个现代世界的文化"。第19、20章比较东西文化之高下。第21章"对于一般疑问的解释"针对反全盘西化观点加以辨析，申明全盘西化的必要。其结论："三十年来，国人一步一步地感觉到西化的必要；到了现在所谓纯粹主张复古的人，差不多可以说是完全没有，而思想的中心已完全趋于折衷，而所谓折衷或调和的论调，又已逐渐地从'中本西末'而趋到'西本中末'。同时也有三五的人士能够感觉到中国的文化，差不多样样都不如人而趋于主张全盘西化。"

1937 年　35 岁

4月7日，在天津《大公报》第3张第11版"经济周刊"栏212期发表《蛋民的生活》。曰：蛋民居于屋、栏、棚、艇，食以米、肉、蔬菜、咸鱼，衣大成蓝、薯凉布等土布。男子衣对襟，女子大襟。男子衣较短，而裤较长，女子则衣几及膝，而裤则有短至胫之上部。蛋民因生活困难少有嗜欲，一般乐戏剧、国技、象棋、麻雀等。因相济而成立"安人会"、"老人会"、"起盐会"等经济会社及维持治安的"保安会"、"沙南公所"。其妇女尤能吃苦耐劳，居家庭管理、经济的中心。

4月14日，在天津《大公报》"经济周刊"刊载《乡村建设运动的史略与模式》（成稿于1936年3月16日）。

4月21日，在天津《大公报》"经济周刊"刊载《乡村建设运动的组织与方法的商榷》。

4月25日，自《乡村建设运动的将来》发表，《独立评论》刊载杨骏昌、傅葆琛、瞿菊农、涛鸣、陈志潜、黄省敏等文章，《民间》半月刊、《文化与教育》旬刊、《政问周刊》等刊也发文，多反对陈氏见解。陈氏在《独立评论》第231号发表《关于〈乡村建设运动的将来〉》作答。曰：持批评态度的人，即使"批评我很厉害而尽力辩护今日的乡村建设运动的工作的黄省敏先生，不但不能证明我所指出的各种困难与缺点是不对，而且一再承认今日的乡村工作的'不到家'与'不满意'"。重申乡建不是救国救民的道路、运动，各地乡建的衰落已成定局。政府机关如农村复兴委员会，学校实验区如燕京的清河镇，或则已被裁撤，或则停止工作。湖北乡村工作则沦为江湖式学者、政官，借主义、学说谋升官发财之道。

4月，在《政治经济学报》第5卷第3期发表《社会学的起源》（1月1日完成初稿）。

5月23日，在《独立评论》第235号发表《进步的暹罗》。

"七七"事变前，赴广东顺德考察蚕丝业。

8月20日，离南京经汉口赴长沙筹建临时大学。临时大学同人中第一位到长沙。

1938年　36岁

执教西南联大，随法商学院落住蒙自，主讲主权论、现代政治学、社会学原理、文化学、华侨问题。任西南联大法商学院院长、南开大学经济研究所所长。

10月16日，在《东方杂志》第35卷第20号发表《暹罗华化考》。

11月1日，在《东方杂志》第35卷第21号发表《暹罗华化考（续）》。

下半年，在西南联大法商学院社会学系首开"文化学"选修课。

年底，在蒙自始编订出较为系统的"文化论丛"大纲。

1939 年　37 岁

1 月 16 日，在上海《东方杂志》36 卷 2 号发表《广东与中国》。

6 月 25 日，在《今日评论》第 2 卷第 1 期发表《暹罗与汰族》，论述并驳斥暹罗排华史。曰：暹罗在 1564 年、1766 年曾两度被缅甸人征服，直到郑昭 1767 年建都曼谷后，汰族在暹罗的政治地位始能稳固。郑昭本为中国人，后为其女婿暹罗人丕耶却克里所诬杀而取其位。1767 年以后，而尤其是最近数十年来，汰族不断西化、汰化暹罗的异族，尤以奖励华侨与暹女结婚、强迫华侨子弟读暹文、反对与中国交换使节等手段，暹化华侨。暹罗近来又极力宣传唐代的"南诏是他们的祖国，中国的南部是他们的故乡"。实际上，暹罗境内，除了柬埔寨、老挝、马来由、缅甸各种人外，还有三百万至五百万的华侨，暹罗全国人口只有千万左右。大汰主义可能引起民族仇恨。况且，暹罗并非汰族的固有土地，原属于柬埔寨、马来由、甘莫等族。中国隋代即与此地有联系，早于汰族。汰族征服暹罗之后，以至 19 世纪中叶，还不断来中国朝贡，向中国称臣。

10 月 15 日，在《今日评论》第 2 卷第 17 期发表《暹罗与日本》。

1940 年　38 岁

1 月 14 日，在《今日评论》第 3 卷第 2 期发表《暹罗与华侨》。

2 月 16 日，在《新经济》第 3 卷第 4 期发表《暹罗的人口与华侨》。

2 月，在《外交研究》2 卷 2 期发表《暹罗的汰族主义与暹化华侨》。

3 月，在《时事月报》第 22 卷第 2 期发表《暹罗与英法》。

5 月 5 日，在昆明《中央日报》发表《纪念"五四"运动感言》。曰："'五四'运动是青年反巴黎和约的签字，与曹、陆、章们的亲日的政策。这本来是一种政治的表示，然而这种政治的表示，又可以说是那个时代的新文化运动的反映。""这个运动之所以重要，不只是因为它能根本的主张西化，而且彻底的批评中国固有的文化。""廿余年来倭寇的侵略既日趋日极，而汉奸的把戏又日唱日多，所以今日的国人，而尤其是青年们，所负的责任比之廿年前的人们的重大得多。这又是纪念'五四'运动的青年们所要特别注意的。"

6 月 4 日，在澂江真理学会讲演《谈读书方法》（发表于 9 月《读书知识》第 1 卷第 6 期），由李縈新君笔记。曰：读书要做到口到、心到、耳到、眼到、手到外，尤需脚到，并强调学习本国语言及外语的重要性。

暑假，预备从安南到暹罗、马来半岛、新加坡，经缅甸回国。然到暹罗边境却染病，滞留柬埔寨首都金塔、河仙亲戚家里，调养月余回昆明。

9月15日，在《今日评论》第4卷第11期发表《越南与日本》。

1941年 39岁

1月26日，在昆明《今日评论》第5卷第3期发表《抗战时期的西化问题》。

5月31日，在《民族文化》第2期发表《广东与中国》。

是年，国民党组织通令西南联大各院院长必须加入国民党，拒不服从。

1942年 40岁

1月19日，在《当代评论》第2卷第2期发表《师范学院的存废问题》。

2月，在重庆《妇女新运》第4卷第2期发表《中国妇女运动过去与将来》。

9月底，由重庆返昆明。

是年秋，完成200余万字、20册的"文化论丛"。除《文化学概观》4册系统阐述文化学的主要概念、基本理论外，尚有《西洋文化观》2册、《美国文化观》1册、《东方文化观》1册、《中国文化观》1册、《中国西化观》1册、《东西文化观》6册、《南北文化观》3册，胥为文化学体系提供历史经验，尝试文化学理论的应用。

1943年 41岁

5月15日，在昆明《自由论坛》第1卷第4期发表《"五四"文化运动的评估》。曰：五四文化运动的价值，与其说是在于积极地主张接受西洋的文化，不如说是在于消极地反对孔家的思想。陈独秀、胡适所提倡的西化，大致不外是民主主义与科学精神，都是严复、胡礼恒、容闳的主张。非儒的言论，并非始于五四文化运动的领袖们。周秦时代的庄子、墨子，汉代的王充，明代的李卓吾，都是反对儒家的代表人物。不过自中西文化沟通以后，积极提倡西化，而同时又极力反对孔教却是始于五四文化运动的时代。

12月11日，在《当代评论》第4卷第2期发表《乡村建设的途径》。

1944年　42岁

4月1日，在《自由论坛》第2卷第4期发表《维新运动的历史意义》。

6月24日，应美国国务院约请到美演讲与研究一年，离重庆。居印度1个星期。

7月4日，抵达纽约，与杨振声同行。沿途乘美国飞机，住美军营，受到殷勤招待。居美期间，曾讲授中美关系、国共合作、主权论；晤谈爱因斯坦；考察纽约、克利夫兰、芝加哥、欧班那、圣路易斯、洛杉矶、旧金山、西雅图、华盛顿等地。

11月22日，在重庆《大公报》发表《借镜与反省——十月十七日在旧金山》。曰：第一，美国在大战中成为同盟国的军需、武器库，不但对民众生活无多大影响，自珍珠港事件以来，物价增长不到30％；同时民众收入较战前增加百分之百以上，其生活反较战前充裕。现正讲求战后复兴计划。第二，恰逢杜威与罗斯福竞选总统，互相指斥，便于民众自己决定是非，主持正义。公开的批判与讨论精神，就是民主攻治的真谛。第三，美国一般人民"至少是希望我们要像美国一样的富而强、一样的民主化"。唯其如此，才能裁制日本的军国主义，才能保持将来的东亚的和平与太平洋的和平，以至全世界的和平。

1945年　43岁

1月，在美国出席太平洋国际学会，发表《南洋与中国》论文。在会上，法国代表曾指出暹罗改为泰国，表明有侵略他人土地的野心与企图；在场泰国代表承认这一事实，并保证日本投降后即恢复暹罗国号。

1946年　44岁

3—4月间，去越南河内、海防，拟取回南开大学寄存的部分书籍。然书被日人运往东京，后经交涉，始还南大。

5月12日，访越南有感，在天津《大公报》第1张第2版发表《压迫重重的越南华侨》。曰：法国占据越南后，百余年来而尤其是三四十年来，以暴力、人头税压制华侨。尤限制知识人士赴安南，严格印刷品检查。日本占据越南后，华侨生命、财产毫无保障。战后，中国军队到越北接受日降，华侨觉得无上光荣。然中国政府、军队人员占华侨店铺等轨外行为，引发华侨不满。加之，国币、关金贬值，物价腾贵，华侨大受"国币罪"、吃"关金亏"，对政府、军队人员大为失望。但因法军在海防横蛮登陆、在河内扬威耀武，以及越南人的独立运动，华侨恐再陷别族威权，除不满意于《中法条约》，尚派员晋见驻越北代表，望国军暂勿撤退。

7月，在《边政公论》第5卷第1期发表《政治经济上的琼崖》。

8月1日，在《社会学讯》第3期发表《我怎样研究文化学》。

8月1日，在广州《南方杂志》第1卷第1期发表《论法国人在越南的尊严——越北杂感之一》。曰：自1787年嘉隆王阮福映赴巴黎与路易十六订法越攻守同盟，到1893年间，法国蚕食整个安南本部，并占据安南西南部的柬埔寨及安南西北部的老挝，构筑成所谓法属印度支那。《天津条约》则使安南成为法国的附庸。至此，驻越法国人自视天之骄子，视安南人为低劣民族加以虐待；视华侨为东方懦夫，在入境、居常生活均严加管制。日本占据越南后，法人降日，任由"皇军"虐待。越南人"对于法国人的毕恭毕敬的态度"、"恐惶畏惧的心理也因之而动摇"。日降后，以"向中国投降，并非向法国投降"为由，仍对法国人"很不客气"。法军由西贡进海防，又被中国接收越北防务的军队击退，再损尊严。近来安南人要求独立自主，不再相信"法国人的所谓神圣不可侵犯的尊严"。法人在安南的优渥的生活、优越的经济地位也随之丧失。

8月15日，在重庆《东方杂志》第42卷第16号发表《论中越法的关系》。

是月，南开大学复校，任教务长、经济研究所所长、政治经济学院院长。

9月1日，在广州《南方杂志》第1卷第2期发表《南方与所谓固有文化》。

11月1日，在广州《南方杂志》第1卷第3、4期合刊发表《南方与西化经济的发展》。

12月13日，原订11日与南开大学秘书长黄钰生搭机飞沪，往迎新由美国养疴归来的张伯苓校长，因公务缠身，是日始由平转沪。①

是年，出版《疍民的研究》（商务印书馆）、《乡村建设运动》（上海

---

① 《张伯苓由美归来黄钰生今往迎晤》，载《益事报》，1946-12-11，第4版。

大东书局）。

1947 年　45 岁

4 月 28 日，上午 9 时甫庆 41 周年校庆的女师学院，邀请讲演，题为《妇女运动之过去与将来》，历 1 小时许。对妇女运动之沿革及应循之途径，有所剖析。同学屏息静聆，颇有心得。[①]

5 月 16 日，在汉口《读者》第 3 卷第 5 期发表《论国立大学与私立大学》。

7 月 15 日，在新加坡《南洋杂志》第 1 卷第 9 期发表《南洋与青年》。曰：随南洋的开发、土著教育的发达，土人逐渐争夺华侨的固有地位，现在没有知识的人不易在南洋谋生。不要忘记南洋是人类的宝库、是世界的乐园，"今后怎样的去保持我们的固有经济地位，怎样的去发展这些宝藏，这都是我们而尤其是我们的青年责任"。

9 月 10 日，在天津《大公报》第 2 张第 6 版发表《廿年来的南开经济研究所》，介绍该所自建所以来的学术工作。

9 月 11 日，在天津《大公报》发表《与胡适之先生论教育》，反对胡适主张政府重点扶持北京大学、清华大学、中央大学、武汉大学、浙江大学。

11 月 10 日，上海《读书通讯》再刊《陈序经与胡适之先生论教育》。

11 月 30 日，在《世纪评论》第 2 卷第 21 期发表《公论耶？私论耶？》。

12 月 20 日，在上海《观察》第 3 卷第 17 期发表《论发展学术的计划》。

12 月，在南京《世纪评论》第 2 卷第 23 期、24 期连载《宪政·选举与东西文化——评梁漱溟的〈预告选灾·追论宪政〉》（一）、（二）。

是年，《文化学概观》第 1—4 册在商务印书馆出版。

同年，陪同张伯苓与魏德迈会面。魏问：假如美国帮忙中国，应该帮哪些人？陈答：不应帮助国民党，而应帮助私营工业界及文教机关。

1948 年　46 岁

1 月 2 日，在天津《大公报》第 2 张第 6 版，发表《南洋华侨经济的

危机与展望》。曰：华侨在南洋经济蒙损原因：第一，殖民地或居留地的政府，颁布人头税、入口税等条例，以限制华侨的经济的发展。第二，土人经济势力膨胀。第三，日货畅销。战后，华侨经济出现转机，国民政府应利用外交方式保护华侨，奖励知识人士赴南洋发展华侨教育。

1 月 3 日、10 日，在南京《世纪评论》连载《宪政·选举与东西文化——评梁漱溟的〈预告选灾·追论宪政〉》(三)、(四)。

1 月 6 日，在天津《大公报》第 1 张第 6 版发表《对于扶植华北工商业的一点意见》。曰："近两年以来，因为政治的问题无法解决，军事的调动日益频繁，交通惨被破坏，百业几乎停顿"，经济枯竭；而冬令救济、城防建筑、整备旅的成立等各种摊派筹款，加重工商业界的负担，而政府又停止贷款与汇兑，平津经济难以为继。治本的办法，需"国内政治上的澄清"。

2 月，因要赴南洋省亲、考察，决定暂时离职。

3 月 10 日，在《申报》第 1 张第 2 版发表《新南洋的展望》。曰：日降后，美国承认菲律宾为独立国家，英国承认印度、锡兰与缅甸的自主地位，荷兰与法国，尽管设法去维持其南洋的殖民地，可是印度尼西亚人与安南人的民族自决的运动已兴起。马来亚在南洋诸民族中民族主义与国家意识的色彩较淡，也正努力去推动其独立运动。华侨占南洋暹罗、马来半岛、新加坡占大多数，操控南洋商业，据农工矿业优超地位。然而，南洋各国成为独立国家后，假使没有政治制度民主化，政治力量完全操纵于土人之手，华侨将没有参预政治的机会，而且恐怕华侨的经济力量，又必受到土人的压迫。暹罗的汰人一向利用政治力量去限制华侨经济的发展，菲律宾人以至最近的印度尼西亚人也有了这种趋向。我们庆祝、期待南洋诸国的独立，尤希望在南洋新国家中，不要再有一个民族压迫其他民族的现象。

4 月 20 日，在《社会学讯》第 7 期发表《研究西南文化的意义》。

4 月，乘休假游历东南亚各地，有感："二十年前渠首次来暹时，暹罗于各方面均甚落后，然十年后二度来此时，已有长足进展。而今天来暹所见，与前十年者又迥然不同。暹罗华侨之情形，似已相当进步，惟未能与当地人民进展之速度相比。"[1] 在马来西亚柔佛，与马来半岛领袖达杜安（Dato Onn）晤谈。达氏再三相询"中国为什么不常常多派

---

[1] 《陈序经抵暹》，载《益世报》，1948-04-09，第 3 版。

些回教的著名人士到马来半岛，与马来亚人多多接近"。表示愿意多派马来亚人到中国求学，了解中国文化。

5月16日，在天津《大公报》"星期论文"栏发表《中国与南洋》，反思中国文化对南洋影响较弱，而印度佛教文化流行于暹罗、缅甸、柬埔寨，回教文化流传马来半岛，基督教盛行菲律宾的原因。新加坡来佛博物院崔特，以为马来亚人文化太原始，"赶不上去授受中国的文化"。陈氏则认为：华侨因出于谋生目的，"不只对于中国文化的传播上，没有余力去推动，就是他们本身之受过教育者，也是寥寥无几。而且国内之一般文人学者，又往往昧于内中国而外夷狄的偏见，以有蛮貊之邦，不足以谈教化，不愿到这些地方去作工作，结果是无论在地理上、在人口上、在历史上，两者的关系，虽很为密切，然而在文化上，却没有多大的影响"。国人未能与南洋民族达成文化体认、心理的谅解、精神的结合，在南洋诸族心目中，华侨不过是"东方的犹太"，只会剥夺其资源，民族仇恨的裂痕由此而生。

5月26日，下午4时，游历香港、暹罗、新加坡等地后，乘"秋瑾"号船由沪抵津，张伯苓校长、各院长、各行政负责人和学生自治会代表等数十人到码头迎候。同学闻陈氏可能出长岭南大学，"今天将由自治会派代表往晤，叩询陈氏意旨，表示挽留之意，并将于本周六以盛大晚会欢迎陈氏"①。

5月28日，天津《益世报》刊发《陈序经谈南洋侨情》。文曰：新加坡华侨分左右两派。南洋与国内的橡胶大王陈嘉庚，为反政府方面的领袖。他反对内战、贪污腐败、国民党的政府。英国人对新加坡华侨"并没有什么限制，一切表面上的言论与集会自由，华侨都可以享受到。这一点是我们应当惭愧的"。暹罗华侨不愿去领事馆登记，以保持一个"非华非暹，又华又暹"的身份，利于生存。

6月7日，接受采访：华侨虽有经济潜力，但各有算盘，"没有共同的合作"；华侨无政治野心，但仍处于英人与土著的张横与提防的夹缝中，南洋各地排华严重。其原因，近年国内变乱，漠视了与南洋关系。"我国近年外交，积弱不振，百事以忍为原则。但最大原因，尚在华侨之到南洋，致全力于经济开发，不重文化的宣扬。一方面被人误认

---

① 《考察南洋风土人情陈序经返津》，载《益世报》，1948-05-27，第5版。

为东方的犹太，唯利是图，他方面舍本逐末，专门做些只关现实功利的事。"①

7月，校长张伯苓即去南京接考试院长职，南大组织校务委员会处理校务，陈序经、杨石先、黄子坚等分任委员。决定出长岭南大学，23日离津去平，转赴岭南大学，称将兼顾两校。②

8月1日，应岭南大学美国基金会聘请，出任该大学副校长（代理校长）。一年后，李应林校长正式辞职，陈正式出任校长。

9月16日，岭大怀士堂举行首次大学周会，暨补行本学年度开学典礼。陈氏训词，总结该校特点：（1）岭南办学不分国界，是一个国际学术合作的团体。（2）岭南是由国人接来自办的第一个教会大学。（3）大学男女同学，岭南实行最先。（4）岭南在学术的发展上无宗派之分，注重自由讨论的精神。并曰愿与同事、同学以合作精神，为教育、学术、国际文化努力共勉。

9月20日，《首次大学周会陈校长训词》登载于《岭南大学校报》康乐再版号第82期。

10月3日，在天津《大公报》发表《"大泰主义"的抬头》。曰：泰族占暹罗人口的三分之一，却是统治民族，无论是从民族主义立场，还是民主主义观点来看，都是不合理。泰族对占人口比例最大的华侨，用强力威胁，用法律制裁，用婚姻引诱，用教育熏染，并借日本之煽动，加强泰化与排华。泰族宣传中国西南的河山、众多民众是其"故乡"、"同胞"，拟联合缅甸的掸、安南的佬，以至柬埔寨人，成立所谓"大泰帝国"。銮批汶系暹罗"大泰主义"提倡最力者，本是战犯，却逍遥法外，在4月又主持政权，更凶残虐待华侨，封闭华侨学校、报馆，限制与压迫华侨工商界。

11月14日，发表《悼卢观伟先生》，刊于《岭南大学校报》康乐再版号第86期。

12月19日，在《社会学讯》第8期发表《社会学与西南文化之研究》。

同日，中国社会学社广东分社第九届年会在岭大农学院举行，各大学社会学系教授、社会学专家等共百余人出席。演讲《社会学与西南文化之研究》。曰：因中西接触后，社会文化时刻都在变动之中，社会问题

---

① 袁澄：《南洋二三事——访考察归来的陈序经教授》，载《大公报》，1948-06-08，第2张第5版。

② 《南大校务》，载《益世报》，1948-07-04，第3版。

日趋严重，发展中国社会学尤有现实性。由于西南民族繁多、原始的氏族文化与近代的都市文明分呈，为社会学研究提供校验的素材。西南是西方文化输入最早的地方，是新文化的策源地；又是中国传统文化传播最迟的地方，是固有文化的保留所。西南民族若干文化还保存着原始的特征，又是原始文化的博览会。加强西南研究，必能推动中国社会学的发展。

是年，出版《南洋与中国》（岭南大学西南社会经济研究所）。在岭大政治学会同学刊行的《鲍令留教授服务岭南四十周年纪念》册中，著文感谢鲍氏参与创建岭大之功。

1949 年　47 岁

6 月 20 日，《岭南大学校报》康乐再版号第 100 期发表丘维清笔录《第卅届授予学位典礼陈校长训词》。陈氏对毕业生曰：到社会做事，不要像在校那样抱过高理想，应只求尽责做事，继续学问上的修养。

9 月 10 日，《岭南大学校报》康乐再版号第 101 期刊登《卅八学年度开学典礼陈校长训词》。曰：教育本来是百年大计。一年以来，因为学校行政的调整与校舍的修建，用了不少时间。虽则这种工作是一个大学必具的条件，然而大学的目的既在于寻求知识与发展高深学问，我们希望我们不要当这些条件为目的，而忘记了我们的主要任务。加强我们在学术上的工作，使岭南不只成为国内一个学术中心，且能成为国际上一个学术的中心。

是年，正式接任原校长李应林职位。重组医学院，建立商学院。在国民党实施"抢运学人"计划时，劝服大批国内外知名教授留校，并动员西南联大毕业生由美国到岭大任教，拒绝岭大迁港。出版《越南问题》（岭南大学西南社会经济研究所）、《社会学的起源》（岭南大学西南社会经济研究所）、《大学教育论文集》（岭南大学）。

1950 年　48 岁

8 月，应富伦之请，赴港与美国基金会香雅各会面，商讨美国教员去留、工友住宅建设等。

1952 年　50 岁

院系调整，岭南大学并入中山大学，任历史系教授，筹建东南亚研究室。

1956 年　54 岁

评为一级教授，任中山大学副校长。全国政协第二届委员、广东省政协第一届常委。

是年，完成 1954 年动笔的《匈奴史稿》（天津古籍出版社 1989 年出版），撰写《渤史漫笔——西双版纳历史释补》（中山大学出版社 1994 年出版）。

1957 年　55 岁

3 月 14 日，《华南水上居民需要特别加以照顾》发表于《人民日报》第 2 版。呼吁政府设立专门机构，处理疍民问题，"使他们的经济与文化的生活，能得到全面与特殊的照顾，逐渐消灭其落后的现象"。

6 月 14 日，《我的几点意见》发表于《南方日报》第 3 版。

是年，主张学习苏联教育经验，但不应否定过去教育实践的成绩；并提出不能把学校生活政治化。

50 年代完成有关东南亚的系列研究，香港商务印书馆有限公司 1992 年出版《陈序经东南亚古史研究合集》上、下卷。

1962 年　60 岁

应中共广东省委第一书记陶铸邀请兼任暨南大学校长。

1964 年　62 岁

6 月，国务院任命为南开大学副校长。

夏，云南大学江应樑陪同考察西双版纳。

11 月，《有关岭大与钟荣光的几点回忆》发表于《广州文史资料》第 13 辑。

1966 年　63 岁

12 月，被指控为"反动学术权威"、"里通外国"、"美帝文化特务"、"国际间谍"。

1967 年　65 岁

2 月 16 日，"文化大革命"间被迫接受专案审查，含冤离世。1979 年平反，被誉为热爱祖国的优秀教育家，在社会学、历史学、文化学等学科贡献卓著的学者，东南亚与华侨问题专家。

中国近代思想家文库

图书在版编目（CIP）数据

中国近代思想家文库. 陈序经卷/田彤编. —北京：中国人民大学出版社，
2014.9
ISBN 978-7-300-19902-3

Ⅰ.①中… Ⅱ.①田… Ⅲ.①思想史-研究-中国-近代 ②陈序经（1903～
1967）-思想评论 Ⅳ.①B250.5

中国版本图书馆 CIP 数据核字（2014）第 190969 号

中国近代思想家文库

陈序经卷

田 彤 编

Chen Xujing Juan

出版发行	中国人民大学出版社	
社　　址	北京中关村大街 31 号	**邮政编码**　100080
电　　话	010 - 62511242（总编室）	010 - 62511770（质管部）
	010 - 82501766（邮购部）	010 - 62514148（门市部）
	010 - 62515195（发行公司）	010 - 62515275（盗版举报）
网　　址	http://www.crup.com.cn	
经　　销	新华书店	
印　　刷	涿州市星河印刷有限公司	
开　　本	720 mm×1000 mm　1/16	**版　　次**　2015 年 1 月第 1 版
印　　张	36.75　插页 1	**印　　次**　2025 年 1 月第 3 次印刷
字　　数	591 000	**定　　价**　132.00 元